DROIT
DES RESSOURCES NATURELLES

MUKENDI MUKENDI NTANTAMIKA

DROIT DES RESSOURCES NATURELLES

Eléments d'élaboration, d'analyse et d'évaluation des lois

Préface de Maître Emery Mukendi Wafwana

L'Harmattan

5-7, rue de l'École-Polytechnique, 75005 Paris

www.editions-harmattan.fr

ISBN : 978-2-343-15169-4
EAN : 9782343151694

A ***Efika Lenoir Tiniya,*** *ainsi qu'à tous ceux à qui la République Démocratique du Congo, maintenue dans l'impossibilité de valoriser son potentiel naturel, peine à offrir les voies et moyens de réaliser leurs potentiels individuels.*

PRÉFACE

Depuis près de 15 ans, la République Démocratique du Congo est engagée dans un laborieux processus de réforme de sa règlementation en matière des ressources naturelles. Étant étroitement et systématiquement associé à cette production législative en qualité d'expert, nous avons le privilège de fournir et d'enrichir à la fois notre expertise juridique en la matière, et de l'offrir au sein de notre cabinet sous la rubrique *droit des ressources naturelles*. Nous posons ainsi sur l'envers de nos prestations professionnelles le jalon d'une réflexion doctrinale devant ultérieurement permettre l'explication et l'évaluation du travail législatif abattu.

De l'aveu de l'auteur du présent ouvrage, c'est cette riche expérience professionnelle et ce projet d'étude doctrinale qui nous valent l'insigne honneur de l'introduire auprès des lecteurs. En le faisant donc avec un intérêt particulier, il nous faut principalement définir les thèmes essentiels de sa longue et laborieuse réflexion qui, à la lumière des sources matérielles authentiques de cette récente production législative, éclaire la lecture et la compréhension de chacune de lois relatives aux ressources naturelles en vigueur. Nous allons le faire ainsi en soulignant l'intérêt de l'ouvrage pour toutes les catégories de lecteurs visés, c'est-à-dire ceux qui, à des titres divers, interviennent dans l'élaboration et l'application des lois en question.

Appréciant de prime abord la forme de l'ouvrage, il est rédigé suivant une méthode assez intelligente pour en faciliter l'utilisation. Par l'intitulé *Droit des ressources naturelles*, l'auteur repère dans l'ordre juridique un champ d'étude plus ou moins vierge ; au moyen d'une précision théorique de la notion de *ressource naturelle*, il le délimite en y rassemblant les lois minière, pétrolière et gazière, forestière, agricole, hydrique, halieutique et cynégétique, puis il le découpe en parcelles thématiques correspondant aux catégories de règles d'une loi relative à une ressource naturelle, soit le *statut juridique des ressources naturelles*, le *régime d'accès aux ressources naturelles*, le *régime de transmission des actifs naturels et des droits d'accès aux ressources naturelles*, le *régime commercial des ressources naturelles*, le *régime fiscal des ressources naturelles* et le *régime pénal des ressources naturelles*.

A la lumière des données essentielles du contexte réel et idéologique de la formation et de l'évolution de la règlementation en question, il plante dans chacune de ces parcelles thématiques des outils théoriques qui, enrichis et rectifiés par le débat auquel il les soumet, aident chaque lecteur à saisir l'esprit des lois en question, pour mieux en comprendre et en interpréter les règles.

Lorsqu'une loi formule le principe d'appropriation d'une ressource naturelle, l'enjeu principal est de garantir la réalisation équitable de tous les droits fondamentaux reconnus aux citoyens, aux communautés locales ou autochtones ainsi qu'aux générations futures. Dans l'étude des *statuts juridiques des ressources naturelles*, l'auteur offre, à la lumière de cet enjeu, une contribution sur le débat ouvert par l'abandon du principe constitutionnel de la propriété inaliénable de l'État sur les produits du sol et du sous-sol au profit de celui de la souveraineté permanente sur les ressources naturelles.

Le lecteur trouve ici les éléments qui éclairent le sens et la portée de ce nouveau principe constitutionnel. Et à l'intérieur de ce principe, il peut évaluer, à travers les formules d'appropriation consacrées par une loi, la garantie offerte à tous les droits fondamentaux que la conscience écologique enjoint de reconnaître sur une ressource naturelle. Au même endroit, la notion de *patrimoine naturel économique* invite à réfléchir sur une formule d'appropriation nationale des ressources naturelles qui, mieux que les formules traditionnelles de domaine public ou privé de l'État, traduirait adéquatement l'idée de leur mise en patrimoine au profit du peuple, des communautés locales ou autochtones, de l'humanité et des générations futures.

A travers les conditions, les modes et les procédures d'accès à une ressource naturelle, une loi a pour fonction de moraliser, de professionnaliser et de sécuriser le secteur extractif dans un cadre institutionnel démocratique, transparent et fiable, de manière à y mobiliser des opérateurs professionnels, économiquement efficaces et écologiquement responsables. L'étude du *régime d'accès aux ressources naturelles* offre une intéressante précision théorique sur les principes, les modes, les conditions, les voies et les mécanismes de contrôle de l'accès à une ressource naturelle.

Par cette étude, l'auteur constitue une parcelle de réflexion dans laquelle le lecteur trouve des outils théoriques qui lui permettent de comprendre comment chaque loi organise l'accès à la ressource naturelle qu'elle régit, de manière à pouvoir l'évaluer (à travers les conditions et les procédures qu'elle fixe) en tant qu'instrument de moralisation, de professionnalisation, de sécurisation, de fiabilisation et de démocratisation de son secteur d'application.

Un droit d'accès une ressource naturelle est, en lui-même, un effet économique virtuel de l'acte administratif qui l'octroie (autorisation de recherche ou d'exploitation, contrat de concession...) devant se traduire par l'aménagement du site d'accès, la recherche et l'exploitation de la ressource naturelle. Est-il cependant, dès son octroi, un bien du patrimoine du titulaire transmissible par cession, succession, saisie judiciaire ou réalisation d'une hypothèque ? Ou ce dernier peut-il, en cet état primitif, le donner en loca-

tion ? Cette question est au cœur du *régime de transmission des actifs naturels et des droits d'accès aux ressources naturelles.*

Dans cette parcelle de réflexion, l'auteur fait une intéressante analyse du statut, dans le patrimoine du titulaire, d'un droit d'accès à une ressource naturelle. Effet économique virtuel d'un acte administratif indisponible, ce droit doit être valorisé, c'est-à-dire transformé en un droit patrimonial par sa concrétisation à travers l'investissement des biens nécessaires à son exercice. Ce postulat permet de réfuter tant sur le plan juridique qu'éthique la possibilité, offerte par le laxisme et le laconisme des règles de transfert des lois en vigueur, d'une spéculation indue sur les titres non valorisés. Comment en effet permettre, sans relever les risques de corruption et de fraude, qu'une personne n'obtienne une autorisation d'exploitation que pour en revendre ou en céder les effets économiques virtuels sur un gisement qui ne lui appartient pas ? Ou qu'il s'en fasse rentier en la louant ?

Concernant la transmission d'un droit d'accès à une ressource naturelle par voies de succession, de saisie ou d'hypothèque, il y a dans toutes les lois en vigueur une impasse sur l'applicabilité des conditions d'accès dans une dévolution successorale ou dans une procédure de réalisation d'une hypothèque. Comment l'administration peut y intervenir pour s'assurer qu'un héritier, un légataire ou un acquéreur d'un droit d'accès à une ressource naturelle remplit les conditions légales de son obtention ? Ou quel serait le sort d'un tel droit légué ou saisi, mais privé d'une titularité conforme aux conditions légales d'octroi ? L'auteur propose des voies de solution sur ces questions essentielles.

Dans une loi relative à une ressource naturelle, les règles de commerce accomplissent sa fonction de structurer et d'organiser le circuit commercial des produits naturels dans le souci primordial d'en assurer la traçabilité et de doter le pays d'une capacité commerciale. L'étude du *régime commercial des ressources naturelles* permet de comprendre comment chacune de lois en question accomplit cette fonction.

A cet endroit de réflexion, le lecteur peut analyser la structure et l'organisation légales de chaque circuit commercial des produits d'une ressource naturelle. L'auteur y offre les outils théoriques qui permettent d'en évaluer la traçabilité et la volonté de l'État d'en assurer le développement. L'enjeu fondamental ici est, d'une part, d'empêcher la mise en circulation des produits illicites, par un contrôle efficace de toutes les activités (transport, entreposage, certification, négoce ...) et, d'autre part, de permettre au pays de dépasser la simple détention d'une ressource naturelle, assurant une rente modique, pour se positionner utilement sur toute la chaîne de production.

Le dispositif fiscal d'une loi relative à une ressource naturelle doit s'articuler autour de trois questions principales, soit celles de savoir : ***1)*** Comment un État détenteur d'une ressource naturelle s'assure une part équitable dans la rente d'exploitation ; ***2)*** comment il organise la prise en charge du coût de gestion des externalités négatives ; et ***3)*** comment il ajuste l'impôt ordinaire pour assurer la rentabilité des investissements par rapport à leurs coûts environnementaux. Dans l'étude du *régime fiscal des ressources naturelles*, l'auteur offre les éléments qui permettent d'apprécier comment chacune de lois en question répond ou tente de répondre à cette problématique fiscale.

Par ailleurs, à travers les accords dits *ressources naturelles contre infrastructures* et la loi sur les conventions *Partenariat Public-Privé*, l'État expérimente ou projette d'expérimenter des formules d'anticipation des recettes publiques issues de l'exploitation des ressources naturelles, par un endettement pour financer des projets d'infrastructure. L'auteur pose à cet endroit les bases d'une analyse de ces mécanismes d'endettement et de leur appréciation par rapport au défi d'une juste proportion entre les bénéfices socio-économiques d'une provision d'infrastructures obtenue et soit le potentiel fiscal d'une ressource naturelle hypothéquée, soit le niveau de la dette accumulée, ou soit les coûts environnementaux du prélèvement des ressources naturelles données en garantie.

Toutes les lois et règlements relatifs aux ressources naturelles sont assortis de sanctions pénales qui, visant principalement toute violation de leurs dispositions, servent de garantie à leur application. Or, avec la prise de conscience écologique, la gestion des ressources naturelles se redéfinit sur des nouvelles valeurs sociétales et des nouveaux droits fondamentaux en quête d'une identification précise et d'une protection spéciale. Ceci requiert toute une politique criminelle qui, au-delà de la simple protection des textes, conçoit un ordre public particulier au secteur extractif, recense les atteintes possibles, définit des infractions autonomes et pourvoit à leur répression efficace.

Dans l'étude du *régime pénal des ressources naturelles*, l'auteur pose les bases d'une telle politique criminelle. Le lecteur y trouve aussi une projection de la mise en œuvre des infractions de pillage des ressources naturelles et de haute trahison qui, prévues par Constitution, sont des prémices de la construction d'un ordre public particulier dans le secteur des ressources naturelles.

Ainsi présenté, à travers ses *idées-forces*, le présent ouvrage a indiscutablement le mérite de soumettre à une réflexion scientifique la réglementation sur les ressources naturelles, de sorte que chaque catégorie de lecteurs qu'il cible y trouve son compte par rapport à sa fonction professionnelle.

Le *chercheur en droit* trouvera dans cet ouvrage des pistes de réflexion dans lesquelles, à la suite de l'auteur, il pourra enrichir les outils théoriques qui y sont proposés, et contribuer au développement doctrinal du droit des ressources naturelles. Le *législateur* y trouvera les éléments d'une évaluation et d'une amélioration de son œuvre au fur et à mesure de l'évolution de la conscience écologique. Et l'*opérateur politique* y trouvera en filigrane les éléments d'articulation d'une vision stratégique cohérente, claire et complète, dont doit être doté le secteur des ressources naturelles.

Quant au *praticien du droit*, conseil ou consultant des entreprises ou des organisations de la société civile, il y trouvera des éléments de compréhension et d'interprétation des cadres juridiques dans lesquels elles opèrent.

Maître Emery Mukendi Wafwana

INTRODUCTION

1. Sous l'intitulé *DROIT DES RESSOURCES NATURELLES : Eléments d'élaboration, d'analyse et d'évaluation des lois,* le présent ouvrage propose un cadre d'étude scientifique de la réglementation du secteur extractif, telle qu'elle évolue depuis le lancement du concept de développement durable. Les éléments théoriques qui y sont proposés sont construits à partir de l'expérience législative de la République Démocratique du Congo, mais ils valent pour celle de tout pays en voie de développement et dépendant économiquement de ses ressources naturelles.

En effet, se relevant en 2001 d'une grave crise politique, économique et sociale, la République Démocratique du Congo entreprit un long processus de réforme de son secteur extractif visant à en renforcer l'attractivité et, partant, à en relancer la production. Dans ce double but, elle a pu se doter à ce jour de nouvelles lois sur les ressources naturelles : le code minier[1], le code forestier[2], la loi portant principes fondamentaux relatifs à l'agriculture[3], la loi portant régime des hydrocarbures[4] et la loi relative à l'eau[5]. La réforme des lois sur la chasse et sur la pêche étant en perspective.

Au-delà de la simple incitation aux investissements dans le secteur extractif, ce processus de réforme législatif vise à mettre les lois sur les ressources naturelles au diapason des exigences du concept de développement durable lancé plutôt au Sommet de Rio sur la Terre, soit en 1992. Dans sa mise en œuvre, ce concept exige, en effet, la prise en charge efficace des externalités négatives (*la protection de l'environnement*), la redistribution équitable du revenu d'exploitation en considérant particulièrement les besoins de plus défavorisés (*la justice sociale*), la préservation des ressources naturelles au profit des générations futures (*l'utilisation durable*) ainsi qu'un cadre institutionnel transparent et ouvert à la participation citoyenne (*la bonne gouvernance fondée sur la démocratie participative*).

Par ces quatre exigences, le concept de développement durable modifie fondamentalement nos rapports aux ressources naturelles en en grevant profondément l'appropriation (publique ou privée) du droit à l'environnement de l'humanité, du droit au développement du peuple, de droits des communautés autochtones ou locales, de droits des générations futures et du

---

[1] Loi n°007/2002 du 11 juillet 2002 portant code minier
[2] Loi n°011/2002 du 11 août 2002 portant code forestier
[3] Loi n°11/022 du 24 décembre 2011 portant principes fondamentaux relatifs à l'agriculture
[4] Loi n°15/012 du 1ier août 2015 portant régime général des hydrocarbures
[5] Loi n°15/026 du 31 décembre 2015 relative à l'eau.

droit de contrôle citoyen. Tous ces droits étant chacun revêtu du caractère de droit fondamental. Il modifie aussi, par voie de conséquence, les critères d'appréciation d'une gestion efficace et efficiente du secteur extractif en ajoutant aux traditionnels indices financiers ceux de réalisation de ces quatre droits fondamentaux.

Cependant au moment où ce concept de développement durable était lancé, la République Démocratique du Congo, alors République du Zaïre, s'installait dans une grave crise politique. Celle-ci, inhibant la recherche scientifique, priva le pays d'une réflexion profonde et d'une vision stratégique nationale par lesquelles il devait intérioriser le contenu du concept en question, accéder parfaitement à ses exigences et l'assumer dans toute sa portée. C'est dans ce déficit scientifique et stratégique que toutes ces nouvelles lois sur les ressources naturelles ont été produites, de sorte qu'elles sont moins l'expression d'une vision de développement endogène et mûrement réfléchie qu'une réponse superficielle à une *demande institutionnelle* externe.

S'en ressentant négativement du point de vue de sa cohérence, sa pertinence et son effectivité, cette production législative nécessite un cadrage scientifique qui, basé sur ses sources matérielles authentiques, permette à la doctrine d'en pointer les limites et d'élaborer les outils théoriques pouvant pourvoir à son amélioration. Répondant à cette demande, le présent ouvrage rassemble toutes les lois sur les ressources naturelles dans un même champ d'étude : ***Le droit des ressources naturelles*** ; et il y invite le juriste à affiner et à enrichir les outils théoriques qui y sont proposés pour, d'une part, préciser le contenu de cette nouvelle branche de droit et, d'autre part, pourvoir à une meilleure évolution des lois en vigueur.

Dans ce double but, nous proposons des éléments théoriques permettant, d'une part, de définir chacun des aspects du droit des ressources naturelles et, d'autre part, d'analyser et d'évaluer chacune de lois sur les ressources naturelles. Les dits aspects sont : les ***notions de ressource naturelle et de droit des ressources naturelles***, le ***statut juridique des ressources naturelles***, le ***régime d'accès aux ressources naturelles***, le ***régime de transmission des actifs naturels et des droits d'accès aux ressources naturelles***, le ***régime commercial des ressources naturelles***, le ***régime fiscal des ressources naturelles*** et le ***régime pénal des ressources naturelles***.

2. Ainsi, s'ouvrant sur des préliminaires sémantiques, le présent ouvrage retrace l'itinéraire de la notion de ressource naturelle qui, depuis l'affirmation de sa valeur d'existence en écologie, se recherche un contenu adapté au statut qu'il doit se confectionner en droit, pour concilier son appropriation étatique ou privée avec les quatre droits fondamentaux dont elle est grevée (le droit à l'environnement de l'humanité, le droit au développement du peuple, les droits des communautés autochtones ou locales, les droits des générations futures et le droit de contrôle citoyen). Dans cette optique écologique, une ressource naturelle doit être avant tout caractérisée, distinguée et catégorisée. Il faudra par ailleurs affiner les termes de *potentiel naturel*, d'*actif* *naturel* et de *capital naturel* à travers lesquels on essaie de l'appréhender dans le discours politique.

Dans sa quête écologique d'un contenu fonctionnel ainsi que d'un système d'appropriation, de protection et de gouvernance adéquat, la ressource naturelle ouvre des pistes de réflexion dans diverses branches du droit (droit des biens, droit pénal, droit administratif, droit fiscal et droit commercial) en y introduisant des nouveaux concepts ou en y postulant une redéfinition des concepts traditionnels. Ceci y implique des évolutions éparses qui, pour être mieux étudiées, doivent être recueillies et synthétisées dans une unique branche disciplinaire, soit le *Droit des ressources naturelles.* Il faut ainsi préciser et circonscrire le contenu de ce droit synthétique, en indiquer les sources matérielles ainsi que les techniques et le cadre d'élaboration afin d'en souligner la pertinence comme lieu de synthèse juridique, de développement doctrinal et d'enrichissement théorique.

3. Une ressource naturelle se présente sous différents statuts juridiques qu'il faut indiquer en précisant pour chacun son fondement, son contenu, sa portée et sa problématique. Elle se présente, en effet, comme un ***bien sous souveraineté de l'État ou du peuple***, un ***bien du domaine public ou privé de l'État***, une ***res nullius sous souveraineté de l'État***, un ***bien public global naturel***, une ***possession coutumière*** et un ***héritage des générations futures***. Les deux premières formes juridiques qualifient des systèmes d'appropriation qu'il faut définir et analyser. Ceci doit permettre d'évaluer le niveau de garantie ou de protection qu'ils offrent chacun aux droits fondamentaux affirmés sous les trois dernières formes juridiques, et ces dernières doivent être précisées tant dans leurs portés que dans leurs contenus.

Cette étude des statuts juridiques des ressources naturelles permet de retracer leur évolution en en indiquant les ressorts, les axes et le point de convergence. Ce point est un nouveau statut juridique en perspective, conforme aux exigences de la conscience écologique du moment. Cette évolution convergente est dictée, en effet, par les limites des formules traditionnelles de leur appropriation (le domaine public et le domaine privé de l'État) par rapport à la garantie des droits fondamentaux qui y sont reconnus et au décentrement du cadre institutionnel de leur gestion (la démocratie participative). Elle implique ainsi une remise en question du droit de disposition de l'État et de sa centralité dans le processus décisionnel.

Sur ce, le statut juridique des ressources naturelles évolue vers leur mise en patrimoine. Cette *patrimonialisation* associe à l'acte d'appropriation tous les titulaires des droits fondamentaux dont elles font l'objet (le peuple, les communautés locales ou autochtones, l'humanité et les générations futures), offre une base juridique au droit de contrôle citoyen sur leur gestion ainsi qu'à l'obligation de l'État d'en rendre compte, garantit la répartition équitable de leurs bénéfices et assure leur transmission intergénérationnelle. On peut percevoir à travers les axes de ce processus d'évolution les linéaments d'un nouveau statut juridique ou d'un système d'appropriation qui se distingue fondamentalement de ce qu'on entend par *domaine public* ou *domaine privé de l'État.* Le droit devrait s'en saisir pour lui trouver une qualification prenant en compte la double caractéristique naturelle et économique des ressources naturelles, la tendance de leur mise en patrimoine ainsi que l'universalisation, à l'échelle nationale, de leur appropriation ; ce qui pourrait déboucher sur le concept de *Patrimoine naturel économique.*

4. Les statuts juridiques des ressources naturelles connus, il faut étudier les règles d'accès à une ressource naturelle. Ceci requiert une théorie générale du régime d'accès aux ressources naturelles qui propose les éléments d'une meilleure précision : de la notion de droit d'accès à une ressource naturelle, des principes fondamentaux du processus d'accès, des voies et conditions d'accès ainsi que des dispositifs de contrôle d'accès. Chaque théorie proposée est assortie d'éléments de la problématique de son application par chacune de lois sur les ressources naturelles en vigueur.

Préciser la notion de droit d'accès à une ressource naturelle revient à en donner le contenu, en indiquer les modes d'exercice (*accès industriel, accès artisanal* et *accès traditionnel*) en définissant leurs fonctions et leurs objectifs dans la stratégie de développement durable, ainsi qu'à en démontrer la nature de droit fondamental. L'organisation des procédures d'octroi, de refus et de retrait d'un droit d'accès à une ressource naturelle est fondée sur des principes fondamentaux dont il faut préciser le contenu et démontrer la pertinence. Ces principes permettent un processus d'accès qui prenne en compte tous les droits fondamentaux (*accès équitable*), l'exercice efficace de la démocratie participative (*accès transparent*) et une meilleure protec-tion des droits d'accès octroyés, incitative aux investissements privés (*accès sécurisé*).

Le processus d'accès aux ressources naturelles se décline en différentes voies d'accès industrielles, artisanales et traditionnelles (*Appel d'offres avec adjudication publique, attribution de gré à gré, demande de concession ou d'autorisation d'accès et accès libre*). Il faut en préciser les notions et indiquer les avantages et les désavantages de chacune d'elles par rapport aux objectifs poursuivis au plan politique, c'est-à-dire l'efficacité allocative, la maximisation de la redevance d'accès ainsi que l'accès équitable et transparent.

L'octroi et l'exercice des droits d'accès aux ressources naturelles sont soumis à des conditions. L'étude de ces dernières implique la théorie d'une conditionnalité maximale, c'est-à-dire celle qui inclut tous les critères financiers, techniques, professionnels et éthiques. Une telle théorie ressort la pertinence d'un régime de conditions complet et cohérent, par rapport à sa fonction de levier de formation et d'émergence d'un entreprenariat économiquement efficace et écologiquement responsable.

L'accès aux ressources naturelles est placé sous des dispositifs de contrôle qui nécessitent des éléments théoriques de leur analyse et de leur évaluation par rapport à leur efficacité. Un dispositif de contrôle d'accès à une ressource naturelle signifie les mécanismes d'élaboration de la politique et des règles d'accès, ceux d'autorisation ou d'interdiction d'accès ainsi que ceux de surveillance et de sanction des exploitants. Il faut souligner la nécessité pour ces mécanismes de souscrire, à tous les niveaux de leur fonctionnement, aux principes de transparence et de démocratie participative. Leur précision permet de définir tous les outils de contrôle préventifs (*contrat de concession, instruction de la demande d'accès, autorisation d'accès, règlement d'ouverture d'un site d'accès artisanal, acte d'agrément et rapports divers*), tous les outils de contrôle répressifs (*Inspection, contrôle juridictionnel* et *dénonciation citoyenne*) et toutes les sanctions.

La définition de chacun de ces outils de contrôle préventifs ou répressifs et de chaque sanction applicable permet d'en préciser le contenu, les fonctions et les objectifs et, partant, d'apprécier ses effets coercitifs et incitatifs sur les comportements des opérateurs du secteur extractif. L'objectif est de présenter théoriquement un dispositif de contrôle d'accès apte à assurer un accès équitable, transparent et sécurisé aux ressources naturelles.

5. Tels qu'ils sont définis, un actif naturel ainsi qu'un droit d'accès à une ressource naturelle sont des biens, mais leur patrimonialité n'étant pas si évidente, l'étude de leur régime de transmission devra en circonscrire les possibilités et les limites. Au regard de la tendance d'une mise en patrimoine des actifs naturels en vue d'assurer leur transmission intergénérationnelle, il faut ainsi souligner la nécessité de leur appropriation nationale impliquant leur inaliénabilité et leur imprescriptibilité. Les droits d'accès y relatifs étant en principe des droits patrimoniaux, il faut poser la problématique de leur patrimonialité, c'est-à-dire répondre aux questions relatives aux critères de leur évaluation monétaire, à celles de savoir si et dans quelle mesure ils sont cessibles, amodiables, saisissables, hypothécables et transmissibles à cause de mort, ainsi qu'à celles relatives au régime de contrôle de leurs transferts.

Dans le cas où il revendique le statut d'un droit patrimonial, un droit d'accès à une ressource naturelle bute sur le statut d'acte de police, indisponible, précaire et temporaire de l'acte administratif qui le confère à son titulaire (contrat, autorisation et permis). Il faut donc rechercher le principe justificatif de la patrimonialité d'un droit qui, en réalité, n'est qu'un effet économique d'un tel acte, et indiquer les restrictions logiques à sa transférabilité par voie de cession, d'amodiation, de saisie, d'hypothèque et de succession. En plus, l'octroi d'un droit d'accès à une ressource naturelle n'impliquant pas l'abdication par l'administration publique de son pouvoir de contrôle de l'accès, il faut définir tous les régimes de contrôle des actes de transfert (*autorisation*, *entérinement* et *information*) afin de voir lequel est plus efficace.

5 L'accès aux ressources naturelles trouve sa finalité dans le commerce des produits qui en sont issus. La mise en circulation de ces derniers pose une problématique qui, pour être mieux analysée, requiert une théorie du régime commercial des ressources naturelles. Cette dernière précise la notion de ce régime et celle de commerce des ressources naturelles en indiquant les objectifs et les moyens poursuivis dans leur mise en œuvre.

Se distinguant fondamentalement de la notion juridique d'acte de commerce, celle de commerce des ressources naturelles inclut tous les actes du circuit commercial d'un produit naturel, depuis son extraction jusqu'à sa consommation finale. La réglementation de ces actes ne relève pas du droit commercial général (visant principalement la fluidité de la circulation des biens), mais d'un régime commercial restrictif visant la maîtrise du circuit commercial des produits naturels extraits, en vue d'assurer sa traçabilité, l'accroissement du « pouvoir commercial » du pays, la croissance économique et la protection de l'environnement.

La réalisation de ces objectifs requiert des moyens fiscaux et institutionnels appropriés qu'il faut définir en en démontrant les effets incitatifs. Ces moyens sont généralement : *les Taxes à l'exportation ou à l'importation, les quotas et prohibitions, la règle du contenu local, la bourse locale des matières premières et les barrières administratives*

6 Pour assurer la répartition équitable du revenu de l'accès aux ressources naturelles, le secteur extractif élabore une fiscalité particulière qui mobilise des nouveaux outils fiscaux dont il faut préciser les contenus et évaluer la pertinence. Ceci requiert une théorie générale du régime fiscal des ressources naturelles pour en préciser la notion et le fondement par rapport au droit fiscal général, et en en analyser les trois formes principales d'application : le *régime fiscal traditionnel*, le *régime fiscal relatif au contrat dit « ressources naturelles contre infrastructures »* et le *régime fiscal relatif au partenariat public-privé*. La précision de ces trois régimes fiscaux permet de les définir, d'en indiquer les objectifs et les outils fiscaux qu'ils mobilisent particulièrement, de manière à pouvoir en apprécier les avantages et les désavantages par rapport à ce que vise principalement la fiscalité des ressources naturelles, c'est-à-dire : *assurer à l'État une part raisonnable dans la rente d'exploitation* et *mettre en œuvre une fiscalité écologique*. Ces deux objectifs doivent être aussi précisés.

7 Avec la prise de conscience écologique universelle, le secteur extractif est devenu le lieu d'affirmation des nouvelles valeurs et des nouveaux droits qui requièrent un nouveau système d'identification et de protection pénale. Dans cette nouvelle perspective, il faut une théorie du régime pénal des ressources naturelles qui éclaire les faiblesses et les limites des dispositifs de sanctions, dont sont assorties traditionnellement les lois sur les ressources naturelles, indique les axes de l'émergence d'un nouveau régime pénal et analyse les prémices de sa mise en œuvre constitutionnelle.

Les faiblesses et les limites des dispositifs de sanctions des lois sur les ressources naturelles apparaissent à la lumière d'une précision théorique sur les fonctions expressive, dissuasive ou préventive et répressive d'un régime pénal. Par rapport aux enjeux particuliers de la protection de l'ordre public dans le secteur extractif, une nouvelle notion de régime pénal des ressources naturelles émerge à travers quatre axes qu'il faut définir : le *concept d'ordre public écologique*, le *concept de crime écologique*, le *concept de préjudice écologique* et le *concept de tribunal écologique*.

A travers les infractions de *haute trahison* et de *pillage* qu'elle consacre, respectivement, à ses articles 56 et 57, la Constitution pose les prémices d'une mise en œuvre de cette nouvelle notion de régime pénal des ressources naturelles. Il faut une précision théorique qui en définit les éléments matériels et les éléments moraux et pose la problématique de leur application.

8 Par l'exposé théorique de ces différents aspects du droit des ressources naturelles, le présent ouvrage tente en pratique de répondre à toute la problématique induite par la quête scientifique et politique d'un système d'appropriation des ressources naturelles équitable, d'un dispositif de contrôle d'accès efficace et d'un meilleur mécanisme de redistribution de la rente naturelle. Se réalisant par rapport aux idéaux de développement durable, une telle amélioration des cadres juridiques de gestion des ressources naturelles devrait offrir des antidotes contre le phénomène de *malédiction des ressources naturelles*, car si ce phénomène plonge ses racines dans les faiblesses éthiques et morales des acteurs, c'est dans les insuffisances des cadres légaux qu'il prospère.

Pour répondre à cette problématique d'amélioration des cadres juridiques de gestion des ressources naturelles, le présent ouvrage procède par la construction théorique des archétypes de régimes juridiques déduits des critères institutionnels, écologiques, sociaux et économiques du principe de développement durable. À l'aune de différentes théories exposées, tout instrument législatif ou réglementaire en vigueur peut être analysé et évalué, de manière à pointer ses insuffisances et à proposer les éléments théoriques de son amélioration.

S'agissant d'un premier effort d'intégration, dans un même champ d'étude, de différentes lois relatives aux ressources naturelles, cet ouvrage est le premier du genre ; son élaboration a pâti de difficultés (et peut être aussi d'erreurs) déduites de la rareté des études doctrinales faites en science juridique sur les aspects du contenu du droit des ressources naturelles. Toutefois, au moyen de divers études et rapports faits sur la gestion du secteur extractif, nous pensons avoir ouvert une piste de réflexion scientifique sur le droit en question.

Chapitre I

PRÉLIMINAIRES SÉMANTIQUES

De prime abord, il est intéressant de préciser la notion de ressource naturelle pour voir à travers son évolution sémantique comment, s'étant révélée au départ comme enjeux économique et environnemental, il s'impose en Droit comme un bien distinct revendiquant un statut particulier en donnant lieu à l'usage de diverses notions connexes dont il faut la distinguer en affinant sa définition **(Section 1).** Ce qui met en perspective le droit des ressouces naturelles qui, entant que branche spéciale du Droit, doit se justifier et préciser son contenu **(Section 2).**

Section 1 : NOTION DE RESSOURCE NATURELLE

Pour préciser la notion des ressources naturelles, il faut en exposer l'origine **(§1),** en donner la définition **(§2)** et indiquer les niveaux d'appréhension juridique d'une ressource naturelle **(§3).**

§1. ORIGINE

Tel qu'appréhendé actuellement, le concept de ressource naturelle fit son apparition dans la foulée de la double prise de conscience économique et écologique des limites de l'écosystème terrestre par rapport à l'impératif de croissance économique ; il s'est forgé dans un long processus de réflexion politique mené à l'échelle mondiale et visant la préservation des équilibres écologiques de la Planète.

En effet, en 1972, le rapport sur les limites de la croissance[6] du Club de Rome[7] confronta, pour la première fois, le système économique mondial axé

---

[6]Connu aussi sous le titre de *Rapport Meadow*, il s'agit d'une étude commandée en 1970 par le Club de Rome à des chercheurs du Massachusetts Institute of Technology. Publiée en 1972, il remet en question les vertus de la croissance au nom d'une prise de conscience d'une pénurie prévisible des ressources énergétiques et minérales et des conséquences du développement industriel sur l'environnement. Sa version française est publiée en 1973 sous le titre *Halte à la croissance* ? Par Jeanine DELAUNEY aux éditions Fayards.

[7] Le Club de Rome est un groupe de réflexion réunissant des scientifiques, des économistes, des fonctionnaires nationaux et internationaux, ainsi que des industriels de 52 pays, préoccupés des problèmes complexes auxquels doivent faire face toutes les sociétés, tant

sur la croissance à la triple problématique de la croissance démographique (impliquant la pénurie des ressources alimentaires), de l'épuisement des ressources naturelles (impliquant la rareté des matières premières qui en sont issues) et de la pollution (impliquant l'appauvrissement du sol et l'érosion de la biodiversité). Au-delà des controverses que cette démonstration des limites écologiques de la croissance économique suscite sur le plan économique, elle amorce au plan politique une réflexion sur la maîtrise des activités industrielles en vue de leur adéquation aux équilibres écologiques. Cette réflexion politique conduisit, le 28 octobre 1982, à l'adoption par l'Assemblée générale des Nations Unies de la charte mondiale de la nature[8] ; puis plus tard à la signature de la déclaration de Rio[9] sur l'environnement et le développement inspirée du Rapport BRUNDTLAND[10] définissant le concept de développement durable.

Dans ce processus de réflexion politique, l'enjeu pour le concept de ressource naturelle fut de se donner un contenu adapté à la valeur qu'elle se cherche en économie pour rationaliser son utilisation et au statut qu'elle se cherche en droit pour assurer sa protection, la régulation de son extraction et la répartition équitable du flux de ses bénéfices.

§2. DÉFINITION DU CONCEPT DE RESSOURCE NATURELLE

Le concept de ressource naturelle est différemment défini en économie des ressources naturelles **(1)**, en droit de l'environnement **(2)** et en droit économique **(3).**

1. En économie des ressources naturelles

Les économistes proposent plusieurs définitions du concept de ressource naturelle qui procèdent du souci économique de préserver la durabilité du système économique en rationnalisant l'utilisation des ressources naturelles rares. Elles sont toutes formulées dans les termes plus ou moins identiques à

---

industrialisées qu'en développement. Il doit son nom au lieu de sa première réunion à Rome en 1968.

[8] Elle engage les Etats membres à veiller, entre autres, à ce que *les écosystèmes et les organismes de même que les ressources terrestres, maritimes et atmosphériques qu'utilise l'homme seront gé-rés de manière à assurer et maintenir leur productivité optimale et continue, mais sans comp-romettre pour autant l'intégrité des autres écosystèmes ou espèces avec lesquels ils coexistent.*

[9]Elle engage les États membres à réaliser leur droit au développement en tenant particulièrement compte des besoins des populations défavorisées, du respect de l'environnement et des droits des générations futures.

[10] Rapport de la commission des Nations Unies sur l'environnement et le développement publié en 1987, disponible sur www.diplomatie.gouv.fr349 pages

ceux de la définition donnée dans le *rapport sur le Commerce mondial 2010 de l'Organisation Mondiale du Commerce*[11].

En effet, ce rapport définit les ressources naturelles comme : *Les stocks de matières présentes dans le milieu naturel qui sont à la fois rares et économiquement utiles pour la production ou la consommation soit à l'état brut, soit après un minimum de transformation.* Cette définition économique d'une ressource naturelle en ressort deux caractéristiques impliquant sa valeur marchande : *La rareté et l'utilité économique.* Il n'y a ainsi de ressource naturelle que celle qui est rare, c'est-à-dire celle dont le stock naturel est épuisable ou dont le coût d'exploitation limite la disponibilité et celle qui est économiquement utile, parce qu'utilisée comme intrant dans la production d'autres biens (exemple les minerais) ou servant de base à une activité économique (les terres agricoles ou les sites récréatifs).

Ces deux critères étant cumulatifs, il faudrait exclure de cette définition économique d'une ressource naturelle les éléments de la nature disponibles naturellement et accessibles gratuitement (L'eau de mer, l'air, l'énergie solaire, l'énergie éolienne…) ; quelles que soient par ailleurs leur valeur d'existence ou leur utilité économique.

2. En droit de l'environnement

En droit de l'environnement, il n'existe pas de définition consacrée du concept de ressource naturelle. Procédant de l'observation des écosystèmes terrestres et du souci d'en conserver le bon état écologique, toutes les définitions y sont plutôt empiriques et utilisent les mêmes éléments pouvant induire une définition utile pour la présente étude.

Ainsi, nous pouvons définir le concept de ressource naturelle en l'appliquant aux éléments et aux organismes de l'écosystème terrestre ayant une utilisation ou une valeur effective ou potentielle pour l'humanité. Cette définition se fonde sur les critères d'utilité ou de valeur. La valeur d'une ressource naturelle peut être : une *valeur d'usage* (déduite de ses fonctions nourricières, médicinales et économiques), une *valeur d'option* (déduite de son utilité future ou supposée) et une *valeur d'existence* (déduite de ses fonctions écologiques, culturelles, spirituelles et scientifique).

Il s'agit là d'une définition extensive qui englobe l'ensemble des éléments constituant l'écosystème terrestre et nécessaires au maintien, à l'entretien et à l'agrément de l'existence humaine sur la Terre. Elle procède de l'objectif du droit de l'environnement d'assurer une protection intégrale de l'environnement.

Dans cette perspective environnementaliste, le concept de ressource naturelle signifie concrètement les trois catégories d'éléments naturels suivantes :

[11] Disponible sur https://www.wto.org/french/res_f/booksp_f/anrep_f/wtr10-2b_f.pdf p. 4

1. les éléments naturels contenus dans un écosystème qui contribuent activement à son bon état écologique ;
2. les éléments naturels contenus dans un écosystème sans qu'ils n'y accomplissent une fonction écologique indispensable, mais dont l'extraction peut altérer son bon état écologique ;
3. les éléments de la biodiversité, c'est-à-dire, les espèces animales et végétales constituant un patrimoine génétique qu'il faut préserver et transmettre intégralement aux générations futures ;

Par exemple, dans un écosystème forestier donné, une forêt peut contribuer à la protection du sol ou de la biodiversité et à l'assainissement des eaux ou du climat ; ce qui lui confère une valeur écologique qui intéresse le droit de l'environnement. Par contre, un minerai a une valeur économique, mais il n'accomplit aucune fonction écologique indispensable dans son écosystème ; il n'intéresse le droit de l'environnement qu'en raison des impacts négatifs de son extraction sur l''environnement.

3. En droit économique

En droit économique, nous pouvons partir du contenu du concept de ressource naturelle **(3.1)** pour en indiquer les caractéristiques **(3.2),** en faire une classification **(3.3)** et le distinguer de concepts voisins **(3.4).**

3.1 Contenu du concept de ressource naturelle

Appliqué à l'exploitation des ressources naturelles, le droit économique partage le même champ d'application que l'économie des ressources naturelles. De sorte que les deux sciences appliquent le concept de ressource naturelle aux mêmes choses, chacune essayant de lui donner la définition correspondant aux objectifs qu'elle poursuit.

L'objectif principal de l'économie des ressources naturelles est de définir les conditions qui assurent l'*optimum de production*[12]des biens et services fournis par les ressources naturelles rares. Etant dans son orientation libérale au service de l'économie, le droit économique ne peut qu'emprunter la définition économiste du concept de ressource naturelle telle que donnée ci-avant. Mais procédant, dans son orientation sociale, de l'intervention étatique dans l'économie en vue d'y faire prévaloir l'intérêt général, il devrait adéquatement redéfinir le concept de ressource naturelle comme *l'ensemble des biens naturels formant le globe terrestre, aptes à fournir naturellement ou par le fait d'un travail humain des biens et services économiquement utiles ou alimentaires et constituant les moyens d'existence d'une nation ou de ses composantes ethniques, tribales ou claniques.*

[12] C'est-à-dire les conditions favorables pour réaliser le meilleur profit.

Le droit des ressources naturelles étant, dans notre entendement, le droit économique appliqué aux ressources naturelles, c'est cette dernière définition que nous retenons pour la suite de notre étude.

3.2 Caractéristiques d'une ressource naturelle

Telles que définies ci-avant, les ressources naturelles sont des biens formant le globe terrestre **(3.2.1)**, ayant une fonction économique ou alimentaire **(3.2.2)** et constituant les moyens d'existence d'une nation ou d'une communauté locale ou autochtone **(3.2.3)**.

3.2.1. Biens formant le globe terrestre

Le terme « bien » est pris ici dans son sens juridique de chose matérielle, susceptible d'appropriation. Comme telle, une ressource naturelle est une chose matérielle formant le globe terrestre qu'une personne peut s'attribuer à titre de propriété de manière à l'affecter à son usage exclusif ou à tirer profit de son usage par d'autres personnes.

Par cette caractéristique de « bien » telle que vue en droit, le concept de ressource naturelle exclut de son contenu les phénomènes immatériels et matériels produits en flux continus par l'écosystème terrestre et ne pouvant faire l'objet d'appropriation ou n'ayant aucune existence matérielle autonome pour constituer en eux-mêmes des ressources naturelles. Il s'agit ainsi de phénomènes comme l'air, l'énergie solaire, l'énergie éolienne, l'énergie hydraulique, l'énergie géothermique et les précipitations atmosphériques.

La qualité de l'air, l'intensité de l'insolation, la vitesse du vent, le débit fluvial, la puissance géothermique et la fréquence des précipitations ne sont pas partout les mêmes. De sorte qu'il y a des endroits de la Terre où l'air est plus sain, où les énergies solaire, éolienne, hydraulique et géothermique sont plus disponibles et où la pluviosité est plus forte qu'ailleurs. Mais l'appropriation de l'aire et de l'énergie solaire par les personnes établies à ces endroits privilégiés est juridiquement inconcevable, car, en raison de leur disponibilité naturelle et universelle, ils ne peuvent pas être pratiquement affectés à un usage exclusif et la soumission de leur usage au paiement d'une redevance énerverait l'éthique.

S'ils peuvent être affectés à un usage exclusif ou faire l'objet d'un contrôle d'utilisation en raison de leurs localisations géographiques restreintes, les énergies hydraulique et géothermique n'ont pas d'existence matérielle autonome. Elles participent plutôt de services écosystémiques, c'est-à-dire des utilités ou des bénéfices tirés de ressources naturelles, en l'occurrence, les cours d'eau et les roches de la croûte terrestre.

Cependant, en écologie et en droit de l'environnement, l'air, l'énergie solaire, l'énergie éolienne, l'énergie hydraulique, l'énergie géothermique et les précipitations atmosphériques sont, du fait de leurs fonctions écologiques, des ressources naturelles ; elles ne le sont, pas au sens du droit économique.

3.2.2. Bien ayant une fonction économique ou alimentaire

Suivant l'échelle sociale de son utilisation, une ressource naturelle accomplit une fonction économique **(A)** ou une fonction alimentaire **(B).**

A. Fonction économique

La fonction économique d'une ressource naturelle signifie son aptitude à fournir naturellement ou par un travail humain des biens et des services économiquement utiles, c'est-à-dire des biens et des services pouvant être utilisés comme des intrants dans la production économique ou pouvant être vendus. Comme tels, ces biens peuvent être catégorisés, suivant leur nature, en matières premières et en services écosystémique.

Les matières premières sont des biens utilisés comme produits de base dans la production d'autres biens et services, exemple : les métaux fournis par les minerais, les denrées alimentaires fournies par le sol, les bois fournis par les arbres ainsi que le pétrole et le gaz naturel fournis par les hydrocarbures. Les services écosystémiques sont des bénéfices divers que les hommes tirent du fonctionnement naturel des écosystèmes ou les utilisations qu'ils en font[13]. Certains de ces services peuvent être utilisés comme intrants dans la production des services économiques, par exemple l'énergie géothermique fournie par le sous-sol utilisée dans la production de l'électricité ; certains autres peuvent être vendus sur le marché dans le cadre du système des paiements pour la préservation des services écosystémiques[14] (PPSE), exemple le service de réduction du gaz carbonique (fourni naturellement par la forêt et vendu sur le marché carbone sous for-me de certificat de réduction des émissions) et les services d'aménités (fournis par les éléments de la biodiversité ou de la nature et qui sont ven-dus dans le cadre de l'écotourisme)

---

[13] Suivant le Rapport synthèse sur l'Evaluation des écosystèmes pour le millénaire, les services écosystémiques sont les bénéfices que les humains retirent des écosystèmes sans avoir à agir pour les obtenir. « *Ceux-ci comprennent des services de prélèvement tels que la nourriture, l'eau, le bois de construction, et la fibre; des services de régulation qui affectent le climat, les inondations, la maladie, les déchets, et la qualité de l'eau; des services culturels qui procurent des bénéfices récréatifs, esthétiques, et spirituels; et des services d'auto-entretien tels que la formation des sols, la photosynthèse, et le cycle nutritif* » (http://www.millenniumassessment.org/documents/ docu-ments.447.aspx.pdf p. 9)

[14] Les PPSE sont des outils incitatifs conçus dans le cadre de l'évaluation des écosystèmes pour le millénaire et qui consistent, pour les bénéficiaires des services écologiques d'une ressource naturelle, à en rémunérer le propriétaire en vue de l'inciter à la conserver

Cette caractéristique économique exclut du concept de ressource naturelle les biens formant le globe terrestre qui accomplissent une fonction écologique spécifique, sont soustraits à toute utilisation économique et ne présente aucun intérêt touristique significatif, exemple une forêt classée pour préserver le sol, un cours d'eau ou l'esthétique d'un paysage ainsi que des espèces animales ou végétales protégées. En droit de l'environnement, l'appropriation publique de ces éléments naturels ne vise pas l'exclusivité et le contrôle de leur usage par l'État, mais leur protection contre tout usage.

B. Fonction alimentaire

Une ressource naturelle accomplit une fonction alimentaire lorsqu'elle est utilisée par les membres d'une communauté humaine pour la satisfaction de leurs besoins domestiques, les produits qui en sont extraits étant immédiatement consommés par les usagers comme nourritures, produits pharmaceutiques ainsi que comme matériel de construction ou de fabrication (des meubles meublant, des outils de travail ou des objets artistiques)

Cette fonction alimentaire suppose, pour la définition du concept de ressource naturelle, l'admission du critère d'utilité alimentaire à côté de celui d'utilité économique exposé ci-avant. Alors que ce dernier critère introduit dans le concept en question les biens naturels servant à la production des biens vendus sur le marché, l'autre en étend l'applicabilité aux biens naturels utilisés pour la production des biens destinés à la satisfaction des besoins domestiques des utilisateurs. Prises comme tels, les ressources naturelles forment l'espace vital ou nourricier des communautés locales ou autochtones.

Tenant compte de la fonction alimentaire des possessions coutumières de ressources naturelles, le droit des ressources naturelles s'y intéresse, non pour en régir l'exercice (qui relève de la coutume), mais pour leur définir un statut qui le mette à l'abri de l'exploitation industrielle.

3.2.3. Biens constituant les moyens d'existence d'une nation ou d'une communauté locale ou autochtone

Dans le langage courant, les moyens d'existence sont les biens dont dispose une personne ou une activité qu'elle exerce pour assurer la satisfaction de ses besoins durant sa vie.

Les ressources naturelles sont les moyens d'existence dans la mesure où, prises dans leur fonction économique, elles assurent la satisfaction des besoins en développement d'une nation ; prises dans leur fonction alimentaire, elles assurent la survie d'une communauté locale ou autochtone au sein d'une nation.

Etant donnée cette caractéristique existentielle des ressources naturelles, l'applicabilité de leur concept se limite aux éléments de la nature dont l'utilisation peut contribuer au développement d'un pays ainsi qu'à ceux dont dépend la survie d'une communauté locale ou autochtone.

3.3 Classification des ressources naturelles

La classification des ressources naturelles peut être faite suivant les critères géographique **(3.3.1)**, quantitatif **(3.3.2)**, matériel **(3.3.3)**, d'utilité **(3.3.4)**, technique **(3.3.5)**.

3.3.1. Suivant le critère géographique

Suivant le critère géographique, les ressources naturelles sont classifiées suivant les composantes de l'écosystème terrestre qu'elles constituent, c'est-à-dire sol, le sous- sol, les cours d'eaux ainsi que de la biodiversité.

Ainsi, nous avons principalement : les ressources naturelles du sol qui sont tous les produits naturels constituant le sol, soit les terres arables et les matières minérales ; les ressources naturelles du sous-sol qui sont toutes les matières minérales constituant la croûte continentale (les pierres, les minerais et les hydrocarbures) ; les ressources naturelles de la biodiversité qui sont les espèces animales et végétales constituant la faune et la flore sauvages ; les ressources en eau constituant les cours d'eau

Au sein de la biodiversité, il y a aussi des ressources génétiques qui dérivent des espèces animales et végétales et qui, à travers la convention des Nations Unies sur la diversité biologique revendiquent le statut particulier et distinct de ressource naturelle.

3.3.2. Suivant le critère quantitatif

Du point de vue quantitatif, on distingue les ressources naturelles renouvelables et les ressources naturelles non renouvelables. Leur critère de distinction varie suivant leur définition en science de la nature et en économie.

En sciences de la nature, les ressources naturelles renouvelables sont celles dont la quantité s'accroît ou se renouvèle sur une courte période (telles que les ressources fauniques et végétales) ou celles dont le niveau demeure stable en dépit de leur consommation (telles que l'eau, l'énergie solaire et le vent). Les ressources naturelles non renouvelables sont celles dont le processus de formation est multiséculaire, de sorte qu'il faille attendre plusieurs siècles pour qu'elles soient à nouveau disponibles dans la nature (telles que les hydrocarbures, les minerais et certaines essences forestières[15]).

---

[15] En effet, il faut des centaines de millions d'années pour que les arbres morts se transforment en charbon et en hydrocarbures ou que se forment les minerais. Et certains arbres des forêts an-ciennes n'arrivent à maturité qu'après des centaines d'années.

En sciences économiques, une ressource renouvelable est celle dont le taux d'extraction est inférieur ou égal à son taux d'accroissement ou de renouvellement et, partant, peut être utilisée sans discontinu et indéfiniment. De ce point de vue, une ressource naturelle qui est naturellement renouvelable (comme la forêt ou la faune) peut être économiquement non renouvelable si, étant consommée à un taux supérieur au taux de régénération, elle est vouée à l'extinction. Une ressource non renouvelable est celle qui, ne pouvant naturellement se renouveler, chaque unité extraite aujourd'hui réduit inéluctablement la quantité disponible pour les besoins futures.

Donc, en sciences de la nature, le critère de distinction quantitatif des ressources naturelle est soit leur durée de régénération, soit leur permanence. Par contre en sciences économiques, la distinction quantitative est fonction du taux de renouvellement d'une ressource naturelle par rapport à son taux de prélèvement

3.3.3. Suivant le critère matériel

Suivant le critère matériel, les ressources naturelles sont classifiées en fonction des matières dont elles sont composées. Cette classification implique le dénombrement de plusieurs éléments qu'on peut, en recourant à la chimie, regrouper en trois catégories : Les ressources minérales, les ressources végétales et les ressources animales. Nous pouvons aussi y ajouter les ressources génétiques extraites de ces deux dernières catégories.

Les ressources naturelles minérales sont celles qui sont constituées de matière inorganique et qui forment l'écorce et la croûte terrestres. Elles se présentent à l'état solide (les minerais, les pierres, les terres arables), à l'état liquide (le pétrole et l'eau) ou à l'état gazeux (les gaz naturel). Les ressources naturelles végétales sont celles qui composent les forêts, les prairies et les savanes. Et les ressources naturelles animales sont celles qui composent la faune sauvage aquatique ou terrestre.

Les ressources génétiques forment les matériels génétiques, c'est-à-dire les « *matériels d'origine animale, microbienne ou autre, contenant des unités fonctionnelles de l'hérédité*[16] » Elles se composent, en effet, de génomes des espèces animales et végétales permettant leur reproduction. Depuis que la science génétique a démontré leur utilité dans l'amélioration ou la reproduction industrielle des espèces animales ou végétales, elles ont acquis la valeur d'une ressource naturelle intéressant le droit économique.

3.3.4. Suivant le critère d'utilité

Suivant le critère d'utilité, les ressources naturelles se regroupent en fonction de la nature des bénéfices qu'elles procurent à l'homme. Nous avons

[16] Article 2 litera 7 de la convention des Nations Unies sur la diversité biologique.

ainsi celles qui fournissent les matières premières, celles qui sont des facteurs de production, celles qui fournissent les services environnementaux et celles qui fournissent des aliments.

Les matières premières sont toutes les matières utilisées comme intrants ou consommations intermédiaires dans la production des biens et services. Les facteurs de production sont ceux qui contribuent à la réalisation d'une activité économique, exemple la terre pour l'agriculture ou un cours d'eau pour la production de l'électricité. Les services environnementaux sont les bénéfices résultant de la fonction écologique d'une ressource natu-relle ou de l'intérêt récréatif ou culturel qu'elle représente pour l'homme. Les aliments sont tous les produits nécessaires à la satisfaction des besoins essentiels de l'homme (nourritures, produits pharmaceutiques, matériau de construction, outils de travail…)

L'utilité d'une ressource naturelle peut être économique, écologique ou sociale. Elle est économique lorsqu'elle peut être utilisée pour la production commerciale des biens et des services ; elle est écologique lorsqu'elle peut être conservée pour la protection de l'environnement ; elle est sociale lorsqu'elle est une source naturelle d'aliments pour une communauté humaine.

3.3.5. Suivant le critère technique

Le critère technique signifie le mode technique d'utilisation de la ressource naturelle. Classifiées suivant ce critère, les ressources naturelles sont regroupées en ressources extractives, ressources de collecte, ressources halieutiques, ressources cynégétiques et ressources de conservation.

Les ressources extractives sont celles qui sont obtenues par leur extraction d'un lieu donné ; exemple : les minerais extraits du sous-sol, les plantes extraites du sol ou les grumes extraits de troncs d'arbres. Les ressources de collecte sont celles qui sont ramassées sur ou dans un lieu ; exemple : les produits forestiers non ligneux. Les ressources halieutiques sont les espèces animales obtenues par la pêche et les ressources cynégétiques sont les mêmes espèces fournies par la chasse. Les ressources de conservation sont les ressources naturelles qui sont conservées en l'état et entretenues en vue de fournir les services environnementaux ou comme facteurs de production ; exemple : un parc national ou une terre arable.

En ce qui concerne les ressources génétiques, leur utilisation consiste en une intervention humaine sur le patrimoine génétique des espèces animales ou végétales en vue de le décrypter ou de le modifier. Elles relèvent ainsi, au plan technique, de la catégorie de ressources à laquelle appartient l'espè-ce animale ou végétale sur laquelle elles sont prélevées ou manipulées.

3.4. Distinction du concept de ressource naturelle avec les concepts voisins

Tel que défini ci-avant, le concept de ressource naturelle se distingue de ceux de matière première **(3.4.1)** et de réserve de matières premières **(3.4.2).**

3.4.1. Avec le concept de matière première

Dans le langage courant, les termes « matière première » et « ressource naturelle » sont généralement employés pour désigner la même chose. Et pourtant, un effort d'analyse en dévoile la distinction naturelle

Une matière première est issue d'un travail humain (le traitement ou la transformation) appliqué sur une ressource naturelle qui est un produit brut extrait d'un milieu naturel. Elle peut se définir comme un matériau, une denrée ou une substance obtenue d'une ressource naturelle et utilisée soit dans la fabrication des biens intermédiaires et des produits finis, soit comme source d'énergie ; exemple : les métaux issus de minerais, les grumes issus d'arbres, les produits agricoles issus du sol, la chaire, le lait, le cuire et la laine issus de tel ou tel autre animal ou le pétrole issu d'hydrocarbures.

Donc, lorsqu'elle est extraite ou prélever d'un milieu naturel donné, une ressource naturelle est un produit brut qui, sur le plan économique, ne vaut que son coût d'extraction et de transport ; tandis qu'issue d'une première transformation de ce produit, une matière première est un produit comportant une valeur ajoutée.

3.4.2. Avec le concept de réserve de matières premières

Le langage courant confond également le terme « ressource naturelle » avec celui de « réserve de matières premières », or les deux termes signifient en réalité deux niveaux de perception d'une même chose et se distinguent logiquement l'un de l'autre.

L'accès à une ressource naturelle s'effectue en trois phases : la *prospection*, durant laquelle on détecte la présence de la ressource en un lieu ; l'*exploration*, durant laquelle on évalue la qualité et la quantité des matières premières qui peuvent en être extraites ainsi que les coûts de l'exploitation ; et l'*exploitation*, durant laquelle on extrait les produits. C'est sur base du résultat de l'exploration qu'un stock de ressources naturelles est économiquement perçu comme une réserve de matières premières, celle-ci étant prise en compte dans la comptabilité nationale comme un *actif naturel* ayant une valeur commerciale.

Donc, une ressource naturelle est une potentialité économique simplement approchée, non évaluée et sans valeur commerciale ; tandis qu'une réserve de matières premières est un actif réel certifié, ayant une valeur commerciale et traduisant, tant au plan juridique qu'économique, l'idée d'appropriation effective d'une ressource naturelle[17].

§3. LES TROIS NIVEAUX D'APPRÉHENSION JURIDIQUE DES RESSOURCES NATURELLES

En droit, les ressources naturelles apparaissent d'abords comme un tout formant le potentiel naturel économique **(1)** dont on déduit ensuite les actifs naturels **(2)** qui sont enfin constitués en capital naturel **(3).**

1. Potentiel naturel économique

Il y a lieu d'abords d'indiquer l'intérêt de la notion de potentiel naturel économique **(1.1)** avant de la définir **(1.2).**

1.1 Intérêt de la notion

Avant l'appropriation et l'utilisation d'une ressource naturelle, l'homme en présume tout d'abords l'existence ou l'utilité à partir des apparences de la nature ; puis il l'approche pour s'en assurer au moyen d'indices géologiques, biologiques ou botaniques ; et enfin il effectue son évaluation qualitative et quantitative. Durant cette phase précédant son appropriation effective, une ressource naturelle doit être mieux appréhendée afin d'être dotée d'un statut juridique approprié.

Ainsi, une ressource naturelle n'est au départ qu'une chose n'intéressant que les sciences de la nature ; c'est quand celles-ci en révèlent l'existence ou l'utilité économique qu'elle devient un bien intéressant l'économiste et le juriste : Le premier s'y penchant pour l'évaluer et étudier la rentabilité de son utilisation et le second pour en définir les modes juridiques d'approche, d'évaluation et d'appropriation. Mais durant la période où son existence et son utilité sont simplement présumées ou révélées sans être évaluées, elle n'est qu'un bien virtuel dont l'intérêt pour l'Etat et les agents économiques n'en est pas, cependant, moins réel et actuel ; dans la mesure où chacun voudrait s'en approprier après son évaluation.

Mais, n'étant qu'un bien virtuel ou potentiel, une ressource naturelle non évaluée ne saurait en l'état faire l'objet d'une appropriation effective. Aussi est-il intéressant que le droit clarifie et détermine son statut juridique de façon appropriée. C'est à cet exercice que peut servir la notion de *potentiel*

[17] En économie, l'appropriation d'une chose signifie généralement son adaptation à un usage défini ou à une destination précise. Et en droit, le terme s'appliquant à un bien, il ne saurait être dissocié de l'idée d'utilité ou d'utilisation par le sujet.

naturel économique comme première phase du processus d'appropriation d'une ressource naturelle.

1.2 Définition

Le potentiel naturel économique signifie la présence potentielle ou avérée des ressources naturelles dans ou sur un territoire ; ou encore l'utilité économique potentielle ou avérée des choses présentes dans la nature. Il se définit ainsi comme : soit l'ensemble de ressources naturelles dont l'existence est simplement présumée ou qui sont découvertes sans être évaluées, soit l'ensemble d'éléments naturels dont l'utilité est simplement présumée ou découverte.

La présence potentielle d'une ressource naturelle dans ou sur un territoire peut être déduite de l'observation des caractéristiques de son écosystème. L'utilité potentielle d'un élément de la nature peut également être déduite de la simple observation de ses caractéristiques. La confirmation de cette présence et de cette utilité est faite au terme, respectivement, d'une prospection du territoire et d'une utilisation expérimentale de l'élément naturel. Durant cette double phase d'observation et de confirmation, nous avons un stock de ressources naturelles simplement présumées ou découvertes et ayant certainement ou probablement un intérêt économique futur. Il représente ainsi une richesse nationale potentielle, différente de la richesse nationale réelle que représente le stock de ressources naturelles déjà évaluées ; la comptabilité nationale ne pouvant tenir compte des ressources naturelles que lorsqu'elles font l'objet d'une appropriation effective par des agents économiques et qu'elles ont une valeur monétaire.

Cette définition du potentiel naturel économique permet de distinguer les *ressources naturelles potentielles*, c'est-à-dire présumées ou connues mais non encore évaluées et les *ressources naturelles réelles* qui sont évaluées, ; les deux catégories de ressources naturelles n'étant qu'une infime partie de ce qu'on peut appeler les *ressources naturelles ignorées,* c'est-à-dire celles dont l'existence ou l'utilité ne peuvent être présumées, parce que soit qu'en l'état actuel de la technologie, elles sont inaccessibles ; soit qu'en l'état actuel de la science, leur utilité n'est pas encore connue.

2. L'actif naturel

Il est intéressant de connaitre l'origine du concept d'actif naturel **(2.1)** avant de le définir **(2.2).**

2.1 Origine du concept

Le concept d'actif naturel procède de l'exigence écologique d'une évaluation quantitative et qualitative des stocks de ressources naturelles dont dispose un pays ; cette double évaluation permettant à ce dernier de mesurer la durabilité de son développement par une comptabilisation nationale des quantités de ressources naturelles conservées ou accumulées au cours d'une période.

La durabilité du développement d'un pays signifie sa capacité de répondre équitablement aux besoins de ses populations actuelles tout en préservant les ressources de toute nature nécessaires au bien être des générations à venir. Ces ressources comprennent les ressources naturelles dont il faut systématiquement évaluer la quantité et la qualité en vue de mesurer le niveau du bien-être futur d'un pays. Dans cette perspective, plusieurs travaux, dont le Rapport dit « Sens-Stiglitz[18]», ont été réalisés en vue de définir les critères d'évaluation monétaire des stocks de ressources naturelles consommées et accumulées. C'est dans ce but que l'Organisation des Nations Unies a élaboré le *Système de Comptabilité Economique-Environnementale* (SCEE)[19] ; elle y propose les méthodes d'évaluation et d'intégration, au titre d'*actifs environnementaux*, des stocks de ressources naturelles dans les systèmes de comptabilité nationaux.

Dans tous ces travaux, le terme « actif naturel » est employé pour signifier l'extension du champ de la comptabilité nationale aux ressources naturelles ; les quantités accumulées ou conservées de ces dernières devant y être traduites en valeur monétaire au même titre que les actifs du compte de formation du capital brut fixe.

2.2 Définition

Considérant son origine, le concept d'actif naturel peut être défini en appliquant aux ressources naturelles le contenu, en comptabilité nationale, du terme « actif ». Ce dernier y est définit comme « *un élément identifiable du patrimoine d'une entité ou agent économique ayant une valeur économique positive, c'est-à-dire générant une ressource que l'entité contrôle du fait d'événements passés et dont cette entité attend un avantage économique futur* »[20].

Ainsi, un actif naturel est un gisement ou une réserve de ressources naturelles ayant fait l'objet d'une évaluation économique par rapport à un usage donné et, partant, d'une appropriation publique ou privée ; ce qui en fait un

---

[18] Intitulé officiellement : *Rapport de la Commission sur la mesure des performances économiques et du progrès social*, il est élaboré par la Commission éponyme mise en place le 8 janvier 2008 par la Gouvernement français et publié le 14 septembre 2009 par le ministère de l'économie et de l'industrie, http: // www. insee. Fr/fr/ publications et services / dossiers_web /stiglitz /doc commission /RAPPORT_francais.pdf

[19] Le SCEE est exposé dans le *manuel de comptabilité environnementale et économique intégrée* publiée en 1993 et revue en 2003 disponible sur http://unstats.un.org/unsd/publication/SeriesF/ Series F_78F pdf

[20] Article 211.1 du plan comptable général français.

élément identifiable d'un patrimoine dont le propriétaire peut tirer un avantage économique soit en l'exploitant personnellement, soit en le cédant à titre onéreux, soit en l'échangeant contre un autre bien ou soit en le louant. Cette définition exclut concrètement les gisements naturels découverts, mais n'ayant pas encore fait l'objet d'une étude de faisabilité concluante. Ces gisements rentrent dans la définition du potentiel naturel économique donnée ci-avant.

Le concept d'actif naturel est la traduction du potentiel naturel économique en richesses naturelles concrètes. Suivant la nature de ces dernières, ce concept est souvent spécifié par rapport aux ressources naturelles auxquelles il s'applique ; de sorte que nous avons les *actifs forestiers*, les actifs pétroliers, les actifs miniers, les actifs fauniques, les actifs hydriques et les actifs fonciers.

Ainsi compris, le concept d'actif naturel représente la deuxième phase d'appréhension des ressources naturelles où elles font l'objet d'une appropriation effective.

3. Le capital naturel

Il nous faut, de prime abord, indiquer l'origine du concept de capital naturel **(3.1)** en vue de mieux en donner la définition **(3.2)**, le distinguer de concepts voisins **(3.3)** et préciser sa fonction **(3.4).**

3.1 Origine du concept

Le terme *capital naturel* apparait, pour la première fois, dans le livre d'Ernest Friedrich SCHUMACHER : *Small is beautiful : A study of economics as if people mattered*[21]. Il y suggère, entre autres, une modification de la perception économique des ressources naturelles ; elles doivent être traitées comme un capital naturellement constitué et dont la substance, comme celle de tout capital investi, doit être préservée.

Cet auteur note que, n'accordant traditionnellement de la valeur qu'aux biens produits par le travail humain, l'économie a longtemps considéré les ressources naturelles comme des choses toujours disponibles et sans valeur ; incitant ainsi à leur gaspillage dans la production économique.

Or dans une entreprise, les ressources naturelles constituent, à côté des infrastructures, de la technologie et des fonds investis, *« le capital irremplaçable que l'homme n'a pas créé, mais simplement trouvé, et sans lequel il ne peut rien faire. »* Leur conservation s'impose donc dans la production durable des biens et services ; et ce, soit en diminuant leur taux d'extraction par rapport à celui de leur régénération (pour ce qui concerne les ressources

[21] 288 pages, aux éditions Blond and Briggs, à Londres, en 1973

renouvelables), soit en investissant la rente de leur exploitation dans la recherche et le développement des méthodes de production indépendantes de leur utilisation (pour ce qui concerne les ressources non renouvelables)

Ainsi compris, le concept de capital naturel va évoluer au fur et à mesure que s'imposait la nécessité écologique d'attribuer une fonction et un statut à la nature en vue de pourvoir à sa protection juridique en tant que : source primitive d'approvisionnement, habitat de la vie, support de l'activité économique et facteur primordial de développement des pays sous-développés.

3.2 Définition du concept

Tel qu'utilisé actuellement, le concept de capital naturel comporte deux définitions : une économique, avec laquelle il apparut sous la plume d'E. Friedrich SCHUMACHER et l'autre environnementale, donnée par la *Déclaration sur le capital naturel*[22]faite par les institutions financières, à la conférence des Nations unies sur le développement durable de juin 2012, dite *Rio+20.*

Au plan économique, le capital naturel signifie un stock de ressources naturelles évaluées et ayant une fonction productive ou frugifère. Il produit ainsi des matières premières pour l'économie nationale et des biens environnementaux pour le tourisme ; il sert de support à l'activité économique nationale ; en cas d'utilisation par des agents économiques étrangers, il génère des revenus comme : les redevances minière, agricole, forestière, foncière… ou la rente de conservation[23]. Sur le même plan, le capital naturel peut servir, dans la comptabilité nationale, d'agrégat d'actifs naturels et constituer, au plan juridique, une universalité de droit.

Au plan environnemental, le capital naturel fait référence à l'écosystème terrestre pris dans ses composantes principales : le sol, l'air, l'eau et la biodiversité ; en tant qu'elles forment une unité fonctionnelle utile à la vie sur terre[24]. Il pourrait donc se définir comme l'écosystème terrestre considéré à une échelle territoriale donnée produisant un flux continu de services écosystémiques utiles à l'homme[25].

---

[22] La *Déclaration du Capital naturel* est une déclaration démontrant l'engagement de ses signataires d'intégrer les critères liés au capital naturel dans leurs produits et services financiers pour le XXIe siècle

[23] C'est-à-dire, le revenu payé par les bénéficiaires d'un bien environnemental produit par une ressource naturelle au pays détenteur ou propriétaire de cette dernière ; et ce, à titre de compen-sation du coût de conservation ou de prix de vente du bien environnemental produit ; par exemple le prix payé pour la conservation des forêts génératrices de crédits carbone.

[24] Déclaration du Capital naturel démontrant l'engagement du secteur financier au Sommet de Rio + 20

[25] La définition environnementale du capital naturel est englobante et se rapporte à la structure de la nature, tandis que sa définition économique est restrictive et se rapporte à son contenu écono-miquement utile. C'est cette dernière définition qui intéresse le droit économique.

Pris dans sa définition économique, le capital naturel constitue l'ultime phase d'appréhension des ressources naturelles où, après avoir été chacune approchée et évaluée, elles sont regroupées au plan comptable en vue d'en suivre méthodiquement et systématiquement les évolutions qualitatives et quantitatives et prendre, s'il échet, des mesures de compensation et de conservation.

3.3 Distinction avec les concepts voisins

Il faut distinguer le concept de capital naturel avec ceux de patrimoine naturel **(3.3.1)** et de capital productif **(3.3.2)**

3.3.1. Avec le concept de patrimoine naturel

Les concepts de patrimoine naturel et de capital naturel traduisent deux perceptions différentes de la nature ; ayant tous les deux le même objet (les ressources naturelles), ils définissent et décrivent des rapports de droit fondamentalement différents.

S'inspirant des termes de l'article 2 de la convention sur la protection du patrimoine mondial, culturel et naturel qui l'applique à l'échelle mondial, le concept de patrimoine naturel peut se définir comme l'ensemble d'éléments de la nature qui, ayant une valeur scientifique, culturelle ou esthétique ,doivent être conservés en vue de leur transmission aux générations futures.

Cette définition du patrimoine naturel traduit le souci de conservation de la nature, c'est-à-dire le maintien de l'intégrité des écosystèmes par des mesures de protection et de restauration ; elle est mise en œuvre par l'érection des parcs nationaux et des aires protégées et suggère, par ailleurs, un inventaire de toutes les composantes de la nature en vue de leur conservation.

Par contre, tel que défini ci-avant, le concept de capital naturel se fonde sur la valeur économique ou écologique des ressources naturelles ; il appréhende la nature, non en elle-même, mais par rapport à ses services écosystémiques ; et il traduit, non le souci de maintenir les écosystèmes en bon état de conservation, mais celui d'une mise en valeur qui préserve leur substance et en compense les pertes nécessaires.

3.3.2. Avec le concept de capital produit

Le capital naturel et le capital produit sont tous les fruits du travail de l'homme, mais la nature de l'intervention humaine dans leurs processus de formation et celle de leurs contenus sont différentes.

En effet, le capital produit est celui dont le contenu est façonné par le travail de l'homme. Il se divise en trois sortes de capitaux : le capital technique, le capital humain et le capital social. Le premier est composé d'infrastructures et d'équipements industriels ; le second est constitué de ressources humaines représentant les connaissances et les compétences acquises via l'éducation ; et le troisième représente les institutions qui régulent les interactions sociales en assurant la sécurité, la paix et la justice, conditions essentielles des investissements requis par le développement national. L'intervention de l'homme dans la formation de ces formes de capitaux est créatrice et ils sont composés d'éléments construits, inventés et façonnés par lui.

Quant au capital naturel, il est formé par l'homme au moyen de l'inventaire et de l'évaluation de son contenu issu du processus naturel de succession écologique[26] ; il est donc composé d'éléments, non de création humaine, mains découverts, évalués et appropriés par l'homme.

3.4 Fonction du concept

En prélevant à l'accès les ressources naturelles, on pourrait les gaspiller et dégrader l'environnement sans le savoir. Mais grâce à leur inventaire et à leur évaluation, la constitution du capital naturel permet leur utilisation rationnelle ainsi que la gestion des risques environnementaux.

Ainsi, le concept de capital naturel permet une surveillance systématique et méthodique de l'évolution des stocks de ressources naturelles par rapport à leur utilisation ou leur consommation, et ce en vue de prendre des mesures correctives en cas de dégradation de l'environnement ou de risque d'épuisement. Il sert ainsi d'indicateur d'état permettant la comparaison, au fil du temps, de la qualité et de la quantité des ressources naturelles disponibles. Il permet également de mesurer le niveau de connaissance et de maîtrise des ressources naturelles d'un État ainsi que sa capacité d'en assurer une gestion durable.

Par ailleurs, le capital naturel permet à un pays de connaître ses richesses naturelles ; celles-ci étant constituées de ses actifs naturels qui représentent les stocks de ressources naturelles approchées et évaluées.

Section 2 : NOTION DE DROIT DES RESSOURCES NATURELLES

Pour préciser la notion de droit des ressources naturelles, il faut en donner la définition **(§1)**, en indiquer les sources matérielles **(§2)**, la technique d'élaboration des règles du droit des ressources naturelles **(§3)** et le cadre politique d'élaboration de ces règles **(§4).**

---

[26] Processus naturel d'évolution et de développement de l'écosystème d'un stade initial à un stade d'équilibre dit climactique.

§1. DÉFINITION

Le droit des ressources naturelles peut être défini comme l'ensemble de règles du droit économique qui régissent la gestion des ressources naturel-les. Il fixe ainsi le statut juridique de ces dernières et organise leur recherche et leur prélèvement, la fiscalité relative à leur utilisation, le commerce des produits qui en sont issus ainsi que la répression des atteintes aux droits y relatifs.

Suivant la nature des ressources naturelles ou l'activité économique impliquant leur utilisation comme facteur de production, le droit des ressources naturelles comprend, en droit congolais, les sept catégories de règles suivan-tes :

1. le *droit minier* : il regroupe la catégorie de règles relatives à la recherche et à l'exploitation des ressources minérales, c'est-à-dire les métaux, les pierres, le sable et les granulats.
2. le *droit forestier* : il comprend l'ensemble de règles relatives à l'utilisation de la forêt et de toutes les ressources végétales constituant l'écosystème forestier.
3. le *droit des hydrocarbures* : il comprend l'ensemble des règles régissant la recherche et l'utilisation des hydrocarbures solides, liqui-des et gazeux.
4. le *droit agricole* : il est l'ensemble de règles régissant l'agriculture, c'est-à-dire les activités consistant en la mise en valeur du sol en vue de la production des denrées végétales. Il fait partie du droit des ressources naturelles, non en raison de ses dernières, mais en raison des terres arables dont il régit l'exploitation.
5. le *droit de l'eau* : il comprend les règles régissant le statut et l'utilisation des eaux courantes, stagnantes, souterraines et territoriales.
6. le *droit halieutique* : il comprend l'ensemble des règles régissant la constitution et l'exercice du droit de pêche, soit le droit de rechercher et de capturer les animaux vivant dans les eaux domaniales.
7. le *droit cynégétique* : il comprend l'ensemble des règles régissant la capture et l'abatage des animaux sauvages, vivant en liberté naturelle.

Ainsi défini, le droit des ressources naturelles ne comprend pas le droit foncier tel qu'il procède de la loi n°73-021 du 20 juillet 1973 portant code foncier ; car l'exploitation économique de la terre et de ses ressources étant régie par des lois spéciales, le code foncier est devenu caduc en ses dispositions prévoyant l'octroi des concessions foncières à cette fin[27] ; de sorte que la terre, dont il ne régit plus que la simple occupation, n'y est plus trai-tée comme une ressource naturelle.

[27] Il s'agit des dispositions prévoyant les droits d'exploitation du sol ou de ses produits dans le cadre d'une concession foncière d'emphytéose ou de superficie.

§2. SOURCES MATÉRIELLES[28]

La notion de droit des ressources naturelles procède de l'évolution du rapport de l'homme aux ressources naturelles **(1)**, de la malédiction des ressources naturelles **(2)** et des limites du droit civil des biens **(3)**.

1. Évolution du rapport de l'homme aux ressources naturelles

Premièrement, le droit des ressources naturelles procède de l'évolution du rapport de l'homme aux ressources naturelles. Le statut juridique de ces dernières évolue, en effet, vers une remise en cause fondamentale des formules traditionnelles de leur appropriation individuelle ou collective, c'est-à-dire la propriété privée et le domaine public ou privé de l'État.

Ainsi, tels que définis ci-avant, le potentiel naturel, un actif naturel et le capital naturel sont, aussi bien en droit qu'en politique économique, envisagés comme des universalités de droit ou de fait. Comme telles, ils forment des biens nouveaux qui, ayant la vocation naturelle à satisfaire des multiples intérêts légitimes, ne s'accommodent pas avec une appropriation sous forme de propriété privée ou de domaine public ou privé de l'État impliquant les droits d'usage exclusif et de libre disposition. Dans ces cadres traditionnels d'appropriation, la propriété d'une ressource naturelle subit la concurrence : du droit au développement du peuple, du droit à l'environnement de l'humanité, des droits des communautés locales ou autochtones et des droits des générations futures ; par voie de conséquence, elle est affectée de devoirs de préservation et de redistribution équitable des bénéfices, de sorte que son exercice implique, sous le concept de démocratie participative, divers acteurs émanant du secteur public, du secteur privé et de la société civile.

Cette évolution du statut juridique des ressources naturelles est en contradiction persistante avec leur statut traditionnel de bien du domaine privé ou public de l'État. Ce statut n'est pas, en effet, approprié pour traduire toute la complexité et la pluralité de nouveaux rapports juridiques relatifs aux ressources naturelles, car il affirme la souveraineté de l'État propriétaire et réduit les autres droits fondamentaux à des concessions ou des facultés précaires faites à leurs titulaires.

Donc, gérer une ressource naturelle comme une propriété de l'État facilite ou autorise la négation de nouveaux droits fondamentaux que la conscience écologique impose d'y reconnaître. C'est pourquoi, les ressources naturelles forment des biens nouveaux qui revendiquent un statut juridique spécial, de manière à garantir le respect et la jouissance équitable de tous les droits fondamentaux qui s'y croisent. C'est cette revendication qui fonde la

---

[28] Les sources matérielles sont l'ensemble d'idées ou des faits qui constituent le contexte idéo-logique et réel justifiant la formation des règles de droit.

notion de droit des ressources naturelles entant que branche autonome du droit.

2. Malédiction des ressources naturelles

Comme source matérielle de la notion de droit des ressources naturelles, la malédiction des ressources naturelles peut être comprise à travers une précision de son origine et de sa signification **(2.1)** ainsi que de la réponse publique qui y est apportée par le droit des ressources naturelles **(2.2)**.

2.1 Origine et signification

La théorie de la malédiction des ressources naturelles est décrite, pour la première fois, par Richard AUTY dans son livre : *Ressouce-based industrialization : Sowing the Oil in Eight Developing Countries*[29] Depuis, elle est utilisée, en sciences politique et économique, pour décrire des comportements politiques et économiques liés à la présence des ressources naturelles dans un pays, et qui induisent son instabilité politique et économique.

Ainsi, le concept de malédiction des ressources naturelles signifie concrètement une série d'effets négatifs que subit un pays du fait de la découverte et de l'exploitation d'une ressource naturelle, ces effets se manifestant au plan politique, économique et écologique.

Au plan politique, la présence des ressources naturelles dans un pays incite généralement à des dynamiques conflictuelles, externes et internes, de contrôle d'accès et d'appropriation de la rente au profit d'une oligarchie et des entreprises étrangères. Il en résulte que la gestion des ressources naturelles n'est généralement qu'un volet d'une stratégie locale de conservation ou de conquête du pouvoir d'État, appuyée par des entreprises spéculatives et prédatrices. Le droit au développement du peuple, le droit à l'environnement, les droits des communautés locales ou autochtones et les droits des générations futures doivent y livrer une bataille ardue pour n'obtenir que des concessions sporadiques et démagogiques[30].

Au plan économique, l'exportation des produits des ressources naturelles peut générer une abondante rente en devises étrangères. Celle-ci, impliquant une forte appréciation de la monnaie locale, entraine logiquement la perte de la compétitivité-prix d'autres secteurs d'exportation et n'incite pas à y investir[31]. Du reste, dans un contexte de sous-développement politique et insti-

---

[29] Publiée aux éditions Clarenton Press, à Oxford, en 1990

[30] Audrey AKNIN « *Le développement durable peut-il conjurer la "malédiction des ressources"* ? », *Mondes en développement* 4/2009 (n° 148), p. 15-30 ; Ola OLSSON « Conflict diamonds », in *Journal of Development Economics*, n°82, 2007, pp. 267-286.

[31] Ces effets sont décrits au moyen du concept de « syndrome ou maladie hollandaise ». Le dernier apparaît pendant les années 1960 quand les revenus commerciaux des Pays-Bas augmentent con-sidérablement à la suite de la découverte de grands gisements de gaz dans la

tutionnel, l'affluence de la rente de l'utilisation des actifs naturels amplifie la férocité des logiques de conservation ou de conquête du pouvoir d'État en vue son appropriation, plus qu'elle n'incite à une ambition collective de développement nationale.

Au plan écologique, l'exploitation d'une ressource naturelle affecte logiquement la qualité et la disponibilité d'autres ressources naturelles. Cet impact environnemental devient un cas de *malédiction des ressources naturelles*, lorsque la perspective d'une rente abondante polarise l'activité extractive et l'oriente vers les actifs naturels rentables. Ceux-ci sont alors pressurés dans la négligence de l'environnement, de sorte qu'on a en perspective un capital naturel dont le contenu s'épuise d'un côté et se dégrade de l'autre.

2.2 Réponse publique par le droit des ressources naturelles

Dans son évolution écologique en cours, le droit des ressources naturelles se fonde sur le souci collectif de conjurer les effets de la malédiction des ressources naturelles, ce souci étant en filigrane des règles visant à réorganiser la gestion des ressources naturelles sur base des principes du développement durable.

Ainsi, au plan politique, la mise en œuvre du concept de développement durable implique la réorganisation des cadres institutionnels de gestion des ressources naturelles sur base des principes de transparence et de participation citoyenne, ceux-ci visant à placer les décideurs publics sous un contrôle citoyen éclairé, efficace et dissuasif.

Au plan économique, la réalisation du concept de développement durable incite à une gestion rationnelle de la rente naturelle qui est un levier essentiel de développement, et ce en prescrivant l'institution des mécanismes de son réinvestissement dans : la préservation des actifs naturels renouvelables utilisés, la restauration de ceux qui sont dégradés et la compensation des ceux qui ne peuvent être renouvelés. Ceux-ci sont compensés par la formation d'autres leviers de développement que sont : le capital technique, le capital humain et le capital social. Ces investissements préviennent le gaspillage de la rente naturelle qui, à long terme, résulte en une érosion sans compensation du potentiel naturel économique.

Au plan environnemental, l'application du développement durable implique, en droit des ressources naturelles, des mesures incitatives et coercitives poussant au respect de l'environnement. Ces mesures y forment des dispositifs de protection de l'environnement combinant : l'internalisation des coûts

province de Groningue, puis dans le reste du pays et en mer du Nord. L'accroissement des recettes d'exportations entraine l'appréciation de la devise hollandaise, ce qui finit par nuire à la compétitivité-prix des exportations non gazières du pays.

environnementaux, les mesures de restauration, les mesures compensatoires et l'incrimination des atteintes à l'environnement.

3. Limites du droit civil des biens

Dans son évolution en cours, le droit des ressources naturelles se fonde également sur les limites (révélées par l'écologie) du droit civil dans sa perception d'une ressource naturelle ainsi que sa vocation à en régir le principe d'appropriation et son exploitation.

En effet, l'écologie impose une perception holistique des ressources naturelles, c'est-à-dire qui les inscrit dans un écosystème devant constituer une réalité immuable et permanente et irréductible aux produits qui en sont extraits ; ce qui, au plan économique, impose qu'elles doivent être gérées comme un capital distinct du flux de bénéfices qu'on en tire et dont la substance doit être préservée. Une telle perception dépasse le contenu des concepts civilistes d'immeuble par incorporation et de meuble par anticipation traditionnellement appliqués aux ressources naturelles. En ce qui concerne leur appropriation et leur exploitation, le principe de leur destination universelle y croise le droit au développement du peuple, les droits des communautés locales ou autochtones, le droit à l'environnement de l'humanité et les droits des générations futures. Une meilleure affirmation de tous ces droits fondamentaux est incompatible avec les concepts civilistes de propriété privée ou de domaine privé de l'État, dans la mesure où le droit de disposition qui en constitue la substance implique la précarisation d'autres droits des tiers.

Cependant, le droit des ressources naturelles en vigueur se réduit encore à des réglementations spécifiques de l'exploitation de telle ou telle autre ressource naturelle ; pour leur appropriation, il recourt encore aux concepts civilistes de domaine privé ou public de l'État qui sont affirmatifs d'un droit de disposition absolu et exclusif. Dans ce cadre, les autres droits fondamentaux, déduits du principe de destination universelle des ressources naturelles, n'apparaissent que comme des droits précaires concédés à des tiers, or la nécessité écologique de leur protection requiert un système d'appropria-tion qui titularise ces derniers au côté de l'État.

§3. TECHNIQUE D'ÉLABORATION DES RÈGLES DU DROIT DES RESSOURCES NATURELLES

Pour mieux comprendre la technique d'élaboration des règles du droit des ressources naturelles, il faut en préciser la signification **(1)** et le régime constitutionnel **(2)**.

1. Signification

La technique d'élaboration du droit des ressources naturelles renvoie à la nature de la source formelle du droit privilégiée pour édicter les règles[32], aux compétences mises en contribution ainsi qu'au cadre institutionnel d'élaboration des textes légaux et règlementaires.

Une meilleure technique d'élaboration des règles du droit des ressources naturelles doit répondre à la nécessité d'avoir des lois qui remplissent tous les critères de validité : *La légalité, la légitimité, l'efficacité, l'effectivité et la sécurité juridique.* Cette exigence implique un processus législatif fiable, c'est-à-dire qui assure : la conformité des lois et des règlements aux conventions internationales et à la Constitution (la légalité), son adéquation avec la conscience écologique du moment (la légitimité), la concrétisation d'une vision stratégique (l'efficacité), l'observance par tous les décideurs et les opérateurs des règles prescrites (l'effectivité) ainsi que la lisibilité, la cohérence et la prévisibilité des lois (la sécurité juridique).

Pour ce faire, le processus d'élaboration du droit des ressources naturelles doit se dérouler dans un cadre institutionnel participatif et organisé, en y mobilisant, autour d'une expertise multidisciplinaire reconnue, l'ensemble des acteurs qualifiés.

2. Régime constitutionnel

La précision du contenu du régime constitutionnel d'élaboration des règles du droit des ressources naturelles **(2.1)** permet d'en pointer les limites **(2.2)**

2.1 Contenu

L'élaboration des règles du droit des ressources naturelles s'effectue aux niveaux législatif et règlementaire suivant une procédure constitutionnelle commune à toutes les lois et règlements.

Au niveau législatif, l'initiative des lois appartient concurremment au gouvernement, à chaque député et à chaque sénateur. Une loi entre ainsi en vigueur au terme d'une procédure qui se déroule comme suit : -l'élaboration d'un projet de loi par le ministre chargé du secteur d'activités visé- Son adoption par le gouvernement (réuni en conseil des ministres). Son adoption par les deux chambres du parlement - et sa promulgation par le Président de la République après, éventuellement, l'avis de la Cour constitutionnelle. La procédure peut aussi partir d'une proposition de loi faite par un sénateur ou un député et déposée au bureau soit du sénat, soit de l'assemblée nationale.

---

[32] Lois ou règlements

Avant sa mise en délibération et son adoption, elle doit être notifiée au gouvernement pour des observations[33].

Au niveau règlementaire, chaque loi répartit les compétences de son exécution entre le Chef de l'État, le Premier ministre et le ministre en chargé du secteur d'activités qu'elle régit. Ils statuent chacun, respectivement, par Ordonnance-Loi, décret et arrêté ministériel, sans un contrôle préalable de constitutionnalité.

2.2 Limites

Par rapport à l'élaboration des règles de droit des ressources naturelles, le régime constitutionnel d'élaboration des lois présente des limites quant à l'exigence de participation citoyenne **(2.2.1)** et au contrôle de constitutionnalité **(2.2.2)**

2.2.1. Quant à l'exigence de participation citoyenne

La participation citoyenne signifie l'association, dans un cadre formel, des citoyens intéressés au processus administratif de prise de décision dans un secteur d'activités donné, c'est-à-dire l'organisation de leur implication dans l'élaboration des politiques publiques, des projets des lois.et des règlements C'est en cette implication citoyenne, soit dit en passant, que consiste la démocratie participative.

La Constitution ne prévoit pas l'organisation d'une participation citoyenne dans le processus d'élaboration des lois. Certaines lois sectorielles[34] prévoient, cependant, des cadres participatifs consultatifs où les citoyens sont associés à la prise des décisions publiques. Et en pratique, l'élaboration de la plupart de projets de loi sur l'exploitation des ressources naturelles impli-que en aval la société civile et le secteur privé. Des ministres prennent, en effet, l'initiative d'organiser des consultations des représentants des parties prenantes en vue de s'assurer de la légitimité de leurs projets de loi, mais cette participation citoyenne informelle reste inefficace ; elle associe souvent des organisations des parties prenantes sans garantir, à toutes les phases du processus législatif, la prise en compte de leurs avis et considérations

Dans ce déficit participatif, le travail législatif manque souvent de profondeur, de méthode et de cohérence et, partant, produit des législations largement problématiques. Bien des lois et règlements s'en ressentent du point de vue de leur lisibilité et leur intelligibilité. Et pourtant, en ce qui concerne le droit des ressources naturelles, avec la technicité et la complexité des matières, l'étendu du réseau social impliqué et la multiplicité des parties in-

[33] Articles 130 à 137 de la Constitution du 18 février 2006.

[34] Comme le code forestier, la loi agricole et la loi relative à l'eau.

téressées, on ne saurait faire l'économie d'une participation citoyenne formelle et efficace.

2.2.2. Quant au contrôle de la constitutionnalité

Suivant l'article 160 alinéa 3 de la Constitution, la Cour constitutionnelle peut, avant la promulgation des lois, effectuer le contrôle de leur constitutionnalité, en vue d'en assurer la conformité aux dispositions constitutionnelles relatives à l'organisation des pouvoirs publics.

Pour ce qui concerne les lois relatives aux ressources naturelles, ce contrôle de constitutionalité est déficitaire, car il n'inclut pas l'évaluation du niveau de garantie des droits collectifs consacrés aux articles 50 à 60 de la Constitution et de la sécurité juridique, c'est-à-dire la lisibilité, la cohérence et la prévisibilité des lois. Et pourtant, la vocation fondamentale d'une loi relative à une ressource naturelle est de réaliser les droits constitutionnels au développement et à l'environnement des congolais ; elle doit, conformément aux articles 58 et 59, en garantir équitablement la jouissance par toutes les composantes de la nation.

Donc, concernant particulièrement les lois relatives aux ressources naturelles, le contrôle de leur constitutionnalité devrait être étendu à la prise en compte suffisante et équitable des droits sociaux et économiques des citoyens, des droits des communautés locales ou autochtones ainsi que des droits des générations futures tels que garantis par la Constitution. Il devra aussi inclure le respect du principe de sécurité juridique.

§4. CADRE POLITIQUE D'ÉLABORATION DES RÈGLES DU DROIT DES RESSOURCES NATURELLES

« Donnez-moi de la politique, je vous donnerai la loi ! » Par cette expression, le législateur souligne la nécessité d'avoir une politique publique précise et cohérente sur une question publique donnée, avant d'y légiférer. En se passant de ce préalable stratégique, l'élaboration des lois relatives aux ressources naturelles se prive de la méthode et de la profondeur nécessaires à la pertinence de leurs dispositions.

En général, la politique publique est une action cohérente initiée par les autorités publiques qui mobilisent des ressources diverses et entreprennent un ensemble d'activité pour traiter un problème public. Elle permet l'articulation d'une vision stratégique qui offre aux différentes parties prenantes un cadre descriptif des problèmes et des solutions et indicatif des normes à suivre[35]. Elle offre ainsi au droit la matrice de sa formation, lui imprime une finalité et décrit la matière qu'il doit régir, et le droit lui offre un cadre normatif de mise en œuvre en édictant des règles incitatives ou coercitives pour

---

[35] Pierre MULLER, *Les politiques publiques : « Que sais-je ? »*, PUF, Paris, 2013, pp. 11-13

orienter les comportements vers la réalisation des objectifs fixés. Ces règles définissent des modalités régulatrices comme : les obligations, les autorisations, les interdictions, les pénalités ou les droits d'utilisation ; ou les modalités incitatives comme : les subventions et les allègements fiscaux[36]. De cette manière, le législateur peut prévoir toutes les réalités, les situations, les faits ainsi que les actes envisageables, pour avoir des lois valides ayant une dimension prospective qui anticipe les faits et prévoit l'avenir.

Cependant, l'élaboration des lois relatives à la gestion des ressources naturelles se fait généralement dans un déficit stratégique où, ne confrontant que les attentes immédiates des parties prenantes dans un perspective court-termiste, elle reste inattentive à la véritable question de la gestion des ressources naturelles. C'est-à-dire celle de savoir comment, par une modique rente de détention des ressources naturelles, arriver à développer une capacité nationale d'exploration, d'extraction, de transformation et de commercialisation ainsi qu'à investir dans la formation d'autres formes de capitaux à léguer aux générations futures.

CONCLUSION

Avec la prise de conscience écologique marquée par la publication des rapports MEADOW sur les limites de la croissance, en 1972 et BRUNTLAND sur le développement durable, en 1989, la *notion de ressource naturelle* s'est forgée dans l'effort intellectuel et politique visant à préserver le potentiel naturel de la Terre et à en répartir équitablement les bénéfices entre toutes les générations présentes et futures. Au plan juridique, ce double effort implique une requalification de notre rapport aux produits de la na-ture qui profile un *droit des ressources naturelles.*

Par une précision complète de la notion de ressource naturelle, nous avons circonscrit le champ d'application du droit des ressources naturelles ; il intègre toutes les lois régissant l'exploitation des produits du sol et du sous-sol. Cette branche de droit en perspective a une finalité particulière que lui impriment ses sources matérielles et la destination universelle des ressources naturelles.

Pour garantir la prise en compte équitable de tous ses enjeux économiques, environnementaux et sociaux, la technique et le cadre d'élaboration des règles doivent répondre aux critères de démocratie participative.

Chapitre II

STATUTS JURIDIQUES DES RESSOURCES NATURELLES

Vus les droits fondamentaux qui s'y croisent, les ressources naturelles revêtent différents statuts juridiques qu'il faut définir en précisant la signification et la portée juridique de chacun. Ainsi, la consécration du droit au développement du peuple fait des ressource naturelles des bien sous souveraineté permanente de l' État ou du peuple **(Section 1)** ou des biens du domaine privé de l'Etat **(Section 2) ;** la reconnaissance du droit des communautés autochtones ou locales en fait une possession coutumière **(section3)** ; l'affirmation du droit des génération futures tente d'en faire leur héritage **(Section 4) ;** et celle du droit à l'environnement de l'humanité projette d'en faire des biens publics globaux écologiques **(Section 5)**.En filigrane de l'évolution de la gestion des ressources naturelles, il y a, par ailleurs, le double effort juridique d'un équilibrage de tous ces droits et d'une mise en patrimoine du capital naturel qui profile un nouveau statut juridique qu'il faut essayer d'affiner sous le concept de patrimoine naturel économique **(Section 6*)*.**

Section 1 : BIENS NATURELS SOUS SOUVERAINETÉ PERMANENTE DU PEUPLE OU DE L'ÉTAT

La définition générale de la souveraineté **(§1)** nous fournit les éléments d'une meilleure appréhension de la notion de souveraineté permanente sur les ressources naturelles **(§2).**

§1. DÉFINITION GENERALE DE LA SOUVERAINETÉ

Le concept de souveraineté fait l'objet d'une définition formelle et d'une définition matérielle ; la première se réfère au caractère d'un Etat, d'une institution ou d'une entité (peuple ou nation) qui n'est soumise, dans son action ou son fonctionnement, à aucune autorité ou à aucun contrôle ; et la seconde se réfère au contenu du concept, c'est à dire les droits qu'il implique pour l'entité souveraine.

Au plan formel, la meilleure définition du concept de souveraineté nous semble celle que Louis LE FUR appliqua à l'État : *« La souveraineté est la qualité de l'*

État de n'être obligé ou déterminé que par sa volonté, dans les limites du principe supérieur du droit et conformément au but collectif qu'il est appelé à réaliser »[37]. Ainsi, un État souverain ne peut agir que selon sa propre volonté, mais, n'étant lui-même que l'expression politique du peuple dans l'exercice de son droit à disposer de lui-même, sa souveraineté ne peut s'exprimer que dans les limites du respect des droits de l'homme et de l'intérêt général de la nation.

Au plan matériel, la souveraineté est le droit exclusif d'exercer librement l'autorité politique sur un territoire déterminé ou sur une communauté humaine. Ce droit souverain se décrit généralement par les droits de légiférer (autorité législative), de juger (autorité judiciaire) et de gouverner (autorité exécutive) ; avec le triomphe de la démocratie, il est universellement convenu qu'il s'agit d'un droit qui appartient au peuple ou à la nation qui l'exerce indirectement par ses représentants élus ou, quelque fois, directement par élection ou référendum[38].

Dans sa construction, le droit de souveraineté sur les ressources naturelles intègre les deux définitions, puisant dans la définition matérielle les termes de son contenu et, dans la définition formelle, les termes tant de sa finalité que de ses restrictions.

§2. CONCEPT DE SOUVERAINETÉ PERMANENTE SUR LES RESSOURCES NATURELLES

L'appréhension du concept de souveraineté permanente sur les ressources naturelles est faite à travers : l'historique de sa formation **(1)**, les voies de son affirmation en droit international public **(2)** et en droit interne **(3)**, sa définition et sa nature **(4)**, la détermination de son objet **(5)**, l'indication de ses titulaires en droit international public et en droit interne **(6)**.

1. Historique de la formation du concept

Durant le processus global de décolonisation, les État nouveaux et l'Organisation des Nations Unies (ONU) remirent en cause les instruments juridiques d'accaparement colonial des ressources naturelles des territoires sous colonisation. Il se posa alors la question du maintien, au profit des entreprises coloniales, de l'accès utile et nécessaire à ces ressources naturelles ; en guise de réponse, il émergea, durant les années 1950, la notion de souverai-

---

[37] LOUIS LE FUR, *Etat fédéral et confédération d'Etats*, éd. Marchal et Billard, Paris, 1896.

[38] Article 5 de la Constitution du 18 février 2018.

neté permanente de l'État sur les ressources naturelles prise comme un corolaire du droit des peuples à disposer d'eux-mêmes[39].

En effet, dans sa résolution 626 du 21 décembre 1952, l'Assemblée Générale des Nations Unies proclame : « *Le droit des peuples d'utiliser et d'exploiter leurs richesses et ressources naturelles est inhérente à leur souveraineté* » ; plus tard, elle explicitera ce droit dans sa résolution 1803 du 14 décembre 1962 relative à la souveraineté permanente sur les ressources naturelles, en y déclarant au point 1 : « *Le droit de souveraineté permanente des peuples et des nations sur leurs richesses et leurs ressources naturelles doit s'exercer dans l'intérêt du développement national et du bien-être de la population de l'État intéressé* ; et au point 2 : *La prospection, la mise en valeur et la disposition de ces ressources (...) devraient être conformes aux règles et conditions que les peuples et nations considèrent en toute liberté comme nécessaires ou souhaitables pour ce qui est d'autoriser, de limiter ou d'interdire ces activités* ».

Au stade de sa formation, le concept de souveraineté permanente sur les ressources naturelles se construit ainsi dans la perspective de renforcer, en faveur des États décolonisés, les principes consacrés par la charte des Nations Unies : le droit des peuples à disposer d'eux même, la souveraineté des État et l'égalité souveraine des États[40].

2. Voies de l'affirmation du concept en droit international public

En droit international public, le concept de souveraineté permanente sur les ressources naturelles s'affirme dans la perspective de protection des droits de l'homme **(2.1)** et dans celle de développement durable **(2.2).**

2.1 Dans la perspective de protection des droits de l'homme

Désireuse, au cours des années 1960, d'humaniser l'exercice du pouvoir des Etats membres, l'ONU intégra dans la notion des droits de l'homme les aspects économique, culturel et social de la politique ; elle se dota, le 16 décembre 1966, d'un pacte international relatif aux droits économiques, sociaux et culturels, suivi plus tard de la déclaration sur le droit au développement du 4 décembre 1986.

A son article 1 point 2, le Pacte en question stipule : « *Pour atteindre leurs fins, tous les peuples peuvent disposer librement de leurs richesses et de leurs ressources naturelles, sans préjudice des obligations qui découlent de la coopération économique internationale fondée sur le principe de l'in-*

---

[39] Voy G. ELIAN « Souveraineté sur les ressources naturelles » in *RCADI* 1976, Vol. 1, pp. 45-43

[40] BEDJAOUI M. *Droit international : Bilan et perspectives*, Pedone, Paris, 1991, pp. 638-661.

térêt mutuel et du droit international. En aucun cas, un peuple ne pourra être privé de ses propres moyens de subsistance » ; à l'article 1 point 2 de la déclaration en question , l'Assemblée générale des Nations unies précise mieux cette extension socio-économique de la notion des droits de l'homme en proclamant : « *Le droit de l'homme au développement suppose aussi la pleine réalisation du droit des peuples à disposer d'eux-mêmes, qui comprend, sous réserve des dispositions pertinentes des deux Pactes internationaux relatifs aux droits de l'homme, l'exercice de leur droit inaliénable à la pleine souveraineté sur toutes leurs richesses et leurs ressources naturelles* ».

Par ailleurs, c'est en application de ces dispositions que la charte africaine des droits de l'homme et des peuples dispose à son article 21 point 1 : « *Les peuples on la libre disposition de leurs richesses et de leurs ressources naturelles. Ce droit s'exerce dans l'intérêt exclusif des populations. En aucun cas, un peuple ne peut en être privé* »

Dans ces différents instruments internationaux, l'affirmation de la souveraineté permanente sur les ressources naturelles s'inscrit dans la perspective de consolider les garanties internationales des droits de l'homme, en faisant des individus des sujets actifs du droit des gens[41]. Les États détenteurs des ressources naturelles sont ainsi incités à les utiliser au profit des droits économiques et sociaux de leurs peuples.

2.2 Dans la perspective de développement durable

Dans la perspective de développement durable, le concept de souveraineté permanente sur les ressources naturelles s'affirme à travers des principes conventionnels internationaux **(2.2.1)** et dans un sens qu'il faut préciser **(2.2.2).**

2.2.1. Principes conventionnels internationaux

Défini plutôt dans le rapport de la Commission mondiale sur l'environnement et le développement durable, dit *rapport Brundtland*[42], le concept de développement durable entame sa mise en œuvre lors de la Conférence des Nations-Unies de juin 1992 à Rio de Janeiro. Les État participants signent à cette occasion : la convention sur l'environnement et le développement, la convention-cadre sur le changement climatique et la convention sur la diversité biologique.

---

[41] DUPUY P.M. *Théorie des droits de l'homme et fondements du droit international*, Archives de philosophie du droit international, 1987, pp. 124 et s.

[42] Développement qui tient principalement compte des limites du stock de ressources naturelles, des besoins des plus pauvres et des générations futures et de l'efficacité économique.

Affirmant la souveraineté permanente des État sur leurs ressources naturelles, la convention de Rio sur l'environnement et le développement ainsi que la convention sur la biodiversité biologique énoncent respectivement à leurs principes 2 et 3 : « ... *Les États ont le droit souverain d'exploiter leurs propres ressources selon leur politique d'environnement et de développement, et ils ont le devoir de faire en sorte que les activités exercées dans les limites de leur juridiction ou sous leur contrôle ne causent pas de dommages à l'environnement dans d'autres État ou dans des zones ne relevant d'aucune juridiction nationale* » ; « *Le droit au développement doit être réalisé de façon à satisfaire équitablement les besoins relatifs au développement et à l'environnement des générations présentes et futures.* »

Ainsi, tout en affirmant le principe de la souveraineté des États sur leurs ressources naturelles en vertu du droit au développement des peuples, ces conventions internationales lui imposent deux restrictions : le droit à l'environnement des autres peuples et les droits des générations futures.

2.2.2. Sens de l'affirmation du concept

Sans se déconnecter du contexte de la promotion des droits de l'homme, le concept de souveraineté permanente sur les ressources naturelles s'affirme en vertu d'autres préoccupations sous-tendant la mise en œuvre des conventions de la Conférence des Nations Unies de Rio Janeiro,

En effet, lors des débats sur la mise en œuvre des contraintes environnementales imposées par les conventions en question, (notamment la préservation des forêts et la réduction des gaz à effet de serre), les pays en voie de développement opposèrent leur droit au développement en vue d'en être dispensés ou de négocier des compensations des coûts liés à leur application. Ils évoquèrent aussi la *dette écologique*[43] des pays du Nord pour souligner leur seule responsabilité dans la détérioration du climat et leur obligation d'en payer seuls le prix. Ceux-ci, pour leur part, recoururent à leur *droit souverain d'exploiter leurs propres ressources* pour s'opposer systématiquement à tout projet d'accord contraire à leurs intérêts économiques[44].

Par ailleurs, les pays en voie de développement évoquèrent la souveraineté permanente sur leurs ressources biologiques (consacrée par la conven-

---

[43]L'organisation équatorienne *Acción Ecológica*, membre des Amis de la Terre International (FOEI), définit la dette écologique comme « *la dette accumulée par les pays industrialisés du Nord envers les pays du tiers monde à cause du pillage des ressources, des dommages causés à l'environnement et l'occupation gratuite de l'environnement pour le dépôt des déchets, tels que les gaz à effets de serre, provenant des pays industrialisés* » (cfr, Delphine POUCHAIN, « *La dette écologique : d'une notion politique à un concept philosophique ?* », in *Développement durable et Territoire,* Vol. 5, Février 2014, mis en ligne le 04 février 2014, consulté le 14 août 2017. URL : http://developpementdurable.revues.org/10208 ; DOI : 10.4000/ développement durable.10208)

[44] Manuel FLAM, *L'économie verte*, PUF, Paris 2010, pp. 107-132.

tion sur la biodiversité) pour contester leur dépossession par la biopiraterie ; celle-ci étant définie comme l'appropriation illégitime, par des firmes commerciales ou scientifiques, des ressources biologiques et du savoir-faire traditionnel des peuples autochtones consolidée par la monopolisation de leur utilisation via le système des brevets[45]. Ce système d'accaparement prive les peuples de l'utilisation de leurs ressources biologiques et de toute rémunération légitimement due en contrepartie de l'exploitation de leurs savoir-faire traditionnels[46].

Dans ce nouveau contexte, le principe de souveraineté sur les ressources naturelles s'affirme pour chaque État face à une volonté internationale de restreindre l'exploitation de ses ressources naturelles, pour préserver l'environnement à l'échelle planétaire.

3. Voies de l'affirmation du concept en droit interne

Le concept de souveraineté permanente sur les ressources naturelles s'introduit en droit interne par la voie constitutionnelle ; visant le territoire national à travers ses composantes principales, il y pose la double question de son applicabilité à une ressource naturelle précise et de son fondement.

A son article 9 alinéa 1, la Constitution de la 3ème République stipule : *L'État exerce une souveraineté permanente notamment sur le sol, le sous-sol, les eaux et les forêts, sur les espaces aérien, fluvial, lacustre et maritime congolais ainsi que la mer territoriale congolaise et sur le plateau continental.* Il s'agit littéralement d'une souveraineté territoriale en ce que les éléments énoncés sur lesquels elle s'exerce sont les composantes du Territoire national. Mais bien que ceci ne soit pas clairement dit, on peut logiquement présumer qu'elle s'étend au potentiel naturel économique de ce dernier ainsi qu'aux actifs naturels qui en sont issus, de manière à déduire la souveraineté permanente sur les ressources naturelles

Instituée en faveur de l'État et telle que déduite de la souveraineté territoriale, la souveraineté permanente sur les ressources naturelles ne s'inscrit certainement pas dans la perspective de la protection des droits de l'homme. Elle fait plutôt échos aux principes de la charte des Nation Unies, soit : la souveraineté des Etats et leur égalité souveraine. Elle participe aussi logiquement du droit souverain des Etats sur leurs ressources tel que consacré par la Convention sur l'environnement et le développement.

---

[45] La biopiraterie : *Comprendre, résister, agir*, Guide d'information et de mobilisation du Collectif Alternative Biopiraterie

[46] Pierre William Jhonson, Biopiraterie, *Quelles alternatives au pillage des ressources naturelles et des savoirs ancestraux,* Charles Léopold Mayer, Paris, 2011, pp. 48-50.

4. Définition et nature du concept

De tout ce qui précède, nous pouvons donner la définition du concept de souveraineté permanente sur les ressources naturelles **(4.1)** et déterminer sa nature **(4.2).**

4.1 Définition

La souveraineté permanente sur les ressources naturelles signifie le rapport juridique entre un État souverain et le potentiel naturel économique de son territoire, y compris les actifs naturels qui en sont issus ; signifiant aussi la finalité de ce rapport juridique, elle doit se définir en y adaptant les définitions matérielle et formelle du concept général de souveraineté.

Ainsi, la souveraineté permanente sur les ressources naturelles peut être définie comme le droit exclusif et souverain de définir librement les politiques publiques du secteur extractif et de règlementer l'accès aux ressources naturelles, et ce dans les limites des exigences de l'intérêt supérieur de toute la nation mieux défini à la lumière du principe de développement durable. Il se déduit de cette définition que la souveraineté permanente sur les ressources naturelles implique pour l'État le droit de définir librement la stratégie d'exploitation, le principe d'appropriation ou le statut juridique ainsi que les conditions d'accès. Ce droit souverain s'exerce dans le respect des accords internationaux équitables et des exigences universelles de la gestion durable des ressources naturelles, c'est-à-dire : la préservation de l'environnement, le droit au développement du peuple, l'équité sociale et intergénérationnelle ainsi que la démocratie participative[47].

Adaptée au principe de destination universelle des ressources naturelles, cette définition de la souveraineté permanente sur les ressources naturelles exclut paradoxalement de son contenu le droit exclusif et absolu de l'État d'en disposer librement, car elle assigne à l'exercice du droit souverain une finalité humaniste dont la négation systématique peut être vue comme une cause de déchéance.

4.2 Nature

La souveraineté permanente sur les ressources naturelles a une nature fausse dérivant de termes des instruments internationaux (4.2.1), et une nature véritable dérivant du contenu originaire de la souveraineté (4.2.2).

---

[47] Cette définition de la souveraineté reprend essentiellement l'esprit de la résolution 1803 de l'Assemblée Générale des Nations Unies sur la souveraineté permanente sur les ressources naturelles

4.2.1 Nature fausse dérivant des termes des instruments internationaux

Dans les conventions internationales consacrant la souveraineté permanente sur les ressources naturelles, celle-ci est appréhendée comme un droit de disposition ou un droit de jouissance d'une chose.

En effet, la plupart d'instruments juridiques internationaux appréhendent la souveraineté permanente sur les ressources naturelles à travers des formules comme : « *le droit d'utiliser et d'exploiter librement les richesses naturelles* » ; « *la libre disposition des richesses naturelles » ;* ou encore *« le droit souverain d'exploiter les ressources naturelles. »* Toutes ces formules induisent l'idée de droit de jouissance ou de droit disposition matérielle fondant la propriété d'une chose

Il en résulte que ces instruments juridiques internationaux font accroire qu'ils créent un *droit réel souverain*, autre que la propriété.

4.2.2 Nature véritable dérivant du contenu originaire de la souveraineté

Tel qu'originairement défini, tant du point de vue formel que matériel, le concept de souveraineté n'est pas un droit réel, mais un droit politique consistant à régir souverainement l'activité humaine sur le territoire d'un pays[48]

Dérivant de cette souveraineté territoriale, la souveraineté permanente sur les ressources naturelles ne saurait être interprétée autrement ; il s'agit également, non d'un *droit réel souverain*, mais d'un droit politique consistant à définir souverainement les règles d'appropriation et d'administration des ressources naturelles.

Avec cette nature de droit politique, la souveraineté permanente sur les ressources naturelles correspond mieux à son statut de corollaire du principe de droit des peuples à disposer d'eux-mêmes qui signifie : le droit de chaque peuple de déterminer librement son statut politique et d'assurer son développement économique, social et culturel[49]

5. Détermination de l'objet du concept

L'objet de la souveraineté permanente sur les ressources naturelles se détermine par rapport : à sa définition et à sa nature **(5.1),** à la notion voisine de droit inaliénable et imprescriptible de l'Etat **(5.2)** et à une ressource naturelle prise à l'état de res nullius **(5.3).**

---

[48] Jean Fabien SPITZ, *John Lock et les fondements de la liberté moderne*, Presses Universitaires de France, Paris, 2001.

[49] Article 16 du Pacte international sur les droits civils et politiques.

5.1 Par rapport à sa définition et à sa nature

Par rapport à la définition et à la nature de la souveraineté permanente sur les ressources naturelles, nous pouvons en préciser l'objet en tant que droit en vue de mieux la distinguer du droit de propriété ; ceci revient à dire en quoi consiste son exercice et quelle est la portée de son caractère permanent.

L'exercice de la souveraineté permanente sur les ressources naturelles consiste précisément pour l'État à :

- articuler librement la vision stratégique de leur gestion à travers une politique publique visant la réalisation : du droit au développement du peuple, des droits de ses communautés locales ou autochtones et de ceux des générations futures, dans le respect du droit à l'environnement de l'humanité.
- légiférer en définissant librement les formules d'appropriation adéquates, c'est à dire la propriété privée ou la propriété publique ; et en fixant librement les conditions de recherche et d'exploitation conformes aux objectifs de la politique publique suivie.

Le caractère permanent de la souveraineté sur les ressources naturelles trouve sa justification dans leur destination universelle que l'État, quels que soient les modes de leur appropriation, doit continuer à assurer. Ceci implique que, lorsqu'exerçant cette souveraineté permanente, il s'approprie les actifs naturels ou en attribue la propriété à des particuliers, il n'aliène ou n'éclipse pas pour autant son droit souverain, car il doit veiller en permanence à ce qu'ils soient exploités conformément au principe de destination universelle des ressources naturelles. La souveraineté de ce pouvoir de contrôle implique le droit de reprise ou d'expropriation au nom de l'intérêt national formulé à la lumière du principe de développement durable.

Donc, le droit de souveraineté permanente sur les ressources naturelles se définit comme un droit de contrôle absolu et permanent que l'État ou la nation y exerce. C'est en vertu de ce droit souverain que sont créés et exercés le droit de propriété et les autres droits réels nécessaires à l'utilisation des actifs naturels.

5.2 Par rapport à la notion voisine de droit de propriété inaliénable et imprescriptible de l'État

Lors du référendum sur la Constitution du 18 février 2006, le principe de souveraineté permanente sur les ressources naturelles devait justifier sa pertinence et son avantage par rapport à celui de propriété inaliénable et imprescriptible de l'État consacré sous le régime constitutionnel de la 2ième république. La précision de l'objet de l'un par rapport à l'autre peut fournir les éléments d'appréciation.

Par rapport à la propriété inaliénable et imprescriptible de l'État la souveraineté permanente sur les ressources naturelles, telle que définie ci-avant, en est le préalable juridique nécessaire ; c'est par son exercice que se constitue ce droit de propriété. Sous la deuxième république, c'est le peuple souverain qui, exerçant son droit souverain, attribue à l'État dont il se dote la propriété inaliénable et imprescriptible sur le sol et toutes ses ressources naturelles. Sous la troisième république, le peuple abdiquant une partie de sa souveraineté nationale, l'octroi à l'État sur ses ressources naturelles ; de sorte qu'exerçant ce droit souverain, ce dernier peut se les attribuer par une loi à titre de propriété imprescriptible et inaliénable ; tout comme il peut en attribuer les actifs aux particuliers à titre de concession ou de propriété privée, tout en y maintenant le droit de contrôle souverain obtenu du peuple.

Il va sans dire que la souveraineté permanente sur les ressources naturelles est la meilleure expression juridique du droit du peuple à disposer de ses ressources naturelles conformément à l'intérêt national ; elle est aussi la base juridique du contrôle citoyen que le peuple exerce sur leur gestion. Tandis que la propriété étatique est essentiellement une formule de gestion qui permet à l'État de percevoir une rente de propriétaire, en plus d'un impôt sur les bénéfices d'exploitation de ses actifs naturels par des particuliers.

5.3 Par rapport à une ressource naturelle à l'état de res nullius

Il faut préalablement définir une ressource naturelle à l'état de *res nullius* **(5.3.1)** pour mieux y déterminer l'objet de la souveraineté permanente **(5.3.2)**

5.3.1. Définition d'une ressource naturelle à l'état de res nullius

En générale, une *res nullius* est une chose susceptible d'appropriation, mais qui n'est pas encore appropriée ou qui ne l'est plus. En droit international public, le terme « *res nullius* » désigne les espaces géographiques qui échappent à toute souveraineté territoriale et qui sont susceptible de passer sous celle de l'Etat qui, le premier, en effectuera l'occupation[50].

Appliqué aux ressources naturelles dans le contexte juridique actuel, le terme *« res nullius »* peut désigner celles dont la loi ne règle pas l'appartenance et qui ne sont plus du domaine de l'Etat ou celles qui, n'ayant pas encore été valorisées, ne font pas l'objet d'une appropriation. les premières sont celles qui, suite à l'abandon du principe constitutionnel de leur appropriation au profit de celui de la souveraineté permanente, redeviennent des *res nullius,* parce que la loi régissant leur utilisation ne les attribue à personne, exemple : les ressources halieutiques dont la loi en vigueur ne règle pas l'appartenance ; les secondes relèvent du potentiel naturel économique tel

[50] Gérard CORNU, *Vocabulaire juridique*, 8ème édition, PUF, Paris, 2007, 819-820

que défini ci-avant. N'étant pas encore évaluées et traduites en actifs naturels, ces dernières ne peuvent pratiquement pas faire l'objet d'une appropriation.

Ces deux catégories de *res nullius* naturelles sont, en vertu de l'article 9 alinéa 1 de la Constitution, soumises à la souveraineté permanente de l'État. En l'absence de toute appropriation, celle-ci consiste en un droit de contrôle souverain excluant toute recherche libre des ressources naturelles et leur appropriation privative par voie de découverte, de sorte que c'est l'État qui détermine souverainement les conditions pour y accéder.

5.3.2. Objet de la souveraineté permanente sur les res nullius naturelles

L'exercice de la souveraineté permanente sur les *res nullius* naturelles consiste à fixer librement les règles d'accès jugées adéquates pour l'intérêt national. Ces règles d'accès définissent : soit les conditions de recherche et d'appropriation des ressources naturelles, soit celles de leur exploitation en l'absence de toute appropriation, c'est à dire en les maintenant à l'état de *res nullius*.

En droit minier et pétrolier, la doctrine distingue trois grands systèmes d'appropriation des ressources minérales :

- *le droit du propriétaire du sol* : dans ce système, l'appropriation des ressources naturelles se fait par voie d'accession, c'est-à-dire qu'elle résulte accessoirement de la propriété foncière en vertu du principe « l'accessoire suit le principal ». Il en résulte que les ressources naturelles appartiennent au propriétaire public ou privé des terres les contenant. C'est ce système qui était en vigueur sous le régime foncier colonial.
- *le droit de l'inventeur* : dans ce système, l'appropriation des ressour-ces naturelles se fait par voie de découverte, c'est-à-dire qu'elles appartiennent à celui qui, le premier, les a approchées et évaluées.
- *le droit de l'État* : ce système a deux variantes, soit le *droit domanial* et le *droit régalien.* Suivant la première variante, les ressources naturelles découvertes sont, du fait d'une loi, la propriété de l'État et font donc partie de son domaine public ou privé ; suivant la seconde variante, les ressources naturelles demeurent à l'état juridique de *res nullius*, mais c'est l'État qui y attribue des droits d'accès et fixe les conditions de leur exercice.

Traditionnellement, la République démocratique du Congo applique le système *de droit de l'*État par sa variante de *droit domanial*, dans la mesure où presque toutes ses lois attribuent, à titre de propriété, les ressources naturelles à l'État, et ce dernier détermine librement les conditions de leur exploitation par les particuliers ou par lui-même.

6. Titulaires en droit international public et en droit interne

La désignation des titulaires du droit de souveraineté permanente sur les ressources naturelles varie suivant que nous sommes en droit international public **(6.1)** et en droit interne **(6.2).**

6.1 En droit international public

Dans certains instruments internationaux, les titulaires du droit de souveraineté permanente sur les ressources naturelles sont les peuples **(6.1.1)** et dans d'autres, les État **(6.1.2).**

6.1.1. Les peuples comme titulaires réels

Tel qu'elle s'affirme dans le contexte de la décolonisation et dans la perspective des droits de l'homme, la souveraineté permanente sur les ressources naturelles est reconnue aux peuples. Il faut cependant savoir si la notion de peuple ne vise ici que l'ensemble des individus organisés en un État, ou si elle peut être étendue aux communautés locales et autochtones qui, à l'intérieur de l'État, possèdent coutumièrement des ressources naturelles

Le processus global de décolonisation signifie la mise en œuvre du droit des peuples à disposer d'eux-mêmes ; étant originairement définie comme le corolaire de ce droit, la souveraineté permanente sur les ressources naturelles appartient aux peuples. Ceux-ci ont, en conséquence de leur droit de définir librement leur statut politique et le modèle de leur développement, le droit d'élaborer leurs propres politiques de gestion des ressources naturelles de leurs territoires.

Cette titularité des peuples est également affirmée dans les conventions internationales relatives aux droits de l'homme. Dans ce cadre, elle implique le droit d'exiger que la politique de gestion des ressources naturelles se fonde sur leur droit au développement.

Dans le contexte de décolonisation, les peuples sont ceux qui, organisés politiquement en États, sont membres de l'ONU. Mais dans la mise en œuvre des droits de l'homme, la notion de peuple s'étend aux peuples autochtones établis sur le territoire d'un État ; par exemple, faisant application de l'article 21 de la Charte africaine des droits de l'homme et des peuples, la Commission africaine des droits de l'homme et des peuples avait rendu des décisions condamnant des États pour des actes violant le droit des peuples autochtones de disposer librement de leurs ressources naturelles[51]. Ceci sup-

---

[51] Décision rendue dans l'affaire opposant le Social Economique Right Action Center au Gouvernement du Nigéria sur le droit du peuple Ogoni, sous la Communication 155/96 du 13 octobre 2001 ; et celle rendue dans l'affaire opposant le Centre for Minority Rights Developpement et le Gouvernement Kenyan sur les droits de Endorois, sous la Communication 276/2003.

pose que ce droit peut être revendiqué aussi bien par un peuple constituant un État que par une communauté locale ou autochtone possédant coutumièrement des ressources naturelles[52].

6.1.2. Les États comme titulaires apparents

Dans les conventions relatives à la mise en œuvre du développement durable, les État s'attribuent la souveraineté permanente sur leurs ressources naturelles. Cette *auto-titularisation* ne devrait pourtant pas emporter l'éviction des peuples titularisés dans les pactes relatifs à leurs droits sociaux et économiques

En effet, impliquant socialement le renforcement des droits de l'homme et des peuples, la mise en œuvre du développement durable n'induit pas une restriction de ces droits en faveur des État ; et en droit international public, ces derniers ne sont pas des organisations indépendantes de leurs peuples, mais comme des peuples organisés politiquement. Il devrait en résulter que la souveraineté permanente sur les ressources naturelles reconnue à un État l'est, non à l'organisme politique qu'il est en droit interne, mais au peuple dont il est la signification politique en droit international public.

Donc, lorsqu'une convention internationale reconnait la souveraineté sur les ressources naturelles à un État signataire, elle n'opère pas l'éviction du peuple, car le concept d'État signifie réellement, en droit international public, le peuple lui-même organisé politiquement.

6.2 En droit interne

Suivant l'article 9 de la Constitution, la souveraineté permanente sur les ressources naturelles appartient à l'État qui, en droit constitutionnel, est une personne morale juridiquement distincte du peuple. Il tire ce droit du peuple, souverain primaire dont il émane, qui le lui a conféré en approuvant la Constitution par référendum.

Il ressort de l'analyse du régime constitutionnel de la souveraineté[53] que celle-ci a deux formes : la souveraineté nationale consacrée à l'article 5 et appartenant au peuple et la souveraineté permanente sur les ressources naturelles, appartenant à l'État. La première fait référence au pouvoir suprême et originaire dont émanent directement ou indirectement toutes les autres formes de pouvoir d'État ; elle est exclusive, car suivant l'alinéa 2 de l'article 5 de la Constitution : « *aucune fraction du peuple ni aucun individu ne peut s'en attribuer l'exercice* ». La seconde fait référence à l'un de pouvoirs attri-

---

[52] Cependant, on peut douter qu'un peuple autochtone ait le droit de disposer librement d'une ressource vitale pour toute la nation à laquelle il appartient.

[53] Section 2, articles 5 à 9 de la Constitution du 18 février 2006

bués à l'État, c'est-à-dire celui de gestion et d'administration des ressources naturelles.

En conférant le caractère de souveraineté à ce pouvoir de gestion et d'administration attribué à l'État, le constituant paraît avoir détaché au profit de ce dernier une portion de la souveraineté nationale appartenant au peuple ; ce qui est une incohérence par rapport à l'exclusivité de cette dernière qu'il consacre pourtant à l'article 5 alinéas 2 de la Constitution.

Section 2 : BIENS DU DOMAINE PRIVÉ NATUREL DE L'ÉTAT

En rappelant la notion générale de domaine privé de l'État **(§1)**, nous expliquons son application aux ressources naturelles dont nous déduisons la notion particulière de domaine privé naturel de l'État **(§2)**. Il nous faut, par ailleurs, donner la justification d'une telle appropriation étatique des ressources naturelles à travers l'histoire **(§3)**.

§1. NOTION GÉNÉRALE DE DOMAINE PRIVÉ DE L'ÉTAT

Pour mieux préciser la notion générale de domaine privé de l'État, il faut en donner la définition **(§1)** et en indiquer le fondement **(§2)**.

1. Définition

En droit congolais, il n'existe pas de définition légale du concept de domaine privé de l'État. La doctrine le définit généralement à contrario de la définition légale du concept de domaine public[54].

En effet, il s'agit de l'ensemble de biens de l'État ou d'une collectivité territoriale non affectés à l'usage public ou à un service public et dont le régime juridique est celui de droit commun, sauf exceptions légales[55]. Cette définition repose sur les deux critères ci-après :

1. *l'absence d'affectation* : le bien considéré n'est ni en fait, ni en droit affecté à l'usage direct du public ou d'un service public .Il est donc susceptible d'aliénation totale ou partielle au profit des individus.
2. *la soumission au droit commun, sauf exceptions légales* : les actes de gestion et le contentieux contractuel concernant le bien considéré relèvent de la compétence des juridictions judiciaires.

---

54 Déduite de l'article 10 de la loi portant régime général des biens qui dispose : « Les biens de l'Etat qui sont affectés à un usage public ou à un service public sont hors commerce, tant qu'ils ne sont pas régulièrement désaffectés »

55 LUKOMBE NGENDA, *Droit civil les biens*, Publications des facultés de Droit des universités du Congo, Kinshasa, PUC, 2003, pp. 347-345.

Ainsi défini, le concept de domaine privé de l'État se confond avec celui de propriété privée, dans la mesure où, comme cette dernière, il emporte en pratique le droit de disposition sur les biens.

2. Fondement

Le concept de domaine privé de l'État prend tout son sens avec l'extension de l'action de l'*État-providence* au domaine économique. Il sert à cerner le statut juridique des biens que l'État y mobilise. Avec ce sens moderne, il exclut la fausse idée de leur dévalorisation déduite de leur affranchissement du régime de protection de droit public.

Avec l'industrialisation et l'urbanisation des sociétés modernes, l'*État-providence* devait s'efforcer, tout à la fois, de promouvoir la croissance et l'équilibre économiques, de surmonter les oppositions sociales et d'assurer une fonction d'allocation équitable des richesses. Il devait, par conséquent, participer à la production des biens et services afin d'avoir des revenus réguliers nécessaires à son fonctionnement. N'étant pas affectés à un usage public ou à un service public, les biens qu'il investit pour ce faire sont des biens privatifs faisant partie de son domaine privé, distinct de son domaine public ; pour faciliter leur circulation commerciale, ils sont, en ce qui concerne leur gestion, soumis au droit commun qui lui permet d'en disposer librement au grès de l'évolution ses intérêts économiques.

Par cette soumission au régime de droit commun, la constitution du domaine privé de l'État donne l'impression de se faire par abandon des biens jugés de moindre intérêt par rapport à ceux du domaine public[56]. Il ne s'agit pas, cependant, d'une dévaluation des biens par rapport à l'intérêt général, mais d'un assouplissement des règles de leur gestion pour permettre leur circulation et leur valorisation économique.

§2. NOTION PARTICULIÈRE DE DOMAINE PRIVÉ NATUREL DE L'ÉTAT

Pour mieux appréhender la notion particulière de domaine privé naturel de l'État, il nous faut en indiquer la source formelle et les critères de définition **(1)** et la distinguer de la notion voisine de domaine public naturel de l'État **(2).**

1. Sources formelles et critères de définition

L'indication des sources formelles de la notion de domaine privé naturel de l'État **(1.1)** nous permet d'en déduire ses critères de définition **(1.2).**

---

[56]*Idem*. p. 345

1.1. Sources formelles

La notion de domaine privé naturel de l'État procède des applications constitutionnelles et légales de celle de domaine privé de l'État au potentiel naturel économique et aux actifs naturels qui en sont issus.

En effet, il résulte de l'article 9 alinéas 2 de la Constitution[57] que : le sol, le sous-sol, les eaux et les forêts, les espaces aérien, fluvial, lacustre et maritime congolais ainsi que la mer territoriale congolaise et le plateau continental font partie du *domaine de l'État* dont la gestion est déterminée par une loi. Suivant l'usage que l'État compte en faire, le législateur les constitue soit en domaine privé, soit en domaine public. Il s'agit ainsi du domaine privé, lorsque ces composantes du territoire national ou leurs contenus sont valorisés et constitués en actifs naturels. Et pour distinguer ces derniers d'autres biens fabriqués ou construits du même domaine, on peut recourir à la notion de domaine naturel privé.

Partant de la disposition constitutionnelle en question, toutes les lois relatives à la gestion de différentes ressources naturelles intègrent explicitement ou implicitement celles qui sont économiquement exploitables au domaine privé de l'État, sauf la loi sur l'eau qui intègre les ressources en eau au domaine public.

1.2. Critères de définition

L'application légale du concept de domaine privé de l'État aux ressources naturelles obéit à l'unique critère de leur exploitation économique. Ce critère implique une reconsidération de la définition civiliste du concept qui est fondée sur les critères d'absence d'affectation et de soumission au droit commun ; ces critères deviennent inopérants dans bien de cas d'application légale du concept de domaine privé aux ressources naturelles.

En effet, les lois régissant la gestion des ressources naturelles concèdent des droits d'usage collectifs sur le domaine privé de l'État ; ce qui, pourtant, implique une affectation à un usage public, caractéristique du domaine public en droit civil. Toutes ces lois en question soumettent, par ailleurs, les ressources naturelles à des règles particulières qui dérogent au droit commun sur des aspects fondamentaux comme : le régime de propriété, la capacité des personnes, le contentieux contractuel et le régime pénal. Les lois minière et forestière , par exemple, définissent des modes d'accès aux ressources naturelles différents de ceux d'acquisition de la propriété privée, y consacrent la propriété étatique et son inaliénabilité, restreignent les transactions des droits de concession qui y sont constitués, et se dotent de règles pénales particulières ; laissant ainsi penser plus à un assouplissement du régime pro-

[57] Ainsi libellé : Les modalités de gestion et de concession du domaine de l'État visé à l'alinéa précédent sont déterminées par la loi.

tecteur de la domanialité publique plutôt qu'à une soumission totale au droit commun.

De cette requalification des critères de définition du domaine privé de l'État appliqué aux ressources naturelles, nous pouvons définir le domaine privé naturel de l'État comme : *l'ensemble de ressources naturelles destinées à l'exploitation économique entreprise par l'État lui-même ou par ses concessionnaires publics ou privés, et qui sont, comme telles, soumises à un régime de protection assoupli afin de permettre leur mise en valeur par le marché.*

2. Distinction avec le domaine public naturel de l'État

Le domaine public naturel de l'État partage les mêmes sources formelles que celles du domaine privé naturel de l'État, toutefois il se distingue de ce dernier par la destination des ressources naturelles auxquelles il s'applique ; il est, par ailleurs, fondé sur un critère autre que celui du concept général de domaine public de l'État

En effet, le domaine public naturel de l'État s'applique aux ressources naturelles destinées à être conservées dans le cadre de la protection de l'environnement[58] ; nous pouvons le définir comme *l'ensemble de ressources naturelles soustraites à toute utilisation en vue d'être conservées pour un intérêt public quelconque, notamment environnemental.*

Ainsi défini, le domaine public naturel de l'État se distingue du domaine privé naturel de l'État au plan fonctionnel en ce qu'il sert à conserver et à protéger les ressources naturelles en les soumettant à un régime prohibitif de toute utilisation, tandis que le domaine privé naturel de l'État permet l'organisation de l'accès des particuliers aux ressources naturelles en vue de leur exploitation optimale.

Cette compréhension du concept de domaine public naturel de l'État ressort un critère de définition autre que celui d'affectation à un usage public ou à un service public ; elle est fondée sur l'idée de conservation des ressources naturelles, c'est-à-dire de leur mise à l'abri de tout usage public ou privé.

§3. JUSTIFICATION DE LA DOMANIALISATION DES RESSOURCES NATURELLES À TRAVERS L'HISTOIRE

L'appropriation étatique des ressources naturelles se justifie suivant l'orientation de la politique domaniale sous l'État Indépendant du Congo et sous l'État colonial **(1)**, à l'indépendance **(2)** et dans la mondialisation des ressources naturelles **(3)**.

[58] Exemple les forêts classées dans le Code forestier

1. Sous l'État Indépendant du Congo et sous l'État colonial

Durant cette période coloniale, l'appropriation étatique des ressources naturelles a un fondement légal **(1.1)** dont on peut déduire ses objectifs **(1.2)**.

1.1. Fondement légal

En vertu du droit souverain reconnu par la communauté internationale à l'État indépendant du Congo (EIC), le roi Léopold II pris l'ordonnance du 1ier juillet 1885 stipulant : *Nul n'a le droit d'occuper sans titre des terres vacantes, ni de déposséder les indigènes des terres qu'ils occupent ; les terres vacantes doivent être considérées comme appartenant à l'État.* L'occupation et l'exploitation de ces dernières par des particuliers furent ainsi soumises à un régime d'autorisation.

Par le décret royal du 30 octobre 1892, une partie de ces terres vacantes furent érigées en domaine privé de l'État que l'EIC exploite exclusivement en régie[59]. Il cèdera, cependant, certaines d'entre elles à des sociétés concessionnaires dont il détiendra la majorité des actions en raison de l'apport de son droit de propriété foncière[60]. Plus tard, par le décret du 3 juin 1906, le domaine privé sera érigé en *domaine national* essentiellement affecté au développement de l'EIC. Bien avant cette mutation, le roi, par le décret du 9 mars 1896, avait mis en œuvre son droit souverain pour détacher clandestinement du domaine privé sa partie la plus rentable qu'il constitue en *domaine de la couronne* affecté au financement de ses œuvres personnelles.

Lors du transfert du Congo à la Belgique, le *domaine de la couronne* sera supprimé, et par le décret du 30 juin 1913 portant code civil, le *domaine national* redeviendra le domaine privé de l'État au sens du code civil napoléonien[61].

1.2. Objectifs

Sous l'EIC et sous l'État colonial, les objectifs de l'appropriation étatique des terres congolaises varient suivant qu'il s'agit du domaine privé de l'EIC **(1.2.1)**, du domaine national **(1.2.2)**, du domaine de la Couronne **(1.2.3)** et du domaine privé de l'État colonial **(1.2.4)**

---

[59] Les bassins de l'Ubangi, du Mbomu et de l'Uele, les bassins de la Mongala, de l'Itimbiri et de l'Aruwimi, les bassins des rivières Lopori et Maringa ainsi que les régions de Busira et la Tchwa-pa.

[60] La Société Anversoise pour le Commerce au Congo ("l'Anversoise") recevra le bassin de la Mongala, tandis que l'Anglo-Belgium India Rubber ("l'Abir") aura le bassin de la Lopori-Maringa

[61] Extrait du rapport du Conseil colonial in Codes Pyrrons, p.72

1.2.1. S'agissant du domaine privé de l'EIC

En érigeant une partie des terres en domaine privé, l'EIC vise à s'assurer les moyens d'existence sur un territoire dont le potentiel économique est ouvert à l'accès concurrentiel des parties prenantes à l'Acte de la conférence de Berlin[62]. Mise en compétition sur son propre sol avec les nations et les entreprises étrangères qui s'y font attribuer des terres, l'EIC se ménage ainsi les moyens d'une utilisation exclusive des ressources naturelles d'une partie de son territoire, et ce en vue d'assurer son existence et sa souveraineté.

La mise en valeur de ce domaine privé est faite principalement en régie, c'est-à-dire par des agents territoriaux nommés par l'État et chargés de gérer les terres domaniales en y assurant le monopole étatique du prélèvement des ressources naturelles. Ce mode de gestion foncière fut fondé sur une cruelle exploitation de la force de travail des populations indigènes dont le coût humain devait alarmer l'opinion publique mondiale[63].

1.2.2. S'agissant du domaine national

La constitution, par le roi, du domaine privé de l'EIC et ses méthodes de gestion seront dénoncées par les États parties à l'Acte de Berlin comme une entrave à la liberté de commerce et une expropriation des indigènes

En réaction, le roi procède à la requalification des terres domaniales en *domaine national* ; il vise à légitimer l'appropriation étatique des ressources naturelles en en affectant les revenus au développement socio-économique des populations autochtones. Cette légitimation permet à l'EIC de conserver le contrôle de son domaine, fondement de son existence et d'en conserver les ressources forestières[64].

Avec ce nouveau statut, les ressources naturelles domaniales sont exploitées uniquement pour : combler le déficit budgétaire de l'EIC, rembourser des avances de l'État belge, former un fond de réserves en cas de crise ou de déficit, financer les travaux et les investissements publics pour le développement social et la défense de la colonie. Aucune partie de ses revenus ne peut être employée dans un but autre que celui d'utilité publique[65].

---

[62] A son article 1ier, il place les territoires du bassin du Congo sous le régime de la liberté com-merciale et engage à son article 5 toute puissance qui y exercera le droit souverain à y assurer la libre concurrence.

[63] Plusieurs documents historiques ont pu mettre à jour un système d'exploitation de la main d'œuvre où, pour maximiser la récolte du caoutchouc (ressource prisée à l'époque), l'EIC réquisi-tionnait des villages entiers et les soumettait à des pénibles corvées au moyen des sévices cor-porels.

[64]*Bulletin Officiel de l'EIC*, n°6, Rapport au Roi-Souverain, Juin 1906, p. 42-43.

[65] Article 3 du décret du 3 juin 1906.

1.2.3. S'agissant du domaine de la Couronne

Par la création clandestine du *domaine de la couronne*, le roi s'approprie, à titre personnel, des ressources naturelles prisées à l'époque, notamment : le caoutchouc, l'ivoire et les minerais ; leur exploitation, au moyen de so-ciétés concessionnaires dont il est actionnaire majoritaire, contribue à l'enrichissement considérable de la famille royale et à son prestige social.

En effet, les revenus de l'exploitation du *domaine de la couronne* sont officiellement consacrés au financement des œuvres d'utilité générale tant en Belgique qu'au Congo, mais ils ont aussi largement servi à des dépenses somptuaires pour les besoins personnels du Roi et pour l'embellissement des villes belges[66].

1.2.4. S'agissant du domaine privé du Congo-belge

Consécutive à l'introduction du code civil dans la colonie, la constitution du domaine privé foncier vise à assurer la maîtrise des ressources naturelles par l'État colonial. Il ne s'agit pas, cependant, pour ce dernier de s'en assurer l'exploitation exclusive, mais d'en contrôler le commerce par les particuliers qui y accèdent par voie de concession et d'en profiter en tant que propriétaire.

Le domaine privé naturel du Congo-Belge n'est pas assortie d'une affectation particulière du revenu de son exploitation, mais il permettra à l'État colonial, propriétaire des ressources naturelles, de se ménager un juteux portefeuille d'actions dans les sociétés concessionnaires dont le revenu servira à son fonctionnement. Plus tard, soit à partir de 1946, une partie du revenu sera affectée à des investissements sociaux au profit des indigènes.

2. À l'indépendance

A l'indépendance, la justification de l'appropriation étatique des ressources naturelles varie durant la première république **(2.1)** et la deuxième république **(2.2)**.

2.1 Durant la première République

La première République trouve un autre fondement légal à l'appropriation étatique des ressources naturelles **(2.1.1)** et lui assigne d'autres objectifs **(2.1.2)**.

---

[66] Jehan de Witte, « *La Question du Congo belge* », in Revue des Deux- Mondes, tome 45, 1908, p.363

2.1.1. Fondement légal

À la proclamation de son indépendance, la République Démocratique du Congo hérite, en principe, du domaine privé de l'État colonial que ce dernier a, en partie, cogéré avec ses partenaires privés au sein des Compagnies à charte et exploité via les sociétés concessionnaires. Ces dernières avaient été créées entre ces Compagnies et des investisseurs privés. Mais le transfert effectif du domaine hérité sera âprement disputé par la Belgique, désireuse d'y protéger les investissements de ses ressortissants

En effet, en vue d'assurer à la République Démocratique du Congo la pleine souveraineté dans la concession des droits fonciers, forestiers et miniers sur toute l'étendue de son territoire, le roi des Belges approuve par décrets royaux la dissolution (convenue entre l'État colonial et ses partenaires privés[67]) des Compagnies à charte, soit : le Comité Spécial du Katanga et le Comité National du Kivu. Mais en pratique, cette décision implique immédiatement : le délaissement d'immenses étendues de terres concédées aux sociétés concessionnaires et une répartition du portefeuille d'actions qu'y détiennent les Compagnies dissoutes entre le nouvel État indépendant, substitué à l'État colonial et les partenaires privés de ce dernier. Il en résulte que ces partenaires privés, s'associant avec les autres actionnaires belges dans le capital des sociétés concessionnaires, y forment la majorité face au nouvel État indépendant ; ils en prennent ainsi le contrôle et, partant, conservent la main sur les ressources naturelles concédées Dans la foulée, les sociétés concessionnaires, dont l'actionnariat est ainsi reconfiguré sont, par ailleurs, incitées à transférer leurs sièges en Belgique.

Malgré tout, mettant en contribution le contentieux belgo-congolais né de la problématique du transfert du passif et de l'actif de la Colonie au nou-vel État indépendant, la Belgique gela pendant cinq ans l'ensemble du portefeuille de l'ex État colonial, de sorte qu'elle conserva avec les actionnaires privés des sociétés concessionnaires le contrôle juridique du domaine privé à travers les actions gelées.

Le règlement du contentieux en question donna lieu à des négociations qui aboutirent à la signature, par la République Démocratique du Congo et la Royaume de Belgique, des accords du 6 février 1965. Ceux-ci stipulent, entre autres, que *le Congo confirme que la remise des titres du portefeuille ne modifie pas les engagements qui incombaient au Congo belge envers les sociétés et les organismes*[68] . Ces engagements sont principalement ceux

[67] Le décret-royal du 30 mai 1960 approuve la convention du 25 mai 1960 portant dissolution du Comité national du Kivu entre l'État colonial et la compagnie des grands lacs ; le décret royal du 27 juin 1960 approuve la convention du 24 juin 1960 portant dissolution du Comité spécial du Katanga entre l'État colonial et la Compagnie du Katanga.

[68] Article 17 §2

relatifs au maintien des droits de concession foncière, forestière, minière… constitués au profit des sociétés belges.

2.1.2. Objectifs

Durant cette période suivant la proclamation de l'indépendance du Congo, nous pouvons noter, d'une part, la volonté du nouvel État de placer sous sa souveraineté son domaine privé naturel et, d'autre part, le souci de la Belgique d'y préserver les investissements privés belges et d'y assurer leur expansion.

Ne disposant pas d'une épargne locale convertible en capital à la mesure du coût de valorisation de son potentiel naturel économique, l'État congolais ne pouvait que s'inscrire dans une démarche qui concilie son droit souverain et les intérêts belges ; sa politique domaniale vise à affranchir son domaine privé foncier du contrôle des trusts coloniaux, mais sans remettre en cause les droits acquis des sociétés concessionnaires.

Par une telle politique domaniale, l'État congolais reprend le contrôle des terres domaniales, en même qu'il assure aux entreprises belges l'accès aux ressources naturelles de la République démocratique du Congo.

2.2 Durant la deuxième république

A l'avènement de la 2ième République, l'État trouve un autre fondement légal à la domanialisation des ressources naturelles **(2.2.1)** ainsi que d'autres objectifs **(2.2.2)**.

2.2.1. Fondement légal

Cette période s'ouvre avec le coup d'État du 25 novembre 1965 qui consacre un régime dictatorial qui, monopolisant l'espace politique, amorce au plan économique un rééquilibrage des rapports de force avec les trusts coloniaux qui contrôlent l'économie nationale, l'affirmation de la dictature requérant leur mise au pas ou, éventuellement, leur éviction au profit des entreprises nationales.

Ainsi, le ton est donné en 1966 avec l'ordonnance loi du 27 juin 1966 dite *« loi bakajika »*. Au terme de cette dernière, l'État reprend la libre et pleine disposition de tous ses droits fonciers, forestiers et miniers concédés ou cédés en propriété ou en participation avant le 30 juin 1960. Par l'ordonnance subséquente du 18 juillet 1966, il invite tous les concessionnaires à introduire des nouvelles demandes de concession ou de cession. Plus tard, par la loi du 31 décembre 1971 portant révision constitutionnelle, le législateur inséra dans la Constitution un article 14 bis ainsi libellé : « *Le sol et le sous-sol zaïrois ainsi que leurs produits naturels appartiennent à l'État* ».

Par cette disposition constitutionnelle, le domaine privé de l'État intègre l'ensemble des ressources naturelles du territoire de la République démocratique du Congo, de sorte que celles qui, pendant la colonisation, avaient été cédées à titre de propriété soient reprises par l'État. Subséquemment, la loi foncière du 20 juillet 1973 réaffirme à son article 53 la propriété étatique sur le sol en ces termes : *« Le sol est la propriété exclusive, inaliénable et imprescriptible de l'État »*

2.2.2. Objectifs

Avec toutes ces lois révolutionnaires, la politique domaniale de la 2ième république participe d'une stratégie politicienne de conservation du pouvoir, dans un pays où les trusts étrangers influent sur la vie politique. Ainsi, au-delà de la volonté affichée de promouvoir un entreprenariat national, l'État désire se donner les moyens juridiques de contrôler les entreprises étrangères, si pas d'en nationaliser certaines opérant dans les segments stratégiques du secteur extractif.

En effet, on peut lire dans l'exposé des motifs de la loi dite « Bakajika » : « *...Notre pays se débat dans des sérieuses difficultés économiques aggravées par les pressions inavouables des certaines puissances étrangères qui gèrent à leur profit l'essentiel de notre potentiel économique. Il est temps de briser le monopole qu'exerce le capital étranger sur l'exploitation des gisements à travers le territoire congolais. C'est là la nouvelle forme de subjugation et de domination sur le peuple congolais. Nous désirons voir la République du Congo reprendre et renforcer son droit de propriété sur son potentiel forestier, minier... pour en attribuer la gestion à des exploitations artisanales et industrielles qui permettront au peuple congolais de participer à la relance des activités économiques ...* »

Cependant, buté à la carence des capitaux privés locaux à la hauteur du coût d'exploitation des ressources naturelles, le nouveau régime va basculer dans la nationalisation des entreprises étrangères du secteur minier. Cette politique vise l'appropriation intégrale, au profit de l'État, de la rente d'exploitation des ressources minières à travers des entreprises publiques ; les revenus de celles-ci vont durant des années servir le prestige du nouveau régime à travers des constructions pharaoniques et l'enrichissement personnel des dirigeants.

Ce nationalisme économique va considérablement ruiner l'attractivité du pays et tarir le flux d'investissements directs étrangers dans le secteur extractif, si bien que l'immense potentiel économique du territoire national restera sous-exploré et sous-exploité. La nationalisation des entreprises du secteur minier ne s'avèrera qu'une appropriation nationale en trompe l'œil, car il n'y a d'appropriation effective d'une ressource naturelle que celle qui s'appuie sur sa connaissance parfaite et se traduit par son utilisation optimale.

3. Dans la mondialisation des ressources naturelles

Actuellement, la domanialisation des ressources naturelles est remise en cause par leur mondialisation, ainsi que le démontrent cette dernière par sa signification **(3.1)**, la description de son contexte **(3.2)** et le brouillage des objectifs des formules traditionnelles d'appropriation étatique des ressources naturelles **(3.3)**.

3.1 Signification de la mondialisation des ressources naturelles

La mondialisation des ressources naturelles est une dynamique planétaire d'intensification et d'expansion de leur commerce, d'ouverture de leur exploitation au marché mondial, de leur insertion dans la géostratégie des pays développés et de globalisation des externalités négatives de leur exploitation ou positives de leur existence.

L'expansion et l'intensification du commerce des ressources naturelles sont essentiellement liées au développement et à la réduction du coût des moyens de transport, ainsi qu'au progrès technique qui diversifie la production des matières premières. L'ouverture de l'exploitation des ressources naturelles au marché mondial signifie la suppression, par les États du monopole d'exploitation public au profit des mécanismes d'exploitation privés (la propriété privée et la concession privée), pour stimuler les investissements rentables[69].

L'insertion des ressources naturelles des pays en voie de développement dans la géostratégie des grandes puissances (les Etats-Unis et l'Union européenne) s'impose par la nécessité, d'une part, de prévenir toute rupture de l'approvisionnement de leurs économies et, d'autre part, d'empêcher les organisations criminelles ou terroristes ainsi que les Etats hostiles d'y accéder. D'où, le contrôle permanent des gîtes minéraux à travers le monde devient, pour ces grandes puissances, un impératif sécuritaire pouvant justifier le recours à la contrainte militaire pour, soit empêcher leur appropriation par ces organisations ou ces Etats, soit s'y garantir le libre accès[70].

La globalisation des externalités de l'exploitation des ressources naturelles procède de l'amplification, à l'échelle planétaire, des effets de leur extraction massive sur l'environnement (changement climatique, épuisement des ressources vitales, érosion de la biodiversité, pollution, migrations des populations expropriées...). Dans cette perspective, la conservation des ressources naturelles, la prévention et la réduction des externalités négatives et la production des externalités positives deviennent des enjeux mondiaux.

---

[69] Organisation Mondiale du Commerce, Rapport sur le commerce mondial 2010 : Le Commerce des ressources naturelles, www.wto.org pp. 63-65.

[70] Claude SERFATI, « *Economie de guerre et ressources naturelles : Les visages de la mondia-lisation* », in Annuaire suisse de politique de développement, Vol. 25, n°2, 2006, pp. 107-126. aspd.revues.org/258

3.2 Description du contexte de mondialisation des ressources naturelles

Le contexte de mondialisation des ressources naturelles est marqué par la faillite de la plupart des États qui en sont détenteurs, la domination du capitalisme mondial et l'émergence de la gouvernance environnementale mondiale.

La faillite des États détenteurs des ressources naturelles signifie l'affaiblissement de leur souveraineté par la perte de toute capacité cognitive, productrice et consommatrice. Ceci place ces États dans une situation de dépendance absolue vis-à-vis du marché mondial, où les capitaux occidentaux et asiatiques s'imposent comme seuls recours pour explorer leurs ressources naturelles et les mettre en valeur. Dans cette situation favorable pour le capitalisme mondial, ce dernier peut négocier des cadres juridiques d'exploitation plus axés sur la rentabilité et la sécurité de ses investissements que sur les droits fondamentaux nationaux.

L'émergence de la gouvernance environnementale signifie le processus international et multilatéral de mise en place des organisations, des outils politiques ainsi que des mécanismes financiers, juridiques et normatifs qui régulent les stratégies de protection de l'environnement à l'échelle planétaire[71]. Ce processus intègre significativement une tendance écologiste restrictive de l'exploitation économique des ressources naturelles.

3.3 Brouillage des objectifs des formules traditionnelles d'appropriation étatique des ressources naturelles

Dans le contexte de mondialisation des ressources naturelles, il est difficile d'affirmer qu'un État, dont la souveraineté sur les ressources naturelles se trouve affaiblie, dispose d'une politique domaniale réfléchie avec des objectifs stratégiques bien définis. Il est également impossible d'indiquer, dans ce flou stratégique, la finalité politique de l'application aux ressources naturelles des concepts de domaine privé et de domaine public.

Cependant, nous pouvons voir à posteriori à quoi sert le recours légal à ces concepts par rapport à la faillite de l'État, aux injonctions libérales du capitalisme mondial et à l'émergence de la gouvernance environnementale mondiale. Un État failli et sous pression trouve dans la domanialité de ses ressources naturelles les moyens d'affirmer son droit de propriété et de tirer davantage profit de leur commerce. Face à la pression du capitalisme mondial, il se révèle qu'une appropriation étatique des ressources naturelles permet à l'État de conserver un certain pouvoir de négociation pour le partage de la rente ; en tant que propriétaire, il a droit, en plus de l'impôt sur les bé-

---

[71] Adil NAJAM et al *Global Environnemental Governance: A Reform Agenda,* IISD, 2006, p.3 (http://www.iisd.org/pdf/2006/geg.pdf)

néfices, à une redevance et, éventuellement, à une participation gratuite dans le capital social d'une société concessionnaire.

Par rapport à l'émergence de la gouvernance environnementale mondiale, l'application aux ressources naturelles des concepts de domaine privé et de domaine public permet de distinguer celles qui sont écologiquement exploitables de celles qui, ne l'étant pas, doivent être conservées. L'intégration d'une ressource naturelle au domaine privé de l'État signifie qu'elle est juridiquement mise sur le marché, alors que son intégration au domaine public signifie sa mise hors commerce en vue de sa conservation.

Section 3 : BIENS NATURELS SOUS POSSESSION COUTUMIÈRE

Par la précision de la notion de possession coutumière des ressources naturelles **(§1)**, de ses applications en droit positif **(§2)** ainsi que par l'indication de ses modes de consécration et de protection juridiques **(§3)**, nous pouvons mieux l'appréhender comme statut juridique des ressources naturelles.

§1. NOTION DE POSSESSION COUTUMIÈRE DES RESSOURCES NATURELLES

Pour préciser la notion de possession coutumière des ressources naturelles, il faut en donner la définition **(1)**, en indiquer les caractéristiques **(2)**, dire un mot sur la définition et la qualification juridique de ses titulaires **(3)** ainsi que sur son fondement et sur sa portée **(4).**

1. Définition

Il n'existe pas de définition consacrée de la possession coutumière des ressources naturelles, mais à partir du statut qui lui est donné en droit international public par les instruments juridiques relatifs à la protection des peuples autochtones, nous pouvons en essayer une.

Telle qu'envisagée par la déclaration des Nations unies sur les droits des peuples autochtones du 13 septembre 2007, une possession coutumière des ressources naturelles signifie l'occupation du sol assortie de l'usage et de la jouissance de ses produits naturels par un peuple autochtone ou une communauté locale. Cette occupation constitue une situation de fait antérieure aux droits réels fonciers organisés par l'État moderne et vise la satisfaction des besoins économiques, sociaux, culturels et spirituels de chacun de membres de la communauté possédante.

Cette déclaration des Nations Unies devra servir de base pour la fixation, en droit interne, du statut des ressources naturelles possédées coutumièrement par les communautés locales ou les peuples autochtones.

2. Caractéristiques

Pour être considérées comme relevant d'une possession coutumière conformément à la déclaration des Nations Unies du 13 septembre 2007, les ressources naturelles d'un pays doivent revêtir les caractéristiques suivantes :

- *faire l'objet d'actes de possession coutumière* : il doit s'agir des res-sources naturelles dont la connaissance et l'usage par une communauté locale ou un peuple autochtone relèvent d'une tradition ancestrale transmise de générations en générations. Ceci suppose qu'elles doivent être en leur possession bien avant la constitution de la souveraineté territoriale de l'État colonial ou indépendant. Cette caractéristique exclut les ressources naturelles découvertes sous cette souveraineté et dont l'appropriation doit se faire suivant les règles du droit écrit.
- *avoir une destination coutumière* : il doit s'agir des ressources naturel-les destinées à la satisfaction des besoins culturels, sociaux, économi-ques ou alimentaires d'un peuple autochtone ou d'une communauté locale, c'est-à-dire celles qui constituent ses moyens d'existence en tant que telle et servent à la préservation de son mode de vie traditionnel. Cette caractéristique exclut les ressources naturelles intégrées au biotope traditionnel, mais dont l'utilité ou l'existence n'ont jamais été révélées par la technique ou la science traditionnelles et qui, par voie de conséquence, n'ont jamais fait l'objet d'aucune utilisation traditionnelle (exemple : les hydrocarbures ou les métaux précieux)
- *être en la possession d'une communauté locale ou d'un peuple autoch-tone :* en géographie sociale, les deux entités se caractérisent par une existence antérieure à la création de l'État colonial ou indépendant dont elles relèvent ; par une organisation sociopolitique propre à l'intérieur de l'ordre étatique ; et par un attachement affectif à un endroit du terri-toire qu'elles occupent avant sa soumission à la souveraineté de l'État moderne.

3. Qualification et définition juridiques des titulaires

Suivant la déclaration des Nations Unies du 13 septembre 2007, le droit de possession coutumière des ressources naturelles est reconnu aux peuples autochtones, mais certaines lois le reconnaissent aux communautés locales. Si ces deux groupements humains ont la même caractéristique, c'est-à-dire l'existence antérieure à l'Etat sous la souveraineté duquel ils sont soumis, ils sont cependant définis différemment.

En effet, les communautés locales sont légalement définies par rapport à la communauté nationale comme des composantes socio-culturelles de base, c'est-à-dire à partir desquelles s'est formée la nation. Le code forestier définit ainsi, à son article 2, une communauté locale comme : « *Une population traditionnellement organisée sur base de la coutume et unie par des liens de solidarité clanique ou parentale qui fondent sa cohésion interne »* ; elle est attachée à un terroir donné sur le territoire national et existe sociologiquement et politiquement avant la formation de la communauté nationale.

Par contre, un peuple autochtone se définit par rapport à un groupe ethnique ou racial dominant au sein d'une nation ; il s'agit pour le Haut-commissariat des Nations Unies aux droits de l'homme des «*peuples dans les pays indépendants qui sont considérés comme indigènes du fait qu'ils descendent des populations qui habitaient le pays, ou une région géographique à laquelle appartient le pays, à l'époque de la conquête ou de la colonisation ou de l'établissement des frontières actuelles de l'État et qui, quel que soit leur statut juridique, conservent leurs institutions sociales, économiques, culturelles et politiques propres ou certaines d'entre elles*[72]»

Donc, au sein de la nation congolaise, les communautés locales sont les ensembles tribaux et claniques qui en constituent les composantes de base et qui, pris chacun dans son organisation socio-politique précoloniale, constitue dans l'actuelle organisation territoriale légale[73] soit une chefferie, soit un secteur. Un peuple autochtone désigne une population constituant une minorité raciale par rapport aux bantous qui forment la race dominante, notamment : les pygmées.

4. Fondement et portée

La notion de biens naturels sous possession coutumière a en fondement en droit international public **(4.1)** qui détermine aussi sa protée **(4.2).**

4.1 Fondement

Tel que défini ci-avant, le concept de biens naturels sous possession coutumière se fonde sur la triple nécessité culturelle, écologique et scientifique de préserver les modes de vie traditionnels des communautés locales et des peuples autochtones, et ce en protégeant leurs droits sur les ressources naturelles dont elles dépendent[74] Ce fondement ressort des termes de la déclaration des Nations-unies sur les droits des peuples autochtones du 13 septembre 2007.

Affirmant que les peuples autochtones sont égaux à tous les autres peuples et reconnaissant leurs droit à la différence et au respect de leurs modes de vie, la déclaration en question souligne « *la nécessité urgente de respec-ter et de promouvoir les droits intrinsèques des peuples autochtones, qui dé-*

[72] Fiche d'information n°9, Les droits des peuples autochtones, p. 2, www.ohchr.org

[73] Loi organique n°08/016 du 07 octobre 2008 portant composition et fonctionnement des Entités Territoriales Décentralisées.

[74] Voir exposé des motifs la déclaration des Nations Unies sur les droits des peuples autochtones.

coulent de leurs structures politiques, économiques et sociales et de leur culture, de leurs traditions spirituelles, de leur histoire et de leur philosophie, en particulier leurs droits à leurs terres, territoires et ressources » ; ceci afin que, à l'égal de tous les peuples, « *ils contribuent à la diversité et à la richesse des civilisations et des cultures, qui constituent le patrimoine commun de l'humanité* »

Donc, quel que soit le mode d'appropriation des ressources naturelles institué par un État, il est universellement convenu le maintien, dans leur destination coutumière, des parts du capital naturel servant traditionnellement à la satisfaction des besoins fondamentaux des peuples autochtones ou des communautés locales.

4.2 Portée

La consécration internationale de la possession coutumière des ressources naturelles implique, pour une communauté locale ou un peuple autochtone, le droit d'en revendiquer la reconnaissance, le respect et la protection par l'État dont ils relèvent. Ce droit doit s'exercer dans les limites strictes du contenu traditionnel de la possession coutumière que leurs membres doivent eux-mêmes respecter.

Ainsi, une communauté locale ou un peuple autochtone peut valablement agir soit contre tout acte de dépossession émanant de l'État ou d'un particulier, soit en réparation d'un préjudice qui en résulte. Ce droit d'action ne s'étend pas aux ressources naturelles qui, bien que situées sur leurs territoires, sont ignorées de leur tradition, mais qui sont sollicitées par le marché mondial et dont l'utilité est dévoilée par la science moderne. L'extraction de telles ressources peut, cependant, impliquer la destruction ou l'altération des ressources naturelles faisant effectivement l'objet d'une possession coutumière. Ce préjudice fonderait une communauté locale ou un peuple autochtone à revendiquer, au titre d'indemnisation, une part de la rente d'exploitation ; ils peuvent, en toute circonstance, revendiquer également sa redistribution équitable en vertu des droits économiques reconnus à tous les citoyens.

Par ailleurs, au regard du fondement du droit de possession coutumière des ressources naturelles, il se pose la question de savoir si sa reconnaissance juridique implique, pour les titulaires, le droit de l'aliéner en vertu du droit des peuples à disposer de leurs propres ressources. Un tel droit est évidement incompatible avec ce fondement consistant en la nécessité de permettre aux peuples autochtones de maintenir et d'enrichir leurs modes de vie traditionnels au profit de la civilisation humaine ; ce qui suppose plus un devoir de conservation qu'un droit d'aliénation au profit des tiers.

§2. APPLICATIONS EN DROIT POSITIF

Il y a des applications de la notion de biens naturels sous possession coutumière en droit international public **(1)** dont on peut faire l'analyse et l'évaluation en droit interne **(2)**.

1. Applications en droit international public

En droit international public, la notion de biens naturels sous possession coutumière est appliquée dans le cadre des Nations-Unies **(1.1)** et dans celui de l'Union africaine **(1.2)**.

1.1. Dans le cadre des Nations unies

Le concept de biens naturels sous possession coutumière trouve son application dans : la déclaration des Nations Unies sur les droits des peuples autochtones sus évoquée, la convention des Nations Unies sur la diversité biologique, la déclaration de Rio sur l'environnement et le développement ainsi que dans plusieurs autres instruments internationaux relatifs à la gestion des ressources naturelles.

À ces articles 8, 10, 25, 26 et 28, la déclaration des Nations Unies sur les droits des peuples autochtones consacre le droit de ceux-ci de jouir de terres et de ressources qu'elles occupent et possèdent, interdit leur dépossession et soumet tout acte de gestion impactant sur leur environnement à leur consentement et, s'il échait, à leur indemnisation. À son article 10 point c, la convention des Nations Unies sur la diversité biologique engage les États parties à protéger et à encourager *l'usage coutumier des ressources biologiques conformément aux pratiques culturelles compatibles avec les impératifs de leur conservation ou de leur utilisation durable.* À son principe 22, la déclaration de Rio sur l'environnement et le développement reconnait le rôle vital des populations autochtones dans le développement durable, et elle recommande aux États de reconnaitre leur identité, leur culture ainsi que leurs droits sociaux et économiques et de les appuyer afin qu'elles contribuent par leurs pratiques traditionnelles au développement durable.

Par cette reconnaissance du droit de possession coutumière des ressources naturelles, les Nations Unie font la promotion des utilisations traditionnelles de ces dernières afin de les mettre en contribution dans la réalisation des objectifs du développement durable.

1.2. Dans le cadre de l'Union africaine

Dans le cadre de l'Union africaine, les applications du concept de biens naturels sous possession coutumière procèdent de l'interprétation extensive des dispositions de la charte africaine des droits de l'homme et des peuples.

En effet, la Commission africaine des droits de l'homme et des peuples a, dans des nombreux cas, étendu l'application des dispositions de la charte en question aux possessions coutumières des ressources naturelles. Le cas emblématique est la décision relative à l'affaire du peuple *Endoroïs*[75] du Kenya. Dans cette affaire, la Commission avait estimé que le gouvernement Kenyan, en évinçant ce peuple autochtone de ces terres traditionnelles pour y installer une réserve naturelle, avait violé la charte en question en ses articles : 8 consacrant le droit à la religion (intimement lié à la terre ancestrale), 17 consacrant le droit à la culture (conditionné par l'accès à la terre traditionnelle), 14 fondant le droit de propriété collectif sur la terre ancestrale, 21 consacrant le droit des peuples à disposer de leurs ressources et 22 protégeant le droit au développement des peuples.

En foi de quoi la Commission avait recommandé de reconnaître le droit de propriété des *Endoroïs* sur leurs terres, de les leur restituer, d'obtenir leur consentement libre, préalable et éclairé avant d'installer la réserve naturelle, de compenser des pertes en ressources naturelles qui en résultent et de leur redistribuer une partie de bénéfices de l'exploitation de la réserve naturelle installée.

2. Analyse et évaluation des applications en droit interne

En droit interne, l'analyse et l'évaluation des applications de la notion de biens naturels sous possession coutumière sont faites en droit minier et en droit des hydrocarbures **(2.1)**, en droit forestier **(2.2)**, en droit agricole **(2.3)**, en droit halieutique **(2.4)**, en droit de l'eau **(2.5)**et en droit cynégétique **(2.6).**

2.1. En droit minier et en droit des hydrocarbures

Il peut bien exister des cas d'utilisation coutumière des métaux lourds et précieux, mais l'exploitation minière est généralement étrangère à la culture traditionnelle. C'est pourquoi, le code minier et la loi sur les hydrocarbures ne prévoient pas des cas de possession coutumière d'un gisement minier ou d'hydrocarbures ; ils protègent, cependant, les possessions coutumières des autres ressources naturelles susceptibles d'être affectées par les activités minières ou pétrolières.

L'exploitation minière ou pétrolière entraine généralement l'altération ou la destruction des ressources naturelles dont dépendent les communautés locales ou les peuples autochtones. Dans ce cas, le code minier ne prévoit qu'un droit à l'indemnisation et un droit à l'information qui, sans viser spé-

[75] Dans les années 1970, le gouvernement Kenyan avait expulsé les peuples endoroïs de leur terre ancestrale pour créer une réserve naturelle. L'indemnisation proposée à cet effet avait été insuf-fisante et la relocalisation de la population, fort couteuse en vies humaines. La décision est disponible sur : http://www.archpr.org /files /sessions / 46th / communications / 276.03 / achpr 46_276_03_fra.pdf

cifiquement les peuples autochtones ou les communautés locales, peuvent leur profiter. En cas d'occupation d'un terrain par un exploitant minier entrainant une privation ou une diminution de la jouissance du sol, l'article 281 du code minier reconnait, en effet, un droit à l'indemnisation à tout ayant-droit, l'indemnité correspondant au loyer ou à la valeur du terrain augmentée de la moitié. Durant la mise en œuvre du projet minier, les articles 477, 478,479 et 480 du code minier obligent, par ailleurs, le promoteur à informer les populations affectées sur l'étendu, la nature et les préventions des impacts environnementaux. Sans plus.

Pour sa part, la loi portant régime général des hydrocarbures oblige, à son article 77, un exploitant pétrolier à fournir aux populations affectées des compensations sous forme d'« *interventions sociales* », c'est-à-dire des contributions diverses aux projets de développement local

Toutes ces dispositions légales sont loin d'induire une reconnaissance des droits des peuples autochtones ou des communautés locales sur leurs ressources naturelles, tels qu'ils sont reconnus en droit international public.; Elles ne visent pas spécifiquement la protection de leurs possessions coutumières des ressources naturelles, et en ne leur concédant que des droits à l'indemnisation et à la compensation, elles leur nient implicitement le droit à disposer librement de toutes leurs ressources naturelles, tel que décliné par la Commission africaine des droits de l'homme et des peuples dans sa décision sur l'affaire du peuple *Endoroïs*

2.2. En droit forestier

Suivant l'article 7 du code forestier, toutes les forêts naturelles appartiennent à l'État. Cette appropriation étatique englobe les forêts régulièrement possédées en vertu de la coutume par les communautés locales, pour n'en faire, suivant l'article 22, qu'une variante du domaine privé de l'État pouvant être supprimée ou distraite de sa destination traditionnelle.

En effet, la possession coutumière d'une forêt domanialisée ne consiste qu'en des droits d'usage ou de jouissance traditionnels reconnus aux communautés ; suivant l'article 22, elle implique aussi le droit légal de ces dernières de la convertir en une concession forestière, octroyée gratuitement par l'État et impliquant le droit d'exploitation économique de la forêt.

Cette possession coutumière des forêts n'implique pas, au profit d'une communauté locale ou d'un peuple autochtone, un droit de disposition sur les ressources forestières, tel défini en droit international public. L'État peut, en effet, les en déposséder légalement sans leur consentement ni indemnité, tandis qu'eux peuvent détourner la forêt possédée de sa vocation traditionnelle ; et en cas de constitution, au profit d'un tiers, d'une concession forestière sur leurs forêts, l'article 44 oblige les communautés locales à réduire leurs droits d'usage coutumiers dans les strictes limites de ce qui est compatible avec l'exploitation forestière.

Ainsi, tout en reconnaissant la possession coutumière des forêts telle que recommandée par le droit international public, le code forestier ne lui offre pas une protection juridique conséquente, c'est-à-dire qui la mette juridiquement à l'abri de tout acte de dépossession ou de toute soustraction à sa vocation traditionnelle.

2.3 En droit agricole

Tout en reconnaissant la possession coutumière foncière, la loi agricole ne lui offre pas une protection particulière et se défausse sur la loi foncière en ce qui concerne la procédure d'accès aux terres arables. Et pourtant, cette dernière n'en tient que relativement compte, c'est-à-dire sans offrir non plus une garantie intangible contre le risque de dépossession.

En effet, à son article 18, la loi portant principes fondamentaux relatifs à l'agriculture reconnait à « *chaque communauté locale les droits fonciers coutumiers exercés collectivement ou individuellement sur ses terres conformément à la loi* » ; ces terres constituent son domaine agricole et comprennent : « *des terres de cultures, de jachère, de pâturage et de parcours et des boisements utilisés régulièrement par la communauté locale* »

Cette possession foncière coutumière trouve une relative protection dans la loi foncière en ce qu'elle soumet toute concession des terres rurales à une enquête préalable, telle que prévue et organisée à ses articles 193 à 203. Cette procédure d'enquête ne vise, cependant, que la constatation des droits des tiers sur les terres demandées en concession, sans que cette constatation ne constitue légalement, dans le cas d'une possession coutumière, un obstacle à la concession ou n'emporte un droit à l'indemnisation.

Donc, n'étant pas assortie des restrictions à la souveraineté et à la propriété foncières de l'État, la reconnaissance de la possession coutumière des terres agricoles n'emporte pas, au profit d'une communauté locale, le droit à la libre disposition des ressources naturelles tel que défini par la Commission africaine des droits de l'homme et des peuples, dans la mesure où il y a risque de dépossession sans possibilité légale, pour les populations locales ou autochtones, de revendiquer une indemnisation ou de s'y opposer.

2.4 En droit halieutique

Datant de l'époque coloniale, la loi en vigueur sur la pêche ne règle pas la question de l'appartenance des ressources halieutiques, mais elle recon-nait les droits halieutiques traditionnels qui peuvent se définir comme une possession coutumière par rapport au droit souverain de l'État.

A son article 6, le décret du 12 juillet 1932 portant réglementation des concessions de pêche subordonne tout octroi d'une concession de pêche sur des eaux au respect des droits des indigènes.[76] L'existence de ceux-ci sur les ressources halieutiques demandées en concession emporte soit le refus de la demande, soit son admission sous réserve de leur respect.

Suivant l'article 59 du décret du 21 avril 1937 sur la pêche, les droits halieutiques des indigènes sont des droits traditionnels exercés au moyen des barrages, nasses et filets dans la mesure fixée par la coutume et dans les limites de leur circonscription territoriale ; il est, par ailleurs, interdit de détruire ces installations traditionnelles, sauf : s'ils entravent la navigation, provoquent l'envasement des cours d'eau ou constituent un danger sanitaire.

Reconnus à l'époque coloniale et sans protection juridique absolue et particulière, ces droits halieutiques indigènes constituent, certes, une possession coutumière, mais pas dans le sens que lui donne le droit international public visant la protection des droits des peuples autochtones.

2.5 En droit de l'eau

La loi relative à l'eau confère aux ressources en eau le statut de bien du domaine public, sans que cette appropriation étatique ne soit assortie de la reconnaissance d'une possession coutumière des eaux.

Certes, à son article 28, cette loi restreint tout droit d'utilisation de l'eau au respect du droit des riverains qui peuvent être les populations locales ou autochtones. Le contenu et l'étendu de ce droit de riveraineté ne sont pas, cependant, similaires à ceux de la possession coutumière telle que conçue et protégée en droit international public. Le premier s'inscrit dans les rapports qu'entretiennent un cours d'eau ou un lac avec les parcelles de terre qui le bordent (riveraineté) et qui induisent des bénéfices naturels pour leur usage[77] ; il est un droit accessoire (comme la servitude) permettant l'usage des droits établis sur ses rives. La seconde est un droit de jouissance principal traduisant les rapports entre un cours d'eau ou un lac et une population l'utilisant pour satisfaire ses divers besoins.

Donc, en ce qui concerne les droits des populations locales ou autochtones, la loi relative à l'eau ne leur assure pas le niveau de garantie et de sécurité requis en droit international public à travers le concept de possession coutumière.

2.6 En droit cynégétique

A son article 2 alinéa 2, la loi du 28 mai 1982 portant réglementation de la chasse consacre la propriété de l'État sur la faune sans aucune allusion à la possession coutumière.

---

[76] Appellation coloniale des peuples autochtones et des communautés locales.

[77] Pascal G Montagne, *Le droit de riveraineté : Propriété, usages, protection des cours d'eau non domaniaux*, Tec & Doc Lavoisier, Paris, 1993, p. 168

Toutefois, à son article 54, la loi en question crée, au profit des communautés locales, un droit de jouissance collectif sur la partie de la faune domanialisée, située sur leurs territoires. L'exercice de cette concession légale est soumis à un contrôle administratif strict, c'est à dire l'obtention par le chef de la localité d'un permis collectif de chasse qui n'implique pas, cependan, la constitution d'une réserve animalière destinée aux usages coutumiers. Ce permis donne aux membres de la communauté locale bénéficiaire le droit de prélever des ressources cynégétiques sur leur terre pour une période donnée et pour leurs besoins alimentaires.

Etant une concession légale dont l'exercice est soumis au droit écrit, ce droit de chasse traditionnel collectif n'est pas assimilable à une possession coutumière dont l'exercice relève de la coutume ; et il ne réalise pas du tout le principe de droit des peuples autochtones à disposer de leurs ressources naturelles tel que conçu en droit international public.

§3. MODES DE CONSÉCRATION ET DE PROTECTION JURIDIQUES[78]

La consécration et la protection juridiques de la possession coutumière des ressources naturelles se font par la propriété communautaire **(1)**, la concession légale ou administrative **(2)** et la reconnaissance légale **(3)**.

1. La propriété communautaire

Il est intéressant de préciser l'origine, la définition et les applications en droit de la notion de propriété communautaire **(1.1)** avant d'en indiquer les avantages et les inconvénients **(1.2)**.

1.1 Origine, définition et applications en droit

Le terme « *propriété communautaire* » naît de la réflexion menée par des nombreux auteurs, notamment : Elinor OSTROM[79] ; ils proposent la gestion communautaire des ressources naturelles comme une technique de préservation et d'utilisation plus efficace que la propriété privée ou étatique prônée par Garrett Harding[80] .

Une propriété communautaire est définie comme la propriété collective attribuée à une communauté locale sur une ressource naturelle. Compren-

[78] Les modes de consécration et de protection de la possession coutumière sont les différentes qualifications que lui donne le droit civil en vue de sa protection et de son organisation. Suivant le niveau de protection ou de sécurité, nous avons la propriété communautaire, la concession légale et la tolérance.

[79]Governing the commons: The evolution of institutions for collective action. Cambridge Univer-sity Press, 1990, 280 pages.

[80]« *La tragédie des biens communs* », *in* Science, Vol 162, n°3859 du 13 décembre 1968, pp. 1243-1248.

nant des droits de jouissance individuels reconnus à chaque membre de la communauté, elle suppose la capacité de cette dernière à définir les conditions d'accès à la ressource naturelle et d'en contrôler l'utilisation.

Conçue dans la perspective de l'utilisation durable des ressources naturelles, cette définition de la propriété communautaire ignore la caractéristique fondamentale d'un droit de propriété, soit : le droit de disposition qui, impliquant la liberté de détruire les ressources naturelles en vue de changer l'affectation du sol, est contraire à l'idée de leur préservation à la base de ce concept d'appropriation.

En droit international public, la transformation de la possession coutumière des ressources naturelles en propriété communautaire est opérée par la charte africaine des droits de l'homme et des peuples à ces articles 14 et 21 consacrant respectivement : le droit de propriété collectif sur la terre ancestrale et le droit des peuples à disposer de leurs ressources. En droit interne, le seul cas d'application est l'article 9 du code forestier en ce qu'il dispose que les arbres situés dans un village ou son environnement immédiat est la propriété collective du village.

1.2. Avantages et inconvénients

Comme mode de consécration et de protection de la possession coutumière des ressources naturelles, la propriété communautaire présente des avantages **(1.2.1)** et des inconvénients **(1.2.2).**

1.2.1. Avantages

Telle que conçue, la propriété communautaire est suggérée comme une technique juridique plus appropriée pour consolider et protéger les possessions coutumières des ressources naturelles des peuples autochtones ou des communautés locales.

En effet, dans l'acception traditionnelle, la possession coutumière est un simple droit de jouissance sur une chose héritée des ancêtres représentés par le chef coutumier[81]. Cette *propriété ancestrale* est inconcevable en droit civil faute d'identification précise du ou des titulaires, si bien que les ressources naturelles possédées coutumièrement sont juridiquement des choses sans maître. Ce flou juridique ne met pas les possesseurs coutumiers d'une ressource naturelle à l'abri d'une dépossession. Aussi est-il nécessaire que le droit interne transforme en droit de propriété collectif une possession coutumière constatée sur les ressources naturelles. Il n'y a pas en droit meilleure façon d'habiliter une communauté locale ou un peuple autochtone de défendre une chose en sa possession que de l'en faire juridiquement propriétaire.

---

[81] Lire la confrontation des thèses doctrinales sur la nature juridique de la possession coutumière dans LUKOMBE N, *Op. Cit,* pp. 357 – 365.

De ce point de vue, ce n'est qu'en vertu d'un droit de propriété qu'une communauté locale ou un peuple autochtone peut, en cas d'un projet de dépossession, exercer efficacement son droit de disposition sur ses ressources naturelles impliquant : le droit au consentement libre et éclairé, le droit à l'indemnisation et le droit au partage équitable de la rente d'exploitation.

1.2.2. Inconvénients

Sous la pression du marché, une ressource naturelle peut passer du statut de *bien traditionnel*[82] à celui de *bien marchand*[83] , de sorte qu'une propriété communautaire risque d'être source de tension et de conflit entre des ayants-droit s'arrogeant et se disputant le droit de disposition ; loin de consolider et de sécuriser la possession coutumière d'une ressource naturelle, elle internaliserait plutôt le risque dépossession en en faisant une menace au sein de la communauté locale possédante.

En effet, sauf dans certains cas de peuples autochtones, l'attachement ou la dépendance à une possession coutumière des ressources naturelles n'est jamais un choix de vie, mais le fait de la pauvreté ou du sous-développement d'une communauté locale ; chaque membre y vit dans l'espoir d'avoir de l'argent, changer de mode de vie et accéder aux biens faits du progrès. Il n'est pas de cultivateur, de pêcheur ou de chasseur traditionnels qui laisserait passer une opportunité de gagner assez d'argent offrant des meilleures conditions de vie en milieu urbain. Cet état d'esprit explique qu'en vertu du droit de propriété communautaire, des nombreux chefs coutumiers bradent les terres ancestrales et leurs ressources naturelles au détriment des leurs sujets qui en dépendent. Dans certain cas, ces abus opposent violemment ces derniers avec des tiers acquéreurs[84].

Donc, si elle protège mieux la possession coutumière des ressources naturelles contre le trouble de droit ou de fait externe, la propriété communautaire n'est pas une garantie absolue contre le risque de leur aliénation par les détenteurs du pouvoir coutumier ; le droit de disposition qu'elle implique la met à porte à faux avec la fonction de garantir la conservation d'un mode de vie traditionnel.

2. Les concessions légale et administrative

Les définitions des concessions légale et administrative **(2.1)** permettent l'analyse et l'évaluation de leurs applications en droit **(2.2)** ainsi que l'indication de leurs avantages et inconvénients **(2.3)**.

---

[82] Bien affecté à la satisfaction des besoins traditionnels.

[83] Bien demandé par le marché et échangé contre de l'argent.

[84] A la base de la crise des Grands-Lacs, il y a le conflit qui oppose des communautés locales aux acquéreurs des terres vendues par des chefs coutumiers avides.

2.1. Définition

En général, une concession est un acte juridique unilatéral ou bilatéral en vertu duquel une personne, le concédant, donne à une autre, le concessionnaire, la jouissance d'un droit ou d'un avantage particulier ; en droit foncier congolais, elle signifie ce droit lui-même ou l'espace concédé[85].

Dans le cas d'espèce, la concession peut être définie comme un droit de jouissance que la loi ou une autorité administrative accorde à une communauté locale ou à un peuple autochtone sur les ressources naturelles domaniales qu'ils possèdent coutumièrement. Nous pouvons ainsi avoir une concession légale ou administrative qui, dans tous les cas, est fondée sur le constat de la dépendance d'une communauté coutumière à des ressources naturelles domaniales et, partant, sur la nécessité de leur en garantir l'utilisation dans la perspective du développement durable.

Ainsi définie, la concession légale ou administrative d'une ressource naturelle n'implique pas la suppression de sa possession coutumière, mais la transformation de cette dernière en un droit de jouissance légal pour mieux la définir, l'organiser et la protéger par rapport à ses objectifs dans la mise en œuvre du développement durable.

2.2. Analyse et évaluation des applications en droit

En droit congolais, il y a des cas de transformation de la possession coutumière d'une ressource naturelle domaniale en concession légale ou administrative ; ils s'expliquent par le principe de l'appropriation publique intégrale des ressources naturelles qui implique l'impossibilité juridique de faire survivre un droit quelconque en dehors de la propriété publique.

En effet, le code foncier, à son article 389, et la loi agricole, à son article 18, octroient aux communautés locales et aux peuples autochtones une concession sur les terres domanialisées qu'ils possèdent régulièrement en vertu de la coutume. La loi du 28 mai 1982 portant réglementation de la chasse octroie également, à son article 54, aux communautés locales une concession sur les parts de la faune domanialisée qu'elles possèdent coutumièrement. A son article 21, le code forestier prévoit l'octroi (par décision administrative) aux communautés locales d'une concession forestière sur les forêts qu'elles possèdent coutumièrement. Dans ce cas, il ne s'agit pas seulement d'une transformation de la nature de la possession coutumière, mais aussi de son contenu, car l'octroi de la concession forestière ne vise pas une

85 Gérard Cornu, Op Cit, p. 196

requalification juridique des droits d'usage coutumiers, mais leur substitution par un droit d'exploitation forestière octroyé à la communauté locale[86].

Ces concessions légales ou administratives ne sont que des techniques juridiques d'accommodement des possessions coutumières à l'appropriation étatique des ressources naturelles ; elles ne participent pas d'une volonté ou d'une stratégie politiques de préserver des modes de vie traditionnels ; le législateur se contente de les affirmer sans les pourvoir d'une protection juridique particulière ou d'une garantie de leur destination traditionnelle.

2.3 Avantages et inconvénients

En tant que mode de consolidation et de protection de la possession coutumière des ressources naturelles, la concession légale offre plus d'avantages que d'inconvénients, tandis qu'en pratique la concession administrative n'en offre aucun, vue sa précarité

Mieux organisée et mieux définie, une concession légale des ressources naturelles domaniales offre la garantie du maintien de leur destination ou de leur fonction coutumières, dans la mesure où leur affectation à la satisfaction des besoins traditionnels d'une communauté locale est mieux définie et garantie par la loi. Cette garantie légale n'offre aucune possibilité juridique de dépossession par un agent externe ou d'aliénation par des agents internes ; d'autant plus que, dans l'esprit général de la déclaration des Nations Unies sur les droits des peuples autochtones, le but primordial est de protéger la possession coutumière des ressources naturelles, pour préserver des modes de vie traditionnels utiles au développement durable ; il ne s'agit pas de s'assurer que les possesseurs coutumiers disposent librement de leurs ressources naturelles entant que propriétaires.

Par ailleurs, la concession légale des ressources naturelles offre une base juridique claire à une intervention de l'État propriétaire en vue d'en protéger les fonctions coutumières ou traditionnelles ; ce qui est incompatible avec le droit à la libre disposition compris dans la propriété communautaire. Elle est aussi une technique adéquate de mis en œuvre, au profit des communautés locales ou autochtones, de l'article 50 alinéa 1 de la Constitution obligeant l'Etat à protéger les droits collectifs légitimes de tous les congolais.

3. La reconnaissance légale

Partant de la précision de la notion de reconnaissance légale **(3.1),** nous en soulignons les avantages et les inconvénients **(3.2)** afin de mieux analyser et évaluer ses applications en droit international et en droit interne **(3.3).**

---

[86] Dans ce cas la forêt n'est plus un bien traditionnel mais un bien marchand que la communauté locale est autorisée à exploiter économiquement pour en commercialiser les produits et les services.

3.1 Notion

Généralement, la reconnaissance se définit comme un acte par lequel une personne accepte de tenir pour établie une situation de fait ou de droit préexistant, de manière à la renforcer au plan juridique. Appliqué à la possession coutumière des ressources naturelles, l'acte de reconnaissance en fait une situation de fait reconnue et devant être distinguée d'une propriété communautaire ou d'une concession légale.

Dans le cas d'espèce, la reconnaissance est l'acte par lequel l'État constate et accepte comme légitime une possession coutumière des ressources naturelles antérieure à son droit de souveraineté territoriale et à son droit de propriété foncier, de sorte qu'elle constitue une restriction à ces deux droits. Lorsque donc il reconnait une possession coutumière sur les ressources naturelles, l'État s'abstient d'intégrer celles-ci à son domaine ou d'y étendre l'exercice de sa souveraineté, mais il conserve son droit d'intervenir pour protéger les droits de jouissance coutumiers contre tout trouble de fait ou de droit externe et interne.

Par ailleurs, une possession coutumière reconnue se distingue de la propriété communautaire et de la concession légale ; Ces dernières résultent, en effet, de l'attribution légale d'un nouveau droit et non de la reconnaissance d'un droit antérieure.

3.2 Avantages et inconvénients

La reconnaissance légale de la possession coutumière des ressources naturelles signifie que l'État, après en avoir constaté l'existence, la laisse à la libre disposition de la communauté locale ou du peuple autochtone ; elle présente comme telle les mêmes avantages et les mêmes inconvénients que la propriété communautaire.

Comme avantages, la reconnaissance d'une possession coutumière des ressources naturelles met les titulaires à l'abri de tout risque de dépossession externe, l'État se plaçant dans l'impossibilité juridique d'y constituer un droit quelconque à son profit ou au profit d'un tiers ; elle confère aussi aux droits de jouissance coutumiers une existence juridique nécessaire à leur défense et à leur protection par les juridictions de droit écrit.

Mais, à travers la protection des droits des peuples autochtones et des communautés locales, le droit international public vise la conservation de leurs modes de vie traditionnels en vue de leur mise en contribution dans le développement durable des nations. Cette finalité ne trouve pas une garantie suffisante dans la simple reconnaissance légale d'une possession coutumière des ressources naturelles, car se limitant à constater l'existence d'un fait pour le transformer en un droit, un acte de reconnaissance laisse, cependant, subsister la possibilité juridique d'aliénation du droit reconnu par le titulaire.

Ce qui, pour une possession coutumière des ressources naturelles n'ayant pas juridiquement la vocation d'être aliénée, est un désavantage.

Donc, en laissant à la libre disposition des ayants-droit une possession coutumière des ressources naturelles, sa reconnaissance légale présume un droit d'aliénation qui ne garantit pas sa conservation par rapport à sa fonction écologique et culturelle. La loi devrait la transformer en un nouveau droit de même contenu traditionnel en vue de mettre en évidence sa fonction dans le développement durable et de pouvoir obliger les ayants-droit à la conserver.

3.3 Analyse et évaluation des applications en droit international public et en droit interne

En droit international public, la reconnaissance légale de la possession coutumière des ressources naturelles est la formule de protection juridique recommandée par la déclaration des Nations Unies sur les droits des peuples autochtones à son article 26 point 3. En droit interne, elle n'existe que dans la législation coloniale sur la pêche encore en vigueur.

En effet, à son article 26 point 3, la déclaration des Nations Unies sur les droits des peuples autochtones engage les États parties à accorder reconnaissance et protection juridiques aux ressources naturelles possédées coutumièrement par les peuples autochtones. Cette reconnaissance doit être faite en respectant dûment les coutumes, traditions et régimes fonciers des concernés.

En droit interne, le décret du 21 avril 1937 sur les concessions de pêche reconnait à son article 59 des droits traditionnels de pêche (ou la possession coutumière des ressources halieutiques) au profit des indigènes et pourvoit à leur protection comme tels.

Mais pris à l'époque coloniale, le décret en question se retrouve, sur ce point précis, anachronique par rapport à la politique domaniale actuelle fondée sur le principe d'appropriation étatique intégrale de toutes les ressources naturelles, car l'application de ce principe ne peut s'accommoder de la reconnaissance d'un droit sans référence à la propriété étatique.

Section 4 : HÉRITAGE DES GÉNÉRATIONS FUTURES

Comme statut juridique probable des ressources naturelles, la notion d'héritage des générations futures doit être précisée **(§1)**. Il faudra aussi en indiquer les modes de transmission **(§2)** et faire l'analyse ainsi que l'évaluation de ses applications en droit positif **(§3).**

§1. NOTION

Pour mieux appréhender la notion d'héritage des générations futures, il faut en indiquer l'origine et le fondement **(1)** afin de mieux la définir **(2).**

1. Origine et fondement

L'idée que les ressources naturelles sont un héritage des générations futures part de l'ouvrage de Hans JONAS : *Le principe de responsabilité : Une éthique pour la civilisation technologique.* L'auteur y associe le besoin humain de procréer, c'est à dire de s'assurer une postérité à l'obligation de veiller à ce que nos actes ne réduisent ou ne détruisent pas les possibilités de bien-être des générations futures[87].

Le principe de cette responsabilité à l'égard des générations futures va s'imposer dans l'agenda international avec le lancement du concept de développement durable par le rapport BRUNDTLAND. Ce dernier définit ce concept comme un développement qui répond aux besoins des générations présentes sans compromettre la capacité des générations futures à répondre aux leurs[88]. Cette capacité dépendra de la manière dont nous maintiendrons la qualité et la quantité de ressources renouvelables. Elle dépendra aussi de la quantité et de la qualité du capital physique (machines, immeubles), de la qualité du capital humain (investissements éducatifs et scientifiques) et de la qualité du capital social (institutions) que nous leur transmettront[89].

La prise de conscience de cette nouvelle responsabilité modifie le rapport de l'homme au capital naturel en l'obligeant à préserver les stocks de ressources naturelles renouvelables et à compenser, par la constitution des capitaux physiques, social et humain, l'épuisement des stocks de ressources naturelles non renouvelables, de manière à transmettre aux générations futures des capitaux suffisants pour assurer leur bien- être.

2. Définition

En droit civil, un héritage est généralement le patrimoine d'une personne transmis aux héritiers et comprenant un actif (ensemble de biens) ainsi qu'un passif (ensemble de dettes), l'actif net étant ce qui est réellement transmis après déduction des éléments du passif.

Appliqué aux stocks de ressources naturelles renouvelables transmis aux générations futures, le concept d'héritage invite à un effort de précision de

[87] Hans JONAS, *le principe de responsabilité. Une éthique pour la civilisation technologique*, trad. de l'allemand par J. Greisch, Paris, Le Cerf, 1990. 338 pages.

[88] Commission des Nations Unies sur l'environnement et le développement, *Op. Cit* p. 14.

[89] Joseph STIGLITZ et al. *Rapport de la Commission sur la mesure des performances économiques et du progrès social*, 2010, www.stiglitz-sens-fitoussi, p. 67.

l'actif net du capital naturel réellement transmis. Il pourrait ainsi s'agir de l'ensemble de stocks de ressources naturelles préservées et reconstituées Concernant les ressources naturelles non renouvelables, il s'agit de la part de leur rente d'exploitation investie, tant dans la constitution des capitaux physique, éducatif, sanitaire et social que dans la réduction des externalités négatives[90] en vue d'assurer le bien-être de la génération suivante, celle-ci étant tenue d'en faire autant pour la suivante et ainsi de suite.

En cas d'infériorité du taux de renouvellement des ressources naturelles renouvelables par rapport au taux de leur prélèvement, d'absence de réinvestissement de la rente d'exploitation des ressources naturelles non renouvelables et d'accumulation d'externalités négatives, il y a une surconsommation, un sous-investissement et une altération de l'environnement qui privent d'héritage les générations futures.

La quantification d'héritage des générations futures requiert une procédure claire d'agrégation des stocks de richesses naturelles léguées et une définition des indicateurs fiables de leur évaluation et de leur variation. Cette question est amplement discutée en économie sous le thème de soutenabilité ou de durabilité du développement[91].

§2. MODES DE TRANSMISSION

Comme héritage des générations futures, les ressources naturelles peuvent se transmettre par la préservation et la conservation de leurs stocks **(1)** ainsi que par le réinvestissement de la rente de celles qui sont non renouvelables **(2).**

1. Préservation et conservation des stocks de ressources naturelles

Il faut souligner la différence entre la préservation des stocks de ressources naturelles **(1.1)** et leur conservation **(1.2).**

1.1. Préservation

La préservation d'une ressource naturelle est le fait de tempérer son utilisation pour permettre la diminution de son taux de prélèvement par rapport à son taux de renouvellement et diminuer les externalités négatives de son extraction. Elle se réalise par la stratégie d'économie verte, l'utilisation durable des ressources naturelles et la reconstitution de leurs stocks.

---

[90] Notamment la pollution des ressources vitales telles que l'eau, l'aire ou le sol ; le réchauffement climatique, la destruction de la biodiversité…

[91] Joseph STIGLITZ et al. *Op cit,* p. 68-90

L'économie verte est « *une économie qui entraine une amélioration du bien être humain et de l'équité sociale tout en réduisant de manière significative les risques environnementaux et la pénurie des ressources. Elle se caractérise par un faible taux d'émission de carbone, l'utilisation rationnelle des ressources et l'inclusion sociale*[92] »

L'utilisation durable des ressources naturelles est celle qui est faite d'une manière et à un rythme qui n'entrainent pas leur appauvrissement à long terme et sauvegardent leur potentiel pour satisfaire les besoins et les aspirations des générations présentes et futures[93].

La reconstitution d'une ressource naturelle signifie sa régénération naturelle ou sa reproduction artificielle à grand échelle. Dans ce dernier cas, selon la nature de la ressource naturelle, il peut s'agir du boisement (pour les forêts), de la pisciculture (pour les poissons), de l'élevage (pour la faune)...

La mise en œuvre de ces trois modes de préservation est constitutive des legs implicites ou explicites constitués : du stock de ressources naturelles préservées[94], renouvelées et reconstituées ; de l'épargne future équivalente au coût actuel de réduction des externalités négatives ; et de la rente d'exploitation investie dans le *verdissement de l'économie*, c'est-à-dire dans l'acquisition des techniques de production moins polluantes, moins consommatrices, moins destructrices et moins dépendantes de ressources naturelles.

1.2. Conservation

La conservation est l'acte par lequel une ressource naturelle est sous-traite à toute utilisation et protégée en raison de sa valeur d'existence ou du risque de son extinction. Elle porte sur les ressources naturelles renouvelables correspondant aux deux règnes du vivant : le végétal et l'animal, ainsi que sur l'intégrité écologique de leurs habitats naturels ou de substitution.

La conservation se fait généralement par la constitution des aires proté-gées. Selon l'Union internationale pour la Conservation de la Nature : « *une aire protégée est un espace géographique clairement défini, reconnu, dédié et géré, par des moyens légaux ou autres, afin de favoriser la conservation à long terme de la nature et des services écosystémiques et des valeurs cul-turelles qui y sont liés* ». Il peut s'agir ainsi d'un parc national, d'une forêt classée ou de toute zone géographique interdite à toute activité humaine.

Ainsi défini, l'acte de conservation des ressources naturelles constitue un legs implicite en faveur des générations futures, dans la mesure où les béné-fices des ressources naturelles conservées s'étendent sur plusieurs générations.

---

[92] PNUE, *Vers une économie verte : Pour un développement durable et une éradication de la pauvreté, synthèse à l'intension des décideurs*, www.unpe.org/greeneconomy p. 9

[93] Définition inspirée de l'article 2 point 4 de la convention des Nations Unies sur la diversité biologique.

[94] Dont la quantité équivaut au taux de diminution du prélèvement qui est le rapport entre la quantité consommée antérieurement et celle consommée actuellement.

2. Réinvestissement de la rente des ressources naturelles non renouvelables

La rente des ressources naturelles non renouvelables peut être réinvestie dans la formation du capital reproductible **(2.1)** et dans le fond d'épargne intergénérationnelle **(2.2).**

2.1 Réinvestissement dans la formation du capital reproductible

L'idée de réinvestir la rente naturelle dans la formation du capital reproductible part d'une réflexion de John M. HARTWICK sur la stabilité intertemporelle de la consommation par tête comme objectif d'équité intergénérationnelle[95]. Lui donnant la réplique, Robert M SOLOW définit cet objectif comme la constance de la consommation par tête à travers le temps de façon à ce qu'aucune génération ne soit favorisée par rapport à une autre[96]. Cette double réflexion est diffusée sous l'expression *règle d'Hartwick-Solow*

Pour assurer le bien-être des générations futures, l'utilisation du capital naturel par la génération actuelle doit être lestée de l'obligation de leur laisser les possibilités d'avoir le même niveau de bien-être. Ce qui est en principe compromis par l'épuisement inéluctable des ressources naturelles non renouvelables indispensables à la croissance économique. Réfléchissant sur le moyen de stabiliser le niveau de consommation par rapport à ces dernières, J.M HARTWICK propose l'investissement des revenus de leur exploitation dans la formation des capitaux reproductibles (équipements et infrastructures industrielles, éducatifs, sanitaires et scientifiques).

Au lendemain du lancement du concept de développement durable, cette proposition sera reprise et développée sous le principe de durabilité faible. Celui-ci signifie que la durabilité du développement par rapport à l'épuisement des ressources naturelles est garantie par la substituabilité du capital produit au capital naturel ; pour l'atteindre, il suffirait de s'assurer que la consommation des actifs naturels est compensée par les investissements en capitaux produits.

Une mise en œuvre méthodique de cette *règle d'Hartwick-Solow* constitue un legs en faveur des générations futures. Ce legs est constitué d'actifs du capital produit issus du réinvestissement des rentes de l'exploitation des ressources naturelles non renouvelables. Pour garantir sa réalisation, il faudrait veiller à ce que le rythme de consommation de ces dernières n'excède

---

[95]John. M HARTWICK "intergenerational equity and the investing of rents from exhaustible resources", in the American Economic review; vol. 67, n°5, Nashville, December 1977 pp. 972-974

[96] R.M SOLOW, "The economics of resources or the resources of economics", in the American Economic review, vol. LXIV, n°2, Nashville, May 1974, pp. 1-14.

pas le rythme auquel des substituts renouvelables et durables peuvent être développés.

2.2 Réinvestissement dans un fond d'épargne intergénérationnelle

Un fond d'épargne intergénérationnelle est une sorte de fond souverain constitué de revenus issus de l'exploitation des ressources non renouvelab-les et dont l'objectif est de les pérenniser pour constituer une épargne au profit des générations futures[97].

Ainsi, il s'agit d'un fond de placement d'actifs financiers détenu par un État et où il reverse, à titre d'épargne, les recettes publiques issues de la ren-te d'exploitation de ses ressources naturelles. Ces recettes sont alors trans-formées en divers placements internationaux générateurs, à long terme, des dividendes ou des intérêts (actions, obligations, bons de trésor ...). De cette manière, les actifs naturels non renouvelables sont convertis en actifs finan-ciers pérennes dont les revenus sont répartis de manière équitable à travers les générations[98].

Fonctionnant ainsi, un fond d'épargne intergénérationnelle peut s'analy-ser comme un legs, sous forme d'actifs financiers, des ressources naturelles non renouvelables aux générations futures, dans la mesure où il constitue un mécanisme d'épargne forcée et fait fructifier la richesse d'aujourd'hui pour constituer le patrimoine de demain.

§3. ANALYSE ET ÉVALUATION DES APPLICATIONS EN DROIT POSITIF

En droit positif, la notion d'héritage des générations futures met en perspective la formation d'un droit intergénérationnel **(1)** à travers ses appli-cations en droit international public **(2)** et en droit interne **(3).**

1. Perspective d'un droit intergénérationnel

L'introduction en droit des ressources naturelles du concept d'héritage des générations futures met en perspective la formation d'un *droit intergé-nérationnel.* S'enlevant sur le droit des obligations, ce droit devrait se cons-truire en en transposant les mécanismes dans le rapport entre la génération actuelle et les générations futures

Dans cette perspective, le *droit intergénérationnel* devra construire et articuler le lien juridique entre différentes générations, et ce, en définissant les droits subjectifs des générations futures et les obligations correspondantes des générations présentes. Il devra aussi définir la responsabilité de ces dernières et la procédure de sa mise en œuvre par une action judicaire, accom-

---

[97]Caroline Bertin DELACOUR, *Les fonds souverains : Ces nouveaux acteurs de l'économie mondiale,* édition les échos, Paris, 2009, p.29

[98] Caroline Bertin DELACOUR, *Op Cit* p. 30

plissant ainsi le passage d'une simple responsabilité morale à une responsabilité juridique.

Cette juridisation devrait se faire par la mise en œuvre combinée des incitations et des contraintes qui imposent aux générations actuelles des actions déterminées au profit des générations futures. Elle devrait se faire également par l'organisation d'une défense judiciaire des droits qui en découlent pour ces dernières[99].

Mieux articulé, un tel corpus de règles juridiques offre une meilleure garantie pour la réalisation de l'équité intergénérationnelle, et ce, en imposant des devoirs, non irrationnellement envers des personnes inexistantes ou fictives, mais envers l'humanité ou une nation qui sont des réalités intemporelles dont chaque génération n'est qu'une représentation temporelle.

2. En droit international public

Le droit international de l'environnement engage les État à prendre en compte les droits des générations futures dans leurs politiques de développement.

Cet engagement international est formulé dans divers instruments édictés au plan mondial, régional ou sous régional, tous reprenant l'esprit de :

- la déclaration de Rio sur l'environnement et le développement qui, à son principe 3, affirme que le droit au développement doit être réalisé, de manière à satisfaire les besoins relatifs au développement et à l'environnement des générations présentes et futures ;
- la convention des Nations-Unies sur la diversité biologique qui définit l'utilisation durable des éléments de la biodiversité comme celle qui est faite d'une manière et à un rythme qui sauvegardent leur potentiel pour satisfaire les besoins et les aspirations des générations présentes et futures[100].

Par ailleurs, les Etats membres de l'UNESCO avaient, le 12 novembre 1997, adopté la déclaration sur les responsabilités des générations présentes envers les générations futures ; à son article 5 point 3, elle engage les premières à préserver pour les secondes les ressources naturelles nécessaires pour assurer le maintien de la vie humaine et son développement sur terre.

3. En Droit interne

La loi relative aux hydrocarbures (à son article 19) et le code minier (à son article 8 bis) prévoient respectivement un *Fond pour les générations futures* et *un fond minier pour les générations futures.* Il s'agit des Fonds

---

[99] Cfr Emilie GAILLARD, *Générations futures et droit privé- Vers un droit des générations futures*, LGDJ, coll. Thèse, Paris, 2011, 692 pages.
[100] Article 2 point 14.

souverains qui devraient convertir une part de la production pétrolière et minière en actifs financiers à transmettre aux générations futures.

Cependant, il ne suffira pas de créer un Fond souverain pour garantir les droits des générations futures. Des telles institutions existent déjà au Tchad et en Angola sans qu'elles ne parviennent à créer des actifs financiers visibles et transmissibles aux générations futures ; elles fonctionnent au contraire comme des simples caisses d'épargne auxquelles le gouvernement recourt pour ses dépenses imprévues.

Pour valoir comme acte de transmission des ressources naturelles non renouvelables aux générations futures, un Fond des générations futures doit être organisé sur base des *dispositions transgénérationelles*, c'est-à-dire, celles qui prescrivent explicitement en faveur des générations futures des obligations précises impliquant des droits précis, car dans un déficit de perspective transgénérationelle, les décideurs publics auront toujours la tentation d'agir par rapport aux besoins pressants des générations présentes.

Section 5 : BIENS PUBLICS GLOBAUX ÉCOLOGIQUES

La précision de la notion générale de bien public **(§1)** permet de mieux comprendre celle de bien public global **(§2)** dont est déduite la notion juridique de bien public global écologique **(§3).**

§1. NOTION GÉNÉRALE DE BIEN PUBLIC

Le concept économique de bien public est utilisé pour la première fois par l'économiste Adam Smith dans son livre *Recherches sur la nature et les causes de la richesse des nations.* Pour cet auteur, il désigne l'ensemble de services publics (la défense nationale, la justice, les infrastructures, l'éducation nationale...) non rentables, mais nécessaires à l'activité économique. Le marché ne pouvant pas les fournir, faute de rentabilité, il revient à l'État de le faire au moyen des prélèvements obligatoires.

Plus tard, sous la plume de Paul SAMUELSON, le concept de bien public évoluera à travers plusieurs définitions fondées sur deux critères : la *non-rivalité* et la *non-excluabilité.* Le premier critère signifie qu'un bien public, par exemple une route, est utilisable par plusieurs personnes à la fois, sans que l'utilisation par une personne n'en affecte la disponibilité pour tous ; et le deuxième critère signifie qu'il est impossible d'exclure une personne de cette utilisation[101].

Ces deux critères induisent sur le marché une absence d'incitation à produire un bien public : la *non-rivalité* y implique l'absence de rareté du bien

[101]Paul A SAMUELSON, "*The Pur Theory of Public Expenditure*", in Review of Economics and Statistics, 1954, pp. 387-389

et, partant, de sa rentabilité et la *non-excluabilité* y provoque le développement du phénomène comportemental de *passager clandestin.*[102]

§2. NOTION GÉNÉRALE DE BIEN PUBLIC GLOBAL

A partir de l'indication de l'origine et du fondement de la notion de bien public global **(1),** nous pouvons en donner la définition et la catégorisation **(2).**

1. Origine et fondement

Le concept de bien public global procède de l'extrapolation de celui de bien public à l'organisation de la prise en charge, à l'échelle mondiale, des problèmes transfrontaliers. Dans cette perspective, il fut officiellement lancé par le Programme des Nations Unies pour le Développement (PNUD) dans son étude publiée en 1999 : *Les biens publics à l'échelle mondiale : La coopération internationale au 21ième siècle*[103].

L'objectif de cette étude est de construire une nouvelle approche globale des crises mondiales pouvant déduire des réponses ou des préventions globales efficaces. Ces dernières sont alors considérées comme des biens publics mondiaux dont la production insuffisante explique la recrudescence des crises mondiales.

Pour construire une stratégie globale efficace, il est conféré aux crises mondiales le statut de *maux publics globaux* et aux actions préventives ou solutions globales correspondantes, celui des *biens publics globaux ou mondiaux.* Ce statut oblige les État à coopérer pour la production suffisante de ces derniers.

Donc, le concept de bien public global se fonde sur la volonté de trouver une nouvelle légitimation à la coopération internationale et à l'aide au développement fournie aux pays sous-développés ; elles doivent être relancées sur des nouvelles bases justificatives et recentrées sur des problèmes natio-naux ou locaux à incidence mondiale ou transfrontalière[104]

2. Définition et catégorisation

La définition de la notion de bien public global **(2.1)** nous permet d'en déduire les critères de sa catégorisation **(2.2).**

---

[102] L'expression *Passager clandestin* a été créée par Mancure OLSON dans son ouvrage *Logique de l'action collective* (……..) pour désigner le comportement d'une personne qui profite d'une situation bénéfique, d'un bien ou d'un service créé par d'autres personnes ou par la Collectivité sans qu'elle n'en paie le coût.

[103] Etude réalisée par Inge KAUL, Isabelle GRUNBERG et Marc A STERN et publiée le 15 mars 1999 par Oxford University Press.

[104] CONSTANTIN F. *Les biens publics mondiaux. Un mythe légitimateur pour l'action collective*, l'Harmattan, Paris 2002.

2.1. Définition

Depuis son apparition, le concept de *bien public global* se cherche un contenu fonctionnel qui offre une vision claire de tous les enjeux mondiaux visés. Cette quête sémantique a produit plusieurs définitions dont les quatre suivantes :

- *« L'ensemble des biens accessibles à tous les États qui n'ont pas nécessairement un intérêt individuel à les produire ou à les prendre en charge »*[105]
- *« Les biens publics mondiaux sont ces biens et services qui doivent être considérés comme essentiels à la sécurité du « vivre ensemble » au niveau mondial. L'eau, la forêt, la stabilité financière, la sécurité des Etats, l'éducation et la santé sont les principaux biens publics mondiaux. »*[106]
- *« Les biens publics mondiaux sont des biens dont les avantages s'étendent à tous les pays, populations et générations*[107]
- *« Les biens, ressources, politiques et services produisant des consé-quences positives transcendant les frontières des pays, ayant un intérêt pour le développement et la réduction de la pauvreté, et ne pouvant être mis en œuvre sans une action concertée de la communauté internationale »*[108]

De toutes ces définitions et de tant d'autres, il se dégage, au-delà des critères de *non-rivalité* et de *non-excluabilité* du bien public induisant l'inefficacité du marché, ceux d'universalité, de nécessité et de l'action collective. Nous pouvons ainsi définir un bien public global comme : *celui qui intéresse l'humanité toute entière prise en ses générations présentes et futures, qui est nécessaire au bien être universel et dont la production suffisante requiert une action collective à l'échelle mondiale.*

2.2. Critères de catégorisation

Les biens publics globaux peuvent être catégorisés suivant leur nature **(2.2.1)** et leur finalité **(2.2.2)**.

---

[105] Charles KINDLEBERGER, cité par Bruno BOIDIN, *La santé, bien public mondial ou bien marchand ? Réflexions à partir des expériences africaines*, Presses universitaires du Sep-tentrion, Villeneuve-D'Ascq, 2014, p.31.

[106] Ricardo PETRELLA, *l'eau, bien commun public : Alternative à la « pétrolisation » de l'eau*, éd. de l'Aube, 2004, p. 77

[107] Inge KAUL et al *Comment améliorer la fourniture des biens publics mondiaux*, disponibles sur : web.undp.org/globalpublicgoods, p.30

[108] Citée par Jean Jacques GABAS, « *Les biens publics mondiaux et la coopération interna-tionale* », in Economie politique, n° 12, avril 2001, pp. 19-31

2.2.1. Suivant leur nature

Dans son étude sus évoquée, le PNUD regroupe les biens publics globaux en trois catégories suivantes, déterminées par rapport à leur nature[109] :

- les *biens publics globaux environnementaux* qui correspondent aux actions entreprises pour résoudre les problèmes posés par la surutilisation de la nature (par exemple : la réduction des gaz à effet de serre, la préservation de la biodiversité...)
- les *biens publics globaux sociaux* qui correspondent aux actions entreprises pour améliorer et diffuser les connaissances scientifiques ainsi que les différentes institutions nécessaires au bien être universel.
- les biens publics globaux dénommés « *résultats politiques globaux* », telles que la paix, la santé et la stabilité financière. Ils sont considérés comme les résultats des deux premières catégories de biens publics globaux.

Bien que ne faisant pas l'unanimité, cette catégorisation des biens publics globaux a le mérite de poser le critère d'une typologie opérationnelle. Celle-ci consiste, d'une part, à décliner les biens publics globaux en regard des problèmes globaux à résoudre et des objectifs globaux à atteindre et, d'autre part, à les regrouper suivant leurs natures.

2.2.2. Suivant leur finalité

Dans l'étude du PNUD en question et dans l'abondante littérature qui a suivi sa publication, le concept de bien public global signifie, d'une part, les objectifs de l'action internationale entreprise pour éradiquer, réduire ou prévenir les maux globaux et, d'autre part, les résultats à atteindre.

Au niveau de la réalisation des objectifs d'une action international, on parle de *biens publics globaux intermédiaires* et au niveau de l'atteinte des résultats, de *biens publics globaux finaux*[110]. Par exemple : dans la catégorie de biens publics globaux naturels, la réduction de gaz à effet de serre ou la préservation des ressources naturelles sont des *biens publics globaux intermédiaires*, tandis qu' un environnement sain ou la stabilité du capital naturel est un *bien public global final.* Dans celle de biens publics globaux sociaux, l'éducation et la bonne gouvernance sont des *biens publics globaux intermédiaires* et la qualité des institutions publiques nécessaires à la croissance mondiale est un *bien public global final* ; dans celle de biens publics globaux-résultats, la lutte contre les organisations terroristes ou le sida sont des

---

[109] Vincent AUSSILLOUX et al. « *Une hiérarchisation des biens publics collectifs globaux fon-dée sur le développement durable* », in revue française de l'économie, n° 3, vol. XVII, 2003 pp 136-138

[110] Vincent AUSILLOUX et al. *Op Cit,* p. 137

biens publics globaux intermédiaires alors que la paix et la santé publique sont des *biens publics globaux finaux*.

Cette classification téléologique des biens publics globaux a un intérêt stratégique ; par rapport à un problème public mondial donné, elle permet, d'une part, de mieux identifier les objectifs à réaliser en vue de le résoudre et, d'autre part, d'indiquer les résultats à atteindre pour en évaluer la solution.

§3. NOTION JURIDIQUE DE BIEN PUBLIC GLOBAL ÉCOLOGIQUES

Par la précision de la nature et de la définition de la notion de bien pub-lic global écologique **(1)**, nous pouvons expliquer son application à l'exploitation des ressources naturelles **(2)**.

1. Nature et définition

Juridiquement, la nature d'un bien public global se détermine différemment suivant qu'il est un bien intermédiaire ou un bien final ; dans le premier cas, il s'agit d'un service public international et dans le deuxième cas, il se confond avec les droits humains fondamentaux consacrés dans les instruments internationaux[111] ; par exemple : le droit à la paix, le droit à l'éducation, le droit à un environnement sain, le droit à la santé et le droit au développement

En effet, comme biens intermédiaires, les biens publics globaux écologiques sont des services publics internationaux organisés dans le secteur de l'environnement et des ressources naturelles. Un service public international peut être défini[112] comme une activité visant la satisfaction d'un besoin d'intérêt général exprimé à l'échelle mondiale et réalisée dans le cadre d'une action collective des Etats, c'est-à-dire d'un organisme public international. Il s'agit, en l'occurrence, de : la lutte contre le changement climatique, la préservation de la biodiversité, la lutte contre la désertification... et la preservation des ressources naturelles.

Comme biens finaux, les biens publics globaux écologiques sont les résultats visés par les services publics internationaux, en l'occurrence la réalisation du droit à l'environnement.

Considérant leurs natures de service public international et de droit humain fondamental ainsi déterminées, les biens publics globaux écologiques peuvent être définis en droit comme : *les services publics internationaux organisés en vue d'assurer au niveau mondial le droit à un environnement*

---

[111] Notamment les pactes internationaux relatifs aux droits civils et politiques ainsi qu'aux droits économiques, sociaux et culturels.

[112] Par extrapolation de la définition d'un service public en droit administratif

sain ainsi que les conditions nécessaires à créer pour en assurer la pleine jouissance.

2. Application à l'exploitation des ressources naturelles

Nous pouvons expliquer l'application de la notion de bien public global écologique à l'exploitation des ressources naturelles par son fondement **(2.1)**, ses cas d'illustration **(2.2)** et ses implications juridiques par rapport au principe de souveraineté permanente sur les ressources naturelles **(2.3)**.

2.1 Fondement

Si en droit de l'environnement, il peut être facile d'étendre l'applicabilité du concept de bien public global écologique à la préservation des ressources naturelles[113], en droit économique, leur exploitation parait réfractaire à une telle extension, car elle obéit à une logique d'appropriation nationale fondée sur le profit. Par rapport à cette logique économique, il se pose la question de savoir : pourquoi et comment les ressources naturelles exploitées peuvent être traitées comme des biens publics globaux écologiques.

En premier lieu, l'exploitation des ressources naturelles implique : l'érosion du potentiel économique naturel de la Terre, la détérioration de l'environnement, les conflits géopolitiques visant leur contrôle ainsi que l'appauvrissement des populations qui en dépendent et, partant, des flux migratoires ; elle génère ainsi des maux publics mondiaux constitués de la sommation de toutes ces externalités négatives produites à différents endroits de la Terre. En second lieu, l'exploitation des ressources naturelles est un levier important de la lutte contre la pauvreté dans les pays sous-développés, détenteurs des ressources naturelles ; elle s'y présente comme un moyen de réaliser ce bien public mondial qu'est la réduction de la pauvreté.

Dans cette double perspective, la gestion durable[114] des ressources naturelles constituant le potentiel naturel économique de la planète, devient un bien public global intermédiaire desservant, au plan écologique, la production des biens publics globaux finaux. Elle se traduit, en effet, par : la protection de l'environnement, la préservation des ressources naturelles et la répartition équitable de leurs bénéfices dans un contexte de bonne gouver-

---

[113] Dans la mise en œuvre de la charte des Nations- Unies sur la nature ou la convention sur la diversité biologique, le concept de bien public mondial peut bien s'étendre à la conservation de la nature et de la biodiversité ainsi qu'aux actions internationales entreprises à cet effet. Il peut même intégrer les ressources naturelles conservées ou protégées au niveau international

[114] Gestion associant l'efficacité économique pour répondre aux besoins présents à la préservation du potentiel naturel de Terre pour les besoins futurs et à la redistribution de la rente en faveur des pauvres dans un contexte de bonne gouvernance.

nance ; et elle assure ainsi la prospérité des nations, fondement de la paix et de la sécurité mondiales.

Donc, bien qu'elle obéisse principalement à la logique du profit, l'appropriation nationale des ressources naturelles n'est pas négatrice des enjeux environnemental, social et sécuritaire qu'elles représentent au plan mondial. Des tels enjeux globaux justifient pleinement une prise en charge mondiale de la gestion des ressources naturelles, pour orienter conséquemment leur exploitation à l'échelle d'une entreprise ou d'un pays.

2.2 Cas d'illustration

Les accords multilatéraux sur l'environnement[115] engagent, d'une part, les pays en développement à renforcer leurs capacités en matière de gestion durable de leurs ressources naturelles et, d'autre part, les pays développés à leur fournir l'aide nécessaire pour ce faire. Il en résulte que ces derniers, à travers leurs agences d'aide publique au développement, et les organismes des Nations Unies étendent leurs actions dans ce sens.

Dès lors, l'exploitation des ressources naturelles dans chaque pays en développement est au cœur des programmes internationaux engageant les gouvernements à respecter les critères de durabilité (utilisation durable, équité sociale et bonne gouvernance). Dans l'environnement institutionnel qui en résulte, les ressources naturelles sont traitées comme des éléments de l'écosystème mondial ; leur utilisation durable au niveau local devient un bien public mondial intermédiaire nécessaire à la production des biens publics mondiaux finaux comme : la réalisation du droit à l'environnement de l'humanité, du droit au développement des peuples et de leur droit à la paix.

Cette règlementation internationale de la gestion des ressources naturelles et toutes les actions internationales visant à aider les pays détenteurs à en assurer une gestion durable peuvent être considérés comme des biens publics globaux écologiques

2.3 Implications juridiques par rapport au principe de souveraineté permanente sur les ressources naturelles.

Avec l'application aux ressources naturelles du concept de bien public global écologique, il se profile un système juridique international qui oriente le contrôle de leur utilisation à l'échelle locale pour assurer la protection des intérêts collectifs au niveau mondial. Une telle évolution juridique et institu-

[115] Notamment la convention des Nations Unies sur l'environnement et le développement durable, la convention sur la diversité biologique et la convention-cadre sur le changement climatique.

tionnelle doit être justifiée par rapport à l'affirmation de la souveraineté permanente de l'État sur ses ressources naturelles.

Le concept de bien public global écologique traduit une volonté d'axer la coopération internationale sur l'identification et la réalisation des conditions concrètes du développement durable à l'échelle globale ; son application aux ressources naturelles ne suppose donc pas une remise en question ou une restriction du droit souverain des États, mais sa consolidation par son enracinement dans la conscience écologique universelle en vue d'assurer sa légitimité et, partant, son inviolabilité ; car il n'y a de souveraineté véritable et effective que celle qui est reconnue et respectée par ceux à qui on l'oppose.

La souveraineté permanente de l'État sur ses ressources naturelles gagne plus en respectabilité et en reconnaissance si elle se double d'une responsabilité écologique à l'échelle mondiale. La mise en œuvre de cette responsabilité implique, à côté de l'exploitation des ressources naturelles, un effort pour en réduire les externalités négatives et en accroître les positives au profit de l'humanité.

Donc, loin de remettre en question le droit souverain des État, l'application du concept de bien public mondial à la gestion des ressources naturelles le renforce en responsabilisant les décideurs publics. Ceux-ci devront veiller au droit à l'environnement de l'humanité et réaliser le droit au développement de leurs peuples, pour les rendre apte à contribuer au bien commun à l'échelle mondiale.

Section 6 : ÉVOLUTION DU STATUT JURIDIQUE DES RESSOURCES NATURELLES

Pour mieux saisir l'évolution du statut juridique des ressources naturelles, il faut en indiquer les causes **(§1)** et en démontrer la tendance vers la patrimonialisation du capital naturel **(§2).**

§1. CAUSES DE L'ÉVOLUTION

L'évolution du statut juridique des ressources naturelles est causée par le dévoiement des droits étatiques de souveraineté permanente et de propriété sur les ressources naturelles **(1)** ainsi que par l'inadéquation du concept domaine privé de l'État **(2)**

1. Dévoiement des droits étatiques de souveraineté permanente et de propriété sur les ressources naturelles

Le dévoiement du droit étatique de souveraineté permanente sur les ressources naturelles **(1.1)** reflète celui du droit étatique de propriété **(1.2).**

1.1 Dévoiement du droit étatique de souveraineté permanente sur les ressources naturelles

Le dévoiement du droit étatique de souveraineté permanente sur les ressources naturelles résulte de la dénaturation de l'État **(1.1.1)** et se manifeste par l'éviction du peuple **(1.1.2)** ainsi que par le détournement de son exercice **(1.1.3).**

1.1.1. Dévoiement par la dénaturation de l'État

Le dévoiement du droit étatique de souveraineté permanente sur les ressources naturelles résulte de la dénaturation de l'État, c'est-à-dire l'altération de sa nature et de sa fonction, telles que conçues en droit international public et en droit interne. Cette dénaturation s'explique par sa capture[116] au profit de la classe dirigeante associée à des groupes d'intérêts particuliers.

En effet, en droit international public, l'État est la personnalisation juridique d'un peuple et procède de la mise en œuvre de son droit à disposer de lui-même, c'est-à-dire le droit de se doter d'un régime politique correspondant à ses aspirations légitimes Ainsi défini, l'État ne se distingue pas du peuple ou de la nation qui le constitue ; pas plus qu'il ne se confond avec les gouvernants chargés d'en assurer le fonctionnement.

En droit administratif et constitutionnel, l'État procède de la personnalisation juridique de la puissance publique par rapport à d'autres composantes de la nation ; il est une personne morale formée de trois pouvoirs traditionnels (le parlement, le gouvernement et la Justice) et de l'administration publique.

De ces deux conceptions juridiques de l'État, ce dernier peut s'analyser comme la capacité d'un peuple à s'organiser pour créer sur son territoire les conditions de bien-être collectif. Mais, dans un déficit de culture politique et démocratique, la personnalisation juridique du pouvoir d'État dérive en sa déconnexion fonctionnelle de ses sources de légitimité que sont le peuple et la nation, suivie de sa capture par la classe dirigeante. Affranchie de tout contrôle citoyen, cette dernière se mue en une *bourgeoisie comprador*[117]

---

[116] Le terme « capture » est emprunté à Georges Joseph STIGLER qui l'utilise dans sa théorie économique de la réglementation, dite *théorie de la capture* développée dans son article *The theory of economic regulation.* Cette dernière décrit comment des groupes d'intérêts et des acteurs politiques, vont utiliser les moyens de réglementation et le pouvoir coercitif des États pour orienter les lois et les règles dans des directions qui les favorisent. Le problème est donc le suivant : l'autorité réglementaire étant soumise à l'influence des groupes de pression, elle n'est plus garante de l'intérêt général

[117] La paternité du terme revient au philosophe, politologue et sociologue français NICOS POULANTZAS (1936- 1979). Dans le vocabulaire socialiste, il signifie généralement la classe bourgeoise qui, dans les pays dominés, tire sa fortune de sa position d'intermédiaire dans le commerce avec les impérialismes étrangers, par opposition aux simples bourgeois

dont l'effort de survie ruine nécessairement toute capacité du peuple à s'organiser en vue de jouir de tous ses droits fondamentaux.

Dans ce contexte de perversion du pouvoir étatique, la souveraineté permanente sur les ressources naturelles conférée à l'Etat est moins une garantie juridique de leur protection qu'un risque juridique de leur spoliation ou de leur bradage au profit des élites politiques ; et ce, au détriment des droits fondamentaux des peuples, de l'humanité et des générations futures.

1.1.2. Dévoiement par l'éviction du peuple

Le dévoiement de la souveraineté de l'État sur les ressources naturelles se manifeste par l'éviction du peuple qui en est titulaire, et ce, au profit d'un État dénaturé et inféodé aux groupes d'intérêts opposés à la réalisation de ses droits fondamentaux.

En effet, en concevant la souveraineté permanente sur les ressources naturelles comme un corolaire du droit des peuples à disposer d'eux-mêmes, c'est à ces derniers que le droit international public l'attribue ; il s'agit ainsi d'un droit souverain reconnu à tout peuple organisé en un État, mais que la Constitution, à son article 9, attribue à l'État tel que conçu en droit interne et perverti en réalité. Elle prend là le contrepied de son article 5 qui fait émaner tout pouvoir d'État de la souveraineté nationale appartenant exclusivement au peuple ; du fait qu'elle en attribue une partie à l'État et, partant, y soustrait les pouvoirs de gestion des ressources naturelles.

Ainsi, le peuple est juridiquement évincé de son droit souverain sur ses ressources naturelles au profit d'un État spectral, instrumentalisé et dénaturé par une *bourgeoisie comprador* qui, au nom d'un tel Etat, peut en disposer librement suivant ses intérêts et au détriment de l'intérêt national.

1.1.3. Dévoiement par le détournement de l'exercice du droit souverain

Une autre manifestation du dévoiement du droit étatique de souveraineté permanente sur les ressources naturelles est le détournement de l'exercice des prérogatives qui en résultent, c'est-à-dire l'orientation de ces dernières vers la satisfaction des intérêts autres que l'intérêt national tel que prescrit en droit international public.

Face aux différents groupes d'intérêts qui se disputent l'accès aux ressources naturelles, le droit international public dispose que : « *le droit de souveraineté permanente des peuples et des nations sur leurs ressources naturelles doit s'exercer dans l'intérêt du développement national et du*

---

ayant des intérêts dans le développement de l'économie nationale. En l'espèce, il s'applique bien aux gouvernants lorsque leur gestion étatisée des ressources naturelles se réduit en un bradage des actifs du capital naturel au profit de leurs intérêts et ceux des compagnies étrangères.

bien-être de la population de l'État intéressé ». Il en résulte que l'exercice de ce droit souverain signifie l'État veille à l'intérêt général et contrôle, en l'orientant dans ce sens, l'exercice des droits d'usage et de jouissance individuels sur les ressources naturelles[118].

Cependant, telle qu'exercée réellement au nom de l'État, la souveraineté permanente sur les ressources naturelles prend tragiquement le contrepied de sa signification originale. La théorie de la malédiction des ressources natureles éclaire mieux, au plan politique, le pouvoir incitatif de la rente de l'exploitation des ressources naturelles dans la criminalisation de la vie politique des pays sous-développés ; l'action politique y perd son fondement humaniste pour dériver en des dynamiques violentes d'appropriation ou de conservation de la rente naturelle, principalement minière et pétrolière.

Dans ce contexte, le droit étatique de souveraineté permanente sur les ressources naturelles sert d'alibi juridique à la captation de la rente naturelle et à son utilisation pour la conservation illégitime du pouvoir. Un autocrate affairiste et corrompu peut, en effet, se servir de recettes publiques minières ou pétrolières pour asservir les élites de son peuple et organiser à l'infini ses « réélections" à la présidence du pays.

1.2 Dévoiement du droit de propriété étatique sur les ressources naturelles

Le dévoiement du droit de propriété étatique sur les ressources natu-relles se manifeste par sa dénaturation fonctionnelle **(1.2.1)**, la distinction malicieuse entre les intérêts de l'État et ceux du peuple **(1.2.2)** ainsi que par la marginalisation ou la négation des droits fondamentaux relatifs aux ressources naturelles **(1.2.3)**.

1.2.1. Dévoiement par la dénaturation fonctionnelle du droit de propriété étatique sur les ressources naturelles

Par dénaturation fonctionnelle du droit de propriété étatique sur les ressources naturelles, il faut entendre l'altération de la fonction socio-économique lui assignée par la politique domaniale postcoloniale.

L'appropriation étatique des ressources naturelles après l'indépendance procède d'une stratégie de décolonisation économique. Celle-ci vise la substitution de la propriété étatique aux propriétés privées coloniales, conçues comme des mécanismes externes d'accaparement des ressources naturelles et de la rente de leur exploitation. Cette substitution était censée, à travers les entreprises publiques, permettre une réappropriation nationale intégrale de cette rente et son réinvestissement dans le développement nationale.

---

[118] Georges FISCHER restitue mieux le processus de finalisation du concept dans son article : « *La souveraineté sur les ressources naturelles* » in Annuaire français de droit international, Vol 8, n°8, 1962, pp. 516-528, disponible sur le site www.persée.fr

Cependant, suite à la carence des capitaux internes à la hauteur des coûts d'exploration du potentiel naturel et d'exploitation du capital naturel, les ressources naturelles ainsi réappropriées resteront sous explorées et sous-exploitées.

Ainsi, incapable d'accomplir sa fonction originale, la propriété étatique des ressources naturelles ne restera qu'une fiction juridique réduite aux intérêts sordides d'une élite politique corrompue abusant du droit de disposition conféré à l'État. De la captation indue et du gaspillage d'une rente naturelle en constante régression, on va passer au bradage des actifs naturels au nom de l'État et pour le compte des intérêts privés.

1.2.2. Dévoiement du fait de la distinction malicieuse entre les intérêts de l'État et ceux du peuple

La propriété étatique des ressources naturelles se dévoie également du fait de la distinction malicieuse entre les intérêts de l'État et ceux du peuple. Les premiers confondent les besoins de fonctionnement des institutions avec ceux de survie d'une *bourgeoisie comprador*, et les seconds signifient tous les droits fondamentaux désormais reconnus sur les ressources naturelles

L'État étant une capacité collective de promotion et de défense de l'intérêt national, l'appropriation étatique des ressources naturelles implique l'affectation du capital naturel au bien être de toute la nation. Mais dans un déficit démocratique, la personnalisation juridique de l'État en fait une entité souveraine, organiquement distincte du peuple et se confondant avec la classe dirigeante. Si cette dernière se mue en une *bourgeoisie comprador*, l'État devient un instrument de sa survie assurée par la rente du capital naturel.

Dans ce contexte, l'appropriation étatique des ressources naturelles voile juridiquement une captation indue de la rente du capital naturel et le bradage de ses actifs au profit des intérêts particuliers des dirigeants politiques. Pour se conforter, ces derniers peuvent faire prévaloir le droit de propriété de l'État sur les droits fondamentaux du peuple, des communautés locales ou autochtones et des générations futures.

1.2.3. Dévoiement par la marginalisation ou la négation des droits fondamentaux relatifs aux ressources naturelles

Le dévoiement de la propriété étatique des ressources naturelles se manifeste aussi par son exercice au mépris de droits fondamentaux dont elle est grevée et dont la protection constitue sa *ratio legis*.

Produites et offertes à l'homme par la nature, les ressources naturelles sont l'objet d'utilisations multiples et ont naturellement une destination universelle ; les bénéfices de leur exploitation doivent affluer entre les mains de tous présents et à venir. Leur appropriation étatique est sensée offrir le meilleure cadre juridique pour leur gestion équitable, l'État n'ayant d'autre intérêt que le bien-être général et perpétuel de la nation.

Cependant, dans un contexte où les « intérêts » de l'État sont faussement distincts de droits fondamentaux du peuple, le droit de propriété étatique sur les ressources naturelles permet juridiquement de faire primer les premiers sur les seconds. Cette primauté des « intérêts » de l'État résulte logiquement de la jouissance des attributs traditionnels de la propriété, c'est à dire les droits libres et exclusifs de disposition, d'usage et de jouissance

Dans cette situation, la propriété étatique des ressources naturelles perd sa fonction primordiale de répartiteur équitable du flux de bénéfices du capital naturel entre tous les ayants-droits ; par son caractère absolu et exclusif, elle marginalise les droits fondamentaux de la nation et offre une base légale à leur négation.

2. Inadéquation du domaine prive de l'État

Tel que traditionnellement conçu, le domaine privé de l'État est inadéquat, d'une part, avec la variété des rapports juridiques relatifs aux ressources naturelles et leur destination universelle **(2.1)** et, d'autre part, avec la gouvernance des ressources naturelles et la mutation de l'État **(2.2).**

2.1. Inadéquation avec la variété des rapports juridiques relatifs aux ressources naturelles et leur destination universelle

Les prérogatives reconnues à l'État dans le cadre de son domaine privé rendent ce dernier inadéquat avec la variété des rapports juridiques relatifs aux ressources naturelles **(2.1.1)** et la destination universelle de ces dernières **(2.1.2).**

2.1.1. Avec la variété des rapports juridiques relatifs aux ressources naturelles

Les ressources naturelles font l'objet de divers rapports juridiques, c'est-à-dire les droits fondamentaux qui y sont reconnus en faveurs de différentes catégories de titulaires : L'État, le peuple, les communautés locales, les peuples autochtones, les générations futures et l'humanité.

En tant qu'il se définit par rapport à la propriété étatique, le concept de domaine privé de l'État signifie les biens sur lesquels ce dernier exerce un droit exclusif et absolu et dont il peut disposer librement. Ce type de rapport juridique ne permet pas d'y inclure les ressources naturelles grevées de tous les droits fondamentaux reconnus au profit des entités autres que l'État, car ces droits s'en trouveraient précarisés en y étant abaissés au rang des concessions, des tolérances ou des facultés.

Or, une précarisation juridique du droit au développement du peuple, des droits des peuples autochtones et des communautés locales, des droits des générations futures et du droit à l'environnement de l'humanité ne correspond pas à la conscience écologique du moment ; celle-ci exige leur consolidation et leur protection juridiques.

2.1.2. Avec la destination universelle des ressources naturelles

Tel que décrit ci-dessus, le dévoiement de la propriété étatique ne fait pas du domaine privé de l'État un cadre idéal pour une gestion des ressources naturelles conforme au principe de leur destination universelle ; elles y entrent comme des *res nullius* sans destination première et dont l'État peut disposer librement, et comme telles, elles sont de préférence affectées au prestige du pouvoir d'État qui implique l'enrichissement des dirigeants.

Le principe de destination et d'usage universels des ressources naturelles est ainsi énoncé par la doctrine sociale de l'Eglise catholique : « *Dieu a destiné la terre et tout ce qu'elle contient à l'usage de tous les hommes et de tous les peuples, en sorte que les biens de la création doivent équitablement affluer entre les mains de tous, selon la règle de la justice, inséparable de la charité* »[119]. Ainsi énoncé, ce principe s'applique particulièrement aux ressources naturelles en raison de leur origine naturelle et de leur finalité d'assurer la subsistance de l'humanité ; tous les droits qui peuvent y être constitués, y compris la propriété, ne doivent impliquer ni la négation de cette origine naturelle, ni leur distraction de leur finalité première.

Au-delà de la jouissance individuelle et légitime de chacun de leurs titulaires, tous les droits reconnus sur les ressources naturelles visent à permettre à chacun d'eux d'améliorer son apport au bien commun[120] au niveau local, national et global, et ce, par la fourniture des matières premières, des produits dérivés et des biens environnementaux.

Cependant, intégrer les ressources naturelles au domaine privé de l'État, implique une appropriation étatique qui occulte leur origine naturelle (don de Dieu à l'homme) et les distrait de leur finalité première. Dans ce cadre d'appropriation, l'effort de survie personnelle des dirigeants politiques trouve une justification légale, mais ruine les possibilités offertes par la nature au peuple pour s'épanouir et prendre place dans la chaîne de réalisation du bien commun à l'échelle locale, nationale et mondiale.

---

[119] Concile œcuménique Vatican II, Const. Past. *Gaudium et Spes* 69 : AAS 58 (1966) 1090.

[120]C'est-à-dire l'*ensemble de conditions sociales qui permettent, tant aux groupes qu'à chacun de leurs membres, d'atteindre leur perfection d'une façon plus totale et plus aisée* » (Conseil Pontifical « Justice et Paix », *Compendium de la doctrine sociale de l'Eglise*, www.vatican.vap.1)

2.2 Inadéquation avec la gouvernance des ressources naturelles et la mutation du rôle de l'Etat

Par les prérogatives qu'il implique, le domaine privé de l'État est également inadéquat avec la gouvernance des ressources naturelles **(2.2.1)** et la mutation consécutive du rôle de l'État **(2.2.2).**

2.2.1. Avec la gouvernance des ressources naturelles

Une mise en œuvre optimale de la gouvernance des ressources naturelles est incompatible avec leur maintien dans le domaine privé de l'État, car les attributs de la propriété étatique sont fondamentalement incompatibles avec le contenu du principe de gouvernance des ressources naturelles.

En générale, la gouvernance des ressources naturelles peut être définie comme l'ensemble des règles, pratiques et méthodes organisant la réflexion, la prise des décisions, les opérations de contrôle et celles de suivi-évaluation dans la gestion des ressources naturelles ; elle se caractérise par une prise en compte structurée ainsi qu'une confrontation des informations, des expériences, des expertises et des avis émanant de toutes les parties prenantes, celles-ci étant impliquées dans tous le processus décisionnel[121].

Ainsi défini, le principe de gouvernance s'impose dans toutes les politiques publiques comme le meilleur cadre institutionnel de la gestion des ressources naturelles ; par l'implication de toutes les parties prenantes dans le processus décisionnel, il renforce la légitimité de l'État et sa capacité à formuler des politiques publiques en phase avec les besoins de tous, garantissant ainsi une gestion des ressources naturelles conforme à leur destination et leur usage universels.

Dans le cadre du domaine privé de l'État, ce décentrement du processus décisionnel ainsi que cette participation de toutes les parties prenantes peuvent juridiquement buter sur des objections tirées du caractère exclusif et absolu de la propriété étatique, l'exercice d'un droit de propriété sur un bien s'accommodant difficilement d'une intervention des tierces personnes.

2.2.2. Avec la mutation du rôle de l'État

Avec la mise en œuvre du principe de gouvernance, l'État se découvre un nouveau rôle incompatible avec ses prérogatives traditionnelles attachées au domaine privé ; il perd sa centralité dans la conception, l'application, le contrôle et l'évaluation des politiques publiques, et il doit partager les pouvoirs de gestion des affaires publiques avec les opérateurs du secteur privé et de la société civile.

---

[121] Inspirée de la définition générale du concept de gouvernance dans le Glossaire de l'Observatoire du Dialogue et de l'Intelligence sociale (ODIS) disponible sur www.odis.fr

En effet, étant donnée la complexité de la question environnementale et la multiplicité des parties prenantes, la bonne gouvernance des ressources naturelles imposent à tous les décideurs publics les devoirs de consultation, de transparence et de redevabilité ; ce qui, restreignant l'exercice de la puissance publique, relativise la souveraineté de l'État et modifie son rôle : de décideur souverain ayant le monopole du sens de l'intérêt général, il devient le médiateur chargé de proposer des solutions équitables aux différents intérêts sectoriels.

Ce nouveau rôle et ces nouveaux devoirs de l'État envers les administrés sont difficilement concevables dans le cadre de son domaine privé, dans la mesure où les prérogatives résultant de son droit de propriété permettent, si pas une négation, une relativisation de l'obligation de prendre l'avis des administrés, de les informer systématiquement et de leur rendre compte de la gestion.

§2. LA TENDANCE VERS LA PATRIMONIALISATION DU CAPITAL NATUREL

Pour expliquer l'évolution du statut juridique des ressources naturelles vers la patrimonialisation du capital naturel, il faut préciser la notion générale de patrimonialisation **(1)** en vue de mieux l'appréhender en droit des ressources naturelles ; **(2)** ce qui, au bout du compte, permet de démontrer les avantages liés à la patrimonialisation du capital naturel **(3).**

1. Notion générale de patrimonialisation

La précision de la notion générale de patrimonialisation est faite du point de vue général **(1.1),** du point de vue du droit civil des biens **(1.2)** et du point de vue du droit de l'environnement **(1.3).**

1.1 Du point de vue général

Du point de vue général, la notion générale de patrimonialisation peut être mieux appréhendée à travers sa définition **(1.1.1)** ainsi que son fondement et ses objectifs **(1.1.2).**

1.1.1. Définition

D'un point de vue général (intégrant principalement l'histoire, la sociologie et l'ethnologie), la patrimonialisation est, d'une part, un processus de sélection d'objets matériels ou immatériels et d'espaces territoriaux représentant pour une communauté humaine donnée une valeur affective, symbolique, historique, culturelle ou sacrée et, d'autre part, un procédé de définition des règles de leur protection ou de leur conservation, et ce, en vue de leur transmission intergénérationnelle[122].

Il ressort de cette définition du concept de patrimonialisation les caractéristiques ci-après, indiquant respectivement sa signification, son applicabilité, son but juridique et sa finalité sociale :

- *un processus de sélection :* la patrimonialisation signifie un processus de production sociale d'objets sélectionnés suivant des critères précis, c'est-à-dire, leur intégration à un patrimoine.
- *les objets ayant une valeur à pérenniser* : la patrimonialisation vise des objets matériels (œuvres d'art ou architecturales, outils de travail...) et immatériels (savoir-faire, manifestations sociales, œuvres d'esprit ...) ainsi que les espaces territoriaux (site naturel ou construit) ayant une valeur affective, culturelle ou historique pour la communauté humaine à l'échelle mondiale, nationale ou locale.
- *la soumission des objets sélectionnés à un régime de protection et de conservation :* la patrimonialisation aboutit à la mise hors commerce ou usage des objets sélectionnés en les intégrant au patrimoine commun, celui-ci étant soumis à des règles strictes de protection, de conservation, d'entretien ou de restauration.
- *la transmission obligatoire des objets mis en patrimoine aux générations futures :* la patrimonialisation a pour finalité d'assurer la transmission intergénérationnelle des objets ou des sites mis en patrimoine.

Ainsi caractérisée, la patrimonialisation trouve, au niveau mondial, une parfaite illustration dans l'inscription des objets ou des sites sur la liste du patrimoine mondial de l'UNESCO telle qu'organisée à l'article 11 de la convention relative à la protection du Patrimoine mondial, culturel et naturel du 21 novembre 1972.

1.1.2. Fondement et objectifs

Dans son appréhension générale, la patrimonialisation traduit la crainte de perdre (sous l'effet du progrès technique) les traces physiques ou idéelles du passé ainsi que certaines espèces animales et végétales menacées d'extinction ; et en réaction, elle structure un effort collectif (déployé au niveau international, national ou local) visant à les doter d'un statut juridique qui assure leur transmission aux générations futures.

Cet effort collectif aboutit à la constitution d'un patrimoine commun intangible, servant de lieu de conservation des objets visés et de forme institutionnelle de leur transmission. Les objets mis en patrimoine les sont en

[122] Di Méo Guy. *Processus de patrimonialisation et construction des territoires.* Colloque Patrimoine et industrie en Poitou-Charentes : connaître pour valoriser, Poitiers-Châtellerault, Geste éditions, 2008, p. 2

raison de leurs utilités collectives. Une trace physique ou idéelle du passé peut, en effet, servir de support de maintien ou de reconstruction de la mémoire collective ou de référent identitaire ; une espèce animale ou végétale menacée d'extinction peut renfermer des informations génétiques ou biologiques utiles à l'espèce humaine.

En tant que référant permanent et perpétuel de l'identité d'une communauté humaine, le patrimoine commun la transcende dans son actualité et l'inscrit dans l'intemporel et le durable[123].

Ainsi justifiée, la patrimonialisation s'inscrit dans une stratégie politique plus large de constitution et de pérennisation d'une communauté socio-politique ; dans la mesure où la transmission, par filiation collective, du patrimoine commun constitué établit une relation intergénérationnelle infinie. Alors que ce patrimoine lui-même, touchant aux mythes fondateurs de la communauté, renforce l'affect et la mémoire collectifs.

1.2. Du point de vue du droit civil des biens

En droit civil des biens, la notion générale de patrimonialisation est également saisissable à travers sa définition **(1.2.1)** ainsi que son fondement et ses objectifs **(1.2.2).**

1.2.1 Définition

En droit civil des biens, le concept de patrimonialisation peut être défini comme la tendance d'un attribut de la personnalité (savoir-faire, talent, nom, aspect physique ou autres qualités personnelles), droit extrapatrimonial par nature, à se charger d'une valeur marchande du fait de son utilité économique, que le titulaire peut seul exploiter par des conventions avec des tiers comme un droit incorporel de jouissance[124].

Cette conception civiliste de la patrimonialisation vise les attributs extrapatrimoniaux propres à une personne physique et ayant une utilité économique. Elle n'exprime qu'une tendance patrimoniale des attributs personnels en question, car elle se limite à leur évaluation monétaire sans en faire des biens patrimoniaux proprement dits, c'est-à-dire des biens cessibles et transmissibles. Ces attributs humains *patrimonialisés* demeurent donc paradoxalement extrapatrimoniaux, mais étant évaluables en argent, ils n'acquièrent qu'une caractéristique de la patrimonialité et deviennent des droits incorporels, sans intégrer pour autant le patrimoine du titulaire.

À la différence de la patrimonialisation sociale qui vise l'annihilation de la patrimonialité de certains biens en les mettant hors commerce, cette patri-

---

[123] Di Méo G., *Op Cit p.*2

[124] Gérard CORNU, *Op Cit*, p. 667.

monialisation économique tend à conférer à des éléments extrapatrimoniaux la caractéristique marchande des biens patrimoniaux.

1.2.2. Fondement et objectifs

La conception civiliste de la patrimonialisation procède de la nécessité de concilier le principe de la propriété de soi et la marchandisation de cer-tains attributs de la personnalité humaine.

La propriété de soi signifie que tout être humain est propriétaire de sa propre personne et des attributs qui en constituent les prolongements. Toute personne physique se possède ainsi soi-même et n'est pas, en principe, dans le commerce. Certains de ses attributs sont, cependant, sollicités par le marché, par exemple : son savoir-faire personnel pour la production économique ou son nom et son image pour le marketing commercial. A travers cette marchandisation des attributs de sa personnalité où il se donne lui-même, l'homme se retrouve dans le commerce avec le risque de réification, c'est-à-dire d'être approprié comme une chose.

Pour éviter une appropriation indigne et sans contrepartie des attributs d'une personne humaine, la patrimonialisation révèle leurs utilités économiques et leurs confère une valeur marchande ; elle permet ainsi à chacun de jouir du potentiel économique de sa personnalité en en faisant bénéficier les tiers contre une juste rémunération, et ce, sans aucune possibilité d'aliénation de soi ou d'esclavage.

1.3. Du point de vue du droit de l'environnement

En droit de l'environnement, nous pouvons également appréhender la notion générale de patrimonialisation à travers sa définition **(1.3.1)** ainsi que son fondement et ses objectifs **(1.3.2).**

1.3.1. Définition

En droit de l'environnement, la patrimonialisation peut se définir comme un processus d'évaluation environnementale des écosystèmes, en vue d'en soumettre les éléments constitutifs et leurs fonctions écologiques sous un régime de conservation et de restauration ; elle désigne aussi une tendance à la marchandisation des services écosystémiques incitant à leur appropriation individuelle[125].

Cette définition recèle les caractéristiques distinctives suivantes :

---

[125]Bouisset Christine, Degrémont Isabelle, « *La patrimonialisation de la nature : un processus en renouvellement* », in L'Espace géographique, mars 2013, Tome 42, pp. 193-199.

- *l'évaluation environnementale des écosystèmes terrestres* : il s'agit de la description de leur composition physique et de l'indication des béné-fices environnementaux liés aux fonctions écologiques de leurs éléments. Ceux-ci se chargent alors d'une valeur d'existence ou d'une valeur d'option susceptibles d'une valorisation économique.
- *les éléments constitutifs, les fonctions et les services écologiques* : ce sont des choses existantes et des processus naturels se déroulant sans investissement humain. L'homme peut cependant y investir pour les préserver ou les restaurer, de sorte que le coût de l'investissement ef-fectué confère une valeur marchande aux bénéfices écologiques
- *la soumission à un régime de conservation* : l'acte de patrimonialisation organise la conservation des éléments de l'écosystème en vue d'en sauvegarder les fonctions écologiques.
- *la tendance à la marchandisation de l'environnement* : la patrimonia-lisation traduit une tendance à l'évaluation monétaire des services éco-systémiques, en vue leur commercialisation comme biens environne-mentaux. Elle traduit aussi une tendance à la conversion des coûts de la conservation ou de la restauration de la nature en *actifs naturels*, soit des droits patrimoniaux échangés sur le marché des compensations des impacts environnementaux négatifs[126].

Ainsi comprise, la patrimonialisation de l'environnement comporte une double dimension : l'appropriation sociale des écosystèmes et la tendance à la marchandisation des services écologiques. Dans le premier cas, ces illustrations concrètes sont la création des parcs naturels ou des réserves naturelles ainsi que le classement des forêts ou des espaces naturelles ; dans le second cas, elle est mieux illustrée par le système de compensation des coûts de conservation des forêts et de la biodiversité, leurs utilisations à fins touristiques ou ludiques et la création des *réserves d'actifs naturels*[127].

---

[126] Un marché de compensation des impacts écologiques négatifs est un marché où sont vendus les crédits générés par le coût de la restauration d'un site naturel et constitués en actifs naturels, en vue de compenser les impacts environnementaux négatifs de l'activité de l'acheteur. En effet, une entreprise peut restaurer une forêt protégeant le sol, assainir un cours d'eau ou restaurer l'habitat naturel des espèces animales ou végétales menacées d'extinction, et avoir le droit exclusif de constituer sur le site restauré une réserve d'actifs naturels équivalant au coût de restauration. Elle vendra alors ces actifs à ceux des agents économiques obligés de compenser les impacts environnementaux négatifs de leurs projets d'investissement.

[127] Les réserves d'actifs naturels sont des banques de placement d'actifs naturels représentant les coûts de restauration ou de préservation de la nature réalisé par des opérateurs privés et qui les offrent, à titre de crédits, à des aménageurs astreints à l'obligation de compenser leurs impacts négatifs sur l'environnement. Elles ont pour principe de restaurer ou de créer un milieu à forte valeur écologique dont les coûts inhérents à la restauration sont considérés comme un inves-tissement mesurant la valeur de l'actif. L'actif correspond alors à des crédits (souvent exprimés en hectares par convention d'affichage) qui peuvent être revendus à des maîtres d'ouvrage ayant un besoin de compenser les impacts négatifs qu'ils génèrent sur

1.3.2. Fondement et objectifs

Le processus d'industrialisation et d'urbanisation induit une tendance à banaliser l'environnement, de manière à en traiter les éléments physiques comme des obstacles à détruire. Procédant au contraire de la nécessité de préserver le bon état écologique de la Terre, la patrimonialisation de l'environnement est une réplique à cette tendance écocide.

En tant qu'acte d'appropriation sociale des écosystèmes, la patrimonialisation de l'environnement vise à modifier le rapport de l'homme à la nature ; elle transforme les fonctions écologiques des éléments naturels en biens communs, produits par la nature et crée une obligation juridique de les conserver. Dans sa tendance à la marchandisation des services écologiques, elle vise à créer des sources de revenus pour financer leur restauration ou inciter les agents économiques à investir dans la préservation de l'environnement.

Donc, la patrimonialisation de l'environnement ne signifie nullement la mise hors commerce des choses commercialisables, mais une valorisation des choses échappant naturellement au concept juridique et économique de bien. S'agissant en l'occurrence des écosystèmes, cette valorisation charge leurs fonctions écologiques d'une valeur marchande incitative à leur appropriation individuelle.

2. La notion de patrimonialisation en droit des ressources naturelles

Pour mieux saisir la notion de patrimonialisation en droit des ressources naturelles, il faut en donner la définition et le fondement **(2.1)** et dévoiler l'émergence du concept de patrimoine économique naturel qu'elle induit **(2.2)**.

2.1. Définition et fondement

En droit des ressources naturelles, le concept de patrimonialisation a une définition particulière correspondant à son objet, c'est-à-dire le capital naturel **(2.1.1)** et un fondement correspondant à l'évolution des rapports juridiques y relatifs **(2.1.2)**.

2.1.1 Définition

Assumant la transposition du concept de patrimonialisation en droit des ressources naturelles, nous pouvons le définir comme un processus d'approche et d'évaluation des ressources naturelles nécessaires à la croissance économique, en vue de leur soumission à un régime de gestion durable.

---

l'environnement. Elles constituent un nouveau marché en phase d'expérimentation dans les pays de l'union européenne.

Cette définition ressort trois caractéristiques particulières de la patrimonialisation des ressources naturelles :

- *l'approche et l'évaluation des ressources naturelles* : la patrimonialisa-tion désigne ce processus d'identification d'une ressource naturelle et de son évaluation qualitative, quantitative et marchande aboutissant à la constitution d'un actif naturel.
- *les ressources naturelles nécessaires pour la croissance économique* : objet de la patrimonialisation, les ressources naturelles ne sont pas con-servées pour un intérêt mémoriel ou environnemental, mais elles sont consommées tout en en assurant la reproductibilité ou la compensation afin de pérenniser la croissance économique.
- *la soumission à un régime de gestion durable :* l'acte de patrimoniali-sation définit les règles de gestion qui assurent le renouvellement conti-nu des actifs naturels, leur compensation ou la conversion de leur revenu monétaire en d'autres actifs productifs ou naturels, en vue de leur transmission intergénérationnelle. Pour ce faire, ces règles associent à l'acte d'appropriation l'État, les citoyens et les populations locales ou autochtones et, par leur intermédiaire, les générations futures

Ainsi conçue, la patrimonialisation des ressources naturelles ne recèle pas l'idée de conservation ou de marchandisation, car elle s'applique à des choses ayant en pratique une destination économique et commerciale ; elle renferme plutôt l'idée d'une appropriation démocratique et d'une affectation spéciale à l'intérêt national, c'est-à-dire la pérennisation et l'accroissement du potentiel économique national qui assure l'existence de la nation entant qu'entité intemporelle.

2.1.2. Fondement

La mise en œuvre du principe de développement durable a profondément modifié la perception humaine des ressources naturelles, et ce, en les plaçant sous des nouveaux rapports de droit. Se fondant sur les causes de l'évolution du statut juridique des ressources naturelles exposées ci-avant, leur patrimonialisation devrait aboutir à une requalification juridique et adéquate de cette nouvelle perception et de ces nouveaux rapports de droit.

En effet, à l'aune du concept de développement durable, les ressources naturelles forment un capital naturel devant assurer une croissance pérenne et devant être préservé. Impliquant une diversité d'ayants-droit, les rapports juridiques dont elles font l'objet débordent largement le cadre des concepts civilistes de domaine privé de l'État ou de domaine public de l'État. Ceci requiert un nouveau concept de patrimoine qui traduit mieux cette nouvelle appréhension des ressources naturelles, leur affectation spéciale et la démocratisation de leur appropriation.

Cette démarche conceptuelle ne redéfinit pas radicalement le concept traditionnel de patrimoine qui, en un certain sens, s'applique à certaines masses de biens soumises à une affectation spéciale ou à un régime particulier[128] ; elle en reprend au contraire les idées de base : l'appropriation sociale des choses, leur sauvegarde, leur affectation spéciale et leur transmission intergénérationnelle ; et elle l'extrapole paradoxalement à des choses consomptibles(les ressources non renouvelables) qui, naturellement, échappent à toute idée de conservation ou d'intemporalité, mais qui sont nécessaires à l'existence pérenne de la nation et au bien-être des générations futures.

2.2 Emergence du concept de patrimoine économique naturel

Emergeant de la patrimonialisation des ressources naturelles, le nouveau concept de *patrimoine économique naturel* doit se justifier **(2.2.1)** et se définir **(2.2.2),** de manière à ressortir ses caractéristiques **(2.2.3)** et sa différence par rapport aux domaines privé et public de l'État **(2.2.4)**. Il faudra en outre proposer la garantie juridique de sa mise en œuvre **(2.2.5).**

2.2.1. Justification du concept

Tel que décrit ci-avant, le processus de patrimonialisation des ressources naturelles induit des rapports juridiques qui, se démarquant fondamentalement de ceux du domaine privé de l'État, requièrent une qualification juridique adéquate. Pour notre part, nous y voyons l'apparition du concept de *patrimoine économique naturel* qui doit s'expliquer au côté des concepts déjà construits de patrimoine naturel et de capital naturel.

Tels que compris ci-avant, le concept de patrimoine naturel recouvre toutes les ressources naturelles dans un souci de les conserver et de préserver le bon état écologique de la Terre. Au sein de ce revêtement juridique, le concept de capital naturel s'efforce d'évaluer les stocks de ressources naturelles par rapport aux bénéfices environnementaux et économiques qu'elles procurent.

Cependant, bien de ressources naturelles (dont certaines non renouvelables) doivent être utilisées en vue d'assurer la croissance économique. Cette nécessité économique les soustrait naturellement à toute idée de conservation à la base de la formation du patrimoine naturel. Face à la perspective de leur épuisement, elles doivent cependant être préservées, non pour assurer le bon état écologique de la Terre, mais son potentiel économique pour la satisfaction des besoins des générations futures.

Echappant ainsi au patrimoine naturel, les ressources naturelles formant le potentiel économique de la Terre requièrent une autre forme de patrimoine appropriée, c'est-à-dire celle qui concilie leur consomptibilité avec le souci de les sauvegarder en vue d'assurer une croissance économique per-

---

[128] Gérard Cornu, *Op Cit*, p. 667

pétuelle. C'est cette préoccupation qui est à la base de l'émergence du concept de *patrimoine économique naturel*

2.2.2. Définition du concept

Procédant de la patrimonialisation des ressources naturelles et de sa justification telles qu'exposées ci-dessus, le *patrimoine économique naturel* peut se définir comme : *l'ensemble des ressources naturelles approchées et évaluées, nécessaires à l'économie nationale, appartenant à la nation, détenues par l'État et soumises à un régime de gestion qui en assure la transmission intergénérationnelle.*

Si par cette définition il reprend une partie du contenu (stocks de ressources naturelles évalués) du concept de patrimoine économique national (déjà connu en comptabilité), le *patrimoine économique naturel* s'en distingue, des points de vue : du rapport juridique relatif à ce contenu (*appropriation nationale*), de sa destination (*satisfaction de l'intérêt national*), de sa fonctionnalité (*transmission intergénérationnelle*) et du régime juridique auquel il est soumis (*gestion durable*)

Par contre, le patrimoine économique national ne suppose aucune appropriation nationale de son contenu ; il n'est qu'un agrégat comptable, c'est-à-dire un instrument de la comptabilité nationale indiquant la valeur globale des avoirs appartenant aux résidants d'un pays. Il ne suppose pas non plus une affectation spéciale ou une soumission à un régime juridique particulier des avoirs comptabilisés, ceux-ci restant à la disposition de leurs propriétaires qui les affectent soit à la formation d'un capital, soit à la consommation immédiate[129].

2.2.3. Caractéristiques du concept

Ainsi défini, le concept de *patrimoine économique naturel* se caractérise par le fait que : il est un patrimoine physique **(A)**, il recouvre les ressources naturelles nécessaires à l'économie nationale **(B)**, il s'agit d'une propriété nationale **(C)** et il est géré et détenu par l'État **(D)**

A. Il est un patrimoine physique

Comme le patrimoine individuel en économie, le *patrimoine économique naturel* est une réalité physique limitée dans l'espace ; son contenu est matériel, précis et susceptible d'un recensement exhaustif, de sorte qu'il se

---

[129] COULEAUD, Nathalie et DELAMARRE, Frédéric « *Le patrimoine économique national de 1978 à 2007. Trente années au rythme des plus-values immobilières et boursières* » Bulletin de la Banque de France, n°175, 1er trimestre 2009, p. 63 http://www.banquefrance.fr/fileadmin/user_upload/banque_de_france/archipel/publications/bdf_bm/etudes_bdf_bm/bdf_bm_175_etu_5.pdf

réduit aux ressources naturelles découvertes, approchées et évaluées, c'est-à-dire : les actifs naturels.

Par son contenu précis, le concept de *patrimoine économique naturel* se confond avec ceux de domaine privé de l'État et de capital naturel ; ce qui, par voie de conséquence, pose la question de la signification de chacun de ces trois concepts au sein de l'ordre juridique interne. Comme dit ci-avant, le concept de capital naturel signifie la richesse naturelle concrète du pays, tandis les deux autres concepts traduisent chacun une formule d'appropriation de cette richesse. Le domaine privé de l'État traduit son appropriation par l'État qui en dispose librement suivant son programme économique, tandis que le *patrimoine économique naturel* traduit son appropriation par la nation en vue de sa gestion démocratique, sa préservation et sa transmission intergénérationnelle.

Donc, s'il peut bien cohabiter avec le concept de capital naturel au sein de l'ordre juridique interne, le concept de *patrimoine économique naturel* exclut celui de domaine privé de l'État et devra se substituer à lui ; ce dernier impliquant le droit de l'État de disposer librement des actifs naturels, il est incompatible avec les deux idées à la base de leur mise en patrimoine : la préservation et la transmission intergénérationnelle.

B. Il recouvre les ressources naturelles nécessaires à l'économie nationale

Le *patrimoine économique naturel* recueille les ressources naturelles que l'économie ou le marché extraient du patrimoine naturel au risque de leur épuisement. Cette extraction se fait par leur évaluation et leur mise en valeur.

Il s'agit ainsi des actifs naturels dont les produits sont consommés comme matières premières par l'industrie nationale, ainsi que ceux qui sont utilisés comme support d'une activité économique et qui rapportent un revenu public. Ce revenu peut être la redevance de leur utilisation par les particuliers, le fruit de la vente de leurs services écologiques et les rémunérations compensatoires du coût de leur conservation.

Par ces différentes fonctions économiques, les ressources naturelles constituent un moyen d'existence de la nation qu'il faut préserver. Pour ce faire, leur mise en patrimoine oblige à inventer toute sorte de procédés de pérennisation en vue d'assurer leur transmission intergénérationnelle.

C. Il s'agit d'une propriété nationale

Le *patrimoine économique naturel* devrait être une propriété de la nation. Si en droit international public, cette dernière se confond avec l'État qui est sa personnification juridique, en droit interne, sa qualité de propriétaire oblige à expliquer et à justifier tant son existence que sa personnalité juridiques indépendamment de celles de l'État, personne morale de droit public.

En droit constitutionnel, une nation est un sujet de droit, titulaire du droit de souveraineté confié au peuple réel, c'est-à-dire l'ensemble des citoyens actuels[130]. Elle constitue un corps indivisible, permanent et intemporel constitué de citoyens présents et avenir au nom duquel s'exerce le pouvoir législatif, d'où l'emploi des termes « *assemblée nationale* » pour désigner le lieu d'exercice de ce pouvoir ; les députés nationaux y décident au nom du peuple et pour le compte de la nation toute entière, c'est-à-dire pour les générations actuelles et avenir.

Ainsi comprise, une nation est un sujet de droit qui, en droit des biens, peut désigner adéquatement l'ensemble de générations présentes et futures au nom et dans l'intérêt desquelles doivent être gérées les ressources naturelles. Celles-ci sont constituées en *patrimoine économique naturel* dont ces dites générations sont collectivement propriétaires.

D. Il est détenu et géré par l'État

Propriétaire actuel du *patrimoine économique naturel*, le peuple, au nom et pour le compte de la nation, en confie le pouvoir de gestion à l'État, de sorte que l'assemblée nationale en définisse le cadre légal de gestion. Ce dernier structure la vision stratégique nationale dont la mise en œuvre est assurée par le gouvernement.

Cette détention par l'État du *patrimoine économique naturel* n'implique pas plus de droits que ceux d'un gérant ; il en gère les actifs dans l'intérêt de la nation sous le contrôle de l'assemblée nationale et des citoyens organisés en société civile. Le contrôle citoyen s'organise par la participation administrative et évolue vers un droit d'agir en justice au nom de la nation[131]. En vertu de ce droit, les organisations non gouvernementales peuvent poursuivre l'annulation ou la cessation de tout acte ou entreprise contraire aux droits fondamentaux reconnus à chacune de composantes de nation.

Cette perspective du renforcement juridique du contrôle citoyen sur la gestion étatique des ressources naturelles est induite par leur réappropriation nationale. Il s'agit là d'une dynamique citoyenne interne qui réduit et limite les pouvoirs de l'État sur les ressources naturelles, de sorte qu'il n'en devienne qu'un simple gestionnaire public obligé d'informer préalablement le peuple des actes de gestion qu'il pose et de lui en rendre compte.

E. Il assure la transmission intergénérationnelle des actifs naturels

Dans sa finalité, le *patrimoine économique naturel* transcende la satisfaction actuelle des besoins économiques et financiers pour poursuivre un double but : extra-économique et intemporel, c'est-à-dire l'existence et la

---

[130] Article 5 de la Constitution du 18 février 2006

[131] L'article 134 du code forestier de la Rép. Dém. du Congo reconnaît aux organisations citoyennes nationales agréées d'agir en réparation des préjudices causés aux intérêts collectifs qu'elles défendent par une violation de la loi ou des conventions internationales.

subsistance pérennes de la nation. Il remplit cette fonction en étant le lieu où les ressources naturelles trouvent la garantie institutionnelle de leur renouvellement, de leur conversion en d'autres formes de capital et de leur transmission intergénérationnelle.

En effet, le *patrimoine économique naturel* est un dispositif institutionnel qui assure la préservation et l'accroissement des moyens d'existence de la nation en tant qu'entité intemporelle ; sa gestion doit être naturellement axée sur : le renouvellement de ses actifs renouvelables et la compensation de ses actifs non renouvelables par l'investissement de leur rente dans la formation du capital productif, social et humain. Il est aussi le cadre institutionnel où peut aisément se concevoir et se développer un lien juridique intergénérationnel obligeant les générations présentes envers les générations futures.

Cette fonction reproductive et transmissive des moyens d'existence de la nation ne traduit pas qu'une intention économique, mais aussi socio-politique ; elle fait du *patrimoine économique naturel* un lien physique intergénérationnel, une représentation matérielle de la nation perpétuellement en action pour sa propre subsistance et sa participation au bien commun universel.

2.2.4. Différences par rapport aux concepts de domaine privé de l'État et de domaine public de l'État

Tel que justifié, défini et caractérisé, le concept de *patrimoine économique naturel* présente des différences par rapport aux concepts de domai-ne privé de l'État **(A)** et de domaine public de l'État **(B)**

A. Par rapport au concept de domaine privé de l'État

Bien que traduisant tous les deux l'idée d'appropriation collective, les concepts de *patrimoine économique naturel* et de domaine privé de l'État sont différents du point de vue de : leurs titulaires, leurs natures, leurs contenus, leurs finalités et la nature de leurs régimes juridiques.

Le domaine privé de l'État signifie un droit de propriété qu'il s'attribue en tant que personne morale de droit interne ; il comprend des biens collectifs laissés à sa libre disposition qu'il exploite économiquement dans un but fiscal, c'est-à-dire pour se procurer les revenus nécessaires à l'entretien et au fonctionnement de ses institutions l'intérêt général.

Par contre, le *patrimoine économique naturel* est une propriété de la nation, corps indivisible et perpétuel des citoyens présents et à venir au nom et pour le compte duquel tout pouvoir doit être exercé ; il comprend les actifs naturels constitutifs des moyens d'existence de la nation, dont il assure la préservation en vue de leur transmission intergénérationnelle. Cette fonction préservative et transmissive exclut la possibilité, pour l'État gestionnaire des actifs naturels, d'en disposer librement. Les revenus de ces actifs sont principalement affectés à l'accumulation et à l'amélioration du capital humain, du capital productif et du capital social.

En ce qui concerne la nature de leurs régimes juridiques, il est établi que les biens du domaine privé de l'État sont dans le commerce et gérés conformément au régime de droit commun, de sorte que les litiges relatifs aux actes de leur de gestion relèvent de la compétence des juridictions ordinaires. Bien qu'étant aussi dans le commerce, les actifs du *patrimoine économique naturel* ont une affectation spéciale qui requiert des règles spéciales d'utilisation, de contrôle de transactions et de protection ; ce qui suppose une certaine domanialité publique impliquant une soumission soit à un régime de droit public assoupli, soir à un régime de droit privé restrictif.

B. Par rapport au concept de domaine public de l'État

Par rapport au concept de domaine public de l'État, celui de *patrimoine économique naturel* présente les mêmes points de différence que ceux indiqués ci-dessus par rapport au concept de domaine privé de l'État, c'est-à-dire : la titularité, la nature du contenu, la finalité et la nature du régime juridique

Le domaine public de l'État suppose un droit de propriété qu'il s'attribue sur des biens qu'il affecte soit à un usage public, soit au fonctionnement d'un service public ; il vise ainsi à les mettre hors commerce, de manière à les soustraire à toute appropriation individuelle ou privative. Ceci suppose leur soumission à une domanialité stricte impliquant l'inaliénabilité, l'imprescriptibilité et l'insaisissabilité.

Concernant le *patrimoine économique naturel* appartenant à la nation, l'affectation de ses actifs à l'intérêt national n'exclut pas leur utilisation individuelle et privative ; leur cession et leur concession à titre individuel sont possibles, mais elles doivent être soumises à une conditionnalité relative à la promotion de l'intérêt national. Ce qui suppose une domanialité plutôt assouplie pouvant admettre, sous certaines conditions, une aliénabilité partielle.

Par ailleurs, les biens publics de l'État étant sa propriété, il peut, malgré leur affectation publique, en disposer librement en les désaffectant ; tandis que l'idée de transmission intergénérationnelle, sous-tendant la formation du *patrimoine économique naturel*, exclut cette possibilité en ce qui concerne les actifs

2.2.5. Garantie juridique de mise en œuvre

La garantie juridique d'un droit subjectif peut être définie comme l'ensemble de dispositions ou de procédés juridiques qui le reconnaissent ou le créent et pourvoient à sa protection[132]. Un droit subjectif peut ainsi trouver sa garantie dans une disposition conventionnelle, constitutionnelle, légale ou réglementaire.

Concernant le *patrimoine économique naturel* comme droit de propriété national, il devrait procéder de l'exercice de la souveraineté permanente sur les ressources naturelles, droit conventionnel corolaire du droit des peuples à disposer d'eux-mêmes. Par l'exercice de ce droit souverain, le peuple se dote d'une Constitution, acte constitutif de l'État ; et par ce même acte, procède à la mise en patrimoine de ses ressources naturelles.

En droit positif congolais, une telle démarche aurait l'avantage d'harmoniser l'article 9 alinéa 1 de la Constitution avec son article 5 alinéas 1 et 2 correspondant au droit des peuples à disposer de leurs ressources. C'est en effet une absurdité juridique que par le dit article 5 alinéas 1 et 2, le peuple s'approprie exclusivement le droit de souveraineté nationale, l'exerce en se dotant d'un État, puis par le dit article 9 alinéa 1, en abdique une portion sur les ressources naturelles au profit de cet État.

Par une telle harmonisation des dispositions constitutionnelles en question, la souveraineté permanente sur les ressources naturelles devrait être, non un droit souverain de l'État, mais une extension de la souveraineté nationale attribuée exclusivement au peuple qui, l'exerçant par le référendum constitutionnel, procéderait à la mise en patrimoine de ses ressources naturelles. Ces dernières relèveraient alors, non du « *domaine de l'État* » tel que consacré à l'article 9 alinéa 2 de la Constitution, mais du *patrimoine économique naturel* de la nation.

Une telle réforme Constitutionnelle harmoniserait l'article 9 alinéa 1 en question avec le contenu et la portée que la Constitution donne au principe de souveraineté nationale à son article 5 alinéas 1 et 2. ;. et conférant une garantie constitutionnelle au *patrimoine économique naturel*, elle ferait que son niveau de protection juridique soit le plus élevé possible.

3. Avantages de la patrimonialisation du capital naturel

La patrimonialisation du capital naturel a des avantages liés à la titularisation de la nation **(3.1)** et induit une amélioration de la gouvernance des ressources naturelles **(3.2).**

3.1. Avantages liés à la titularisation de la nation

Dans la mesure où elle inclut l'idée d'appropriation nationale, la patrimonialisation du capital naturel implique une titularisation de la nation, de sorte que celle-ci en jouisse à titre de propriétaire et non pas à titre de tiers bénéficiaire d'un bien attribué à l'Etat.

---

[132] Gérard CORNU, *Op Cit,* p. 437

La nation étant un corps multiple, c'est-à-dire composé d'individus et de personnes morales diverses, la propriété nationale des actifs naturels signifie des droits de jouissance reconnus à chacun d'eux à des titres divers ainsi que des institutions définissant les conditions d'accès équitables et de partage des bénéfices divers qui en sont issus. Dans un tel mécanisme d'appropriation collective, les différents membres ou composantes de la nation devien-nent copropriétaires des actifs naturels et en jouissent entant que tels.

Les générations futures, les communautés locales ou les peuples autochtones étant des composantes vulnérables de la nation, la patrimonialisation des actifs naturels est la meilleure formule d'appropriation pour protéger et défendre leurs droits fondamentaux et renforcer l'obligation de l'État de répartir équitablement la rente naturelle

3.2. Amélioration de la gouvernance des ressources naturelles

Avec la patrimonialisation du capital naturel, il y a une amélioration de la gouvernance des ressources naturelles qui se ressent par la justification et le renforcement du contrôle citoyen **(3.2.1)** ainsi que par le renforcement de l'obligation de l'Etat **(3.2.2).**

3.2.1. Par la justification et le renforcement du contrôle citoyen

Le contrôle citoyen sur la gestion des ressources naturelles se traduit par la participation citoyenne à leur gestion publique. Il trouve dans la patrimonialisation des actifs naturels un cadre qui oblige juridiquement l'État à le subir et qui permette aux citoyens d'en revendiquer l'exercice.

De plus en plus, au nom de la bonne gouvernance, les décideurs publics font participer les citoyens à la réglementation et à la prise de décision dans le secteur des ressources naturelles. Certaines lois obligent ainsi l'État à recourir à la consultation ou à l'association de la société civile et du secteur privé lors l'élaboration des lois ou de la prise de décision[133]. Dans le cadre du domaine privé, le droit souverain, absolu et exclusif de l'État sur les ressources naturelles relativise cependant son obligation légale de recourir à la participation citoyenne[134]. Et le droit d'intervention citoyen dans leur ges-

[133] Dans la législation forestière, la participation citoyenne est organisée à travers différents procédés d'intervention des organisations de la société civile ou du secteur privé dans la gestion forestière. Pour d'autres secteurs, tels les mines et les hydrocarbures, la participation citoyenne se fait dans des cadres consultatifs informels. Tels les ateliers, les forum ou les séminaires.

[134] Par exemple, lors de l'élaboration de l'avant- projet de loi modifiant et complétant le code mi-nier soumis à la session parlementaire de septembre-octobre 2017, la Fédération des Entreprises Congolaises et la société civile avaient été consultées sans que leurs avis ne soient finalement pris en compte. Le gouvernement ayant écarté toutes les options de réforme levées de commun accord au risque de ruiner la légitimité de la loi projetée.

tion n'y a pas plus d'efficacité que celle d'une action subversive. S'exerçant comme telle dans un déficit d'État de droit, il est souvent ignoré voir même réprimé s'il dérange outre mesure des décideurs indélicats[135].

C'est pourquoi, en tant qu'elle implique la formation du *patrimoine naturel économique* et son appropriation nationale, la patrimonialisation des actifs naturels offre un meilleur cadre justificatif du contrôle citoyen ; tous les citoyens, agissant en leurs différentes qualités et pour des causes diverses,[136] y trouvent juridiquement, en tant que copropriétaires, le droit d'intervenir dans la gestion publique des ressources naturelles. Ce droit d'intervention peut légalement aller du simple droit à être consulté au droit d'agir en justice contre tout acte violant les droits collectifs constitutionnels, en passant par le droit à l'information.

3.2.2. Par le renforcement de l'obligation de l'État

La mise en œuvre du principe de bonne gouvernance dans la gestion des ressources naturelles oblige l'État à organiser la participation citoyenne dans la prise de décision, à informer les parties prenantes de tout acte de gestion et à en rendre compte. Telle que définie ci-dessus, la patrimonialisation des actifs naturels renforce cette obligation en la rendant juridique.

En pratique, l'introduction de la démocratie participative dans la gestion des ressources naturelles reste au stade des recommandations d'ordre éthique ; leur exécution, généralement minimale, relève plus du marketing politique. Toutefois, il existe des nombreux accords bilatéraux ou multilatéraux où les partenaires extérieurs offrent au gouvernement une aide ou une assistance pour assurer une gestion participative, transparente et responsable des ressources naturelles. L'exécution des engagements pris dans ce cadre bute, cependant, sur des objections tirées de la souveraineté ou la propriété étatiques sur les ressources naturelles.[137].

En réduisant l'État au statut de gestionnaire des ressources naturelles, leur appropriation nationale et leur mise en patrimoine l'obligent juridiquement envers chacune de composantes de la nation ; ses devoirs de participation citoyenne, de transparence et de redevabilité deviennent des

---

[135] Face aux abus des pouvoirs publics dans la gestion des ressources naturelles, le rôle des orga-nisations de la société civile se limite à des dénonciations publiques qui dégénèrent en polémique avec le gouvernement.

[136] Ils peuvent agir entant qu'organisation non gouvernementale, organisations professionnelles, communautés locales ou association quelconque pour soit la défense ou la promotion des intérêts et droits collectifs.

[137] Exemple, en ce qui concerne le devoir de transparence, le gouvernement a pris le décret du 20 mai 2011 portant obligation de publier tout contrat qu'il passe et ayant pour objet les ressources naturelles. Mais ce décret ne prévoit aucune sanction juridique en cas d'inexécution de cette obligation par un ministre. Il n'y aura donc aucune incidence sur la validité du contrat non publié.

obligations juridiques internes, de sorte que les citoyens pourront légitimement avoir les moyens juridiques de les faire exécuter ou d'en faire sanctionner l'inexécution.

CONCLUSION

Lorsqu'elles sont saisies par le droit international public, les ressources naturelles sont de prime abord placées sous la souveraineté permanente de l'État, c'est-à-dire du peuple organisé politiquement. Ce droit de souveraineté permanent signifie le droit de définir souverainement les règles d'accès aux ressources naturelles et de leur appropriation, mais en tenant compte de toutes les restrictions déductibles du respect de l'intérêt national ainsi que des conventions internationales relatives à l'environnement, au commerce et aux investissements directs étrangers.

Suivant l'article 9 alinéa 2 de la Constitution, les règles d'appropriation des ressources naturelles impliquent à la base leur appropriation légale sous forme de domaine de l'État. Dans ce cadre juridique d'appropriation, l'État (personne publique de droit interne) devra tenir compte des droits reconnus au peuple, aux communautés locales et autochtones, aux générations futures et à la communauté mondiale, ces droits étant respectivement : le droit au développement, la possession coutumière, l'héritage des générations futures et les biens publics globaux.

Cependant, le domaine de l'État, public ou privé, n'est plus un cadre juridique adéquat d'une prise en compte équitable de tous ces droits fondamentaux ; d'où l'effort législatif de les garantir tend vers une mise en patrimoine des ressources naturelles qui met en perspective un autre cadre d'appropriation plus démocratique, soit le *patrimoine économique naturel.* Ce dernier est plus adapté à une répartition équitable des bénéfices des ressources naturelles entre tous les intérêts actuels et leur transmission aux générations futures.

Chapitre III

LE RÉGIME D'ACCÈS AUX RESSOURCES NATURELLES

L'évolution du statut juridique des ressources naturelles implique une réflexion sur les voies et moyens de pouvoir y accéder équitablement, dans le respect de tous les droits qui y sont reconnus. Partant de la précision de la notion d'accès aux ressources naturelles **(Section 1)**, une telle réflexion propose une théorie du régime d'accès aux ressources naturelles qui expose les principes fondamentaux d'accès **(Section 2)**, les catégories de voies d'accès **(Section 3)**, les conditions d'accès **(Section 4)** et les modes du contrôle d'accès **(Section 5).** Cette théorie est, sur chaque point ainsi exposé, assortie d'une analyse et d'une évaluation de son application en droit positif.

Section 1 : NOTION D'ACCÈS AUX RESSOURCES NATURELLES

Avant d'en analyser le régime, la notion d'accès aux ressources naturelles doit être précisée en donnant sa définition **(§1)**, sa nature juridique **(§2)** ainsi qu'en précisant les modes d'accès aux ressources naturelles **(§3).**

§1. DÉFINITION

La notion d'accès aux ressources naturelles peut être définie au sens large **(1)** et au sens restreint **(2).**

1. Au sens restreint

En général, le terme « accès » signifie le droit pour un citoyen de s'adresser à un service public (la Justice par exemple) pour la défense de ses intérêts ou pour obtenir des documents administratifs[138] . Dans ce sens, l'accès aux ressources naturelles peut être défini comme l'ensemble de procédures administratives permettant l'obtention d'un droit de jouissance sur une ressource naturelle.

---

[138] Gérard CORNU, *Op.Cit* , p. 9

Mais, les mécanismes administratifs ne rendent pas compte de toutes les formes de droit d'accès aux ressources naturelles traitées en droit ; certaines d'entre elles résultent directement de la loi, de la coutume, de transactions entre particuliers ou même de la criminalité[139]. C'est pourquoi, en pratique et de façon plus globale, nous pouvons définir l'accès aux ressources naturelles comme : *le droit ou le fait de rechercher, d'extraire et d'utiliser une ressource naturelle donnée*

Ainsi défini, le droit d'accès à une ressource naturelle peut être conféré par une convention internationale, une loi, un contrat ou une autorisation administrative (permis ou licences) ; le fait d'y accéder peut-être soit licite, c'est à dire reconnu par la loi ou toléré par l'autorité publique, soit illicite au regard de l'ordre public.

2. Au sens large

Dans leur célèbre article : *A Theory of access*[140], Jesse C. RIBOT et Nancy LEE PELUSO définissent le terme « *accès* » comme la capacité de tirer profit de chose, c'est-à-dire la pleine possession des ressources matérielles, financières, personnelles et institutionnelles nécessaires. Au-delà donc d'un simple droit, le terme « *accès* » signifie un ensemble de moyens qui permettent aux agents d'accéder à une ressource, d'en prendre le contrôle et de l'utiliser de façon optimale[141].

Plutôt sociologique, cette définition générale du terme « *accès* » suggère une conception de l'accès aux ressources naturelles qui englobe les droits et les capacités des agents à en tirer profit de façon optimale. Les droits peuvent être la propriété ou ses démembrements, tandis que les capacités supposent :

- les moyens scientifiques de connaître les utilités d'une ressource natu-relle ou le flux de bénéfices qu'on peut en tirer (*capacité cognitive*).
- les moyens matériels et juridiques d'exclure, pour son propre profit, les autres agents de l'accès à une ressource naturelle ou d'en fixer les conditions (*capacité de contrôle*)
- les moyens financiers et techniques d'extraire ou d'aménager une res-source naturelle, de manière à générer le flux de bénéfices que la com-munauté en attend (*capacité d'utilisation*)

[139] Les droits d'usages traditionnels ou les possessions coutumières des ressources naturelles sont généralement des situations de fait reconnues par la loi ou les conventions internationales. Les cessions, les locations ou les amodiations des concessions sont des voies non administratives d'obtention du droit d'accès aux ressources naturelles. Et plusieurs cas d'accès aux ressources naturelles relèvent de la criminalité.

[140] Paru dans la revue Rural sociology, Volume 68, n°2, juin 2003, pp. 153-181

[141]Voir leur ouvrage en question , pp. 153 -155.

- les moyens industriels de consommation ou les moyens techniques et matériels de commercialisation des services ou produits fournis par une ressource naturelle (*capacité commerciale*)

Mais en droit des ressources naturelles, ces sortes de capacité participent, non de la définition d'un droit d'accès signifie une capacité juridique, mais des conditions de sa reconnaissance ou de son octroi. Ces conditions sont définies par rapport aux critères de réalisation de l'intérêt général et du maintien de l'ordre public.

§2. NATURE JURIDIQUE

S'inscrivant dans le principe de destination et d'usage universels des ressources naturelles, l'accès à une ressource naturelle est un droit fondamental à la fois collectif (ayant pour sujet le peuple) et individuel (ayant pour sujet un individu) ; il est comme tel garanti par la Constitution et le droit international public.

Le principe de destination et d'usage universels des ressources naturelles signifient qu'elles sont naturellement et gratuitement offertes à tout homme et destinées à la satisfaction de ses besoins fondamentaux afin que, réalisant intégralement son potentiel positif, il contribue au bien commun des générations actuelles et futures. Au cœur de cette signification, ce principe établit un lien indissociable entre l'accès aux ressources naturelles et le principe de dignité de la personne humaine, axiome de base de tous les droits de l'homme[142].

Il en résulte que l'accès à une ressource naturelle est un droit fondamental du peuple, corollaire de son droit au développement, et de l'individu ; comme tel, il se rattache aux droits de l'homme dits de la deuxième génération, c'est-à-dire les droits économiques, sociaux et culturels consacrés par : le pacte international y relatif, la déclaration des Nations Unies sur les droits des peuples autochtones et la Constitution à ses articles 58 et 59.

En tant que droit de l'homme de la deuxième génération, l'accès aux ressources naturelles est un droit fondamental dont la mise en œuvre requiert une intervention de l'État. Il s'agit donc d'un droit de créance sur ce dernier qui fonde l'individu ou le peuple à lui exiger une action. Celle-ci implique les obligations : de définir les conditions d'accès équitables et objectives aux ressources naturelles, d'octroyer à tous les requérants remplissant ces conditions des droits d'accès et d'en redistribuer équitablement les revenus d'exploitation à toutes les parties prenantes.

---

142 M. Fabre-MAGNAN, « La dignité en Droit : un axiome », *Revue interdisciplinaire d'études juridiques* 2007/1 Volume 58, Université de saint-Louis, Bruxelles, pp. 1-30

§3. MODES D'ACCÈS AUX RESSOURCES NATURELLES

En pratique, les modes d'accès aux ressources naturelles sont : l'accès industriel **(1),** l'accès artisanal **(2)** ainsi que l'accès coutumier ou traditionnel **(3)**.

1. Accès industriel

Pour mieux comprendre l'accès industriel aux ressources naturelles, il faut en donner la définition **(1.1)** et en préciser les fonctions dans la stratégie de gestion durable **(1.2)**.

1.1 Définition

Nous pouvons définir l'accès industriel aux ressources naturelles en nous inspirant de la définition générale du terme « *industrie* ». Celle-ci signifie les activités économiques qui combinent des facteurs de production (machines, infrastructures approvisionnement en biens intermédiaires, travail...), pour produire des biens matériels destinés au marché[143].

Partant de cette définition de l'industrie, l'accès industriel aux ressources naturelles est : le droit d'extraire en grande quantité des ressources naturelles, en vue de produire en quantité industrielle des matières premières ; ou bien le droit d'aménager et d'utiliser une grande surface de ressources naturelles (eau, sol, forêt), en vue de produire à grande échelle des services divers, des denrées agricoles ou des biens environnementaux. L'exercice des tels droits d'accès requiert ainsi la combinaison des grands facteurs de production, c'est-à-dire des installations et constructions diverses, un approvisionnement en ressources diverses (énergétiques, financières...), une division du travail et un savoir-faire particulier.

Cette combinaison complexe d'importants facteurs de production implique une extraction massive des ressources naturelles ou leur utilisation à une échelle étendue, et ce, en vue de fournir des biens et des services à un plus grand nombre possible de consommateurs.

1.2 Fonctions

Dans la stratégie de gestion durable des ressources naturelles, l'accès industriel sert : à leur mise en valeur maximale **(1.2.1)**, à leur meilleure connaissance **(1.2.2)** ainsi qu'à la création d'emplois et à la croissance économique **(1.2.3).**

---

[143] Suivant le glossaire de l'Institut National de la statistique et des études économiques de la France www.insee.fr

1.2.1 Mise en valeur maximale des ressources naturelles

La première fonction de l'accès industriel à une ressource naturelle est sa mise en valeur maximale, c'est à dire l'identification de toutes ses utilités et sa distribution à un plus grand nombre possible de consommateurs.

Une ressource naturelle est un élément complexe renfermant plusieurs utilités, de sorte qu'elle peut être destinée à la satisfaction des besoins divers évoluant et se multipliant avec le progrès technique ; sa mise en valeur maximale requiert donc le déploiement d'une chaîne de valeur complexe : diverses études préalables, la prospection, l'installation et l'approvisionnement en biens et services intermédiaires, l'extraction, le traitement, la production des matières premières ou des services et leur distribution.

En mobilisant une telle quantité et variété de ressources, l'accès industriel permet de générer le plus grand flux de bénéfices possible de l'utilisation d'une ressource naturelle ; comme tel, il est le premier niveau d'accès aux ressources naturelles en termes de quantité et de qualité.

1.2.2. Meilleure connaissance des ressource naturelles

Une autre fonction de l'accès industriel aux ressources naturelles est d'en permettre une meilleure connaissance, c'est à dire d'en détecter la présence, d'en découvrir les utilités possibles et de développer les techniques d'utilisation rentables et écologiques.

L'accès industriel aux ressources naturelles suppose une grande capacité de prospection et d'innovation qui améliore leur connaissance ; en mobilisant une telle capacité scientifique et technique, il offre les moyens les plus efficaces d'approcher et d'évaluer le potentiel naturel économique d'un pays et de constituer des actifs naturels qui forment son capital naturel.

Donc, c'est par la qualité et l'étendue de son tissu industriel dans le secteur des ressources naturelles qu'un État peut accéder à une meilleure connaissance de son potentiel naturel économique en vue de former un capital naturel maîtrisé, c'est-à-dire dont il suit systématiquement et méthodiquement l'évolution en terme d'épuisement ou d'accroissement des actifs. .

1.2.3. Création d'emplois et croissance économique

Par l'importance et l'étendue de la chaîne de valeur qu'il déploie, l'accès industriel aux ressources naturelles génère directement et indirectement des emplois ainsi que la croissance économique.

La combinaison efficiente des différentes phases d'un projet d'exploitation industrielle d'une ressource naturelle requiert une division du travail. Celle-ci implique la création de divers emplois au sein de l'entreprise ; ce qui se traduit, sur le marché du travail local, par une offre d'emplois qui, si elle y rencontre une demande de qualité, c'est-à-dire une main d'œuvre qualifiée, contribue à la réduction du chômage.

Par ailleurs, l'exigence de rationalisation d'une entreprise industrielle l'amène souvent à externaliser certaines de ses fonctions de production ou de ses services, c'est-à-dire à en confier l'accomplissement à d'autres agents économiques[144]. S'il existe une offre nationale des biens et services suffisante et de qualité ainsi qu'une sécurité juridique garantissant le respect des contrats, cette externalisation permettra à des agents nationaux de se positionner efficacement dans les chaînes de valeur d'exploitation industrielle des ressources naturelles, de créer des emplois et de participer à la croissance économique.

Ainsi, l'accès industriel aux ressources naturelles est générateur d'emplois directs et indirects dans le secteur extractif. Il constitue une activité économique structurante, c'est-à-dire dont les besoins induisent une demande qui incite d'autres activités économiques ; ce qui en fait un important levier de la croissance économique.

2. L'accès artisanal

L'accès artisanal aux ressources naturelles est un concept dont il faut exposer l'appréhension légale et la problématique **(2.1)**, avant d'en donner la définition **(2.2)** et d'en préciser les fonctions **(2.3)**.

2.1 Appréhension légale du concept et problématique

Dans la plupart de lois, l'accès artisanal aux ressources naturelles est généralement appréhendé comme leur utilisation populaire au moyen de techniques rudimentaires ; il se réfère à l'effort de survie ou d'adaptation des populations marginalisées par l'évolution économique. Une telle appréhension ne contribue pas à en faire un levier efficace de développement durable.

En effet, l'effondrement des structures économiques formelles dans les pays pauvres a poussé des pans entiers de la population active à se reconvertir dans la collecte ou l'utilisation des ressources naturelles pour survivre. C'est cette ruée populaire vers les ressources naturelles que le législateur et les politiques tentent de justifier et de formaliser en organisant l'accès artisanal aux ressources naturelles, de sorte que celui-ci est une voie ouverte aux populations défavorisées afin qu'elles se procurent les moyens de subsistance.

Cependant, cette approche, principalement sociale, de l'accès artisanal aux ressources naturelles n'en permet qu'une appréhension superficielle in-

---

[144] THIZANGA MUTSHIPANU, *Promotion de la sous-traitance et des chaînes de valeur dans l'exploitation des ressources naturelles en République démocratique du Congo*, inédit, 12 pages

capable d'en faire un levier efficace de développement durable. De nombreux rapports officiels et privés[145] rendent compte de la désorganisation de l'exploitation artisanale des ressources naturelles ainsi que de ses effets néfastes : le travail des enfants, la déperdition scolaire, la prostitution des femmes, l'exposition des exploitants à des maladies diverses, leur exploitation par des acheteurs ou des négociants des produits, la sous-exploitation et la destruction des sites, le maintien des exploitants dans la précarité et l'accès illicite aux ressources naturelles.

C'est pourquoi, il est intéressant de donner au concept d'accès artisanal aux ressources naturelles un contenu assez précis et fonctionnel, c'est-à-dire celui qui permet au plan pratique de modeler et de structurer les dynamiques populaires d'accès aux ressources naturelles dans la perspective de leur gestion durable. Une telle réforme conceptuelle permettrait une professionnalisation des exploitants artisanaux et leur organisation stratégique, de manière à promouvoir un entreprenariat artisanal économiquement efficace et écologiquement responsable.

2.2 Définition

L'accès artisanal aux ressources naturelles fait l'objet d'une définition au plan général **(2.2.1)** et d'une autre au plan légal **(2.2.2),** cette dernière requérant une observation critique **(2.2.3).**

2.2.1 Au plan général

L'accès artisanal aux ressources naturelles consiste principalement en un droit accordé à un artisan d'exploiter de façon artisanale une ressource naturelle. Pour mieux circonscrire le contenu de ce droit, il faut d'abord définir les termes « *artisan* » et « *artisanat* » dont les contenus offrent les critères adéquats pour ce faire.

En droit, un artisan est un « *travailleur indépendant qui exerce un métier manuel, seul ou assisté de sa famille et d'un nombre limité d'ouvriers ou d'apprentis*[146] ». L'artisanat est généralement défini comme la production des biens et des services au moyen d'un savoir-faire particulier de l'artisan. Celui-ci utilise soit des techniques manuelles, soit des moyens techniques et assure directement tout le processus productif[147]. Ces aptitudes techniques et individuelles, les moyens utilisés ainsi que la taille de l'entreprise en termes

[145] Exemples : E. ABWE DIABE, *Etude de l'impact de l'exploitation artisanale des ressources naturelles sur le développement, l'autonomisation et l'avancement de la femme et de la fille en République démocratique du Congo*, Rapport synthèse du Bureau Genre de la MONUSCO, 25 novembre 2010 ; Promines Study, *Artisanal Mining in the Democratic Republic of Congo,* Pact Inc. Washington DC June 2010, 160 p

[146] Gérard CORNU, *Op. Cit.* pp. 76-77

[147] Cfr fr. wikipedia.org/wiki/Artisanat

de ressources humaines offrent les critères de base pour une définition fonctionnelle de l'accès artisanal aux ressources naturelles.

Ainsi, combinant ces critères personnels et matériels, nous pouvons définir l'accès artisanal à une ressource naturelle comme : *un droit octroyé à une personne physique, justifiant d'une qualification professionnelle avérée, d'exploiter personnellement une ressource naturelle par l'utilisation manuelle des outils appropriés ou par des moyens mécaniques.*

2.2.2. Au plan légal

Sans en donner une définition formelle, certaines lois et règlements relatifs aux ressources naturelles prévoient et décrivent l'accès artisanal, alors que d'autres lois n'y font même pas allusion.

En effet, à son article 8 alinéa 1, l'arrêté ministériel du 05 octobre 2006 relatif à l'exploitation forestière institue le permis de coupe artisanale ; il est délivré aux exploitants, personnes physique agréés « *utilisant notamment une scie en long ou une tronçonneuse mécanique* ». Le code minier prévoit, à son article 111, une carte d'exploitant artisanal autorisant l'exploitation artisanale des minerais ; elle est définie à son article 1 point 21 comme « *toute activité par laquelle une personne physique de nationalité congolaise se livre (...) à extraire et à concentrer des substances minérales en utilisant des outils, des méthodes et des procédés non industriels* ».

Par ailleurs, à son article 53, la loi portant règlementation de la chasse prévoit un permis rural de chasse qui est accordé aux congolais, propriétaires d'une arme à feu de chasse non perfectionnée, du type fusil à piston ou à silex. La loi portant principes fondamentaux relatifs à l'agriculture pré-voit l'octroi des concessions agricoles en vue de l'exploitation agricole fa-miliale ou de type familial ; à son article 54, elle définit respectivement ces deux modes d'exploitation agricole comme : « ... *Toute exploitation dont le personnel est constitué de membres de la famille de l'exploitant* » et « *toute exploitation familiale qui recourt à une main d'œuvre contractuelle et qui constitue une unité de production d'une capacité moyenne* » Tenant compte du critère personnel de la définition de l'artisanat, ces deux définitions légales peuvent y être assimilées.

Pour leur part, les lois relatives à la pêche, à l'eau et aux hydrocarbures ne prévoient pas l'artisanat et, partant, l'accès artisanal aux ressources halieutiques, hydriques, pétrolières ou gazières. En pratique, la pêche artisanale est cependant un fait socio-économique significatif régi au niveau réglementaire.

2.2.3. Observation critique de la définition légale

Tel qu'institué et décrit au plan légal, l'accès artisanal aux ressources naturelles ne peut se définir qu'en fonction du critère matériel, c'est-à-dire en ne tenant compte que des moyens techniques utilisés et de la taille de l'entreprise. Une telle définition qui ignore le critère personnel ne peut inciter à la formation d'un artisanat efficace pour la mise en œuvre du développe-ment durable.

En effet, dans toutes les lois qui définissent l'exploitation artisanale, la détention de l'outil de travail requis et l'insignifiance numérique de la main d'œuvre suffisent à seules pour permettre à quiconque de s'improviser artisan forestier, agricole, minier ou pêcheur. Bien qu'étant des outils d'encadrement des exploitants artisanaux, l'agrément préalable d'un exploitant forestier artisanal[148] ainsi que le code de bonne conduite de l'exploitant minier artisanal[149] ne tiennent pas compte du critère personnel, c'est-à-dire la qualification professionnelle du requérant ou du titulaire du droit d'exploitation artisanale. Ce dernier doit pourtant être un artisan doté d'aptitudes et d'une conscience professionnelle éprouvée.

Cette habituelle ignorance législative du critère personnel de définition de l'exploitation artisanale des ressources naturelles pourrait en expliquer la faillite professionnelle, sociale et environnementale décrite ci-dessus. On ne peut pas faire émerger et organiser un artisanat efficace sans artisans qualifiés et consciencieux. La formation et la mobilisation de ces derniers commencent par une redéfinition rigoureuse de l'accès artisanal aux ressources naturelles, c'est-à-dire qui intègre tous les critères personnels et matériels[150].

2.3 Fonctions

L'accès artisanal aux ressources naturelles sert à mettre intégralement en valeur le potentiel naturel économique **(2.3.1),** procurer des revenus aux habitants et réduire la pauvreté **(2.3.2)** ainsi qu'à assurer la croissance économique et la transition vers l'industrialisation **(2.3.3).**

2.3.1. Mettre intégralement en valeur le potentiel naturel économique

Par la mobilisation du plus grand nombre possible d'agents, l'accès arti-sanal aux ressources naturelles permet une mise en valeur intégrale des res-sources naturelles, et ce, en comblant les insuffisances possibles de l'accès industriel.

---

[148] Prévu à la section 5 de l'arrêté ministériel relatif à l'exploitation forestière

[149] Prévu à l'article 426 du règlement minier.

[150] Cette redéfinition peut être inspirée de cette définition générale de l'artisanat faite par la commission de l'union européenne : *« La production et la transformation de biens et services par l'excellence du savoir-faire du dirigeant, le rôle fondamental du chef d'entreprise qui engage sa responsabilité personnelle et maîtrise tout le processus de production, l'acquisition, la valorisa-tion et la capitalisation du savoir-faire notamment par l'apprentissage, l'intégration de l'entre-prise dans son terroir au travers de sa responsabilité sociale »* (Cfr fr. wikipedia.org /wiki/ Ar-tisanat)

L'accès industriel aux ressources naturelles ne saurait seul permettre la mise en valeur de l'immense potentiel naturel économique du pays, car son coût d'investissement très élevé limitera toujours le nombre d'entreprises. Par ailleurs, la seule offre industrielle des matières premières et autres biens et services tirés de ressources naturelles ne saurait couvrir tous les besoins exprimés par tous et partout.

Ainsi, à côté d'un accès industriel en deçà du potentiel naturel économique et de la demande, l'accès artisanal permet de mobiliser des nombreuses mains susceptibles d'exploiter à moindre coût un plus grand nombre possible de ressources naturelles. Il en résultera qu'à une offre industrielle sélective et en grande partie destinée à des consommateurs extérieurs s'ajoutera une offre artisanale diversifiée et accessible aux modestes consommateurs locaux.

2.3.2. Procurer des revenus aux habitants et réduire la pauvreté

Dans un contexte de rétrécissement du marché d'emplois, l'accès artisanal aux ressources naturelles offre une source de revenus alternative à la population active, à condition toutefois qu'il soit mieux organisé, profession-nalisé et appuyé par des crédits publics.

Avec le chômage de masse, une grande partie de la population active se reconvertit dans l'exploitation des ressources naturelles avec des moyens rudimentaires. Ce phénomène populaire permet, certes, aux populations de trouver des moyens de subsistance, mais il est loin de générer, dans tous les cas, des situations de stabilité et d'aisance financières[151] ; avec un minimum d'encadrement technique et professionnel de ces exploitants de fortune, il en émergerait un artisanat dynamique qui, étant une source de revenu fiable pour ses nombreux agents, serait un levier efficace dans la stratégie de réduction de la pauvreté.

Donc, mieux défini de manière à permettre cet encadrement technique et professionnel des agents, l'accès artisanal aux ressources naturelles deviendrait un moyen de procurer, aux populations sans emplois formels, des sources de revenus et des moyens de sortir définitivement de la pauvreté.

2.2.3. Assurer la croissance économique et la transition vers l'industrialisation

Devant mobiliser l'épargne extérieure, l'industrialisation du secteur ext-ractif devra se faire progressivement et ne couvrira jamais tout le potentiel naturel économique du pays. L'accès artisanal aux ressources naturelles de-vient ainsi

[151] Peu professionnels, sans moyens conséquents, sans encadrement ou soutien, des exploitants agricoles, forestiers, miniers … de fortune restent souvent pauvres du fait de la médiocrité de leur offre.

un palliatif nécessaire pour assurer la croissance économique en attendant l'industrialisation du secteur.

A défaut d'une épargne locale à la hauteur du coût d'exploitation industrielle des ressources naturelles, l'industrialisation du secteur extractif dépend largement des investissements directs étrangers qui tardent à affluer. Partant, l'exploitation artisanale des ressources naturelles assure près de 80% de la production et même 100% pour certaines ressources[152] (comme les produits halieutiques et les produits de chasse). Mieux organisée et professionnalisée, elle pourrait assurer à l'État un minimum de revenus fiscaux pour activer d'autres leviers de croissance et constituer une classe moyenne nombreuse qui épargne et consomme.

Donc, une meilleure organisation et une professionnalisation de l'accès artisanal aux ressources naturelles pourrait en faire, à défaut du flux des investissements directs étrangers, le levier d'une croissance économique du-rable et d'une industrialisation du secteur extractif.

3. L'accès coutumier ou traditionnel

La définition de l'accès coutumier ou traditionnel aux ressources naturelles **(3.1)** permet d'en préciser les fonctions **(3.2).**

3.1. Définition

L'accès coutumier ou traditionnel aux ressources naturelles peut-être défini au plan général **(3.1.1)** et plan légal **(3.1.2).**

3.1.1. Au plan général

Il n'existe pas de définition consacrée de l'accès coutumier ou traditionnel aux ressources naturelles. Si nous nous referons aux instruments internationaux et légaux qui le consacrent, nous pouvons, cependant, en déduire une qui soit fonctionnelle dans la mise en œuvre du développement durable.

Ainsi, tel que juridiquement consacré, l'accès coutumier ou traditionnel aux ressources naturelles peut être défini comme un droit reconnu aux membres d'un peuple autochtone ou d'une communauté locale d'utiliser les ressources naturelles de leur territoire au moyen de techniques traditionnelles. Cette définition se fonde sur un critère personnel lié au titulaire du droit et sur un critère technique lié aux moyens utilisés. Le titulaire doit être intégré dans une communauté autochtone ou locale comme membre originaire ou comme membre admis ; les moyens utilisés doivent être des techniques ré-

---

152 KABUYA KALALA et THIUNZA MBIYE, *Ressources naturelles, Gouvernance et défis d'une croissance soutenue en RDC,* article publié sur www.congomines.org, p. 147

sultant des us et coutumes transmis d'âge en âge et constituant un aspect intéressant du mode vie traditionnel.

C'est par ce critère technique que l'accès traditionnel ou coutumier aux ressources naturelles se différencie de l'accès artisanal. Rudimentaires ou simples, les techniques artisanales relèvent plutôt du sous-développement technique ou de la pauvreté de l'agent ; elles sont appelée à disparaitre avec le transfert de technologie. Tandis que les techniques traditionnelles ou coutumières sont l'expression culturelle d'un peuple et constituent un héritage culturel à préserver, s'il peut être mis en contribution dans le développement durable.

3.1.2. Au plan légal

L'accès traditionnel ou coutumier aux ressources naturelles s'exerce au sein d'une possession coutumière telle que définie ci-avant. Quelques textes légaux la consacrant en donnent chacun une description dont nous pouvons déduire une définition propre à chaque ressource naturelle visée.

Ainsi, dans le code forestier, l'accès traditionnel ou coutumier aux ressources naturelles correspond aux droits d'usage forestiers prévus à l'article 36 alinéa 1. Ces droits y sont définis comme des droits reconnus aux populations vivant à l'intérieur ou à proximité du domaine forestier et résultant de coutumes locales conformes à l'ordre public et aux lois. Dans la loi sur la chasse, l'accès traditionnel ou coutumier aux ressources animales peut être défini, conformément à l'article 54 alinéas 2, comme le droit reconnu aux habitants d'une localité de « *chasser en groupe sous la responsabilité du chef de la localité suivant les coutumes locales et uniquement dans les limites strictes de leurs besoins alimentaires* »

En nous référant à l'article 59 alinéa 1 de la loi sur la pêche, nous pouvons définir l'accès traditionnel ou coutumier aux ressources halieutiques comme un droit traditionnel des indigènes de pratiquer la pêche au moyen de barrages, nasses et filets, dans la mesure fixée par la coutume et dans les limites de leur territoire coutumier. Suivant l'article 388 du code foncier, l'accès coutumier ou traditionnel à la terre peut être défini comme le droit des membres d'une communauté locale de cultiver et d'exploiter, conformément aux us et coutumes locaux, les terres qu'ils occupent.

Toutes ces définitions légales de l'accès traditionnel ou coutumier aux ressources naturelles se fondent sur le double critère technique et personnel. Il s'agit ainsi d'un droit reconnu à une catégorie de la population précise qui l'exerce au moyen de techniques traditionnelles nécessaires à la gestion durable des ressources naturelles et qu'il est utile de conserver.

3.2. Fonction économique, culturelle et alimentaire

Au sein de la stratégie de développement durable, l'accès coutumier ou traditionnel aux ressources naturelles accomplit une triple fonction : économique **(3.2.1),** culturelle **(3.2.2)** et alimentaire **(3.2.3.)**

3.2.1. Fonction économique

La fonction économique de l'accès traditionnel aux ressources naturelles procède de l'exercice du droit au développement. Ce dernier est inclus dans la possession coutumière telle que conçue et promue par la déclaration des Nations Unies relative aux droits des peuples autochtones

À son article 20 point 1, cette déclaration des Nations Unies dispose : « *Les peuples autochtones ont le droit de conserver et de développer leurs systèmes ou institutions politiques, économiques et sociaux, de disposer en toute sécurité de leurs propres moyens de subsistance et de développement et de se livrer librement à toutes leurs activités économiques et traditionnelles* » La mise en œuvre nationale de cette disposition oblige l'État à assurer, au niveau local, un développement endogène, c'est-à-dire accompli par les communautés locales ou les peuples autochtones eux-mêmes

Dans cette perspective économique, il n'est pas question de protéger, en le conservant en l'état, l'accès traditionnel ou coutumier aux ressources naturelles, mais de maintenir celles-ci en la possession des peuples autochtones ou des communautés locales, en vue d'assurer leur droit au développement. Ce droit implique l'obligation de l'État de les aider à développer ou à moderniser leurs techniques d'utilisation, à accéder au crédit financier et au marché. Ce qui ferait plutôt évoluer l'accès traditionnel ou coutumier vers l'accès artisanal en vue d'accroitre la production locale.

Par une telle orientation économique de l'accès traditionnel aux ressources naturelles, les communautés locales ou autochtones sont à l'abri du risque de dépossession induit par l'expansion de l'accès industriel. Ce dernier, impliquant des agents mieux organisés et fiscalement plus rentables, est généralement préféré à l'utilisation traditionnelle des ressources naturelles.

3.2.2. Fonction culturelle

Au plan culturel, l'accès traditionnel ou coutumier aux ressources naturelles sert à protéger les techniques traditionnelles de leur utilisation, dans la mesure où elles font partie des patrimoines culturels des communautés locales ou des peuples autochtones devant être conservés

Dans cette perspective, la déclaration des Nations Unies sur les droits des peuples autochtones dispose à son article 11 point 1 : « *Les peuples autochtones ont le droit d'observer et de revivifier leurs traditions culturelles et leurs coutumes. Ils ont notamment le droit de conserver, de protéger et de développer les manifestations passées, présentes et futures de leur culture, telles que les sites archéologiques et historiques, l'artisanat, les dessins et modèles, les rites, les techniques, les arts visuels et du spectacle et la littérature* ».

Ce droit des peuples autochtones à leurs patrimoines culturels inclut des ressources naturelles et des techniques traditionnelles de leurs utilisations et de leur préservation qui, en plus de constituer les éléments nécessaires de leurs patrimoines culturels, peuvent enrichir la connaissance moderne du capital naturel et améliorer sa gestion durable. Le droit doit donc les protéger en reconnaissant formellement les formes d'accès traditionnel ou coutumier aux ressources naturelles.

3.2.3. Fonctions alimentaires

L'accès traditionnel ou coutumier aux ressources naturelles exerce une fonction alimentaire qui est sa fonction primitive ; sa reconnaissance juridique vise ainsi à assurer la protection des espaces nourriciers ou vitaux traditionnels. Mais réduite à cette fonction primitive, la définition légale de cette forme d'accès aux ressources naturelles occulte ses fonctions culturelles et économiques, au préjudice des droits qui en résultent.

Par l'accès traditionnel ou coutumier, les communautés autochtones ou locales ont toujours prélevé leurs ressources naturelles en vue de se procurer la nourriture, les produits pharmaceutiques ainsi que les matériaux de construction, de fabrication des meubles meublants, des outils de travail et des objets décoratifs. En droit positif congolais, ce droit d'accès traditionnel aux ressources naturelles tend à être défini par rapport à cette fonction primitive Il en est ainsi du code forestier qui, à son article 36, définit les droits d'usage forestiers comme ceux qui permettent à leurs titulaires *« les prélèvements des ressources forestières (...) en vue de satisfaire leurs besoins domestiques, individuels ou communautaires »*. La loi sur la chasse limite également le droit exercé dans le cadre d'un permis de chasse collectif à la satisfaction des besoins alimentaires des populations locales.

Cette tradition législative de réduire l'accès traditionnel aux ressources naturelles à sa fonction alimentaire occulte ses fonctions économique et culturelle, de sorte que les communautés locales ou autochtones en sont, réduites à l'utilisation alimentaire de leurs ressources naturelles sans perspective de développement économique ou de promotion culturelle.

Inscrite légalement dans cette double perspective, l'accès traditionnel ou coutumier aux ressources naturelles devrait obliger l'État, d'une part, à aider les populations locales ou autochtones à en développer les techniques d'utilisation et, d'autre part, à les inciter à des activités de promotion culturelle ; De cette façon, elles deviendraient des acteurs majeurs de leur développement et du développement national.

Section 2 : PRINCIPES FONDAMENTAUX DE L'ACCÈS AUX RESSOURCES NATURELLES

Pour garantir tous les droits fondamentaux qu'il réalise, l'accès aux ressources naturelles est soumis aux principes fondamentaux d'accès équitable **(§1)**, d'accès transparent **(§2)** et d'accès sécurisé **(§3).**

§1. PRINCIPE D'ACCÈS ÉQUITABLE AUX RESSOURCES NATURELLES

En partant de la définition du principe d'accès équitable aux ressources naturelles **(1)**, nous pouvons en préciser les sources matérielles **(2)** et formelles **(3),** pour mieux analyser et évaluer ses applications en droit positif **(4).**

1. Définition du principe

Nous pouvons définir l'accès équitable à une ressource naturelle comme *un accès satisfaisant qui n'en prive pas d'autres utilisateurs, n'affecte pas outre mesure l'accès à d'autres ressources naturelles et dont le revenu est équitablement redistribué à toutes les parties intéressées.*

Un accès satisfaisant à une ressource naturelle est un accès qui permet d'en tirer le maximum de bénéfices visés ; il suppose assez des moyens financiers, techniques et scientifiques pour mieux approcher une ressource naturelle, l'évaluer et l'exploiter avec un meilleur rendement matériel et financier possible, c'est-à-dire un rapport positif entre le contenu de la ressource naturelle exploitée et ses produits ainsi qu'entre le coût de l'investissement et la rente naturelle. De ce point de vue et en raison de leur faible productivité, les techniques rudimentaires ou traditionnelles d'utilisation d'une ressource naturelle ne traduisent pas, en principe, un accès satisfaisant.

L'accès à une ressource naturelle ne doit pas impliquer son appropriation par une catégorie d'utilisateurs au détriment des autres. Le bien être socio-économique général dépend de l'exploitation de toutes les utilités d'une ressource naturelle afin d'en répartir équitablement le flux de bénéfices. Il est donc nécessaire que toutes les catégories d'utilisateurs d'une ressource naturelle y accèdent en proportion de la quantité de besoins à satisfaire.

Si l'imbrication des ressources naturelles est telle que l'accès aux unes implique nécessairement la perte ou l'altération des autres, l'accès équitable est celui qui est dument lesté de mesures visant l'atténuation de l'impact négatif, la compensation des pertes ou la restauration.

Par ailleurs, l'accès à une ressource naturelle implique souvent des détenteurs ou propriétaires incapables de l'exploiter, des entreprises qui en ont les moyens ainsi que des populations qui en subissent les externalités négatives. Dans ce cas de figure, l'accès équitable signifie une répartition équitable de la rente naturelle entre toutes les parties intéressées.

2. Sources matérielles du principe

Le principe d'accès équitable aux ressources naturelles répond aux problèmes : d'utilisation multiple et rivale des ressources naturelles **(2.1),** de répartition géographique inégale des ressources naturelles **(2.2),** de répartition inégale des moyens scientifiques, technologiques et financiers d'accès aux ressources naturelles **(2.3)** ainsi que de rapport de propriété inégal entre les différents utilisateurs d'une ressource naturelle **(2.4)**.

2.1. Problème d'utilisation multiple et rivale des ressources naturelles

Les ressources naturelles sont l'objet d'utilisations multiples et rivales. Face au risque d'exclusion qui en résulte, l'affirmation juridique du principe d'accès équitable fait échos à celui de la destination universelle des biens de la Terre ; elle se fonde sur la nécessité d'en assurer l'utilisation pour la satisfaction de tous les besoins.

Au fur et à mesure que le progrès scientifique et technologique en dévoile des nouvelles utilités, l'utilisation des ressources naturelles confronte plusieurs utilisateurs poursuivant des objectifs différents : Aux usagers traditionnels assurant leur subsistance, s'ajoutent des simples individus en quête de revenus, des entreprises commerciales en quête de matières premières, les producteurs des biens environnementaux et les pouvoirs publics en quête de recettes publiques.

Dans ce contexte de rivalité, il y a risque qu'une catégorie d'utilisateurs accapare une ressource naturelle au détriment des autres, ou qu'elle l'utilise au préjudice des utilisateurs des ressources naturelles attenantes. Face à ce double risque d'accès exclusif ou préjudiciable aux ressources naturelles, le principe d'accès équitable vise garantir les intérêts de toutes les catégories d'utilisateurs, de manière à satisfaire tous les besoins nécessaires de l'humanité et réaliser le bien commun universel.

2.2. Problème de répartition géographique inégale des ressources naturelles

L'affirmation juridique du principe d'accès équitable aux ressources naturelles se fait par rapport à leur répartition géographique inégale. Certains pays ou leurs zones intérieures en sont pourvus et d'autres pas, mais tous en ont besoin. Il est donc nécessaire de garantir à ceux ou celles qui en sont dépourvus le flux de bénéfices qu'ils peuvent légitimement en attendre.

En effet, sur la terre ou dans un pays, certaines ressources naturelles prisées sont concentrées à un endroit et pas à un autre. À des endroits qui en sont pourvus, les États ou les pouvoirs locaux qui en prennent le contrôle pourraient y restreindre ou y interdire l'accès des utilisateurs extérieurs, sans cependant disposer d'opérateurs nationaux ou locaux capables d'en assurer l'utilisation optimale ou d'en épuiser toutes les utilités.

Ainsi l'exercice du contrôle d'accès aux ressources naturelles comporte un risque de discrimination subjective (raciale, ethnique, religieuse, politique ...) à l'encontre des agents extérieurs, et leur mise en valeur maximale et efficiente conformément à leur destination universelle pourrait en pâtir.

C'est pourquoi, il est nécessaire de garantir aux entreprises l'accès aux ressources naturelles situées en dehors de leur lieu d'origine, à condition qu'ils s'agissent d'opérateurs efficaces, capables d'en tirer le maximum de bénéfices nécessaires au bien commun au niveau local, national et mondial.

2.3 Problème de répartition inégale des moyens scientifiques, technologiques et financiers d'accès aux ressources naturelles

Le principe d'accès équitable aux ressources naturelles s'affirme également par rapport à la répartition inégale des moyens scientifiques, technologiques et financiers de leur prospection, leur inventaire et leur exploitation. Dans cette perspective, il vise le transfert de ces moyens à des peuples défavorisés pour leur assurer un accès satisfaisant à leurs ressources naturelles, de sorte que leur droit au développement soit effectif.

L'accès satisfaisant aux ressources naturelles dépend du niveau de connaissance de l'agent ainsi que de sa capacité technique et financière[153]. Certains peuples disposent de ressources naturelles sans cependant posséder des moyens scientifiques, technologiques et financiers adéquats pour pouvoir y accéder ; si bien qu'ils sont obligés de recourir à des agents extérieurs pour explorer, évaluer , exploiter leurs ressources naturelles et en commercialiser les produits. Ceci explique que les pays développés ou émergents, dits *consommateurs* des ressources naturelles, se substituent (à travers leurs opérateurs économiques) au pays sous-développés, dits *fournisseurs*, pour s'y auto-approvisionner en matières premières nécessaires à leurs économies. Il en résulte une réduction la part de bénéfices de ces pays fournisseurs à une rente de propriétaire assez modique, eu égards à leurs propres besoins en développement.

Dans ce contexte, le principe d'accès équitable aux ressources naturelles permet d'améliorer l'accès d'un peuple à ses propres ressources naturelles en lui facilitant l'accès à des moyens scientifiques, technologiques et finan-ciers nécessaires ; ce qui lui permet de dépasser la situation de simple propriétaire-rentier d'une ressource naturelle pour l'exploiter en assumant pleinement et réellement son rôle de fournisseur des produits qui en sont issus.

---

[153] Jesse C RIBOT et Nancy L PELUSO, *Op Cit* pp. 164 et S.

L'acquisition des moyens scientifiques et technologiques d'accès à une ressource naturelle se fait par une stratégie de mobilisation des investissements directs étrangers fondée, non seulement sur l'amélioration de la balance des paiements, mais aussi sur le transfert des connaissances et de technologie. C'est avec le capital humain et productif qui en résulte que le droit du peuple à disposer de ses ressources naturelles et son droit au développement peuvent devenir effectifs.

2.4. Rapport de propriété inégal entre les différents utilisateurs d'une ressource naturelle

L'accès aux ressources naturelles se fait dans un contexte de rapport de propriété inégal[154] ; les utilisateurs n'ayant pas les mêmes capacités ou le même pouvoir de négociation, certains d'entre eux peuvent réduire l'accès des autres à une ressource naturelle ou les en exclure. L'affirmation du principe d'accès équitable aux ressources naturelles se justifie donc par la nécessité de maintenir l'équilibre entre les différentes catégories d'utilisateurs d'une ressource naturelle.

Généralement, les lois ne reproduisent que le déséquilibre des rapports de force entre les différentes forces productives en présence. Les lois en vigueur sur l'utilisation des ressources naturelles confirment bien ce postulat marxien. Entre d'un côté, l'État qui affirme son droit de propriété ou de souveraineté sur les ressources naturelles et les exploitants industriels ayant un énorme pouvoir de négociation et, de l'autre, les exploitants artisanaux et les utilisateurs traditionnels sans pouvoir de négociation , l'inégalité évidente des rapports de force se traduit au plan juridique par un déséquilibre des rapports de propriété. La loi, en effet, encline à permettre l'extension des surfaces d'exploitation industrielle, fiscalement plus rentables, au détriment des exploitants artisanaux et des communautés locales ou autochtones. Ceux-ci sont généralement contraints de négocier laborieusement (via les Organisations Non Gouvernementales) le maintien ou l'extension des droits qui leur sont reconnus, sans disposer d'un meilleur accès à la Justice pour en faire sanctionner les violations.

Donc, face à l'expansion de l'exploitation industrielle des ressources naturelles dans le cadre de leur appropriation étatique, il faut garantir aux utilisateurs artisanaux et traditionnels un accès continu aux parties du capital naturel qui leur sont attribuées, et ce, en les protégeant contre les risques de d'exclusion ou de dépossession. Cette garantie doit se réaliser par la conso-

---

[154] La notion de *rapport de propriété* renvoi à celle de *rapport de production* tel que conçu par Karl Marx dans son ouvrage « Contribution à la critique de l'économie politique ». Les deux signifient les rapports juridiques que nouent les hommes dans la mise en œuvre des forces productives et qui déterminent l'appropriation des moyens de production, les conditions de leur utilisation, leur affectation et les modalités de leur transfert ainsi que le partage du fruit de la production.

lidation et la protection légales de leurs droits sur des surfaces exclusivement réservées et par l'amélioration de leur accès à une Justice appropriée.

3. Sources formelles du principe

Au plan formel, le principe d'accès équitable aux ressources naturelles procède des instruments juridiques internationaux **(3.1)** et de la Constitu-tion **(3.2)**.

3.1. Instruments juridiques internationaux[155]

Le principe d'accès équitable aux ressources naturelles est consacré par : le pacte international relatif aux droits économiques, sociaux et culturels **(3.1.1)**, la déclaration des Nations-Unies sur les droits des peuples autochtones **(3.1.2)**, la déclaration de Rio sur l'environnement et le développement **(3.1.3)** ainsi que par la convention des Nations-Unies sur la diversité biologique **(3.1.4)**.

3.1.1. Pacte international relatif aux droits économiques, sociaux et culturels

Dans le pacte international relatif aux droits économiques, sociaux et culturels, il y a des dispositions qui sont correctives ou préventives des inégalités d'accès aux ressources naturelles liées : aux rivalités entre utilisateurs d'une ressource naturelle, à sa répartition géographique inégale ainsi qu'à l'accès inégal aux moyens scientifiques, technologiques et financiers nécessaires pour l'approcher, l'évaluer et l'exploiter.

En effet, nous pouvons relever dans le pacte international en question les dispositions suivantes :

- l'article 1 point 2 : « *... tous les peuples peuvent disposer librement de leurs richesses et de leurs ressources naturelles, sans préjudice des obligations qui découlent de la coopération économique internationale, fondée sur le principe de l'intérêt mutuel et du droit international. En aucun cas, un peuple ne pourra être privé de ses propres moyens de subsistance* »
- l'article 2 point 1 : « *Chacun des État parties au présent Pacte s'enga-ge à agir, tant par son effort propre que par l'assistance et la coopé-ration internationales, notamment sur les plans économique et techni-que, au maximum de ses ressources disponibles, en vue d'assurer prog-ressivement le plein exercice des droits reconnus dans le présent Pacte par tous les moyens appropriés, y compris en particulier l'adoption des mesures législatives* »

---

155 Plusieurs conventions internationales affirment le principe d'accès équitable aux ressources naturelles. Celles évoquées ici les sont à titre illustratif.

- l'article 2 point 2 : « *Les États parties au présent Pacte s'engagent à garantir que les droits qui y sont énoncés seront exercés sans discrimination aucune fondée sur la race, la couleur, le sexe, la langue, la reli-gion, l'opinion politique ou toute autre opinion, l'origine nationale ou sociale, la fortune, la naissance ou toute autre situation* »

Tout en affirmant le droit souverain des États sur leurs ressources naturelles, l'article 1 point 2 en question en soumet l'exercice aux exigences de la coopération économique internationale, lesquelles intègrent : les « *droits et les devoirs des nations industriellement avancées (...) d'accéder aux ressources naturelles du globe et de les exploiter dans l'intérêt de l'humanité, du moins dans la mesure où ces ressources ne seraient pas utilisées ou exploitées d'une manière satisfaisante par d'autres*[156] »

À l'article 2 point 1 en question, les États s'engagent à faciliter et à améliorer l'accès des peuples à leurs propres ressources naturelles. Quant à l'article 2 point 2 en question, il prévient toute dérive discriminatoire dans la réalisation par un peuple de son droit à disposer librement de ses ressources naturelles ; aucun opérateur qualifié ne peut être, à aucun endroit du monde, interdit d'accès à une ressource naturelle en raison de son identité ou de son statut personnels.

3.1.2 Déclaration des Nations Unies sur les droits des peuples autochtones

La déclaration des Nations Unies sur les droits des peuples autochtones leur offre une garantie juridique internationale de jouir et de disposer de ressources naturelles qu'ils possèdent coutumièrement.

Cette garantie juridique internationale vise à rééquilibrer, en faveur des peuples autochtones, les rapports de propriété souvent déséquilibrés en droit interne en faveur de l'Etat et des exploitants industriels. Ce qui prémunit ces peuples contre toute privation d'accès à leurs propres ressources. Dans cette perspective de justice, la déclaration en question dispose à son article 40 : « *Les peuples autochtones ont le droit d'avoir accès à des procédures justes et équitables pour le règlement des conflits et des différends avec les États ou d'autres parties et à une décision rapide en la matière, ainsi qu'à des voies de recours efficaces pour toute violation de leurs droits individuels et collectifs. Toute décision en la matière prendra dûment en considération les coutumes, traditions, règles et systèmes juridiques des peuples autochtones concernés et les normes internationales* » Par cette disposition, elle vise à faire assurer aux peuples autochtones l'accès à une Justice appropriée pour défendre leurs droits d'accès à leurs ressources naturelles.

Par ailleurs, à son article 39, la déclaration en question dispose : « *Les peuples autochtones ont le droit d'avoir accès à une assistance financière et*

---

[156] G FISCHER, *op. cit.* p 523

technique, de la part des États et dans le cadre de la coopération internationale, pour jouir des droits énoncés dans la présente déclaration ». Cette disposition vise la correction des inégalités d'accès aux ressources naturelles dues à la répartition inégale des moyens scientifiques, techniques et financiers.

3.1.3. Déclaration de Rio sur l'environnement et le développement

À son principe 2, la déclaration de Rio sur l'environnement et le développement énonce : « ... *les États ont le droit souverain d'exploiter leurs propres ressources naturelles selon leur politique d'environnement et de développement, et ils ont le devoir de faire en sorte que les activités exercées dans les limites de leur juridiction ou sous leur contrôle ne causent pas des dommages à l'environnement dans d'autres État ou dans des zones ne relevant d'aucune juridiction nationale* »

Ainsi, l'accès des peuples à leurs ressources naturelles est restreint par le droit à l'environnement de la communauté mondiale. Ce droit comprend la jouissance des services écosystémiques résultant de la valeur d'existence de certaines ressources naturelles, par exemple : les forêts et la biodiversité qui contribuent à l'équilibre et au maintien de la qualité de l'écosystème terrestre ; leur appropriation n'implique pas la négation de leur valeur d'existence au niveau mondial ; ceux qui y ont accès doivent les utiliser sans affecter les bénéfices écologiques qu'elles produisent pour l'ensemble de l'humanité.

En restreignant ainsi le droit des peuples à disposer de leurs ressources naturelles par le respect du droit à l'environnement, la déclaration en question le fonde sur celui d'accès équitable, en ce qu'il signifie un accès à une ressource naturelle qui n'altère pas d'autres ressources naturelles ou les bénéfices que d'autres utilisateurs peuvent en attendre.

3.1.4. Convention des Nations Unies sur la diversité biologique

La convention des Nations Unies sur la diversité biologique applique le principe d'accès équitable aux ressources biologiques en tenant notamment compte : de leur préservation, de la répartition équitable des bénéfices entre toutes les parties prenantes, du transfert de technologie et de l'assistance financière en faveur des propriétaires ou des détenteurs défavorisés

En effet, à son article 1, cette convention se fixe comme objectifs : « *la conservation de la diversité biologique, l'utilisation durable de ses éléments et le partage juste et équitable des avantages découlant de l'exploitation des ressources génétiques, notamment, grâce à un accès satisfaisant aux ressources génétiques et à un transfert approprié des techniques pertinentes, compte tenu de tous les droits sur ces ressources et aux techniques, et grâce à un financement adéquat* ». Dans cette perspective, elle engage chacune de parties signataires à créer les conditions propres à faciliter l'accès aux ressources génétiques sous sa souveraineté permanente, de manière à en permettre l'utilisation écologiquement rationnelle par d'autres ; les parties s'y engagent aussi, à son article 15 point 2, à ne pas imposer des restrictions allant à l'encontre des objectifs convenus. À ses articles 16 à 20, elle engage, par ailleurs, les pays développés à accorder des ressources financières aux pays en voie de développement pour améliorer leur accès à leurs propres biodiversités, ainsi qu'à leur transférer la technologie requise

Ce sont là des dispositions correctives des inégalités d'accès aux ressources de la biodiversité liées à leur répartition géographique inégale, ainsi qu'à la dotation inégale en moyens techniques, scientifiques et financiers nécessaires pour leur prospection, leur évaluation et leur exploitation.

3.2. Constitution

S'inscrivant dans l'aire du temps, la Constitution de la 3ième République donne une garantie au droit au développement du peuple. Pour assurer ce droit, elle assigne à l'État des devoirs qui participent de la mise en œuvre du principe d'accès équitable aux ressources naturelles tel que défini ci-dessus.

À son article 58, la Constitution oblige l'État à assurer la redistribution équitable des richesses nationales entre tous les congolais et à garantir à tous le droit au développement. Ceci sous-entend l'obligation d'assurer à chaque congolais l'accès équitable aux ressources naturelles en veillant à ce que le revenu ou les bénéfices en soit équitablement redistribués. À ces articles 55 et 56, elle érige en infractions de pillage et de haute trahison tout acte ayant pour conséquence de priver la nation, les personnes physiques ou morales de l'accès à leurs ressources naturelles.

En appliquant ces dispositions constitutionnelles, l'État peut en déduire des mesures légales et administratives correctives des inégalités d'accès aux ressources naturelles liées à leur répartition géographique inégale sur son territoire et à l'inégalité des rapports de propriété.

4. Analyse et évaluation des applications du principe en droit positif

En droit positif, nous pouvons analyser et évaluer le principe d'accès équitable aux ressources naturelles tel qu'appliqué en droit minier **(4.1)**, en droit forestier **(4.2)**, en droit agricole **(4.3)**, en droit des hydrocarbures **(4.4)**, en droit de l'eau **(4.5)** ainsi qu'en droit halieutique et cynégétique **(4.6).**

4.1 En droit minier

Tel que défini ci-avant, le principe d'accès équitable aux ressources naturel-les pâtit en droit minier de sa négation par : la primauté de l'accès à la ressource minière sur l'accès à d'autres ressources naturelles **(4.1.1)**, l'absence d'un dis-positif de facilitation de l'accès national et local aux ressources minières **(4.1.2)**, l'absence de garantie contre la discrimination **(4.1.3)**, l'exclusion des étrangers à l'accès artisanal **(4.1.4)** ainsi que la non reconnaissance de l'accès traditionnel **(4.1.5)**

4.1.1. Négation par la primauté de l'accès à la ressource minière sur l'accès à d'autres ressources naturelles

Prenant en compte l'existence des autres ressources naturelles ainsi que des autres utilisations du sol, le code minier prévoit des dispositions restrictives de l'accès aux ressources minières ; mais en pratique ses règles de procédure d'octroi d'un droit minier n'en tiennent que relativement compte, et ce, sans qu'elles ne constituent un obstacle juridique à un accès abusif. Il en résulte que l'accès aux ressources minières prime sur l'accès à d'autres ressources naturelles.

En effet, pour équilibrer l'accès à la ressource minière avec d'autres utilisations du sol, la législation minière prévoit l'institution des « *zones interdites* » et des « *zones de restriction* ». Les premières sont les aires géographiques où : « *Les activités minières sont interdites pour des raisons de sûreté nationale, de sécurité des populations, d'une incompatibilité avec d'autres usages existants ou planifiés du sol ou du sous-sol et de la protection de l'environnement* »[157]. Les deuxièmes sont toutes les portions du territoire national dont « *L'occupation à des fins minières est conditionnée par l'autorisation préalable de l'autorité compétente, du propriétaire ou de l'occupant légal*[158].

Ainsi, face à l'expansion des activités minières, l'État peut protéger l'accès à d'autres ressources naturelles en érigeant une *zone interdite* ; il peut aussi donner aux utilisateurs du sol le droit de s'y opposer ou d'en négocier les restrictions en érigeant une *zone de restriction.* Mais en pratique, ces deux mécanismes restrictifs ne sont que des obstacles fictifs à l'expansion de l'activité minière au détriment d'autres utilisations du sol.

En effet, pour que l'institution d'une *zone interdite* opère effectivement comme une restriction spatiale des activités minières, elle devrait être décidée après qu'une recherche minière ait conclue à l'existence d'un gisement exploitable, et qu'une étude d'impact environnemental conclue en l'incompatibilité de son exploitation avec d'autres utilisations du sol existantes ou programmées ; or les procédures légales d'accès à la ressource minière ne comportent pas une étape de constitution d'une *zone interdite*[159]. L'étude d'impact environnemental, préalable à l'octroi du droit d'exploitation minière, et le plan de réhabilitation et d'atténuation, préalable à celui du droit de recherche minière, ne sauraient aller légalement jusqu'à l'établissement de

---

[157] Article 1 point 31 du règlement minier.

[158] Article 1 point 29 du règlement minier.

[159] Voir Chapitre 3, articles 32 à 108 du Code minier

cette restriction spatiale[160] ; leurs objectifs légaux sont : mesurer, réduire ou compenser les externalités négatives des activités minières, et non d'en relever les incompatibilités prohibitives avec d'autres utilisations du sol.

En ce qui concerne la *zone de restriction*, son contenu légal, tel que défini à l'article 279 du code minier, n'inclut pas les sites d'accès à d'autres ressources naturelles. De plus, conformément à son article 281, l'accès à la ressource minière privant les ayants-droit de la jouissance du sol ne leur laisse d'autre choix que celui de négocier une indemnité, et non le maintien de leur accès à leurs ressources naturelles moyennant des restrictions aux activités minières.

4.1.2. Négation par l'absence d'un dispositif de facilitation de l'accès national et local aux ressources minières

Par rapport à l'engagement international et constitutionnel de l'État d'assurer pleinement le droit au développement du peuple, le code minier se limite au strict minimum **(A)** et il semble donner le change en imposant la nationalisation partielle de l'actionnariat des entreprises minières **(B)**.

A. Limite au strict minimum de l'engagement international et constitutionnel de l'État d'assurer le droit au développement du peuple

À son article 58 alinéa 2, la Constitution oblige l'État à assurer aux congolais le droit au développement. Suivant l'article 2 point 1 du pacte international relatif aux droits économiques et sociaux, cette obligation constitutionnelle sous-entend celle de mettre le peuple et les communautés locales en situation financière et technique de pouvoir jouir pleinement de leurs ressources naturelles, c'est-à-dire d'y accéder directement à travers des opérateurs nationaux ou locaux efficaces et compétitifs.

Cependant, le code minier n'est pas à la hauteur de l'ambition politique induite par cet engagement de l'État à promouvoir et à appuyer un accès satisfaisant des congolais aux ressources minières. Dans cette perspective, il prévoit l'institution d'un service d'appui technique et d'assistance dénommé *Service d'Assistance et d'Encadrement de l'Exploitation Minière à Petite échelle* (SAEMAPE, en sigle). Ce service est, suivant l'article 1ier point 46 ter, un « *service public à caractère technique doté d'une autonomie administrative et financière, lequel a pour objet l'assistance et l'encadrement de l'exploitation artisanale et à petite échelle des substances minérales* ».

A cet échelon de la hiérarchie administrative, il est impossible de mobiliser les moyens suffisants pour assurer la promotion et le développement de

---

160 Voir la portée et les objectifs du plan d'atténuation et de réhabilitation au chapitre IV, articles 430 à 445 du règlement minier et ceux de l'étude d'impact environnemental au chapitre V, articles 450 à 452 du même règlement.

l'accès national ou local aux ressources minières, car le SAEMAP est géré en régie et n'a pas de personnalité juridique devant lui permettre : de s'affranchir de la lourdeur bureaucratique et d'accéder directement aux ressources externes nécessaires à l'accomplissement de ses missions et à la professionnalisation de son personnel. C'est pourquoi, il est pratiquement limité à un service de surveillance de la conformité de l'accès artisanal aux règles hygiéniques et environnementales.

Sans opérateurs nationaux ou locaux disposant d'une capacité technique et financière de prospection et d'exploitation, le peuple congolais est en réalité privé d'accès à ses ressources minières. Partant, il n'en dispose pas et n'en jouit pas pleinement conformément à l'article 1 point 2 du Pacte international relatif aux droits économiques et sociaux.

Au vue de l'ampleur des tâches de son engagement de promouvoir l'accès satisfaisant des congolais aux ressources minières, l'État devrait agir à l'échelon, plus décentré, d'un établissement public organisé en un *Fonds de promotion et de développement*. Ce dernier devra être un véritable mécanisme de transfert de revenu et de technologie en faveur des promoteurs locaux ou nationaux des projets miniers.

B. Donner le change par la nationalisation partielle de l'actionnariat des entreprises minières

Le législateur a pensé combler le déficit d'un dispositif de promotion des projets miniers nationaux ou locaux par l'introduction obligatoire des congolais dans le capital de toute entreprise du secteur minier. Cette option légale ne suffit, cependant, qu'à donner le change, c'est-à-dire à substitue la formation d'un actionnariat national à la promotion souhaitée d'un entreprenariat national. Ce qui, du reste, se fait au préjudice de l'attractivité du secteur minier par rapport aux investissements directs étrangers.

En effet, le code minier contraint les sociétés minières à céder chacune au moins 10% de son capital à des personnes physiques congolaises[161] ; chaque société de transformation ou de traitement est également contrainte à la même cession à hauteur d'au moins 50% de son capital[162] ; les comptoirs d'achat et de vente des substances minérales doivent également le faire chacun à hauteur d'au moins 25% de son capital[163].

Tout ceci revient à contraindre les investisseurs à démarcher des actions auprès des congolais, dont la présence au sein du capital social est une formalité nécessaire de constitution et de maintien d'une société minière. Dans un environnement institutionnel délétère, une telle contrainte comporte un risque majeur de corruption ; des décideurs publics pourraient être incités à

[161] Article 71 bis

[162] Article 108 quarter littera b alinéa 2

[163] Article 126 alinéa 2 lit. e

négocier l'attribution complaisante des actions contre des passe-droits divers. L'épargne privée locale étant en grande partie constituée de revenus issus de la corruption et du détournement de l'argent public, les entreprises du secteur minier risquent d'être des vecteurs de blanchiment de capitaux. Un tel risque porterait préjudice à leur image de marque sur le marché international et à l'attractivité du secteur minier.

Ainsi, il pourrait y avoir, dans l'actionnariat de chaque société du secteur minier, une *présence nationale* suspecte qui, loin d'être un levier de transfert de technologie et de fond au profit d'un entreprenariat national ou local, est un simple procédé de redistribution de la tente minière au profit des individus.

Toutefois, l'actionnariat national au sein des sociétés minières peut être un moyen de fructifier l'épargne nationale privée. Pour le promouvoir, ces sociétés pourraient être valablement obligées de communiquer localement sur la souscription des actions, de manière à intéresser tout congolais financièrement capable. Au lieu de les contraindre à démarcher localement une part d'actions émises, l'État profiterait mieux, au plan fiscal, de leur souscription locale transparente en créant préalablement une bourse locale des valeurs mobilières viable.

4.1.3. Négation par l'absence de garantie contre la discrimination

Bien qu'au plan international l'État s'engage à les prévenir, le code minier ignore complètement les risques de discrimination et d'exclusion personnelle (pourtant réels) liés à l'accès aux ressources minières. Cette ignorance se traduit par l'absence de sanctions spécifiques contre les actes administratifs discriminatoires, c'est-à-dire qui privent un requérant de son droit d'accès à une ressource minière en raison d'un élément de son identité personnelle.

Dans un pays où l'ascension sociale ou économique procède souvent du favoritisme, du népotisme ou du clientélisme, le risque de privation d'accès à une ressource minière en violation de l'article 2 point 2 du Pacte international relatif aux droits sociaux et économiques est bien réel. Une personne peut en être victime à un endroit du territoire national en raison de ses origines ethniques ou tribales, de ses opinions politiques ou de toute autre raison liée à sa situation personnelle. Dans son régime pénal, le code minier n'incrimine pas et ne sanctionne pas, cependant, les actes discriminatoires interdits par le pacte international en question.

Et pourtant, la valeur attachée à la ressource minière et le niveau de rivalité de son utilisation accroissent particulièrement les risques de discrimination et d'exclusion arbitraires. Dès lors, il ne serait pas superfétatoire que le code minier en prévoie des sanctions pénales spécifiques dans un but dissuasif et pédagogique.

4.1.4. Négation par l'exclusion des étrangers de l'accès artisanal

Le code minier définit l'accès artisanal à la ressource minière par référence à la nationalité congolaise de son titulaire, et il en fait un droit intrinsèquement exclusif des congolais.

Une telle discrimination peut bien se justifier par rapport au risque sociopolitique que peut générer un flux migratoire massif des étrangers attirés par les ressources minières. Il nous semble, cependant, économiquement et socialement injustifiable qu'un étranger domicilié et vivant en République Démocratique du Congo n'y jouisse pas de mêmes droits sociaux et économiques que les congolais. Il est donc équitable de distinguer un étranger qui y est né et y vit ou qui s'y est installé définitivement avec un simple immigrant attiré par le profit.

Le code minier gagnerait sur ce point en équité s'il admettait à l'exploitation minière artisanale ceux des étrangers qui ont établi leurs domiciles en République Démocratique du Congo, et ce, par exemple depuis au moins dix ans

4.1.5. Négation par la non reconnaissance de l'accès traditionnel

Au mépris des instruments juridiques internationaux qui en recommandent la protection, le code minier ignore l'accès traditionnel aux ressources naturelles qui, s'il n'existe pas de façon significative pour les minerais, est une réalité pour divers produits de carrière.

La science et la technique traditionnelles n'ont jamais permis aux peuples autochtones ou aux communautés locales de connaître certains minerais ou d'en exploiter toutes les utilités, de sorte que les cas d'accès traditionnel ou coutumier aux ressources minières sont très rares pour que le code minier s'y intéresse. Ce qui est vrai pour les minerais ne l'est pourtant pas pour les produits de carrière, tels que définis à l'article 4 alinéa 3 du code minier[164]. Dans la culture traditionnelle, l'usage du sable, des pierres et autres graviers est, au même titre que celui de la forêt ou de la biodiversité, si important qu'il peut conditionner l'existence d'une communauté locale ou d'un peuple autochtone. Leur appropriation étatique au profit des opérateurs économiques est une négation absolue de leur éventuelle possession coutumière. Ce qui, sur ce point précis, désengage l'État de la déclaration sur les droits des

---

[164] Suivant cette disposition légale, *sont classés en carrière : Les gîtes ou gisements des substances minérales non métalliques utilisables comme matériaux de construction, d'empierrement et de viabilité, de l'industrie céramique, d'amendement pour la culture des terres, y compris no-tamment le sable, la craie, le gravier, les pierres à chaux et ciment, la laiterie, les terres o foulons et les argiles smectiques, les copals fossiles et les diatomites, à l'exception du marbre, du granite, des phosphates, des nitrates, des sels alcalins et d'autres sels associés qui sont classés en mines dans les gisements.*

peuples autochtones et du pacte international relatif aux droits sociaux et économiques.

Donc, le code minier devrait, sur ce point précis, se conformer aux règles du droit international public en intégrant celles relatives à la protection et à l'amélioration du droit d'accès des peuples autochtones et des communautés locales à leurs ressources naturelles. Il devrait pour ce faire reconnaître des cas avérés de possession coutumière des produits de carrière pour : soit en préserver les usages traditionnels intéressants, soit protéger le droit des communautés locales ou autochtones à en disposer librement, soit organiser en leur faveur un appui technique et financier afin qu'elles en tirent le maximum de profit.

4.2 En droit forestier

Le code forestier pâtit de la négation du principe d'accès équitable par : l'absence d'un dispositif de zonage forestier **(4.2.1)**, l'absence d'un dispositif de facilitation de l'accès national ou locale aux forêts **(4.2.2)**, l'exclusion des étrangers de l'accès artisanal **(4.2.3)**, le caractère fictif de la foresterie communautaire **(4.2.4)** et la précarisation de l'accès traditionnel **(4.2.5).**

4.2.1. Négation par l'absence d'un dispositif légal de zonage forestier

Comme outils de gestion forestière, le code forestier prévoit la planification forestière, l'inventaire forestier et l'aménagement forestier, mais il omet le zonage forestier qui est approprié pour assurer la répartition équitable des actifs forestiers entre toutes les catégories d'utilisateurs. Il existe néanmoins un projet de zonage forestier institué par voie règlementaire dont les bases n'induisent pas, cependant, une garantie solide de l'accès équitable.

D'une part, un zonage forestier peut se définir comme la réglementation de la délimitation du domaine forestier et de la répartition équitable des terres forestières entre toutes les utilisations possibles des forêts, en vue de leur localisation et du contrôle de leur expansion ; d'autre part, il peut se définir comme toutes les activités ou les décisions administratives d'affectation des terres forestières à des types d'activités forestières mieux définis. Ceux-ci doivent être localisés dans des zones d'activités forestières exclusives ou mixtes, proches ou éloignées en tenant compte du facteur nuisance[165].

Au-delà d'une simple planification des activités, telle que prévue actuellement par un arrêté ministériel instituant un comité de pilotage de zonage forestier et un guide opérationnel, le zonage forestier requiert une réglementation qui identifie tous les types d'accès aux ressources forestières et règle

---

[165]La nuisance en zonage forestier signifie le préjudice causé aux objectifs de l'aménagement d'une zone d'affectation forestière par les interférences d'autres activités ; ou par le voisinage avec une autre zone d'affectation forestière.

judicieusement leurs conflits éventuels en protégeant particulièrement les utilisateurs à faible pouvoir de négociation, c'est-à-dire les utilisateurs traditionnels et artisanaux.

Par ailleurs, pour valoir comme dispositif d'accès équitable aux ressour-ces forestières, une telle organisation du zonage forestier et les droits d'ac-cès forestiers qui devraient en résulter requièrent une garantie légale, c'est-à-dire, elle doit être faite par une loi et non par un règlement administratif.

4.2.2. Négation par l'absence d'un dispositif de facilitation de l'accès national et local aux ressources forestières

Comme le code minier, le code forestier n'engage pas l'État à fournir au peuple et aux communautés locales les moyens de jouir pleinement de leurs ressources forestières, c'est-à-dire d'y avoir un accès optimal à travers des opérateurs forestiers nationaux et locaux ; toutefois, il comporte des dispositions qui peuvent être des linéaments d'un dispositif de facilitation de l'ac-cès aux ressources forestières

A ces articles 33 à 35 ainsi qu'à son article 81, le code forestier prévoit respectivement l'organisation de la recherche forestière et d'un *Fond Fores-tier National*. Dans le premier cas, il entend principalement instituer un mé-canisme multipartite de recherche et développement visant la promotion de la gestion durable des forêts ; dans le deuxième cas, il s'agit d'un mécanis-me parafiscal visant le financement des activités de reconstitution forestière.

Tels qu'ils sont règlementés, il n'est pas impossible que ces deux mécanismes soient réorganisés de manière à en faire aussi des outils de transfert des compétences, de technologie et des revenus en faveur des opérateurs fo-restiers nationaux et locaux.

4.2.3. Négation par l'exclusion des étrangers de l'accès artisanal

Le code forestier ne prévoit pas l'exploitation artisanale des ressources forestières ; elle est organisée au niveau règlementaire, et comme dans le co-de minier, sa définition règlementaire est exclusive des étrangers.

En effet, à son article 23, l'arrêté ministériel relatif à l'exploitation fores-tière dispose :' « *on entend par exploitant artisanal, toute personne physi-que de nationalité congolaise agréée comme tel et utilisant pour ses activi-tés une scie en long ou une tronçonneuse mécanique* ». Se référant à la na-tionalité de l'exploitant forestier artisanal, cette définition prive les étrangers vivant en République Démocratique du Congo de l'accès artisanal aux res-sources forestières.

Une telle exclusion peut se justifier à l'encontre des étrangers qui immig-rent en République Démocratique du Congo pour des raisons économiques, mais, concernant ceux des étrangers qui y ont leurs domiciles principaux, elle est une violation de l'article 2 point 2 du pacte international relatif aux droits sociaux et économiques.

4.2.4. Négation par le caractère fictif de la foresterie communautaire

La foresterie communautaire est un mode d'accès artisanal ou industriel d'une communauté locale à une forêt qu'elle possède coutumièrement ; son organisation légale dévoie l'obligation de l'État d'assurer aux communautés locales un accès satisfaisant à leurs ressources naturelles.

En effet, lorsqu'elle désire passer de l'usage traditionnel de sa forêt à son exploitation économique, une communauté locale peut, suivant l'article 22 du code forestier, demander et obtenir la conversion de sa possession coutumière en concession forestière. Pour l'exploitation de la forêt ainsi concédée, la communauté locale concessionnaire peut, suivant l'article 113 du code forestier, demander l'assistance de l'administration forestière ou la confier à des tiers. Cette possibilité de substitution relativise, d'une part, le droit des communautés locales à une assistance technique et financière nécessaires à leur autonomisation et, d'autre part, l'obligation de l'État de la leur garantir en vertu l'article 39 de la déclaration des Nations Unies sur les droits des peuples autochtones.

Tant qu'elle ne procèdera pas de la mise œuvre stricte de cet engagement international de l'État, la foresterie communautaire peinera à s'approfondir, c'est-à-dire à améliorer l'accès des communautés locales ou autochtones à leurs forêts par leur autonomisation ; elle se limitera à l'émergence de cette nouvelle bourgeoisie locale qui, au nom de l'assistance technique et juridique aux communautés locales, capte une bonne partie du revenu qu'elle produit et de l'aide financière qui y est affectée.

4.2.5. Négation par la précarisation de l'accès traditionnel

Pour consacrer l'accès traditionnel aux ressources forestières, le code forestier institue les *forêts des communautés locales*. Ces dernières ne sont, cependant, qu'une simple reconnaissance légale des droits d'usage traditionnels formalisant l'accès traditionnel aux forêts domaniales ; les droits ainsi reconnus ne bénéficient pas d'une protection particulière et solide.

En instituant les *forêts des communautés locales*[166], le code forestier entend protéger le droit d'accès traditionnel aux ressources forestières, mais suivant la classification forestières légale[167], ces forêts ne sont qu'un aspect des forêts protégées appartenant à l'État et aucune disposition n'y restreint le droit de ce dernier d'en disposer au détriment des communautés locales. Cette reconnaissance sans protection particulière du droit d'accès traditionnel aux ressources forestières n'en garantit donc pas le maintien face au ris-

---

[166] Articles 111 à 113

[167] A ces articles 10 à 23, le code forestier classifie les forêts domaniales en forêts classées, forêts protégées et forêts de production permanente.

que de dépossession. Les communautés locales sont ainsi juridiquement dépourvues de tout moyen de défense contre l'accès externe à leurs forêts.

Pour être conforme aux règles internationales relatives à la protection des droits traditionnels des peuples autochtones, le code forestier devrait prévoir la sanctuarisation des *forêts des communautés locales* en y reconnaissant les droits d'accès traditionnels exclusifs et inviolables, même à envers l'État

4.3. En droit agricole

En droit agricole, il y a une affirmation légale du principe d'accès équitable **(4.3.1)** qui offre une possibilité de son application dans le cadre du dispositif d'amélioration de l'accès aux terres agricoles **(4.3.2)**, mais qui y pâtit de sa négation par la discrimination des étrangers **(4.3.3)** et la précarisation de l'accès artisanal **(4.3.4)**.

4.3.1. Affirmation légale du principe

Le droit agricole affirme clairement le principe d'accès équitable sans en définir le contenu et la portée. Ce qui n'en garantit pas, cependant, une mise en œuvre parfaite par les autorités administratives et les agriculteurs.

En effet, à son article 10, la loi portant principes fondamentaux relatifs à l'agriculture dispose : « *L'État, la province et l'entité territoriale décentralisée mettent en œuvre toute mesure destinée : à garantir l'accès équitable aux terres agricoles, à la sécurisation de l'exploitation et des exploitants agricoles, à la promotion des investissements publics et privés ainsi qu'à la gestion durable des ressources en terres* »

Il s'agit là d'une disposition qui fait échos aux engagements internationaux de l'État relatifs à la garantie d'accès équitable aux ressources naturelles. La loi agricole est ainsi la seule à traduire clairement ces engagements en obligation légale pour les pouvoirs publics. Mais il ne suffit pas d'affirmer un principe, encore faut-il définir les critères de sa mise en œuvre concrète.

4.3.2 Possibilité d'application dans le cadre du dispositif d'amélioration de l'accès national ou local aux terres agricoles

À ses articles 54 à 62, la loi agricole organise (conformément à l'article 2 point 1 du pacte international relatif aux droits économiques et sociaux) un dispositif de promotion agricole visant l'amélioration de l'accès des congolais aux terres agricoles, mais il faut encore en assurer l'efficacité

En effet, la loi agricole engage l'État à appuyer « *la recherche agronomique en vue d'apporter des réponses appropriées, pouvant permettre au secteur d'améliorer sa productivité et sa compétitivité*[168] ». Cette recherche est organisée à travers les établissements publics ou privés agréés. Une chose, cependant, est l'offre scientifique ou technique, une autre est d'aider les populations à y accéder afin qu'elles bénéficient du transfert de connaissances nécessaires à la pleine jouissance de leurs ressources foncières. Nous ne pensons pas que, par la seule organisation classique de la recherche agronomique, l'État accomplisse son engagement prescrit à l'article 39 de la déclaration des Nations Unies sur les droits des peuples autochtones, c'est-à-dire celui d'assurer aux peuples autochtones et aux communautés locales une assistance technique et financière permettant un accès satisfaisant à leurs terres arables.

Dans le même ordre d'idée, la loi agricole prévoit la création et l'organisation d'un *Fond national de développement agricole*, en vue d'offrir des crédits financiers aux exploitants agricoles. L'offre financier ne suffit cependant pas seul pour permettre l'accès équitable aux terres arables ; il faut que toutes les catégories d'agriculteurs puissent y avoir accès, particulièrement les communautés locales auxquelles est reconnue la possession coutumière des terres arables.

4.3.3. Négation par la discrimination des étrangers

La loi agricole restreint l'accès des étrangers aux concessions agricoles. Telle que formulée, cette restriction légale ne saurait se justifier valablement au plan économique ; bien au contraire, elle prête le flanc à la corruption, et elle donne le change par rapport à l'objectif de promouvoir un entrepreneuriat national.

En effet, à son article 16 point *a*, la loi agricole réserve l'accès aux concessions agricoles à « *une personne physique de nationalité congolaise ou une personne morale de droit congolais dont les parts sociales ou les actions, selon le cas, sont majoritairement détenues par l'État congolais et/ou par les nationaux* ». Elle exclut ainsi les personnes physiques étrangères, et elle oblige toute personne de nationalité étrangère soit à constituer une société de droit congolais et de céder une part importante du capital social aux congolais, soit à souscrire, pour une part minoritaire, au capital d'une société de droit congolais dont la majorité d'actions ou de parts sociales est détenue par des congolais.

Au regard de l'immensité du potentiel agricole congolais, de sa sous exploitation et du besoin en capitaux étrangers pour sa mise en valeur, une telle restriction, peu incitative pour les investisseurs étrangers, ne se justifie pas économiquement et fait au contraire le lit de la corruption. Il est plus probable, en effet, qu'un investisseur étranger, désireux d'accéder aux terres arables soit obligé, en contrepartie, d'octroyer aux décideurs publics des ac-

[168] Article 54

tions ou des parts sociales de complaisance. L'objectif de la politique agricole étant de promouvoir une entreprenariat national ou local efficace, il serait aberrant de la dépister pour promouvoir un actionnariat fait d'élites politico-administratives oisives et corrompues.

Le législateur aurait fait œuvre utile en permettant l'accès des étrangers aux terres agricoles à condition, bien entendu, de leur domiciliation en République démocratique du Congo, c'est-à-dire d'y établir le siège principal de leurs entreprises individuelles ou de s'y constituer en société de droit congolais, sans être obligés d'en offrir les actions ou les parts sociales à des congolais ; ils devraient, au contraire, être obligés d'organiser un transfert de technologie et des compétences en leur faveur.

4.3.4. Négation par la précarisation de l'accès traditionnel

A son article 18 alinéa 2, la loi agricole institue un *domaine foncier de jouissance*, en guise de reconnaissance de la possession coutumière des terres agricoles ; elle ne pourvoi pas, cependant, à sa protection juridique pour la consolider par rapport aux risques de dépossession.

Dans un rapport de propriété inégal en faveur de l'État et des grandes entreprises, il est vain d'affirmer le droit des communautés locales sur leurs terres agricoles sans pourvoir à sa protection ou à sa défense juridiques. S'il n'y a aucune sanction dissuasive contre les atteintes à ce droit, les communautés locales ne sauraient évidemment pas recourir contre un acte de dépossession.

Donc, il est nécessaire que la loi agricole prévoie des sanctions pénales particulières contre les actes administratifs pris en violation de son article 18 et contre leurs auteurs, de sorte que, disposant d'un recours approprié, les communautés locales soient en mesure de défendre leur droit d'accès à leurs terres agricoles.

4.4. En droit des hydrocarbures

En droit des hydrocarbures, le principe d'accès équitable aux ressources naturelles pâtit de sa négation par la primauté de l'accès aux ressources pétrolières sur l'accès à d'autres ressources naturelles **(4.4.1)** et l'absence d'un dispositif de facilitation d'accès national aux hydrocarbures **(4.4.2)**.

4.4.1. Négation par la primauté de l'accès aux ressources pétrolières sur l'accès à d'autres ressources naturelles

Dans la règlementation de l'accès aux hydrocarbures, nous pouvons déduire de certaines dispositions légales une prise en compte de l'accès aux autres ressources naturelles, mais leur ambiguïté ne lui offre pas une protection suffisante par rapport à l'exploration ou à l'exploitation pétrolières.

A son article 24, la loi portant régime général des hydrocarbures concède que le droit d'exploration peut porter sur un terrain déjà couvert par un autre droit d'accès à une ressource naturelle. Dans ce cas, l'administration doit tenir compte des « *principes d'antériorité ou d'expropriation selon les intérêts nationaux en vue d'éviter la superposition des droits et titres sur une même surface* ». Ceci voudrait dire que, suivant l'intérêt national, l'antériorité d'un droit d'accès à une ressource naturelle donnée peut être un obstacle llégal à l'exploration pétrolière, ou donner lieu à l'indemnisation du titulaire au terme d'une procédure d'expropriation.

Cependant, la loi en question ne définit pas les critères et les outils d'appréciation de l'intérêt national ou un mécanisme d'arbitrage participatif entre les intérêts légaux en présence. Dans cette imprécision légale, le fort potentiel fiscal du droit d'accès pétrolier le fera toujours valoir par rapport à l'utilisation d'autres ressources naturelles[169], alors que la mise en œuvre participative d'un outil adéquat comme l'analyse coût-avantage[170] peut bien démontrer le contraire.

Par ailleurs, à son article 155, la loi sur les hydrocarbures interdit l'accès pétrolier dans les *zones interdites*. Celles-ci pourraient être des mécanismes de protection de l'accès à d'autres ressources naturelles, mais elles ne sont pas ici exclusives comme en droit minier ; l'exploration et l'exploitation pétrolières peuvent y être autorisées suivant une procédure de déclassement dont il n'est donné aucune garantie d'objectivité ou d'impartialité.

4.4.2. Négation par l'absence d'un dispositif de facilitation d'accèsnational aux hydrocarbures

En ce qui concerne l'obligation de l'État d'assurer le droit au développement du peuple, la loi sur les hydrocarbures se limite à une simple l'affirmation des principes, sans en indique le mécanisme de mise en œuvre ; ce qui équivaut à une absence de dispositif de facilitation d'accès national aux ressources pétrolières et gazières

Ainsi, à ses articles 5 et 6, la loi pétrolière et gazière engage l'État à axer sa politique pétrolière et gazière sur le développement des compétences nationales et le transfert des technologies, et à prendre des mesures nécessaires

---

[169] Comme dans l'affaire de l'exploration du Parcs de Virunga par l'entreprise SOCO international où, tablant sur les intérêts financiers immédiats, le gouvernement a voulu octroyé à cette entreprise le droit d'exploitation pétrolière. Créant ainsi une controverse confortée par l'absence légale d'un outil et d'un mécanisme participatif d'arbitrage. Un recours obligatoire à une analyse coût-avantage pourrait démontrer que l'exploitation des parcs procure sur un long terme des bénéfices sûrs et plus importants que la rente d'exploitation pétrolière sujette au gaspillage et amputée d'un énorme coût environnemental.

[170] L'analyse coût-avantage est un outil d'appréciation de projet qui, dépassant le seul rendement financier en incluant les coûts et les avantages moins immédiatement exprimables en argent pour permettre de peser la totalité des coûts et bénéfices financiers, économiques, sociaux, environnementaux

à la participation des nationaux aux activités d'hydrocarbures. Elle prévoit, par ailleurs, des mesures de contenu local en vue d'accroitre la valeur ajoutée locale dans la production pétrolière. Toutes ces mesures ne sont pas, cependant, assorties d'une obligation de mettre en place un mécanisme d'appui financier et technique aux promoteurs nationaux des projets d'accès aux hydrocarbures ; ce qui n'en fait que des simples principes affirmés

Dans le secteur des hydrocarbures, l'obligation de l'État d'assurer la réalisation du droit au développement du peuple ne pourra être concrète que si, au-delà de l'affirmation des principes, la loi prévoit la mise en place d'un mécanisme de mise en œuvre, du genre *Fond de promotion ou de développement.*

4.5. En droit de l'eau

En droit de l'eau, il faut souligner la particularité du principe d'accès équitable à l'eau **(4.5.1),** pour mieux expliquer la relativisation du droit d'accès à l'eau potable qui s'en déduit **(4.5.2)** et la négation de ce principe même par l'omission des droits des populations locales **(4.5.3).**

4.5.1. Particularité du principe d'accès équitable à l'eau

Contrairement au principe d'accès équitable aux ressources naturelles tel que défini ci-dessus, celui d'accès équitable à l'eau se construit sur la primauté de l'accès à l'eau potable, droit fondamental de l'homme consacré en droit international public, et non en confrontant et en équilibrant les utilisations concurrentes de l'eau entre elles ou avec l'accès à d'autres ressources naturelles.

Par sa résolution du 28 juillet 2010, l'Assemblée générale de l'Organisation des Nations Unies a reconnu l'accès à l'eau potable comme : « *Un droit fondamental, essentiel au plein exercice du droit à la vie et de tous les droits de l'homme* ». Suivant le Comité des droits économiques, sociaux et culturels des Nations Unies, ce droit « *consiste en un approvisionnement suffisant, physiquement accessible et à un coût abordable, d'une eau salubre et de qualité acceptable pour les usages personnels et domestiques de chacun* »[171]. Il implique ainsi l'obligation des États de prioriser la production et la distribution d'eau potable sur les autres utilisations de leurs ressources en eau.

Dans la perspective de mise en œuvre de ce nouveau droit humain, l'accès équitable à l'eau peut se définir particulièrement comme : *un accès satisfaisant à une eau propre et salubre, sans risque d'interruption ou d'altération émanant des utilisations concurrentes de l'eau ou de l'accès à d'autres ressources naturelles.*

---

[171]CDESC, Observation générale n° 15 - Droit à l'eau, 2002, para.2

4.5.2. Relativisation du droit d'accès à l'eau potable

En vue d'assurer l'accès équitable à l'eau ainsi compris, la loi relative à l'eau priorise, à son article 58, l'accès à l'eau potable sur les autres sortes d'accès aux ressources en eau et l'organise en service public ; ce qui, considérant les principes classiques de fonctionnement d'un service public, peut être une garantie. Celle-ci demeure cependant toute relative, car non sacralisée.

En effet, régi par les principes traditionnels des services publics, c'est-à-dire la continuité, la mutabilité et l'égalité[172], le service public de l'eau devra garantir un accès à l'eau potable sans interruption, évolutif en fonction des besoins collectifs et des exigences de l'intérêt général et égalitaire[173] Le mode de gestion du droit d'accès à l'eau et la simple affirmation de sa primauté ne suffisent pas, cependant, pour en faire un droit quelconque des peuples, car en droit administratif, ayant la libre disposition des services publics, l'État est libre de les créer ou de les supprimer.

Ainsi, la loi relative à l'eau devrait, en accord avec la résolution des Nations Unies sus-évoquée, faire de l'accès à l'eau potable un droit fondamental de tout congolais ; ce qui, contrairement au droit de l'État de disposer librement de ses services publics, impliquerait dans le cas d'espèce son obligation à le fournir et, partant, le droit des populations à en revendiquer la réalisation, l'amélioration ou le maintien contre les autres utilisations de l'eau[174].

Cependant, au lieu de sacraliser et de sanctuariser ainsi l'accès à l'eau potable, la loi relative à l'eau engage à son article 5 l'État à *garantir à tout congolais un accès juste et équitable aux ressources en eau et aux espèces aquatiques* ; ce qui, en pratique, dans un contexte d'inégalité de rapport de propriété, met en compétition les différentes utilisations de l'eau sans une garantie solide pour l'accès à l'eau potable.

4.5.3. Négation par l'omission des droits des populations locales

A son article 7, la loi relative à l'eau intègre au domaine public toutes les ressources en eau sous réserve des dérogations établies par la loi. Elle ne fait,

---

[172] Cas principes sont généralement connus sous l'appellation des « lois de Rolland » du nom de leur concepteur, LOUIS ROLLAND. L'(le prix étant fixé en fonction du niveau de consommation de chacun).

[173] L'accès égalitaire à l'eau signifie que le prix est fixé en fonction du niveau de consommation de chacun

[174] En droit administratif, l'Etat a le libre droit de créer, d'organiser ou de supprimer un service public. Les administrés n'ont généralement pas le droit légal d'en exiger la création ou le main-tien. Mais si le service public consiste à mettre en œuvre un droit fondamental reconnu aux administrés, ceux-ci peuvent opposer ce droit à l' État et exiger son respect. Ils peuvent ainsi agir en justice contre sa suppression ou pour son maintien.

cependant, aucune dérogation en faveur de la possession coutumière des eaux. Il s'agit là d'une méconnaissance des droits des populations autochtones et locales, tels que consacrés en droit international public.

Parmi les ressources naturelles dont dépendent les populations locales ou autochtones, et qu'elles possèdent coutumièrement, l'eau est la plus vitale, de sorte qu'il y a lieu de supposer qu'elle est particulièrement visée par les instruments du droit international public consacrant et protégeant les possessions coutumières des ressources naturelles.

La loi relative à l'eau devrait, pour être conforme aux engagements internationaux de l'État en la matière, reconnaitre la possession coutumière de l'eau et pourvoir à sa protection en tant que telle. Dans ce cadre juridique protégé, le service public de l'eau devrait avoir comme mission particulière d'améliorer l'accès des populations locales à l'eau potable.

Par ailleurs, on ne saurait comprendre que le législateur reconnaisse et protège la possession coutumière en ce qui concerne les forêts et les terres agricoles, mais l'ignore en ce qui concerne une ressource aussi vitale que l'eau. Dans un contexte de rivalité entre les différentes utilisations des ressources en eau sur fond d'un rapport de propriété inégal, cette méconnaissance légale expose les populations locales au risque d'altération ou de dépossession des eaux dont elles dépendent, c'est-à-dire de violation de leur droit fondamental d'accès à l'eau potable.

4.6. En droit halieutique et en droit cynégétique

Les lois sur la pêche et sur la chasse datent de l'époque coloniale, de sorte qu'elles sont antérieures à l'affirmation du principe d'accès équitable aux ressources naturelles ; on ne saurait donc les juger sévèrement à l'aune de ce principe, sauf à recommander leur adaptation.

Toutefois, ces deux lois en question prévoient l'accès industriel, l'accès artisanal et l'accès traditionnel aux ressources halieutiques et cynégétiques. Mais, dans un rapport de propriété inégal au profit de l'État et des entreprises industrielles, elles ne garantissent pas les deux dernières formes d'accès ; leur réforme, à cet égard, devrait répondre à la question de savoir comment redistribuer les revenus générés par l'accès industriel pour, d'une part, améliorer l'accès traditionnel aux ressources visées, en vue de permettre aux populations locales de réaliser leur droit au développement et, d'autre part, protéger et promouvoir les techniques traditionnelles nécessaires à la cultu-re et à la gestion durable de ces ressources .

Par ailleurs, il faudrait prévoir un mécanisme approprié et efficace de défense et de protection des droits des communautés locales à leurs ressources halieutiques et cynégétiques.

§2. PRINCIPE D'ACCÈS TRANSPARENT AUX RESSOURCES NATURELLES

Pour mieux comprendre le principe d'accès transparent aux ressources naturelles, il faut en donner la définition **(1)** et préciser ses sources matérielles **(2)** et formelles **(3).** Ceci permet de faire une analyse et une évaluation de son application en droit positif **(4).**

1. Définition du principe

Le *Trésor de la langue française* définit la transparence comme la *«qualité d'une institution qui informe complètement sur son fonctionnement, ses pratiques.»*[175] Nous inspirant de cette définition, nous pouvons définir l'accès transparent à une ressource naturelle comme un *accès à travers un mécanisme d'intégrité, permettant à toutes les parties prenantes de voir clairement les motivations des décideurs, les objectifs des agents ainsi que les externalités positives et négatives de leurs activités, afin qu'elles aient les moyens d'influer efficacement sur le processus décisionnel.*

Un mécanisme d'intégrité est une procédure d'accès qui définit clairement les droits et les obligations des décideurs et des agents en rapport avec les exigences sociales, économiques et environnementales du développement durable, ainsi que les contraintes et les incitations nécessaires pour leur respect. Le dispositif doit comporter des instruments (licences, permis, autorisations, contrats) qui définissent objectivement ce que doivent être les motivations des décideurs et assignent aux agents des objectifs précis quantifiables et vérifiables ; il doit aussi comporter une phase d'information des parties prenantes sur les externalités positives et négatives des activités envisagées.

Préalablement sensibilisées et conscientisées sur les enjeux d'intérêt général, les parties prenantes défavorisées doivent être impliquées dans la procédure d'accès aux ressources naturelles, de sorte qu'elles sachent apprécier les comportements des décideurs par rapport aux motivations officielles, la capacité des agents par rapport aux objectifs assignés et les externalités négatives et positives des activités. Une telle implication doit être assortie d'un droit de recours contre les abus.

2. Sources matérielles du principe

Le principe d'accès transparent aux ressources naturelles procède de la double nécessité : d'un contrôle citoyen sur la gestion des ressources naturelles **(2.1)** et d'une prévention de la corruption **(2.2)** et des conflits liés à l'accès aux ressources naturelles **(2.3).**

---

[175] Dictionnaire disponible sur le site www.atilf.fr

2.1. Nécessité d'un contrôle citoyen sur la gestion des ressources naturelles

L'exercice du droit de souveraineté permanente sur les ressources naturelles doit viser le bien-être de leurs populations. Les dirigeants, à travers qui, le peuple exerce ce droit, sont, cependant, naturellement disposés à faire primer des intérêts particuliers sur l'intérêt national. Il est donc nécessaire, qu'à travers une implication citoyenne, le peuple s'assure que son droit de souveraineté est exercé au profit de toute la nation.

Tel que décrit ci-dessus, le dévoiement du droit de souveraineté sur les ressources naturelles s'accommode de l'ignorance et de la passivité des citoyens. Il ne suffit pas de proclamer ou de consacrer un droit pour qu'il existe effectivement et soit respecté ; il faut encore que le titulaire en saisisse la portée, se l'approprie et soit capable d'agir efficacement pour le protéger et le défendre. Or, ne disposant que d'une faible connaissance scientifique de la valeur de leurs ressources naturelles, les peuples africains ne peuvent sai-sir la portée exacte des droits sociaux et économiques y relatifs, de sorte que leur violation systématique ne peut susciter une réaction citoyenne, appropriée efficace et dissuasive

Ainsi, faute de titulaires conscients et actifs, les droits sociaux et économiques relatifs aux ressources naturelles demeurent virtuels. Dans ce déficit, le principe d'accès transparent aux ressources naturelles procède du souci de rendre ces droits effectifs en conscientisant, en sensibilisant et en faisant intervenir le peuple, et ce, à travers l'organisation d'un contrôle citoyen de la gestion des ressources naturelles. Pour mieux répondre à cette préoccupation, sa mise en œuvre doit décliner des devoirs de l'État et des agents. Il s'agit du devoir d'informer les citoyens intéressés sur la valeur d'une ressource naturelle visée, sur toutes les externalités possibles de son exploitation et sur le mécanisme d'accès ; il ne s'agit pas seulement de diffuser l'information, mais d'agir activement pour que les citoyens ciblés y accèdent, l'assimilent et réagissent, de sorte qu'ils soient à même d'exercer un contrôle éclairé sur le processus d'accès à leurs ressources naturelles[176]. Il s'agit également du devoir de les associer au processus décisionnel afin qu'ils fassent valoir leurs droits fondamentaux.

A ces devoirs de l'État, correspondent des droits des citoyens qui doivent être efficacement garantis par un droit de recours à un juge approprié, et ce, afin d'en faire sanctionner toute violation par les autorités publiques ou par des agents particuliers.

---

[176] Nous nous inspirons ici du discours de Jean-Claude TRICHET, délégué de l'Académie des sciences morales et politiques, sur le thème « Transparence et démocratie » prononcé à la séance annuelle des 5 Académies de l'Institut de France en 2012. Disponible sur www.institut-de-france.fr

2.2. Nécessité d'une prévention de la corruption liée à l'accès aux ressources naturelles

Les cas d'accès inéquitable aux ressources naturelles sont généralement les faits des agents indélicats jouissant de passe-droits octroyés par des décideurs complaisants. Ces connivences illicites prospèrent dans un déficit de transparence du mécanisme d'accès aux ressources naturelles. Ceci ne signifie pas simplement l'opacité du processus d'accès en lui-même, mais l'absence d'un contrôle citoyen efficace.

En effet, les lois sur les ressources naturelles décrivent généralement des mécanismes d'accès clairs, lisibles, et même parfois participatifs. Ceux-ci n'empêchent pas, cependant, le recours à la corruption qui introduit dans le secteur extractif des agents indélicats et en exclut des agents professionnels et honnêtes. Dans ce cas, l'opacité signifie l'absence du contrôle citoyen.

L'ignorance et la pauvreté rendent le peuple incapable d'une action citoyenne éclairée et efficace et, partant, les excluent de la prise des décisions relatives à la gestion de leurs ressources naturelles ; ce qui permet à des agents et à des décideurs corrompus d'opérer dans l'opacité, c'est-à-dire à l'abri de toute vigilance citoyenne active.

Donc, pour prévenir le recours à la corruption dans l'accès aux ressources naturelles, il faut une mise en œuvre efficiente du principe d'accès transparent, c'est-à-dire celle qui ouvre les yeux des citoyens, les introduit dans les mécanismes de gestion d'une ressource naturelle et les dotent du pouvoir d'influer efficacement sur le processus décisionnel et d'en faire sanctionner les dérives

2.3. Nécessité d'une prévention des conflits liés à l'accès aux ressources naturelles

L'accès à une ressource naturelle suppose son affectation à une catégorie d'intérêts au détriment des autres ; il s'agit donc naturellement d'un facteur conflictuel, c'est à dire pouvant déclencher un conflit entre plusieurs prétendants, ou entre un utilisateur d'une ressource et les populations affectées par des externalités négatives de son utilisation.

Ainsi, en contrepoint d'un processus d'accès à une ressource naturelle, se noue toujours un conflit que la mise en œuvre parfaite du principe d'accès transparent permet de prévenir ; en plaçant le déroulement de ce processus sous les yeux de tous, elle prend implicitement tout le monde à témoin de sa parfaite légalité et teste sa légitimité. Ceci permet d'inciter à la manifestation anticipée de toutes les contestations possibles et d'en purger en amont les causes.

Par ailleurs, le principe d'accès transparent aux ressources naturelles permet de convertir le processus d'accès à une ressource naturelle en un dialogue entre toutes les parties intéressées. Ces dernières prennent préalablement toute la mesure des bénéfices générés ainsi que des externalités négatives et positives, de sorte qu'elles sachent négocier en connaissance de cause le partage équitable des uns et la juste compensation des autres.

3. Sources formelles du principe

Le principe d'accès transparent aux ressources naturelles résulte des instruments juridiques internationaux **(3.1)**, mais il faut relever son omission par la Constitution du 18 février 2006 **(3.2)**.

3.1 Instruments juridiques internationaux

Le principe d'accès transparent aux ressources naturelles est consacré par la déclaration de Rio sur l'environnement et le développement **(3.1.1)** ainsi que par la Convention de l'Union Africaine sur la prévention et la lutte contre la corruption **(3.1.2)**.

3.1.1. Déclaration de Rio sur l'environnement et le développement

La déclaration de Rio sur l'environnement et le développement consacre le principe de transparence, afin d'en déduire un mécanisme efficace et approprié de résolution de la question environnementale ; le contenu qu'elle lui donne peut aussi bien valoir pour traiter toutes les questions posées par l'accès inéquitable à une ressource naturelle.

Ainsi, à son principe 10, cette déclaration stipule : « *La meilleure façon de traiter les questions d'environnement est d'assurer la participation de tous les citoyens concernés au niveau qui convient. Au niveau national, chaque individu doit avoir dûment accès aux informations relatives à l'environnement que détiennent les autorités publiques, y compris aux informations relatives aux substances et activités dangereuses dans leurs collectivités, et avoir la possibilité de participer au processus de prise de décision. Les États doivent faciliter et encourager la sensibilisation et la participation du public en mettant les informations à la disposition de celui-ci. Un accès effectif à des actions judiciaires et administratives, notamment des réparations et des recours, doit être assuré* »

Impliquant particulièrement une problématique environnementale, l'accès aux ressources naturelles est concerné par ce principe général de transparence ; en le lui appliquant, nous pouvons en déduire le principe d'accès transparent dont les éléments de définition correspondent à ceux du contenu général de la transparence, soit : la diffusion de l'information, la formation des citoyens destinataires, leur association à la prise de décision et la reconnaissance de leur droit d'agir contre les abus.

3.1.2. Convention de l'Union Africaine sur la prévention et la lutte contre la corruption

La convention de l'Union Africaine sur la prévention et la lutte contre la corruption consacre le principe de transparence dans la gestion de toutes les affaires publiques, celles-ci englobant la gestion des ressources naturelles.

À son article 3 point 3, cette convention engage les État parties à se conformer aux principes de transparence et d'obligation de rendre compte dans la gestion des affaires publiques, et elle les oblige, à son article 9, à adopter les mesures législatives et autres mesures, pour donner effet au droit d'accès à toute information requise pour aider à la lutte contre la corruption et les infractions assimilées.

Appliqués au mécanisme d'accès aux ressources naturelles, ce devoir général de transparence et ce droit d'accès à l'information induisent le principe d'accès transparent, bien qu'affirmé timidement dans un cadre général de lutte contre la corruption.

3.2. Omission par la Constitution du 18 février 2006

A ses articles 24 à 27, la Constitution consacre le droit général à l'information, la liberté de la presse et les libertés publiques. Elle omet, cependant, d'imposer à l'État le devoir de transparence dans la gestion des affaires publiques et de consacrer tous les droits qui en découlent au profit des citoyens.

Or, sans la transparence, l'exercice des libertés publiques ne saurait être judicieux et efficace. Cet exercice consistant essentiellement en l'intervention des citoyens dans la gestion des affaires publiques, son efficacité et sa productivité dépendent de la disponibilité de l'information ainsi que de la capacité des citoyens à s'en saisir, à l'interpréter et à réagir adéquatement[177].

Une consécration constitutionnelle du principe de transparence dans la gestion des affaires publiques pourrait être traduite, en ce qui concerne l'accès aux ressources naturelles, par le principe d'accès transparent tel que défini ici.

4. Analyse et évaluation des applications en droit positif

Partant de l'analyse et de l'évaluation de l'application du principe d'accès transparent aux ressources naturelles par le décret du 20 mai 2011, portant obligation de publier tout contrat ayant pour objet les ressources naturelles **(4.1)**,nous pouvons voir ce qu'il en est en droit minier **(4.2)**, en droit forestier **(4.3),** en droit agricole **(4.4)**, en droit des hydrocarbures **(4.5)**, en droit de l'eau **(4.6)** ainsi qu'en droit halieutique et cynégétique **(4.7).**

---

[177] Jean-Claude TRICHET, *Op.Cit*, loc. cit.

4.1. Décret du 20 mai 2011, portant obligation de publier tout contrat ayant pour objet les ressources naturelles

A son article 2, le décret du 20 mai 2011 oblige les ministres en charge des ressources minières, forestières et pétrolières à publier tout contrat s'y rapportant, conclu avec toute personne de droit public ou de droit privé. Ce contrat doit, suivant l'article 3 du décret en question, être publié au journal officiel, sur le site internet du ministère concerné, dans une revue spécialisée et dans la presse locale.

Par ce décret, l'État voudrait mettre en œuvre le principe d'accès transparent aux ressources naturelles, mais comparativement au contenu de ce principe, tel que défini ci-dessus, il ne s'agit là, à bien d'égards, que d'une obligation de communication minimale et implicitement facultative. La simple obligation de diffuser, à la cantonade, un contrat ne correspond pas au devoir d'informer qu'implique l'accès transparent. Celui-ci n'est pas synonyme de communication ; son accomplissement consiste à cibler le groupe de citoyens directement intéressés par les effets du contrat et à les en informer par rapport à leurs intérêts, de sorte qu'ils soient en mesure de participer au processus de conclusion du contrat et d'en contester efficacement les éventuels abus.

Par ailleurs, le décret en question limite le devoir de transparence à l'accès aux ressources minières, forestières et pétrolières, mais les autres ressources naturelles, sans être pareillement importantes dans la stratégie nationale de redressement économique, sont vitales pour la vie des populations. Ces dernières méritent tous les droits qu'implique le principe d'accès transparent aux ressources naturelles.

4.2 En droit minier

À son chapitre 3, le code minier met en œuvre le principe de transparence dans « *les processus de réception, d'instruction, de décision et de notification relatifs aux demandes d'octroi des droits miniers ou de carrières ainsi que de délivrance des titres octroyés* », mais il ne l'accomplit que de façon superficielle.

Tel que légalement défini, ce principe de transparence se résume en une exigence de publicité des appels d'offres, des demandes des droits miniers et des carrières, des instructions cadastrales, techniques et environnementa-les de ces demandes ainsi que des décisions d'octroi et de refus qui doivent être motivées[178]. La simple publicité et la clarté des procédures d'accès à la ressource minière ne signifient pas, cependant, le principe d'accès transparent ; il n'y a pas de transparence du tout lorsque les informations publiées ne sont pas acheminées vers des citoyens directement intéressés, lorsqu'ils

[178] Articles 32 et suivant.

sont incapables de les assimiler par rapport à leurs intérêts et lorsqu'ils n'ont aucun droit d'influer efficacement sur le processus décisionnel ou de recourir contre les abus.

N'étant pas destiné à alimenter, à éclairer et à édifier une participation citoyenne au processus d'accès à la ressource minière, la transparence organisée par le code minier n'en est point une. La persistance de l'opacité et des abus dans les transactions minières est là pour le démontrer. Il s'impose une réforme légale mettant en œuvre le principe d'accès transparent tel que défini ce dessus

4.3. En droit forestier

En droit forestier, l'application du principe d'accès transparent peut être appréciée à travers la procédure de conclusion des contrats de concession forestière **(4.3.1)** et celles d'octroi des autorisations d'exploitation forestière **(4.3.2)**.

4.3.1. À travers la procédure de conclusion des contrats de concession forestière

La procédure de conclusion des contrats de concession forestière est organisée par des règlements ministériels mettant en œuvre le code forestier. Ceux-ci comportent des prémices de transparence, c'est-à-dire des règles qui ne réalisent pas pleinement le principe d'accès transparent aux ressour-ces naturelles tel que défini ce dessus.

En effet, ce dispositif règlementaire[179] organise des mécanismes comme : l'enquête publique préalable à l'octroi des concessions forestières, la représentation des populations riveraines et de la société civile dans la Commission interministérielle d'adjudication ainsi que dans le conseil provincial des forêts (chargé d'approuver le plan d'aménagement forestier) et la consultation des communautés locales sur l'élaboration des cahiers des charges.

Cependant, cet effort règlementaire de transparence ne réalise pas tous les critères du principe d'accès transparent, c'est-à-dire le devoir d'informer correctement les citoyens directement concernés, de les associer à tout le processus décisionnel et de les armer contre des abus éventuels.

[179] Constitué, notamment, du décret du 03 avril 2008 fixant la procédure d'attribution des concessions forestières, de l'arrêté ministériel du 07 août 2008 fixant la procédure d'enquête publique préalable à l'octroi des concessions forestières, de l'arrêté ministériel du 22 août 2008 portant mesure relatives à l'estimation des prix des forêts à concéder, de l'arrêté ministériel du 18 septembre 2008 fixant les critères de sélection des soumissionnaires des concessions forestières ainsi que de l'arrêté ministériel du 5 octobre 2006 fixant les procédures d'élaboration, d'appro-bation et de mise en œuvre des plans d'aménagement des concessions forestières (Cfr J.O, n° spécial du 30 septembre 2008)

En effet, telle que règlementée, l'enquête publique, préalable à l'octroi des concessions forestières ne vise pas à informer les citoyens intéressés des résultats de l'inventaire forestier ou des bénéfices et des externalités de l'exploitation forestière ; elle vise, au contraire, à informer l'Administration forestière de droits et intérêts existants sur la forêt à concéder en vue de leur indemnisation[180]. Quant à la faible représentation citoyenne dans la commission interministérielle d'adjudication et le conseil consultatif provincial des forêts (sans, par ailleurs, aucune garantie de la qualification ou de la légitimité des représentants désignés) ainsi que l'imprécision des modes décisionnels, elles n'assurent pas l'efficacité d'une influence citoyenne sur les décisions d'adjudication ou d'approbation des plans d'aménagement[181].

Par ailleurs, dans tous les cas, les citoyens ne disposent d'aucun recours administratif ou judiciaire efficace contre les décisions abusives, prises en violation de leurs droits fondamentaux.

4.3.2. À travers les procédures d'octroi des autorisations d'exploitation forestière

Les procédures de délivrance de différents permis de coupe et de récolte des ressources forestières sont strictement bureaucratiques ; elles n'obligent pas l'État à informer les citoyens intéressés et sont fermées à toute influence citoyenne.

C'est pourquoi, il n'est guère surprenant que l'opacité de ces procédures permette des nombreux accès frauduleux ou inéquitables aux ressources forestières. Que n'a-t-on entendu des dénonciations faites par des populations contre des opérateurs forestiers de rencontre qui, au moyen des permis de complaisance, surgissent de nulle part et écument leurs forêts.

Donc, il s'impose une réorganisation de toutes les procédures de délivrance des autorisations d'exploitation forestière conformément aux critères du principe d'accès transparent.

4.4. En droit agricole

Dans son exposé des motifs, la loi portant principes fondamentaux relatifs à l'agriculture affiche son objectif de transparence par : *« L'implication des agriculteurs et des professionnels du secteur agricole dans le processus*

---

[180] Article 84 alinéa 2 du code forestier et article 4 de l'arrêté ministériel fixant la procédure d'enquête publique préalable à l'octroi des concessions forestières.

[181] Voir la composition et le fonctionnement de la commission interministérielle d'adjudication aux articles 19 à de l'arrêté ministériel fixant la procédure d'attribution des concessions fores-tières et ceux du conseil consultatif provincial des forêts aux articles 3 à 14 de l'arrêté ministériel du 05 octobre 2006 portant composition et fonctionnement des conseils consultatifs provinciaux des forêts.

décisionnel ; ce qui justifie la création du Conseil consultatif aussi bien au niveau national, provincial que local »

A cet effet, la loi en question prévoit à son article 8 la création par le gouvernement d'un Conseil consultatif national de l'agriculture, « *cadre de concertation de toutes les questions relatives à l'agriculture* ». Ce conseil consultatif « *regroupe tous les intervenants publics et privés à l'activité agricole, y compris les communautés locales* » ; en supposant une représentation citoyenne significative en sons sein, son intervention dans les procédures d'accès aux terres agricoles pourrait en assurer la transparence, mais tel n'est pas le cas ; la loi agricole organise, à son chapitre 2, articles 16 à 27 une procédure d'acquisition des terres agricoles strictement bureaucratique, sans devoir d'informer et sans participation citoyenne.

Face au phénomène d'accaparement des terres, ce déficit de transparence dans le mécanisme d'accès aux terres agricoles hypothèque sérieusement la paix sociale ainsi que les droits économiques et sociaux des peuples[182]. Il faudra donc réorganiser ce mécanisme conformément aux critères d'accès transparent aux ressources naturelles.

4.5. En droit des hydrocarbures

En instituant l'attribution des droits d'accès pétroliers par voies de contrat et d'appel d'offres, la loi portant régime général des hydrocarbures pense réaliser le principe d'accès transparent. Elle n'en touche, cependant, que l'aspect formel (le mécanisme d'intégrité) et en ignore la finalité (permettre aux citoyens d'influer sur le processus décisionnel).

L'accès aux ressources pétrolières et gazières par voie contractuelle et par voie d'appel d'offres permet de mieux formuler les attentes de toutes les parties prenantes, c'est-à-dire : les motivations des décideurs publics, les objectifs et les capacités des agents ainsi que les droits des populations affectées, de manière à définir clairement et à faire connaitre à l'opinion publique les droits et les obligations de chacun.

Cependant, cet effort de transparence ne va pas au-delà d'une simple information de l'opinion publique pour organiser un véritable contrôle citoyen sur l'accès aux ressources pétrolières. Par rapport au principe d'accès transparent, tel que développé ci-dessus, cette marginalisation citoyenne le prive de toute effectivité dans le secteur des hydrocarbures. Et pourtant, au regard de l'importance, tant de son impact environnemental que de son apport au développement national, ce secteur ne peut raisonnablement faire l'économie d'un contrôle citoyen efficace.

---

182 Par exemple, la presse fait souvent état des plaintes et de l'impuissance des populations locales affectées par le « Projet du parc-agroindustriel de Bukanga-Lonzo ». Elles renseignent qu'elles n'en ont jamais été informées, bien que leurs terres aient été spoliées sans compensation et qu'elles sont complètement exclues de tout bénéfice généré. Elles constituent ainsi une poche de mécontentement dangereuse pour la paix sociale.

4.6 En droit de l'eau

La loi relative à l'eau affiche un souci de transparence lorsqu'elle prévoit des mécanismes de participation citoyenne dans la définition et la mise en œuvre de la politique publique. Elle ne va pas, cependant, jusqu'à inscrire la procédure d'octroi des droits d'utilisations des eaux dans la mise en œuvre du principe d'accès transparent tel que défini ci-dessus.

En effet, la loi en question prévoit à son article 14 la mise en place d'un conseil consultatif impliquant toutes les parties prenantes dans la gestion des ressources en eau ; à son article 29, elle soumet à la procédure d'enquête publique : « *Tout aménagement hydraulique ou mesure relative à la gestion des eaux* ». Envisagés dans le premier cas aux niveaux de la politique publique et de l'exercice d'un droit d'utilisation des eaux, ces mécanismes concrétisent le devoir de l'État de consulter les citoyens et de s'informer correctement sur l'impact de sa décision ; on ne peut également, au niveau de la procédure d'octroi des droits d'accès à l'eau, en déduire, d'une part, les devoirs de l'État d'informer et de sensibiliser les citoyens, en vue de les faire agir et, d'autre part, le droit des citoyens intéressés de s'opposer à l'accès abusif aux ressources en eau.

Cependant, il ne s'agit là que des simples déductions réfutables. L'affirmation de l'accès à l'eau potable comme droit humain fondamental requiert une protection maximale, c'est-à-dire qui inclut clairement le droit des titulaires d'y être sensibilisés et d'être juridiquement outillés pour le défendre.

4.7. En droit halieutique et en droit cynégétique

Etant antérieures au lancement du concept de développement durable, les lois sur la pêche et la chasse n'en comportent pas logiquement les critères de participation citoyenne et de transparence. Aussi les procédures d'accès aux ressources halieutiques et cynégétiques restent-elles bureaucratiques et fermées à toute intervention citoyenne.

Dans le contexte politique et idéologique de la colonisation, la politique domaniale de l'État colonial consistait en l'appropriation étatique du domaine naturel de la colonie, assortie d'une gestion purement patrimoniale de ses ressources, de sorte que ses revenus contribuassent au financement des institutions coloniales. Ainsi, les lois qui s'en déduisaient organisaient l'accès aux ressources naturelles en tenant essentiellement compte de l'intérêt budgétaire de l'État colonial. L'appréciation de cet intérêt pouvant se faire dans un cadre purement bureaucratique, les principes de transparence et de participation citoyenne ne devraient pas s'imposer.

Cependant, avec la mise en œuvre du concept de développement durable, il s'impose celui de gestion durable des ressources naturelles qui fait évoluer leur gestion patrimoniale vers une gestion écologique, c'est-à-dire prenant équitablement en compte des intérêts d'ordre divers de toutes les parties prenantes en les associant au processus décisionnel.

Dans un contexte où la démocratie participative s'affirme de plus en plus comme base d'une bonne gestion des ressources naturelles, les lois en questions paraissent anachroniques ; ce qui requiert des réformes y intégrant les principes de transparence et de participation citoyenne, pour garantir un accès aux ressources halieutiques et cynégétiques conforme au bien commun. D'autant que, par rapport aux droits sociaux et économiques des peuples, cet accès comporte la même problématique que l'accès aux autres ressources naturelles.

§3. PRINCIPE D'ACCÈS SÉCURISÉ AUX RESSOURCES NATURELLES

Après avoir donné la définition du principe d'accès sécurisé aux ressources naturelles **(1)**, nous pouvons en déduire ses caractéristiques **(2)** et indiquer ses sources matérielles **(3)** et formelles **(4)**.

1. Définition du principe

Parmi les fonctions essentielles des lois relatives aux ressources naturelles, il y a la sécurisation et l'assainissement moral du secteur extractif, pour y attirer les investissements écologiquement responsables et économiquement rentables ; elles devraient, pour ce faire, se conformer au principe de sécurité juridique. Ce dernier prête au principe d'accès sécurisé, qui s'en déduit, les éléments de sa définition.

Nous pouvons définir l'accès sécurisé aux ressources naturelles comme : *un accès dans un cadre institutionnel fiable, dans un cadre juridique lisible et prévisible et avec un recours judicaire efficace contre tout risque de dépossession, d'éviction ou de simple trouble de jouissance arbitraire ou injustifié.* Ces éléments de définition sont empruntés au principe de sécurité juridique, dans la mesure où son contenu s'articule autour de la sécurisation et de l'exactitude des droits octroyés, de la précision des conditions de leur retrait ou de leur annulation, de la définition des voies de recours ainsi que de la confiance légitime dans le cadre institutionnel[183].

Cette définition ressort trois caractéristiques qui correspondent aux trois orientations de la mise en œuvre du principe de sécurité juridique : la fiabilité de l'environnement institutionnel, la simplification du cadre juridique et l'indépendance du pouvoir judiciaire[184].

---

183 SOULAS DE RUSSEL Dominique et RAIMBAULT Philippe. « *Nature et racines du principe de sécurité juridique : une mise au point* » In: Revue internationale de droit comparé. Vol. 55 N°1, Janvier-mars 2003. pp. 85-103.

184 Thierry KIRAT, « Système *judiciaire et sécurité juridique : Les paradoxes de la doxa académique et multilatérale* », in Une économie politique de la sécurité, Paris, KARTHALA, 2009, pp. 88-97

2. Caractéristiques du principe

Tel que défini ci-dessus, le principe d'accès sécurisé se caractérise par : la fiabilité institutionnelle **(2.1),** la simplification du cadre juridique **(2.2)** et l'indépendance du pouvoir judiciaire **(2.3).**

2.1. Fiabilité institutionnelle

La fiabilité de l'environnement institutionnel tient à : l'efficacité de l'administration publique, l'absence de corruption au sein de l'appareil d'État, la souplesse de la bureaucratie, l'absence de risque d'expropriation et de réquisition illégales des investissements privés ainsi que la sécurité des biens. Ce sont là les critères du principe de bonne gouvernance, dont l'enjeu fondamental est la garantie des droits de propriété privée, des concessions privées et des possessions coutumières[185].

Pour ce qui concerne particulièrement l'accès aux ressources naturelles, la fiabilité institutionnelle est fonction de l'inexistence des risques d'arbitraire et de corruption lors des décisions d'octroi ou de refus des droits d'accès, de leurs renouvellements et de leurs reprises ainsi que celles d'expropriation et de réquisition des matériels investis ; elle est aussi fonction du niveau élevé de responsabilisation, de professionnalisme et de motivation des agents publics.

Les risques d'arbitraires et de corruption sont plus accrus quand les pouvoirs de contrôle d'accès sont politisés et centralisés, c'est-à-dire concentrés entre les mains d'une autorité politico- administrative, en l'occurrence, un ministre ; dans un contexte de déficit démocratique, il en résulte une politisation ou une clientélisation de l'accès aux ressources naturelles qui affectent la responsabilité, le professionnalisme et l'engagement du personnel administratif.

Pour une meilleure garantie institutionnelle de l'accès sécurisé aux ressources naturelles, il faut une décentralisation technique ou fonctionnelle[186] du pouvoir de contrôle d'accès, la professionnalisation et la transparence de son exercice ainsi que la responsabilisation de ses agents publics ; ce qui suggère son organisation indépendante associant le principe de transparence aux critères wébériens d'une bureaucratie idéale[187], soit : la spécialisation

---

[185] Thierry KIRAT, *Op. Cit.* p. 89

[186] La décentralisation technique ou fonctionnelle est un transfert des compétences de l'Etat vers un établissement public jouissant d'une personnalité juridique propre. En l'espèce, elle désigne le transfert des pouvoirs de contrôle d'accès à la ressource naturelle à un établissement public créé à cet effet.

[187] Proposés par Max Weber et fondant le modèle bureaucratique idéal (cfr Bureaucratie, Article de Wikipédia)

des tâches[188], la contractualisation des emplois[189], le contrôle disciplinaire du travail[190], l'impartialité des agents et leur motivation[191].

Bref, l'exercice du pouvoir de contrôle d'accès aux ressources naturelles doit évoluer d'une *administration politisée*, moins sécurisante, vers une *démocratie administrative*, plus sécurisante[192]. Autonome, professionnalisé et placé sous un contrôle citoyen éclairé et efficace, le personnel administratif serait plus protecteur des droits des particuliers et moins incité à commettre des actes arbitraires qui y portent atteinte.

2.2. Simplification du cadre juridique

La simplification du cadre juridique suppose une législation normative, intelligible et prévisible. Le développement que nous faisons de ces critères dans ce qui suit s'inspire de la notion de sécurité juridique, telle que définie par le Conseil d'État de la France[193].

La normativité d'une loi implique qu'elle doit prescrire, interdire et sanctionner. Les agents doivent, sans efforts insurmontables, être en mesure de déterminer clairement ce qui est permis, ce qui est interdit et quelle sanction ils encourent. Une loi qui prescrit des conditions d'acquisition ou d'exercice d'un droit sans les assortir de sanctions applicables en cas de violation fait le lit de l'arbitraire.

L'intelligibilité d'une loi « *implique la lisibilité autant que la clarté et la précision des énoncés ainsi que leur cohérence. Elle suppose encore que les règles prennent toute leur portée à la lumière du corpus juridique dans lequel elles sont appelées à s'insérer, sans qu'il faille, pour y parvenir, faire appel à trop de dispositions extérieures au texte* »[194]. L'agent doit comprendre parfaitement la portée des droits et des obligations qui lui incombent par rapport à l'environnement juridique général où il opère.

Quant à la prévisibilité d'une loi, elle implique, par rapport à son évolution, sa non rétroactivité, la protection des droits acquis et la stabilité des situations juridiques antérieures. L'évolution nécessaire des lois ne doit pas

---

188 Chaque poste a une sphère des compétences clairement définies.

189 Chaque emploi est occupé en vertu d'un contrat. Ce qui responsabilise plus les agents.

190: Les agents sont soumis à un contrôle strict et systématique de leur travail.

191 Les agents ne sont soumis qu'aux règles impersonnelles qui régissent leurs fonctions. Ce qui les met à l'abri de toute pression politique et leur rémunération est fixe et satisfaisante en fonction du grade hiérarchique.

192 Jacques CHEVALIER, « *De l'administration démocratique à la démocratie administrative* », in Revue française d'administration publique, n° 137-138, 2011, ENA, pp. 117-127

193 Cfr Conseil d'Etat, « *Sécurité juridique et complexité du droit* » in Rapport public 2006, Documentation française, Coll. Etudes et documents du Conseil d'Etat, mars 2006, pp 281-299.

194 Conseil d'Etat de la France, *Op Cit.* p 281.

exposer les investisseurs à des variations trop fréquentes et imprévisibles de leurs situations juridiques.

2.3. Indépendance du pouvoir judiciaire

L'indépendance du pouvoir judiciaire signifie une justice impartiale dans les rapports, d'une part, entre l'État et les citoyens et, d'autre part, entre les citoyens eux-mêmes. Ce principe est matérialisé par la présence, dans un secteur d'activité donné, d'un juge indépendant, qualifié et efficace.

Dans le secteur extractif où les rapports de propriété sont généralement en faveur de l'État, qui y est souvent capturé par des groupes d'intérêt privés, une justice indépendante du pouvoir exécutif est garante de l'impartialité des juges dans les conflits qui opposent les investisseurs privés à l'État ; elle met les juges à l'abri d'éventuelles pressions gouvernementales en faveur d'une partie prenante à une cause au détriment d'une autre.

Il est nécessaire que l'accès aux ressources naturelles soit assuré par la possibilité de recourir à une justice efficace. Cette efficacité judiciaire suppose la capacité des juges à sanctionner les interférences excessives ou abusives des pouvoirs publics ainsi qu'à trancher rapidement et équitablement les différents entre un investisseur et ses clients ou ses fournisseurs locaux.

Par ailleurs, le niveau de formation ou de connaissance du juge en matière de droit des ressources naturelles est aussi une garantie de son indépendance ; si ce niveau est faible ou moyen, le juge devient manipulable par des parties disposant d'une grande expertise juridique en la matière.

3. Sources matérielles du principe

Le concept d'accès sécurisé procède de la mise en œuvre du principe de sécurité juridique et se construit en réponse aux effets politiques de la malédiction des ressources naturelles, tels qu'exposés ci-dessus

Procédant de la mise en œuvre du principe général de sécurité juridique, celui d'accès sécurisé aux ressources naturelles en traduit l'application dans le secteur extractif, si bien que ses caractéristiques, telles qu'exposées ci-dessus, correspondent bien à la triple orientation politique, institutionnelle et judiciaire du dit principe général.

Tels que décris ci-avant, les effets politiques de la malédiction des ressources naturelles se déduisent particulièrement du niveau élevé de l'insécurité juridique dans le secteur extractif causé principalement par l'inanition institutionnelle, l'illisibilité du cadre juridique et absence d'une justice efficace ; ce qui constitue un facteur peu incitatif pour les investissements responsables et rentables ainsi qu'un risque sécuritaire que seules les dynamiques de pillage et de prédation savent affronter. Il en résulte une mise en coupe réglée du potentiel naturel ou sa sous-exploitation au détriment des droits fondamentaux relatifs aux ressources naturelles.

A cet égard, la mise en œuvre du principe d'accès sécurisé aux ressources naturelles réintroduit dans le secteur extractif des incitations aux investissements aptes à une gestion durable des ressources naturelles.

4. Sources formelles du principe

Étant mieux consacré par les instruments juridiques internationaux **(4.1)**, le principe d'accès sécurisé est, cependant, omis par la Constitution du 18 février 2006 **(4.2)**.

4.1. Instruments juridiques internationaux

Le principe d'accès sécurisé est consacré par la résolution 1803 de l'Assemblée générale de l'ONU sur la souveraineté permanente sur les ressources naturelles **(4.1.1)** et par la déclaration des Nations Unies sur les droits des peuples autochtones **(4.1.2).**

4.1.1. La résolution 1803 de l'Assemblée générale de l'ONU sur la souveraineté permanente sur les ressources naturelles

À son point 4, la résolution 1803 sur la souveraineté permanente sur les ressources naturelles soumet la nationalisation, l'expropriation et la réquisition des investissements privés aux motifs d'utilité publique, de sécurité nationale et d'intérêt national ainsi qu'à une juste indemnisation du propriétaire ; en cas de litige, elle offre à l'État et à l'investisseur la faculté de recourir à une juridiction internationale.

Par cette disposition, la résolution en question répond aux préoccupations des États occidentaux relatives à la sécurité de leurs investissements réalisés sous les régimes coloniaux, dans les pays nouvellement indépendants. Ces préoccupations s'étendent également au maintien de leur accès aux ressources naturelles de ces pays dans le contexte de guerre froide[195] où ils sont affectés par l'instabilité politique. Durant cette période, les comportements des États étant principalement dictés par leurs orientations idéologiques, les préoccupations économico-financières à la base de la résolution en question passeront au second plan, et le risque politique lié au changement des régimes demeurera élevé, si bien que cette résolution restera longtemps sans effets.

Actuellement, dans une mondialisation néolibérale ayant dilué toutes les barrières idéologiques pour faire place au principe du libre échangisme, le principe d'accès sécurisé aux ressources naturelles reconduit les anciennes préoccupations sécuritaires à la base de la résolution 1803 de l'assemblée

---

[195] Georges FISCHER, *Op. Cit*, p 522.

générale des Nations Unies ; par sa caractéristique institutionnelle, il se rattache bien à cette source formelle lointaine.

4.1.2. Déclaration des Nations Unies sur les droits des peuples autochtones

La déclaration des Nations-Unies sur les droits des peuples autochtones suggère une sécurisation de l'accès de ces derniers à leurs ressources naturelles, de sorte qu'on puisse en déduire une mise en œuvre du principe d'accès sécurisé dans toutes ses caractéristiques institutionnelle, juridique et judiciaire.

En effet, à son article 27, cette déclaration engage les États à mettre en œuvre un processus équitable, participatif et transparent visant la définition et la reconnaissance des droits des peuples autochtones sur leurs ressources naturelles ; à son article 28, elle reconnait à ces derniers le droit à la réparation ou à une juste indemnisation en cas de dépossession de leurs ressources naturelles ; elle soumet aussi à leur consentement préalable, libre et éclairé toute appropriation ou toute utilisation de leurs ressources naturelles par un tiers ou par l'État

L'application de l'article 27 en question implique la mise en place d'un cadre institutionnel fiable et la simplification du cadre juridique de l'accès traditionnel aux ressources ; celle de l'article 28 en question implique la reconnaissance d'un droit de recours judicaire ou administratif efficace, pour obtenir des réparations ou des indemnisations adéquates en cas de dépossession.

4.2. Omission par la Constitution du 18 février 2006

A son chapitre 3, la Constitution du 18 février 2006 reconnait aux congolais des droits collectifs qu'on peut catégoriser ainsi : Le droit à la paix, le droit à l'environnement et le droit au développement. Le droit d'accès aux ressources naturelles s'inclue dans les deux dernières catégories.

Cependant, ce dispositif constitutionnel n'intègre pas le principe de sécurité juridique dont on pourrait déduire trois autres droits nécessaires à la protection et à la jouissance paisible des droits collectifs consacrés : Le droit à des institutions fiables et efficaces, le droit à des lois intelligibles, cohérentes et prévisibles ainsi que le droit à une justice de proximité et efficace.

Cette absence, dans la Constitution, du principe de sécurité juridique prive logiquement sa traduction sectorielle, c'est à dire l'accès sécurisé aux ressources naturelles, d'une base constitutionnelle ; ce qui relativise l'obligation de l'État d'en tenir compte dans l'élaboration des lois sur les ressources naturelles.

5. Analyse et évaluation des applications en droit positif

La caractérisation du principe d'accès sécurisé nous permet d'analyser et d'évaluer ses applications en droit minier **(5.1)**, en droit forestier **(5.2)**, en droit agricole **(5.3)**, en droit forestier **(5.4)**, en droit des hydrocarbures **(5.5)**, en droit de l'eau **(5.6)** ainsi qu'en droit halieutique et cynégétique **(5.7)**.

5.1. En droit minier

L'analyse et l'évaluation de l'application du principe d'accès sécurisé en droit minier sont faites par rapport à chacune de ses caractéristiques, soit la fiabilité institutionnelle **(5.1.1)**, la simplification du cadre juridique **(5.1.2)** et l'indépendance du pouvoir judiciaire **(5.1.3)**.

5.1.1. Par rapport à la fiabilité institutionnelle

Pour répondre au critère de fiabilité institutionnelle, le code minier institue le Cadastre minier (CAMI) dont il faut résumer les fonctions **(A)** et indiquer les faiblesses dans l'accomplissement de ce critère **(C)**

A. Résumé des fonctions du CAMI

Placé au cœur du dispositif de contrôle de l'accès aux ressources minières, le CAMI est un mécanisme de fiabilisation institutionnelle institué à l'article 12 du code minier ; il est créé par le décret n°068/2003 du 03 avril 2003 comme un organisme public ayant la personnalité juridique et jouis-sant d'une autonomie administrative et financière.

Le CAMI est chargé : de recevoir les demandes des droits miniers et de carrière, d'en faire l'instruction cadastrale, d'en coordonner les instructions environnementale et technique faites par le ministère[196] , d'en recueillir les avis, de soumettre à la signature du ministre ou de la Direction des mines les projets de décision d'octroi ou de refus, d'enregistrer les droits octroyés et d'établir les titres y relatifs[197].

Ainsi le CAMI concrétise un effort législatif d'autonomisation et de pro-fessionnalisation du contrôle d'accès aux ressources minières, et ce, pour une meilleure sécurisation institutionnelle des droits miniers et de carrières.

---

[196] A travers le Service Chargé de la Protection de l'Environnement minier et la Direction des mines.

[197] Article 12 du code minier et le décret n°068/2003 du 03 avril 2003 portant statuts, organisation et fonctionnement du Cadastre Minier.

B. Faiblesses

Cependant, on peut relever dans l'organisation et le fonctionnement du CAMI des faiblesses qui hypothèquent sa professionnalisation et son autonomisation et, partant, sa vocation à fiabiliser le cadre institutionnel de l'accès aux ressources minières. Il s'agit notamment de :

1. *la composition hasardeuse du Conseil du Cadastre Minier* : le Conseil du Cadastre Minier est l'organe de planification et de contrôle des acti-vités du Cadastre Minier. Il est en grande partie composé de délégués choisis discrétionnairement par le directeur du cabinet du Président de la République ainsi que des ministres des finances, de l'environnement et des mines[198]. Entremêlant les agents d'autres services publics choisis sans références à leurs compétences, une telle composition fait douter de sa qualification et de sa motivation pour la conception et la mise en œuvre d'une stratégie d'autonomisation et de professionnalisation du CAMI ; quelle motivation particulière peuvent avoir des agents d'un service public à promouvoir le développement institutionnel d'un autre dont ils ne dépendent pas professionnellement ?
2. *son alignement financier sur le budget de l'État :* en vue d'assurer l'auto-nomie financière du CAMI, l'article 198 du code minier affecte à son fonctionnement une partie de droits de superficie, mais la loi n°004 / 015 du 16 juillet 2004, fixant la nomenclature des actes générateurs des recettes administratives a aligné ces droits parmi les recettes publiques recouvrées par la DGRAD, de telle manière que le CAMI dépend financièrement de modiques dotations gouvernementales, très en deçà du coût de son développement institutionnel ; la motivation et la formation de son personnel en pâtissent naturellement. Ceci peut faire le lit de la corruption et, partant, donner lieu à des comportements très dangereux pour la sécurité des droits d'accès aux ressources minières.
3. *la bureaucratisation des instructions cadastrale, technique et environnemen-tale :* au sein du CAMI, les instructions cadastrale, environnementale et technique sont, certes, sanctionnées par des avis publics détaillés, motivés[199] et contestables en justice pour ce qui concerne l'avis environnemental[200]. La bureaucratisation de leurs déroulements suppose, cependant, une certaine opacité qui, dans un contexte de sous-développement institutionnel, déduit les risques de manipulation malveillante. Il y aurait plus de fiabilité institutionnelle et de sécurité juridique si le code minier rendait les déroulements de ces instructions ouverts aux requérants et contradictoires.

---

[198] Article 20 du décret n°068/2003 du 03 avril 2003 portant statuts, organisation et fonctionnement du Cadastre Minier.
[199] Articles 39-42 du Code minier.
[200] Article 457 du règlement minier.

5.1.2. Par rapport à la simplification du cadre juridique

Par rapport à l'exigence de simplification du cadre juridique, l'effort de clarté, de prévisibilité et de normativité du code minier[201] connait certaines limites amplifiées par la récente loi du 09 mars 2018 le complétant et modifiant certaines de ses dispositions. Nous pouvons ainsi relever, à titre illustratif, l'imprévisibilité du nouvel article 276 alinéa 2 **(A)**, l'imprécision du champ d'application par rapport aux conventions minières **(B)**, le laconisme et l'imprécision du régime d'expropriation **(C)** et l'absence d'un régime de nullité proprement-dit **(D).**

A. Imprévisibilité du nouvel article 276 alinéas 2 relatif à la garantie de stabilité

A son ancien article 276 alinéas 2, le code minier garantissait aux promoteurs des projets miniers ou de carrières une stabilité décennale du cadre juridique d'acquisition et d'exercice de leurs droits, c'est-à-dire le gèle pendant 10 ans de toute nouvelle disposition résultant de tout éventuelle modification du code minier ou des lois fiscales, parafiscales, douanières et de change. Cette période de garantie de stabilité courrait, pour les titulaires des droits d'exploitation, à la date de l'entrée en vigueur d'une telle modification législative et, pour les titulaires des droits de recherche, à dater de leur conversion en droit d'exploitation.

Le nouvel article 276 alinéa 2 réduit cette période de stabilité de 10 à 5 ans ainsi que son applicabilité aux seules dispositions fiscales, douanières et cambiales. Cette double réduction de la garantie de stabilité est un élément d'imprévisibilité du cadre légal d'accès aux ressources minières. Initiés sur base des prévisions faites en fonction de l'ensemble de dispositions du code minier et de leur garantie de stabilité de 10 ans, les projets d'accès miniers en cours d'exécution s'en trouvent, en effet, perturbés par des surcoûts liés à l'application, plutôt que prévue, des nouvelles obligations fiscales, douanières et cambiales. Du reste, la réduction de la garantie de stabilité aux seuls régimes fiscal, douanier et cambial expose tous les exploitants actuels et futurs à l'imprévisibilité des autres dispositions du code minier pouvant affecter la rentabilité des projets miniers, dans la mesure où leur changement peut réduire la portée ou le contenu initial d'un droit d'accès octroyé ou encore alourdir les conditions environnementales et sociales initiales de son exercice.

---

201 Ainsi que le démontrent l'effort de clarté et de précision perceptible dans le texte du chapitre 3 relatif à la procédure d'octroi des droits miniers et de carrière, l'insertion des régimes fiscal, douanier et de change, la garantie des droits acquis face aux changements législatifs prévue à l'article 276 et la distinction du dispositif des sanctions.

Pour se conformer parfaitement à l'exigence de prévisibilité du cadre juridique d'octroi et d'exercice des droits miniers et de carrières, le code minier devrait en garantir une stabilité intégrale, c'est-à-dire couvrant l'ensemble de ses dispositions, notamment celles qui prescrivent, au profit et à charge des opérateurs miniers, des droits et des obligations d'ordre, non seulement fiscal, douanier et cambial, mais aussi administratif, parafiscal, environnemental et social.

B. Imprécision du champ d'application par rapport aux conventions minières

L'exigence d'intelligibilité des textes implique la lisibilité des énoncés et leur cohérence par rapport à chaque fait, acte ou personne visés. Or, tel que complété à ce jour, le code minier manque à cette exigence lorsqu' à son article 340 il soumet à toutes ses dispositions toutes les conventions minières valides, et ce, sans tenir compte de la différence fondamentale entre les situations juridiques suivantes qui en résultent[202] :

- *les sociétés de joint-venture :* il s'agit des sociétés minières qui, créées en vertu des conventions signées entre les sociétés privées et les socié-tés publiques nationales, opèrent en vertu des droits miniers cédés par ces dernières au titre d'apport.
- *les sociétés communes :* il s'agit des sociétés créées par une convention de collaboration entre la RDC et les sociétés privées, conformément à la loi du 11 février 2014 portant régime fiscal, douanier, parafiscal et, cambial applicable aux conventions de collaboration et aux projets de coopération.
- *les partenaires privés de l'État :* il s'agit des sociétés qui exploitent les minerais en vertu des conventions conclues avec l'État sous l'Ordon-nance-Loi n°81-013 du 2 avril 1981, portant législation générale sur les mines et les hydrocarbures.

En effet, participant de l'exploitation minière publique faite en association avec les personnes privées, une société de joint-venture et société commune ne peuvent pas être soumises aux mêmes conditions d'obtention des titres, de constitution du capital social et de transferts des droits que les sociétés privées. Quant à la convention minière conclue sous l'ancien régime minier, la suppression sans mesures transitoires de l'article 331 qui en autorisait le maintien sous l'actuel code minier est un facteur d'insécurité juridique.

[202]Il est fort possible que l'article 340 en question soit une retouche maladroite et imprécise de l'article 238 du projet de loi complétant et modifiant le code minier tel que transmis au Parlement. Cet article 238 ne visait, en effet, que les conventions minières conclues sous l'ancien régime de l'Ordonnance-Loi n°81-013 du 2 avril 1981 portant législation générale sur les mines et les hydrocarbures, et ce, en vue d'en interdire le renouvellement tout en en maintenant la validité jusqu'à leur échéance. Mais telle que libellée présentement, elle crée une insécurité juridique en ce qu'elle ne tient pas compte des spécificités de chacune de situations en présence

C. Laconisme et imprécision du régime d'expropriation des droits d'exploitation minière

À son article 275, le code minier prévoit un régime de règlement des indemnités en cas d'expropriation des « *installations minières* », qui ne peut avoir lieu que « *dans des circonstances exceptionnelles fixées par une loi* ». Cette disposition laconique et imprécise sur un aspect aussi crucial de la réglementation minière la met à porte à faux par rapport au principe de sécurité juridique.

En effet, c'est se départir du critère d'intelligibilité que de prévoir dans une loi les conséquences d'une mesure et, quant à ses motifs, renvoyer à une autre loi spéciale. Visant les droits d'exploitation minière, et ce, conformément à l'article 1 litera *b* de la loi n° 77-001 du 22 février 1977 sur l'expropriation pour cause d'utilité publique[203], l'élaboration d'une telle loi en dehors du code minier ne s'explique pas : l'expropriation des droits miniers et des installations minières et la reprise[204] des gisements miniers devraient être régies par le code minier et non renvoyées à une loi spéciale

Avec une telle imprécision sur un aspect si important de la sécurité juridique, le code minier comporte un risque majeur d'insécurité. Ce dernier devrait être enrayé par l'insertion dans le code minier d'un régime restrictif d'expropriation des installations minières et des droits miniers et de reprise des gisements miniers complet, claire et précis, et qui soit fondé sur l'arti-cle 34 de la Constitution.

D. Imprécision du régime de nullité des actes constitutifs des droits miniers et/ou de carrières

La nullité est la « *sanction encourue par un acte juridique entaché d'un vice de forme (inobservance d'une formalité requise) ou de fond qui consiste dans l'anéantissement de l'acte* »[205]. Pour les actes constitutifs ou attributifs des droits d'accès miniers, le régime d'une telle sanction devra être autant précis, claire et rationnel que le requièrent tant l'importance des enjeux économiques et financiers qui y sont liés que la nécessité de réduire le risque d'arbitraire.

Cependant, tel que prévu à l'article 48 ter alinéa 3 et 7 du code minier, le régime de nullité des droits miniers et de carrières ne répond pas à cette triple exigence de précision, de clarté et de rationalité. Ces droits peuvent,

---

[203] Suivant cette disposition, sont susceptibles d'expropriation pour cause d'utilité publique :

b) les droits réels immobiliers à ***l'exclusion du permis d'exploitation minière et de la con-cession minière qui sont régis par une législation spéciale*** ;

[204] Une reprise se définit comme « *l'opération consistant, pour un propriétaire d'un bien, de recouvrer sur celui-ci un pouvoir, un attribut ou une pleine indépendance dont il avait été tem-porairement privé* » (Gérard CORNU, *Op.Cit*, p. 811)

[205] Gérard CORNU, *Op Cit*, p. 622.

en effet, faire l'objet d'une annulation judiciaire, avec effet rétroactif, à l'initiative de l'officier du ministère public ou d'un tiers intéressé, et ce, pour illégalité consistant : en l'«*incompétence de l'autorité d'octroi* », en un vice de forme ou en un « *détournement de pouvoir par l'autorité d'octroi* » ; l'action en nullité doit être entreprise dans le délai de trois mois à dater de la publication de l'acte attributif au journal officiel ou, « *à défaut* », de sa prise de connaissance. À son alinéa 7, la disposition légale en question stipule que les droits miniers et/ou de carrières peuvent être « *rapportés* » (c'est-à-dire annulés), sans effet rétroactifs,« *par l'autorité* d'octroi *en cas d'illégalité lors de l'octroi, dans les trois mois qui suivent la publication de la décision d'octroi au Journal Officiel ou à défaut, dans les trois mois qui suivent la date de la prise de connaissance de son existence, soit à la demande d'un tiers lésé, soit à l'initiative de l'autorité d'octroi* ».

Un régime de nullité des actes attributifs d'un droit se construit rationnellement en regard des conditions de forme et de fond fixées pour leur établissement et leur octroi, de sorte que son application soit motivée par la violation de chacune de ces conditions et proportionnée à sa gravité. Dans cette optique, les vices de forme résultant des omissions volontaires ou exemptes de fraude peuvent faire l'objet d'une sommation de régularisation.

Tel qu'il résulte de l'article 48 ter alinéas 3 et 7 du code minier, le régime de nullité des droits miniers et/ou de carrières ne répond pas à cette exigence de rationalité sécurisante ; son laconisme confus[206] sur les motifs de l'annulation judiciaire, son imprécision sur ceux de l'annulation administrative et la généralisation implicite du délai de prescription de la nullité à tous les vices ou fraudes constituent un risque d'arbitraire. Il y a, en effet, une possibilité légale d'annuler ou de faire annuler un droit d'accès minier, même pour un moindre vice de forme exempt de fraude et régularisable ; alors qu'une violation frauduleuse d'une condition de fond peut être régularisée d'office à l'échéance du délai de prescription de nullité, ce qui est un dangereux laxisme par rapport l'impératif de moralisation et de professionnalisation du secteur minier.

Pour réduire ces possibilités d'insécurité juridique et de laxisme éthique, le code minier devrait renforcer sa normativité en se dotant d'un régime de nullité des droits miniers et/ou des carrières claire, précis et rationnel, c'est-à-dire qui indique les vices de forme et de fond pouvant entrainer l'annulation ainsi que les effets de cette sanction en ce qui concerne l'administration, le titulaire du droit et ses biens investis.

---

[206] Qu'entend-il, en effet, par « incompétence de l'autorité d'octroi » et « détournement du pouvoir par l'autorité d'octroi » ?

5.2. En droit forestier

L'évaluation et l'analyse de l'application du principe d'accès sécurisé aux ressources naturelles en droit forestier sont faites par rapport à la fiabi-lité institutionnelle **(5.2.1)**, à la simplification du cadre juridique **(5.2.2)** et à l'indépendance du pouvoir judiciaire **(5.2.3).**

5.2.1. Par rapport à la fiabilité institutionnelle

Sur le plan institutionnel, le code forestier paraît n'avoir pas eu pour objectif la fiabilisation du mécanisme de contrôle d'accès aux ressources forestières, car s'il institue un cadastre forestier, les missions légales de ce mécanisme ne traduisent pas une volonté d'en autonomiser le fonctionnement et de professionnaliser le contrôle d'accès à la ressource forestière.

En effet, à son article 28, le code forestier crée, tant au niveau national que provincial, un cadastre forestier chargé de la conservation des actes administratifs, règlementaires et législatifs, relatifs à la gestion des forêts ; tel qu'organisé par voie règlementaire[207], ce mécanisme est moins un service de contrôle d'accès aux ressources forestières, comme le CAMI, qu'un simple service d'information et de documentation. Dans ce cas, le contrôle d'accès aux ressources forestières reste fortement étatisé et centralisé ; le ministre en charge des forêts cumule les pouvoirs de gestion, de régulation et de contrôle, et, étant un politicien, il pourrait (sur fond de corruption) avoir tendance à orienter la gestion forestière réelle vers des objectifs d'un agenda politicien (argent, influence et réseaux personnels) autres que ceux de la politique forestière.

Ces risques de politisation et de clientélisation de la gestion forestière accroissent ceux d'abus dans les décisions d'octroi, de renouvellement et de reprise des concessions forestières ou d'autres droits forestiers. Une décentralisation technique ou fonctionnelle de la gestion forestière pourrait bien enrayer ces risques.

5.2.2. Par rapport à la simplification du cadre juridique

Le code forestier a été élaboré dans l'ignorance totale des critères d'intelligibilité, de prévisibilité et de normativité. Ceci se manifeste principalement par : L'abandon de la réglementation forestière à l'exercice conjoncturel du pouvoir réglementaire **(A)**, l'absence de garantie d'accès après la reconnaissance et l'inventaire forestiers **(B),** l'imprécision du régime de reprise des droits forestiers pour cause d'utilité publique **(C)** ainsi que la normativité faible et imprécise **(D)**.

---

[207] Arrêté ministériel n°033 du 02 octobre 2006 portant organisation et fonctionnement du cadastre forestier.

A. Abandon de la réglementation forestière à l'exercice conjoncturel du pouvoir réglementaire.

Dans son exposé des motifs, le code forestier énonce : « *La présente loi, se voulant générale, se borne à définir les principes et les matières générales, lesquels feront l'objet des textes réglementaires permettant au Gouvernement une adaptation dynamique aux conditions socio-économiques du pays* »

En s'en remettant ainsi à l'exercice conjoncturel du pouvoir réglementaire, le législateur plante le décor d'un cadre juridique imprévisible et inintelligible, de sorte qu'en réalité on se retrouve avec une loi forestière figée dans le temps et qui, se voulant générale, est plutôt superficielle et déficitaire par rapport à la structuration de son champs d'application, c'est à dire le secteur forestier[208]. Dans cet immobilisme et cette déficience législatifs consacrés, le règlement ministériel deviendra la source principale du droit forestier et progressivement, l'unique source ; comme sous le précédent régime forestier, nous aurons au fil du temps un cadre juridique constitué de textes réglementaires éparses avec, en toile de fonds, une loi évanescente, vouée à une caducité progressive.

L'exercice du pouvoir règlementaire étant tributaire de la conjoncture socio-économique, les sautes et l'imprévisibilité de cette dernière induisent déjà un cadre juridique instable et imprévisible où s'entassent et s'entremêlent indéfiniment des règlements divers, et mêmes contradictoires ; ce qui ne garantit pas un accès sécurisé aux ressources forestières.

B. Absence de garantie d'accès après la reconnaissance et l'inventaire forestiers

L'accès à une forêt domaniale, n'ayant pas encore fait l'objet de l'inventaire forestier national, se fait par une demande. Celle-ci est introduite après la réalisation par le requérant des travaux de reconnaissance et d'inventaire forestiers autorisés par l'administration forestière[209]. Mais suivant l'article 70 du code forestier, « *l'autorisation de reconnaissance ou d'inventaire forestiers ne préjuge nullement l'obtention ultérieure, par son bénéficiaire, d'une concession forestière ou d'un droit d'exploitation dans la zone concernée* »

Ainsi, après avoir réalisé la reconnaissance et l'inventaire forestiers dans l'espoir d'obtenir une concession forestière, le titulaire se trouve dans une situation où il est à la discrétion entière de l'administration forestière quant à l'obtention du droit espéré, l'autorité administrative étant libre de l'attri-buer

---

[208] En ce qui concerne, par exemple, l'utilisation économique de la forêt, elle ne fixe que le cadre légal de la coupe industrielle du bois et omet d'autres formes d'exploitation forestière.

[209] Articles 67 à 70 du Code forestier.

ou d'en rejeter la demande, avec tous les risques imaginables d'attitudes ou d'actes arbitraires de la part des agents administratifs. Si l'on considère que les travaux de reconnaissance et d'inventaire forestiers sont un investissement incité par l'obtention ultérieure d'une concession forestière, l'article 70 du code forestier est un facteur d'insécurité et contreproductif pour l'attractivité du secteur forestier : il ne contribue pas à mobiliser les investissements privés pour réaliser l'inventaire du potentiel forestier, c'est-à-dire à constituer les actifs forestiers.

Pour inciter le secteur privé à participer à la constitution des actifs forestiers , il convient que le bénéficiaire des autorisations de reconnaissance et d'inventaire forestiers soit plus ou moins assuré d'obtenir le droit de concession espéré sur la forêt qu'il aura individualisée ; l'administration peut toutefois le lui refuser, si sa demande n'est pas assortie d'une preuve suffisante de sa capacité d'exploitation optimale ; il devrait être aussi autorisé à céder ses autorisations en raison du coût d'un inventaire économiquement concluant et complètement réalisé.

C. Imprécision du régime d'expropriation des droits forestiers pour cause d'utilité publique

A son article 110, le code forestier dispose que : « *L'administration forestière peut, sous réserve de réparation des dommages subis par le concessionnaire ou l'exploitant forestier, soustraire d'une zone concédée ou exploitée les arbres ou les superficies nécessaires à l'exécution des travaux d'intérêt général ou d'utilité publique. Dans ce cas, le concessionnaire ou l'exploitant forestier a droit à une indemnisation comme en matière d'expropriation pour cause d'utilité publique.*

Telle que formulée, cette disposition légale vise la reprise partielle d'une superficie forestière concédée tout en se référant, pour le règlement de l'indemnisation, à la procédure d'expropriation des droits réels immobiliers telle que prévue par la loi n° 77-001 du 22 février 1977 y relative. Le législateur confond ici le droit de reprise, portant sur une forêt concédée, appartenant à l'État et le droit d'expropriation, portant sur le droit de concession forestière et les biens investis, appartenant au concessionnaire forestier. Dans cette confusion, il concède à l'État un droit de reprise sur une partie de la forêt concédée, sans en règlementer l'exercice et en ne le conditionnant qu'à une indemnisation du concessionnaire convenue suivant les règles applicables en cas d'expropriation pour cause d'utilité publique.

Il se pose alors la question de savoir si, voulant appliquer l'article 110 du code forestier pour réaliser les travaux publics, l'État exercera son droit de reprise prévu, mais non règlementé ou son droit d'expropriation pour cause d'utilité publique tel que règlementé par la loi y relative en question. Il faudrait reformuler la disposition légale en question, en vue soit de règlementer particulièrement l'exercice du droit de reprise d'une forêt concédée, soit en prévoyant l'expropriation, pour cause d'utilité publique, d'un droit de concession forestier et des biens investis, et ce, en se référant entièrement à la loi y relative.

D. Normativité faible et imprécise

Dans son régime des sanctions, la législation forestière se caractérise par le recours à des incriminations vagues et imprécises, ainsi que par l'absence d'un régime de nullité ; ce qui la met à porte à faux par rapport au critère de normativité.

En effet, à son article 143 alinéa 1, le code forestier punit, d'une peine de servitude pénale de trois à deux ans et d'une peine d'amende de 20.000 à 100.000 francs constants, toute exploitation forestière faite en violation de ses dispositions et de ses mesures d'application. Cette incrimination globale est assortie de quelques infractions précises correspondant à la violation de certaines de ses dispositions ou à des atteintes à l'ordre public. Concernant les règlements forestiers, le pouvoir règlementaire recourt invariablement à la formule : « *La violation des dispositions du présent arrêté sont punies conformément aux dispositions du code forestier.* », bien que la plupart de violations des prescriptions règlementaires ne correspondent pas aux infractions forestières prévues par le code.

Par ailleurs, le code forestier n'organise pas un régime de nullité des titres forestiers. Cette carence suppose qu'ils sont soumis, en ce qui concerne la sanction de l'inobservance des conditions de forme et de fond de leur obtention, au régime incertain et imprécis de nullité virtuelle.

Cette normativité faible et imprécise insécurise particulièrement les exploitants forestiers : n'ayant aucune idée claire et précise des sanctions encourues, un exploitant forestier peut, en effet, ignorer ou négliger des vices entachant son accès à une ressource forestière et être exposé au risque de sanctions arbitraires et disproportionnées.

5.2.3. Par rapport à l'indépendance du pouvoir judiciaire

Le code forestier n'organise pas l'intervention du juge dans le secteur forestier ; le requérant ou le titulaire d'un droit de jouissance forestier devra rechercher dans le droit commun la base légale d'une action en défense ou en réclamation de ses droits. Mais, par rapport aux spécificités du secteur, l'efficacité et la qualification d'un juge intervenant sur cette base commune peuvent être mises à rude épreuve.

En effet, suivant le principe de séparation des pouvoirs, un juge adminis-tratif intervenant par voie de recours pour excès de pouvoir ne saura pas for-cer l'accès à une ressource forestière contre une décision administrative de refus ou de déchéance de droits forestiers, d'annulation des titres forestiers, d'expropriation des installations ou de reprise des droits forestiers. Le juge ordinaire peut, quant à lui, être bien dépassé par la complexité des matières ou par l'ampleur des enjeux d'un conflit, bien qu'il ait un pouvoir d'intervention plus étendu

Pour mieux sécuriser l'accès aux ressources forestières, il faut que la loi forestière institue des voies de recours spéciales pour la défense et la réclamation des droits de jouissance forestiers, de manière à améliorer la capacité et l'efficacité judicaires par rapport aux disfonctionnements du pouvoir administratif.

5.3. En droit agricole

En droit agricole, l'application du principe d'accès sécurisé peut-être également analysée et évaluée par rapport à la fiabilité institutionnelle **(5.3.1)**, à la simplification du cadre juridique **(5.3.2)** et à l'indépendance du pouvoir judiciaire **(5.3.3)**.

5.3.1. Par rapport à la fiabilité institutionnelle

Dans l'intention de fiabiliser le cadre institutionnel d'accès aux terres agricoles, la loi agricole institue un cadastre agricole, mais l'intervention de ce dernier dans la procédure d'octroi d'une concession agricole se limitant à un contrôle technique de l'utilisation des terres agricoles, sa création ne procède pas d'une volonté de professionnalisation et d'autonomisation du pouvoir de contrôle d'accès à ces terres.

En effet, à son article 13, la loi agricole prévoit l'institution, par le gouverneur, de province d'un cadastre agricole qui aura pour rôle, entre autres : « *Proposer à l'autorité foncière l'octroi des concessions d'exploitation agricole, assurer la bonne administration des terres destinées à l'exploitation agricole et constater leur mise en valeur* ». La procédure d'accès aux terres agricoles étant celle de demande d'une concession foncière à usage agricole, l'essentiel du pouvoir de contrôle est assuré par les mécanismes prévus par la loi foncière, et le cadastre agricole n'intervient qu'à l'étape de constat de mise en valeur préalable à la concession agricole[210].

Cependant, la faillite de ces mécanismes de gestion foncière dans la sécurisation des droits fonciers n'en font pas une garantie institutionnelle pour l'accès sécurisé aux terres agricoles. Cette garantie pourrait être réalisée si le cadastre agricole procédait de la mise en œuvre des articles 182 et 185 du code foncier : ils prévoient que la gestion des terres par des organismes publics créés par une loi et ayant pour fonction : « *de concourir à la promotion*

---

[210] Cette procédure est telle que régie par la loi foncière à ses articles 190 à 203. Le demandeur d'une concession foncière occupe d'abords le fond demandé à titre de location foncière ou d'occupation provisoire et accède à la concession après une mise en valeur suffisante du terrain.

économique des régions et spécialement à la réalisation de programmes d'équipement du territoire par des investissements privés concertés »

Réorganisé suivant ces dispositions de la loi foncière, le cadastre agricole pourrait être un organisme public chargé de gérer les terres agricoles, c'est-à-dire, entre autres, d'y contrôler l'accès par des particuliers ; il constituerait alors un cadre adéquat pour la professionnalisation du contrôle d'accès aux terres agricoles, afin de mieux sécuriser les droits d'accès.

5.3.2. Par rapport à la simplification du cadre juridique

Dans son exposé des motifs, la loi agricole se propose de fixer dans le secteur agricole « *les grandes orientations sous forme de principes fondamentaux relatifs à l'agriculture* ». Elaborée dans cette vague perspective, elle ne devait pas se préoccuper outre mesure de sa conformité aux critères d'intelligibilité, de prévisibilité et de normativité.

En effet, l'introduction du tout nouveau concept de concession agricole n'y est pas accompagnée d'une précision quant à la définition des modalités de sa constitution et de son exercice. Ceci suppose un renvoi implicite aux règles du code foncier relatives aux concessions ordinaires. Cette dualité du cadre juridique d'accès aux terres agricoles n'en facilite pas l'intelligibilité. En outre, en plus des mécanismes de contrôle et de gestion fonciers organisés par la loi foncière, l'article 12 de la loi agricole prévoit l'organisation, par l'assemblée provinciale, d'un autre mécanisme dont elle définit les acteurs et leurs compétences. Cette superposition des mécanismes de contrôle implique une multiplicité d'acteurs aux pouvoirs imbriqués et un enchevêtrement des procédures d'accès aux terres agricoles ; ce qui est loin d'en faciliter la lisibilité.

Par ailleurs, s'étant contenté de fixer vaguement les « *orientations générales* »du secteur agricole, le législateur s'en remet, quant à sa réglementation, au gouvernement central et aux assemblées provinciales, sans préciser leurs pouvoirs respectifs dans la fixation des règles d'accès aux terres agricoles. Nous aurons ainsi un cadre légal vague où pourrons venir s'entasser, au préjudice de sa prévisibilité, des règlements et des édits disparates.

Quant à sa normativité, la loi agricole ne prévoit que des sanctions pénales pour l'exportation ou l'importation des organismes agricoles en violation des mesures phytosanitaires ; elle ne prévoit aucune sanction contre l'accès aux terres agricoles accompli en violation des conditions ou des formalités qu'elle prescrit ; ce qui ouvre une brèche à l'arbitraire ou à l'incurie

5.3.3. Par rapport à l'indépendance du pouvoir judiciaire

Bien que consacrant le droit de concession agricole, la loi agricole ne pourvoit pas à sa protection judiciaire particulière. Celle-ci est donc assurée par des voies d'action ordinaires telle qu'organisées en droit commun et précisées par la loi foncière. Mais, l'efficacité de l'intervention du juge par ces voies pourrait n'est pas être à la hauteur du niveau de protection requis pour un droit humain et fondamental.

En effet, dans la loi foncière, les concessions foncières sont des simples droits patrimoniaux. Le juge n'intervient pour les protéger que quand elles sont légalement constituées ou, en application d'un contrat de location ou d'occupation provisoire, quand elles doivent l'être après une mise en valeur suffisante du terrain ; il peut aussi intervenir pour protéger les droits de location ou d'occupation en eux-mêmes. Mais avant la conclusion d'un contrat de location ou d'occupation, il n'a aucune possibilité d'intervention judiciaire contre le rejet arbitraire, explicite ou implicite, d'une demande d'obtention des droits d'occupation ou de location foncière régulièrement introduite.

Cette restriction du pouvoir judiciaire ne s'explique pas en ce qui concerne une concession agricole, car, étant un droit d'accès à une ressource naturelle, elle concrétise un droit humain et fondamental d'acquérir et de conserver l'accès à une terre arable, droit impliquant un droit de créance sur l'État correspondant à son devoir prescrit à l'article 58 alinéa 2 de la Constitution. Avec cette nature de droit fondamental, un droit d'accès agricole fonde le requérant à recourir à un juge contre tout rejet explicite ou implicite, arbitraire ou injustifié d'une demande de terre régulièrement introduite.

Donc, en instituant la concession agricole, la loi agricole devrait, tenant compte de ce qu'elle traduit un droit humain et fondamental constitutionnellement garanti, organiser sa protection judiciaire en dotant le requérant d'un recours à un juge efficace et qualifié en vue d'assurer un traitement juste et équitable de sa demande.

5.4. En droit des hydrocarbures

En droit des hydrocarbures, nous pouvons analyser et évaluer l'application du principe d'accès sécurisé aux ressources naturelles par rapport à la fiabilité institutionnelle **(5.4.1)**, à la simplification du cadre juridique **(5.4.2)** et à l'indépendance du pouvoir judiciaire **(5.4.3).**

5.4.1. Par rapport à la fiabilité institutionnelle

À son article 11 alinéa 3, la loi portant régime général des hydrocarbures assigne au gouvernement la mission de faire la promotion de la bonne gouvernance et de la transparence dans le secteur des hydrocarbures. Elle affiche ainsi la volonté de fiabiliser le cadre institutionnel de ce secteur sans, cependant, l'organiser conséquemment.

Au terme de l'article 13 de la loi en question, le ministre en charge des hydrocarbures cumule les pouvoirs de gestion, de régulation, de contrôle et de suivi des activités des hydrocarbures. Cette centralisation des pouvoirs d'administration et de gestion entre les seules mains d'une autorité politique ne relève pas de la définition du concept de gouvernance, et elle ne fiabilise pas le cadre institutionnel de gestion des hydrocarbures ; elle comporte, par contre le risque d'une politisation et d'une clientélisation du secteur induisant celui d'abus dans les décisions d'octroi, de retrait ou de renouvellement des droits d'accès pétroliers.

Une décentralisation technique des pouvoirs de gestion, de régulation, de contrôle et de suivi, impliquant leur séparation et leur professionnalisation, susciterait mieux la confiance légitime dans le cadre institutionnel de gestion : chaque pouvoir fonctionnant comme le contrepouvoir de l'autre, l'efficacité des institutions publiques s'en ressentirait positivement.

5.4.2. Par rapport à la simplification du cadre juridique

Procédant d'une volonté de réalisation du principe de simplification du droit, la loi portant régime général des hydrocarbures ne satisfait pas, cependant, à tous ces critères ; elle assure plus ou moins la prévisibilité du cadre juridique des activités d'hydrocarbures, mais elle comporte des zones d'ombres qui la mettent à porte à faux par rapport aux critères d'intelligibilité et de normativité, notamment en ce qui concerne : le contenu de base du contrat d'association constitutif du « contractant » **(A),** la confusion légale sur le rôle de la société nationale **(B)**, l'imprécision sur l'objet de la participation de la société nationale au sein de l'association formant le « contractant » **(C)** ainsi que sur l'objet de la participation de la société nationale au sein de l'association formant le « contractant » **(D).**

A. Contenu de base du contrat d'association constitutif du « contractant »

Les droits d'exploration et d'exploitation sont attribués par l'État à un « *contractant* », constitué par un contrat d'association entre les sociétés privées et la société nationale. Sans avoir la personnalité juridique, ce « *contractant* » participe à la vie juridique en exerçant ses droits, en en disposant et en en assumant la responsabilité dans le cadre d'un contrat de partage de production qu'il signe avec l'État[211].

Cependant, la loi ne définit pas le contenu de base de ce contrat d'association ; s'agissant d'un opérateur important qu'elle-même institue, la loi se devait de définir les règles de base de sa constitution, afin de donner aux investisseurs privés une perspective claire et sûre de leurs rapports avec la société nationale ainsi qu'une garantie légale des droits et des obligations qui en résultent.

[211] Articles 15,16, 33 et 50 de la loi portant régime général des hydrocarbures

B. Confusion légale sur le rôle de la société nationale

Les opérateurs privés étant légalement obligés d'accéder aux gisements pétroliers ou gaziers en association avec la société nationale créée par l'État, le rôle de cette dernière devrait être claire et précis, afin de la mettre à l'abri de toute méfiance préjudiciable à l'attractivité du secteur des hydrocarbures. La loi manque, cependant, à cette exigence.

En effet, suivant l'article 14 de la loi sur les hydrocarbures, l'État participe aux activités d'hydrocarbures par une société nationale. Celle-ci étant ainsi l'unique moyen légal par lequel l'État participe aux activités d'hydrocarbures, elle devrait à sa création obtenir du gouvernement des droits de concession sur tous les gisements pétroliers et gaziers en vue de leur mise en valeur, de sorte que, les gérant au nom de l'Etat, elle soit habilitée à le représenter conséquemment dans tout contrat d'exploitation avec les tiers ; comme cela est généralement le cas pour la création des sociétés publiques minières, dont le capital est principalement constitué de droits de concession miniers attribués à titre d'apports par l' État-actionnaire.

Cependant, suivant l'article 41 de loi sur les hydrocarbures, le contrat de partage de production octroyant des droits d'exploration et d'exploitation est signé par l'État et le « *contractant* » qui comprend sa société nationale et les tiers opérateurs. Il en résulte que, contrairement à l'article 14 en question, l'État, en qualité de propriétaire des gisements pétroliers, participe directement à la conclusion et au fonctionnement de ce contrat aux côtés de sa société nationale, sensée pourtant l'y représenter.

C. Imprécision sur l'objet de la participation de la société nationale au sein de l'association formant le « contractant »

Suivant l'article 15 de la loi sur les hydrocarbures : « *la société natio-nale participe aux activités d'hydrocarbures en amont et en aval soit directement, soit indirectement en association avec une personne morale de droit congolais ou de droit étranger. La société nationale peut développer une activité commerciale propre »* ; et à son article 17 elle stipule que « *la participation de la société nationale aux activités des hydrocarbures »*, sous-entendue à l'association, *est de 20 % minimum.*

Il y a là une confusion sur le sens de la *participation indirecte* de la société nationale *aux activités d'hydrocarbures* dans le cadre de l'association. S'agit-il, comme le laisse entendre l'article 15, d'une contribution aux activités donnant droit à une participation aux bénéfices de l'association ? Ou s'agit-il, ainsi que le laisse entendre l'article 17, d'une participation gratuite aux bénéfices de l'association ? Il est nécessaire que la loi permette aux investisseurs privés d'avoir une idée claire de la fonction de la société nationale au sein de l'association. Ceci permettra au plan contractuel de lui attribuer des droits correspondant à sa vocation légale.

À notre sens, une société nationale devrait participer, d'une part, d'une décentralisation technique de la gestion des hydrocarbures et, d'autre part, d'un moyen d'acquisition de la technologie apportée par les sociétés privées au sein de l'association. Elle devrait ainsi avoir pour rôle : d'apporter dans l'association les droits d'exploration et d'exploitation que l'État affecte à sa constitution, de bénéficier du transfert de technologie et, après le remboursement du *cost oil*, de la propriété des biens mobiliers et immobiliers investis par les opérateurs privés et de recevoir la part du *profit oil* due à l'État

À partir de cette précision du rôle de la société nationale au sein de l'association dite « *contractant* », les droits et les devoirs correspondants de ses coassociés peuvent être logiquement déclinés, de manière à les rassurer.

D. Imprécision et Incohérence du régime de sanction et de celui de la responsabilité pénale ou contractuelle du « contractant »

Par le laconisme et l'incohérence de son régime des sanctions, la loi portant régime des hydrocarbures n'est pas conforme au critère de normativité. Un tel régime peut donner lieu à la complaisance et à des abus dans l'attribution ou le retrait des droits d'accès pétroliers. Il y a, par ailleurs, des questions qui se posent sur la responsabilité pénale et contractuelle incombant au « *contractant* », association sans personnalité juridique incluant la société nationale représentant l'État.

En effet, à son article 183, la loi en question sanctionne tout manquement du « *contractant* » à ses obligations, « *le cas échéant* », par la résiliation du contrat d'exploration et d'exploitation ; suivant son article 184, ce manquement est puni d'une peine d'amende, lorsqu'il est commis en phases d'exploration ou d'exploitation. L'absence de corrélation entre ces dispositions laisse penser que l'application de ces deux sanctions dépend du moment de la commission de la faute : lorsqu'elle est commise en toute circonstance, dès la signature du contrat, il y a possibilité de le résilier, si c'est pendant l'exploration et l'exploitation, on appliquera certainement la peine d'amende. Dans le premier cas, quelle serait alors la sanction alternative en cas de faute ne nécessitant pas la résiliation du contrat ? Et dans le second cas, y a-t-il, pour le « *contractant* », une phase d'opération autre que l'exploration et l'exploitation, où la peine d'amende ne pourrait pas lui être applicable ? Suivant la loi, il n'est constitué qu'à la phase d'exploration et d'exploitation.

Par ailleurs, le « *contractant* »n'ayant pas une personnalité morale, le manquement peut être une faute individuelle d'une de ses composantes, dont la société nationale. Y aurait-il dans ce cas une *solidarité pénale* ou faudrait-il une exclusion de l'agent fautif ? Et en cas de faute commise par un agent de la société nationale dans l'exécution du contrat de partage de production, celui-ci devrait-il être résilié au préjudice des opérateurs privés, et en dépit du fait que la dite société représente légalement l'État, pouvoir sanctionnateur ?

Autant d'imprécisions qui font le lit des abus dans les décisions d'octroi, de retrait et de renouvellement des droits d'accès pétroliers, et qui constituent un risque d'insécurité juridique préjudiciable à l'attractivité du secteur pétrolier. Ce risque devrait être réduit ou supprimer au moyen d'un régime des sanctions claire, précis et cohérent.

5.4.3. Par rapport à l'indépendance du pouvoir judiciaire

A son article 182, la loi portant régime général des hydrocarbures oblige au recours à l'arbitrage international pour le règlement *des « litiges relatifs aux activités d'hydrocarbures en amont ».* Si ce mécanisme sécurise mieux les investisseurs privés, l'imprécision de sa compétence peut induire son extension abusive en défaveur des droits des parties prenantes locales autres que l'État

En effet, par « *litiges relatifs aux activités d'hydrocarbures en amont* », on peut entendre : au plan matériel, ceux résultant de l'application ou de l'interprétation de la loi pétrolière et gazière, du contrat d'association ainsi que du contrat de partage de production ; au plan personnel, ceux opposant l'État au « *contractant* », les membres de l'association constitutive de ce dernier entre eux, les parties prenantes locales (collectivités territoriales, populations locales ...) au « *contractant* » ainsi que les populations locales ou les autres personnes à l'État ou à la société nationale. Dans ces deux derniers cas, le coût d'accès, prohibitif, à un arbitre international peut impliquer pour les parties prenantes locales une privation de recours. Et il est absurde que des citoyens recourent à un arbitre international pour trancher un litige les opposant à leur État

.

Donc, la mise en œuvre du principe d'accès sécurisé aux ressources naturelles ne saurait impliquer une primauté des droits d'accès aux hydrocarbures sur les droits des autres parties intéressées ou affectées. Celles-ci doivent pouvoir bénéficier aussi d'un accès équitable à la Justice contre tout accès inéquitable aux ressources pétrolières.

5.5. En droit de l'eau

En droit de l'eau, l'application du principe d'accès sécurisé aux ressources naturelles peut être aussi analysée et évaluée par rapport : à la fiabilité institutionnelle **(5.5.1)**, à la simplification du cadre juridique **(5.5.2)** et à l'indépendance du pouvoir judicaire. **(5.5.3)**

5.5.1. Par rapport à la fiabilité institutionnelle

La loi relative à l'eau met en place un cadre institutionnel où elle entremêle confusément diverses institutions ayant une fonction consultative ou politique ; le contrôle d'accès aux ressources en eau y est dévolu aux gouvernements national, provincial et local dont la composition personnelle ne peut être une garantie d'impartialité et d'efficacité.

En effet, la conception et la mise en œuvre de la politique hydrique sont assurées par les gouvernements national et provincial ainsi que par les collèges exécutifs locaux. Pour ce faire, les deux premiers mettent en place des organes consultatifs, des comités des bassins et des sous-bassins ainsi qu'un établissement public[212] , et ils octroient seuls par voie de déclaration, d'autorisation et de concession, les droits d'utilisation des eaux[213] qu'ils peuvent annuler ou modifier ; en qualité de maître d'ouvrage, ils concluent également les conventions de gestion du service public de l'eau pour la fourniture de l'eau potable[214] qu'ils ont le droit d'annuler ou de modifier[215].

Ainsi, la loi relative à l'eau institue un contrôle d'accès aux ressources en eau par les élites politiques, avec tous les risques de gestion partiale, démagogique et clientéliste sur fond de corruption. Un tel cadre institutionnel politisé et non professionnel n'est pas de nature à inspirer une confiance légitime chez les investisseurs responsables. La loi devrait instituer une administration des eaux participative, indépendante et professionnelle, et ce, par une décentralisation technique et une séparation des pouvoirs de contrôle, de régulation et de gestion.

5.5.2. Par rapport à la simplification du cadre juridique

Sur bien de points essentiels relatifs à l'accès aux ressources en eau, la loi relative à l'eau demeure silencieuse ou comporte des zones d'ombres ; ce qui, par voie de conséquence, affaiblit son intelligibilité, sa prévisibilité et sa normativité ; nous pouvons y relever : l'absence des règles de base relati-ves à la procédure d'accès aux ressources en eau **(A)**, la confusion entre les formes de droits d'utilisation des eaux **(B),** la confusion entre les formes de droit d'exploitation du service public de l'eau **(C)** et le laconisme du régime des sanctions administratives. **(D)**

A. Absence des règles de base relatives à la procédure d'accès au ressources en eaux

Bien qu'elle définisse les formes de droits d'utilisation des eaux, la loi relative à l'eau s'abstient de fixer les règles de base de leur attribution : elle fixe les conditions d'attribution des concessions sans rien dire sur la procé-

[212] Articles 12 à 18 de la loi relative à l'eau
[213] Articles 23 à 25 de la loi relative à l'eau
[214] Articles 78 et 79 de la loi relative à l'eau
[215] Article 83 de la loi relative à l'eau

dure[216], et elle se défausse sur le gouvernement national en ce qui concerne la procédure d'octroi des autorisations[217] , et sur le gouvernement provincial, pour l'attribution des droits d'exploitation du service public de l'eau[218].

En se défaussant ainsi sur le pouvoir règlementaire, la loi relative à l'eau manque aux critères d'intelligibilité et de normativité. Il n'est pas, en effet, compréhensible qu'elle se limite à indiquer les formes d'accès aux ressources en eau, sans renseigner sur les règles de base de leur mise en œuvre. Une déclaration, une autorisation, une concession ou une convention de gestion du service public de l'eau sont des instruments de contrôle d'accès aux ressources en eau. Une loi qui se donne la vocation de les instituer doit épuiser sa compétence en en donnant précisément tous les éléments de définition, c'est-à-dire, pour chaque instrument juridique d'accès, elle doit indiquer les conditions et les formalités essentielles d'attribution, les détails pouvant être donnés par les mesures d'exécution.

Pour être en phase avec les critères d'intelligibilité et de normativité, la loi relative à l'eau devrait être écrite de sorte qu'un usager sache clairement, non seulement sous quelle forme il peut obtenir un droit d'accès, mais aussi à quelles conditions et par quelles formalités. La vocation principale d'une loi régissant un domaine public n'est pas descriptive du cadre institutionnel de sa gestion, mais plutôt prescriptive des conditions de son utilisation

B. Confusion entre les formes de droits d'utilisation des eaux

La loi relative à l'eau indique les différentes formes de droit d'utilisation des eaux en spécifiant les usages auxquels elles sont destinées, mais cette finalisation est si confuse qu'elle ne permet pas de distinguer une autorisation d'une concession.

En effet, suivant l'article 25 de la loi en question, une concession est accordée pour l' « *utilisation permanente des eaux du domaine public à des fins d'intérêt général, notamment la production d'énergie électrique et la distribution d'eau portable par réseau ainsi que d'activités agricoles, minières, industrielles et touristiques* » ; à son article 23, elle stipule qu'une autorisation est accordée pour les aménagements et les installations hydrauliques « *entraînant des prélèvements d'eau de surface ou souterraine à des fins industrielles, commerciales, artisanales, de stockage ou de distribution d'eau potable* » et des perturbations du régime hydrique. Considérant que la mise en œuvre d'une concession comporte ces mêmes effets, l'intérêt pratique de sa distinction légale avec l'autorisation n'est pas ici perceptible pour que l'on sache aisément quand recourir à l'une ou l'autre.

---

[216] Articles 25 à 39 de la loi relative à l'eau. A ce dernier article, elle renvoi cependant à un décret du premier ministre en ce qui concerne les modalités d'annulation et de retrait.
[217] Article 23 alinéa 2 de la loi relative à l'eau
[218] Article 79 alinéa 4 de la loi relative à l'eau

Il est nécessaire que la loi relative à l'eau soit clarifiée sur cet aspect essentiel de son contenu en finalisant distinctement une concession et une autorisation. La première devrait avoir pour but l'utilisation de l'eau à des fins commerciales, c'est à dire son traitement et sa distribution par une personne aux ménages et aux entreprises ainsi que la production de l'énergie ; et la deuxième devrait avoir pour but l'auto-approvisionnement en eau d'une entreprise quelconque.

C. Confusion entre les formes de droit d'exploitation du service public de l'eau

À son article 79, la loi relative à l'eau prévoit que le droit d'exploitation d'un service public de l'eau peut être constitué sous formes d'une concession, d'un affermage ou d'une gérance, mais n'ayant pas défini le terme « *concession* » dans ce cas précis, elle renvoie implicitement à la définition générale qu'elle en donne ; ce qui, le confondant avec ces deux autres formes d'exploitation du service public de l'eau, ne permet pas de saisir l'intérêt pratique de leur distinction.

En effet, à son article 3 point 13, la loi en question définit la concession comme un « *contrat conclu entre l'État et une personne physique ou morale, publique ou privée, permettant à celle-ci d'exploiter le domaine public de l'eau sur une période déterminée* ». Si elle peut bien s'appliquer à un droit d'utilisation des eaux, cette définition générale ne s'applique pas à un service public pour lequel on recourt traditionnellement soit à une concession de service public, soit à une concession des travaux publics, les deux se définissant autrement : la première comme un acte administratif partiellement conventionnel octroyant un simple droit de gestion d'un service public, moyennant une rémunération perçue sur les usagers[219] ; la seconde comme un contrat administratif chargeant une personne de construire un ouvrage public, de l'entretenir et de l'exploiter, moyennant une rémunération faite de redevances perçues à l'occasion de cette exploitation[220].

Cette dernière définition de la concession s'inscrit mieux dans l'esprit de la loi et se distingue d'autres conventions prévues, l'intérêt pratique de la distinction étant que ces dernières portent sur la gestion et l'entretien d'un service public de l'eau doté déjà d'une infrastructure, alors que la concession des travaux publics porte sur la construction de l'infrastructure nécessaire à l'exploitation du service public de l'eau, sur sa livraison à l'État et sa gestion.

---

[219] Gérard CORNU, *Op Cit*, p. 196

[220] *Ibidem.*

D. Laconisme du régime de sanctions administratives

La loi relative à l'eau prévoit un dispositif des sanctions administratives conçu comme un appendice de son régime pénal. Dans cette perspective réductrice, elle s'est empêchée de penser un régime des sanctions administratives rendant compte de façon claire et cohérente de la mise en œuvre de la police administrative dans le secteur des eaux.

En effet, à ses articles 109 à 121, la loi en question se dote d'un régime pénal qui inclut des sanctions administratives applicables « *lorsqu'un même fait constitue à la fois un manquement administratif et une infraction (...), sans préjudice de l'application des peines prévues, et moyennant une mise en demeure ...* ». Ces sanctions sont : « *La suspension du droit d'opérer, la résiliation du contrat, le retrait du titre* et *l'interdiction d'exercer dans le secteur* ».

Il s'agit là d'un dispositif dont l'imprécision, par rapport aux motifs de sanction, à leurs effets et au pouvoir sanctionnateur, inspire la crainte légitime d'une mise en œuvre arbitraire de la police administrative.

Un régime des sanctions administratives claire et précis devrait, distinctement du régime pénal faisant intervenir le pouvoir judiciaire, présenter une description, tout aussi claire et précise, du fonctionnement de la police administrative dans le secteur des eaux, et ce, par le recours à des formules de sanction des actes administratifs mieux définies en droit suivant leurs motifs et leurs effets, soit : la déchéance, l'annulation, l'abrogation ou le retrait, la suspension d'activités, la résiliation et l'interdiction. Il en sera davantage question ci-dessous, au chapitre III, section 5, paragraphe 4, point 4

5.5.3. Par rapport à l'indépendance du pouvoir judiciaire

Dans le secteur d'accès aux ressources en eaux, la réalisation du critère d'indépendance du juge doit être appréciée plus par rapport à la sécurisation des droits d'accès individuels **(A)** et du droit fondamental et collectif d'accès à l'eau potable **(B)**.

A. Par rapport aux droits d'accès individuels

Au plan judiciaire, la loi relative à l'eau exprime plus la préoccupation d'assurer la paix sociale dans le secteur des eaux, et ce, en y instituant un préliminaire de conciliation, préalable à tout recours judiciaire ; elle ne se préoccupe pas de garantir au titulaire d'un droit d'accès aux eaux l'intervention rapide et efficace d'un juge techniquement qualifié, pour sanctionner un acte abusif. .

En effet, la loi en question institue à ses articles 14 et 75, respectivement, un organisme consultatif et une autorité de régulation chargées, l'un : de « *concilier les parties sur les conflits portant sur les ensembles hydrogra-*

phiques » ; l'autre : de « *procéder à la conciliation préalable des différends entre opérateurs d'une part et, d'autre part, entre opérateurs et consommateurs du service public de l'eau* ». Ces préliminaires de conciliation sont, pour tout conflit relatif « *aux contestations d'utilisation des ressources en eau* », des préalables obligatoires à tout recours judiciaire.

Comme pour toute procédure de conciliation, le but ici est d'assurer une solution rapide aux conflits entre les utilisateurs des eaux ainsi que la paix sociale dans le secteur hydrique, et non d'offrir une protection judiciaire appropriée aux droits d'accès aux ressources en eau.

Cela étant, en cas d'absence de conciliation sur un trouble de droit ou de fait émanant de tiers ou d'acte abusif de l'État, un titulaire d'un droit d'accès à l'eau doit recourir au juge ordinaire ou au juge administratif dont l'efficacité peut être compromise par le fonctionnement défectueux de l'appareil judiciaire. Du reste, le recours en annulation prévu à l'article 121 alinéas 2 de la loi relative à l'eau contre les décisions administratives abusives ne garantit pas une intervention judiciaire efficace, le juge administratif n'ayant aucun pouvoir d'injonction.

B. Par rapport au droit fondamental et collectif d'accès à l'eau potable

En dépit du caractère fondamental du droit d'accès à l'eau potable, la loi relative à l'eau ne lui assure pas une protection judicaire appropriée. Les titulaires doivent recourir aux mêmes préliminaires de conciliation et aux mêmes recours judiciaires que ceux indiqués ci-dessus. Et pourtant, le droit d'accès à l'eau implique des droits nouveaux que le juge administratif, agissant dans le cadre d'un simple recours en annulation, ne saurait protéger efficacement.

En tant que droit humain et fondamental, le droit d'accès à l'eau potable déduit, outre les droits traditionnels des usagers d'un service public liés à son fonctionnement et à son organisation[221], le droit à sa création et à son maintien ; ce qui, dans le cas précis du service public de l'eau, supprime ou relativise le droit du gouvernement de disposer librement des services publics de l'État, c'est-à-dire le droit de les créer, de les maintenir et de les supprimer. Partout où il existe un besoin en eau potable, l'État a l'obligation légale de créer les services publics de l'eau, les maintenir et en assurer le bon fonctionnement. Il s'en suit que les citoyens peuvent s'opposer à la constitution, à un endroit donné, d'un droit d'accès individuel à l'eau et exiger la

[221] En droit administratif, les droits des usagers d'un service public sont généralement catégorisés en droit au bon fonctionnement du service public, le droit de participer à sa gestion ainsi que le droit d'en évaluer le fonctionnement et de le contrôler. Les trois derniers droits se déduisent de la mise en œuvre du principe de participation administrative ou de démocratie participative (cfr Chevallier Jacques, « De l'administration démocratique à la démocratie administrative », in *Revue française d'administration publique*, Janvier, 2011, n° 137-138, p. 217-227

création d'un service public de l'eau ; ils peuvent aussi s'opposer à la suppression de celui-ci.

Cependant, un juge administratif ne saurait, dans le cadre d'un recours en annulation, assurer la protection et le respect de tous ces droits découlant du caractère fondamental du droit d'accès à l'eau potable. Il faudrait instituer, pour les citoyens, un recours de pleine juridiction impliquant pour le juge administratif le droit d'injonction, de condamnation et de substitution d'une décision légale à une décision jugée illégale.

5.6. En droit halieutique et en droit cynégétique

Tel qu'il est défini ci-avant, le principe d'accès sécurisé aux ressources naturelles s'est construit comme une caractéristique de celui de bonne gouvernance dont la mise en œuvre politique est postérieure aux lois sur la pêche et sur la chasse.

Le principe de bonne gouvernance s'introduit en politique comme le corolaire du concept de développement durable lancé au Sommet de la Terre de 1992 à Rio de Janeiro. Etant antérieures à cet évènement, on ne saurait reprocher aux lois halieutique et cynégétique leur faible conformité aux critères institutionnel, juridique et judicaire du principe d'accès sécurisé.

Cependant, la mise en œuvre de la bonne gouvernance requiert des reformes qui adaptent ces lois à l'exigence de la protection des droits de l'homme ; ce qui impliquerait des reformes légales tenant compte de la sécurisation des droits d'accès aux ressources naturelles qu'elles régissent.

Section 3 : CATÉGORIES DE VOIES D'ACCÈS AUX RESSOURCES NATURELLES

Suivant les modes d'accès aux ressources naturelles, nous pouvons indiquer les voies d'accès industrielles **(§1),** les voies d'accès artisanales **(§2)** et les voies d'accès traditionnelles **(§3).**

§1. VOIES D'ACCÈS INDUSTRIELLES

Les voies d'accès industrielles aux ressources naturelles sont : L'appel d'offres avec adjudication publique **(1),** l'attribution de gré à gré **(2)** et la demande de concession d'actif naturel **(3).**

1. Appel d'offres avec adjudication publique

Par la précision préalable des notions générales d'appel d'offres et d'adjudication publique **(1.1)**, nous comprendrons mieux celle d'appel d'offres avec adjudication publique **(1.2)** dont il faut indiquer les sortes suivant son objet **(1.3)** ainsi que les objectifs poursuivis **(1.4),** ce qui nous permet d'analyser et d'évaluer ces applications en droit positif **(1.5).**

1.1. Notions générales d'appel d'offres et d'adjudication publique

Ces deux notions peuvent être appréhendées à travers leurs définitions **(1.1.1)** et les parallèles qu'on peut faire entre elles **(1.1.2).**

1.1.1. Définitions

L'appel d'offres et l'adjudication publique sont des concepts qui, en droit administratif, se définissent comme des procédés de conclusion des marchés publics en des termes pouvant induire une confusion sur leurs significations. Utilisé aussi en procédure civile, le terme adjudication publique y a une autre définition.

En effet, l'appel d'offres est « *une procédure de passation des marchés publics comportant, de la part de l'administration, un appel à ses éventuels cocontractants pour que ceux-ci lui fassent des offres entre lesquels elle choisit librement celle qui lui paraît la plus intéressante, en tenant compte non seulement du prix, mais aussi d'autres considérations telles que la valeur technique, les garanties professionnelles et financières des candidats ou le délai d'exécution* »[222].Tandis que l'adjudication se définit comme« *une procédure de passation des marchés publics, précédée obligatoirement d'une publicité et d'une mise en concurrence, aboutissant à la désignation automatique du cocontractant de l'administration en faveur de celui des candidats ou soumissionnaires qui propose d'exécuter ce marché au plus bas* »[223].

En procédure civile, l'adjudication publique signifie soit une vente aux enchères d'un bien qui est attribué à celui qui formule l'enchère la plus élevée, soit la déclaration officielle d'attribution faite au terme de cette vente.

1.1.2. Parallèles entre les deux notions

La procédure d'appel d'offres et celle d'adjudication publique sont formellement identiques, mais, dans le fond, elles différent sur quelques procédés.

Toutes ces deux procédures se déroulent de la même façon, c'est-à-dire : par le biais des cahiers des charges, les soumissionnaires prennent connais-sance de l'objet du marché, des modalités de son exécution et des conditions requises, ensuite ils transmettent, sous plis fermés, leurs

---

[222] Gérard CORNU, *Op. Cit,* p. 63
[223]*Ibidem.*, p. 28

propositions finan-cières et techniques ; après analyse de celles-ci, l'administration attribue le marché, dans le cas de l'adjudication publique, au moins disant et, dans le cas d'un appel d'offres, au mieux offrant.

Cependant, l'appel d'offres et l'adjudication publique se distinguent sur deux points : d'une part, l'ouverture des plis est publique dans une adjudication publique, tandis qu'elle ne l'est pas dans un appel d'offres, d'autre part, le prix est le critère déterminant dans une adjudication publique, tandis que dans un appel d'offres, il est également tenu compte des critères professionnels du soumissionnaire ainsi que des critères techniques, sociaux, économiques et environnementaux de l'exploitation de la concession.

Ayant tous pour objet la conclusion d'un marché public, l'appel d'offres et l'adjudication publique peuvent être combinés en incluant dans l'un les procédés distinctifs de l'autre, pour constituer une seule procédure : *l'appel d'offres avec adjudication publique.*

1.2. Notion d'appel d'offres avec adjudication publique

Pour l'attribution des concessions d'actif naturel, le principe de transparence oblige le droit des ressources naturelles à recourir à un mécanisme d'enchère intégrant à l'appel d'offres les procédés de publicité de l'adjudication publique.

En effet, tel que décrit en droit forestier et en droit minier[224], ce mécanisme d'enchère s'apparente essentiellement à un appel d'offres[225], avec cette particularité qu'il procède, comme dans une procédure d'adjudication publique, par l'ouverture publique des soumissions, et l'attribution de la concession au soumissionnaire retenu se fait par une décision solennelle, publique et soumise à un contrôle juridictionnel. Cette décision est qualifiée d'adjudication publique au sens de la procédure civile, de sorte que cette qualification s'applique, non à la procédure d'attribution, mais à l'acte d'attribution.

Dans ce cas, on qualifierait, de façon plus exacte, la procédure d'attribution par enchère d'une concession d'actif naturel : *appel d'offres avec adjudication publique*, c'est-à-dire, un appel d'offres où l'attribution du bien mis aux enchères se fait par une décision publique attaquable par voie de recours juridictionnel.

1.3. Sortes d'appel d'offres avec adjudication publique suivant l'objet

Suivant l'objet de l'appel d'offres avec adjudication publique, nous pouvons distinguer l'appel d'offres sans évaluation préalable des ressources na-

---

224 Articles 46 à 60 du règlement minier et le décret du 08 avril fixant la procédure d'attribution des concessions forestières.

225 Dans la mesure où l'enchère ne porte pas essentiellement sur le prix, mais intègre aussi des propositions techniques et financières. De sorte que la concession est attribuée aux *mieux offrant* et non au *moins disant* comme dans une adjudication publique.

turelles **(1.3.1)** et l'appel d'offres après évaluation des ressources naturelles **(1.3.2)**.

1.3.1. L'appel d'offres sans évaluation préalable des ressources naturelles[226]

L'appel d'offres sans évaluation préalable des ressources naturelles est celui qui est fait par l'administration publique, sans avoir préalablement évalué le gisement ou la réserve de ressources naturelles mis sur le marché. Il porte alors, non seulement sur l'exploitation de l'actif naturel à constituer, mais aussi sur l'évaluation préalable du gisement ou de la réserve.

En effet, il est possible que l'administration, ayant approché une ressource naturelle, n'ait pas les moyens d'en évaluer le stock. Elle pourrait faire alors un appel d'offres sans évaluation des ressources naturelles. Dans ce cas, l'appel d'offres est assorti d'un cahier des charges qui décrit le site du gisement, les critères d'évaluation et les conditions financières, économiques, techniques, environnementales et sociales d'exploitation ; et les offres portent, non seulement sur les moyens d'exploitation, mais aussi sur les ressources techniques d'évaluation du stock de ressources naturelles.

Au regard de toutes les conditions fixées, l'enchère consiste en l'offre de méthodes et techniques d'évaluation les plus fiables ainsi que de moyens financiers, techniques et humains assurant l'exploitation la plus optimale, et une meilleur gestion socio-environnementale de l'entreprise.

1.3.2. L'appel d'offres après évaluation des ressources naturelles

L'appel d'offres après évaluation des ressources naturelles est celui qui porte sur l'exploitation d'un actif naturel déjà constitué par l'administration publique.

Avant de lancer l'appel d'offres, l'administration publique évalue les ressources naturelles et appel ses éventuels concessionnaires à faire des offres quant à leur exploitation. Dans ce cas, le cahier des charges indique l'évaluation quantitative et qualitative des ressources naturelles, les modalités de vérification par les soumissionnaires et toutes les conditions d'exploitation ; et partant de la valeur indiquée de l'actif naturel, les offrants proposent leurs moyens techniques, financiers et humains de son exploitation aux conditions fixées.

L'enchère ne consiste ici qu'en l'offre de moyens les plus suffisants et les plus efficaces pour une meilleure gestion économique, environnementale et sociale de l'actif naturel.

---

226 Florence NAEGELEN, « *Les procédures d'enchères dans le secteur public : Applications et propriétés* »,in Politique et management public, vol 6, n°2, 1988, p. 26

1.4 Objectifs poursuivis[227]

Par le recours à l'appel d'offres avec adjudication publique comme voie d'accès aux ressources naturelles, les pouvoirs publics visent essentiellement l'efficacité allocative **(1.4.1)**, la maximisation de la redevance d'accès **(1.4.2)** ainsi que l'accès égal et transparent **(1.4.3).**

1.4.1. Efficacité allocative

Le premier objectif de l'appel d'offres avec adjudication publique releve de la recherche de l'efficacité allocative, c'est-à-dire l'attribution de la concession d'actif naturel au soumissionnaire le plus efficace.

L'efficacité du soumissionnaire tient à sa capacité d'évaluer la ressource naturelle et d'en tirer le plus grand flux de bénéfices attendus aux plans économique, social et environnemental ; il doit pouvoir faire une évaluation sérieuse et exacte de la ressource naturelle, en vue de produire à un faible coût environnemental les plus de biens ou de services, de créer le plus d'emplois directs et indirects pour les nationaux, de transférer plus de revenus aux populations locales et de réduire les externalités négatives.

Pour ce faire, l'administration publique dispose du cahier des charges qui spécifie les modes d'évaluation, la nature et le niveau minimum de bénéfices attendus ainsi que les capacités requises, et, par l'enchère, elle compare les capacités productives et contributives au développement de chaque soumissionnaire.

1.4.2. Maximisation de la redevance d'accès

La concession d'actif naturel est une source de revenus importante pour l'État. Le recours à l'appel d'offres avec adjudication publique permet à ce dernier de concéder ses actifs naturels au prix le plus élevé possible.

Pour ce faire, l'État propose aux soumissionnaires un montant fixe de la redevance d'accès qui est le prix plancher, et, par enchère scellée au premier prix[228] , il attribue la concession d'actif naturel au mieux offrant, c'est-à-dire celui de soumissionnaires dont l'offre financière est la plus élevée.

Concernant les finances publiques, ce mécanisme d'enchère peut s'avérer utile pour la politique budgétaire : il permet d'obtenir des recettes publiques supplémentaires pouvant réduire le déficit public ou constituer des excédents budgétaires.

---

[227] Nous adaptons ici les objectifs généraux de la procédure d'enchère définis par Elie COHEN et Michel MOUGEOT dans, « *Enchères et gestion publique* », in Les rapports du Conseil d'analyse économique, Documentation française, décembre 2001, pp. 31-33.

[228] Enchère où chaque enchérisseur soumet son offre sous pli fermé sans savoir ce que les autres proposent. Celui dont l'offre est la plus élevée l'emporte.

1.4.3. Accès égal et transparent

Conformément à la destination et à l'usage universels des ressources naturelles, l'appel d'offres avec adjudication publique vise à y garantir un accès, d'une part, ouvert à toutes les capacités suivant le principe d'égalité des chances et, d'autre part, soumis à un contrôle citoyen.

En effet, par cette voie d'accès publique, l'administration publique invite toutes les personnes désireuses d'accéder à une ressource naturelle à faire valoir leurs aptitudes ou leurs capacités concurremment et dans les mêmes conditions. Le principe d'accès transparent y trouve aussi son compte, dans la mesure où, par la publicité requise, l'administration permet la connaissance par tous les soumissionnaires et par tous les tiers intéressés de toutes les règles et conditions d'accès à une ressource naturelle, de manière à favoriser l'exercice du contrôle citoyen.

En d'autres termes, la procédure d'appel d'offres avec adjudication publique vise à prévenir le clientélisme et la corruption lors de l'octroi des concessions d'actif naturel ; elle empêche la capture des autorités administratives et l'accaparement des ressources naturelles au détriment du bien commun par des agents indélicats.

1.5. Analyse et évaluation des applications en droit positif

Nous pouvons analyser et évaluer les applications de l'appel d'offres avec adjudication publique en droit minier **(1.5.1)**, en droit forestier **(1.5.2)**, en droit agricole **(1.5.3)**, en droit des hydrocarbures **(1.5.4)**, en droit de l'eau **(1.5.5)** ainsi qu'en droit halieutique et cynégétique **(1.5.6)**.

1.5.1. En droit minier

Pour l'octroi des droits miniers et de carrières, le code minier prévoit la procédure d'appel d'offres s'il s'agit d'un actif minier constitué par l'État et si, à l'appréciation souveraine du ministre des mines, l'intérêt public l'exige. Le règlement minier en fait, cependant, une voie d'accès obligatoire à tout *gisement réservé*, c'est-à-dire évalué et d'une grande importance.

En effet, à son article 33 alinéa 1, le code minier dispose : « *si l'intérêt public l'exige, le ministre soumet exceptionnellement à un appel d'offres, ouvert ou restreint, les droits miniers et de carrières portant sur un gisement étudié, documenté ou éventuellement travaillé par l'État ou ses services, qui est considéré comme un actif d'une valeur importante connue* » ; à son article 46, le règlement minier dispose « *qu'il est obligatoirement passé un appel d'offres (...) portant sur un gisement réservé répondant aux conditions énoncées à l'article 43 du présent Décret* ».

Si on ne s'en tient qu'aux termes de la loi, l'appel d'offres n'est pas une voie d'accès principale à une ressource minière ; le gouvernement n'y recourt qu'après l'évaluation de la ressource minière aboutissant à la constitution d'un actif minier d'une grande valeur et si l'intérêt public l'exige. Le contenu vaste et varié du concept d'intérêt public supposant une multiplicité d'exigences, à laquelle d'entre elles correspond les objectifs poursuivis par cet appel d'offres exceptionnel ?[229]En limitant ainsi l'applicabilité de l'appel d'offres à l'accès aux rares actifs miniers de grande valeur, qu'il pourrait constituer et aux exigences imprécises de l'intérêt public, le code minier prive la gestion minière de tous les avantages procurés par cette procédure.

Il faut une réforme législative qui fasse de l'appel d'offres ouvert la voie d'accès principale à une ressource minière, et ce, en vue d'assurer dans le secteur minier : l'efficacité allocative, la maximisation de la redevance ainsi que l'accès transparent et égal. L'État n'ayant pas actuellement les moyens d'inventorier tout son potentiel minier, ce recours systématique à l'appel d'offres ne peut être envisagé que si l'on en étend l'applicabilité à l'accès aux ressources minières simplement approchées. L'État pourrait ainsi détecter un gisement et lancer un appel d'offres portant son évaluation, soit la recherche minière et son exploitation.

1.5.2. En droit forestier

Confondant l'appel d'offres avec l'adjudication publique[230], le code forestier le prévoit, à son article 83, comme voie d'accès principale aux concessions forestières ; ce qui, étant confirmé par le décret du 08 avril 2008 fixant la procédure d'attribution des concessions forestières, reste cependant théorique.

En effet, la description de la procédure d'attribution des concessions forestières indique que celles-ci portent sur les forêts préalablement inventoriées par l'État, c'est-à-dire sur des actifs forestiers bien constitués. Or, l'administration forestière ne disposant pas de capacités géomatiques à la hauteur du potentiel forestier national, la constitution publique des actifs forestiers à cette échelle reste hypothétique. Réduire donc l'applicabilité de l'appel d'offres aux seuls actifs forestiers constitués par l'État revient à en faire, en pratique, une voie d'accès marginale à un domaine forestier presque non inventorié et qui demeure largement accessible par voie de demande. Il en résulte que la gestion forestière ne pourra pas profiter des avantages de l'application de l'appel d'offres comme voie d'accès principale à la concession forestière.

---

[229] Car en ce qui concerne un projet minier les exigences de l'intérêt public peuvent être déduites du flux de bénéfices attendus ou de l'impact environnemental redouté.

[230] A son article 2, le décret du 08 avril 2008 fixant la procédure d'attribution des concessions forestières définit l'adjudication publique des forêts comme *le mode d'attribution de forêt par voie de procédure d'appel d'offres.* Cette définition est confuse et inexacte. Le concept d'adju-dication publique et d'appel d'offres ayant des définitions distinctes et consacrées en droit.

Dans ce déficit d'inventaire national du domaine forestier, l'appel d'offres peut être réellement une voie d'accès principale et générer tous ses avantages, si on en étend l'applicabilité à l'accès aux ressources forestières approchées. Dans ce cas, l'État pourrait ne fusse qu'investir dans la « *reconnaissance forestière*[231] » et faire un appel d'offres pour l'inventaire, l'aménagement et la concession forestiers.

1.5.3. En droit agricole

À ses articles 11 à 13, la loi agricole prévoit la constitution d'une surface agricole gérée par un cadastre agricole, et elle institue un droit de concession agricole. Pour obtenir ce dernier, elle s'en remet, cependant, aux procédures de demande des concessions foncières prévues par la loi foncière, laquelle ignore l'appel d'offres.

Ainsi, l'appel d'offres n'est pas légalement prévu comme une voie d'accès aux terres arables. Poursuivant la mise en valeur économique des terres et prévoyant la constitution d'une surface agricole, la loi agricole devait, cependant, se doter d'un régime d'accès aux terres arables visant l'efficacité allocative, la maximisation des redevances ainsi que l'accès égal et transparent aux terres agricoles.

Dans le contexte actuel d'accaparement des terres agricoles, ces objectifs de la procédure d'appel d'offres avec adjudication publique valent autant pour la gestion des terres agricoles que pour celle des autres ressources naturelles. C'est donc une erreur de n'avoir pas envisagé cette procédure comme voie d'accès à la concession agricole.

1.5.4. En droit des hydrocarbures

Pour l'attribution des droits d'accès pétroliers, la loi portant régime général des hydrocarbures prévoit une procédure d'appel d'offres sans adjudication publique. Cette procédure y est confusément décrite en étant confondue avec l'appel à manifestation d'intérêt, de sorte qu'elle ne garantit pas l'efficacité allocative et la transparence dans le contrôle d'accès aux hydrocarbures.

En effet, à ses articles 35 à 40, la loi en question prévoit une procédure d'appel d'offres qu'elle décrit confusément comme une mise en concurrence des personnes morales, faite dans le cadre d'un avis à manifestation d'intérêt publié dans la presse. Après le lancement de ce dernier, le ministre en charge des hydrocarbures « *sélectionne une ou plusieurs personnes morales*

[231] Suivant l'article 1 point 12 du code forestier, la reconnaissance forestière est l'*opération qui consiste à examiner une forêt par voie aérienne et/ ou à terre, afin d'en acquérir une connais-sance générale préliminaire à d'autres études plus approfondies telles que l'inventaire et l'amé-nagement.*

sur la base des critères techniques et financiers qu'il définit et fait approuver par le Conseil des Ministres » ; puis « *une présélection des offres est organisée le cas échéant* » ; et « *la liste des personnes morales de droit congolais ou de droit étranger soumissionnaires et celle des sélectionnées sont publiées dans la presse locale et internationale, au journal officiel de la République Démocratique du Congo ainsi que sur le site web du minis-tère des hydrocarbures* » ; enfin, « *à la suite de la procédure d'appel d'of-fres, le Ministre ayant les Hydrocarbures dans ses attributions conclut, avec la ou les personnes morales de droit congolais ou de droit étranger sélec-tionnées en association avec la société nationale, un contrat d'hydrocar-bures accordant les droits d'exploration et d'exploitation sous la forme d'un contrat de partage de production* ».

Généralement, et comme semble le clarifier l'article 65 du décret portant règlement des hydrocarbures[232], un appel à manifestation d'intérêt constitue un mode de présélection des candidats qui seront invités à soumissionner au moment d'une future procédure d'appel d'offres restreint ; il ne saurait être confondu avec un appel d'offre ouvert pour être proposé comme un cadre adéquat d'élaboration, de présentation et de sélection des offres crédibles.

Dans cette procédure d'appel d'offres confuse et équivoque, la crédibilité des offres est davantage moins garantie par l'absence de l'adjudication publique assurant l'égalité des candidats, la transparence et l'efficacité allocative.

Par ailleurs, avec une publicité limitée à l'avis à manifestation d'intérêt et à la liste des soumissionnaires, cette procédure d'appel d'offres organise une transparence en trompe l'œil, de sorte que l'octroi des droits d'accès aux hydrocarbures s'effectue en réalité dans l'opacité ; s'agissant d'une ressource naturelle stratégique, la loi devrait donner une garantie maximale de transparence à travers une procédure d'appel d'offres avec adjudication publique.

1.5.5. En droit de l'eau

La loi relative à l'eau ne prévoit pas une procédure particulière d'appel d'offres pour l'octroi de la concession des eaux ou d'un service public de l'eau. Dans ce dernier cas, le gouvernement, maître d'ouvrage, est, cependant, obligé de recourir à l'appel d'offres, tel que prévu par la loi relative à la passation des marchés publics ; ce qui ne garantit pas avec certitude, l'efficacité allocative, la maximisation des redevances ainsi que l'accès égal et transparent aux ressources hydriques.

---

[232] Contrairement à la confusion faite dans la loi, cette disposition règlementaire prévoit distinctement une phase de présélection comprenant l'élaboration d'un avis à manifestation d'intérêt et une phase de sélection comprenant la rédaction du cahier des charges relatif aux offres.

En effet, tel que prévu à l'article 25 de la loi en question, « *le droit d'utilisation permanente des eaux du domaine public, à des fins d'intérêt général* »est octroyée sous forme d'une concession. Celle-ci peut être attribuée sur demande du concessionnaire ou sur offre du concédant. Dans ce dernier cas, la loi n'ayant prévu aucune modalité d'attribution, le gouvernement a la latitude de choisir la procédure à suivre. Mais en cas de convention de gestion du service public de l'eau, le gouvernement étant maître d'ouvrage, il devra s'agir d'un marché public qui, suivant la loi y relative, doit être attribué par voie d'appel d'offres ou exceptionnellement de gré à gré.

Cependant, dans le cadre général de la loi relative à la passation des marchés publics, la procédure d'appel d'offre est strictement bureaucratique ; elle ne saurait, de façon optimale, assurer l'efficacité allocative et la transparence dans le secteur hydrique. Ce dernier devrait être doté d'une procédure particulière d'appel d'offres prenant en compte les exigences particulières d'un accès efficace et transparent aux ressources en eaux.

1.5.6. En droit halieutique et en droit cynégétique

L'exigence de l'appel d'offres, comme voie d'accès principale aux ressources naturelles, procède de la mise en œuvre du principe d'accès transparent aux ressources naturelles. L'émergence de ce principe, dans la foulée du lancement du concept de développement durable, est postérieure aux lois cynégétique et halieutique en vigueur. Il n'est donc pas surprenant que ces dernières ignorent l'appel d'offres comme voie d'accès aux ressources halieutiques et cynégétiques.

Par ailleurs, avec le risque politique et la faible attractivité des zones territoriales où ces ressources naturelles sont situées, le niveau d'investissement industriel pour leur exploitation est resté si faible qu'il ne nécessite pas un dispositif d'accès sélectif. Cette conjoncture ne devrait pas, cependant, déterminer la nécessaire réforme légale des lois en question dictée par le développement durable. Cette réforme devrait s'inscrire dans une large perspective de stabilité politique et d'attractivité du territoire national, en vue de la promotion et de la valorisation des ressources naturelles.

Elaborés dans cette perspective politique, incitative à l'investissement, les régimes d'accès aux ressources halieutiques et cynégétiques devraient tenir compte des critères d'efficacité allocative, de maximisation des rede-vances d'accès et d'accès égal et transparent ; ce qui imposerait l'institution de l'appel d'offres avec adjudication publique comme voie d'accès princi-pal.

2. Attribution de gré à gré d'une concession d'actif naturel

La précision de la notion générale de gré à gré **(2.1)** permet de mieux saisir celle d'attribution de gré à gré d'une concession d'actif naturel **(2.2),** dont il faut, par ailleurs, indiquer les objectifs **(2.3)** pour mieux en analyser et évaluer les applications en droit positif **(2.4).**

2.1. Notion générale de gré à gré

Généralement, l'expression « de gré à gré » signifie : « *Par accord direct, sans intervention d'une autorité de contrôle, ni formalité particulière* »[233], c'est-à-dire que les parties à l'accord sont libres de contracter, en étant normalement informés. Le gré à gré est ainsi différent d'une transaction forcée, telles que : l'expropriation pour cause d'utilité publique ou la saisie-exécution.

En droit administratif, le marché de gré à gré est une ancienne dénomination d'une catégorie de marchés publics actuellement qualifiés de marchés négociés. Ceux-ci sont des marchés publics dans lesquels *« l'autorité compétente de la collectivité ou de l'établissement public engage, sans formalité, les discutions qui lui paraissent utiles et l'attribue ensuite librement au candidat retenu »*[234] ; plutôt que de lancer un appel d'offres, l'administration publique y procède comme par démarchage, c'est-à-dire en contactant individuellement ses éventuels cocontractants, et elle choisit celui dont les offres sont intéressantes.

Cependant, cette procédure négociée n'exclut pas la publicité et la mise en concurrence préalables : en droit français, par exemple, elle peut être précédée d'un avis public à la concurrence émis par l'administration ; au vu de cet avis, les personnes intéressées signent un acte d'engagement auquel sont annexées les offres requises ; après examen des candidatures, l'administration dresse une liste des candidats admis à la négociation et leur adresse une lettre de consultation[235].

2.2. Notion d'attribution de gré à gré d'une concession d'actif naturel

Le concept de gré à gré est généralement défini dans le cadre des marchés publics ; son usage en droit des ressources naturelles oblige à le définir adéquatement par rapport à l'attribution d'un actif naturel.

Ainsi, nous pouvons définir l'attribution de gré à gré d'une concession d'actif naturel comme une procédure par laquelle l'administration contacte individuellement une ou plusieurs personnes, pour leur proposer l'accès à une ressource naturelle et les conditions y afférentes ; et au terme de la procédure, elle choisit la personne avec laquelle elle parvient à mieux négocier et lui attribue la concession.

---

[233] Gérard CORNU *Op.Cit,* p. 447

[234] *Ibidem* ,p. 576

[235] Articles 35, 65 et 66 du code des marchés publics français.

Cette définition de la procédure d'attribution de gré à gré se fait par opposition à celle d'appel d'offres, dans la mesure où l'administration s'y adresse individuellement, et non collectivement, aux personnes intéressées : et les conditions proposées à l'une ne sont pas forcément les mêmes que celles proposées aux autres.

2.3. Objectifs[236]

En recourant à l'attribution de gré à gré d'une concession d'actif naturel, les pouvoirs publics visent : l'utilisation spécifique d'une ressource naturelle nécessitant le recours à une propriété industrielle ou intellectuelle **(2.3.1)**, la promotion de l'utilisation d'une ressource naturelle négligée par le marché **(2.3.2)**, ainsi que l'utilisation d'une ressource naturelle pour un besoin public urgent **(2.3.3)**.

2.3.1. Utilisation spécifique d'une ressource naturelle nécessitant le recours à une propriété industrielle ou intellectuelle.

La valeur d'une ressource naturelle dépend de ce qu'on en sait et de ce qu'on sait en faire, par rapport à un besoin collectif donné, de sorte que certaines connaissances ou certains procédés d'utilisation peuvent faire l'objet d'un droit de propriété industrielle ou intellectuelle[237].

Ainsi, lorsqu'une plus grande valorisation d'une ressource naturelle ou la satisfaction d'un besoin collectif donné requiert une utilisation spécifique brevetée, l'administration est obligée de recourir à un ou quelques titulaires de la propriété industrielle. Dans ce cas, l'attribution d'une concession d'actif naturel ne peut se faire que de gré à gré, faute de choix.

Par les négociations de grès à grès, l'État vise ici l'accès à des procédés d'exploitation des ressources naturelles plus valorisants ou plus innovants.

2.3.2. Promotion de l'utilisation d'une ressource naturelle négligée par le marché

Limitée à quelques ressources naturelles rares et géographiquement d'accès facile, l'exploitation privée des ressources naturelles est sélective ; ce qui laisse inconnue et inexploitée une bonne partie de l'immense potentiel économique du territoire national.

Pour suppléer cette défaillance du marché, l'État peut concevoir et mettre en œuvre une politique de promotion de l'utilisation d'une ressource natu-

---

[236] Ces objectifs procèdent de l'adaptation des objectifs généraux d'un marché de gré à gré définis à l'article 42 de la loi du 27 avril 2010 relative aux marchés publics.

[237] L'exemple le plus édifiant est celui des droits d'utilisation exclusifs des ressources de la biodiversité reconnus à des industries pharmaceutiques ou biotechnologiques.

relle négligée ou située dans un milieu moins attractif, et ce, pour des objectifs soit écologiques, soit sanitaires, soit sociaux et économiques.

Dans ce cas où le marché est moins intéressé que l'État, l'octroi d'une concession d'actif naturel ne peut se faire que de gré à gré, l'objectif étant d'assurer soit la meilleure promotion d'une ressource naturelle donnée, soit le développement local en recourant à l'efficacité économique et commerciale du marché.

2.3.3. Utilisation d'une ressource naturelle pour un besoin public urgent

L'exécution d'un projet public peut nécessiter un approvisionnement urgent en matières premières, de sorte que l'État puisse se trouver dans la nécessité de s'en procurer urgemment, par l'utilisation de ses propres ressources naturelles.

Dans ce cas, l'urgence du besoin s'opposant à la longue procédure d'appel d'offres, l'administration recourir au gré à gré pour octroyer une concession d'actif naturel à une personne apte à l'approvisionner dans un délai raisonnable. Cette dernière coopère alors à la réalisation d'un projet public dans une situation juridique semblable à celle d'un sous-traitant.

L'objectif visé ici est moins l'efficacité économique, sociale ou environnementale que la réalisation d'un projet public dans un délai requis.

2.4. Analyse et évaluation des applications en droit positif

Nous pouvons analyser et évaluer les applications de l'attribution de gré à gré d'une concession d'actif naturel en droit minier **(2.4.1)**, en droit forestier **(2.4.2)**, en droit agricole **(2.4.3)**, en droit des hydrocarbures **(2.4.4)**, en droit de l'eau **(2.4.5)** ainsi qu'en droit halieutique et cynégétique **(2.4.6)**.

2.4.1. En droit minier

Le code minier ne prévoit pas l'attribution de gré à gré des concessions minières. La réservation des actifs miniers, c'est-à-dire leur soustraction aux éventuelles demandes des droits miniers, ne peut être faite qu'en vue de leur attribution par voie d'appel d'offres, et si cette dernière s'avère infructueuse, l'actif minier peut faire l'objet d'une demande d'accès.

En effet, à son article 58 alinéas 4 et 5, le règlement minier dispose qu'en cas d'appel d'offres infructueux, l'arrêté ministériel le déclarant est transmis au Cadastre Minier central qui doit le porter à la connaissance du public et des soumissionnaires ; à compter de son entrée en vigueur, il « *libère les gisements réservés ayant fait l'objet d'appel d'offres. Les carrés couvrant les gisements libérés sont valorisés au mieux des intérêts de l'Etat* ». L'arrêté ministériel en question rend donc caduque l'ordonnance présidentielle ayant décidé la réservation de l'actif minier en vue de l'appel d'offres infructueux, de sorte qu'elle ne peut être prorogée ou renouvelée en vue de l'attribution de gré à gré de la concession minière.

La caducité de l'ordonnance de réservation d'un actif minier permet au cadastre minier d'en constater la libération impliquant qu'il peut faire l'objet des demandes, conformément aux procédures légales. Celles-ci consacrant la règle du « *premier arrivé, premier servi* », la concession sur l'actif minier libéré est attribué, sans autre forme, de procès au premier requérant enregistré.

En ignorant ainsi l'attribution de gré à gré, le code minier prive l'administration d'un outil : de promotion des exploitations spécifiques des ressources minières ainsi que de l'exploitation des ressources minières négligées par le marché et celles situées dans des zones territoriales moins attractives. Face à l'indifférence du marché, une telle promotion ne saurait se faire efficacement à coup d'appels d'offres ou d'incitations générales à la demande des droits miniers. L'attribution de gré à gré, au contraire, permet à l'administration d'être plus entreprenante, en ce qu'elle permet le démarchage des droits miniers.

2.4.2. En droit forestier

À son article 83 alinéa 2, le code forestier prévoit l'attribution de gré à gré comme voie d'accès exceptionnel aux concessions d'actif forestier. Suivant l'article 38 de l'arrêté ministériel fixant la procédure d'attribution des concessions forestières, le recours exceptionnel à ce mode d'attribution peut être justifié par l'accessibilité difficile des forêts à concéder, la promotion de l'exploitation des services environnementaux forestiers et l'utilisation de la biodiversité.

Certes, le code forestier dote ainsi l'État d'un outil adéquat de promotion de l'exploitation des forêts négligées par le marché et des alternatives à l'exploitation des ressources forestières, mais à son article 2 point 4, l'arrêté ministériel en question définit l'attribution de gré à gré comme un « *mode d'attribution de forêt ne recourant pas à la procédure d'appel d'offres, conformément aux articles 83 et 86 du code forestier* ». Cette définition, faite par opposition à la procédure essentiellement transparente et publique d'appel d'offres, réduit l'efficacité allocative de l'attribution de gré à gré, car on peut en déduire que ce dernier est incompatible avec la transparence et la publicité, caractéristiques de l'appel d'offres. Une telle déduction pourrait servir de justification à l'opacité et conforter la corruption, le népotisme et le clientélisme.

Or, il n'y a aucun inconvénient à ce qu'une procédure de gré à gré comporte, pour l'État, les mêmes devoirs que ceux de l'appel d'offres, c'est-à-dire assurer la publicité et la transparence du processus décisionnel, et ce, par la sensibilisation, la formation et l'information du public, pour un contrôle citoyen efficace et éclairé.

2.4.3. En droit agricole

Nous avons déjà dit, qu'en ce qui concerne le régime d'accès aux terres agricoles, la loi agricole renvoie implicitement aux procédures de demande des concessions foncières, de sorte qu'elle ignore la procédure d'attribution de gré à gré.

Or, l'Etat peut se retrouver dans des situations d'indifférence du marché par rapport à certaines cultures ou aux terres arables situées dans des zones territoriales moins attractives. Il s'imposera alors la nécessité de promouvoir ces cultures ou les activités agricoles dans ces zones en y intéressant le secteur privé. Si cette promotion implique le démarchage des actifs fonciers, elle pâtira de l'absence d'un outil d'encadrement adéquat garantissant l'efficacité allocative et la transparence.

Pour une promotion agricole efficace, la loi agricole devrait doter le secteur agricole d'une procédure d'attribution de gré à gré des concessions agricoles ; elle devrait permettre à l'administration de sensibiliser les opérateurs agricoles en démarchant, dans la transparence, les actifs fonciers.

2.4.4. En droit des hydrocarbures

Pour ce qui concerne l'attribution des droits d'accès pétroliers, la loi ne prévoit que la procédure d'appel d'offres qui, en cas d'échec, doit être renouvelée jusqu'à la conclusion du marché. Et pourtant, les objectifs de l'attribution de gré à gré indiqués ci-dessus peuvent valoir aussi pour l'exploitation des hydrocarbures.

Si la procédure d'appel d'offres doit être privilégiée en raison de sa transparence, elle ne doit pas, cependant, être exclusive de celle de gré à gré qui, telle que démontrée ci-dessus, peut être assortie des procédés de publicité et de mise en concurrence des candidats garantissant la transparence. La loi relative aux hydrocarbures devrait la prévoir en cas de deux ou plusieurs appels d'offres infructueux.

Par ailleurs, au regard de la confusion qu'elle entretient sur la procédure d'appel d'offres, il y a lieu de se demander si, en prévoyant à son article 37 qu'au « *cas où le potentiel d'hydrocarbures d'un bloc n'est pas suffisamment démontré ou en raison de son écologie* », le gouvernement peut recourir à l'appel d'offres restreint, elle ne confond pas ce dernier à l'attribution de gré à gré : la présélection des candidats après l'avis à manifestation d'intérêt qu'elle prévoit donnant traditionnellement lieu à un appel d'offres restreint, elle ne pourrait prescrire une même procédure pour deux situations différentes.

Il est nécessaire que la loi pétrolière retrouve, sur cet aspect précis, la clarté et la cohérence dans l'utilisation des concepts juridiques, de manière à se doter d'un régime d'attribution des droits prévoyant, à côté de l'appel d'offres mieux défini, le recours exceptionnel au gré à gré.

2.4.5. En droit de l'eau

La loi relative à l'eau ne prévoit pas une procédure d'attribution de gré à gré, mais, n'en prévoyant aucune autre, il est possible qu'en pratique le gouvernement y recourt systématiquement dans l'opacité, sans aucune garantie de transparence. Sauf pour la délégation de service public de l'eau qui doit être conforme à la loi relative aux marchés publics.

Jouissant d'un droit à la libre disposition des eaux, le gouvernement national ou provincial ne pourrait y attribuer les concessions, si ce n'est sur demande, que par voie de gré à gré. Mais, pour ce qui concerne l'attribution du droit d'exploitation ou de gestion du service public de l'eau, elle devra se faire conformément à l'article 17 de la loi relative aux marchés publics, soit par voie d'appel d'offres ouvert ou restreint ou exceptionnellement par voie de gré à gré dans les conditions indiquées à l'article 42 de la loi en question.

Cependant, la loi sur la passation des marchés publics applique le gré à gré dans son sens traditionnel, excluant tout contrôle citoyen pourtant nécessaire dans la gestion des ressources en eau. Pour permettre ce contrôle, la loi relative à l'eau devrait prévoir sa propre procédure de gré à gré incluant les procédés de publicité, de mise en concurrence des candidats et de contrôle citoyen.

2.4.6. En droit halieutique et en droit cynégétique

Datant de l'époque coloniale, les lois halieutique et cynégétique ne prévoient que la demande d'accès comme procédure d'attribution des droits d'accès aux ressources naturelles qu'elles régissent ; elles ne conçoivent pas l'hypothèse où l'administration constitue un actif naturel et le place sur le marché.

Dans cette perspective, les lois en question ne pouvaient pas prévoir l'attribution de gré à gré comme mode d'attribution d'une concession sur les ressources halieutiques ou cynégétiques. Et pourtant, même pour ces dernières, l'État peut être confronté à l'indifférence du marché par rapport à certaines de leurs utilisations ou à leurs localisations territoriales, de sorte qu'il faudrait se résoudre à la constitution publique d'actifs naturels et à leur démarchage ; ce qui devrait requérir le recours à la procédure de gré à gré pour l'attribution des concessions.

Donc, dans certains cas exceptionnels d'indifférence ou d'absence d'incitation du marché, il faudrait que les lois en question prévoient le recours à la procédure de gré à gré pour l'octroi des concessions d'actif halieutique et cynégétique. Ceci permettrait à l'État de promouvoir efficacement l'utilisation des ressources de la faune.

3. Procédure de demande de concession d'actif naturel

La précision de la notion de demande de concession d'actif naturel **(3.1)** permet d'en indiquer les objectifs **(3.2)** ainsi que d'en analyser et évaluer les applications en droit positif **(3.3)**.

3.1. Notion

Préciser la notion de demande d'une concession d'actif naturel revient à en donner la définition **(3.1.1)** et d'indiquer sa distinction avec l'attribution de gré à gré **(3.1.2).**

3.1.1. Définition

La demande de concession d'actif naturel est un acte par lequel une personne, ayant approché et évalué une ressource naturelle, en communique la qualité et la quantité à l'administration et y sollicite une concession.

Le requérant est une personne justifiant des capacités d'identifier, d'évaluer et d'exploiter une ressource naturelle, en foi de quoi, il sollicite la prospection d'un espace donné, afin d'y détecter une ressource naturelle, l'identifier, en évaluer la qualité et la quantité, et il communique les résultats à l'État. Il constitue ainsi au profit de ce dernier un actif naturel et, en contrepartie, il s'y fait octroyer une concession.

Donc, la prospection et l'évaluation aboutissent à la transformation d'un stock de ressources naturelles en un actif naturel que le requérant remet à l'État qui se l'approprie, puis il y sollicite un droit concession qui lui est accordé aux conditions fixées par l'administration.

3.1.2. Distinction avec l'attribution de gré à gré

L'attribution d'une concession d'actif naturel sur demande et son attribution de gré à gré se font toutes partie des négociations mettant directement en contact l'État et le concessionnaire. Les deux notions sont, cependant, différentes, et il y a un intérêt pratique à les distinguer.

En effet, dans une procédure d'attribution de gré à gré, l'État se constitue lui-même un actif naturel et se propose d'en négocier la concession avec la ou les personnes intéressées ; il n'est préalablement lié à aucune d'elles et sa liberté de choix est plus large. Tandis que dans une procédure de demande de concession, l'actif naturel est constitué par le requérant, qui y demande ensuite une concession qui lui est, en principe, acquise aux conditions fixées par l'État. Celui-ci n'a donc pas la liberté de négocier avec qui il veut, sauf si le requérant ne satisfait pas aux conditions d'accès

L'intérêt pratique de cette distinction, entre les deux notions, réside dans le risque que présente leur confusion en droit. Confondre, en effet, l'attribution d'une concession d'actif naturel sur demande avec son attribution de gré à gré implique que l'État peut, dans tous les cas, l'attribuer à qui il veut. Ceci serait une grave injustice envers un requérant qui, après avoir investi dans l'approche et l'évaluation d'une ressource naturelle, verrait l'État pro-fiter des informations collectées avec d'autres personnes.

Par ailleurs, au plan économique, un tel risque d'injustice est inhibant pour l'investissement privé dans un secteur où l'État ne dispose pas d'une capacité géomatique pour approcher et évaluer ses innombrables ressources naturelles, si bien que la constitution des actifs naturels est en grande partie faite par les opérateurs du secteur privé, qui doivent y être incités.

3.2. Objectifs

En instituant la procédure de demande de concession d'actif naturel comme voie d'accès industrielle aux ressources naturelles, les pouvoirs publics visent : L'incitation à l'investissement privé dans l'exploration et l'évaluation du potentiel naturel **(3.2.1)** ainsi que la mise en valeur maximale des ressources naturelles **(3.2.2)**.

3.2.1. Incitation à l'investissement privé dans l'exploration et l'évaluation du potentiel naturel

Bien pensée, l'attribution d'une concession d'actif naturel par voie de demande est un moyen d'inciter à l'investissement privé dans l'exploration et l'évaluation du potentiel naturel économique. L'effet incitatif tient à la garantie objective, donnée à un investisseur privé, d'obtenir le droit d'exploitation ou de céder son droit de recherche après une évaluation parfaite.

L'État ne disposant ni de ressources techniques appropriées pour inventorier ses ressources naturelles, ni de ressources financières suffisantes pour accéder au marché de la géomatique[238], le potentiel naturel économique du pays demeure inexploré et sous-exploité. Pour pallier à cette défaillance, il est obligé de s'en remettre aux exploitants privés en leur offrant les droits de prospecter le territoire national, d'en inventorier les ressources naturelles et de les exploiter. De cette manière, le secteur privé est mise en contribution dans l'exploration et l'évaluation du potentiel naturel économique. Et les

[238] La géomatique est l'ensemble des technologies et des services de collectes, d'analyse, de diffusion et d'utilisation de renseignements géographiques qui permettent de voir et de comprendre le monde physique nous entourant. Elle inclut des activités comme comme la cartographie, l'hydrographie, la géodésie, la télédétection et l'inventaire des ressources naturelles.

exploitants privés participent à la création des actifs naturels et, partant, à la formation du capital naturel, constituant ainsi, pour la nation, une banque de données sur ses richesses naturelles.

L'effet incitatif de la procédure de demande d'accès à une ressource naturelle est fonction de la garantie qu'a un investisseur soit d'obtenir le droit d'exploitation, s'il en remplit les conditions d'exercice objectives, soit de céder librement son droit de recherche en raison du coût de l'évaluation de la ressource naturelle demandée.

3.2.2 Mise en valeur maximale des ressources naturelles

En mobilisant l'investissement privé dans la connaissance et l'évaluation du potentiel économique du territoire national, la procédure de demande d'accès aux ressources naturelles permet leur mise en valeur maximale

En effet, le potentiel naturel économique du pays ne peut être valorisé en partant de l'infime connaissance qu'en a l'État. Et si on attend que celui-ci se dote d'une capacité géomatique pour constituer des actifs naturels et les concéder par voie d'appel d'offres ou de gré à gré, ce potentiel demeurera longtemps sous-exploité. C'est pourquoi, simultanément à l'effort qu'il fait pour réaliser l'inventaire de ses ressources naturelles, l'État offre de les concéder par voie de demande à ceux des exploitants qui peuvent les détecter et les évaluer.

Donc, comme voie d'accès à une ressource naturelle, la procédure de demande de concession d'actif naturel permet de faire progresser le niveau de mise en valeur des ressources naturelles du pays.

3.3 Analyse et évaluation des applications en droit positif

Concernant l'analyse et l'évaluation des applications de la procédure de demande de concession d'actif naturel en droit positif, nous pouvons les faire en droit minier **(3.3.1)**, en droit forestier **(3.3.2)**, en droit agricole **(3.3.3)**, en droit des hydrocarbures **(3.3.4)** et en droit de l'eau **(3.3.5)**.

3.3.1. En droit minier

Elaboré pour accroître les investissements privés dans le secteur minier et sous la pression d'une forte demande des minerais, le code minier orga-nise la demande des droits miniers et de carrières comme voie d'accès prin-cipale aux ressources minières, l'État n'ayant qu'une faible possibilité pour constituer des actifs miniers et y proposer l'accès par voie d'appel d'offres.

En effet, dépourvue de capacité géomatique, l'État ne dispose pas sur le marché d'un stock d'actifs miniers à la hauteur de l'immense potentiel minier de son territoire. Il est ainsi obligé de s'en remettre à l'initiative privée pour la connaissance et l'utilisation de ses ressources minières. S'il justifie d'une capacité géomatique, un investisseur privé peut ainsi, par une déclaration de prospection minière, avoir accès à un fond de terre en vue de l'explorer[239] ; en cas de découverte d'indices d'existence d'un gisement minier, il peut, en vue d'en faire une évaluation qualitative et quantitative[240], demander un permis de recherche ; et en cas d'évaluation positive, il peut requérir. soit la conversion du permis de recherche en permis d'exploitation[241], soit sa cession à un tiers.

Par cette procédure de demande des droits miniers ou de carrières, le code minier entend mobiliser les investissements privés dans la prospection et la recherche minière, son effet incitatif étant assuré par la convertibilité du permis de recherche en permis d'exploitation et sa cessibilité.

3.3.2. En droit forestier

En consacrant l'appel d'offres et l'attribution de gré à gré comme seules voies d'accès industrielles aux ressources forestières, le code forestier n'a pas tenu compte de l'incapacité géomatique de l'administration forestière et, par voie de conséquence, de l'absence réelle d'une offre publique d'actifs forestiers. C'est pourquoi, la demande de concession forestière qu'il institue tout de même, devient en pratique la principale voie d'accès industrielle aux ressources forestières.

L'incapacité géomatique de l'État implique qu'il n'est pas à mesure d'effectuer l'inventaire forestier national, pour constituer une quantité critique d'actifs forestiers à mettre sur le marché, via l'appel d'offres ou le gré à gré. Dans ce déficit, un opérateur forestier doit demander et obtenir une autorisation de reconnaissance et d'inventaire forestiers, afin de constituer un actif forestier et y demander une concession.

Cependant, l'effet incitatif de la procédure de demande de concession forestière est affaibli par l'article 70 du code forestier, en ce qu'il dispose que l'autorisation de reconnaissance ou d'inventaire forestiers ne garantit nullement l'obtention ultérieure d'un droit d'exploitation de la forêt évaluée. Et cette autorisation n'est pas cessible.

3.3.3. En droit agricole

A son article 16, la loi agricole dispose que : « *Les terres agricoles sont concédées aux exploitants et mises en valeur dans les conditions définies par la loi* ». Toutefois, le requérant est obligé de remplir les conditions spécifiques qu'elle fixe.

---

[239] Articles 17 à 22 du code minier.
[240] Articles 50 à 62 du code minier.
[241] Article 63 du code minier.

Cette disposition renvoie à la législation foncière, en ce qu'elle fixe les conditions de fond et de forme d'accès à une concession foncière à usage agricole. En ce qui concerne les conditions de forme, elles sont définies par les règles de procédure fixées aux articles 190 à 207 de la loi foncière, lesquels ne prévoient que la demande comme voie d'accès à toutes les concessions foncières. Dans ce cas, les opérateurs agricoles peuvent eux-mêmes identifier les terres arables et y demander le droit de concession ou demander la concession des actifs fonciers à usage agricole constitués par l'État.

Le contrat de location ou d'occupation provisoire, préalable à l'octroi de la concession agricole est cessible sur autorisation de l'administration foncière ; l'obtention d'une concession agricole est objectivement garantie par une mise en valeur suffisante du fonds loué ou occupé. Ces deux possibilités assurent un effet incitatif à la procédure de demande des concessions foncières.

3.3.4. En droit des hydrocarbures

La loi pétrolière et gazière ne prévoit pas l'attribution des droits d'accès aux hydrocarbures par voie de demande, mais étant donnée son incapacité géomatique, l'État ne peut approcher les ressources pétrolières et constituer des actifs à mettre sur le marché par voies d'appel d'offres. Il faut alors se demander quel moyen la loi en question lui donne pour inciter aux investissements privés dans la prospection.

Conformément à l'article 33 de la loi pétrolière et gazière, les *« droits d'exploration et d'exploitation des hydrocarbures sont accordés en vertu d'un contrat de partage de production ou un contrat de services, par bloc à la suite d'une procédure d'appel d'offres »* ; concernant le droit de prospection, elle stipule, à son article 25, qu'il est octroyé, après la souscription à un cahier des charges et la production d'une étude d'impact environnemental, au vu d'une demande d'autorisation prévue à l'article 53 du décret portant règlement des hydrocarbures ; à son article 32, elle dispose que l'exercice conforme d'un droit de prospection ne donne au titulaire d'autre droit que celui d'être présélectionné d'office pour l'appel d'offres à lancer.

Dans un contexte où l'État doit mobiliser les investissements privés pour prospecter et évaluer ses ressources pétrolières et gazières, il faut se demander si la simple assurance d'une présélection pour un appel d'offres est une incitation suffisante dans un cadre institutionnel peu fiable.

3.3.5. En droit de l'eau

La loi relative à l'eau n'organise pas des procédures d'octroi des droits d'utilisation des eaux, néanmoins il est évident qu'une autorisation d'utilisation des eaux ou une concession des eaux ne peuvent être octroyées que sur demande. Pour ce qui concerne l'exploitation du service public de l'eau, faute de stipulation spéciale, il s'agit d'un marché public dont l'attribution ne peut faire l'objet d'une demande.

Cependant, l'accès à l'eau potable étant un droit fondamental de l'homme, la loi devrait prévoir tous les moyens adéquats de pouvoir en garantir pleinement la jouissance. Or, celle-ci risque bien d'être limitée, car l'État, n'ayant qu'une faible maîtrise du potentiel hydrique de son territoire, n'est pas en mesure d'assurer, de sa propre initiative, une couverture géographique maximale du service public de l'eau ; à bien d'endroits, l'initiative privée peut bien suppléer cette défaillance publique et évaluer les besoins en eau potable et la possibilité hydrique. Ceci étant, les personnes privées devraient être autorisées à demander la réalisation d'un service public de l'eau, l'autorisation obtenue étant assortie d'une garantie d'octroi contractuel du droit d'exploitation ou de gestion.

Donc, pour assurer l'accès à l'eau potable sur toute l'étendue du territoire national, la loi relative à l'eau devrait organiser l'accès au droit d'exploitation du service public de l'eau par voie de demande. Dans une telle procédure, le requérant devrait préalablement approcher et évaluer les ressources en eau, réaliser au profit de l'État les infrastructures nécessaires, afin d'obtenir le droit d'exploitation du service public de l'eau.

§2. VOIES D'ACCÈS ARTISANALES

L'accès artisanal aux ressources naturelles se fait par la demande spontanée d'autorisation d'accès artisanal **(1)** et la demande d'autorisation d'accès artisanal suite à un appel public **(2)**.

1. Demande spontanée d'autorisation d'accès artisanal

Après avoir défini la demande spontanée d'accès artisanal **(1.1)**, nous pouvons en préciser l'objet **(1.2)**, la portée **(1.3)** et les désavantages **(1.4)**. Ce qui nous permettra d'en analyser et d'en évaluer les applications en droit positif **(1.5)**.

1.1. Définition

La demande spontanée d'autorisation d'accès artisanal est un acte par lequel une personne, désireuse d'accéder à une ressource naturelle se soumet, de sa propre initiative, au contrôle administratif sur l'accomplissement des conditions requises.

Dans ce cas, l'acte de demande est un formulaire fourni par l'administration publique, que le requérant remplit en réponse aux informations demandées. Celles-ci sont relatives à son identification, à ses capacités professionnelle, technique et financière ainsi qu'aux ressources naturelles désirées.

Le contrôle administratif de la demande spontanée d'autorisation d'accès artisanal se fait par une instruction sur la disponibilité et l'accessibilité de la ressource naturelle désirée, ainsi que sur les capacités du requérant.

1.2. Objet

La demande spontanée d'autorisation d'accès artisanal peut porter sur des ressources naturelles approchées et évaluées par le requérant lui-même ou par l'administration publique.

S'il s'agit des ressources naturelles non encore évaluées, avant d'introduire sa demande, le requérant procède par la localisation, la description et l'évaluation des ressources naturelles désirées ; il joindra alors à l'acte de demande les résultats de son exploration et de son inventaire.

Si elle se propose d'en effectuer elle-même l'évaluation, avant de recevoir les demandes s'autorisation d'accès, l'administration publique identifie les ressources naturelles, les inventorie et aménage leur site d'exploitation ; elle informe ensuite le public sur leur disponibilité.

1.3. Portée

La demande spontanée d'autorisation d'accès artisanal est exclusive ; c'est-à-dire, jusqu'aux conclusions négatives de son instruction par l'administration, cette dernière ne saurait recevoir aucune autre demande ultérieure portant sur le même site d'accès.

Ainsi, lorsqu'elle a reçu une demande spontanée d'autorisation d'accès, portant sur une ressource naturelle mieux identifiée et localisée, l'administration ne doit pas en recevoir une autre à propos de la même ressource naturelle. Celle-ci reste indisponible jusqu'à la fin de l'instruction de la première demande.

La spontanéité des demandes ne permettant pas une mise en concurrence transparente et publique des requérants, le principe d'accès égal aux ressources naturelles s'accomplit, dans ce cas, par la règle de « *premier arrivé, premier servi* ».

1.4. Désavantages

Face à l'incapacité géomatique de l'État, les gens doivent pouvoir accéder par eux-mêmes aux ressources naturelles, afin de jouir de leurs droits sociaux et économiques y relatifs. Ainsi justifié, le système de demande spontanée d'accès artisanal implique, cependant, une occupation anarchique des terres domaniales avec deux inconvénients : l'inefficacité du contrôle d'accès et la mauvaise gestion des sites d'exploitation.

L'efficacité du contrôle d'accès aux ressources naturelles suppose une maitrise parfaite du champ d'activités et de son extension. Or, dans un système de demande spontanée d'accès artisanal aux ressources naturelles, les sites d'exploitation se créent et se multiplient au grès des intérêts particu-liers. Dans ce contexte, il est difficile pour l'administration publique d'anti-ciper le coût croissant du contrôle d'accès, afin de l'exercer en temps utile ; ce qui, par voie de conséquence, la met dans la difficulté d'organiser une gestion efficace et durable des sites d'exploitation artisanale disséminés çà et là.

Donc, il y a lieu de considérer le système de demande spontanée d'accès artisanal comme un palliatif, c'est-à-dire un procédé d'accès utilisé en attendant que les pouvoirs publics se donnent les moyens géomatiques nécessaires pour planifier et créer des sites d'exploitation artisanale viables et rentables, comme c'est le cas déjà pour l'exploitation minière artisanale.

1.5. Analyse et évaluation des applications en droit positif

Tenant compte de l'incapacité géomatique de l'État, toutes les lois prévoyant l'accès artisanal aux ressources naturelles instituent le système de demande d'accès spontanée ; elles organisent des procédures de demande d'autorisation d'exploitation donnant à tout congolais le droit de demander et d'obtenir l'accès artisanal aux ressources naturelles.

En effet, suivant l'article 111 du code minier, l'accès artisanal aux ressources minières se fait par voie de demande d'une carte d'exploitant artisanal. L'accès artisanal aux ressources forestières se fait par voie de demande d'un permis de coupe artisanale, tel que prévu aux articles 16 à 18 de l'arrêté ministériel relatif à l'exploitation forestière. Suivant l'article 16 de la loi agricole, l'accès artisanal aux terres agricoles se fait suivant les procédures de demande de concessions de loi foncière.

Les lois cynégétique et halieutique organisent aussi, respectivement, une procédure de demande de permis rural de chasse (article 53) et une procédure de demande de concession de pêche (article 5)

2. Demande d'autorisation d'accès artisanal suite à un appel public

Il nous faut donner la définition de la demande d'autorisation d'accès artisanal suite un appel public **(2.1)** avant d'en indiquer les avantages **(2.2)**.

2.1. Définition

La demande d'autorisation d'accès artisanal suite à un appel public est celle qui est faite suite à une offre publique d'accès à une ressource naturelle. Cette offre consiste, pour l'administration publique, à proposer au public des droits d'accès artisanaux à une ressource naturelle bien déterminée. Les personnes intéressées les obtiennent moyennant une demande valable.

Dans cette hypothèse d'accès aux ressources naturelles, l'administration publique approche et évalue une ressource naturelle, en vue de son exploitation artisanale ; elle procède ensuite à l'aménagement du site d'accès et à son l'allotissement ; elle élabore pour chaque lot un formulaire de demande approprié, exposant les conditions minimales d'accès ; et elle propose les lots aux artisans intéressés, via un appel public.

L'appel public met en concurrence les requérants sur des lots offerts, de sorte que deux ou plusieurs d'entre eux peuvent remplir un formulaire de demande, portant sur un même lot. Celui-ci est alors attribué, non à celui qui a déposé le premier sa demande, mais à celui qui remplit mieux les conditions légales.

2.2. Avantages

Par la mise en concurrence des requérants, l'appel public d'accès artisanal aux ressources naturelles permet de rechercher l'efficacité allocative et, par voie de conséquence, d'améliorer la gestion des sites d'exploitation artisanale.

Après avoir ouvert un site d'exploitation artisanal, l'administration en définit les conditions économiques, environnementales et sociales d'exploitation, ainsi que le profil éthique et professionnel de l'artisan. L'appel public d'accès artisanal lui permet ainsi de sélectionner les requérants qui répondent mieux aux conditions fixées et au profil défini. Cette sélection offre des possibilités d'une gestion efficace d'un site d'accès artisanal à une ressource naturelle

Ce système de demande d'autorisation d'accès suite à un appel public est la solution idéale aux problèmes de l'exploitation artisanale des ressources naturelles tels qu'exposés ci-dessus ; mieux appliqué, il serait un moyen approprié pour faire émerger un artisanat professionnel et efficace.

§3. VOIES D'ACCÈS TRADITIONNELLES

L'accès traditionnel aux ressources naturelles se fait par voie d'accès libre **(1)** et par la demande d'autorisation d'accès traditionnel **(2)**.

1. Accès libre

Généralement, les membres des communautés locales ou des peuples autochtones accèdent, sans autre forme de procès, aux ressources naturelles intégrées à leurs possessions coutumières.

En droit positif, cet accès libre est généralement limité à la satisfaction des besoins alimentaires des membres d'une communauté locale ou autochtone ; comme tel, il peut être étendu aux ressources naturelles domaniales situées en dehors des terres coutumières[242], et ce, sous forme de faculté ou de tolérance.

Ainsi, dans tous les cas légaux où est reconnue la possession coutumière des ressources naturelles, les lois laissent ces dernières en accès libre pour les membres des communautés traditionnelles possédantes.

2. Demande d'autorisation d'accès traditionnel

Lorsque du fait du progrès technique, les populations locales ou autochtones développent une capacité d'accès artisanal ou industriel à leurs ressources naturelles, la loi devra leur imposer d'y accéder par voie de demande d'autorisation, en raison de l'importance des enjeux environnementaux, économiques et sociaux lié à l'utilisation massive d'une ressource naturelle.

Avec le recours aux techniques artisanales ou industrielles, l'accès aux ressources naturelles coutumières cesse d'être traditionnel pour devenir économique. Il implique alors des enjeux environnementaux, sociaux et économiques, dépassant le cadre de contrôle traditionnel pour nécessiter un contrôle administratif approprié. Par un tel contrôle, l'administration intervient pour orienter les utilisateurs locaux ou autochtones par rapport aux exigences de l'intérêt général, de sorte qu'ils devraient procéder par voie de demande d'autorisation pour accéder à leurs ressources naturelles ; que celles-ci soient leur propriété collective ou qu'ils n'y aient qu'un droit de jouissance collectif.

Le code forestier prévoit cette procédure de demande d'autorisation d'accès dans le cas d'une foresterie communautaire. De fait, celle-ci transforme la possession coutumière d'une forêt en une concession forestière permettant à la communauté locale possédante de l'exploiter économiquement.

Section 4 : CONDITIONS D'ACCÈS AUX RESSOURCES NATURELLES

Suivant les voies d'accès aux ressources naturelles, nous avons les conditions d'accès industriel **(§1)**, les conditions d'accès artisanal **(§2)** et les conditions d'accès traditionnel **(§3)**.

§1. CONDITIONS D'ACCÈS INDUSTRIEL

L'accès industriel aux ressources naturelles est soumis à des conditions professionnelles et éthiques **(1)**, techniques et financières **(2)** ainsi qu'environnementales et sociales **(3)**.

[242] Le code forestier étend les droits d'usage forestiers à l'ensemble du domaine forestier.

1. Conditions professionnelles et éthiques

Ces deux types de conditions peuvent être mieux compris à travers une précision de leurs notions **(1.1)**. Ce qui permet, par ailleurs, d'en analyser et d'en évaluer les applications en droit positif **(1.2)**.

1.1. Notions

Il nous faut préciser distinctement la notion de conditions professionnelles **(1.1.1)** et celle de conditions éthiques **(1.1.2)**.

1.1.1. Notion de conditions professionnelles

Pour assurer une meilleure gestion des ressources naturelles, l'État doit s'assurer que les opérateurs qui y accèdent remplissent les conditions professionnelles requises. Celles-ci sont les exigences relatives à l'organisation et au fonctionnement de l'entreprise, ainsi qu'à la compétence des acteurs internes ou externes impliqués à chaque phase essentielle de la chaine de va-leur.

Ces exigences professionnelles peuvent être déduites d'une redéfinition sectorielle du concept de gouvernance d'entreprise qui, généralement, peut se définir comme : un système comprenant l'ensemble de règles, de princi-pes et de pratiques régissant l'organisation et le fonctionnement d'une entre-prise, de sorte qu'elle réalise ses objectifs de *« façon transparente, efficiente et respectueuse des attentes de ses parties prenantes »*[243]. L'adaptation de cette définition générale au secteur des ressources naturelles peut être faite en y intégrant les critères de viabilité, de qualité et d'efficacité institution-nelles, requis pour qu'une entreprise réalise le flux de bénéfices attendus de l'exploitation d'une ressource naturelle. On peut aussi y ajouter le critère de qualification des principaux acteurs internes ou externes intervenant dans la chaine des valeurs.

Le respect du critère de gouvernance d'entreprise par les opérateurs est garanti par le contrôle public. Une entreprise y est mieux soumise quand elle se constitue en société, c'est-à-dire se déconnecte de son ou de ses initia-teurs (personne morale), définit ses missions (objet social), se dote de son propre patrimoine (le capital social) et fonctionne suivant la loi, indépen-damment des humeurs ou des caprices de ses animateurs (statuts).

Dans ce cadre institutionnel ouvert, les rapports entre parties prenantes sont plus équilibrés et l'exercice du contrôle public est plus aisé que dans une entreprise individuelle, celle-ci étant la propriété privée d'un individu.

---

243 Yvan Allaire, cité dans : Institut sur la gouvernance des organisations privées et publiques (2013), commentaires de l'Institut sur la gouvernance : Projet de loi n°36 sur la Banque de développement de développement économique du Québec,igopp.org/wp-content/uploads /2014 / 04/igopp-commentaires-bdeq-vf.pdf

1.1.2. Notion de conditions éthiques

En matière d'accès aux ressources naturelles, les conditions éthiques sont les exigences relatives au comportement moral d'un exploitant ou des dirigeants d'une société. Elles permettent à l'État de s'assurer, qu'au-delà de la création de valeur, ceux-ci sont soucieux du bien commun auquel est sensée contribuer une entreprise extractive.

La destination universelle des ressources naturelles rend particulièrement nécessaire une norme d'éthique des affaires[244] spécifique aux exploitants. Elle devrait comporter des critères d'appréciation de la conformité du management d'une entreprise aux valeurs sociétales, telles que :

- l'absence des pratiques anti-compétitives (la corruption, le pot de vin, l'instrumentalisation des acteurs politiques)
- l'absence des pratiques discriminatoires (sexisme, racisme ou tribalisme)
- le respect de l'équité du contrat de travail et du niveau de démocratie sur le lieu de travail (efficacité de l'action syndicale)
- le respect de l'environnement et des règles d'hygiène et de sécurité
- le respect des obligations contractuelles (paiement des dettes et exécution des commandes)
- le non recours au blanchiment des capitaux

Pour s'assurer que le requérant de l'accès à une ressource naturelle remplit ces critères, son acte de demande peut être obligatoirement assorti du bilan judicaire du fonctionnement de son entreprise, de casiers judiciaires des dirigeants, de son règlement d'entreprise, du plan social, de diverses attestations de bonne conduite socio-professionnelle, ou encore d'un acte d'engagement à un code de bonne conduite.

1.2. Analyse et évaluation des applications en droit positif

L'application des conditions professionnelles et éthiques d'accès aux ressources naturelles peut être analysée et évaluée en droit minier **(1.2.1)**, en droit forestier **(1.2.2)**, en droit agricole **(1.2.3)** ainsi qu'en d'autres branches du droit des ressources naturelles **(1.2.4)**.

1.2.1. En droit minier

Le régime des conditions d'accès à une ressource minière est principalement constitué des articles 35 à 37, 69 et 71 du code minier, ainsi que des articles 143 à 145 du règlement minier. Il ne prend pas en compte les conditions professionnelles et éthiques, telles que définies ici, et ce, au préjudice de la moralisation et de la professionnalisation du secteur minier.

---

[244] Alain ANQUETIL, *Qu'est-ce que l'éthique des affaires* ?, Vrin, Paris, 2008, 128 pages.

Il résulte de l'économie de ces dispositions légales et règlementaires une conditionnalité déduite de la faisabilité du projet minier (la capacité juridique, financière et technique du requérant et l'existence d'un gisement rentable), de son impact social (contributions au développement local) et de la maîtrise de son impact environnemental.

Ce régime des conditions d'accès n'intègre pas les conditions professionnelles et éthiques, telles qu'exposées ci-dessus. Et pourtant, la seule faisabilité d'un projet minier ne suffit pas pour garantir une meilleure gestion des ressources minières. Celle-ci tient autant à la capacité juridique, financière et technique du requérant qu'à sa capacité institutionnelle, à la qualification de son personnel dirigeant et à son attachement aux valeurs sociétales.

Avec une telle négligence dans le contrôle éthique et professionnel des opérateurs miniers, ce régime des conditions d'accès n'offre pas un dispositif efficace pour la moralisation et la professionnalisation du secteur minier.

1.2.2. En droit forestier

Le code forestier soumet l'accès aux ressources forestières à un régime des conditions qui ne comprend pas des conditions éthiques, et il n'intègre qu'un aspect des conditions professionnelles, c'est à dire la qualification du personnel, encore que cette condition n'est prévue qu'en cas d'appel d'offres ; pour les cas les plus fréquents de demande de concession forestière, il n'est prévu aucune condition professionnelle ou éthique.

En effet, à son article 87, le code forestier soumet l'obtention d'une concession forestière à l'offre des garanties techniques et financières suffisantes pour la forme d'exploitation forestière envisagée. À ces conditions légales, l'article 9 du décret fixant la procédure d'attribution des concessions forestières ajoute celles liées à la capacité juridique du requérant. Précisant les critères de sélection des soumissionnaires à ses articles 24 à 28, le décret en question stipule qu'il est tenu compte, outre de la capacité technique et financière du requérant, de son engagement social, du respect de l'environnement et de sa capacité professionnelle. Celle-ci suppose : « *le niveau de formation technique ou l'expérience professionnelle du soumissionnaire ou encore de son personnel dans le domaine de l'exploitation forestière, de l'aménagement, de la gestion sociale ou environnementale ou de l'industrie du bois* ».

Ces conditions professionnelles ne sont applicables qu'au soumissionnaire d'un appel d'offres. Et pourtant, la capacité institutionnelle du requérant d'une concession forestière ainsi que la qualification professionnelle et l'intégrité de son personnel devraient être aussi requises, pour assurer une gestion durable des forêts. Il est donc nécessaire qu'une demande de concession forestière soit soumise aux conditions professionnelles et éthiques telles qu'exposées ci-dessus.

1.2.3. En droit agricole

A son article 16 alinéa 2, la loi agricole soumet l'accès à la concession agricole aux conditions liées à la capacité juridique et financière du requérant, ainsi qu'à l'étude d'impact environnemental du projet ; elle ne comporte aucune condition d'ordre professionnel ou éthique.

Cependant, une mise en valeur durable du potentiel agricole national ne peut se faire qu'avec des opérateurs qualifiés et intègres. C'est ainsi qu'à ses articles 52 et 53, la loi en question oblige l'État à concevoir et à mettre en œuvre une politique de formation continue des opérateurs agricoles. Cette formation doit être assurée par des « *fermes écoles* », publiques ou privées, agréées. On ne peut investir autant de moyens dans la formation professionnelle et éthique, sans faire des qualités et des connaissances acquises une conditionnalité d'accès aux concessions agricoles.

Donc, ce programme de formation professionnelle ne saurait être utile et efficace que si la qualification professionnelle et la connaissance déontologique deviennent des conditions d'accès aux terres arables, sans oublier la capacité institutionnelle du requérant. Une telle conditionnalité formerait un moyen efficace de professionnaliser et de moraliser le secteur agricole.

1.2.4. Dans d'autres branches du droit des ressources naturelles

Dans les régimes de conditions d'accès aux ressources naturelles qu'elles régissent[245], les lois pétrolière et gazière, halieutique et hydrique ne tiennent pas du tout compte des conditions professionnelles et éthiques. La loi sur la chasse en tient compte, mais d'une manière toute relative par rapport au développement théorique qui en est fait ici.

En effet, la loi sur la chasse soumet à son article 37 tous demandeurs d'un permis de chasse à un test d'aptitudes cynégétiques ; à son article 38, elle interdit l'accès au droit de chasse à toute personne ayant été, deux années auparavant, condamnée pour une infraction à la législation sur la chasse. Ces conditions professionnelles et éthiques sont, cependant, minimales par rapport au développement théorique qui en est fait ci-avant ; elles pourraient être approfondies en les élargissant à l'organisation institutionnelle du requérant et à d'autres aspects de son comportement par rapport aux valeurs sociétales.

Quant à elles, les lois pétrolière et gazière, halieutique et hydrique ne définissent que des conditions relatives à la capacité juridique, technique et financière du requérant. Or, la performance des opérateurs accédant aux res-

[245] Article 150 de l'ordonnance loi n°081-031 du 02 avril 1981 sur les mines et hydrocarbures, article 5 du décret du 12 juillet 1932 portant règlementation des concessions de pêche, article 21 du décret du 6 mai 1952 sur les concessions et administration des eaux des lacs et des cours d'eaux.

sources naturelles qu'elles régissent, n'est pas uniquement fonction ressources techniques et financiers mobilisées ; elle tient plus encore à la viabilité institutionnelle de l'entreprise, ainsi qu'à la qualité professionnelle et éthique des ressources humaines placées à des phases essentielles des chaines de valeurs.

2. Conditions techniques et financières

L'accès industriel aux ressources naturelles est soumis à des conditions techniques et financières, dont il faut préciser les notions **(2.1)** pour pouvoir en analyser et évaluer les applications en droit positif **(2.2)**.

2.1. Notions

Il nous faut préciser distinctement la notion de conditions techniques **(2.1.1)** et celle de conditions financières **(2.1.2)**.

2.1.1. Notion de conditions techniques

Les conditions techniques d'accès à une ressource naturelle sont les exi-gences relatives à la viabilité de l'infrastructure du travail, à la qualité et à la performance de l'outil d'accès, ainsi qu'à la méthodologie d'accès.

La viabilité de l'infrastructure du travail tient à la qualité sanitaire et sé-curitaire des lieux des activités ; la qualité et la performance de l'outil d'ac-cès tiennent à son rendement environnemental, ainsi qu'à sa conformité aux exigences d'efficacité, de sécurité au travail, de sécurité publique et de pro-tection de l'environnement ; la méthodologie d'accès est la démarche effi-ciente à suivre dans la mobilisation des diverses ressources aménagées pour l'extraction, le transport, la conservation ou la transformation des ressources naturelles et la gestion de l'impact environnemental.

Ces conditions techniques assurent une utilisation optimale des ressour-ces naturelles, dans le respect de l'environnement, ainsi que dans des meil-leures conditions de sécurité et de santé pour les ressources humaines mo-bilisées.

2.1.2. Notion de conditions financières

Les conditions financières d'accès à une ressource naturelle sont les exi-gences liées à la capacité financière du requérant, c'est-à-dire sa capacité à payer la redevance d'accès, à financer les activités liées à l'exercice de son droit jusqu'à son terme, ainsi que la moralité et la licéité de ses sources de financement.

Il ne suffit pas que le requérant s'acquitte de prélèvements obligatoires, pour obtenir l'accès à une ressource naturelle ; il doit également démontrer sa capacité de financer l'exécution intégrale de son projet d'inventaire ou d'exploitation. Cette capacité financière suppose des sommes d'argent disponibles et des garanties financières nécessaires, c'est-à-dire : le contrat de cautionnement, le dépôt de cautionnement [246] ainsi que la garantie de bonne exécution[247].

Le contrat de cautionnement sert à garantir, par une caution (une banque agréée), le paiement des dettes envers l'État, au cas où le requérant, ayant obtenu son droit d'accès, serait incapable de le faire. Le dépôt de cautionnement peut servir à garantir soit la réparation des dommages causés à l'environnement durant l'exploitation d'une ressource naturelle, soit le paiement des sommes quelconques dues à l'État à la fin du contrat de concession. La garantie de bonne exécution sert de garantie de financement de l'exécution d'un projet d'accès, en cas d'épuisement des ressources financières initialement disponibles ; elle prévient des acquisitions des concessions d'actif naturel à des fins spéculatives.

Le secteur extractif étant un de lieux attractifs des capitaux d'origine criminelle, en quête de blanchiment, la capacité financière du requérant d'un droit d'accès à une ressource naturelle inclut aussi la licéité et l'intégrité des sources de financement. Il doit donc devoir indiquer les modes et les sources de financement de son projet, de sorte que l'administration soit à mesure de vérifier l'existence des fonds et la licéité de leur provenance.

2.2. Analyse et évaluation des applications en droit positif

Quant à l'analyse et l'évaluation des applications des conditions techniques et financières, elles peuvent être faites en droit minier **(2.2.1)**, en droit forestier **(2.2.2)**, en droit agricole **(2.2.3)**, en droit halieutique et en droit cynégétique **(2.2.4)**, ainsi qu'en droit de l'eau et en droit des hydrocarbures **(2.2.5)**

2.2.1. En droit minier

En droit minier, il y a lieu d'apprécier distinctement l'application des conditions financières **(A)** et celle des conditions techniques **(B)**.

---

[246] Suivant Gérard CORNU, le contrat de cautionnement est, d'une part, un contrat en vertu duquel une personne, se portant caution de l'obligation d'autrui, s'engage envers le créancier à payer la dette du débiteur pour le cas où celui-ci n'y satisfait pas lui-même ; et, d'autre part, le dépôt à titre de nantissement d'argent ou des valeurs, destinées à servir de garantie pour des créances éventuelles (*Op Cit,* pp. 138 et 139)

[247] La garantie de bonne exécution signifie les ressources financières ménagées par un cocontractant (ici le concessionnaire d'une ressource naturelle domaniale) pour poursuivre sans désemparer l'exécution du contrat en cas d'épuisement des ressources financières disponibles.

A. Application des conditions financières

Le régime des conditions d'accès aux ressources minières comporte des conditions financières reprises aux articles 56, 69 litera *h* et *i*, 71 litera *b* et 198 du code minier. Celui-ci requiert, sans en prévoir les formes, l'indication des sources et des modes de financement d'un projet minier, et ce, au risque de faire de ce dernier un véhicule du blanchiment des capitaux.

En effet, ces conditions légales consistent : en une preuve de la *capacité financière minimum*, pour le droit de recherche[248] ; en une preuve de la capacité financière suffisante par rapport au coût du projet minier[249], pour le droit d'exploitation ; en une preuve de paiement des frais de dépôt de la demande ; en la production d'un plan de financement du projet, indiquant les sources et les modes de financements, ainsi que la justification de leur disponibilité. Mais, le code minier ne prévoit pas la détermination de ces sources et ces modes de financement ; cette imprévoyance risque de rendre aléatoire le contrôle de leur exactitude et de leur conformité aux lois préventives du blanchiment des capitaux.

Et pourtant, il faut une détermination légale des modes et des sources de financement réguliers (autofinancement par fond propre d'un entrepreneur ou par apports des associés, emprunt bancaire, crédit-bail et aides publiques) et des preuves appropriées. Il est possible de puiser dans le droit et la pratique financiers ceux dont le contrôle est plus commode et efficace, et imposer aux requérants des droits miniers d'y recourir pour financer leurs projets.

B. Application des conditions techniques

A ses article 71 litera *a et b* et 154 litera *a* et *b,* le code minier prescrit les conditions techniques d'octroi d'un droit minier et d'un droit de carrières. Il occulte, cependant, certains aspects du régime des conditions techniques, tels que théoriquement défini ci-dessus.

En effet, comme conditions techniques d'accès aux ressources minières, le code minier ne prescrit que la réalisation d'une étude de faisabilité conforme à l'étude d'impact environnemental[250] ; elle doit être accompagnée d'un plan d'encadrement technique des travaux de développement, de construction et d'exploitation de la mine. Il n'y a donc pas des conditions relatives : à la méthodologie de travail, à la faisabilité technique du projet, à son rendement environnemental, ainsi qu'à la conformité de l'infrastructure de travail et de l'outil de production aux exigences de santé et de sécurité au travail.

---

[248] Article 58 du code minier

[249] Article 73 alinéa 3 litera *a* du code minier

[250] Article 73 alinéa 2 litera *c* du code minier.

Et pourtant, l'exécution d'un projet minier ou de carrières comporte des risques sécuritaires et sanitaires. Le code minier devrait clairement en tenir compte dans la définition des conditions techniques d'accès aux ressources minières. La négligence légale de ces risques explique le niveau élevé d'inconfort et d'insécurité sur des sites miniers.

2.2.2. En droit forestier

Le code forestier et ses mesures d'application comportent un régime de conditions d'accès industriel aux forêts ; on y trouve les conditions techniques et financières, telles qu'exposées ci-dessus[251]. Cependant, la définition des conditions financières y est fort confuse, et leur applicabilité, restreinte à l'accès par voie d'appel d'offres.

En effet, au terme de l'article 82 du code forestier, l'accès industriel aux ressources forestières est conditionné par le dépôt d'un cautionnement ou par un contrat de cautionnement passé avec une banque agréée. Ceci « *en vue de garantir le paiement des toutes indemnités, si les travaux sont de nature à causer un dommage ou s'il est à craindre que ses ressources* (du concessionnaire) *ne soient suffisantes pour faire face à ses responsabilités* ».En outre, à ses articles 28 et 34 alinéa 2, le décret du 08 avril 2008, fixant la procédure d'attribution des concessions forestières oblige le soumissionnaire à : « *produire une caution bancaire garantissant le financement en intégralité de l'acquisition et de l'installation effective du matériel d'exploitation et de transformation et de réalisation des mesures sociales, environnementales et d'aménagement* ; bref, à « *déposer un cautionnement de bonne exécution.* »

Ces dispositions règlementaires confondent le cautionnement avec d'autres garanties financières, si bien qu'il est impossible de distinguer, à travers ce « *dépôt de cautionnement de bonne exécution* », la caution garantissant la réparation des dommages et les créances de l'État et l'attestation bancaire des fonds disponibles ou la garantie de bonne exécution garantissant le financement du projet forestier.

Par ailleurs, en exigeant la garantie de bonne exécution qu'au soumissionnaire, le décret du 08 avril 2008, fixant la procédure d'attribution des concessions forestières laisse supposer, juridiquement, qu'elle n'est requise qu'en cas d'accès aux forêts par voie d'appel d'offres ; le demandeur d'une concession forestière en est dispensé. Ceci constitue une brèche pour les demandes de complaisance visant, non la mise en valeur des forêts, mais la spéculation sur les titres d'accès aux ressources forestières.

---

[251] Cfr arrêté ministériel du 07 août 2008 portant normes relatives aux installations à implanter dans les concessions forestières, articles 24 à 28 du décret du 08 avril 2008 fixant la procédure des concessions forestières et l'arrêté ministériel du 07 août 2008 fixant les modèles de contrat de concession d'exploitation des produits forestiers et de cahier des charges.

2.2.3. En droit agricole

À son article 16 litera *d* et *e,* la loi agricole conditionne l'accès aux terres agricoles à la justification d'une « *capacité financière susceptible de supporter la charge qu'implique la mise en valeur de la concession* », ainsi qu'à la production d'une étude d'impact environnemental et social.

Du point de vue technique, ce régime des conditions n'inclut pas celles relatives à la viabilité de l'infrastructure de travail, à la performance de l'outil de production et à la méthodologie de travail. Et pourtant, il est nécessaire que le requérant d'une concession agricole donne les gages de conformité des lieux de travail aux exigences d'hygiène et de sécurité, ainsi que de l'outil de production, aux exigences d'efficacité, de sécurité et de santé. Il doit en outre faire une description intégrale de sa chaîne de valeur.

Ces conditions techniques offre les éléments d'appréciation concrets de la capacité financière du requérant, celle-ci ne pouvant être évaluée qu'au regard du coût global des activités planifiées.

Par ailleurs, il est important de préciser légalement les modes de preuve de la capacité financière, de manière à faciliter le contrôle de l'existence des fonds et de leurs sources. Le requérant d'une concession agricole devrait, pour ce faire, produire un plan de financement de ses activités, en indiquant les sources et les modes réguliers de financement.

2.2.4. En droit halieutique et en droit cynégétique

Les lois sur la pêche et sur la chasse ne définissent pas les conditions financières d'accès aux ressources naturelles qu'elles régissent. En ce qui concerne les conditions techniques, la première en indique quelques-unes, mais en néglige des aspects importants ; la deuxième, sans fixer les conditions techniques d'obtention d'un permis de chasse, indique, cependant, les instruments et les procédés qui sont interdits ou autorisés.

En effet, à son article 5 litera *b* et *c,* le décret portant règlementation de concessions de pêche subordonne toute obtention d'une concession de pêche à l'indication : « *des méthodes et des engins de pêche perfectionnés que le demandeur compte employer et des moyens et concours financiers dont il dispose pour mettre ses projets à exécutions* ». Mais, il ne suffit pas que le requérant indique les méthodes, les engins et les moyens financiers qu'il est libre de choisir, ceux-ci doivent être conformes à une norme de gestion durable préalablement définie.

À son article 66, la loi portant règlementation de la chasse conditionne l'accès au gibier à l'obtention, en qualité de titulaire d'un permis de chasse, d'un permis de capture commerciale ; à ses articles 7 et 8, l'arrêté ministériel du 29 avril 2004 relatif aux mesures d'exécution de la dite loi indique les instruments cynégétiques autorisés. Il en résulte que pour accéder aux ressources cynégétiques, le requérant obtient, sans condition technique préalable, un permis de chasse qui lui confère la qualité de chasseur, et lui donne le droit de demander et d'obtenir un permis de capture commerciale ; après avoir ainsi obtenu le droit d'accès cynégétique, il se soumet aux conditions techniques fixées par l'arrêté en question, de sorte que ces conditions lient l'exercice du droit et non son obtention.

Pour être complet sur le régime des conditions d'accès aux ressources halieutiques, la loi sur la pêche devrait insister sur la conformité de l'outillage d'accès à une norme écologique, sécuritaire et sanitaire préétablie ; les moyens et concours financiers devraient y être précisés par rapport aux modes réguliers ou licites de financement d'un investissement. Dans le même ordre d'idée, la loi sur la chasse devrait clairement définir les conditions financières et techniques d'obtention d'un permis de chasse.

2.2.5. En droit de l'eau et en droit des hydrocarbures

La loi relative à l'eau ne définit aucune condition technique et financière d'accès aux ressources en eau. Pour sa part, la loi portant régime général des hydrocarbures se défausse, à son article 36 alinéa 1, sur le gouvernement en ce qui concerne la fixation des critères techniques et financiers d'accès aux hydrocarbures.

Dans tous ces deux cas législatifs, la fixation des conditions techniques et financières relève, non de la loi, mais du pouvoir règlementaire. Concernant l'accès aux ressources en eau ce pouvoir revient, selon les cas, au gouvernement national, au gouvernement provincial et au conseil exécutif local. Et il revient au ministre en charge des hydrocarbures pour ce qui concerne l'accès aux hydrocarbures. Cette diversité des sources formelles impliquera, dans chaque cas, un régime des conditions d'accès disparate et volatile, fait de plusieurs règlements ; ce qui n'offre pas aux investisseurs une garantie solide de sécurité juridique et ne facilite pas la décision d'investir.

En fixant le statut des hydrocarbures et des eaux, le cadre institutionnel de leur gestion, les modes et les formes d'accès, ainsi que le régime de leur protection, le législateur devrait épuiser sa compétence en déterminant aussi les règles de base sur les conditions techniques et financières d'accès.

3. Conditions environnementales et sociales

Au plan social et environnemental, l'accès industriel aux ressources naturelles est soumis à une étude d'impact environnemental certifiée **(3.1)** et à une analyse coûts-bénéfices **(3.2)**, dont il faut analyser et évaluer les applications en droit positif **(3.3)**.

3.1. Etude d'impact environnemental et social certifiée

Il nous faut indiquer les bases légales de l'étude d'impact environnemental, en donner la définition **(3.1.1)** et en préciser l'objet **(3.1.2)**. Elle est aussi un mécanisme dont il faut indiquer la responsabilité d'application **(3.1.3)**, les buts et les limites **(3.1.4)**.

3.1.1. Bases légales et définition

L'étude d'impact environnemental et social (EIES) est légalement définie par la loi du 09 juillet 2011 portant principes fondamentaux relatifs à la protection de l'environnement. La procédure de son établissement est fixée par le décret n°14/019 du 02 août 2014 fixant les règles de fonctionnement des mécanismes procéduraux de la protection de l'environnement.

Suivant l'article 2, point 19 de la loi en question, une EIES est « *un processus systématique d'indentification, de prévision, d'évaluation et de réduction des effets physiques, écologiques, esthétiques, sociaux préalable à la réalisation de projet d'aménagement, d'ouvrage, d'épuisement, d'installation ou d'implantation d'une unité industrielle, agricole ou autre et permettant d'en apprécier les conséquences directes ou indirectes sur l'environnement* »

Ainsi définie, l'EIES est faite suivant la procédure fixée par le décret en question ; elle est sanctionnée par un certificat environnemental délivré par l'Agence congolaise de l'environnement. Suivant l'article 31 du décret en question, ce certificat doit être annexé à toute demande d'accès industriel à une ressource naturelle.

3.1.2. Objet

Tel qu'énoncé à l'article 19 du décret fixant les règles de fonctionnement des mécanismes procéduraux de la protection de l'environnement, une EIES consiste en une description du contexte de justification, de la gestion technique, de la gestion environnementale et de la gestion sociale d'un projet.

Ainsi, L'EIES fixe les objectifs environnementaux, sociaux ou économiques du projet, la description du cadre institutionnel et juridique de son exécution et l'indication détaillée des activités du projet ; elle effectue un inventaire détaillé des éléments de l'environnement du site et de sa composition humaine, une indication des ressources naturelles susceptibles d'être affectées par les activités, ainsi qu'une analyse et une évaluation des externalités négatives du projet ; elle comprend aussi un plan de gestion environnementale et sociale décrivant les mesures conservatoires, compensatoires et restauratoires, prises pour gérer l'impact environnemental et social du projet, la méthodologie de leur application, ainsi que leur coût financier.

En plus de ce contenu, l'EIES est assortie d'une « *conclusion constituant le dénouement de l'élaboration de l'étude et l'engagement du promoteur à respecter les prescriptions environnementales et sociales* »

3.1.3. Responsabilité de réalisation

Suivant l'article 21 du décret du 2 août 2014, l'EIES doit être faite par un Bureau d'étude environnementale agréé, à la demande et à la charge du promoteur du projet d'accès à une ressource naturelle.

Si l'application de cette disposition règlementaire est facilement envisageable dans les cas de demande d'accès spontanée aux ressources naturelles, elle l'est difficilement en cas d'accès par voie d'appel d'offres. On ne saurait, en effet, concevoir que l'élaboration d'une offre par un soumissionnaire soit lestée du coût d'une EIES ; ou que la procédure d'appel d'offre s'allonge anormalement du délai d'une telle étude, sauf à en différer la réalisation après l'adjudication, en faisant alors de sa non réalisation une cause de déchéance de l'adjudicataire, ce qui, cependant, serait contraire à l'article 31 du décret en question qui conditionne l'attribution d'un droit d'accès à une ressource naturelle à la production d'un certificat environnemental sanctionnant l'EIES.

Donc, en cas d'accès à une ressource naturelle par voie d'appel d'offres, il est plus commode que la responsabilité de la réalisation d'une EIES incombe à l'État. Dans ce cas, ce dernier serait obligé d'effectuer une *évaluation environnementale stratégique* de tout projet d'accès à soumettre un appel d'offres, et ce, conformément aux articles 3, 4 et 5 du décret en question.

3.1.4. Buts et limites

L'accès aux ressources naturelles étant en lui-même une atteinte à l'environnement, l'EIES a pour vocation de le contenir dans les limites utiles et nécessaires. Elle vise donc, « *de façon générale, à trouver les moyens de réduire au minimum les effets sur l'environnement, sans pour autant modifier (sensiblement) les coûts et les avantages* du projet d'accès[252] »

Cependant, dans la vision stratégique du développement durable, il n'est pas uniquement question de contenir ou de compenser l'atteinte à l'environnement que constitue l'accès à une ressource naturelle, mais aussi d'arbitrer entre soit les bénéfices sociaux de différents accès à une même ressource naturelle, soit entre les coûts environnemental et social[253] d'un accès à une ressource naturelle et son flux de bénéfices sociaux.

---

[252] David PEARCE et al, *Analyse coûts-bénéfices et environnement : Développements récents*, OCDE, 2006, tbauler.pbworks.com/f/OECD—Pearce+et+al-2006.pdf, p. 315

[253] Le coût environnemental et social englobe le coût financier d'application des mesures compensatoires, conservatoires et restauratoires ainsi que la valeur des services écosystémiques détruits.

Les coûts environnemental et social englobent le coût financier de l'application des mesures compensatoires, conservatoires et restauratoires, ainsi que les bénéfices sociaux de l'accès à d'autres ressources naturelles détruites. L'arbitrage se fait entre le flux de bénéfices attendus d'un projet d'accès à une ressource naturelle et ses coûts environnemental et social. Une demande d'accès à une ressource naturelle devrait être ainsi rejetée, si ses coûts environnemental et social sont supérieurs au flux de bénéfices sociaux attendus ; ou si les flux de bénéfices sociaux attendus sont inférieurs à ceux de l'accès, en cours ou possible, à d'autres ressources naturelles.

L'EIES n'offre pas les éléments d'un tel arbitrage environnemental et social, et elle constitue une condition environnementale plutôt minimale. Pour la renforcer comme telle, elle pourrait être complétée d'un outil d'évaluation environnementale plus efficace et dont elle serait un point de départ : L'analyse coûts-bénéfices. A partir du contenu d'une EIES, cet outil peut permettre une évaluation du coût environnemental et social d'un accès à une ressource naturelle par rapport à son flux des bénéfices.

3.2. Analyse coûts-bénéfices

Une précision de la notion générale de l'analyse coûts-bénéfices **(3.2.1)** nous permet d'en apprécier l'applicabilité comme condition d'accès industriel aux ressources naturelles **(3.2.2)**.

3.2.1. Notion générale

Généralement, l'Analyse Coût-Bénéfices (ACB) peut être définie comme une méthode d'évaluation des prévisions de bénéfices et des coûts sociaux d'un projet d'investissement, en vue d'en évaluer l'intérêt ou l'opportunité pour la société. Elle consiste, en effet, en une identification des externalités positives et négatives d'un projet d'investissement, en leur quantification, en leur expression en unité monétaire, ainsi qu'en leur comparaison[254].

Ainsi définie, l'ACB permet une allocation des ressources socialement efficace. Elle aide les décideurs à savoir si un projet d'accès à une ressource naturelle génèrera un bénéfice net pour la société toute entière, ou s'il est socialement plus rentable que d'autres projets d'accès alternatifs ; en en mesurant et en en explicitant les externalités tant positives que négatives, elle renforce la transparence du processus décisionnel en équilibrant le niveau d'information de toutes les parties prenantes, de manière à éclairer parfaitement leurs choix.

---

[254] Meunier, V. (2009). « Analyse coût-bénéfices : guide méthodologique ». Numéro 2009-06 des *Cahiers de la Sécurité Industrielle,* Institut pour une Culture de Sécurité Industrielle, Toulouse, France (ISSN 2100-3874). Disponible à l'URL http://www.icsi-eu.org/francais/dev_cs/cahiers/, p.11

A la différence de l'EIES, l'ACB dépasse la simple description des externalités négatives, sociales et environnementales d'un projet accès un ressource naturelle, en vue de leur évitement, leur compensation ou leur atténuation ; elle en fait une évaluation monétaire par rapport à celle du flux des bénéfices sociaux attendus, pour de décider de l'opportunité sociale du projet.

3.2.2. Applicabilité comme condition d'accès industriel aux ressources naturelles

L'ACB est une méthode d'évaluation laborieuse, susceptible de renchérir le coût d'investissement et allonger le délai d'accès à une ressource naturelle. Elle s'accommoderait donc difficilement de l'impatience du marché et de l'urgence du besoin en devises du Trésor public.

Cependant, la diversité de bénéfices d'une ressource naturelle, les utilisations différentes dont elle peut faire l'objet et la multiplicité de ses utilisateurs nécessite une ACB qui en rationnalise la gestion[255], et ce, en permettant une prise en compte intégrale des pertes et des gains sociaux d'un projet d'accès à une ressource naturelle, ainsi qu'un choix rationnel entre deux ou plusieurs projets d'accès possibles. Comme condition environnementale de l'accès à une ressource naturelle, l'ACB devrait être ainsi requise lorsque, par exemple, un projet d'accès à une ressource minière croise sur un même lieu un projet d'accès à une terre agricole ou à une forêt ; elle permettrait un choix rationnel entre les différentes sortes d'accès, et ce, en comparant leurs bénéfices et leurs coûts sociaux à long terme.

Pour un projet d'accès à une ressource naturelle, les bénéfices sociaux sont évalués par rapport : à la valeur actuelle de la rente d'exploitation, à la somme des valeurs ajoutées distribuées aux parties prenantes locales ou nationales (trésor public, travailleurs, fournisseurs, sous-traitants ...), à la valeur des investissements contribuant à la formation du capital humain, social et physique ; les coûts sociaux peuvent être évalués en fonction des bénéfices sociaux perdus, suite à la restriction et à la privation d'autres formes d'accès à la même ressource naturelle ou d'accès à d'autres ressources naturelles altérées ou détruites ; ou en fonction du coût financier de la gestion environnementale.

3.3. Analyse et évaluation des applications en droit positif

Les applications de l'EIES et de l'ACB, comme conditions d'accès industriel aux ressources naturelles peuvent être analysées et évaluées en droit minier **(3.3.1)**, en droit forestier **(3.3.2)**, ainsi qu'en d'autres branches du droit des ressources naturelles **(3.3.3)**.

---

[255] David PEARCE et Al, *Op Cit*, pp.39-41

3.3.1. En droit minier

La législation minière prévoit ces propres outils de gestion sociale et environnementale d'un projet d'accès aux ressources minières. Ces outils sont élaborés conformément à ses règles, mais validées et approuvées par les mécanismes institués par la loi sur la protection de l'environnement et le décret y relatif.

En effet, tout requérant d'un permis d'exploitation minière ou d'une autorisation d'exploitation des produits de carrières permanente est tenu de présenter, en annexe de sa demande, une Etude d'Impact Environnemental du Projet (EIE) et un Plan de Gestion Environnementale du Projet (PGEP). Concernant une autorisation d'exploitation des produits de carrière temporaire, un permis de recherche minière et une autorisation de recherche des produits de carrière, leur obtention est suivie du dépôt d'un plan d'atténuation et de réhabilitation (PAR) dont l'approbation conditionne l'exercice du droit obtenu.

Suivant l'article 42 du code minier, l'EIE, le PGEP et le PAR sont instruits, conformément aux dispositions relatives à chaque droit minier et des carrières, par l'Agence congolaise de l'environnement, le Fonds national de promotion et de service social, en collaboration avec la Direction de protection de l'environnement minier et à la diligence du CAMI. L'instruction environnementale est sanctionnée, dans chaque cas, par un certificat environnemental délivré par l'Agence congolaise de l'environnement, conformément à la loi sur la protection de l'environnement.

Concernant l'analyse coûts-bénéfices, le code minier l'ignore. L'urgence des besoins en devises du Trésor public et la valeur marchande des ressources minières y fait primer l'accès aux ressources minières sur l'accès à d'autres ressources naturelles. Cet impératif financier, lié à l'existence même d'un État pauvre, exclut la possibilité de tout arbitrage environnemental en défaveur de l'accès à une ressource minière. Et pourtant, celui-ci peut ruiner une activité économique essentielle pour le développement local en altérant les ressources naturelles qui la sustente.

3.3.2. En droit forestier

Antérieure à la réglementation générale sur l'EIES, le code forestier n'en fait pas cas. Cependant, à son article 71, il subordonne toute activité de gestion et d'exploitation forestière à l'élaboration d'un plan d'aménagement forestier dont le contenu[256], bien que libellé en des termes différents, est identique à celui d'une EIES.

---

[256] Article 8 alinéa 2 de l'arrêté ministériel du 05 octobre 2006 fixant les procédures d'élaboration et de mise en œuvre des plans d'aménagement des concessions forestières de production des bois d'œuvre

Ce dispositif d'aménagement forestier pose la question de l'applicabilité de la réglementation générale organisant l'EIES et y conditionnant toute demande d'accès industriel aux ressources forestières. D'un point de vue purement juridique, le code forestier n'ayant pas prévu une EIES, la demande d'accès industriel aux ressources forestières y est, cependant, soumise conformément à la loi et au décret y relatif. Mais, d'un point de vue pratique, il se pose la question de l'opportunité de reproduire, dans un plan d'aménagement d'une concession forestière, le contenu d'une EIES déjà faite et certifiée au moment de la demande de la concession forestière.

Pour décharger la procédure d'accès industriel aux ressources forestières de ce double emploi, on pourrait réduire un plan d'aménagement forestier à son contenu traditionnel strictement limité à l'organisation des activités directes d'exploitation forestière[257], et laisser à l'EIES l'analyse préalable de ces activités, ainsi que de leurs externalités négatives sociales et environnementales.

Concernant l'analyse coûts-bénéfices, le code forestier l'a ignorée. Or, il s'agit d'un outil d'aide à la décision indispensable pour des choix rationnels à opérer entre les différentes affectations du sol ou des forêts. Le code forestier prévoit, en effet, diverses affectations des forêts et des cas de désaffectation des terres forestières pour d'autres utilisations du sol. Pour une gestion rationnelle des forêts, il devait être prévu un dispositif d'ACB permettant un arbitrage entre ces utilisations contradictoires et la comparaison de leurs rentabilités sociales.

3.3.3. En d'autres branches du droit des ressources naturelles

A son article 18 litera *e,* la loi agricole conditionne l'accès aux terres agricoles à la production préalable d'une EIES. Celle-ci doit être faite conformément à la procédure fixée par la loi sur la protection de l'environnement et le décret y relatif.

La loi pétrolière et gazière ne prévoit, à son article 155, l'EIES qu'en cas d'exploration dans une zone interdite ou sur une aire protégée ; celle relative à l'eau prescrit ses propres conditions environnementales pour l'accès aux eaux, sans mentionner l'EIES. Quant aux lois sur la chasse et la pêche, étant antérieures aux développements du droit international de l'environnement, ayant imposé l'EIES dans tout projet de gestion des ressources naturelles, elles ne la prévoient pas spécialement.

---

[257] Traditionnellement, l'aménagement forestier consiste en l'élaboration des hypothèses, des choix techniques et de gestion, par exemple le choix des essences, du taux de reconstitution, d'une gestion pied à pied, en bouquet ou en coupe rase, du diamètre ou de l'âge de fructification « efficace », du taux et nombre maximum d'arbres abattables par hectare, des saisons de chantiers de coupe, de la surface maximale des coupes, du nombre de semenciers à conserver par unité de surface, de la stratégie de débardage, de la quantité de bois mort, de gros-bois ou très gros bois et d'espaces à protéger de l'exploitation, des outils d'exploitation

Cependant, l'accès industriel aux ressources naturelles étant conditionné, par l'article 31 du décret sur les procédures de protection de l'environnement, à un certificat environnemental sanctionnant une EIES, tous les exploitants devront s'y soumettre. Le respect de cette condition environnementale serait plus assuré si chaque loi en faisait une condition d'accès à la ressource naturelle qu'elle régit.

§2. CONDITIONS D'ACCÈS ARTISANAL

L'accès artisanal aux ressources naturelles est soumis à des conditions professionnelles et éthiques **(1)**, financières et techniques **(2)** ainsi qu'environnementales et sociales **(3)**.

1. Conditions professionnelles et éthiques

Les conditions professionnelles **(1.1)** devraient être assorties de conditions éthiques **(1.2)**. Il nous faut en analyser et évaluer les applications en droit positif **(1.3)**.

1.1. Conditions professionnelles

Au plan professionnel, l'accès artisanal aux ressources naturelles devrait être soumis à la production d'une attestation d'expérience ou de formation professionnelles **(1.1.1)** ainsi qu'à un agrément **(1.1.2)**.

1.1.1. Attestation d'expérience ou de formation professionnelles

Contrairement à l'accès industriel aux ressources naturelles, nécessitant l'organisation d'une entreprise, l'accès artisanal met en contribution des aptitudes techniques individuelles dans la gestion efficace des ressources naturelles. Les conditions professionnelles renvoient donc, dans ce cas, à la qualification et au savoir-faire du requérant d'un droit d'accès artisanal.

Pour assurer la constitution d'un artisanat efficace et dynamique, tout requérant d'un droit d'accès artisanal à une ressource naturelle doit apporter la preuve de sa connaissance de la ressource naturelle, ainsi que des techniques écologiques de son utilisation durable. Cette connaissance peut être acquise au terme d'une formation professionnelle ou d'une expérience pratique ; elle devra être attestée par un *brevet d'aptitude professionnelle* délivrée par un centre de formation spécialisée.

Dans l'enseignement professionnel, ce type de brevet sanctionne soit un examen passé après des enseignements régulièrement suivis, soit un processus de validation des acquis de l'expérience. Ce processus permet à toute personne pratiquant ou ayant pratiqué une profession de faire attester, par un diplôme, son expérience et de se le faire délivrer à toute fin utile.

De telles conditions peuvent paraître rigoureuses et couteuses, dans la mesure où elles restreignent la ruée populaire vers les ressources naturelles et requiert l'institution des centres de formation. Elles répondent, cependant, mieux à la double nécessité écologique et économique d'avoir, dans le secteur des ressources naturelles, un artisanat efficace et dynamique. Celui-ci suppose des exploitants artisanaux qualifiés et organisés stratégiquement, de manière à constituer, d'une part, une force productive efficace, et d'autre part, une demande institutionnelle intelligente, susceptible d'imprimer au cadre institutionnel une évolution qualitative.

1.1.2. Agrément

En droit administratif, l'agrément est l'acte par lequel une autorité reconnue (administrative ou ordinale) confère à une personne, répondant à des critères spécifiques, la qualité pour exercer une activité professionnelle dans un domaine précis.

Comme condition d'accès artisanal aux ressources naturelles, l'agrément confère à une personne, jugée apte et capable, la qualité d'exploitant artisanal d'une ressource naturelle donnée. Il permet ainsi l'organisation des exploitants artisanaux en un corps professionnel et leur contrôle disciplinaire. En d'autres termes, il s'agit d'un outil d'intégration à un corps professionnel, constitué pour assurer l'adhésion des membres à une même déontologie professionnelle.

A la différence d'une autorisation d'accès à une ressource naturelle (permis, licence...), qui confère un droit réel et en constitue le titre, l'agrément confère une qualité professionnelle, en vertu de laquelle on peut solliciter un droit accès artisanal à une ressource naturelle.

1.2 Conditions éthiques

Au plan éthique, l'accès artisanal aux ressources naturelles doit être soumis à une garantie de l'intégrité du requérant, fournie par les casiers administratif et judiciaire **(1.2.1)** ainsi qu'à un acte d'engagement éthique **(1.2.2).**

1.2.1. Casiers administratif et judicaire

Pour garantir davantage l'efficacité de l'accès artisanal aux ressources naturelles, l'État doit s'assurer de l'honnêteté des exploitants artisanaux, soit de la conformité de leurs comportements aux lois et règlements de leur secteur d'activités. Pour ce faire, il est nécessaire d'instituer un *casier judiciaire environnemental* et un *casier administratif.*

Le *casier judiciaire environnemental* pourrait être un département du casier judiciaire national, chargé de collecter en vue de leur conservation, de leur mise à jour et de leur communication, les *casiers judicaires environnementaux individuels*. Ceux-ci pourraient être des relevés personnalisés de condamnations judiciaires pour des infractions prévues par les lois régissant la protection de l'environnement et l'exploitation des ressources naturelles. Quant au *casier administratif*, il pourrait être un service public ayant les mêmes fonctions qu'un casier judiciaire national, mais s'occupant des *casiers administratifs individuels*, qui recensent les transactions administratives appliquées en cas de violation des lois et règlements régissant la protection de l'environnement et l'exploitation des ressources naturelles.

Ainsi, pour s'assurer de l'honnêteté d'un requérant d'un droit d'accès à une ressource naturelle, l'administration pourrait l'obliger à produire un *casier judiciaire environnemental individuel* et un *casier administratif individuel* attestant qu'il n'a jamais encouru une condamnation judiciaire ou une transaction administrative. Dans ce dernier cas, l'accès peut lui être accordé s'il prouve qu'il avait fidèlement exécuté la transaction.

1.2.2. Acte d'engagement éthique

Autant que la faiblesse de la réglementation, celle du sens éthique des exploitants artisanaux explique largement les fléaux socio-environnementaux produits par l'accès artisanal aux ressources naturelles.

Pour que l'accès artisanal aux ressources naturelles accomplisse écologiquement ses promesses de réduction de la pauvreté et de croissance économique, il faut, au-delà de la règlementation des activités, une moralisation des exploitants artisanaux. Généralement, cette moralisation se fait formellement par la signature d'un code de bonne conduite prescrivant des comportements conformes à l'éthique environnementale, sociale et professionnelle. Par cet acte, le requérant d'un droit d'accès artisanal s'engage à intérioriser et à observer toutes les règles éthiques édictées.

En conditionnant l'accès artisanal aux ressources naturelles à un tel acte d'engagement éthique, l'État espère refreiner la propension à la débauche, au gaspillage et à l'exploitation des personnes vulnérables sur les sites d'exploitation artisanale, de sorte que ceux-ci soient des lieux de prospérité, de renforcement du lien social et de convivialité, où se forge un esprit entrepreneurial.

1.3. Analyse et évaluation des applications en droit positif

Ainsi définies, les conditions professionnelles et éthiques connaissent des applications en droit positif qu'on peut analyser et évaluer en droit minier **(1.3.1)**, en droit forestier **(1.3.2)**, en droit agricole **(1.3.3)**, ainsi que dans d'autres branches du droit des ressources naturelles **(1.3.4)**.

1.3.1. En droit minier

En droit minier, l'application des conditions professionnelles et éthiques peut être analysée et évaluée à travers les règles d'accès au statut d'exploitant artisanal et d'encadrement de l'exercice des activités **(A)**, ainsi que celles d'organisation professionnelle **(B)**.

A. Règles d'accès au statut d'exploitant artisanal et d'encadrement de l'exercice des activités

Tel que modifié et complété à ce jour, le code minier n'organise pas un dispositif de contrôle d'aptitudes professionnelles des exploitants artisanaux et de leur encadrement disciplinaire, car l'accès au statut d'exploitant artisanal n'est pas conditionné à une formation professionnelle préalable.

En effet, l'obtention de la carte d'exploitant artisanal n'est pas soumise à la production d'une attestation d'expérience ou de formation professionnelles ; suivant l'article 229 alinéa 2 du règlement minier, elle est simplement soumise à la réussite du requérant à un test d'évaluation de ses connaissances sur la règlementation environnementale, de sécurité et d'hygiène ; ce qui n'est pas la preuve d'une formation professionnelle préalable.

Suivant l'article 232 du règlement minier, le formation professionnelle préalable est plus ou moins assurée après l'accès au statut d'exploitant artisanal, ainsi qu'avant et durant l'exercice de ses activités : elle 'effectue par un encadrement technique assuré par le ministère des mines qui, étant sanctionné par un test d'évaluation, n'implique aucune sanction précise en cas d'échec, sauf pour un exploitant artisanal dont la carte a été retirée pour violation de la règlementation environnementale, et qui, suivant l'article 233 alinéa 5 du règlement minier, doit réussir pour obtenir sa réinscription ; ou encore, pour un exploitant artisanal dont la carte n'est pas renouvelée qui, suivant l'article 232 alinéa 3 du même texte, doit réussir au test d'évaluation pour en obtenir le renouvellement.

B. Règles d'organisation professionnelle

Vue la massivité de la demande d'accès artisanal aux ressources minière induite par celle du chômage, il est compréhensible que l'État peine à ériger l'artisanat minier en une véritable profession, mieux organisée à travers une procédure d'agrément, telle que décrite ci-dessus.

Néanmoins, suivant l'article 111 alinéa 1ier du code minier, un exploitant artisanal doit être membre d'une coopérative d'exploitation artisanale pour exercer ses activités. Cette condition d'adhésion préalable à une telle coopérative peut être le jalon d'une professionnalisation de l'artisanat minier ; il suffirait de la faire évoluer, d'un simple mécanisme de contrôle des activités dans une zone d'exploitation artisanale, à celui d'encadrement professionnel et disciplinaire, tel que décrit ci-dessus.

L'émergence d'un artisanat minier efficace et dynamique est une ambition qui ne saurait se passer ni de la constitution d'un corps professionnel autonome, dont l'entrée est conditionnée par un acte d'agrément, ni de l'expérience et de la formation professionnelles, comme conditions préalables à l'accès artisanal aux ressources minières. Il serait donc souhaitable que le stage de formation, suivi de l'agrément, soit obligatoire et préalable à toute demande d'accès artisanal aux ressources minières.

En ce qui concerne l'application des conditions éthiques, les antécédents judiciaires du requérant ne font pas partie de mentions obligatoires d'une demande de carte d'exploitant artisanal, telles que prévues à l'article 224 du code minier ; il y est au contraire prévu l'engagement de respecter le *code de bonne conduite de l'exploitant artisanal* ; ce qui est un strict minimum.

1.3.2. En droit forestier

Pris en application du code forestier, l'arrêté ministériel du 05 octobre 2006 relatif à l'exploitation forestière ne conditionne pas l'accès artisanal aux ressources forestières à l'expérience ou à la formation professionnelles des requérants ; il prévoit l'agrément des exploitants artisanaux, mais en le confondant avec une autorisation d'exploitation.

En effet, telle que régie à l'article 16 de l'arrêté en question, la demande d'un permis de coupe artisanale ne contient aucune information relative à l'expérience et à la formation professionnelles du requérant. Or, à ce niveau d'exploitation forestière, on ne cherche pas à mobiliser les capitaux, mais à mettre en contribution les compétences et les savoir-faire individuels dans la gestion durable des forêts ; ne pas en faire une condition préalable à l'accès artisanal aux ressources forestières hypothèque la réalisation des bénéfices attendus au plan social, économique et environnemental.

Conformément aux articles 23 à 25 du dit arrêté ministériel, l'acte d'agrément confère, outre la qualité d'exploitant artisanal, le droit de couper les bois dans une forêt des communautés locales ; il n'est valable que pour une durée de 3 ans et pour la forêt visée seulement. Cette portée réelle et cette validité, ainsi doublement limitées, sont celles d'une autorisation d'exploitation, et non celles d'un acte d'agrément signifiant, non l'octroi d'un droit d'accès, mais l'acquisition d'une qualité professionnelle par l'adhésion définitive à l'esprit d'un corps professionnel. La qualité d'exploitant forestier devrait être ainsi conférée à titre définitif, pour toute l'étendue du territoire national, et en tenant compte de la qualification professionnelle du bénéficiaire.

Concernant l'application des conditions éthiques, les antécédents judiciaires du requérant et son engagement éthique ne sont pas des conditions de délivrance d'un permis de coupe ou d'un acte d'agrément. Or, pour mieux protéger les forêts, la seule répression des infractions forestières ne suffit pas ; il faut, en amont, réduire le risque d'y introduire des personnes indélicates.

1.3.3. En droit agricole

Telle que précisé à l'article 18 de la loi agricole, le régime des conditions d'accès aux terres agricoles ne comporte aucune de conditions professionnelles et éthiques exposées ci-dessus ; la formation professionnelle qui est organisée n'est pas une condition préalable à l'octroi d'une concession agricole.

Et pourtant, la mise en valeur efficace du potentiel agricole, par l'agriculture familiale ou de type familial, requiert des agriculteurs qualifiés, consciencieux et stratégiquement organisés. C'est pour répondre à cette exigence que la loi agricole prévoit l'organisation d'une formation continue des agriculteurs, mais sans en faire une condition préalable à l'accès aux terres agricoles. S'agissant d'une mise en contribution des qualités et du savoir-faire individuels, il est tout à fait judicieux et raisonnable que tout requérant d'un droit d'accès individuel aux terres agricoles adhère à une déontologie professionnelle et fasse preuve d'une qualification adéquate et d'honorabilité.

Donc, toute demande de concession agricole familiale ou de type familial devrait contenir un certificat de formation délivré par une ferme-école agréée, un casier judiciaire environnemental individuel, un acte d'agrément et un acte d'engagement éthique.

1.3.4. Dans les autres branches du droit des ressources naturelles

De toutes les autres lois organisant l'accès artisanal aux ressources naturelles qu'elles régissent, seule la loi sur la chasse définit une condition professionnelle et éthique plutôt minimale.

En effet, suivant les articles 37 et 38 de la loi portant règlementation de la chasse, le requérant d'un accès artisanal au gibier, c'est-à-dire d'un per-mis rural de chasse doit donner la preuve de ses aptitudes ou de son expé-rience cynégétiques ; et il ne doit pas avoir été condamné d'une peine de servitude pénale, pour une infraction à la législation nationale ou étrangère de la chasse. Ce régime des conditions est bien minimal par rapport au développement théorique qui en est fait ci-dessus : elle ne comporte pas un acte d'agrément à un corps professionnel, stratégiquement organisé, un casier judiciaire individuel spécifique et un acte d'engagement éthique.

Les autres lois n'organisent pas spécifiquement l'accès artisanal aux ressources naturelles qu'elles régissent. Il faudrait combler ce déficit en tenant compte des conditions professionnelles et éthiques telles que théoriquement exposées ci-avant.

2. Conditions financières et techniques

Les conditions financières d'accès artisanal aux ressources naturelles **(2.1)** sont généralement couplées avec les conditions techniques **(2.2)** ; elles connaissent toutes des applications en droit positif qu'il faut analyser et évaluer **(2.3)**.

2.1. Conditions financières

Concernant l'accès artisanal aux ressources naturelles, les conditions financières sont les exigences liées au paiement de la redevance d'accès, ainsi qu'à la capacité et à l'organisation financières du requérant d'un droit d'accès artisanal.

La capacité financière suppose les moyens dont dispose le requérant pour financer le coût de démarrage de son activité ; l'organisation financière suppose un outil de comptabilité fiable, garantissant le maintien de cette capacité financière ou l'accès au crédit durant toute la période de l'exploitation. Lorsqu'on considère, en effet, que l'accès artisanal aux ressources naturelles participe de la mise en œuvre d'une politique pro-pauvre[258], l'accès au crédit des requérants ou des exploitants devient un critère essentiel, car la faiblesse de leurs épargnes propres explique, en grande partie, l'inefficacité de l'accès artisanal ; ils doivent être des vecteurs fiables des crédits financiers nécessaires au développement de l'exploitation artisanale des ressources naturelles.

Donc, en plus de ses propres moyens financiers, la capacité financière du requérant d'un droit d'accès artisanal aux ressources naturelles devra inclure les garanties d'une gestion bancable de son projet ; c'est-à-dire une organisation financière et comptable pouvant crédibiliser une demande éventuelle de crédit, de sorte que son entreprise artisanale s'inscrive dans la durée et le sorte réellement de la pauvreté.

2.2. Conditions techniques

Les conditions techniques font référence à la méthodologie de travail qui inclut l'ensemble de procédés et outils d'approche de la ressource naturelle, de son extraction, de son évacuation, de sa conservation et de sa transformation primaire. Ces procédés et outils doivent être efficaces, écologiques et hygiéniques.

Ainsi, le requérant d'un droit d'accès artisanal à une ressource naturelle doit, pour chaque phase du processus de production, posséder des outils appropriés, et démontrer qu'il en fera un usage adéquat, c'est à dire qui ne gas-

---

[258] Politique visant à aider les pauvres à participer au processus formel de production des et services.

pille pas les ressources naturelles exploitées et ne génère pas un risque environnemental, sécuritaire et sanitaire majeur.

L'application rigoureuse d'un tel régime des conditions techniques devrait rendre plus efficace et plus efficient l'accès artisanal aux ressources naturelles, car il est évident que le laxisme technique en explique en grande partie les aspects peu reluisants relevés ci-dessus

2.3. Analyse et évaluation des applications en droit positif

Telles qu'organisées par toutes les lois en vigueur sur les ressources naturelles, aucune de procédures d'accès artisanal aux ressources naturelles ne comporte les conditions financières et techniques, telles qu'elles viennent d'être exposées.

Ce laxisme juridique fait le lit des demandes d'accès artisanal de complaisance, c'est-à-dire faites par des personnes sans moyens suffisants ou servant de prête-noms à des personnes inéligibles. De telles demandes traduisent plus des besoins financiers et de survie immédiats que des motivations professionnelles, à la hauteur de la finalité sociale et économique de la politique publique d'accès artisanal aux ressources naturelles. Le requérant d'un droit d'accès artisanal à une ressource naturelle ne doit pas être qu'une personne en mal d'argent ou d'emploi ; il doit être un agent professionnellement motivé pour devenir à la fois sujet et acteur d'une politique socio-économique pro-pauvre.

Donc, une demande d'accès artisanal à une ressource naturelle doit comporter les éléments qui prouvent un engagement personnel à profiter des opportunités offertes pour sortir définitivement de la pauvreté et devenir un agent de développement.

3. Conditions environnementales et sociales

L'accès artisanal aux ressources naturelles est soumis à une évaluation environnementale stratégique **(3.1),** ainsi qu'à une étude d'impact environnemental et social **(3.2)**. Il faut analyser et évaluer les applications de ces deux outils en droit positif **(3.3)**.

3.1. Évaluation Environnementale Stratégique (EES)

L'EES est prévue à l'article 19 de la loi du 9 juillet 2011 sur la protection de l'environnement, et elle est organisée par le décret y relatif du 02 août 2014, spécialement à ses articles 3 à 16.

Cette loi et ce décret définissent l'EES comme : un processus systématique visant à évaluer les conséquences environnementales d'une politique, d'un programme ou d'un plan publics ; elle est, suivant l'article 19alinéa 1 de la loi en question, une condition préalable à la mise en œuvre de ces mesures publiques dans le secteur des ressources naturelles. Ainsi, toute décision publique d'ouvrir et d'aménager un site d'exploitation artisanale des ressources naturelles doit faire préalablement l'objet d'une EES.

Dans ce cas, la réalisation d'une EES devra incomber à l'autorité administrative qui en soumet le rapport à l'Agence congolaise de l'environnement. L'avis environnemental favorable de cette dernière permet l'offre publique des droits d'accès artisanaux ou l'ouverture d'un site d'exploitation artisanale.

3.2. Étude d'Impact Environnemental et Social

En cas de demande spontanée d'accès artisanal à une ressource naturelle, il est de plus en plus suggéré que le requérant soit obligé de faire une EIES sur le site qu'il compte occuper, comme le prévoit la loi agricole.

Cependant, le coût d'une telle étude paraît bien incompatible avec l'objectif social de l'accès artisanal aux ressources naturelles. Si, en effet, l'accès artisanal aux ressources naturelles vise principalement à réduire la pauvreté, c'est-à-dire à procurer des revenus aux populations, le requérant ne doit pas être assez nanti pour supporter le coût d'une EIES. Or, sans celle-ci, l'accès artisanal aux ressources naturelles devient un risque environnemental.

Pour sortir de ce dilemme, il faut que l'accès artisanal aux ressources naturelles ne soit autorisé que sur les sites préalablement aménagés par l'État, de sorte que celui-ci soit obligé de mettre en place une politique d'organisation spéciale de l'exploitation artisanale des ressources naturelles ; il repère à cet effet les sites, y effectue une EES et procède à leur lotissement.

3.3. Analyse et évaluation des applications en droit positif

Toutes les lois organisant l'accès artisanal aux ressources naturelles sont antérieures à la loi et au décret instituant l'EIES et l'EES, et elles ne conditionnent pas l'accès artisanal à une évaluation environnementale des activités.

Toutefois, suivant les articles 86 et 87 de la loi environnementale en question, ainsi que les articles 63 et 64 de son décret d'application, tout projet d'accès artisanal aux ressources naturelles, antérieure à leur entrée en vigueur, doit, dans un délai de 12 mois, à partir du 02 août 2014, subir une EIES ou une EES.

Toutefois, il faut souhaiter une réforme de toutes ces lois relatives aux ressources naturelles, afin d'inclure dans chacune d'elles des applications spécifiques de la loi environnementale et de son décret d'application.

§3. *CONDITIONS D'ACCÈS TRADITIONNEL*

L'accès traditionnel aux ressources naturelles peut être soumis à l'appartenance à la communauté autochtone ou locale possédante **(1)**, ainsi qu'à l'établissement du domicile sur son territoire **(2)**.

1. Appartenance à la communauté autochtone possédante

Sauf des cas de tolérance sur les ressources naturelles domaniales, l'accès traditionnel aux ressources naturelles procède d'une possession coutumière ; il est en principe reconnu aux seuls membres de la communauté autochtone ou locale possédante. Ceci pour une raison à la fois juridique et sociologique.

Du point de vue juridique, la possession coutumière des ressources naturelles est un faisceau de droits de jouissance individuels s'exerçant à l'intérieur d'une communauté autochtone ou locale ; elle tire sa légitimité de son statut de *legs ancestral*, antérieur au droit écrit et structurant la vie communautaire des ayants-droits traditionnels. Il faut donc être membre originaire ou intégré d'une communauté autochtone pour avoir un accès traditionnel à ses ressources naturelles.

Du point de vue sociologique, la possession coutumière des ressources naturelles structure une relation profonde et intime, liant la communauté autochtone ou locale à son territoire traditionnel. On ne saurait donc, en dehors ou en marge de cette relation, concevoir un autre rapport aux ressources naturelles possédées. Tout accès traditionnel aux ressources devrait en être la traduction.

2. Établissement du domicile sur le territoire de la communauté autochtone ou locale possédante

Les citoyens des États post-coloniaux ont chacun une ascendance qui le rattache à une communauté locale ou autochtone de leurs pays. Cette appartenance coutumière ne suffit pas, cependant, pour être titulaire du droit d'accès traditionnel aux ressources naturelles du territoire de sa communauté coutumière : il faut y être domicilié.

En effet, en consacrant les droits des peuples autochtones sur leurs ressources naturelles, le droit vise : la protection des individus qui en dépendent pour leur survie, la conservation des cultures traditionnelles et la mise en contribution du savoir traditionnel dans la gestion durable de l'environnement ; et il faut habiter le territoire d'une communauté locale ou autochtone pour dépendre de ses ressources naturelles et participer à l'animation de la vie traditionnelle.

Par cette condition de domicile, le droit assure que l'accès traditionnel aux ressources naturelles reste dans la droite ligne des objectifs sociaux, culturels et écologiques qu'il lui assigne, car les membres d'une communauté autochtone ou locale domiciliés hors de son territoire pourraient bien accéder à ses ressources traditionnelles pour servir d'autres objectifs.

Section 5 : CONTROLE DE L'ACCÈS AUX RESSOURCES NATURELLES

Après avoir défini le contrôle d'accès aux ressources naturelles et ses principes fondamentaux **(§1)**, nous pouvons décrire les dispositifs de contrôle d'accès industriel **(§2),** d'accès artisanal **(§3)** et d'accès traditionnel **(§4)**.

§1. DÉFINITION ET PRINCIPES FONDAMENTAUX

La définition du contrôle d'accès aux ressources naturelles **(1)** nous permettra de mieux en préciser les principes fondamentaux et leurs applications en droit positif **(2)**.

1. Définition

Généralement, le contrôle d'accès peut se définir comme le pouvoir de surveiller, de diriger et de réguler l'accès d'autres personnes à une chose dont on a la maîtrise[259] ; appliqué à l'accès aux ressources naturelles, il renvoie aux pouvoirs de définir la politique et les règles d'accès, d'autoriser ou d'interdire l'accès, ainsi que de surveiller et de sanctionner les exploitants.

Définir la politique d'accès aux ressources naturelles revient à articuler une vision stratégique cohérente, qui définit les objectifs de l'utilisation des ressources naturelles, les acteurs publics et privés à mobiliser, ainsi que leurs rôles par rapport aux objectifs fixés au plan environnemental, social et économique. La définition des règles d'accès signifie la construction d'un cadre normatif, coercitif et incitatif, qui oriente les comportements des acteurs vers la réalisation des objectifs d'une vision stratégique mieux articulée.

Ces pouvoirs politique et normatif impliquent celui de fixer les statuts juridiques des ressources naturelles, d'y autoriser et d'y interdire l'accès, suivant les règles d'accès établies et des objectifs poursuivis, ils impliquent aussi celui de surveiller et de sanctionner les comportements des acteurs.

2. Principes fondamentaux et applications en droit positif

Le contrôle d'accès aux ressources naturelles repose fondamentalement sur les principes : de contrôle d'accès équitable **(2.1)**, de contrôle d'accès transparent **(2.2)** et de contrôle d'accès participatif **(2.3)**.

---

259 RIBOT JC et PELUSO NL, *Op. Cit.* , pp. 158-159

2.1 Contrôle d'accès équitable

Le contrôle d'accès équitable est celui dont l'exercice vise à assurer l'accès équitable aux ressources naturelles, tel que défini ci-dessus, au pargraphe 1, de la section 2 du présent chapitre. Nous y renvoyons donc pour une meilleure compréhension.

2.2 Contrôle d'accès transparent

Le principe de contrôle d'accès transparent se définit suivant les mêmes critères que l'accès transparent aux ressources naturelles ; il signifie que, dans l'exercice des pouvoirs de contrôle, l'État forme, sensibilise et informe les catégories de parties prenantes sur les politiques et les règles d'accès, les autorisations et les interdictions d'accès, ainsi que sur les sanctions applicables.

Ainsi défini, le principe de contrôle d'accès transparent a la même finalité que celui d'accès transparent aux ressources naturelles, tel qu'exposé ci-dessus[260] ; il vise à ce que les parties prenantes soient capables de réagir avec efficacité, pertinence et responsabilité aux mesures et décisions publiques prises sur l'accès à une ressource naturelle. Ces deux principes partagent aussi les mêmes sources matérielles et formelles. Consacré en droit international public, le principe de contrôle transparent se fonde sur la nécessité d'assurer le contrôle citoyen sur l'exercice du pouvoir de contrôle et de prévenir la corruption.

Concernant les applications en droit positif interne, mise à part le code forestier en ce qui concerne la politique forestières[261], aucune autre loi relative aux ressources naturelles n'oblige l'État à élaborer une politique d'accès aux ressources naturelles, à en informer les parties prenantes, ainsi qu'à les sensibiliser et à les informer sur le projet des lois ou des règlements.

2.3 Contrôle d'accès participatif

La mise en œuvre du contrôle d'accès participatif suppose l'élaboration participative des politiques **(2.3.1)** et des règles **(2.3.2)** d'accès aux ressources naturelles, ainsi qu'un processus participatif d'autorisation d'accès aux ressources naturelles **(2.3.3)**.

2.3.1. Élaboration participative des politiques d'accès aux ressources naturelles

L'élaboration participative d'une politique d'accès à une ressource naturelle signifie l'implication, dans un cadre formel, de toutes les catégories de

[260] Au paragraphe 2, de la section 2, du présent chapitre

[261] À ses articles 4 et 5, il oblige l'Etat à élaborer une politique forestière nationale à travers un plan forestier national en impliquant toute les parties intéressées.

parties intéressées, de manière à articuler une vision stratégique prenant en compte tous les bénéfices procurés par chaque type de ressources naturelles et tous les besoins correspondants présents et futures.

L'implication des parties interessées doit se faire par des modes de participation appropriés pour atteindre tous les groupes représentatifs de tous les intérêts en présence. Pour ce faire, il y a une tendance à instituer, pour chaque catégorie de ressources naturelles, un Conseil national tripartite regroupant les représentants du secteur public, du secteur privé et de la société civile. Un tel organe est le lieu idéal d'élaboration d'une vision stratégique, du suivi et de l'évaluation de sa mise en œuvre.

De toutes les lois relatives aux ressources naturelles, seuls le code forestier, la loi agricole et la loi relative à l'eau prévoient, respectivement, l'institution d'un *Conseil Consultatif National des forêts*[262], d'un *Conseil Consultatif National de l'agriculture*[263] et d'un organisme consultatif[264]. Cependant, les fonctions consultatives de ces organes limitent leurs rôles par rapport au gouvernement, qui conserve l'initiative dans l'élaboration et l'évaluation des politiques d'accès. Ils devraient pourtant être les lieux où le gouvernement agit et fait évaluer son action par les citoyens.

2.3.2. Élaboration participative des règles d'accès aux ressources naturelles

L'élaboration participative des règles d'accès à une ressource naturelle signifie l'association de toutes les catégories de parties intéressées, non seulement à l'élaboration du projet ou de la proposition de loi, mais aussi à son examen par les chambres du parlement, compte tenu de leur faible représentativité par rapport aux intérêts spécifiques en jeux.

Les limites de la démocratie représentative et la nécessité de la démocratie délibérative s'illustrent mieux à la lumière de la multiplicité des bénéficiaires des ressources naturelles. Le parlement représente, certes, le peuple dans son ensemble, mais il ne peut prétendre à la représentativité réelle des intérêts spécifiques des parties intéressées par l'utilisation d'une ressource naturelle. Ce déficit de représentativité sectorielle remet en cause la qualification des députés dans la réglementation de l'utilisation des ressources naturelles et hypothèque la légitimité des lois y relatives ; ce qui rend nécessaire l'association de toutes les parties intéressées au processus législatif.

Les incohérences, ainsi que les insuffisances du code forestier et de la loi agricole dénoncées par les opérateurs du secteur privé et de la société civile plaident mieux pour cette démocratie délibérative ; tout comme les contestations, par les entreprises minières, du projet de modification du code

262 Article 29 et 30 du Code forestier
263 Article 8 de la loi portant principes fondamentaux relatifs à l'agriculture
264 Article 14 de la loi relative à l'eau.

minier présenté par le gouvernement à la session parlementaire de septembre-décembre 2017.

Bien sûr qu'en pratique le gouvernement associe de plus en plus le secteur privé et la société civile dans l'élaboration des projets des lois ou des règlements, mais la légitimité que peut conférer à un projet de loi cette démocratie participative peut être ruinée, au moment de son examen, par des députés moins qualifiés pour représenter les intérêts en présence. Il faut donc obliger les chambres du parlement à consulter, via leurs commissions des ressources naturelles, les représentants qualifiés de toutes les parties in-téressées.

2.3.3. Processus participatif d'autorisation d'accès aux ressources naturelles

L'impératif participatif se fait ressentir dans le processus d'autorisation d'accès aux ressources naturelles, étant donné qu'une décision d'octroi ou de refus de droit d'accès à une ressource naturelle peut affecter et doit viser le bien-être des populations.

Ainsi, une autorisation d'accès à une ressource naturelle ne doit pas être un acte tranché, dicté uniquement par les besoins du Trésor public, mais elle doit se situer au terme d'une série d'actes mesurés prenant en compte les besoins de toutes les parties intéressées. La participation de celles-ci au processus de décision donne à l'administration la juste mesure de leurs besoins, limite le risque de bradage des ressources naturelles et garantit la légitimité de la décision.

Pour faire participer les parties prenantes au processus de décision, l'administration publique recourt généralement à trois procédés correspondant aux degrés d'intervention citoyenne[265] :

- l'*enquête publique* : qui consiste à informer les parties prenantes de la décision à prendre et de ses effets, en vue de recueillir leurs avis. Elle se fait à travers des relais représentatifs des intérêts en présence mis en place par l'État (comme les organismes public consultatifs) ou accrédités par lui (les Organisations Non Gouvernementales).
- la *concertation* : qui consiste à inviter les parties prenantes à faire prévaloir leurs intérêts et à proposer des alternatives à la décision, tandis que l'administration publique est obligée de justifier cette dernière par rapport à l'intérêt général.
- l'*association* : qui consiste à associer, au processus décisionnel, les représentants des parties prenantes, en les insérant dans des organes de décision, de sorte qu'ils deviennent codécideurs de l'autorité administrative.

---

[265] RIVERO J. « *Participation du citoyen : Aspects généraux* », in Participation du citoyen à la vie politique et administrative, XII Journée d'études juridiques Jean Dabin, Brylant, Bruxelles, 1986, pp. 161-165.

A travers l'enquête publique préalable à l'octroi d'une concession forestière, ainsi que l'insertion des représentants du secteur privé et de la société civile dans la commission interministérielle d'adjudication, le code forestier donne l'exemple perfectible d'un processus participatif d'autorisation d'accès à une ressource naturelle. Toutes les autres lois sur les ressources naturelles ne prévoient pas, pour les autorisations d'accès, une telle garantie de légitimité.

§2. DISPOSITIF DE CONTROLE DE L'ACCÈS INDUSTRIEL

Le dispositif de contrôle d'accès industriel aux ressources naturelles peut être décrit à travers une indication : des phases du processus d'accès industriel **(1)**, des outils de contrôle préventif **(2)** et de contrôle répressif **(3),** ainsi que des sanctions applicables **(4)**.

1. Phases du processus d'accès industriel

Les phases du processus d'accès d'industriel aux ressources naturelles se définissent suivant les voies d'accès : l'accès par voie d'appel d'offres **(1.1),** l'accès par voie de négociation de gré à gré **(1.2),** ainsi que l'accès par voie de demande spontanée **(1.3).**

1.1 En cas d'accès par voie d'appel d'offres

En cas d'accès par voie d'appel d'offres, le processus d'accès industriel aux ressources naturelles commence par la constitution d'une Commission d'appel d'offres **(1.1.1)**, se poursuit par l'enregistrement des dépôts de plis d'offres **(1.1.2)**, l'ouverture des plis d'offres **(1.1.3)**, l'examen et l'admission des candidatures **(1.1.4)**, l'analyse des offres **(1.1.5),** et se termine par la décision d'adjudication ou d'appel d'offres infructueux **(1.1.6)** qui peut faire l'objet d'un contrôle juridictionnel **(1.1.7)**. Il faudra, par ailleurs, en analyser et évaluer les applications en droit positif **(1.1.8)**.

1.1.1. Constitution de la Commission d'appel d'offres

Pour assurer un choix participatif et transparent des adjudicataires des concessions d'actif naturel, les administrations publiques devraient créer en leurs seins des *commissions d'appel d'offres,* dont le fonctionnement devrait assurer l'objectivité, l'impartialité et la légitimité des décisions.

Nous entendons par une *commission d'appel d'offres* un organe délibérant chargé de réceptionner et d'examiner les offres, de choisir celle qui est avantageuse par rapport aux critères établis et de prendre la décision d'adjudication ou de déclarer l'appel d'offres infructueux. Il devra s'agir, non d'une commission technique 'appui à la décision, mais d'un organe de décision qui soit une commission multipartite composée de parties prenantes issues du secteur public, du secteur privé et de la société civile. Les membres peuvent être choisis par le Conseil national des parties prenantes en son sein, de sorte que la composition de la commission reflète tous les intérêts en présence.

Les membres d'une *commission d'appel d'offres* devraient être de deux sortes : ceux qui y siègent avec voix délibérative et ceux qui y siègent avec voix consultative. Les premiers sont les représentants du secteur public, du secteur privé et de la société civile délégués par le Conseil national des parties prenantes ainsi que les délégués des commissions des ressources naturelles de l'assemblée nationale et du sénat. Les seconds sont les experts scientifiques.

1.1.2. Enregistrement des dépôts des plis d'offres

L'enregistrement des dépôts consiste à enregistrer, au fur et à mesure de leur réception, les plis contenant les offres des candidats à une concession d'actif naturel.

En effet, à chaque appel d'offres, le pouvoir concédant ouvre un registre de dépôts qui est tenu et signé par un agent chargé de réceptionner et d'enregistrer les offres. À l'échéance du délai fixé pour le dépôt des offres, l'agent transmet au président de la *commission d'appel d'offres* le registre de dépôt et les offres enregistrées. Après vérification, le président donne décharge de cette transmission et publie le registre de dépôt à l'intention particulière des parties prenantes.

Le registre de dépôt, transmis et publié, indique le numéro de l'appel d'offres, la désignation de l'actif naturel, l'ordre d'arrivé chronologique de chaque offre, en précisant la date et l'heure de sa réception ; il récapitule le nombre total des offres reçues dans le délai fixé et celui des offres reçues hors délai, et il comporte la décharge de réception donnée par le président de la *Commission d'appel d'offres* à l'agent chargé de l'enregistrement.

1.1.3. Ouverture des plis d'offres

À la date indiquée dans l'avis d'appel d'offres, le président de la *commission d'appel d'offres* convoque la séance publique d'ouverture des plis, avec invitation particulière adressée à chaque candidat.

Ainsi, il procède à l'ouverture de chaque pli en en indiquant le contenu requis, soit les pièces et les documents étayant l'accomplissement de toutes les conditions d'accès à la ressource naturelle. Les documents et pièces contenus dans chaque pli, ainsi que ceux qui y manquent sont consignés dans un procès-verbal d'ouverture des plis. Il y est également mentionné les pièces ou les documents complémentaires exigés aux candidats pour compléter leurs dossiers.

Après l'établissement du procès-verbal d'ouverture des plis, la *Commission d'appel d'offres* enregistre le contenu de chaque pli et dresse un tableau récapitulatif. Le registre et le tableau sont publiés et reprennent le numéro de l'appel d'offres, la désignation de l'actif naturel, les numéros des plis, les noms des candidats et les contenus détaillés des plis.

1.1.4. Examen et admission des candidatures

Après la publication du registre et du tableau des contenus des plis, la *Commission d'appel d'offres* procède à l'examen des candidatures.

Cet examen consiste en la vérification (éventuellement auprès des services compétents) des pièces et documents relatifs aux conditions professionnelles et éthiques, telles qu'exposées ci-avant[266] (organisation et fonctionnement de l'entreprise, qualification du personnel stratégique, bilan judicaire...). Les résultats sont consignés dans un rapport d'analyse dressé et publié par la *Commission d'appel d'offres*. Ce rapport expose les procédés et les éléments d'analyse de chaque candidature, ainsi que les raisons de son admission et de sa non-admission.

Sur base du rapport d'analyse des candidatures, la *Commission d'appel d'offres* dresse un tableau des candidatures admises et non admises, reprenant : le numéro de l'appel d'offres, la désignation de l'actif naturel, le numéro du registre de dépôt de l'offre, les coordonnées du candidat et les motifs de son admission ou de sa non admission.

1.1.5. Analyse des offres

L'analyse des offres consiste en la sélection de celles dont les candidats ont été admis, et ce, suivant des critères déduits de conditions techniques, financières, environnementales et sociales, telles qu'exposées ci-dessus. Ces critères sont fixés par voie règlementaire et sont repris dans l'avis d'appel d'offres.

Chaque offre est analysée critère par critère, et une note lui est attribuée par rapport à un critère précis. Il est ensuite procédé à la pondération de chacune de notes obtenues par une offre et à leur sommation pour obtenir le note globale. La Commission établit un tableau récapitulatif des offres, de leurs notes attribuées par rapport à chaque critère avant et après la pondéra-tion, ainsi que de leurs notes.

Au vu des notes globales obtenues par les offres, la commission procède à leur classement par ordre croissant ou décroissant, l'offre ayant obtenue la meilleure note étant classée « numéro 1 ». Elle publie enfin le tableau de classement et indique l'offre retenue et le nom commercial du candidat.

---

[266] Point 1, paragraphe 1, section 4, du présent chapitre

1.1.6. Décision d'adjudication ou d'appel d'offres infructueux

Après le classement, la *Commission d'appel d'offres* attribue la concession d'actif naturel au candidat le mieux offrant. La décision d'adjudication est publiée, communiquée aux candidats et transmise au pouvoir concédant, pour signature du contrat de concession ou octroi de l'autorisation d'exploitation.

La décision d'adjudication doit exprimer un choix collectif de toutes les parties prenantes réunies en une commission. Elle ne saurait donc logiquement faire l'objet d'un contrôle administratif du pouvoir concédant ou d'un recours administratif de l'adjudicataire. Etant diversement représenté au sein de la commission adjudicatrice, l'État ne saurait raisonnablement se ménager un autre niveau de contrôle administratif de la décision d'adjudication à l'élaboration de laquelle il a participé.

Lorsqu'après l'écoulement du délai fixé pour le dépôt des offres, aucune n'a été réceptionnée, ou si toutes les offres enregistrées sont irrégulières ou inappropriées au regard des règles et des critères fixés, la commission adjudicatrice déclare l'appel d'offres infructueux. Cette décision est motivée, publiée et communiquée aux candidats.

1.1.7. Contrôle juridictionnel de la décision de la Commission d'appel d'offres

Le contrôle juridictionnel de la décision de la *Commission d'appel d'offres* pose plusieurs questions : quelle est la juridiction compétente ? Quel est l'objet du contrôle ? À qui appartient le recours juridictionnel ? Quels sont les effets de l'exercice du recours et de la décision ?

Dans sa composante « secteur public », la *Commission d'appel d'offres* implique les représentants des autorités publiques dont les actes relèvent de la compétence de la juridiction administrative. Il ne serait pas donc anormal que celle-ci connaisse du recours contre la décision d'adjudication ou d'appel d'offres infructueux, de sorte que ce recours soit soumis à un régime identique à celui de référé précontractuel des marchés publics, tel que prévu aux articles 308 à 312 de la loi organique du 15 octobre 2016 sur les juridictions de l'ordre administratif.

Ainsi, les actes de procédure de la *commission d'appel d'offres* et la décision d'adjudication peuvent être considérés comme des actes précontractuels, c'est-à-dire préalables à la conclusion du contrat de concession d'actif naturel entre l'adjudicataire et le pouvoir concédant. Ils pourraient alors faire l'objet d'un référé précontractuel devant un juge administratif, comme les actes de procédure de passation des marchés publics. Ce contrôle juridictionnel devrait être limité au respect des règles de procédure fixées pour : la composition de la *commission d'appel d'offres*, l'enregistrement des offres, l'examen et l'admission des candidatures, l'examen et la sélection des offres, ainsi que toute règle visant à garantir le caractère participatif, transparent, équitable et intègre du processus décisionnel. Le juge ne saurait connaître de la qualité matérielle d'une offre qui relève de l'opportunité et non de la légalité.

Le recours juridictionnel contre la décision d'adjudication devrait appartenir aux candidats et aux membres de la *commission d'appel d'offres* représentant la société civile, car ils pourraient se trouver en rapport de force inégal avec les représentants du secteur public et du secteur privé.

Vu le coût que pourrait avoir une annulation de la décision d'adjudication dont l'exécution est déjà entamée, celle-ci ne devrait pas bénéficier de la présomption de légalité, de sorte que l'exercice du recours juridictionnel devrait en suspendre les effets jusqu'au prononcé de l'arrêt.

1.1.8. Analyse et évaluation des applications en droit positif

Seuls le droit minier **(A)**, le droit forestier **(B)** et le droit des hydrocarbures **(C)** organisent des procédures d'appel d'offres qui, cependant, ne garantissent pas parfaitement le choix participatif, transparent et efficace du concessionnaire.

A. Droit minier

Contrairement à l'ancien article 33 alinéa 6 du code minier qui prévoyait la création d'une commission interministérielle, plus ou moins participative, pour l'adjudication d'une concession minière, l'actuel article 33 ne la prévoit pas ; il recourt, à son alinéa 5, à la procédure d'appel d'offres de la loi sur la passation des marchés publics, ainsi qu'aux pratiques internationales.

Suivant cette disposition légale, le ministère des mines devrait recourir aux mécanismes de conclusion des marchés publics prévus par le décret du 2 juin 2018 portant manuel des procédures de la loi relative aux marchés publics, c'est-à-dire la cellule de gestion des projets et des marchés publics comprenant en son sein une Commission de passation des marchés. Cette dernière est chargée de conduire toute la procédure d'appel d'offres[267].

Telle que règlementée par la législation sur la passation des marchés publics, cette procédure d'appel d'offres est strictement bureaucratique : elle n'implique que les fonctionnaires de l'État. S'agissant de l'accès aux ressources minières, une telle procédure s'avère opaque par rapport aux autres parties intéressées, de sorte qu'elle ne garantit nullement le choix transparent du concessionnaire minier et l'accès équitable aux ressources minières

[267] Articles 18 et 19 décret du 2 juin 2018 portant manuel des procédures de la loi relative aux marchés publics

B. Droit forestier

En droit forestier, le décret du 08 avril 2008 fixant la procédure d'attribution des concessions forestières prévoit la création d'une commission interministérielle d'adjudication ; elle est[268] chargée d'ouvrir les plis des soumissions, d'analyser les offres, les sélectionner et attribuer la concession forestière au mieux offrant.

Bien que cette commission soit sensée garantir le choix participatif et transparent du concessionnaire, la représentation de la société civile et du secteur privé y est plutôt minimale, par rapport à la surreprésentation de l'État à travers ses différents ministères et services publics intéressés[269] ; ce qui, dans son fonctionnement réel, n'en fait qu'un mécanisme gouvernemental qui garantit plus un choix gouvernemental transversal, (impliquant les différents secteurs de l'activité gouvernementale) qu'un choix participatif.

Il en résulte qu'avec cette présence citoyenne marginale et simplement décorative, la commission interministérielle d'adjudication est loin de garantir une réelle démocratie participative et une réelle transparence dans le contrôle d'accès aux ressources forestières.

C. Droit des hydrocarbures

Suivant les articles 36 et 37 de la loi sur les hydrocarbures, les procédures d'avis à manifestation d'intérêt et d'appel d'offres relèvent de la compétence du ministre en charge des hydrocarbures. Ce dernier agit sous la tutelle d'appro-bation du Conseil des ministres et se fait assister d'une *commission ad hoc*

En effet, suivant les articles 61 à 80 du décret portant règlement d'hydrocar-bures, le projet d'organisation de l'appel à manifestation d'intérêt est préparé par le ministre qui le soumet à l'approbation du Conseil des ministres. En cas d'approbation, le ministre institue une *commission ad hoc* qui organise et gère techniquement toute la procédure : réception des soumissions, ouverture des plis et évaluation des offres, présélection des candidats et élaboration du rapport final qui est soumis, par le ministre, à l'approbation du Conseil des ministres. En cas d'approbation du rapport, le ministre invite les sociétés présélectionnées à concourir à un appel d'offres restreint.

Ainsi, le contrôle d'accès aux ressources pétrolières s'inscrit dans une procé-dure politico-bureaucratique n'impliquant qu'un seul acteur : le

[268] Articles 7 à 21

[269] Sur 19 membres, 17 représentent le gouvernement et l'administration publique, 2 le secteur privé et 3 la société civile (cfr article 17 du décret fixant la procédure d'attribution des conces-sions forestières.

gouvernement. La *commission ad hoc* en question est moins un organe de décision qu'un simple organe technique d'appui à la décision gouvernementale. Il n'y a donc pas de mécanisme de transparence et de participation citoyenne dans l'attribu-tion des droits d'exploration et d'exploitation des hydrocarbures.

1.2. En cas de négociation de gré à gré

En cas de négociation de gré à gré, la processus d'accès industriel aux ressources naturelles s'ouvre par un avis public d'information et la publication du dossier de consultation **(1.2.1)**, se poursuit par la création de la commission multipartite de négociation **(1.2.2)**, l'enregistrement des offres et l'examen des candidatures **(1.2.3)**, la consultation, l'adjudication et, éventuellement, le recours juridictionnel **(1.2.4)**.

1.2.1 Avis public d'information et la publication du dossier de consultation

Contrairement à son acception courante, la procédure de gré à gré ne devrait pas affranchir le pouvoir concédant du contrôle citoyen ou du devoir de transparence ; la destination et l'usage universels des ressources naturel-les l'obligent toujours à se placer sous le contrôle des populations dans l'in-térêt desquelles elles doivent être exploitées.

Ainsi, lorsqu'il se trouve dans l'un de cas justifiant l'attribution de gré à gré d'une concession d'actif naturel, le pouvoir concédant doit en informer le public par la publication d'un avis d'information et du dossier de consultation. Le premier détaille l'actif naturel et son utilisation, et le second expose les conditions d'accès à la ressource naturelle considérée. Les consultations des candidats doivent être écrites et publiques.

L'indifférence du marché ou le recours à un procédé d'utilisation particulier pourrait nécessiter que, outre sa publication, le dossier de consultation soit envoyé individuellement à des personnes précises.

1.2.2. Création de la commission multipartite des négociations

L'attribution de gré à gré n'exclut pas la nécessité d'un choix participatif et transparent du concessionnaire d'un actif naturel, car, dans tous les cas de recours à ce procédé, la participation citoyenne reste justifiée par la finalité fondamentale de l'exploitation des ressources naturelles, soit la satisfaction de l'intérêt des populations.

Ainsi, le droit d'une autorité administrative d'attribuer de gré à gré une concession d'un actif naturel ne suppose pas une initiative publique exclusive de toute participation citoyenne. Les actifs naturels étant des biens nationaux à destination universelle, leur concession doit faire l'objet d'un processus participatif et transparent garantissant l'intérêt des populations.

Un tel processus implique la mise en place d'une *commission multipartite* chargée de piloter et de conclure les négociations ; elle devrait être constituée et composée sur le modèle de la *commission d'appel d'offres* décrit ci-dessus.

1.2.3. Enregistrement des offres et examen des candidatures

Le pouvoir concédant invite les personnes intéressées à déposer leurs candidatures et leurs offres, et il enregistre les dépôts effectués suivant le même procédé que celui de l'appel d'offres tel qu'exposé ci-dessus.

Les offres enregistrées sont envoyées à la *commission multipartite des négociations* qui procède à l'ouverture des plis et à l'examen des candidatures, et elle dresse et publie la liste des candidats rejetés et ceux admis pour les négociations.

1.2.4. Consultation, adjudication et recours juridictionnel

Après l'admission des candidatures, la *Commission multipartite des négociations* envoie des lettres de consultation aux candidats et initie ainsi les négociations. Les candidats consultés envoient leurs propositions et la Commission en délibère pour choisir le mieux offrant suivant des critères préalablement définis.

Ensuite, la décision d'adjudication devrait être transmise au pouvoir concédant pour la signature du contrat de concession avec l'adjudicataire. Le contentieux de cette décision devrait obéir aux mêmes principes que ceux de l'adjudication dans le cadre d'un appel d'offres, tels qu'exposés ci-dessus.

1.2.5. Analyse et évaluation des applications en droit positif

En droit positif, le code forestier est la seule loi qui prévoit la négociation de gré à gré comme voie d'accès aux ressources forestières, mais il la fait rimer avec opacité en la définissant par opposition à l'appel d'offres dont les caractéristiques intrinsèques sont : la publicité, la transparence et le contrôle citoyen ; d'où la limitation de son application à quelques cas exceptionnels.

Et pourtant, la distinction de la procédure de gré à gré avec celle de l'appel d'offres ne tient pas à la publicité et à la transparence, mais au délai et à l'obligation de mise en concurrence des candidats. Ce délai est, en effet, plus long dans un appel d'offres que dans une procédure de gré à gré ; et si la mise en concurrence des candidats est à la fois le but et une condition *sine qua non* du déroulement de l'appel d'offres[270], il n'en va pas de même pour

[270] Lorsqu'il n'y a qu'une seule offre qui est déposée, l'appel d'offres doit être déclaré infructueux.

une procédure de gré à gré qui peut, publiquement et dans la transparence, se poursuivre même avec un seul candidat.

En vue d'assurer le contrôle citoyen dans tous les cas d'attribution des concessions d'actif naturel, il conviendrait de prévoir une procédure d'attribution de gré à gré telle que décrite ci-avant, c'est-à-dire incluant les principes de publicité, de transparence et de participation.

1.3. En cas d'accès par voie de demande spontanée

En cas d'accès par voie de demande spontanée, le processus d'accès industriel aux ressources naturelles s'ouvre par un avis public de dépôt d'une demande d'accès **(1.3.1)**, se poursuit par la constitution de la commission multipartite d'instruction **(1.3.2)**, les instructions technique et environnementale **(1.3.3)** et se termine par l'admission de la demande et l'octroi de la concession **(1.3.4)** qui peut, éventuellement, faire l'objet d'un contrôle juridictionnel **(1.3.5)**. Il nous faut, par ailleurs, analyser et évaluer les applications de ce processus en droit positif **(1.3.6)**.

1.3.1. Avis public de dépôt d'une demande d'accès

La préférence marquée pour l'appel d'offres comme voie d'accès industriel aux ressources naturelles étant justifié par sa publicité, on peut en déduire que cette caractéristique est son attribut exclusif. Cependant, même en cas d'accès par voie de demande de concession, le pouvoir concédant peut et doit se placer sous le contrôle citoyen en rendant public cette demande.

Cette formalité de publicité devrait se faire par un avis public de dépôt de demande de concession qui détaille l'identité du requérant et son profil, l'actif naturel visé et le projet de son utilisation. Cet avis devrait être publié par des voies de communication traditionnelles et adressées particulièrement aux parties intéressées dûment identifiées, sensibilisées et conscientisées au moyen d'une enquête publique.

Outre le contrôle citoyen qu'elle facilite, une telle publicité du dépôt de la demande d'accès à une ressource naturelle rassure le requérant quant à son droit du premier arrivé et garantit l'instruction objective de sa demande.

1.3.2. Constitution de la Commission multipartite d'instruction

Pas plus que la publicité, la transparence et la participation ne sont nullement l'apanage de l'appel d'offres : elles sont aussi possibles et nécessaires dans un processus d'accès à une ressource naturelles par voie demande.

La découverte, l'approche et l'évaluation d'une ressource naturelle par un particulier n'emporte pas l'invalidation, à son profit, du principe de destination universelle des ressources naturelles. Partant de ce principe, le processus d'accès à une ressource naturelle par voie de demande doit être aussi participatif et transparent, pour mieux y définir et garantir les aspects de l'intérêt général. Ceci requiert que le dispositif d'instruction de la demande d'accès soit ouvert à la participation citoyenne. Concrètement, il faudrait, comme dans le cas d'appel d'offres, constituer une *commission multipartite d'instruction* chargée d'instruire et de donner suite à toute demande d'accès à une ressource naturelle.

Ainsi, lorsqu'il reçoit une demande d'accès à une ressource naturelle, le pouvoir concédant initie une enquête publique et en transmet les conclusions ainsi que le dossier de demande à une commission multipartite constituée et composée comme celle d'appel d'offres, en vue d'assurer un processus décisionnel participatif et transparent.

1.3.3. Instructions technique et environnementale

Toute demande d'accès à une ressource naturelle devrait faire l'objet d'une instruction technique et d'une instruction environnementale. La première est axée sur l'étude de faisabilité et la seconde, sur l'EIES.

Ainsi, la *commission multipartite des négociations* devrait vérifier si le projet d'accès est techniquement faisable et économiquement viable. La faisabilité et la viabilité de l'entreprise projetée sont appréciées au plan juridique, technique, institutionnel, économique et commercial. Elle devrait ensuite vérifier si le requérant a élaboré et fait approuver une EIES de ses activités conformément à la loi et au décret relatifs à la protection de l'environnement.

L'instruction environnementale proprement dite pourrait être faite à la diligence du requérant dans la foulée de l'approche et de l'évaluation de la ressource naturelle, c'est dire de la constitution de l'actif naturel désiré, de sorte que le dossier de demande d'accès comprenne une EIES approuvée.

1.3.4. Admission de la demande et l'octroi de la concession

Après l'instruction de la demande d'accès à une ressource naturelle, la commission multipartite décide de l'agréer ou de la rejeter. Dans le premier cas, elle devrait communiquer sa décision au pouvoir concédant et au requérant en vue de la signature du contrat de concession ; dans le deuxième cas, elle procède de la même façon en indiquant les motifs techniques, économiques ou environnementaux du rejet de la demande d'accès.

La décision de la *commission multipartite des négociations* devrait être publiée et communiquée spécialement à toutes les parties intéressées, identifiées lors de l'enquête publique ou de la consultation. Cette transparence ne saurait être utile que si ces dernières ont un droit de recours juridictionnel contre la décision d'octroi ou de refus d'une concession d'actif naturel.

1.3.5. Contrôle juridictionnel de l'admission de la demande d'accès

Comme toute décision administrative, la décision de la *commission multipartite des négociations* devrait être soumise à un contrôle juridictionnel, en vue de donner plein effet aux principes de transparence et du contrôle citoyen. Le régime de ce contrôle devrait similaire à celui de référé précontractuel relatif à la passation des marchés publics évoqué ci-dessus.

Le contrôle juridictionnel de la décision de la *commission multipartite des négociations* ne devrait pas consister en une appréciation judicaire de la faisabilité du projet d'accès à une ressource naturelle ou de son impact environnemental, le juge n'étant pas qualifié pour ce faire ; il devrait se limiter à un contrôle de la régularité et de la transparence du processus décisionnel. Sur ce point précis, si on veut donner plein effet aux principes de transparence et du contrôle citoyen, le recours juridictionnel devrait être ouvert, non seulement au requérant, mais à toutes les parties prenantes ayant pris part à l'enquête publique.

Moyennant une procédure d'urgence, l'exercice de ce recours devrait être suspensif de la décision de la commission, c'est-à-dire en cas de décision de rejet de la demande, le requérant conserve le privilège du premier arrivé, de sorte que jusqu'au prononcé de la décision judiciaire, l'actif naturel visé ne puisse faire l'objet d'aucune demande d'accès ou d'aucune offre ; et en cas d'action contre une décision d'admission de la demande, le pouvoir concédant ne peut octroyer la concession.

1.3.6. Analyse et évaluation des applications en droit positif

Excepté le code forestier qui prévoit une enquête publique identifiant les parties prenantes d'un projet d'accès aux ressources forestières et les en informant, aucune autre loi ne prévoit et n'organise la divulgation du dépôt d'une demande d'accès à une ressource naturelle.

En ce qui concerne l'instruction de la demande d'accès à une ressource naturelle, le processus décisionnel est bureaucratique dans tous les cas : il n'implique que le ministre et les organes ou les services du ministère. Ainsi, par exemple, en plaçant le cadastre minier au cœur du processus d'octroi des concessions minières, le code minier n'opère qu'une décentralisation technique et non une démocratisation du dit processus, en vue de le rendre participatif et transparent.

Les contentieux des décisions obéissent aux principes du contentieux administratif ordinaire. Les recours administratifs et judicaires sont ouverts, en cas de décision de refus, au requérant et, en cas de décision d'octroi, à toute personne lésée dans ces droits réels. L'exercice du recours judiciaire n'est pas suspensif de la décision administrative qui jouit de la présomption de lé-galité.

Il s'impose des réformes légales qui mettent les processus décisionnels relatifs aux demandes d'accès aux ressources naturelles en conformité avec les principes conventionnels de publicité, de transparence et de participa-tion. Ceci revient à prévoir, dans tous les cas de dépôt de demande d'accès industriel à une ressource naturelle, une enquête publique en vue d'en informer toutes les parties intéressées, un organe décisionnel participatif et un recours juridictionnel ouvert à toutes ces parties.

2. Outils de contrôle préventif[271]

En matière d'accès industriel aux ressources naturelles, le contrôle préventif est généralement assuré au moyen d'un contrat de concession d'actif naturel **(2.1)** ou d'une autorisation d'accès **(2.2)** ainsi que d'un rapport de développement durable **(2.3)**. La précision de ce dispositif nous permet d'en analyser et d'en évaluer les applications en droit positif **(2.4)**.

2.1. Contrat de concession d'actif naturel

Un contrat de concession d'actif naturel peut se définir comme un contrat conclu entre l'État, concédant, et une personne morale ou physique, concessionnaire, en vertu duquel le premier concède au second le droit exclusif de prélever ou d'utiliser à un endroit précis de son domaine privé une ressource naturelle exploitable.

Comme outil de contrôle préventif, un contrat de concession d'actif naturel permet à l'État de s'assurer préalablement du consentement et de la capacité d'un requérant à réaliser toutes les conditions requises pour l'exercice d'un droit d'accès à une ressource naturelle ; il sert également d'instrument d'encadrement administratif de l'utilisation des ressources naturelles par les concessionnaires.

Ainsi compris, le contrat de concession d'actif naturel reproduit et adapte à l'échelle individuelle de chaque exploitant le cadre juridique général de ses activités. Il constitue ainsi un cadre coercitif particulier permettant à l'État d'encadrer les activités d'un concessionnaire, pour assurer la défense et la satisfaction de l'intérêt national.

2.2. Autorisation d'accès

Pour mieux comprendre ce qu'est une autorisation d'accès, il nous faut en donner la définition et en indiquer les caractéristiques **(2.2.1)** de manière à en préciser les fonctions **(2.2.2)** et la source organique **(2.2.3)**.

---

[271] Les outils de contrôle préventifs sont des outils dont disposent les pouvoirs publics pour s'assurer que l'accès aux ressources naturelles va se faire ou se fait dans le respect des conditions légales et règlementaires fixées. Ils visent à s'assurer que les opérateurs remplissent les conditions préalables à l'obtention du droit d'accès et les respectent pendant l'exercice de ce droit.

2.2.1. Définition et caractéristiques

L'autorisation d'accès est une autorisation administrative par lequel le pouvoir concédant permet au concessionnaire d'exercer ses droits définis dans le contrat de concession, c'est-à-dire toutes les activités d'exploitation d'une ressource naturelle ; elle procède du régime d'autorisation pris dans son sens traditionnel d'instrument de police institué dans le but d'éviter que l'exercice de certaines activités ne trouble l'ordre public.

De ce fondement traditionnel, l'autorisation d'accès hérite les caractéristiques traditionnelles d'une autorisation administrative, c'est-à-dire celles d'acte de police, unilatéral, précaire et incessible. En tant qu'acte de police, l'autorisation d'accès est un instrument de contrôle par lequel l'autorité administrative s'assure périodiquement que l'exécution du contrat d'accès reste conforme aux exigences de l'ordre public et de l'intérêt général ; son unilatéralité tient au droit d'action unilatérale des autorités en matière d'ordre public ; sa précarité tient à la nécessité d'obliger l'exploitant à se soumettre à un contrôle systématique de ses activités par des demandes de renouvellement périodiques.

Quant à son incessibilité, l'autorisation d'accès la tire de sa nature même d'acte de police dont l'accomplissement n'implique pas un délaissement du pouvoir de contrôle au profit du bénéficiaire. Il serait, en effet, aberrant que ce dernier, ayant bénéficié d'une autorisation administrative en raison de sa situation personnelle, s'arroge ou se voit reconnaitre le droit de la transférer à une autre personne.

2.2.2. Fonctions

Une autorisation d'accès permet à l'autorité administrative d'exercer un contrôle ex ante et un contrôle ex post. Le premier est un contrôle effectué avant l'entrée en activité et en référence à des conditions d'accès modéli-sant les comportements des opérateurs. Le deuxième est un contrôle effectué après l'entrée en activité, en vue de s'assurer que ceux-ci ne s'écartent pas de conditions fixées.

Ainsi, il y a une autorisation d'accès préalable qui sanctionne un contrôle ex ante, mais qui n'implique pas, par la suite, un affranchissement du concessionnaire du contrôle administratif et un exercice solitaire du droit de concession. Le concessionnaire doit agir sous un contrôle administratif permanent et rendre systématiquement compte de ses activités aux parties prenantes. Pour assurer efficacement ce contrôle ex post, il faut l'astreindre à des renouvellements périodiques de l'autorisation d'accès ; ce qui permet de maintenir le lien entre lui, le pouvoir concédant et le pouvoir adjudicateur.

Dans le cadre d'un contrat de concession d'actif naturel, une autorisation d'accès préalable peut être accordée après sa signature pour une partie de sa durée totale et renouvelable après un temps critique de réalisation des performances attendues. Par des demandes de renouvellement de l'autorisation d'accès, le concessionnaire serait ainsi efficacement obligé de rendre périodiquement compte de l'exécution du contrat et prouver qu'il continue à remplir toutes les conditions initiales.

2.2.3. Source organique

Intervenant après la signature du contrat de concession d'actif naturel en vue d'en contrôler systématiquement l'exécution, l'autorisation d'accès pose la question de son émanation organique : doit-elle être accordée par l'autorité cocontractante ou par une autre autorité, mieux placée et qualifiée pour contrôler l'exécution du contrat ?

Suivant le code minier français, l'occupation effective du périmètre minier concédé par le gouvernement, ainsi que la réalisation des travaux et des installations nécessaires à l'exploitation minière sont subordonnées à l'obtention d'un arrêté préfectoral[272] ; par sa proximité avec les intérêts sociaux et environnementaux directement affectés, l'autorité préfectorale est certainement mieux placée et qualifiée pour les faire respecter par le concessionnaire d'une mine ouverte dans sa préfecture.

Donc, en droit congolais où l'attribution contractuelle d'une concession d'actif naturel relève de l'administration centrale, il serait judicieux que le contrôle de l'accès effectif à une ressource naturelle soit délégué à une autorité provinciale ou locale. A cet échelon du pouvoir d'État, ce contrôle serait mieux exercé par rapport aux intérêts environnementaux, sociaux et privés affectés par l'utilisation d'une ressource naturelle.

2.3. Rapport de développement durable

L'accès aux ressources naturelles s'inscrit dans une stratégie nationale de développement durable et, partant, engage les entreprises à contribuer à la réalisation de ses objectifs environnementaux, sociaux et économiques.

Cela implique le droit de l'État et des autres parties prenantes de s'assurer de l'accomplissement des engagements pris, et ce, en exigeant aux entreprises d'en rendre compte de façon appropriée, c'est-à-dire par un *rapport de développement durable.* Celui-ci peut être défini comme un rapport fait par une entreprise sur ses performances par rapport aux objectifs sociaux, environnementaux et économiques d'une stratégie nationale de développement durable.

En tant qu'outil de contrôle préventif de l'accès aux ressources naturelles, le *rapport de développement durable* consiste en l'obligation faite à l'exploitant industriel d'une ressource naturelle de le produire périodiquement à l'attention du pouvoir concédant et des autres parties prenantes. Il

---

[272] Articles 71 et s. du code minier français

s'agit donc d'un outil de contrôle ex post des acticités d'une entreprise dont l'efficacité tient à son contenu légal, à la garantie de son exactitude et à la sanction applicable. Il doit légalement consister en un exposé des performances réalisées par rapport aux prescriptions sociales, environnementales et économiques des lois et règlements ; son exactitude doit être garantie par un mécanisme participatif et qualifié de vérification, et il serait plus incitatif s'il est un élément du dossier de demande de renouvellement d'une autorisa-tion d'accès.

2.4. Analyse et évaluation des applications en droit positif

Ainsi décrit, le dispositif de contrôle préventif de l'accès aux ressources naturelles connait, en droit positif, des applications que nous pouvons analyser et évaluer en droit minier **(2.4.1)**, en droit forestier **(2.4.2)**, en droit agricole **(2.4.3),** ainsi que dans d'autres branches du droit **(2.4.4)**.

2.4.1. En droit minier

En droit minier, le dispositif de contrôle préventif de l'accès aux ressources minières a des faiblesses caractérisées par les limites des permis miniers et des autorisations de carrières **(A)** ainsi que celles des rapports annuels des travaux de recherche, d'exploitation, d'atténuation et de réhabilitation **(B)**.

A. Limites des permis miniers et des autorisations de carrières

Comme outil de contrôle préventif de l'accès aux ressources minières, le code minier prévoit un permis de recherche ou d'exploitation pour les mines et une autorisation de recherche ou d'exploitation pour les carrières[273]. Il s'agit des autorisations ministérielles qui tiennent à la fois lieu d'acte d'encadrement et d'acte de police, et qui ne réalisent qu'un contrôle ex ante des activités minières.

En tant qu'actes d'encadrement, un permis minier et une autorisation de carrières sont des arrêtés ministériels qui résument le cadre juridique d'exercice des droits qu'ils octroient ; leur fonction d'acte de police se réduit à un contrôle ex ante, c'est-à-dire préalable à l'obtention d'un droit minier ou d'un droit de carrière ; octroyés pour toute la durée de validité de ces droits (avec lesquels ils se confondent), ils ne peuvent être en eux-même des outils de contrôle ex post de la conformité de leur exercice aux conditions préalablement fixées.

Pour assurer le contrôle ex-post des activités minières, l'administration minière recourt au mécanisme d'inspection administrative. Ce dernier pâtit, cependant, de l'incapacité de l'État à en supporter le coût et à en assurer le

[273] Article 1 points 14 et 15 du Code minier.

fonctionnement efficace, régulier et dissuasif, de sorte que les titulaires des permis miniers ou des autorisations de carrière sont comme affranchis de tout contrôle ex post de leurs activités.

Pour plus d'efficacité et de cohérence, cet outillage de contrôle d'accès industriel aux ressources minières devrait être reformé dans le sens théorique exposé ci-dessus, c'est-à-dire qu'il faudrait instituer un contrat de concession minière ou de carrières comme acte attributif des droits d'accès aux ressources minières, définissant les conditions de leur exercice. Ce qui devrait réduire le permis minier et l'autorisation de carrières à des actes de police qui, en autorisant l'exercice des droits miniers ou des carrières pour une période de la durée de ce contrat, permettent un contrôle ex post périodique du respect de son exécution. De préférence, ce contrôle devrait être effectué par une autorité décentralisée.

L'administration minière étant incapable de supporter le coût du déploiement efficace de son service d'inspection vers les exploitants disséminés sur le territoire national, une telle réforme lui permettrait de le réduire en obligeant ces derniers à venir s'y soumettre périodiquement par la demande des permis miniers ou des autorisations de carrières. Ceux-ci viseraient alors, non l'octroi d'un droit minier ou des carrières, mais la poursuite de l'exécution du contrat attributif pour une période donnée et la validation d'une séquence d'exécution antérieure.

B. Limites des rapports annuels des travaux de recherche, d'exploitation, d'atténuation et de réhabilitation

Pour assurer le contrôle ex post des activités minières, le règlement minier prévoit, à ses articles 445 et 458, la production annuelle des rapports des travaux de recherche, d'exploitation, d'atténuation et de réhabilitation.

Cette production documentaire incombe aux titulaires des droits miniers ou de carrières, et ils en répondent auprès de la Direction de la protection de l'environnement minier. Les rapports produits rendent compte, selon les cas, de la mise en œuvre du *Plan de Gestion Environnementale du Projet*[274] ou du *Plan d'Atténuation et de Réhabilitation*[275]. Ceci n'en fait pas, cependant,

---

[274] Suivant l'article 1 point 41 du code minier, il s'agit d'un *cahiers des charges environnementa-les du projet consistant en un programme de mise en œuvre et de suivi des mesures envisagées par l'EIE, pour supprimer, réduire et éventuellement compenser les conséquences dommageables du projet sur l'environnement.*

[275] Suivant l'article I point 40 du code minier, il s'agit d'un *plan requis pour les opérations en vertu d'un droit minier ou de carrières de recherches, ou d'une autorisation d'exploitation de carrière temporaire, consistant en l'engagement du titulaire de réaliser certaines mesures d'atté-nuation des impacts de son activité sur l'environnement ainsi que des mesures de réhabilitation du lieu de leur implantation, y compris l'engagement du titulaire, de fournir ou de constituer une sûreté financière pour assurer ou garantir le coût d'atténuation et de réhabilitation d''environ-nement*

des outils de contrôle préventif efficaces de l'exécution d'un projet d'accès minier par rapport aux objectifs de développement durable.

En effet, le contenu règlementaire de ces rapports est réduit à l'exposé des performances environnementales réalisées par rapport aux prescriptions de l'EIE, et ce, bien que l'article 458 alinéa 2 point *e* du règlement minier l'élargisse à une description sommaire de « *l'État d'avancement et des résultats de la mise en œuvre du plan de développement durable* » L'élaboration de ce plan n'est du reste pas formellement prévu dans les textes légaux. La Direction de la protection de l'environnement minier est l'unique destinataire des dits rapports, et elle n'est pas formellement obligée de le vérifier ou de le publier. Il n'y a pas, par ailleurs, de sanction spécifique prévue en cas de non dépôt du rapport, d'inexactitude de son contenu ou de mise en œuvre déficitaire des plans de gestion environnementale.

Pour en faire un outil efficace de contrôle préventif des activités minières ou des carrières, les rapports en question doivent être transformés en des vrais *rapports de développement durable* , comme le suggère l'article 458 alinéa 2 point *e* précité ; ils doivent porter sur les performances environnementales, sociales et économiques de l'exploitant ; l'exactitude de leur contenu devrait être garantie par un mécanisme participatif et qualifié de vérification ; et leur efficacité incitative et dissuasive en tant qu'outil de contrôle nécessite un dispositif de sanction appropriée.

2.4.2. En droit forestier

En droit forestier, le dispositif de contrôle préventif de l'accès aux ressources forestières est caractérisé par les mérites et limites du contrat de concession forestière, du permis ordinaire de coupe **(A)**, ainsi que ceux du rapport annuel d'opération forestière et du rapport d'évaluation **(B)**.

A. Mérites et limites du contrat de concession forestière et du permis ordinaire de coupe

L'outillage de contrôle préventif de l'accès industriel aux ressources forestières comprend le contrat de concession forestière, assorti d'un cahier des charges, et le permis ordinaire de coupe. Les deux premiers actes joints servent d'instruments d'encadrement et le troisième, d'instrument de contrôle ex post ; tel qu'agencés ils permettent d'organiser un contrôle ante-post et ex-post efficace, mais l'octroi du permis de coupe comporte une restriction à cette efficacité.

En effet, le contrat de concession forestière et le cahier des charges précisent l'objet du droit concédé, en fixe la durée et définissent les droits et obligations du concessionnaire forestier[276]. Ce sont des actes d'encadrement

[276] Articles 87 à 95 du Code forestier.

de l'exercice du droit de concession forestière qui, unilatéralement élaborés par le ministre en charge des forêts et signés avec le concessionnaire, fixent le cadre juridique spécifique des activités de ce dernier.

Lorsque le contrat de concession forestière consiste en l'exploitation du bois, le permis ordinaire de coupe permet au concessionnaire de prélever un volume de bois déterminé pendant une année[277]. Il s'agit ainsi d'un acte de police qui permet un contrôle ex-ante et ex-post annuel de l'exécution du contrat de concession forestière et des cahiers des charges ; il est octroyé par le secrétaire général du ministère en charge des forêts pour une durée d'une année. Par la subordination de l'exercice du droit de concession forestière à son obtention annuelle, la loi oblige judicieusement le concessionnaire forestier à se soumettre systématiquement au contrôle administratif.

Cependant, l'obtention du permis ordinaire de coupe n'est pas subordonnée à l'établissement d'un certificat de récolement approprié, c'est-à-dire sanctionnant « *une vérification contradictoire, après exploitation d'une coupe, de la conformité de cette exploitation avec les clauses et conditions imposées : Réserves des arbres marqués, bonne exécution des travaux ...* »[278] Cette carence en affaiblit l'efficacité entant qu'acte de police. Et émanant d'une autorité administrative centrale, éloignée du lieu de l'exploitation forestière, il n'est pas certain que ce soit un outil de contrôle prenant correctement en compte tous les intérêts sociaux et environnementaux directement affectés.

B. Mérites et limites du rapport annuel d'opération forestière et du rapport d'évaluation

Pour assurer le contrôle ex post des activités forestières, l'exploitant forestier doit produire un *rapport annuel d'opération forestière* et un *rapport d'évaluation*. Ces rapports sont prévus par l'arrêté ministériel du 05 octobre 2006 *fixant les procédures d'élaboration, d'approbation et de mise en œuvre des plans d'aménagement des concessions forestières de production de bois d'œuvres* ; ils rendent compte de l'exécution d'un plan d'aménagement de la concession forestière.

Le *rapport annuel d'opération* est fait par le concessionnaire forestier qui, à la fin de l'exécution d'un permis ordinaire de coupe, l'adresse à l'administration forestière. Cette dernière le vérifie, fait procéder éventuellement aux corrections et délivre au concessionnaire un *certificat de recollement* [279](article 52). Regroupant les rapports trimestriels de production forestière, eux-mêmes faits sur base des registres d'exploitation, le rapport an-

[277] Article 7 de l'arrêté ministériel du 05 octobre 2006 relatif à l'exploitation forestière

[278] Gérard CORNU, *Op Cit,* p. 770.

[279] On n'aurait dit « certificat de récolement » et non, « de recollement ». Il s'agit certainement d'un lapsus qui risque de faire perdre de vue la fonction véritable de l'instrument dans le contrôle forestier.

nuel d'opération rend compte du nombre d'arbres abattus en vertu d'un permis ordinaire de coupe (articles 50 à 52).

Quant au rapport d'évaluation, il est fait chaque année, tous les cinq ans et après chaque rotation ; il est adressé à l'administration forestière et porte sur la mise en œuvre du plan d'aménagement de la concession forestière ; lorsqu'il est fait après cinq ans, il peut être assorti de propositions de modification de ce plan.

Du point de vue de leur contenu, ces deux rapports peuvent bien valoir le *rapport de développement durable* défini ci-dessus, car, tel que décrit à l'article 8 de l'arrêté ministériel en question, le contenu du plan d'aménagement évalué en comporte tous les aspects. Étant destinés à l'administration forestière, qui n'est pas obligée de vérifier celui d'évaluation et sans sanctions dissuasives, les deux rapports ne sont pas, cependant, des outils de contrôle préventif efficaces. Leur efficacité serait mieux assurée s'ils étaient destinés à un organisme de vérification participatif et qualifié, et s'ils étaient sanctionnés par un certificat de récolement conditionnant l'obtention d'un nouveau permis ordinaire de coupe.

2.4.3. En droit agricole

Concernant l'organisation d'un dispositif de contrôle préventif de l'accès aux terres arables, le droit agricole offre la possibilité d'une utilisation de l'arrêté interministériel et l'édit provincial d'aménagement des superficies agricoles **(A)**. Il faut, par ailleurs, évaluer les fonctions du permis d'exploitation agricole et du contrat d'occupation, **(B)** puis démontrer l'inutilité du contrat de concession agricole et du certificat d'enregistrement **(C).**

A. Utilisation possible de l'arrêté interministériel et l'édit provincial d'aménagement des superficies agricoles

La loi agricole prévoit l'institution et l'organisation, par voie d'arrêté interministériel et d'édit, des superficies agricoles, c'est à dire des parties du territoire national destinées à l'agriculture. Ces actes règlementaires pourraient en organiser l'aménagement, c'est-à-dire en définir les règles de gestion, d'utilisation et d'accès particulières.

A son article 11, la loi agricole dispose que « *les ministres ayant les affaires foncières et l'agriculture dans leurs attributions font procéder, par région naturelle et par nature des cultures ou par type d'exploitation, aux études nécessaires à l'appréciation de la superficie à exploiter* », et l'article 12 de la même loi prévoit la détermination, par voie d'édit de l'assemblée provinciale, des terres rurales ou urbano-rurales destinées à l'usage agricole.

Ainsi, l'arrêté ministériel et l'édit d'aménagement agricole pourraient constituer des outils de contrôle préventifs efficaces pour l'occupation des terres arables, dans la mesure où ils permettraient de s'assurer préalablement de la rentabilité et de l'utilité agricoles des terres par rapport à tel ou tel autre type de culture.

B. Fonctions du permis d'exploitation agricole et du contrat de location ou d'occupation provisoire

La loi agricole ne se démarque pas totalement de la loi foncière sur les procédures d'accès aux terres arables. Il faut donc se référer à cette dernière pour déterminer l'outillage de contrôle préventif de l'accès à une terre agricole.

Avant d'accéder à une terre arable, le requérant requiert l'Inspection provinciale de l'agriculture pour obtenir un permis d'exploitation agricole. Cet acte administratif permet à un inspecteur agricole de s'assurer que la terre est arable pour le type de culture projeté. Après sa délivrance, l'inspecteur provincial de l'agriculture propose à l'autorité foncière compétente l'attribution d'une concession foncière au requérant. Ce dernier signe préalable-ment un contrat de location foncière ou d'occupation qui l'engage, dans un délai de cinq ans, à une mise en valeur suffisante des terres à concéder.

En tant qu'outil de contrôle préventif, le contrat de location foncière ou d'occupation provisoire permet à l'administration foncière de s'assurer de la volonté et du pouvoir du requérant d'exercer efficacement le droit de concession qu'il demande. Pris dans le même sens, le permis d'exploitation agricole permet de s'assurer que la terre est appropriée pour la culture proposée.

C. Inutilité du contrat de concession agricole et du certificat d'enregistrement

Après 5 ans de mise en valeur jugée suffisante de la terre louée ou provisoirement occupée, l'administration foncière passe avec le requérant un contrat de concession agricole et établit un certificat d'enregistrement du droit de concession ainsi constitué. Le premier acte est un instrument d'encadrement des activités du concessionnaire précisant ses droits et ses obligations, et le second acte est un procédé de patrimonialisation du droit de concession et constitue le titre représentatif de ce dernier.

Tels que régis en droit foncier, un contrat de concession foncière et un certificat d'enregistrement des droits fonciers ne servent qu'à répartir des droits accès au domaine foncier, sans être des outils de contrôle systématique de leur exercice. Cette unique fonction de répartition est normale pour les concessions foncières, car elles ne sont destinées qu'aux constructions d'immeubles dont l'usage ne nécessite pas un contrôle systématique de l'administration foncière. Mais pour l'exploitation d'une concession agricole, ses enjeux par rapport à l'intérêt général nécessitent un contrôle public systématique des activités y afférentes. Un tel contrôle pourrait être facilité par la soumission de l'exercice du droit de concession agricole à l'obtention d'une autorisation administrative renouvelable, obligeant le concessionnaire faire évaluer périodiquement ses activités.

Donc, il faudrait réaménager tout l'outillage de contrôle de l'accès aux terres agricoles, de manière à avoir une procédure d'accès qui se déroule comme suit : ***1)***. obtention d'un avis technique qui assure de la qualité du sol ; ***2)*** signature d'un contrat d'occupation provisoire qui teste le pouvoir et la volonté de l'aspirant concessionnaire agricole ; ***3)*** signature d'un contrat de concession agricole ; et ***4)*** délivrance d'un permis d'exploitation agricole renouvelable qui permettrait l'exercice du droit de concession agricole pendant une période de la durée du dit contrat. Ce permis devrait être un pouvoir de contrôle délégué à une autorité locale ou provinciale qualifiée pour faire respecter les intérêts sociaux et environnementaux directement affectés.

2.4.4. Dans les autres branches du droit des ressources naturelles

La loi sur hydrocarbures ne prévoit que le contrat de partage de production ou des services comme uniques outils de contrôle de l'accès aux hydrocarbures. Ce contrat est attributif des droits d'accès aux hydrocarbures, il sert d'acte d'encadrement de leur exercice ; en tant qu'acte de police, sa signature sanctionne un contrôle ex-ante, le contrôle ex post de son exécution relevant des mécanismes traditionnels d'inspection et de suivi-évaluation.

La loi relative à l'eau se contente d'indiquer et de définir sommairement les instruments de contrôle préventif de l'accès aux ressources hydriques. Il s'agit de la déclaration, de l'autorisation et du contrat de concession. Ce ne sont là que des actes de police qui permettent un contrôle ex-ante. Pour le contrôle de l'accès à une ressource naturelle aussi vitale que l'eau, la loi ne devrait pas être aussi modeste ; elle devrait prévoir des instruments fiables et efficaces d'un contrôle ex-post.

En ce qui concerne le contrôle de l'accès économique aux ressources cynégétiques, la loi sur la chasse ne prévoit qu'un permis de capture commerciale autorisant la capture d'une quantité donnée de gibiers, pendant une période d'ouverture de la chasse[280]. Ce permis n'est pas une autorisation administrative permanente constitutive d'un droit patrimonial dont il encadre l'exercice. Il s'agit d'une autorisation administrative ponctuelle, soit un acte de police pure.

Le régime d'accès aux ressources halieutiques prévoit une autorisation administrative permanente constitutive de concession[281]. Il s'agit d'un acte d'encadrement de l'exercice des droits qu'elle constitue et, comme acte de

---

[280] Articles 23 et 24 de l'arrêté ministériel du 29 avril 2004 relatif aux mesures d'exécution de la loi n° 82-002 du 28 mai 1982 portant règlementation de la chasse.

[281] Articles 1 à 4 du décret du 12 juillet 1932 portant réglementation des concessions de pêche.

police, elle sanctionne un contrôle ex ante de l'accès aux ressources qu'elle vise. Aucun acte de contrôle ex post n'est prévu.

3. Outils de contrôle répressifs[282]

Pour assurer le contrôle répressif de l'accès industriel aux ressources naturelles, il est généralement fait recours à l'inspection administrative **(3.1)** et rarement à la dénonciation citoyenne **(3.2)**. Après la précision de ces deux outils de contrôle répressif, il nous faut en analyser et évaluer les applications en droit positif **(3.4)**.

3.1. Inspection administrative

Après la définition et l'indication des fonctions de l'inspection administrative **(3.1.1)**, nous pouvons en décrire l'organisation et en relever les faiblesses **(3.1.2)**.

3.1.1. Définition et fonctions

Au sein de l'administration publique, l'inspection administrative est un service constitué de fonctionnaires chargés de la surveillance des activités publiques et privées soumises à une autorisation administrative, en l'occurrence, l'accès aux ressources naturelles.

Traditionnellement, les inspecteurs veillent au bon respect des lois et règlements, ainsi que des directives et normes techniques dans le secteur d'activité relevant de leurs ministères, et ce, de manière à y repérer des dysfonctionnements à corriger et des manquements à faire sanctionner. Lorsqu'ils sont revêtus de la qualité d'officier de police judicaire à compétence restreinte, ils sont aussi chargés de rechercher et de constater les infractions aux lois et règlements, conformément aux articles 1 à 10 du code de procédure de pénal[283].

Avec cette double fonction, l'inspection de l'accès à une ressource naturelle constitue à la fois un outil de régulation administrative et un outil de contrôle répressif, c'est-à-dire de recherche des infractions à la réglementation sectorielle.

---

[282] Les outils de contrôle répressifs sont ceux dont disposent les pouvoirs publics pour rechercher en vue de les faire sanctionner les infractions aux lois et règlements régissant l'accès aux res-sources naturelles.

[283] Ces dispositions du code de procédure pénale définissent les pouvoirs d'instruction de l'officier de police judicaire et les conditions de leur exercice. Ces pouvoirs comprennent le droit d'établir les procès-verbaux de constat et d'interrogation, le droit d'interpeler et d'arrêter un présumé délinquant ainsi que le droit de saisir des objets liés à la commission de l'infraction.

3.1.2. Organisation et faiblesses

Les inspecteurs des ministères sont généralement organisés en un service central du ministère (Direction ou *Division d'Inspection générale*) relevant de l'autorité du ministre. L'action de ce service est relayée en province par des services extérieurs (Inspections provinciales).

Ainsi organisé, le service d'inspection constitue un instrument mis à la disposition d'un ministre ; il permet à ce dernier de surveiller le fonctionnement des services publics placés sous son autorité. Cette dépendance limite les pouvoirs des inspecteurs en cas de dysfonctionnement ou d'infraction entretenus ou tolérés par le ministre. Or, dans la plupart de cas, l'accès illicite aux ressources naturelles implique directement ou indirectement des dirigeants politiques.

Organiquement dépendante et subordonnée au ministre, pouvoir concédant en matière d'accès aux ressources naturelles, l'Inspection administrative n'est pas un outil de contrôle efficace, dans la mesure où son autonomie d'action est limitée, et elle ne saura pas agir contre des opérateurs indélicats couverts par des membres du gouvernement.

Donc, l'efficacité de l'inspection administrative comme outil de contrôle répressif de l'accès aux ressources naturelles tient à l'autonomie de son action, au rang hiérarchique des inspecteurs et à leur rattachement au pouvoir judicaire. Ce dernier critère conditionne le premier, car en rattachant partiellement les inspecteurs au pouvoir judicaire, il y a un dédoublement fonctionnel qui leur assure une marge d'autonomie par rapport au pouvoir concédant dont il relève administrativement.

3.2. Dénonciation citoyenne

La définition de la dénonciation citoyenne **(3.2.1)** nous permet d'en préciser la fonction **(3.2.2),** ainsi que les modalités d'exercice **(3.2.3)**

3.2.1. Définition

Nous entendons par dénonciation citoyenne un acte par lequel un ou des citoyens, agissant individuellement ou collectivement, porte à la connaissance du public et de l'État un cas d'accès aux ressources naturelles violant les droits et intérêts collectifs juridiquement protégés, de manière à enclencher le mécanisme de sanction et de réparation approprié.

En tant qu'acte citoyen, la dénonciation citoyenne participe de l'exercice d'un droit et d'un devoir civiques, c'est-à-dire ceux de participer à la gestion des affaires publiques ou d'en contrôler la bonne marche. Les citoyens peuvent agir individuellement ou collectivement en tant que personnes directement affectées, ou en association qualifiée et organisée pour la défense des droits ou des intérêts collectifs affectés[284]. Ceux-ci sont ceux reconnus et protégés par les conventions internationales, la Constitution et les lois. Pour être utile et efficace, une dénonciation citoyenne doit pouvoir activer le mécanisme public de répression.

Ainsi comprise, la dénonciation citoyenne se distingue de la simple dénonciation qui, en droit pénal, est un acte individuel visant à porter à la connaissance d'une autorité judiciaire la commission d'une infraction. Elle se distingue aussi de la dénonciation publique qui, en sociologie, signifie un acte de protestation visant à mobiliser l'opinion publique contre une atteinte à un aspect de l'intérêt général[285] . Un tel acte participe de l'exercice libre d'un droit démocratique, sans s'inscrire dans un dispositif de sanction particulier.

3.2.2. Fonction

La dénonciation citoyenne est un moyen d'exercice effectif du contrôle citoyen sur la gestion des ressources naturelles ; elle permet au peuple de se défendre directement contre tout acte d'accès aux ressources naturelles contraire à ses droits et intérêts environnementaux, sociaux et économiques juridiquement protégés.

Pour opérer efficacement comme outil de contrôle répressif de l'accès aux ressources naturelles, la dénonciation citoyenne doit dépasser la simple protestation, pour être rattachée au dispositif de sanction public. Il faudrait donc la règlementer de manière à en faire un acte de participation citoyenne à la police administrative et à la police judiciaire. À ce titre, un rapport de dénonciation devrait être revêtu de la même valeur probante et de la même portée qu'un procès-verbal d'officier de police judiciaire. Il n'y aurait rien d'excessif dans cette assimilation , car il ne s'agirait que de prendre acte de cette réalité évidente : la qualité des rapports des Organisations Non Gouvernementales montrent qu'elles sont mieux motivées et outillées que les services étatiques de recherche des infractions liées à l'accès aux ressources naturelles.

Comme acte de police, la dénonciation citoyenne permet de suppléer les carences de la police administrative en matière de recherche des infractions. Avec une autonomie d'action, celle-ci pourrait y trouver un levier d'activation en cas de sa non-utilisation par un pouvoir concédant complice ou complaisant.

---

[284] Il s'agit du droit à l'environnement et des droits sociaux et économiques des populations et même des générations futures.

[285] Marie-Ange Schiltz et al. « La dénonciation », in *Actes de la recherche en sciences sociales*, volume 51, 1984, pp, 3-40, disponible sur http : // www. persee. Fr/web/ revues/home/ prescript / article/ arss_0335-5322_1984_num_51_1_2212

3.2.3. Modalités d'exercice

Assimiler la dénonciation citoyenne à un acte de police oblige à en réglementer l'exercice et le schéma actanciel. Cette règlementation pourrait buter sur plusieurs questions auxquelles elle devra répondre adéquatement pour assurer l'efficacité de l'acte de dénonciation citoyenne, comme outil de contrôle répressif de l'accès aux ressources naturelles.

Ces questions sont, entre autres : quel citoyen ou organisation citoyenne est qualifié pour dresser un rapport de dénonciation ? Au nom de qui ou de quel intérêt doit-il agir ? Quelle est autorité administrative ou judiciaire doit en être le destinataire ? Quels actes de police celle-ci doit-elle poser dès la réception du rapport de dénonciation ? Quel rôle doit tenir par la suite le dénonciateur pour s'assurer que le mécanisme de sanction ainsi enclenché fonctionne correctement ?

L'application judicieuse du concept de dénonciation citoyenne dépend des réponses intelligentes et appropriées qu'on saura donner à toutes ces questions. L'auteur du rapport de dénonciation doit avoir un statut particulier qui garantit la qualité de ses prestations et la portée de son acte. Le destinataire du rapport doit être l'autorité publique, habilitée à prendre les sanctions, et la réception du rapport doit l'obliger à des actes de police précis et à en rendre compte.

Cependant, il se posera toujours la question de l'efficacité d'une dénonciation citoyenne, dans la mesure où elle vise à contraindre un pouvoir concédant, bien souvent complice ou complaisant, à réprimer un cas d'accès illicite aux ressources naturelles. C'est à cette limite précise que s'ouvre la possibilité d'un droit d'action judiciaire du dénonciateur ; il pourrait, par voie de citation directe, saisir le tribunal répressif et y demander, pour le compte du peuple, des communautés locales ou autochtones ou de la nation toute entière la réparation d'un préjudice causé à leurs droits fondamentaux.

3.3. Analyse et évaluation des applications en droit positif

Ainsi précisé, le dispositif de contrôle répressif connait des applications en droit positif qu'on peut analyser et évaluer en droit minier **(3.3.1)**, en droit forestier **(3.3.2)**, en droit agricole **(3.3.3),** ainsi qu'en d'autres branches du droit des ressources naturelles **(3.3.4)**.

3.3.1. En droit minier

Le code minier organise un dispositif de contrôle répressif de l'accès aux ressources minières. Il en répartit les attributions entre les *Directions* du ministère des mines chargées chacune d'inspecter un volet de l'activité minière. Cette inspection administrative inclue la recherche des infractions qui y est effectuée à des échelons inférieurs, et ce, au préjudice de son efficacité.

En dépit de l'ampleur des externalités négatives d'une activité minière, il n'y a pas de dispositif de dénonciation citoyenne.

En effet, à son article 14 alinéa 3, le code minier confie à la *Direction des mines* la mission de contrôler et d'inspecter l'exploitation minière industrielle. Suivant l'article 504 du règlement minier, cette mission comporte les pouvoirs de rechercher et de constater les infractions. Ces pouvoirs sont également confiés à la *Direction de géologie* et à la *Direction de protection de l'environnement*, en cas d'infraction aux dispositions légales et réglementaires dont l'application relève de leurs compétences.

À ce triple dispositif légal de contrôle répressif, l'article 12 du règlement minier ajoute la *Direction des Investigations* qui a pour tâches : de « *prévenir, rechercher, constater et réprimer les infractions prévues par le code minier et ses mesures d'application, à l'exception des manquements qui relèvent de la compétence des Directions de la Géologie, des Mines et de la Protection de l'Environnement Minier* ».Les inspecteurs des mines et les agents de la *Direction de géologie* et de la *Direction de protection de l'environnement* ont, conformément à l'article 504 alinéa 3 du règlement minier, la qualité d'officier de police judiciaire. Ce règlement n'en dit pas autant pour les agents de la *Direction des Investigations*.

N'exerçant qu'un volet des activités des *Directions* où ils travaillent, les inspecteurs miniers ou les agents instructeurs s'y situent à un niveau hiérarchique inferieure ; ce qui affaiblit leur autorité et les rend inopérants en face des opérateurs « *couverts* » par leurs supérieurs hiérarchiques. Il y a donc lieu de reformer ce dispositif d'inspection écartelé, en le refondant en une *Inspection générale des mines et des carrières*. Celle-ci aurait rang de Direction, de sorte qu'elle comporte une *division des mines*, une *division de géologie*, une *division de l'environnement* et une *division financière*.

En ce qui concerne la dénonciation citoyenne, le code minier n'attribue aucun rôle formel à la société civile dans la gestion minière. Celle-ci existe pourtant dans le secteur minier et y joue un rôle actif et majeur par des actes de dénonciation édifiants. Ceux-ci ne sont, cependant, que des simples actes de protestation, loin de constituer des outils de contrôle répressifs de l'accès aux ressources minières.

3.3.2. En droit forestier

En droit forestier, le dispositif de contrôle répressif de l'accès aux ressources forestières pâtit de limites de la brigade de contrôle forestier et des fonctionnaires assermentés **(A)**, ainsi que d'une mise en œuvre minimale de la dénonciation citoyenne **(B).**

A. Limites de la brigade de contrôle forestier et des fonctionnaires assermentés

Suivant l'article 127 du code forestier, la recherche et le constat des infractions forestières sont assurés par les inspecteurs forestiers, les fonctionnaires assermentés de l'administration forestière et les officiers de police judiciaire à compétence générale.

Les inspecteurs forestiers sont des fonctionnaires de l'administration forestière constituant, au niveau national, une *brigade centrale de contrôle forestier* et, au niveau provincial, une *brigade provinciale de contrôle forestier*[286]. Outre leur qualité de fonctionnaire, ils sont revêtus de celle d'officier de police judicaire à compétence restreinte et, comme tels, habilités par le procureur de la république. Les fonctionnaires assermentés sont ceux qui interviennent dans le processus d'autorisation d'accès. Ils peuvent ainsi être habilités à constater les infractions forestières, en qualité d'officier de police judiciaire.

La *brigade centrale de contrôle forestier* est une division de la direction de contrôle et de vérification du ministère en charge des forêts. Elle est dirigée par un inspecteur forestier ayant le grade de chef de division. La *brigade provinciale de contrôle forestier* constitue, quant à elle, un bureau. Les inspecteurs forestiers agissent ainsi sous les ordres de leur directeur ou de leur chef de bureau, et les procès-verbaux qu'ils établissent sont destinés au procureur de la république[287].

Le niveau et la subordination hiérarchiques de ces brigades affaiblit leur autorité dans la recherche et le constat des infractions forestières ; ce qui n'en fait pas des outils efficaces de contrôle répressifs dans un contexte où la délinquance forestière implique les autorités publiques. Il faudrait donc songer à élever la brigade centrale au rang d'une *Direction,* et la brigade provinciale, au rang d'une *Division* dont le lien fonctionnel avec le procureur de république devrait garantir l'autonomie d'action.

B. Mise en œuvre minimale de la dénonciation citoyenne

Le code forestier n'organise pas le contrôle forestier. Ce dernier n'est organisé qu'au niveau règlementaire où l'arrêté ministériel y relatif prévoit une implication citoyenne, sans cependant aller jusqu'à en faire un outil spécifique de contrôle répressif de l'accès aux ressources forestières.

En effet, suivant l'article 53 alinéa 1 de l'arrêté ministériel du 16 juin 2009 fixant les règles et formalités du contrôle forestier, « *toute*

[286] Articles 44 à 53 de l'arrêté ministériel du 16 juin 2009 fixant les règles et formalités du contrôle forestier

[287] Articles 42 de l'arrêté ministériel du 16 juin 2009 fixant les règles et formalités du contrôle forestier.

organisation non gouvernementale nationale ou locale, toute association ainsi que toute personne ayant connaissance d'une exploitation forestière illégale ou de tout acte illicite de détention, de vente ou de circulation d'un produit forestier est tenu d'en faire une dénonciation auprès de l'administration forestière ». Dans le même ordre d'idée, la même disposition stipule, à son alinéa 2, que : « *Toute autorité ou tout agent de l'administration forestière ayant reçu la dénonciation d'une exploitation forestière illégale ou d'un acte illicite de détention, vente ou circulation d'un produit forestier, est tenu de commanditer un contrôle approprié ou d'obtenir que des dispositions soient prises à ce sujet* ».

Il s'agit là d'une timide avancée dans à la mise en œuvre de la dénonciation citoyenne comme outil de contrôle répressif de l'accès aux ressources naturelles, car, bien qu'elle oblige son destinataire à enclencher le contrôle répressif, cette dénonciation reste un simple acte de contestation ; ce qui n'en garantit pas l'efficacité entant que levier de mise en œuvre d'un contrôle répressif.

Pour améliorer ou renforcer son efficacité, il faudrait faire de l'acte de dénonciation d'une infraction forestière un acte d'enquête ayant la même valeur probante qu'un procès-verbal de constat d'un officier de police judiciaire ; ce qui en ferait, non une simple information incitative, mais un premier acte de contrôle répressif qui oblige le destinataire à le poursuivre en collaboration avec le dénonciateur.

3.3.3. En droit agricole

Bien qu'elle prévoie des conditions particulières d'accès aux terres agricoles, la loi agricole n'en incrimine pas la violation et, partant elle ne prévoit aucun dispositif particulier de contrôle répressif.

Toutefois, le ministère de l'agriculture comporte en son sein une *Direction d'inspection agricole*, dont la représentation en province est assurée par les *inspections provinciales de l'agriculture*. Ce dispositif d'inspection exerce les missions traditionnelles de contrôle préventif de l'accès aux terres agricoles.

Non légalement revêtus de la qualité d'officier de police judicaire, les inspecteurs agricoles sont certainement qualifiés pour rapporter les infractions, sans disposer des pouvoirs d'instruction coercitifs. Ce laxisme peut s'expliquer par l'orientation, principalement promotionnelle et incitative, de la politique agricole ; elle vise plus à promouvoir, à développer et à encadrer l'accès aux terres agricoles qu'à le restreindre.

On ne saurait trop insister sur le contrôle répressif dans un secteur en mal d'opérateurs ou d'investissements, mais, en cas d'amplification ou d'extension des activités agricoles, leurs implications sociales et environnementales exigeront le renforcement du contrôle citoyen, en vue de la protection des droits et intérêts collectifs.

3.3.4. Dans d'autres branches du droit des ressources naturelles

Aucune des autres lois sur les ressources naturelles n'organise un dispositif particulier de recherche et de constat des infractions à ses disposi-tions, encore moins un dispositif de dénonciation citoyenne.

Toutefois, les ministères en charge de chacune de ressources naturelles visées disposent des services d'inspections traditionnels qui, en tant qu'ou-tils de contrôle répressif, n'intègrent pas toujours les critères d'efficacité soulignés ci-dessus, soit : l'autonomie d'action, le relèvement du niveau hié-rarchique des agents et le rattachement du personnel au pouvoir judiciaire ; et les citoyens ne sont jamais formellement associés à leur fonctionnement. Et pourtant, tout accès à une ressource naturelle déduit toujours des externa-lités touchant aux droits environnemental, économique, social et culturel des populations et des générations futures. Ceux-ci ne peuvent trouver leur effectivité que dans un mécanisme citoyen de protection et de défense effica-ce, comme la dénonciation citoyenne telle que définie ci-dessus.

Donc, chacune de lois sous-entendues ici nécessite, sur ce point précis, une réforme qui relève le niveau hiérarchique des services d'inspection et confère aux inspecteurs la qualité d'officier judiciaire. L'efficacité d'un tel dispositif de contrôle répressif se trouverait renforcée si, par ailleurs, sa ré-forme intégrait la dénonciation citoyenne comme levier officiel d'activa-tion.

4. Sanctions applicables à l'accès industriel aux ressources naturelles

L'accès industriel aux ressources naturelles peut être sanctionné par la déchéance du titulaire d'un droit d'accès à une ressource naturelle **(4.1)**, la suspension d'activités **(4.2)**, l'annulation du titre d'accès **(4.3)**, le retrait et l'abrogation du titre d'accès **(4.4)**, la résiliation du contrat d'accès **(4.5)**, ainsi que l'interdiction d'accès à une ressource naturelle **(4.6)**.

4.1. Déchéance du titulaire d'un droit d'accès à une ressource naturelle

Il nous faut préciser la notion de déchéance d'un droit d'accès à une ressource naturelle **(4.1.1)** avant d'en indiquer l'autorité d'application et les effets **(4.1.2)**

4.1.1. Notion

La déchéance est une mesure privative d'un droit, sanctionnant la perte ou l'absence du pouvoir d'exercice ou le non-respect d'une incombance[288]. En droit

[288] Fanny LUXEMBOURG *La déchéance des droits – Contribution à l'étude des sanctions ci-viles,* Paris, Editions Panthéon Assas, 2007, p. 430, n° 1168. 472 pages

des ressources naturelles, elle sanctionne soit l'absence ou la perte du pouvoir d'exercice d'un droit d'accès à une ressource naturelle, régulièrement octroyé, soit l'inexercice prolongé de ce droit, soit le non-respect des incombances prescrites en contrepartie de son octroi.

Le pouvoir d'exercice désigne l'instrument permettant la mise en œuvre d'un droit subjectif, et il est, en tant que tel, lié à ce dernier ; il signifie donc, en l'occurrence, les moyens techniques, financiers et matériels nécessaires à l'accès à une ressource naturelle. Le pouvoir d'exercice se distingue ainsi de la capacité juridique qui est l'aptitude à être titulaire d'un droit subjectif, et qui suppose l'aptitude mentale de l'exercer à bon escient ; elle se réfère à la constitution régulière du titulaire personne morale ou aux caractéristiques de la personne physique (âge, situation professionnelle, faculté mentale).

Une incombance est une exigence de diligence ou de probité requise pour conserver le bénéfice d'un droit dont le non-respect, bien que ne pouvant faire l'objet ni d'une exécution forcée, ni d'une réparation, est toutefois juridiquement sanctionné[289] ; elle signifie ainsi toute obligation dépourvue d'attributs essentiels d'une obligation juridique, c'est à dire l'action en exécution forcée de la part du créancier ou l'action en paiement dommages-intérêts, mais dont l'inexécution expose néanmoins le débiteur à subir divers désagréments, voire même des sanctions spécifiques[290].

En droit des ressources naturelles, l'incombance signifie les conditions éthiques et professionnelles d'accès à une ressource naturelle garantissant l'attachement du requérant ou du titulaire aux valeurs sociétales.

Ainsi, à la différence des sanctions voisines comme l'annulation et le retrait, la déchéance ne sanctionne pas l'illégalité de l'obtention ou de l'exercice d'un droit subjectif, en l'occurrence le droit d'accès à une ressource naturelle, mais la défaillance du titulaire ou son inconduite par rapport aux valeurs sociétales, et elle ne vise pas l'anéantissement du droit, mais à en priver le bénéficiaire indigne ou matériellement incapable de l'exercer.

4.1.2. Autorité d'application et effets

Se fondant sur l'évaluation de la conduite et du pouvoir du titulaire d'un droit d'accès à une ressource naturelle, la déchéance est principalement prononcée par l'autorité administrative chargée de contrôler l'accès aux ressources naturelles ; elle peut être aussi prononcée par le juge lorsque, saisi d'une infraction commise par un concessionnaire d'actif naturel, il relève des faits qui sont constitutifs de causes légales de déchéance.

La question des effets de la déchéance se pose par rapport au sort du matériel investi par le titulaire déchu, des produits de l'exercice antérieur de son

---

[289] *Ibidem*

[290] M. FONTAINE « Obliegenheit, incombance ? » in Liber Amicorum Hubert Claassens Antwerpen– Bruxelles, Maklu-Académia Bruylant, 1998, pp. 159 et 160.

droit et de ses dettes envers l'État. Le principe étant que, ne résultant pas d'une remise en question de l'existence légale du droit d'accès à une ressource naturelle, la déchéance ne devrait pas rétroagir.

Tenant compte de cette non-rétroactivité de la déchéance, le titulaire conserve la propriété de son matériel légalement investi et de tous les fruits, c'est à dire les ressources déjà prélevées et le fruit de leur vente. Il a donc le droit d'enlever ou de céder, contre indemnité, les meubles ou les immeubles par destination, sauf le droit d'expropriation de l'État sur tous ceux qui sont nécessaires à la poursuite de l'exploration ou de l'exploitation.

Quant aux immeubles par incorporation, l'État peut les acquérir moyennant le paiement d'un prix, ou les faire enlever au préjudice du propriétaire déchu. Ce dernier reste redevable de toutes les dettes dues au Trésor public au moment de la déchéance.

4.2 Suspension d'activités

Une suspension d'activités est soit une mesure préventive prise pour éviter la réalisation d'un risque social ou environnemental généré par une entreprise, soit une mesure contraignante prise pour obtenir l'exécution d'une obligation. Elle peut, en l'occurrence, affecter l'exercice partiel ou total du droit d'accès à une ressource naturelle suivant l'objectif visé.

Ainsi, lorsque l'exercice du droit d'accès à une ressource naturelle menace de porter atteinte ou porte atteinte aux droits environnementaux, sociaux, économiques et culturels collectifs ou individuels, l'autorité administrative peut ordonner la suspension des activités mises en cause, le temps que le titulaire prenne des mesures conservatoires, compensatoires ou réparatrices. Il ne devrait s'agir donc que d'une mesure préventive ou coercitive, et non punitive, car suspendre l'exercice d'un droit d'accès à une ressource naturelle, juste pour punir une faute du titulaire, affecterait l'ensemble des parties prenantes. Et ceci serait économiquement contreproductif.

Affectant l'exercice du droit d'accès à une ressource naturelle et non son existence, il n'est pas nécessaire ou utile que le pouvoir de suspension soit conservé au niveau central par le pouvoir concédant ; il peut être décentralisé au profit d'une autorité provinciale ou locale, qualifiée pour défendre les intérêts ou les droits collectifs à préserver, ou dont il faut réparer le préjudice.

4.3 Annulation du titre d'accès à une ressource naturelle

L'annulation est l'anéantissement d'un acte prononcé soit par une autorité juridictionnelle pour illégalité, soit par une autorité administrative, agissant en qualité de pouvoir de tutelle ou de pouvoir hiérarchique, pour illégalité[291].

Ainsi définie, une annulation est prononcée sur recours judiciaire ou administratif d'une personne intéressée ou sur intervention d'office du supérieur hiérarchique de l'auteur de l'acte. Dans le cas d'espèce, elle anéantit une autorisation ou un contrat d'accès à une ressource naturelle accordé ou conclu en violation des prescriptions légales ou règlementaires. L'attribution d'un droit d'accès industriel aux ressources naturelles relevant généralement de la compétence d'un ministre, l'annulation de ses actes résultera d'une décision juridictionnelle, car le ministre n'a pas de supérieure hiérarchique.

L'annulation est une remise en question radicale de l'existence juridique du droit d'accès octroyé ; elle a donc un effet rétroactif, c'est-à-dire le droit annulé est sensé n'avoir jamais existé, si bien que le titulaire ne peut récupérer que les biens meubles investis ; si l'annulation est causée par une fraude lui imputée, il perd tous les immeubles par incorporation et doit restituer tous les fruits issus de l'accès frauduleux à la ressource naturelle.

4.4 Retrait et abrogation[292] du titre d'accès à une ressource naturelle

Le retrait d'un titre d'accès à une ressource naturelle **(4.4.1)** est une sanction différente de l'abrogation **(4.4.2)**.

4.4.1. Retrait du titre d'accès à une ressource naturelle

Le retrait peut généralement se définir comme le procédé par lequel une autorité administrative supprime un acte administratif unilatéral émanant d'elle, en raison de son illégalité. Dans le cas d'espèce, il s'agira de la suppression, par l'autorité administrative, d'une autorisation d'accès à une ressource naturelle (permis de recherche ou d'exploitation), en raison de son illégalité ou de la violation de ses prescriptions par le bénéficiaire.

Lorsqu'il est opéré en raison de l'illégalité de l'autorisation d'accès à une ressource naturelle, le retrait a un effet rétroactif, car l'illégalité signifie que le droit d'accès avait été constitué et accordé en violation des dispositions légales ou réglementaires, de sorte qu'il n'a jamais existé légalement. Dans ce cas, le titulaire du droit d'accès retiré ne peut récupérer que les biens meubles investis. Si l'annulation est causée par une fraude lui imputée, il perd tous les immeubles par incorporation, et il doit restituer tous les fruits issus de l'accès frauduleux. Tandis que lorsqu'un retrait est opéré en raison de la violation de l'autorisation d'accès par le bénéficiaire, il ne devrait pas

---

[291] Gérard CORNU, *Op Cit*, p. 59

[292] M.M LETEMENDIA, « Retrait et abrogation des actes administratifs individuels en droit communautaire et en droit anglais »,in *Revue internationale de droit comparé*, Vol 40, n°1, Janvier-mars 1988, www.persee.fr/web/revues/.../ridc_0035-3337_1988_num_40_1_1404 pp. 289-292.

avoir d'effet rétroactif, car la violation des prescriptions d'une autorisation d'accès à une ressource naturelle n'implique pas l'illégalité du droit d'accès en lui-même, mais celle de son exercice.

Donc, dans ce dernier cas, le titulaire sanctionné conserve la propriété du matériel investi et des ressources naturelles prélevées. Si l'illégalité n'affecte pas le prélèvement, il peut enlever les biens meubles investis, et il a droit à un prix pour la cession forcée de tous ceux que l'État décide de conserver en vue de la poursuite de l'exploitation ou de la recherche.

4.4.2. Abrogation du titre d'accès à une ressource naturelle

Généralement, l'abrogation est un procédé de sortie d'effet d'un acte administratif unilatéral, en raison de son inopportunité ; elle est opérée par l'autorité administrative dont émane l'acte devenu inopportun. En l'espèce, il s'agirait de la suppression d'une autorisation d'accès à une ressource naturelle devenue inopportune.

L'inopportunité résulte de l'évolution du contexte juridique ou politique impliquant des nouvelles règles ou des nouvelles conditions d'accès qui exigent la cessation ou le réajustement de l'accès à une ressource naturelle. Une telle évolution oblige l'autorité administrative à prendre un nouvel acte unilatéral abrogeant l'acte antérieur, contraire aux nouvelles règles ou à une nouvelle politique d'accès aux ressources naturelles. Cet acte abrogatoire devra être une nouvelle autorisation d'accès à une ressource naturelle définissant des nouvelles conditions d'accès, ou une décision mettant fin à tout accès.

Contrairement au retrait, l'abrogation ne signifie pas une remise en question de la légalité du droit d'accès à une ressource naturelle ou de son exercice, mais celle de son opportunité par rapport à un nouveau contexte. De ce fait, elle ne rétroagit pas ; elle consiste en une sortie de vigueur de l'autorisation d'accès mettant fin à son existence à l'avenir, sans remettre en cause les effets indirects produits antérieurement lors de son application.

4.5 Résiliation d'un contrat d'accès à une ressource naturelle

Pour mieux comprendre la notion de résiliation d'un contrat d'accès à une ressource naturelle, il faut en donner la définition **(4.5.1)** ainsi qu'en indiquer l'autorité d'application et les effets **(4.5.2)**.

4.5.1. Définition

Généralement, la résiliation est la dissolution d'un contrat successif opérée soit à l'initiative d'un cocontractant, soit par le juge, soit par convention de tous les cocontractants, soit de plein droit pour inexécution fautive, soit, lorsqu'il s'agit d'un contrat administratif, pour raison d'intérêt général, soit pour toute autre raison convenue entre les parties.

Ainsi, dans le cas d'un contrat d'accès à une ressource naturelle, il s'agit de sa dissolution soit à l'initiative de l'autorité administrative contractante ou du bénéficiaire, soit sur décision judiciaire, soit de plein droit. Dans le premier cas, chacune de parties agit en vertu du droit lui conféré par le contrat et pour les motifs qui y sont convenus ; dans le deuxième cas, lorsque le contrat ne confère pas aux parties le droit de résiliation, le juge intervient sur demande de l'une d'elles pour sanctionner une faute contractuelle com-mise par l'autre ; dans le troisième cas, la résiliation opère sans autre forme de procès lorsque la loi ou le règlement en prévoit les motifs, ou lorsque le contrat est assorti d'une clause résolutoire.

Par ailleurs, s'agissant d'un contrat administratif, l'autorité administrative contractante a le droit de résiliation unilatérale lorsque l'intérêt général l'exige. L'exercice de ce droit doit être motivé soit par une expropriation pour cause d'utilité publique, soit par l'évolution du contexte juridique et politique, déduisant des impératifs nouveaux qui rendent inopportun un contrat d'accès à une ressource naturelle.

4.5.2. Autorité d'application et effets

Le pouvoir de résiliation d'un contrat d'accès à une ressource naturelle peut être exercé, suivant les cas, par le juge, l'autorité administrative contractante et le bénéficiaire.

Il est de principe en droit que seul le juge peut, à la demande d'une partie, résilier un contrat successif à durée déterminée ; le droit de résiliation unilatérale des parties, moyennant un préavis, ne se justifie que dans le cas d'un contrat à durée indéterminée. Le contrat d'accès à une ressource naturelle étant un contrat successif à durée déterminée, il ne peut, en principe, être résilié que par le juge saisi d'une action en résiliation par le bénéficiaire ou l'autorité administrative contractante.

Mais, lorsque la loi, le règlement ou le contrat lui-même leur en donnent expressément le pouvoir, les cocontractants peuvent chacun résilier le contrat pour les motifs prévus ou convenus. Il peut être aussi prévu ou convenu que la résiliation opère de plein droit pour une cause déterminée. Dans ce cas, les cocontractants ou le juge se limitent à constater la réalisation de la condition légale ou contractuelle de la résiliation et d'en prendre acte.

La résiliation ne sanctionne pas la légalité de l'existence du contrat, mais son inexécution fautive, la violation de ses prescriptions ou son inopportunité. Elle ne rétroagit donc pas. Tous les effets du contrat, soit tous les droits et toutes les obligations entre parties prenantes générés par son exécution avant sa résiliation restent valables.

4.6 Interdiction d'accès à une ressource naturelle

La précision de la notion de l'interdiction d'accès à une ressource naturelle **(4.6.1)** nous permet d'en indiquer l'autorité d'application, ainsi que les effets **(4.6.2)**.

4.6.1. Notion

En droit, il faut distinguer l'interdiction prohibitive qui est une mesure prohibant certains actes ou activités jugés illicites, et l'interdiction privative de droit qui est une mesure privant un individu de la faculté d'exercer certains droits, certaines activités ou de poser certains actes[293]. C'est dans ce second sens qu'est conçue ici l'interdiction d'accès à une ressource naturelle.

Ainsi, l'interdiction d'accès à une ressource naturelle peut-être définie comme une mesure privant une personne d'un droit d'accès en raison de son indignité ou de l'incompatibilité de son statut professionnel. À la différence d'autres sanctions privatives de droit d'accès, l'interdiction ne vise pas un droit d'accès octroyé, mais le droit fondamental d'accéder à une ressource naturelle. À la base d'un droit d'accès à une ressource naturelle octroyé par la loi et défini par elle, il y a, en effet, le droit fondamental et humain reconnu à toute personne de jouir de ressources naturelles de la planète ; ce qui implique le droit demander et d'obtenir l'accès à une ressource naturelle auprès de l'État obligé d'en répartir équitablement les droits de jouissance. La privation d'un droit d'accès par retrait, annulation ou résiliation peut ainsi être assortie d'une mesure d'interdiction privative du droit fondamen-tal de demander à nouveau l'accès à une ressource naturelle.

Les causes de l'interdiction d'accès à une ressource naturelle se déduisent normalement d'un profil éthique n'offrant pas à priori des garanties d'un accès écologique ou respectueux du bien commun. Elles peuvent aussi résulter de l'incompatibilité juridique d'un statut professionnel avec l'exp-loitation des ressources naturelles.

4.6.2. Autorité d'application et effets

L'interdiction étant privative d'un droit fondamental universellement reconnue à toute personne, ses causes, sa durée et les conditions de sa main-levée ne peuvent être prévues que par le législateur, dépositaire de la volonté générale. Et elle peut être appliquée par l'Administration ou par le juge.

Ainsi, lorsque l'un de motifs du retrait ou de la résiliation d'un droit d'accès à une ressource naturelle correspond à une cause légale d'interdiction, l'autorité administrative doit assortir sa décision de l'interdiction d'accès ; ou lorsque soit les motifs de l'anéantissement judiciaire d'un droit d'accès, soit les faits

293 Gérard CORNU, *Op Cit*, p. 505

infractionnels correspondent à une de causes légales de l'interdiction d'accès, le juge doit assortir sa décision de l'interdiction d'ac-cès, conformément à la loi.

Suivant la gravité de la cause, l'interdiction peut être temporaire ou définitive. Quant à sa portée, d'une part, elle prive la personne interdite du droit de demander et d'obtenir à l'avenir l'accès une ressource naturelle et, d'autre part, elle interdit à l'État de le lui accorder, de sorte qu'un droit d'accès à une ressource naturelle, accordé pendant l'interdiction, est absolument nul.

4.7 Analyse et évaluation des applications en droit positif

En droit positif, les applications des sanctions de l'accès industriel aux ressources naturelles peuvent être analysées et évaluées en droit minier **(4.7.1)**, en droit forestier **(4.7.2)**, en droit des hydrocarbures **(4.7.3)**, en droit agricole **(4.7.4)**, en droit de l'eau **(4.7.5)**, ainsi qu'en droit halieutique et cynégétique **(4.7.6)**

4.7.1. En droit minier

En droit minier, l'application des sanctions de l'accès industriel aux ressources naturelles est fantaisiste, car elle ne tient pas compte du sens et de la signification juridiques de chacune de sanctions tels qu'indiqués ci-dessus. Il prévoit ainsi la déchéance **(A)**, le retrait **(B)**, l'annulation **(C)**, l'interdic-tion **(D)** et la suspension d'activités **(E)**.

A. Déchéance

Selon l'article 289 du code minier, la déchéance des droits miniers sanctionne le non-paiement des droits de superficie et le défaut de commencer les travaux dans le délai légal[294]. Il s'agit d'une application qui, au regard de la notion de déchéance telle que précisée ci-avant, est erronée et n'en épuise pas les fonctions traditionnelles.

Si le défaut de commencer les travaux dans le délai légal correspond aux véritables motifs d'une déchéance, c'est à dire la perte ou l'inexistence du pouvoir d'exercer un droit minier légalement octroyé, il n'en va pas de mê-me pour le non-paiement des droits superficiaires qui affecte plutôt la léga-lité de l'exercice de ce droit[295] ; ce qui en fait plutôt une cause de retrait de l'autorisation de carrières ou du permis minier, et non de déchéance.

---

[294] Suivant l'article 197, le délai pour commencer les activités court à partir de la délivrance du titre minier et est de : six mois pour le titulaire d'un permis de recherche, 3 ans pour celui d'un permis d'exploitation, un an pour celui d'un permis d'exploitation de la petite mine et six mois pour celui d'une autorisation d'exploitation de carrière permanente.

[295] Dans la mesure où le paiement des droits et redevances est une condition de l'exercice légal d'un droit minier. De sorte que cet exercice devient illégal en cas de non-paiement des droits et taxes dus en contre- partie.

Dans cette voie d'application erronée du concept de déchéance, le législateur ne pouvait certainement pas rencontrer l'intéressant concept d'incombance et l'intégrer au code minier. Et pourtant, il est bien démontré qu'une meilleure gestion minière dépend de la conformité de la conduite des exploitants à des valeurs sociétales et éthiques convenues. Il faudrait donc rectifier la notion de déchéance en lui restituant sa véritable fonction, c'est-à-dire celle de sanctionner l'inexercice d'un droit minier ou de carrières léga-lement obtenu ou l'indignité du titulaire.

Une telle rectification permettrait que la condamnation à certaines infractions minières soit aussi une cause de déchéance et oblige le juge à appliquer cette sanction. On ne saurait logiquement concevoir qu'une condamnation judiciaire, mettant en évidence la dangerosité sociale d'un opérateur minier, laisse pourtant subsister son droit d'accès à la ressource minière.

B. Retrait

La sanction de retrait est prévue à l'article 290 du code minier, ainsi que dans chaque permis minier ou autorisation de carrières. Dans le premier cas, il ne s'agit pas d'une sanction proprement-dite, mais d'une modalité d'exécution de la sanction de déchéance ; dans le deuxième cas, il s'agit d'une sanction telle que définie ci-avant.

En effet, suivant l'article 290 du code minier, le retrait d'un droit minier ou d'une autorisation d'exploitation de carrières permanente est décidé lorsque le titulaire n'a pas exercé le recours contre la décision de déchéance, et lorsque les voies de recours sont forcloses ou si le recours est rejeté. La décision de retrait intervient au jour du rejet du recours ou au dernier jour utile où le recours aurait dû être engagé. Par ailleurs, chaque permis minier et chaque autorisation d'exploitation de carrières est généralement assorti de cette disposition : *Tout manquement ou violation des prescriptions légales, règlementaires et du présent permis ou autorisation entraine son retrait.*

Au plan légal, la réduction de la sanction de retrait à une simple modalité d'exécution d'une autre sanction, la déchéance pouvant produire de façon autonome ses propres effets, a empêché le législateur de rationaliser son application au profit d'une police administrative efficace et sécurisante.

C. Annulation

L'annulation est telle que prévue à l'article 48 ter alinéas 3 et 7, respectivement comme une sanction judiciaire et comme une sanction administrative. Ainsi que nous le démontrons amplement ci-dessus[296], l'imprécision tant de ses effets que de ses motifs induit une problématique sur le plan de la sécurité juridique.

---

296 Voir au présent chapitre ; section 2 ; paragraphe 3 ; points 5, 5.1, 5.1.2, D

D. Interdiction

Suivant l'article 291 du code minier, le titulaire d'un droit minier ou d'un droit de carrières qui en est déchu, et dont les titres ont été retirés est d'office interdit d'accès aux ressources minières pendant une période de 5 ans. L'interdiction s'applique donc automatiquement dans tous les cas de retrait et déchéance, quelle qu'en soit la cause.

Cette application généralisée et uniquement administrative de l'interdiction est particulièrement inéquitable et en affaiblit l'efficacité. Bien qu'étant souvent prise subséquemment à d'autres sanctions, l'interdiction est, en effet, la plus grave de sanctions, car elle affecte un droit économique fondamental. Et, étant traditionnellement liée à une cause infamante, elle ne peut ne pas être envisagée en cas de condamnation judicaire pour une infraction, et l'être pour une cause de retrait non infamante. Il n'est donc pas efficace et juste de n'en faire qu'un accessoire de seules sanctions administratives pri-vatives de droit minier ou de carrières, et ce, indépendamment, de leurs motifs.

Pour plus d'équité et d'efficacité dans l'application des sanctions et étant donnée sa gravité, il convient de définir dans la loi les causes de l'interdiction ; et son application devrait être envisagée à la suite d'une sanction administrative ou d'une condamnation pénale dont les motifs correspondent à ces causes légales. Celles-ci doivent être des cas de conduite indigne ou infâme.

E. Suspension d'activités

Suivant les articles 292 du code minier, 565 et 570 du règlement minier, la suspension d'activités sanctionne toute faute grave consistant principalement en un préjudice matériel ou moral causé aux populations locales, ainsi qu'en la violation des prescriptions sécuritaires, sanitaires, hygiéniques et environnementales de travail. Elle consiste également en la tenue irrégulière des documents d'accès prescrits par le code ou le règlement miniers.

La suspension d'activités est, dans tous les cas, décidée par le ministre après une mise en demeure infructueuse ; sa durée est fonction de la gravité de la faute, c'est-à-dire du niveau d'altération des conditions de vie des populations locales, ainsi que des conditions sécuritaires, sanitaires et environnementales de travail. La sanction peut être levée si le titulaire effectue des travaux d'amélioration des conditions altérées.

Déterminer ainsi la durée de la suspension d'activités par rapport à la gravité de la faute en fait principalement une sanction punitive, assortie d'une injonction à réparer la faute commise, sans que cette réparation n'implique nécessairement la mainlevée de la suspension. Il en résulte que le titulaire repentant peut continuer à endurer la sanction, dont la durée est fonction de la gravité de la faute qu'il vient de réparer. Et si au terme de la suspension, il n'a procédé à aucune réparation ou si les travaux de réparation ne sont pas terminés, la mainlevée intervient de plein droit, sauf le droit du ministre de prendre une nouvelle décision de suspension après une nouvelle mise en demeure infructueuse. En cas d'insouciance du titulaire suspendu, on pourrait ainsi aller de suspension en suspension, au préjudice des nombreuses attentes des autres parties prenantes.

Il y a là une distorsion du véritable sens de la suspension des activités d'accès aux ressources minières qui embrouille sa fonction. Il faut donc restituer à la sanction en question son véritable sens tel que théoriquement défini ci-avant, c'est-à-dire en faire une mesure préventive ou coercitive visant, non la punition d'une faute, mais sa prévention ou sa réparation. Il s'agira alors de contraindre le titulaire suspendu à réparer ou à prévenir une faute excusable liée aux activités d'accès à une ressource naturelle, et non à le punir pour une faute grave qui devra logiquement être sanctionnée par le retrait de l'autorisation de carrières ou du permis minier.

Dans ce cas, la durée de la suspension ne serait pas un dosage de sa sévérité par rapport à la gravité de la faute commise, mais un délai raisonnable accordé au titulaire pour prévenir des dommages éventuels ou réparer ceux causés, de sorte que, s'il ne s'est pas exécuté jusqu'à l'expiration de ce délai, la suspension puisse être assimilée à une perte du pouvoir d'exercer le droit octroyé et, partant, entrainer la déchéance.

4.7.2. En droit forestier

Comme sanctions applicables à l'accès industriel aux ressources forestières, le code forestier ne prévoit que la déchéance **(A)** et la résiliation **(B)** ; il omet d'autres sanctions pourtant nécessaires à un contrôle d'accès efficace **(C)**.

A. Déchéance

Suivant les articles 115 et 118 du code forestier, la déchéance du droit de concession forestière n'opère, respectivement, qu'en cas d'inexercice injustifié et en cas de cessation de paiement ; limitée à ces deux cas d'application, elle restreint sa fonction traditionnelle telle que précisée ci-dessus.

En effet, le concessionnaire forestier est tenu de s'installer et de commencer l'exploitation forestière dans les 18 mois qui suivent la signature du contrat. Sinon, après une mise en demeure infructueuse de 12 mois faite par le ministre, il est déchu de plein droit du droit de concession. La déchéance ainsi advenue est constatée par le ministre concédant, et elle opère pareillement en cas de cessation de paiement.

Les deux causes légales de déchéance supposent le défaut et la perte du pouvoir d'exercer le droit de concession forestière ; en y limitant l'applicabilité de cette sanction, le législateur n'en épuise pas la fonction traditionnelle qui est aussi celle de sanctionner les manquements à des incombances. L'ignorance de cet aspect de la sanction prive dangereusement le code forestier d'un moyen approprié pour sanctionner des comportements contraires à l'éthique professionnelle et aux valeurs sociétales. Et, en cas de condamnation pénale, il n'y a aucune conséquence privative de droit de concession pour le délinquant.

Donc, il faut une réforme du code forestier qui intègre le concept d'incombance dans l'application de la déchéance, de manière à inclure dans ses causes légales les manquements à des valeurs sociétales déterminées et les condamnations à certaines infractions forestières ; ce qui, dans ce dernier cas, élargit le pouvoir punitif au juge pénal.

B. Résiliation

Suivant l'article 118 alinéa 2 du code forestier, la résiliation d'un contrat de concession forestière s'opère, suite à une déchéance, à l'initiative du ministre en charge des forêts. À cette cause légale, l'autorité règlementaire ajoute d'autres en faisant le mélange des genres, et sans prendre en compte tous les cas d'application possibles de la résiliation.

En effet, à son article 23, le contrat de concession forestière type prévoit comme causes de résiliation : 1) le non-paiement des taxes et redevances ap-rès une mise en demeure ; 2) le défaut d'un plan d'aménagement approuvé de la concession au terme du délai légal de son élaboration ; 3) la coupe du bois en dehors de la concession ; 4) la corruption, le dol et la violence ; 5) la violation systématique des prescriptions environnementales et sociales.

De toutes ces causes contractuelles, celles énoncées au point 4 ci-dessus ne correspondent pas à l'exercice illégale du droit de concession forestière, mais à la conduite sociale du titulaire, c'est-à-dire aux manquements à des incombances valant causes de déchéance. Le recours à la corruption, au dol et à la violence dans les relations professionnelles et envers les parties prenantes touchent, en effet, plus à la probité du concessionnaire et aux valeurs sociétales qu'à l'utilisation des ressources forestières.

Par ailleurs, l'indication de ces causes de résiliation parait bien sommaire au regard de nombreuses obligations légales, règlementaires et contractuelles imposées au concessionnaire forestier ; lesquelles ne sont pas uniquement d'ordre financier, environnemental et social, mais aussi d'ordre technique et professionnel. Chacune de ces obligations concourent à la bonne gestion forestière, et sa violation systématique peut justifier une résiliation du contrat.

Pour être plus dissuasif, il faut une réforme légale qui prévoit pour chaque obligation prescrite, suivant son importance, soit la résiliation immédiate ou la résiliation après mise en demeure.

C. Omission d'autres sanctions

Il n'est pas normal ou logique que la législation forestière omette le retrait, l'annulation, l'abrogation et l'interdiction, comme sanctions de l'accès aux ressources forestières : une telle omission laisse sans sanctions appropriées des nombreux cas d'accès illicite aux ressources forestières.

En effet, en ne prévoyant pas le retrait, le code forestier prive l'autorité administrative d'une sanction appropriée en cas d'octroi d'un permis ordinaire de coupe en violation des règles substantielles de procédure, et il crée la possibilité d'application arbitraire d'une sanction quelconque, dont les effets ne seraient pas réglés au préalable.

Avec l'omission de l'interdiction, une personne dangereuse, dont le droit d'accès à une ressource forestière serait annihilé conserve le droit fondamental d'en demander et d'en obtenir un autre. L'omission de l'annulation, quant à elle, laisse sans sanction dument règlementée un contrat de concession forestière conclu en violation des règles de procédure. De même, le défaut d'une règlementation de l'abrogation laisse planer le risque de l'arbitraire en cas d'évolution politique exigeant une adaptation du contrat.

Donc, il faut une réforme légale qui étoffe et rationnalise le régime de sanctions des actes d'accès industriel aux ressources forestières. Une réglementation de toutes les sanctions possibles réduirait le risque d'incurie et d'insécurité juridique : tous les actes d'accès illicites aux ressources forestières seraient adéquatement sanctionnés et l'autorité administrative serait mieux encadrée dans l'application des sanctions et le règlement de leurs effets.

4.7.3. En droit agricole

En s'adossant au code foncier en ce qui concerne le dispositif d'accès aux terres arables, la loi agricole a perdu de vue la nécessité de se doter d'un régime de sanctions adéquat et approprié des actes d'accès industriels aux terres agricoles.

En effet, contrairement à la loi foncière, la loi agricole ne régit pas une simple occupation des terres, mais leur utilisation en tant que ressources naturelles devant prendre en compte l'intérêt général. Pour préserver ce dernier, le contrôle nécessaire de l'accès aux terres arables ne saurait se passer d'un régime de sanctions des actes d'accès et des opérateurs. Ceux-ci doivent pouvoir encourir, suivants les cas, l'annulation, le retrait, l'interdiction, la déchéance, la résiliation, la suspension d'activités ou l'abrogation.

Donc, une réforme légale s'impose pour dissocier le régime d'accès aux terres arables du régime foncier, et prévoir un dispositif de sanctions approprié et rationnel. Ceci devra prévenir, en cas de violation des dispositions légales toute application arbitraire des sanctions ou toute incurie

4.7.4. En droit des hydrocarbures

Pour sanctionner l'obtention ou l'exercice illégal des droits d'accès aux hydrocarbures, la loi portant régime général des hydrocarbures prévoit la nullité, la résiliation du contrat et la peine d'amende, ignorant d'autres sanctions pourtant nécessaires à l'efficacité du contrôle répressif. Le laconisme et l'imprécision de ce dispositif de sanctions font le lit de l'arbitraire et de la complaisance dans l'exercice de ce contrôle.

La nullité du contrat d'accès aux hydrocarbures est expressément prévue à l'article 43 de la loi en question en cas de mention dérogeant à ses dispositions. Outre qu'elle omet d'autres causes de nullité, telles que la violation des règles de forme ou de fond dans le processus de signature du contrat de partage de production ou de service, la loi en question ne décrit pas la mise en œuvre de la nullité et n'en règle pas les effets. Vue toutefois la tutelle d'approbation qu'elle accorde, à son article 41 alinéa 2, au Président de la République, nous pouvons en déduire logiquement le pouvoir d'annulation. La légalité de l'ordonnance présidentielle d'annulation peut être contestée devant un arbitre international. Quant aux effets de la nullité, ils devraient être rétroactifs, car, portant sur la violation des règles d'ordre public, il s'agit d'une nullité absolue.

Prévue à l'article 183 de la loi en question, la résiliation est applicable, *« le cas échéant »,* pour *« tout manquement du contractant à ses obligations »* ; sa mise en œuvre n'étant pas décrite, il est difficile d'en connaitre le processus de décision et les effets. Pour un contrat dont la procédure de signature implique le ministre, le gouvernement et le Président de la République, la loi devrait sur ce point se conformer au critère d'intelligibilité.

Par ailleurs, dans un secteur d'activités aussi important, il n'est pas normal que la loi sur les hydrocarbures ne prévoie pas la déchéance et l'interdiction, en vue d'y assurer le respect, au-delà des obligations légales, des valeurs sociétales ; ou encore la suspension d'activités pour y faire respecter ses règles relatives à la protection de l'environnement et du patrimoine culturel, ainsi qu'à la sécurité et à l'hygiène, telles qu'énoncées à ses articles 155 à 163.

4.7.5. En droit de l'eau

La loi relative à l'eau indique, sans en donner les causes, des sanctions applicables en cas de manquement dans l'exercice des droits d'utilisation des eaux, et elle en ignore certaines pourtant nécessaires au contrôle répressif dans un secteur aussi vital que celui des eaux ; ce qui peut donner lieu à la complaisance ou à l'arbitraire.

En effet, la loi en question prévoit, à son article 121 : la suspension du droit d'opérer, la résiliation du contrat, le retrait du titre d'accès et l'interdiction d'exercer dans le secteur. Ces sanctions sont prévues sans indication de leurs causes ou motifs par lesquels, pourtant, le droit administratif les définit ; ce qui laisse leur application à la discrétion de l'autorité politico-administrative qui devra agir suivant les cas, avec le risque de recourir à une sanction inappropriée pour un cas donné.

Par ailleurs, dans un secteur aussi vital que celui de l'eau, la loi ne devrait pas ignorer d'autres sanctions nécessaires pour un contrôle répressif optimal, telles que : la déchéance, en vue d'y faire respecter les valeurs sociétales ; la nullité, pour garantir la légalité des droits d'accès ; et l'abrogation, pour garantir leur opportunité.

4.7.6. En droit halieutique et en droit cynégétique

Les lois sur la chasse et la pêche ne sont pas dotées de régimes de sanction des actes d'accès aux ressources naturelles qu'elles régissent. Il est toutefois possible de leur appliquer le régime de nullité virtuelle que supposent les règles de procédure légales fixées pour leur accomplissement.

Cependant, la préservation efficace de l'intérêt général exigeant l'encadrement légal des actes d'accès aux ressources naturelles requiert bien un régime de sanctions explicite, rationnel et approprié, car le régime de nullité virtuelle peut conforter l'arbitraire et l'incurie dans le secteur extractif.

Donc, chacune de lois en question devrait prévoir l'éventail de sanctions exposé ci-avant, ainsi que les cas et la procédure d'application de chacune de ces sanctions.

§3. DISPOSITIF DE CONTROLE DE L'ACCES ARTISANAL

Pour mieux décrire le dispositif de contrôle d'accès artisanal aux ressources naturelles, il nous faut indiquer les phases du processus d'accès artisanal **(1),** ainsi que les outils de contrôle préventifs **(2)** et ceux de contrôle répressifs **(3)**. Il faut par ailleurs préciser les sanctions applicables **(4)**.

1. Phases du processus d'accès artisanal aux ressources naturelles

Le processus d'accès artisanal aux ressources naturelles commence par l'aménagement et l'ouverture d'un site d'accès artisanal **(1.1)**, se poursuit par le contrôle du savoir-faire professionnel **(1.2)**, l'admission à un corps d'exploitants artisanaux **(1.3)** et se termine par l'instruction participative de la demande d'accès artisanal **(1.4)**. La description de ce processus nous permet d'en analyser et évaluer les applications en droit positif **(1.5)**.

1.1. Aménagement et ouverture d'un site d'accès artisanal

L'aménagement d'un site d'accès artisanal est un ensemble d'opérations par lesquelles l'administration localise, approche et évalue une ressource naturelle donnée, viabilise son site géographique en vue de son exploitation économique optimale et définit, dans un règlement, les conditions environnementales, sociales, techniques et juridiques d'accès.

Ce règlement d'aménagement et d'ouverture constitue un outil d'encadrement des activités d'accès artisanal. L'impératif participatif devrait s'imposer dans son élaboration, car l'aménagement et l'ouverture d'un site d'accès artisanal peuvent affecter d'autres formes d'accès à la ressource naturelle visée ou l'accès à d'autres ressources naturelles. L'État doit donc y faire participer les populations susceptibles d'être affectées, et ce, par les procédés soit d'enquête publique, soit de concertation, soit d'association.

Pour renforcer ce contrôle citoyen, les populations intéressées devraient avoir le droit de recours juridictionnel contre toute décision prise en violation de leurs droits environnementaux, sociaux et économiques, tels que garantis par le droit international public et la Constitution.

1.2. Contrôle du savoir-faire professionnel

L'accès artisanal aux ressources naturelles est, d'une part, un moyen de former une classe moyenne qui sustente la croissance économique et, d'autre part, un moyen de mobiliser des ressources humaines qualifiées pour assurer une gestion durable des ressources naturelles.

Ainsi, il est nécessaire de s'assurer préalablement de la qualification et des aptitudes professionnelles des requérants de l'accès artisanal à un ressource naturelle. L'efficacité du contrôle de cette qualification et de ces aptitudes dépend de la qualification même du mécanisme de formation professionnelle et d'évaluation des connaissances mis en place ; il devra s'agir, pour chaque type de ressource naturelle, d'un centre de formation public ou privé agréé, assurant une formation initiale et continue sanctionnée par un brevet ou un diplôme approprié.

Donc, tout aspirant à l'exploitation artisanale d'une ressource naturelle donnée devrait obtenir un diplôme dans un centre de formation approprié. Ce diplôme serait délivré au terme d'une formation professionnelle, technique et déontologique (formation initiale), ou après la validation des acquis de l'expérience (formation continue). Il s'agirait là d'un outil de contrôle efficace du savoir-faire professionnel des exploitants artisanaux.

1.3. Admission à un corps d'exploitants artisanaux

En plus du savoir-faire professionnel, la qualité d'artisan est un état d'esprit ou une façon d'être induits de l'observance stricte des règles d'éthique et de déontologie particulières. Sur les règles de cette nature, les assujettis doivent s'organiser en un corps professionnel, habilité à en garantir l'intériorisation et le respect.

L'adhésion obligatoire à un tel corps professionnel traduirait mieux la prise de connaissance d'un code de bonne conduite ou de déontologie, ainsi que la soumission à ses règles. Comme étape du processus d'accès artisanal à une ressource naturelle, cette adhésion signifierait l'accès à la profession d'exploitant artisanal, préalable à l'accès à la ressource naturelle. Le contrôle d'accès à cette profession serait plus efficacement assuré par un corps professionnel mieux au faite des règles et pratiques professionnelles que par une autorité administrative. Dotées de prérogatives de la puissance publique, ce corps professionnel devrait être habilité à refuser ou à retirer à un exploitant artisanal sa qualité professionnelle, pour sanctionner toute violation du code de déontologie ; avec pour conséquence l'invalidation de plein droit de l'autorisation d'accès artisanal

Donc, la politique d'accès artisanal aux ressources naturelle devrait viser l'organisation des exploitants artisanaux en un ordre professionnel qui, outre la défense des droits et des intérêts de chacun de ses membres, veillerait à ce que sa conduite éthique et déontologique corresponde à l'objectif de la formation d'une classe moyenne engagée et respectueuse des valeurs sociétales.

1.4. Instruction participative de la demande d'accès artisanal

Dans un contexte social de pauvreté, la massification de l'accès artisanal aux ressources naturelles accroit particulièrement un double risque : l'exclusion de l'accès sur base des critères claniques, tribaux, raciaux et les autorisations d'accès de complaisance, par voie de corruption ou de favoritisme.

La prévention de ce double risque nécessite des garanties d'impartialité et d'intégrité du mécanisme de filtrage. Ces garanties sont faibles lorsque le pouvoir décisionnel est concentré à un niveau donné de la hiérarchie administrative. Il est généralement, par décentralisation horizontale[297], attribué au gouverneur de province ou, par déconcentration verticale, au chef d'un service extérieure de l'administration de l'État (souvent le chef de division pro-vinciale du ministère concerné). Ainsi concentré entre les mains d'une seule autorité individuelle, le pouvoir de décision est plus fragile par rapport au risque d'accaparement égoïste et de gestion arbitraire, au préjudice du principe d'accès équitable aux ressources naturelles.

Un tel risque est, au contraire, sensiblement réduit lorsqu'on envisage une ouverture participative du processus décisionnel de l'accès artisanal aux ressources naturelles. Ceci suppose l'institution, pour chaque site d'accès artisanal à une ressource naturelle donnée, d'un organe de décision et de ges-tion associant à l'autorité administrative les représentants qualifiés de toutes les parties prenantes. L'instruction des demandes d'accès artisanal par un tel mécanisme participatif en garantirait plus l'équité et l'impartialité.

[297] La décentralisation horizontale est un procédé qui décale le pouvoir de décision de la hiérarchie administrative pour le transférer à une autorité extérieure. Celle-ci reste, cependant, sous une tutelle d'opportunité.

1.5 Analyse et évaluation des applications en droit positif

Le processus d'accès artisanal aux ressources naturelles connait des applications en droit positif qu'on peut analyser et évaluer en droit minier **(1.5.1)**, en droit forestier **(1.5.2)** ainsi que dans les autres branches du droit des ressources naturelles **(1.5.3)**.

1.5.1. En droit minier

En droit minier, l'analyse et l'évaluation du processus d'accès artisanal aux ressources minières révèlent des faiblesses et les possibilités de l'institution d'une zone d'exploitation artisanale **(A)**, ainsi que les limites du processus de délivrance d'une carte d'exploitant artisanal **(B)**.

A. Faiblesses et possibilités de l'institution d'une zone d'exploitation artisanale

Pour assurer le contrôle d'accès artisanal aux ressources minières, le code minier prévoit l'institution d'une « *zone d'exploitation artisanale* », mais qui est moins un outil d'encadrement des activités qu'une simple technique de gestion du domaine minier ; et la centralisation du processus décisionnel de son institution ne garantit pas un contrôle d'accès transparent.

En effet, suivant l'article 109 alinéa 1 du code minier, l'institution d'une « *zone d'exploitation artisanale* » est décidée lorsqu'il s'avère qu'un gisement minier n'est pas susceptible d'une exploitation industrielle. Cette décision est prise, suivant l'alinéa 2 de cette disposition légale, par voie d'arrêté du ministre, après l'avis de la *Direction des mines* et du gouverneur de province concerné. L'arrêté ministériel est notifié au Cadastre Minier qui porte la zone instituée sur la carte de retombes minières.

Le pouvoir décisionnel est, dans ce cas, concentré entre les mains du ministre qui en a l'initiative ; l'avis de la *Direction des mines* et du gouverneur de province n'est pas un avis conforme ; le cadastre minier est, en dépit de sa position légale de principale porte d'accès aux ressources minières, marginalisé. Ceci génère le risque d'une soustraction des pans entiers du domaine minier à un contrôle public et citoyen adéquat, et de leur soumission à une gestion clientéliste et égoïste[298].

---

[298] C'est le cas de la gestion du site minier dit « Tokotens », situé dans la commune de Kambove, province du Haut-Katanga. La gestion de ce site échape complètement au régime minier : il est placé en fait sous le contrôle d'un groupe de sujets chinois qui, au moyen d'une unité de nos forces armées, s'y est approprié la force de travail et les produits des exploitants artisanaux, dits creuseurs, qui y sont réduits à une situation proche de l'esclavage ; et ce dans une absence totale des services chargés de l'encadrement technique de ces derniers, de la sécurisation du produit de leur travail et de sa commercialisation ainsi que de l'hygiène et de la protection de l'environ-nement.

Toutefois, l'institution d'une *zone d'exploitation artisanale* constitue une base sur laquelle on peut, en la réformant, organiser un vrai contrôle d'accès artisanal aux ressources minières. L'ouverture de cette zone confrontant des enjeux collectifs importants, le processus décisionnel ne saurait faire l'économie de la participation citoyenne et de la transparence ; il faut une réforme qui le recentre sur le Cadastre Minier qui doit en avoir l'initiative, et l'ouvre à la participation et au contrôle citoyen.

Concrètement après la mise à jour d'un gisement par prospection publique ou privée, le Cadastre Minier devrait en requérir l'évaluation environnementale stratégique[299], procéder à son aménagement, et demander au ministre l'ouverture d'une *zone d'exploitation artisanale*.

B. Limites du processus de délivrance d'une carte d'exploitant artisanal

Suivant l'article 111 bis du code minier, les cartes d'exploitant artisanal sont délivrés par le ministre provincial des mines à toute personne physique éligible qui en fait la demande ; l'instruction de la demande est faite par la Division provinciale des mines, conformément aux articles 224 à 230 du règlement minier.

Autrefois centré sur le chef de division provincial du ministère des mines, ce processus décisionnel a été recentré sur le ministre provincial à qui sont adressées les demandes de carte, qui les fait instruire et décide de la délivrance des cartes. Ce transfert du pouvoir décisionnel à un politicien s'est fait sans une garantie institutionnelle d'impartialité, d'objectivité et d'équité ; ce qui pourrait accroitre le risque d'exclusion arbitraire ou de favoritisme dans l'octroi des cartes d'exploitant artisanal.

Pour garantir un accès équitable à une « *zone d'exploitation artisanale* », l'octroi des cartes d'exploitant artisanal devrait suivre un processus décisionnel participatif et transparent, c'est-à-dire qui associe toutes les parties prenantes impliquées dans la gestion d'un site d'accès artisanal ouvert. Les demandes de carte devraient être adressées aux bureaux locaux ou provinciaux du cadastre minier, leur instruction faite par le SAEMAPE[300] et la Division provinciale des mines, et le ministre provincial intervient pour signer la carte en guise d'approbation de toute la procédure.

C. Faiblesse de l'organisation de la formation technique continue

Pour assurer l'émergence d'un artisanat minier efficace et responsable, le droit minier organise une formation technique continue des exploitants arti-

---

299 Conformément à l'article 19 alinéa 1 de la loi relative à la protection de l'environnement tel qu'exposé ci-dessus, à la section 4, paragraphe 2, points 3, 3.1, du présent chapitre.

300 Sigle de Service d'Assistance et d'Encadrement de l'Exploitation Minière à Petite Echelle.

sanaux. Mais, telle qu'organisée, cette formation n'offre aucune garantie de professionnalisation et de moralisation du secteur.

Suivant l'article 232 du règlement minier, avant et durant l'exercice de leurs activités, les exploitants artisanaux sont soumis à un encadrement technique assuré par le SAEMAPE. Ce dernier est « *un service public à caractère technique doté d'une autonomie administrative et financière, lequel a pour objet l'encadrement et l'assistance de l'exploitation artisanale et à petite échelle des substances minérales*[301] » Cet encadrement technique est une formation continue, c'est-à-dire celle qui assure aux personnes qui sont déjà dans la vie active soit une amélioration des compétences acquises pour une adaptation professionnelle, soit une acquisition des nouvelles compétences assurant une reconversion professionnelle. Dans tous les deux cas, cette formation n'est pas un préalable à l'octroi d'une carte d'exploitant artisanal.

N'étant pas un préalable obligatoire à l'accès artisanal, ce mécanisme de contrôle de savoir-faire professionnel est plutôt laxiste et déficitaire par rapport à la hauteur de l'ambition de former un artisanat minier efficace et qualifié. Il faudrait le réorganiser à travers des structures appropriées assurant une formation initiale pour les aspirants exploitants et une formation continue pour les personnes ayant acquis une expérience pratique. Cette formation devrait être sanctionnée par un diplôme, condition préalable à la délivrance d'une carte d'exploitant artisanal.

D. Inorganisation professionnelle des exploitants artisanaux

Le code minier ne prévoit pas une organisation stratégique des exploitants artisanaux pour leur participation à la gouvernance du secteur minier artisanal.

Et pourtant pour améliorer davantage la gestion minière artisanale, il est nécessaire que les exploitants artisanaux, qui en font directement l'expérience, soient étroitement associés au contrôle de l'accès artisanal aux ressources minières. Pour ce faire, ils devraient être organisés de manière à former un acteur institutionnel majeur de la gouvernance du secteur minier artisanal. Cet acteur devrait bénéficier de certaines prérogatives administratives, par exemple celles relatives au respect des règles de déontologie et d'éthique professionnelles assumées par le SAEMAPE.

Une telle implication des exploitants artisanaux miniers dans le contrôle de leur secteur aurait le double avantage de les responsabiliser et de diminuer le coût du contrôle administratif de l'accès artisanal aux ressources minières. Pratiquement, cette implication pourrait se faire par le transfert des attributions du SAEMAPE à une Ordre professionnel des artisans miniers.

---

[301] Article 1, 46 ter du code minier

1.5.2. En droit forestier

Le code forestier n'organise pas un processus d'accès artisanal aux ressources forestières. Celui-ci est organisé au niveau règlementaire, mais de façon plutôt déficitaire par rapport à la description théorique faite ci-avant.

En effet, suivant l'article 8 de l'arrêté ministériel relatif à l'exploitation forestière, le contrôle de l'accès artisanal aux ressources forestières est assuré au moyen d'un permis de coupe artisanale, qui donne le droit de couper les bois uniquement dans une forêt des communautés locales. Ceci n'a évidemment rien à avoir avec l'aménagement ainsi que l'ouverture participatifs et transparents d'un site d'accès artisanal, d'autant que la fonction d'une forêt des communautés locales est de garantir l'accès de ces dernières aux ressources forestières incluses dans leurs possessions coutumières, et non de promouvoir l'accès artisanal.

Par ailleurs, la législation forestière ne prévoit pas de mécanisme chargé du contrôle du savoir-faire professionnel. La preuve d'une formation professionnelle n'est du reste pas un préalable à l'obtention d'un permis de coupe artisanale. Il n'y a pas non plus un contrôle d'accès à la profession d'artisan forestier fondé sur l'assimilation et l'intériorisation des règles d'éthique professionnelles ; ce qui ne permet même pas de songer à l'organisation des artisans forestiers en un Ordre professionnel.

1.5.3. Dans les autres branches du droit des ressources naturelles

Dans toutes les autres lois relatives aux ressources naturelles, le processus d'accès artisanal se résume à un contrôle physique des opérateurs et technique du matériel. Et ce pouvoir de contrôle est généralement concentré entre les mains d'un individu.

En effet, le contrôle de l'accès artisanal aux ressources naturelles n'y comporte pas des mécanismes particuliers d'ouverture d'un site d'accès artisanal, de contrôle de savoir-faire professionnel et de contrôle déontologique. Et le pouvoir d'octroi d'une autorisation d'accès artisanal est exercé par une seule personne.

Et pourtant, l'accès artisanal équitable et efficace aux ressources naturelles ne saurait se passer de ces mécanismes particuliers de contrôle ; sa localisation sur des sites préalablement aménagés par l'administration facilite le contrôle des activités. Le contrôle du savoir-faire professionnel et déontologique assure la formation d'un artisanat qualifié ; il requiert également la transparence et la participation dans le processus d'octroi des autorisations d'accès artisanal.

Donc, il faudrait, sur ce point précis, reformer toutes ces lois à la lumière des principes de transparence et de participation, de manière à contrôler et à rationaliser l'ouverture des sites d'accès artisanal aux ressources naturelles, à s'assurer de la bonne qualité des ressources humaines mobilisées pour leur mise en valeur et à garantir l'équité dans l'octroi des droits d'accès artisanal.

2. Outils de contrôle préventifs

En vue d'assurer le contrôle préventif de l'accès artisanal aux ressources naturelles, il peut être fait recours au règlement d'institution d'un site d'accès artisanal **(2.1)**, à l'acte d'agrément professionnel **(2.2)**, à l'autorisation d'accès artisanal **(2.3)** ainsi qu'au rapport d'activités collectif **(2.4)**.

2.1 Règlement d'institution d'un site d'accès artisanal

En tant qu'outil de contrôle préventif de l'accès artisanal à une ressource naturelle, le règlement d'institution d'un site d'accès artisanal est un acte de police et d'encadrement des opérateurs artisanaux.

En effet, ce règlement assure, comme acte de police, le respect des conditions préalables d'ouverture d'un site d'accès artisanal et, comme acte d'encadrement, il en organise la gestion et définit les conditions tant générales que spécifiques d'accès ; par cette double fonction, il consacre la légalité et la légitimité du processus d'ouverture d'un site d'accès artisanal, et il en organise la gestion.

S'agissant d'un acte de disposition d'un bien national ou domanial, le règlement qui institue un site d'accès artisanal doit émaner du gouvernement central, constitutionnellement habilité à disposer du patrimoine national. Il n'empêche, cependant, que ce pouvoir règlementaire puisse être spécialement délégué à une autorité décentralisée ou déconcentrée, pour assurer un contrôle de proximité du site ouvert.

2.2 Acte d'agrément professionnel

Il ne suffit pas de remettre à un aspirant artisan un code de déontologie ou de bonne conduite pour qu'il le respecte, il faut en plus une institution qui garantisse qu'il en intériorise les préceptes et y enracine sa conduite. L'acte d'agrément professionnel offre cette garantie institutionnelle d'enracinement dans la déontologie qui cimente le corps professionnel qu'on est obligé d'incorporer.

Ainsi, au-delà de la qualité et des droits qu'il confère, l'acte d'agrément professionnel oblige à l'intégration dans un corps professionnel et formalise la soumission à la ligne de conduite dictée par sa vocation sociale. Il est, non seulement un acte de reconnaissance professionnel qui oblige les exploitants artisanaux d'assurer la protection des droits de chacun d'eux, mais aussi un outil de contrôle, par lequel ils s'assurent que ceux qui intègrent leur corps ont et maintiennent une conduite conforme à leur déontologie.

En tant que tel, l'acte d'agrément professionnel confère la qualité de prétendre au droit d'accès artisanal à une ressource naturelle. Mieux organisés et associés à la gestion des sites d'accès artisanal, les exploitants artisanaux eux-mêmes pourraient être mieux qualifiés pour assurer que chacun d'eux se conduise conformément à leur déontologie.

2.3 Autorisation d'accès artisanal

L'autorisation d'accès artisanal à une ressource naturelle est un acte de police unilatéral, précaire et incessible dans le sens développé ci-dessus[302] ; elle permet à l'autorité administrative de contrôler l'accès à un site d'exploitation artisanale.

En effet, la soumission de l'accès artisanal à une ressource naturelle à une autorisation d'accès permet à une autorité administrative de s'assurer que les requérants sont qualifiés, de leur assigner des obligations individuelles par rapport aux objectifs généraux de l'aménagement du site et d'en surveiller l'exécution. L'autorisation d'accès artisanal est donc moins un outil de répartition des droits d'accès au profit des individus, que celui de filtrage de l'accès à un site de gestion artisanale d'une ressource naturelle. Ce filtrage est effectué en vue de s'assurer que les personnes qui y accèdent sont aptes à réaliser les objectifs de l'aménagement du site, c'est-à-dire la réduction de la pauvreté et la croissance économique locale.

Bien que participant de la mise en œuvre de la stratégie de lutte contre la pauvreté, l'autorisation d'accès artisanal à une ressource naturelle n'est pas un acte social ou humanitaire, mais un acte de gestion par lequel l'autorité administrative choisit les personnes qualifiées ou aptes à participer au développement d'un site d'accès artisanal ; sa précarité et, partant, son renouvellement périodique lui permet de vérifier systématiquement si les bénéficiaires conservent leurs aptitudes professionnelles et respectent les règles établies.

2.4 Rapport d'activités collectif

Devant former un corps stratégiquement organisé, les exploitants artisanaux constituent un acteur majeur de la gestion durable des ressources naturelles. Il va de soi que ceux exploitant un site d'accès artisanal donné soient contraints à une auto-évaluation et à la reddition des comptes.

Un rapport d'activités collectif serait l'instrument approprié de cet exercice d'auto-évaluation et de redevabilité. Il s'agirait d'un document par lequel les exploitants artisanaux, exerçant sur un site d'accès artisanal donné, évaluent leurs performances par rapport aux objectifs de

[302] Cfr section 5, pargraphe 2, points 2, 22, 221 du présent chapitre

l'aménagement et en rendent compte à la nation. Un tel instrument d'auto-évaluation collective contraint les concernés à garder à l'esprit les objectifs de la politique d'accès artisanal aux ressources naturelles, ainsi que les obligations qui en découlent pour chacun d'eux.

En procédant par la sommation des performances individuelles de chacun, l'élaboration périodique d'un rapport d'activités collectif est, pour le corps professionnel des exploitants artisanaux, un moyen de contrôle approprié sur chacun de ses membres.

2.5. Analyse et évaluation des applications en droit positif

Ainsi définis, les outils de contrôle préventif connaissent des applications en droit positif que nous pouvons analyser et évaluer en droit minier **(2.5.1)**, en droit forestier **(2.5.2)**, en droit agricole **(2.5.3)** ainsi que dans d'autres branches du droit **(2.5.4)**.

2.5.1. En droit minier

En droit minier, l'outillage de contrôle préventif de l'accès artisanal aux ressources minières pâtit de limites de l'arrêté ministériel portant institution d'une zone d'exploitation artisanale **(A)**, de celles de la carte d'exploitant artisanal **(B)** , de celles du certificat de participation au stage de formation et de l'inscription au registre **(C),** ainsi que de celles du rapport de production mensuelle **(D).**

A. Limites de l'arrêté ministériel portant institution d'une zone d'exploitation artisanale

Tous les arrêtés ministériels portant institution d'une zone d'exploitation artisanale sont pris au vu de la « *nécessité d'instituer une zone d'exploitation artisanale* » dans une province donnée, et ce, sur avis favorables de la Direction des mines et du gouverneur de province.

Dans leurs dispositions, ces arrêtés ministériels se bornent essentiellement à la désignation numérique de la zone, à sa localisation géographique et à sa délimitation géodésique. Ce contenu consacré en fait moins des actes de contrôle préventif que des simples actes de gestion du domaine minier, dans la mesure où ils apparaissent comme formalisant le choix du mode de gestion d'un gisement minier fait par le ministre, après avoir consulté la Direction des mines et le gouverneur de province.

Le choix de l'exploitation artisanale d'un gisement devrait être fait par le Cadastre minier au terme d'un processus décisionnel transversal, participatif et transparent. Et recouvrant la dimension d'un acte de contrôle préventif, un arrêté ministériel instituant une zone d'exploitation artisanale devrait être pris pour sanctionner la légalité formelle et matérielle de ce choix et prescrire les règles spécifiques de la gestion du site.

B. Limites de la carte d'exploitant artisanal

La carte d'exploitant artisanal est un outil de contrôle préventif de l'accès à une zone d'exploitation artisanale ; elle permet à l'administration minière de s'assurer que ceux qui y accèdent remplissent toutes les conditions d'accès fixées par la loi et le règlement.

Cependant, les conditions légales et règlementaires d'octroi d'une carte d'exploitant artisanal n'insistent pas sur la qualification professionnelle du requérant et pas assez sur son profil éthique. Et en cas de massification de la demande d'accès à une zone d'exploitation artisanale, la sélection se ferait par la règle de *premier arrivé, premier servi*. Ceci affaiblirait la portée pré-ventive de la carte d'exploitant artisanal et en ferait moins un acte de police d'accès qu'un acte de répartition des droits d'accès ; autrement dit, elle servirait moins à contrôler l'accès à une zone d'exploitation artisanale en vue d'en optimaliser la gestion qu'à canaliser une demande sociale massive.

Pour faire de la carte d'exploitant artisanal un véritable outil de contrôle préventif, il faut que sa délivrance sanctionne un contrôle de la capacité fi-nancière et technique du requérant, après avoir constaté les preuves de sa qualité professionnelle.

B. Limites du certificat de participation au stage de formation et de l'inscription au registre

Suivant l'article 233 alinéa 4 du règlement minier, la division provinciale des mines délivre un certificat de participation aux exploitants artisanaux ayant suivi l'intégralité du stage de formation. Pour ceux dont la carte a été retirée, ils doivent en outre réussir à un examen, pour être inscrit sur un registre. Cette inscription conditionne l'obtention d'une nouvelle carte.

Délivré à l'issu d'une formation continue, ce certificat de participation au stage de formation n'est pas à proprement parler un outil de contrôle préventif, car il ne conditionne pas l'obtention d'une carte d'exploitant artisanal ; l'inscription au registre des exploitants artisanaux en est un pour les exploitants artisanaux sanctionnés du retrait de la carte, car elle conditionne l'octroi d'une nouvelle carte.

Il s'agit là d'un dispositif de contrôle ex post du savoir-faire professionnel qui sert la demande pressante d'accès artisanal aux ressources minières, mais dessert l'objectif d'optimalisation de la gestion des zones d'exploitation artisanale. Cet objectif serait davantage mieux servi par un contrôle an-te post du savoir-faire sanctionné par un diplôme, préalable à la délivrance d'une carte d'exploitant artisanal.

D. Limites du rapport de production mensuelle

Suivant l'article 114 bis alinéa 8 du code minier, une coopérative d'exploitation artisanale doit, sous peine de retrait de son agrément, transmettre à la SAEMAPE les statistiques de sa production mensuelle. Ce contenu légal limité à la comptabilité de la production ne devrait pas faire de ce rapport un outil de contrôle préventif efficace de l'accès à une zone d'exploitation artisanale.

L'aménagement d'une zone d'exploitation artisanale devrait être assorti d'un plan de gestion durable qui fixe les objectifs à atteindre au plan environnemental, économique et social, de sorte que chaque membre d'une coopérative soit un agent mobilisé pour la réalisation de ce plan. Dans ce cadre, la seule statistique de production ne devra pas assurer un meilleur encadrement des exploitants artisanaux, en vue d'assurer la gestion durable d'une zone d'exploitation artisanale.

Donc, il faudrait assujettir la coopérative d'exploitation artisanale à l'élaboration et à la transmission d'un rapport d'activités collectif, tel que défini ci-dessus. Ce rapport devrait évaluer les performances de chaque membre par rapport aux objectifs fixés au plan économique, environnemental et social.

2.5.2. En droit forestier

En droit forestier, l'outillage de contrôle préventif de l'accès artisanal aux ressources forestières pâtit doublement de la dénaturation fonctionnelle de l'agrément des exploitants forestiers artisanaux **(A)** et, en dépit des mérites du contrat d'exploitation artisanale **(B)**, de l'inutilité du permis de coupe artisanale **(C)**.

A. Dénaturation fonctionnelle de l'agrément des exploitants forestiers artisanaux

Suivant les articles 24 et 25 de l'arrêté ministériel relatif à l'exploitation forestière, l'agrément, comme outil de contrôle préventif, sert à s'assurer au préalable que l'exploitant forestier artisanal est de bonne conduite, vie et mœurs, et qu'il possède le matériel d'exploitation requis.

Cette utilité règlementaire de l'acte d'agrément en réduit substantiellement la portée préventive, car, bien qu'ayant pour fonction de conférer la qualité d'exploitant forestier artisanal, il ne permet pas d'en vérifier la consistance. Et celle-ci ne signifie pas la conduite sociale et la possession de l'outil d'exploitation, mais le savoir-faire professionnel et l'intériorisation de la déontologie professionnelle.

Donc, pour valoir pleinement comme outil de contrôle préventif de l'accès artisanal aux ressources forestières, l'agrément des exploitants forestiers artisanaux devrait permettre de s'assurer réellement des aptitudes d'un aspirant, ainsi que de son éthique professionnelle. Il devrait être ainsi un instrument de contrôle du savoir-faire et de l'éthique professionnels, ne permettant que l'accès à la profession d'exploitant forestier artisanal.

B. Mérites du contrat d'exploitation artisanale

Suivant l'article 113 alinéa 3 du code forestier, l'exploitation artisanale d'une forêt des communautés locales se fait en vertu d'un contrat d'exploitation approuvé par l'administration forestière locale. Ce contrat est passé entre un exploitant forestier artisanal agréé et les communautés locales.

Le contrat d'exploitation artisanale définit les droits environnementaux, sociaux et économiques de la communauté locale possédante, et il engage principalement l'exploitant artisanal à les respecter. Il réalise ainsi un transfert légal d'une partie du pouvoir de contrôle de l'accès artisanal aux forêts domaniales au profit des communautés locales possédantes. Mais le faible pouvoir de négociation de ces dernières peut en affaiblir la portée préventive quant à la protection de leurs droits.

En tant qu'outil de contrôle préventif, le contrat d'exploitation artisanale d'une forêt des communautés locales permet à ces dernières de s'assurer que l'exploitant forestier artisanal connait leurs droits traditionnels, et qu'il est disposé à les respecter.

C. Inutilité du permis de coupe artisanale

Telle que décrite aux articles 19 et 17 point 2 de l'arrêté ministériel relatif à l'exploitation forestière, la procédure de délivrance d'un permis de coupe artisanale permet d'identifier l'exploitant artisanal, de situer la coupe de bois, de déterminer le volume des produits forestiers à prélever et de vérifier qu'il a un agrément ainsi qu'un contrat avec les communautés locales possédant la forêt visée.

Ayant la même portée et la même source organique que l'agrément des exploitants forestiers artisanaux (c'est-à-dire, délivré par le gouverneur de province), au moyen duquel est effectué l'essentiel du contrôle d'accès préventif, le permis de coupe artisanale ne sert spécifiquement qu'à rationner les produits forestiers, c'est-à-dire à définir le volume que chaque individu est autorisé à prélever durant une année de coupe. Il n'est donc pas un outil de contrôle préventif, mais un outil de rationnement ; en d'autres termes, il n'est pas un instrument de police, mais un instrument de répartition de l'accès aux ressources forestières.

Cette confusion avec l'agrément n'a pas permis de penser le permis de coupe artisanale comme un outil de contrôle préventif approprié. Pour assurer l'efficacité du contrôle de l'accès artisanal aux forêts, les deux outils doivent être distingués au plan fonctionnel. L'agrément devrait ainsi servir au contrôle des aptitudes professionnelles, en vue de l'accès définitif à la profession d'exploitant forestier artisanal ; le permis de coupe artisanale devrait servir au contrôle périodique de la capacité financière et technique, en vue de l'accès artisanal aux ressources forestières.

2.5.3 En droit agricole

Dans la loi agricole, le mécanisme de contrôle préventif de l'accès aux terres arables est le même pour l'accès artisanal et pour l'accès industriel.

En effet, les outils de contrôle préventifs d'accès artisanal à une terre agricole sont les mêmes que ceux analysés ci-dessus[303] concernant l'accès industriel, c'est-à-dire le permis d'exploitation agricole, le contrat d'occupation provisoire, le contrat de concession agricole et le certificat d'enregistrement de la concession agricole.

Cet outillage de contrôle d'accès ignore les outils de contrôle du savoir-faire et de la déontologie professionnels, pourtant nécessaires en ce qui concerne l'accès artisanal ; en cette matière, il s'agit principalement de mettre en contribution des aptitudes professionnelles individuelles pour développer le potentiel agricole du pays.

2.5.4. Dans les autres branches du droit des ressources naturelles

Toutes les autres lois sur les ressources naturelles ne prévoient pas de dispositif de contrôle de l'accès artisanal. Pour combler ce déficit légal, les autorités administratives ou politico-administratives instituent des outils de contrôle d'accès particuliers qui sont généralement des autorisations d'accès artisanal.

Cependant, ces autorisations d'accès artisanal ne se conçoivent pas dans une vision stratégique d'optimisation de l'accès artisanal aux ressources na-turelles. Ils sont moins un moyen de formation et de mobilisation d'un arti-sanat qualifié et efficace que celui de collecte des recettes publiques.

Il faut, au niveau légal, intégrer la nécessité politique d'assurer la durabi-lité de la gestion artisanale des ressources naturelles par des artisans quali-fiés et consciencieux. Ceux-ci ne peuvent émerger qu'à travers un outillage de contrôle préventif assurant l'aménagement approprié des sites d'accès ar-tisanal, le contrôle préalable du savoir-faire et de la déontologie profession-nels.

---

303 Cfr Section 5, paragraphe 2, points 2, 2.4, 2.4.3, B et C, du présent chapitre

3. Outils de contrôle répressif

Pour assurer le contrôle répressif de l'accès artisanal aux ressources naturelles, il est généralement fait recours à l'inspection administrative **(3.1)**. La dénonciation citoyenne **(3.2)** et la juridiction disciplinaire **(3.3)** sont également des recours possibles.

3.1 Inspection administrative

Une bonne gestion d'un site d'accès artisanal aux ressources naturelles ne saurait se passer d'un service d'inspection chargé d'y rechercher et d'y constater les infractions aux lois et règlements.

Une telle mission requiert que les inspecteurs soient revêtus de la qualité d'officier de police judiciaire. Ce dédoublement fonctionnel rattacherait en partie les inspecteurs au pouvoir judiciaire et le soustrairait au contrôle hiérarchique, en en faisant des relais du parquet ; ce qui, en leur assurant une certaine autonomie dans leur mission de police, accroîtrait leur efficacité.

Par rapport aux fléaux sociaux, économiques et environnementaux de l'exploitation artisanale des ressources naturelles, tel que décrits ci-dessus[304], ce renforcement et cette amélioration des services d'inspection sur les sites d'accès artisanaux aux ressources naturelles seraient une réponse adéquate.

3.2 Dénonciation citoyenne

Telle que définie ci-dessus[305], la dénonciation citoyenne pose à priori la question de l'opportunité de son exercice à l'échelle d'un exploitant artisa-nal, car ce dernier, étant porteur d'un projet de survie personnelle sans en-jeux collectifs, son activité ne nécessite pas à priori un contrôle citoyen.

Cependant, la gestion d'un site d'accès artisanal aux ressources naturel-les peut s'avérer chaotique et inutilement dangereuse pour des intérêts envi-ronnementaux, sociaux et économiques préexistants, de sorte que les parties intéressées soient obligées de réagir de façon appropriée, en cas de défail-lance des autorités publiques ou judiciaires.

Dans ce cas, la dénonciation citoyenne pourrait s'avérer utile pour acti-ver les mécanismes de répression publics, en vue soit de faire sanctionner les exploitants artisanaux, soit d'obtenir la fermeture ou le réaménagement du site d'accès artisanal.

---

[304] Cfr section 1, paragraphe 3, points 2, 2.1, du présent chapitre

[305] Cfr section 5, paragraphe 2, points 3, 3.2, 3.2.1, du présent chapitre

3.3 Juridiction disciplinaire

Parmi les causes, souvent mentionnées, de la gestion calamiteuse des sites d'accès artisanal aux ressources naturelles, il y'a la défaillance des services d'inspection dans le contrôle répressif (agents mal équipés, non motivés ou simplement corrompus).

Face à cette défaillance des pouvoirs publics, une juridiction disciplinaire qui responsabiliserait les exploitants artisanaux eux-mêmes paraît un complément ou un palliatif nécessaire. Il ne sert presqu'à rien d'élaborer un code de bonne conduite ou de déontologie sans se donner le moyen approprié et efficace de contraindre les assujettis à en respecter les prescriptions. Le déficit constaté à cet égard dans la gestion de l'accès artisanal aux ressources naturelles pourrait mieux être comblé par l'institution d'une juridiction disciplinaire assurée par les exploitants eux-mêmes.

Un tel mécanisme ordinal contraindrait les exploitants artisanaux à s'organiser pour prendre en charge une partie du coût administratif de leur contrôle répressif. Et celui-ci gagnerait en efficacité par ce partage de coûts et de tâches entre les assujettis et l'administration publique.

4. Sanctions applicables à l'accès artisanal aux ressources naturelles

Pour sanctionner l'accès artisanal aux ressources naturelles, on peut recourir au retrait de l'autorisation d'accès **(4.1)** ou à son annulation **(4.2)**, au retrait de la qualité professionnelle **(4.3)** et à l'interdiction d'accès **(4.4)**.

4.1. Retrait de l'autorisation d'accès

Une autorisation d'accès artisanal à une ressource naturelle peut être retirée lorsqu'elle a été octroyée ou obtenue en violation des dispositions légales ou règlementaires, ou lorsque le bénéficiaire enfreint les prescriptions légales ou règlementaires relatives à l'exercice de son droit.

Dans ce cas, la sanction est appliquée par l'autorité administrative habilitée à octroyer l'autorisation d'accès artisanal. Lorsqu'il en sanctionne l'illégalité de l'octroi ou de l'obtention, le retrait opère avec des effets rétroactifs, mais lorsqu'il sanctionne l'exercice illicite d'un droit légalement obtenu, il n'y a pas d'effets rétroactifs.

4.2. Annulation de l'autorisation d'accès

L'annulation d'une autorisation d'accès artisanal intervient pour les mêmes motifs que ceux du retrait en cas de défaillance de l'autorité administrative qui l'a octroyée. La sanction est prise d'office ou à la requête de toute personne justifiant d'un intérêt légitime.

Dans ce cas, la sanction d'annulation est appliquée par le supérieur hiérarchique de l'auteur de l'autorisation d'accès artisanal, lorsque ce dernier a agi dans le cadre d'une déconcentration technique. Mais lorsqu'il a agi en dehors de la ligne hiérarchique, dans le cadre d'une décentralisation horizontale (comme le gouverneur de province ou un ministre provincial), l'annulation est appliquée par l'autorité de tutelle chargée de contrôler la légalité de ses actes. L'annulation d'une autorisation d'accès artisanal peut être également prononcée par le juge à la demande de toute personne intéressée.

L'annulation d'une autorisation d'accès artisanal opère avec des effets rétroactifs ou non suivant qu'elle sanctionne la constitution du droit d'accès ou simplement son exercice.

4.3. Retrait de la qualité professionnelle

En cas d'adhésion obligatoire à une corporation publique chargée de lui conférer la qualité et de contrôler sa conduite professionnelle, un exploitant artisanal peut se voir retirer sa qualité professionnelle par ses pairs. Cette sanction peut prendre la forme d'une radiation ou d'une exclusion.

Le retrait de la qualité professionnelle a la même signification, les mêmes motifs et les mêmes effets que la déchéance, telle que définie ci-dessus[306] ; il sanctionne l'inaptitude ou l'indignité professionnelles avérées d'un exploitant artisanal. La sanction peut être prise soit d'office, soit à la demande de l'autorité administrative ou d'un exploitant artisanal, soit sur dénonciation des tiers intéressés.

La sanction de retrait de la qualité professionnelle emporte la nullité de plein droit de l'autorisation d'accès et prive implicitement la personne sanctionnée de la possibilité d'en demander et d'en obtenir une autre. À la différence de l'interdiction qui vise directement l'exercice du droit fondamental d'accéder à une ressource naturelle, c'est indirectement que le retrait de la qualité professionnelle place la personne sanctionnée dans l'impossibilité juridique de l'exercer.

4.4. Interdiction d'accès artisanal

L'interdiction d'accès artisanal à une ressource naturelle a la même signification, les mêmes motifs et les mêmes effets que l'interdiction d'accès industriel tels qu'indiqués ci-dessus[307]. La personne sanctionnée se voit ainsi privée de son droit fondamental de demander et d'obtenir une autorisation d'accès artisanal

S'agissant de la privation d'un droit fondamental, les causes de l'interdiction doivent être prévues par la loi. Et la sanction devrait résulter de plein

---

[306] Section 5, paragraphe 2, points 4, 4.1, 4.1.1 et 4.1.2, du présent chapitre

[307]

droit d'une condamnation pénale ou de l'application d'une autre sanction, lorsque les faits infractionnels ou les motifs correspondent à ses causes légales.

Ainsi l'interdiction d'accès artisanal peut être décidée par l'autorité administrative qui retire ou annule une autorisation d'accès artisanal, qui retire la qualité professionnelle, ou par le juge qui prononce une condamnation pénale.

4.5. Analyse et évaluation des applications en droit positif

Après la définition de ces différentes sanctions de l'accès artisanal aux ressources naturelles, nous pouvons en analyser et évaluer les applications en droit minier **(4.5.1),** ainsi que dans d'autres branches du droit **(4.5.2).**

4.5.1 En droit minier

En droit minier, le régime de sanctions de l'accès artisanal aux ressources minières pâtit de la restriction de l'applicabilité du retrait **(A)** et de la dénaturation de l'interdiction d'accès **(B).**

A. Restriction de l'applicabilité du retrait

Suivant l'article 114, alinéas 1 du code minier*, « la carte d'exploitant ar-tisanal peut être retirée par le ministre provincial des mines après une mise en demeure de trente jours sans remédier à la situation par la personne qui détient la carte pour tout manquement aux obligations prescrite à l'article 112 du code minier.* Ces obligations sont le respect des normes de sécurité, d'hygiène, d'utilisation d'eau et de protection de l'environnement.

Cette disposition légale n'épuise pas l'applicabilité de la sanction de ret-rait, car elle en limite l'application à la violation des normes sécuritaires, en-vironnementales et hygiéniques dans l'exercice du droit d'accès artisanal. Et pourtant, cette sanction est aussi applicable à la violation des règles de pro-cédure d'octroi des cartes d'exploitant artisanal. Celles-ci devraient donc pouvoir être retirées lorsqu'elles ont été octroyées en violation des disposi-tions légales et règlementaires.

Par ailleurs, l'exploitation minière artisanale est aussi régie par des règles d'autre nature dont la violation peut être sanctionnée par le retrait d'une car-te d'accès artisanal, notamment les règles relatives aux infractions minières telles que définies aux articles 299 à 311 du code minier.

B. Dénaturation de l'interdiction d'accès

Suivant l'article 114 alinéas 2 du code minier, le retrait d'une carte d'ex-ploitant artisanal entraîne une inéligibilité de trois ans pouvant être levée a-vant, au terme d'un stage de formation en technique d'exploitation artisana-le.

Cette inéligibilité à l'exploitation minière artisanale équivaut à une inter-diction temporaire, dans la mesure où, opérant au-delà de la simple privation d'un droit minier octroyé, elle affecte pendant un temps le droit fondamental de demander et d'obtenir l'accès artisanal aux mines.

Cependant, l'interdiction est dans ce cas une sanction implicite qui n'a aucune fonction punitive ; elle est une contrainte faite sur l'exploitant minier sanctionné afin qu'il suive un stage de formation.

4.5.2. Dans les autres branches du droit des ressources naturelles

À son article 39 alinéa 1, la loi portant règlementation de la chasse dis-pose que le ministre en charge de la chasse peut retirer tout permis de chasse en cas de violation de ses dispositions et de ses mesures d'application. Il reste à savoir comment, en pratique, cette sanction de retrait peut être ap-pliquée au niveau central à un permis de chasse rural délivré et exécuté au niveau local.

En dehors de ce cas de sanction problématique, il n'y a dans aucune aut-re loi relative aux ressources naturelles des sanctions prévues pour l'accès artisanal aux ressources naturelles. Ceci ne veut cependant pas dire qu'il n'y a aucune sanction applicable en cas de violation des règles de droit, car l'ab-sence d'un régime de sanction explicite suppose toujours l'application du régime de nullité virtuelle en cas de violation des règles prévues.

Cependant, le niveau de sécurité juridique requis pour l'accès aux res-sources naturelles ne peut s'accommoder d'un régime de nullité virtuelle ex-posant les exploitants à des sanctions arbitraires, disproportionnées ou com-plaisantes. Ceux-ci doivent être soumis à un régime de sanctions claire, li-sible et rationnel, de sorte qu'ils sachent d'avance à quel type de sanction ils s'exposent pour chaque cas de violation des règles de droit.

§4. DISPOSITIF DE CONTROLE DE L'ACCÈS TRADITIONNEL

Le contrôle de l'accès traditionnel aux ressources naturelles peut être as-suré par le règlement d'administration **(1)** et l'autorisation d'accès **(2)**. Ce dispositif doit être assorti de sanctions **(3)** et il y a lieu d'en analyser et d'en évaluer les applications en droit positif **(4)**.

1. Règlement d'administration

Le règlement d'administration[308] est l'acte par lequel l'autorité coutumiè-re, en application de la loi et avec l'assistance technique de l'État, pourrait indiquer les ressources naturelles en accès traditionnel sur son territoire, en déterminer les usages traditionnels, fixer les règles de préservation et d'ac-cès, celles relatives à la gestion des conflits et définir le régime de sanctions contre les contrevenants.

Ainsi défini, le règlement d'administration pourrait être un outil d'encad-rement de l'accès traditionnel aux ressources naturelles au sein d'une prop-riété communautaire, d'une concession légale ou d'une possession coutu-mière. Il pourrait participer de la mise en œuvre du concept de « *gestion communautaire des ressources naturelles* », dans la mesure où ce concept suggère, comme moyen de protection de l'accès traditionnel aux ressources naturelles, « *la formalisation des systèmes coutumiers de gestion des terres et des ressources, en documentant et garantissant par des moyens juridiques les droits fonciers sur une zone définie* »[309]

L'accès traditionnel aux ressources naturelles est généralement un phé-nomène millénaire soumis à des systèmes de gestion coutumiers. La forma-lisation des ceux-ci signifie leur codification et leur renforcement par des procédés et des techniques du droit administratif. Ceci en vue d'en renforcer l'efficacité par rapport à l'évolution de l'accès traditionnel aux ressources naturelles sous l'effet de la colonisation : celle-ci a introduit dans la vie tra-ditionnelle des nouveaux besoins et des nouvelles techniques, et elle a fait apparaître des nouveaux utilisateurs que sont l'État et les entreprises indus-trielles ou artisanales.

2. Autorisation d'accès

Dans le système de gestion traditionnel, les ressources naturelles sont gé-néralement en accès libre pour les membres de la communauté traditionnelle possédante.

---

308 Suivant l'article 88 de la loi organique du 07 Octorbre 2008 portant composition, organisation et fonctionnement des entité territoriales décentralisées, *en cas d'urgence, !e Chef de secteur ou de chefferie peut, le Collège exécutif de secteur ou de chefferie entendu, prendre des règlements d'administration et de police et en sanctionner les violations par des peines ne dépassant pas sept jours de servitude pénale principale et 2.500 Francs congolais d'amende ou par l'une de ces peines seulement. Il les communique immédiatement en indiquant les raisons de l'urgence au Conseil de secteur ou de chefferie. Ces règlements cessent d'avoir effet s'ils ne sont pas entérinés par le Conseil de secteur ou de' chefferie à sa prochaine session. Le Gouverneur de province et le Ministre ayant les affaires intérieures dans ses attributions en reçoivent ampliation. Ils sont pub-liés au Bulletin officiel de la province.*

309 DILYS ROE et al, *Gestion communautaire des ressources naturelles en Afrique : Impactes, expériences et orientations futures*, Institut International de l'environnement et du dévelop-pement, p. 161, disponible sur http://pubs.iied.org/pdfs/17503FIIED.pdf

Cependant, dans l'environnement juridique et socio-culturel post colo-nial, l'accès traditionnel à certaines ressources naturelles devrait être soumis à l'obtention d'une autorisation administrative de l'autorité coutumière, car la colonisation a introduit dans la vie traditionnelle des éléments de moder-nisation qui impliquent, entre autres, une intensification et une variation de l'accès traditionnel aux ressources naturelles. Ces éléments peuvent être re-latifs à l'habitat, aux techniques de prélèvement des ressources naturelles et à divers autres modes de consommation. La pression qui en résulte sur les ressources naturelles et leur raréfaction peuvent nécessiter des restrictions de l'accès.

Ainsi, l'autorité coutumière peut être autorisée à soumettre sous le régi-me d'autorisation l'accès à certaines ressources naturelles, pour : en préser-ver les usages traditionnels, les rationner ou assurer leur répartition équitab-le, protéger l'environnement et effectuer un contrôle préventif des deman-deurs d'accès étrangers à la communauté traditionnelle possédante.

3. Sanctions

Chaque système de contrôle d'accès traditionnel aux ressources naturelles a dû sécréter, au fil des âges, des sanctions coutumières dont l'application bute actuellement sur le principe de leur légalité par rapport au droit écrit. La formalisation de ce système vise principalement à le soumettre à ce principe et, par voie de conséquence, remet en question la souveraineté de l'autorité coutumière, supprime les sanctions coutumières contraires à la loi et en introduit d'autres.

Ainsi, le pouvoir de contrôle coutumier de l'accès traditionnel aux ressources naturelles devrait être assorti d'un dispositif de sanctions qui puise dans l'éventail de sanctions indiquées ci-dessus, principalement la nullité et le retrait pour sanctionner les actes de contrôle (règlements d'administration ou autorisations) contraires aux règles de droit, ainsi que l'interdiction pour sanctionner les atteintes graves aux usages traditionnels d'une ressource naturelle. La déchéance peut être aussi appliquée consécutivement à l'exclusion de la communauté traditionnelle ou d'une corporation coutumière des utilisateurs d'une ressource naturelle donnée.

Une telle formalisation du dispositif de sanction coutumier devrait en faire un outil local de protection de l'environnement et prévenir son application arbitraire, c'est-à-dire, dans ce dernier cas, ouvrir aux assujettis sanctionnés des voies de recours efficaces contre leurs autorités coutumières.

4. Analyse et évaluation des applications en droit positif

Mis à part le code minier ainsi que les lois sur les hydrocarbures et l'eau, toutes les autres lois relatives aux ressources naturelles reconnaissent formellement ou, à tout le moins, laissent subsister l'accès traditionnel aux ressources naturelles qu'elles régissent. Partant, sauf en ce qui concerne la loi sur la chasse, elles laissent subsister aussi des systèmes de contrôle coutumiers, sans cependant les formaliser.

En effet, suivant l'article 54 de la loi portant règlementation de la chasse, le contrôle de l'accès traditionnel aux gibiers est exercé par l'autorité communale au moyen d'un permis collectif de chasse. Les gibiers étant en accès libre dans les sociétés ancestrales, ce contrôle administratif ne se substitue pas à un contrôle coutumier, mais supplée à sa carence. Dans toutes les autres lois, il n'est pas prévu des dispositifs spécifiques de contrôle d'accès traditionnel aux ressources naturelles.

Bien plus, la loi portant composition, organisation et fonctionnement des entités administratives décentralisées ne comprend pas formellement le contrôle de l'accès traditionnel aux ressources naturelles parmi les matières d'intérêt local relevant de la compétence des autorités locales et coutumiè-res.

CONCLUSION

Pour assurer la gestion durable des ressources naturelles, la question primordiale qui se pose est celle de savoir comment accéder à une ressource naturelle donnée, qui doit y accéder et sous quelle garantie de respect de règles prescrites. C'est sur cette triple question que se construit, en guise de réponse, le régime d'accès aux ressources naturelles.

Ainsi, un régime d'accès aux ressources naturelles doit traduire en règles de droit les critères d'accès équitable, d'accès transparent et d'accès sécurisé. Le premier critère garantit le respect de tous les droits fondamentaux reconnus sur une ressource naturelle, le deuxième, un cadre institutionnel fiable et le troisième, la sécurité juridique des droits d'accès. Il doit aussi définir les conditions et les voies légales d'accès, de manière à induire un système de filtrage qui assure une meilleure sélection des agents professionnels, économiquement efficaces et écologiquement responsables. Il doit enfin mettre au point des outils de contrôle d'accès susceptibles d'inciter et de contraindre les agents à avoir et à garder un comportement professionnel, efficace et écologique.

Mieux pensé à travers ces trois orientations fonctionnelles, le régime d'accès à une ressource naturelle ferait un levier efficace de professionnalisation, d'optimalisation et de moralisation du secteur extractif, et ce, au plus grand bénéfice des idéaux du développement durable.

Chapitre IV

LE RÉGIME DE TRANSMISSION DES ACTIFS NATURELS ET LA PROBLÉMATIQUE DE LA PATRIMONIALITÉ DES DROITS D'ACCÈS AUX RESSOURCES NATURELLES

Une fois constitués, les actifs naturels sont des biens appartenant à l'État qui, à part les actifs fonciers et miniers, ne sont pas légalement inaliénables et imprescriptibles. Il nous faut alors comprendre leur régime de transmission **(Section 1)**. Il y a lieu, par ailleurs, de poser la problématique de la patrimonialité d'un droit d'accès à une ressource naturelle, induite par sa nature d'effets économiques d'un acte administratif qui, par définition, est indisponible **(Section 2)**.

Section 1 : RÉGIME DE TRANSMISSION DES ACTIFS NATURELS

Pour mieux comprendre le régime de transmission des actifs naturels, il nous faut en retracer l'évolution en droit positif **(§1)** jusqu'à la mise en perspective actuelle d'une mise en patrimoine des actifs naturels **(§2)**.

§1. ÉVOLUTION EN DROIT POSITIF

Induite par l'évolution de l'histoire politique de la République démocratique du Congo, celle du régime de transmission des actifs naturels en droit positif peut être retracée durant la période d'avant l'indépendance **(1)** et durant la période d'après l'indépendance **(2)**.

1. Durant la période d'avant l'indépendance

Avant l'indépendance, le régime de transmission des actifs naturels est à l'origine autre sous le régime foncier de l'Etat Indépendant du Congo **(1.1),** et il connait après quelques variations sous le régime colonial **(1.2)**.

1.1. Sous le régime foncier de l'Etat Indépendant du Congo (E.I.C)

Le régime foncier de l'E.I.C fixe le statut des actifs naturels dans le commerce juridique **(1.1.1),** en consacrant leur patrimonialité **(1.1.2)** et la liberté de leur transfert **(1.1.3).**

1.1.1. Statut des actifs naturels dans le commerce juridique

Suivant l'article 552 du code civil belge, la propriété du sol emporte la propriété du dessus et du dessous. Ceci suppose un droit d'accession, c'est à dire l'extension légale de la propriété foncière aux ressources naturelles. Faisant écho à cette disposition légale, l'article 5 du décret du 30 avril 1887 présume que toute personne a un accès libre aux arbres ou plantations, aux mines ou carrières sur les terres dont la propriété lui est légalement reconnue[310].

Ce droit d'accession reconnu au propriétaire foncier sur les ressources naturelles en fait des biens accessoires, c'est-à-dire des biens naturellement produits par une chose (le sol) ou qui y sont unis naturellement, de sorte qu'ils ne peuvent avoir une existence juridique distincte ; ils suivent le sort juridique du bien principal en vertu du principe général de droit : l'*accessoire suit le principal*. La propriété foncière incluant donc toute sorte d'utilisation du sol dont la recherche, l'évaluation et l'exploitation des ressources naturelles, s'étend aux actifs naturels.

Cependant, pris peu après le décret du 30 avril 1887 sus-évoqué, le décret du 8 juin 1888 stipule à son article 1[ier] que l'acquisition de la propriété foncière ne confère aucun droit sur les substances minérales contenues dans le sol. Celles-ci restent la propriété de l'État. Ce décret opère ainsi une dislocation juridique entre le sol et les gisements miniers qui passent du statut de bien accessoire à celui de bien principal. Et comme tel, elles sont intégrées au domaine national par le décret du 3 juin 1906[311].

Pour leur part, les eaux souterraines, les eaux des lacs et des cours d'eaux sont, suivant le décret du 9 août 1893, des biens du domaine public. Quant aux ressources halieutiques qu'elles contiennent, rien ne permet de dire si elles sont leurs accessoires ou des biens distincts.

---

[310]Cette disposition est ainsi libellée : « *Nul ne peut, sans une autorisation donnée par le Gouverneur général ou par le fonctionnaire désigné par lui, couper ni endommager des arbres ou des plantations, ni exploiter des mines ou des carrières, sur des terres dont la propriété ne lui a pas été légalement reconnue, sous peine d'une amende de 50 à 2.000 francs, sans préjudice de tous dommages-intérêts* ».

[311] A son article 1, il stipule que : « *Les biens et les mines administrées en régie par l'Etat et les mines non concédées constituent le Domaine national* »

1.1.2. Patrimonialité des actifs naturels

Dans la législation foncière de l'E.I.C, les terres et leurs accessoires (sauf les ressources minières) sont des biens transmissibles, cessibles et prescriptibles, et ce, qu'elles soient vacantes, domaniales ou privées.

En ce qui concerne les terres vacantes et leurs accessoires naturels, leur patrimonialité résulte de l'application du décret du 9 août 1893 qui en réglemente l'aliénation, la cession et la concession au profit des particuliers. Les terres du domaine national et leurs accessoires, ainsi que les mines sont aliénables, cessibles et concessibles conformément à l'article 5 alinéa 2 du décret du 03 juin 1906[312]. Quant aux terres privées et leurs accessoires, elles peuvent être transférées par vente ou par échange conformément à l'article 4 de l'arrêté du 08 novembre 1886.

Il résulte de cette législation que l'E.I.C pouvait aliéner les terres qui lui appartiennent avec leurs produits naturelles. Concernant les ressources halieutiques et cynégétiques, leurs statuts juridiques ne sont pas définis ; à ce début de l'occupation coloniale, elles ne constituent sans doute pas un enjeu intéressant pour la politique domaniale, de sorte que le législateur les ignore.

1.1.3. Liberté de transfert des actifs naturels

Conformément à l'esprit de la déclaration relative à la liberté de commerce, reprise dans l'acte de Berlin de 1885 à ses articles 1 à 5, L'E.I.C et les particuliers ont la liberté de vendre, de concéder ou de louer les terres qui leur appartiennent et leurs accessoires. Pour l'État, cette liberté se limite, cependant, au transfert des terres vacantes.

En effet, la vente et la location des terres vacantes se fait moyennant une requête adressée au Secrétaire d'État aux finances, à Bruxelles ou au gouverneur général, à Boma. La requête décrit les terres sollicitée et en indique l'usage ; si elle est admise, la vente ou la location sont effectuées conformément aux conditions légales et doivent, sous peine de nullité, être ratifiées par arrêté royal, dans un délai de six mois. La propriété ainsi acquise doit faire l'objet d'un certificat d'enregistrement délivré par le Conservateur des titres immobiliers[313]. Ce titre représentatif de la propriété foncière privée et du droit d'accession aux ressources naturelles facilite les transactions y relatives entre les particuliers et leur libre circulation commerciale, telles que régies par le décret du 8 novembre 1886 instituant l'acte *Torrens*.

---

[312] Cette disposition stipule : « ... *nulle cession, concession ou aliénation quelconque des biens du Domaine national ne peut être faite sans autorisation du Conseil. Cette autorisation ne peut être accordée que pour satisfaire à un service d'intérêt général ou moyennant contre-valeur par-faite acquise dans des conditions avantageuses* »

[313] Articles 1 à 13 du décret 9 août 1893

En ce qui concerne les terres du domaine national, leurs accessoires et les mines, l'article 5 alinéa 2 du décret du 03 juin 1906 subordonne leur cession, leur concession ou leur aliénation à une autorisation du Conseil du Domaine national. Cette autorisation ne peut être accordée que pour la satisfaction de l'intérêt général ou moyennant une contrevaleur parfaite des actifs naturels aliénés.

1.2 Sous le régime colonial

Sous le régime colonial, il y a une évolution du statut juridique des actifs naturels concernant les terres et leurs accessoires **(1.2.1)**, ainsi que les eaux, les ressources halieutiques et cynégétiques **(1.2.2)**.

1.2.1. Concernant les terres et leurs accessoires

L'État colonial introduit au Congo-belge le code civil livre II, sous lequel les ressources naturelles conservent le même statut d'accessoires du sol, sauf les mines qui demeurent des biens à part entière. Ce code réaffirme le patrimonialité des terres domaniales et privées, des leurs accessoires ainsi que des mines ; ils sont librement aliénables, cessibles et transmissibles et peuvent faire l'objet de suretés réelles (gages, hypothèques et privilèges).

Cependant, la demande croissante des terres domaniales et leur aliénation définitive soulèvent une inquiétude quant à l'avenir du domaine foncier de la colonie, élément essentiel lié à l'existence de l'État colonial. Cette inquiétude est ainsi traduite dans le rapport du Conseil colonial sur le décret du 20 juillet 1920 instituant l'emphytéose : *« Il était opportun de légiférer sur l'emphytéose. Bien organisée, l'emphytéose peut suffire dans la plupart des cas à assurer la mise en valeur des terres domaniales incultes ; il ne se-ra plus nécessaire de recourir toujours et nécessairement au système des grandes concessions en pleine propriété. Ce serait une faute que la colonie continuât de se dépouiller définitivement des terres qui lui appartiennent comme bien sans maître, et ne conservât de son immense domaine qu'une faible portion pour les temps à venir. Dans le système de l'emphytéose, dont la durée est essentiellement limitée à trois générations, la colonie retrouvera un jour ses terres avec une valeur considérable et sans y avoir fait aucune mise de fonds »*

Ainsi, sans remettre en question l'aliénabilité des terres domaniales et des ressources naturelles, l'État colonial entend offrir d'autres alternatives à la demande croissante des terres domaniales, afin de contenir l'érosion de son domaine foncier. C'est dans cette perspective que sera aussi instituée, à l'article 75 du code civil livre II, la superficie. Sans emporter l'aliénation du sol, cette dernière y constitue un droit de jouissance et opère un transfert de propriété temporaire sur les produits du sol[314].

1.2.2. Concernant les eaux, les ressources halieutiques et cynégétiques

Avec le développement de la Colonie, l'activité économique s'étend à des ressources naturelles ignorées sous l'E.I.C, pour inclure la production hydroélectrique, l'irrigation, la production et la distribution d'eau, ainsi que la pêche et la chasse.

Tout en demeurant dans le domaine public et, partant, inaliénables conformément à l'article 17 alinéa 1 du code civil livre I[315], les eaux deviennent concessibles, c'est-à-dire qu'elles peuvent faire l'objet des concessions de droits d'usage et de pêche au profit des particuliers, conformément au décret du 6 mai 1952 relatif à l'usage des eaux et au décret du 21 avril 1937 relatif à la pêche et à la chasse. Les ressources halieutiques et cynégétiques sont, conformément à l'esprit de ce décret, du domaine de la colonie et ne sont pas susceptibles d'appropriation privée.

Donc contrairement aux terres, à leurs accessoires et aux mines, les ressources hydriques, halieutiques et cynégétiques ne sont pas transmissibles et cessibles en tant que telles. Mais le droit de jouissance portant sur les deux premières, soit les concessions des droits d'usage et de pêche sont cessibles et transmissibles avec l'autorisation de l'autorité administrative.

2. Après l'indépendance

Le statu quo colonial ayant été maintenu durant la période chaotique de la première république, le régime de transmission des actifs naturels connait des évolutions durant la deuxième république **(2.1)** et sous la Constitution du 18 février 2018 **(2.2)**.

2.1 Durant la deuxième république

Durant la deuxième république, le régime de transmission des actifs naturels évolue sous la loi dite « Bakajika » **(2.1.1)** et sous la loi foncière du 20 juillet 1973 **(2.1.2)**.

2.1.1. Sous la loi dite « Bakajika »

Par l'ordonnance-loi n°66/343 du 27 juin 1966, la République démocratique du Congo reprend la pleine et libre disposition de tous ses droits fon-

[314] Rapport du conseil colonial sur le décret du 20 juillet 1920 (cfr code PYRRON)

[315] Il dispose : « *Le lit de tout lac et celui de tout cours d'eau navigable, flotable ou non, font partie du domaine public de la Colonie* »

ciers, forestiers et miniers concédés ou cédés avant le 30 juin 1960 en propriété ou en participation.

En reprenant ainsi ses droits, l'État vise à « *en redistribuer la gestion à des exploitations artisanales et industrielles qui permettrons au peuple congolais de participer à la relance des activités économiques sur le territoire* »[316]. Mais par l'ordonnance n°66/413 du 18 juillet 1966 prise en exécution de la première citée, il invite les personnes physiques et morales concessionnaires et cessionnaires des droits fonciers, miniers et forestiers repris à introduire des nouvelles demandes de concession et de cession ; ce qui aboutit à une sorte de rétrocession.

Il s'avère que, sous ce régime, tous les actifs naturels deviennent chacun une propriété aliénable, concessible et cessible de l'État qui n'en reprend la *pleine et libre disposition* que pour se donner le droit de les céder et de les concéder lui-même. En d'autres termes, le nouvel État cherche à contrôler les transactions ou la circulation des actifs naturels, sans en restreindre la patrimonialité.

2.1.2. Sous la loi foncière du 20 juillet 1973

La loi foncière du 20 juillet 1973 harmonise le régime foncier avec la loi n°77/008 du 31 décembre 1971, portant révision constitutionnelle en ce qu'elle insère dans la Constitution un article 14 bis libellé comme suit : *« Le sol et le sous-sol zaïrois ainsi que leurs produits appartiennent à l'État ».* À cet effet, cette loi foncière abolit la propriété foncière privée en disposant à son article 53 : *« Le sol est la propriété exclusive, inaliénable et imprescriptible de l'État »*

Cette appropriation exclusive du sol par l'État implique la suppression du droit d'accession à ses produits naturels qui, cessant d'être des accessoi-res des terres[317], font l'objet d'une propriété immobilière distincte de la propriété foncière. Telle que régie aux articles 208 à 215 de la loi foncière en question, cette propriété immobilière est transmissible ou cessible, dans la mesure où elle relève du domaine privé de l'État ; son contenu, tel que défini à l'article 208, exclut cependant les mines, les forêts et les arbres quelconques ainsi que leurs fruits.

Cela pose la question de savoir si, appliquée aux ressources naturelles autres que les terres, la propriété immobilière de l'État demeure transmissible et cessible ; d'autant plus que, à part le code minier à son article 3 alinéa 1[318], aucune de lois relatives aux ressources naturelles ne confèrent à

---

[316] Extrait de l'exposé des motifs

[317] Article 21 de la loi foncière.

[318] Qui dispose : *« Les gîtes des substances minérales, y compris les gîtes artificiels, les eaux souterraines et les gîtes géothermiques se trouvant sur la surface du sol ou renfermés dans le sous-sol ou dans les cours d'eaux du Territoire National sont la propriété exclusive, inaliénable et imprescriptible de l'Etat »*

cette propriété les caractères d'exclusivité, d'inaliénabilité et d'imprescriptibilité de la propriété foncière. Et aucune de ces lois ne prévoit, cependant, la cession ou la transmission des actifs naturels, si ce n'est que leur concession.

Pour répondre à cette question, nous pouvons dire que s'il n'y a aucune possibilité pratique de cession d'actifs naturels, du fait que les lois régissant leurs utilisations ne la prévoient pas, cette cession reste, cependant, juridiquement possible, car aucune de ces lois ne l'interdit formellement. Les actifs naturels autres que les terres sont donc en principe des biens cessibles et transmissibles, car l'État peut, par une loi, en organiser la cession et la transmission.

2.2. Sous la Constitution du 18 février 2006

À son article 9 alinéa 1, la Constitution du 18 février 2006 remplace la propriété étatique du sol et du sous-sol, ainsi que de leurs produits par la souveraineté permanente. Comme analysée ci-dessus[319], celle-ci n'est pas un droit réel, mais un droit absolu de définir les modes d'appropriation (publique, communautaire ou privée) des ressources naturelles et d'autres droits réels dont elles peuvent faire l'objet.

Exerçant ce droit souverain, l'État est libre de s'approprier par une loi le sol et les ressources naturelles, ou de les attribuer à titre de propriété à d'autres personnes. C'est ainsi qu'il maintient sa propriété foncière et sa propriété sur les eaux, lui attribuées respectivement par les articles 53 et 18 du code foncier ; sa propriété immobilière sur les mines et sur les forêts, lui attribuée respectivement par le code minier et le code forestier ; sa propriété sur les hydrocarbures qu'il s'attribue à l'article 3 de la loi sur les hydrocarbures ; et sa propriété sur la faune, lui attribuée par la loi règlementant la chasse. Il est libre aussi, par l'exercice légal de son droit de souveraineté permanente, de renoncer régulièrement, au profit des particuliers, à ces droits de propriété.

Quant aux ressources halieutiques, dont les lois sont muettes sur leur appartenance, l'abandon du principe constitutionnel de leur appropriation étatique les réduit à l'état de res nullius placées sous souveraineté permanente de l'État, et elles sont gérées conformément au principe de droit régalien.

Donc, sous le régime constitutionnel en vigueur, les actifs miniers et fonciers sont des biens inaliénables, incessibles et intransmissibles de l'État. Au nom de sa souveraineté permanente, ce dernier peut, cependant, par une réforme légale, renoncer à son droit de propriété et décider de les aliéner. Quant aux autres actifs naturels, si les lois en vigueur qui les régissent n'organisent pas leur aliénation ou leur cession (sans les interdire), l'État a le

---

[319] Cfr Chapitre II, section 1, paragraphe 2

droit souverain et constitutionnel de les modifier et d'organiser leur appropriation individuelle[320].

§2. PERSPECTIVES D'UNE MISE EN PATRIMOINE DES ACTIFS NATURELS

Au stade actuel de son évolution, le régime de transmission des actifs naturels traduit, en offrant les perspectives de leur mise en patrimoine, un double effort de leur préservation **(1),** ainsi que de leur transmission intergénérationnelle **(2).**

1. Préservation des actifs naturels

La préservation des actifs naturels procède de la nécessité de maintenir l'équilibre de quatre piliers de la croissance économique : le capital naturel, le capital technique, le capital humain et le capital social. Cet équilibre postule un effort de renouvellement des actifs naturels et d'accumulation, sous d'autres formes de capitaux, de ceux qui ne sont pas renouvelables. Visant l'intérêt général, cet effort doit s'inscrire dans une action collective, pour se traduire par un contrôle collectif et permanant de la gestion des actifs naturels.

La mobilisation des opérateurs dans une action collective de préservation des actifs naturels et le contrôle collectif de leurs activités sont incompatibles avec une fragmentation du capital naturel par l'aliénation ou la cession de ses actifs. Une telle fragmentation juridique suppose, en effet, une appropriation privative des actifs naturels, qui les soustrait du contrôle collectif et distrait les utilisateurs de l'action collective de préservation. Répondant au souci d'utilisation efficace des actifs naturels, leur appropriation privative ne peut fonder un cadre institutionnel idéal de leur préservation, qui est une démarche collective et coercitive visant l'intérêt général, car celle-ci peut y buter sur les attributs de la propriété privée.

Etant une démarche collective et coercitive d'intérêt général, la préservation des actifs naturels devrait impliquer une forme d'appropriation collective, qui facilite et légitime juridiquement un contrôle collectif de leur utilisation. Elle s'oppose donc à la faculté de leur aliénation et de leur cession présumée par le droit de souveraineté permanente ; elle postule, au contraire, l'éradication de cette faculté par une consécration formelle de l'inaliénabi-

[320] Ainsi que le suggérait la banque mondiale aux pays demandeurs des prêts d'ajustement structurel. L'argument avancé étant que la propriété privée des ressources naturelles est un moyen incitatif efficace pour les investissements dans le secteur extractif et l'accroissement de leur productivité (cfr, Drylands Programme, *Ajustement structurel et plans d'action pour l'environ-nement : Cas du Burkinafaso,* IIDE, London, avril, 1998, p. 9)

lité, de l'incessibilité, de l'imprescriptibilité et de l'insaisissabilité de tous les actifs naturels.

2. Transmission intergénérationnelle des actifs naturels

La transmission intergénérationnelle des actifs naturels suppose qu'ils constituent, non seulement un héritage des générations futures, mais aussi l'assise matérielle de la nation en tant qu'entité perpétuelle et intemporelle. L'existence de cette dernière est, en effet, intimement et indissolublement liée à son capital naturel.

Ainsi, la formation du capital naturel implique le devoir de le maintenir à perpétuité et de l'accroître, en vue d'assurer le bien-être des générations futures et l'existence de la nation. L'accomplissement de ce double devoir ne saurait être formalisé que par une mise en patrimoine des actifs naturels, opposée à leur mise en circulation commerciale. Tout héritage ne peut, en effet, se transmettre que sous forme d'un patrimoine déterminé.

Donc, l'idée de transmission intergénérationnelle, à la base de la formation du capital naturel, impose une restriction à l'exercice du droit de souveraineté permanente ; sa réalisation exclut le droit de disposer librement et souverainement des actifs naturels, et ce, en obligeant qu'ils soient consacrés comme des biens nationaux inaliénables, incessibles, imprescriptibles et insaisissables.

Section 2 : PROBLÉMATIQUE DE LA PATRIMONIALITÉ DES DROITS D'ACCÈS AUX RESSOURCES NATURELLES

Après une formulation générale de la problématique de la patrimonialité des droits d'accès aux ressources naturelles **(§1)**, nous pouvons en déduire les questions liées à la justification de leur patrimonialité **(§2)**, au statut patrimonial d'un droit d'accès à une ressource naturelle **(§3)**, à l'évaluation monétaire d'un droit d'accès à une ressource naturelle **(§4)**, ainsi qu'aux limites de la patrimonialité d'un droit d'accès à une ressource naturelle **(§5)**.

§1. FORMULATION GÉNÉRALE

Généralement, la patrimonialité est la qualité d'un bien constituant un patrimoine privé, appréciable en argent et, comme tel, cessible, transmissible, prescriptible et saisissable. Les lois extractives confèrent cette qualité aux droits d'accès aux ressources naturelles, mais on se pose rarement les questions liées à la nature des actes administratifs qui en constituent les titres, de manière à mieux en encadrer le commerce.

Un contrat ou une autorisation d'accès à une ressource naturelle est un acte de police ou de gestion relevant de compétences administratives qui sont extrapatrimoniales, car une autorité administrative ne peut céder ses pouvoirs à un particulier. Comment alors expliquer la patrimonialité d'un contrat ou d'un permis d'accès à une ressource naturelle, et quelles en sont les limites ? Cette patrimonialité suppose que ce contrat ou ce permis soit en lui-même, en tant que titre d'accès à une ressource naturelle, un bien évaluable en argent, ou qu'il se rattache, en tant que droit réel, à un bien évaluable en argent. Un tel acte administratif peut-il être pris isolement comme un bien patrimonial ? Ou sa patrimonialité résulte-elle d'un bien patrimonial auquel il se rattache par le droit réel dont elle est titre ? De la réponse à ces questions dépend l'amélioration de l'encadrement du commerce des titres d'accès aux ressources naturelles et la rationalisation des transactions y relatives.

Pour ce faire, l'explication de leur patrimonialité permet de savoir quel type d'autorisation d'accès est transmissible, et quelles sont les voies de transmission admissibles : cession gratuite ou à titre onéreux, succession, ou saisie judiciaire ? Et la détermination de la nature d'un contrat ou d'une autorisation d'accès, par rapport à la classification légale des biens, permet de savoir s'il s'agit d'un droit réel, d'un droit de jouissance ou d'un droit personnel, ainsi que ce qui détermine véritablement sa valeur patrimoniale.

§2. QUESTIONS LIÉES A LA JUSTIFICATION DE LEUR PATRIMONIALITÉ

Les questions liées à la justification de la patrimonialité des droits d'accès à une ressource naturelle se posent au plan juridique **(1)** et au plan économique **(2)**.

1. Au plan juridique

Au plan juridique, il s'agit de savoir comment expliquer la patrimonialité d'une autorisation ou d'un contrat d'accès à une ressource naturelle **(1.1)**, ainsi que celle d'un droit d'accès à une ressource naturelle, par rapport à sa précarité et sa temporalité **(1.2)** et au caractère personnel de la demande d'accès **(1.3)**.

1.1 Comment expliquer la patrimonialité d'une autorisation ou d'un contrat d'accès à une ressource naturelle ?

Une autorisation ou un contrat d'accès à une ressource naturelle sont des actes de police ou de gestion ; ils relèvent du pouvoir de contrôle de l'autorité administrative consistant en un examen préalable de la conformité des demandes d'accès. En vertu du principe de l'indisponibilité des compétences administratives, ce pouvoir de contrôle est par nature incessible et intransmissible[321].

Cependant une autorisation ou un contrat d'accès à une ressource naturelle n'est pas qu'un acte de contrôle d'accès ; il crée aussi un droit individuel appartenant au bénéficiaire, et dont la titularité suppose le droit de le transmettre ou de l'aliéner pour quelque cause que ce soit ; sa patrimonialité se limite donc à ce droit. C'est ainsi que la jurisprudence de la Cour européenne des droits de l'homme explique l'extension de la notion de bien aux actes administratifs. Elle juge, en effet, que l'article 1 du protocole n°1 de la convention européenne des droits de l'homme[322] s'applique aux actes administratifs individuels comme à tout autre bien. Non pas que ceux-ci soient des biens en eux-mêmes, mais les droits qu'ils confèrent les sont et font partie des patrimoines de leurs titulaires[323].

Donc, une autorisation ou un contrat d'accès à une ressource naturelle n'est pas un bien patrimonial en lui-même, mais le droit d'accès qu'il confère et dont il constitue le titre peut l'être ; et la titularité de son bénéficiaire ne s'étend pas à l'ensemble de l'acte administratif, mais au droit conféré. C'est ainsi qu'en cas de cession, le titulaire dispose des droits octroyés par l'autorisation ou le contrat d'accès à une ressource naturelle, et il doit présenter le cessionnaire à l'autorité administrative, afin qu'elle exerce sur lui ses pouvoirs de contrôle matérialisés par la même autorisation d'accès ou le même contrat d'accès.

1.2 Comment expliquer la patrimonialité d'un droit d'accès à une ressource naturelle par rapport à sa précarité et à sa temporalité ?

Un droit d'accès à une ressource naturelle est précaire, et il est toujours accordé pour une durée déterminée. Sa précarité résulte de sanctions d'annulation, de retrait ou de résiliation dont peut faire l'objet le contrat ou l'autorisation qui l'octroi, et l'approche de son terme extinctif est sensé affecter progressivement sa valeur marchande.

Cette précarité d'un droit d'accès à une ressource naturelle et son terme extinctif sont des circonstances qui, en elles-mêmes, ne sécurisent pas un acquéreur, dans la mesure où son obtention ou son exercice par celui qui le transmet peuvent avoir été entachés d'irrégularités pouvant opérer comme des vices rédhibitoires. A cet égard, le droit au renouvellement paraît être le seul argument juridique de la patrimonialité d'un droit d'accès à une res-

[321] Maxence CORMIER, « *Fondement de la patrimonialité des actes administratifs* », in Revue française de droit administratif, n°1, janvier-février 2009, 25ième année, pp. 1-7

[322] Il dispose que *Toute personne physique ou morale a droit au respect de ses biens. Nul ne peut être privé de sa propriété que pour cause d'utilité publique et dans les conditions prévues par la loi et les principes généraux du droit international.*

[323] Maxence CORMIER, *Op Cit*, pp. 1-7

source naturelle. Il est, en effet, un élément qui l'inscrit dans la durée et relativise sa précarité et son terme extinctif.

Mais, pour que le droit au renouvellement confère une patrimonialité certaine au droit d'accès à une ressource naturelle, il doit être acquis au titulaire qui justifie avoir obtenu et exercé ce dernier conformément aux prescriptions de la loi, du contrat ou de l'autorisation d'accès, de sorte qu'en l'absence de cette justification, il ne soit pas autorisé à céder ou à transmettre un droit dont le renouvellement serait compromis. Ceci parce que, en cas de cession à titre onéreux, il s'en tirerait indument avec l'équivalent en argent d'un droit qu'il devrait juridiquement perdre.

Donc, la patrimonialité d'un droit d'accès à une ressource naturelle étant ainsi justifiée par le droit au renouvellement, n'est transmissible qu'un droit d'accès renouvelable, et dont l'exercice a été conforme aux conditions légales requises pour son renouvellement ; si au jour de sa transmission à quelque titre que ce soit, son exercice par le transmettant a été tel qu'il existe une de causes légales pouvant justifier le refus de son renouvellement, cette transmission ne peut être valablement autorisée.

1.3. Comment expliquer la patrimonialité d'un droit d'accès à une ressource naturelle par rapport à la demande d'octroi ?

Généralement, un droit d'accès à une ressource naturelle est octroyé au vu d'une demande présentée par une personne démontrant qu'elle remplit toutes les conditions requises. Cette demande est personnelle, car elle décrit la situation personnelle du requérant par rapport aux conditions légales fi-xées. Il en résulte que le droit d'accès octroyé au vu d'une telle demande est aussi personnel.

Alors, comment justifier la patrimonialité d'un droit personnel, c'est à dire la possibilité de son transfert à une personne autre ? Pour répondre à cette question, il faut distinguer un droit d'accès octroyé *intuitu personae*, et celui qui est octroyé *intuitu rei*. Le premier est celui dont les conditions d'octroi se réfèrent principalement aux qualités et aux aptitudes individuel-les du requérant, tandis que le second est celui dont les conditions se réfè-rent à la faisabilité du projet et à la viabilité de la structure d'exploitation[324].

Un droit d'accès octroyé *intuitu personae* n'est évidemment pas transmissible et, partant ne peut être patrimonial, par exemple un droit d'accès artisanal qui est généralement octroyé en vertu des qualités ou des aptitudes professionnelles du requérant. Mais la patrimonialité d'un droit d'accès oct-royé *intuitu rei* se justifie parfaitement par celle des biens investis dans le projet d'exploitation qui fondent sa viabilité ou sa faisabilité, car les condi-tions d'octroi se réfèrent à l'efficacité de ces

---

[324] Maxence CORNIER, *Op. Cit.* pp 1-7.

biens, et non à une aptitude individuelle du titulaire. Celui-ci peut donc transférer la propriété des biens investis dans l'exploitation d'une ressource naturelle avec le droit d'accès qui y est rattaché.

2. Au plan économique

Au plan économique, la question est celle de savoir ce qui confère de la valeur à un droit d'accès à une ressource naturelle en l'absence de contingentement **(2.1)**, ainsi que ce qui fonde la valeur marchande d'un droit d'accès à une ressource naturelle **(2.2)**.

2.1 Qu'est-ce qui confère de la valeur à un droit accès à une ressource naturelle en l'absence de contingentement ?

Il est généralement admis que la valeur d'échange des autorisations administratives justifiant leur patrimonialité procède de leur contingentement, c'est-à-dire la limitation de leur offre par l'administration. Cette limitation peut résulter de la rareté du bien auquel elles donnent droit ou de l'étroitesse de l'espace auquel elles donnent accès.

Ce contingentement des autorisations administratives implique leur rareté ou leur indisponibilité, et il oblige ceux qui en ont besoin à les acheter auprès de ceux qui en sont pourvus ; elles acquièrent ainsi une valeur vénale justifiant leur patrimonialité. En l'absence de contingentement, il n'y a pas de rareté créatrice de valeur, car aucun postulant à l'octroi d'une autorisation ne passera par le titulaire d'une autre s'il peut l'obtenir directement de l'administration [325].

Or, à quelques exceptions près, les autorisations d'accès aux ressources naturelles ne sont pas contingentées en République Démocratique du Congo : sur un territoire sous exploré et sous-exploité, les ressources naturelles existent généralement en quantité assez suffisante pour que tout celui qui veut y accéder demande directement une autorisation à l'administration. Ceci n'empêche pas, cependant, que dans biens de cas un postulant préfère acheter un droit d'accès à un titulaire initial, plutôt que de le demander directement à l'administration. Ce comportement impose ainsi de trouver à un droit d'accès à une ressource naturelle une source de sa valeur patrimoniale autre que la rareté ou l'indisponibilité.

Une ressource naturelle peut avoir une valeur différentielle résultant de la différenciation du coût d'accès et de son rendement matériel, c'est-à-dire qu'elle peut être objectivement ou subjectivement (suivant la domiciliation d'un postulant) d'accessibilité plus coûteuse à un endroit qu'à un autre ; et celle extraite à un endroit peut fournir des matières premières ou des servi-ces écologiques en plus grande quantité et de meilleure qualité que celle extraite à

[325] Maxence CORMIER, *Op Cit*, pp. 1-7

un autre endroit. Ces différenciations sont de nature à inciter un postulant à envier un droit d'accès à une ressource naturelle déjà octroyé à une autre personne à un endroit « rentable », de sorte qu'il soit prêt à payer un prix pour l'acquérir, plutôt qu'à en demander un autre à l'administration.

Par ailleurs, de l'approche d'une ressource naturelle à son exploitation, en passant par son inventaire et l'aménagement du site d'exploitation, il s'écoule un temps généralement long qui correspond à des phases laborieuses de développement d'un projet d'accès. Bien des postulants préfèrent s'en dispenser et acquérir un droit d'accès octroyé, et dont l'exercice est en phase d'exploitation.

Donc, en l'absence de contingentement, la patrimonialité des droits d'accès aux ressources naturelles se justifie par la différenciation des ressources naturelles ; elle peut aussi se justifier par l'intérêt que suscitent des droits d'accès dont l'exercice a déjà dépassé les phases d'inventaire et d'aména-gement, pour atteindre celle d'exploitation. Cette double justification induit la question posée au point suivant.

2.2 Qu'est-ce qui fonde la valeur marchande d'un droit d'accès à une ressource naturelle ?

La valeur marchande d'une chose est un élément essentiel de sa patrimonialité, car elle n'est cessible, transmissible ou saisissable que si elle est appréciable en argent, et peut, par voie de conséquence, être vendue ou échangée avec un autre bien. Pris en lui-même sur papier, un droit d'accès à une ressource naturelle n'est qu'un effet économique d'un acte administratif, et il ne saurait prétendre à une telle valeur marchande. Par quoi faut-il alors expliquer sa présence dans le commerce juridique ?

L'exploitation des ressources naturelles ne peut se faire sans permis ou autorisation d'accès ; c'est l'octroi du droit d'accès qui la rend possible et permet au titulaire de réaliser le profit ou de s'approvisionner en matières premières pendant une période donnée ; sa titularité comprend un droit d'acquérir une quantité donnée de ressources naturelles, correspondant au rythme de prélèvement pendant une période donnée.

C'est cette utilité économique qui explique la valeur marchande d'un droit d'accès à une ressource naturelle. Celui qui l'acquiert sur le marché se donne le moyen juridique d'exploiter la ressource naturelle à laquelle il donne droit. Mais si la valeur marchande d'un droit d'accès à une ressource naturelle s'explique ainsi, il reste à savoir si elle doit être déterminée par rapport à la valeur marchande d'un actif naturel. Il s'agit là d'une toute autre question qui nous allons aborder sous peu.

§3. QUESTIONS LIÉES AU STATUT PATRIMONIALE D'UN DROIT D'ACCÈS À UNE RESSOURCE NATURELLE

Pour mieux formuler les questions liées au statut patrimonial d'un droit d'accès à une ressource naturelle, il faut voir comment elles se posent en droit des ressources naturelles **(1)**, ainsi que dans le commerce juridique **(2)**. Ceci va permettre une analyse et une évaluation des réponses en droit positif **(3)**.

1. En droit des ressources naturelles

En droit des ressources naturelles, les questions sont celles de savoir : si un droit d'accès à une ressource naturelle devra être un droit réel, un droit personnel ou un droit de jouissance sui generis **(1.1)** ; s'il peut être un bien corporel ou un bien incorporel **(1.2)** ; s'il est un droit réel mobilier ou immobilier **(1.3)** ; s'il est un bien principal ou accessoire par rapport aux biens investis pour son exercice **(1.4)** ; ou s'il est un bien juridiquement consubstantiel aux biens investis pour son exercice **(1.5)**.

1.1 Devra-t-il être un droit réel, un droit personnel ou un droit de jouissance sui generis ?

La précision des notions de droit réel, de droit personnel et de droit de jouissance sui generis **(1.1.1)** permettent d'en apprécier l'applicabilité à un droit d'accès à une ressource naturelle **(1.1.2)**.

1.1.1. Notions de droit réel, de droit personnel et de droit de jouissance sui generis

La notion de droit réel **(A)** est fondamentalement différente de celles de droit personnel **(B)** et de droit de jouissance suis generis **(C)**.

A. Notion de droit réel

Un droit réel est celui qui confère au titulaire des pouvoirs ou des prérogatives sur un bien matériel, et qu'il exerce d'une façon immédiate, directe, sans passer par l'intermédiaire d'autrui. Ce bien est ainsi placé sous son emprise matérielle et juridique (propriété, gage, usufruit) ou simplement juridique (hypothèque, sûretés réelles sans dépossession)[326]

Ainsi défini, un droit réel se caractérise par certaines prérogatives telles que le droit de suite et l'opposabilité erga omnes. Ceci signifie que

---

[326] LUKOMBE NGENDA, *Op Cit* p. 121

le titulaire peut en poursuivre l'exercice contre tout possesseur ou détenteur de la chose, placée sous son emprise juridique ; et il l'exerce, non pas seulement contre telle personne déterminée, mais envers et contre tous.

B. Notion de droit personnel

Un droit personnel est un droit d'une personne, le créancier, envers une autre, le débiteur, consistant à exiger de cette dernière l'exécution d'une obligation de faire ou de donner. Il s'agit ainsi d'un droit de créance que le créancier exerce sur la personne du débiteur, et, au cas où il consiste en la jouissance d'une chose, il l'exerce par son intermédiaire.

Ainsi défini, lorsqu'il consiste en la jouissance d'un bien remis par le débiteur, un droit personnel n'implique pas, contrairement à un droit réel, un droit direct et immédiat sur ce bien ; il n'implique que le droit d'en exiger la jouissance ou l'usage paisible par l'intermédiaire du débiteur. Et le créancier titulaire ne peut agir directement contre les tiers en cas de trouble de droit ; il devra s'en remettre à son débiteur.

C. Notion de droit de jouissance sui generis

D'origine jurisprudentielle, un droit de jouissance sui generis est un droit réel spécial constitué sur un bien par son propriétaire au profit d'une autre personne, en vertu de son droit d'en disposer librement. Il s'agit donc d'un *droit réel conventionnel* qu'un propriétaire peut accorder sur son bien, en exerçant sa liberté de modifier à sa guise la structure de son droit de propriété[327].

Ainsi défini, un droit de jouissance sui generis se différencie de droits réels consacrés à l'article 1 alinéas 2 de la loi foncière, c'est-à-dire les concessions foncières constituées sur la propriété foncière inaliénable de l'État et les démembrements de la propriété privée ; n'étant pas un droit réel légal, il est moins un droit démembré qu'une modalité d'exercice de la propriété, c'est à dire le transfert d'une de ses prérogatives à une autre personne[328].

1.1.2. Applicabilité des notions de droit réel, de droit personnel et de droit de jouissance sui generis à un droit d'accès à une ressource naturelle

---

[327] Cour de Cassation française dans l'arrêt dit « Maison de poésie », voir Cass. 3e civ., 31 oct. 2012, pourvoi n° 11-16.304, Bull. 2012, III, n° 159; [327] 1ière Instance, Luluabourg, 3 avril 1958, in JTO. 1958, n°99, p.22 ; Jugement du 18 mars 1964, Tribunal de grande Instance de Foix ; voir Personnaz J, Droit des mines, supplément à jour au 1ier décembre 1977, Litec, 1977, p.19.

[328] Brierley John E.C. « *Regards sur le droit des biens dans le nouveau Code civil du Québec* ». In Revue internationale de droit comparé. Vol. 47 N°1, Janvier-mars 1995. pp. 33-49

L'applicabilité des notions en question à un droit d'accès à une ressource naturelle peut s'apprécier sur les plans légal et jurisprudentiel **(A)** en indiquant les effets de l'application de celle de droit réel **(B)** ainsi que ses avantages **(C)**.

A. Sur les plans légal et jurisprudentiel

D'un point de vue strictement légal, un droit d'accès à une ressource naturelle ne saurait être un droit réel que si la loi qui le crée lui confère ce caractère ; autrement, il ne devra s'agir que d'un droit de jouissance personnel. Mais cette restriction légale pose la question de savoir si l'acte administratif octroyant un droit d'accès à une ressource naturelle peut légalement le doter de prérogatives d'un droit réel.

A son article 1 alinéa 2, le régime général des biens dispose : « *Les seuls droits réels sont : la propriété, la concession perpétuelle, les droits d'emphytéose, de superficie, d'usufruit, d'usage et d'habitation, les servitudes foncières, le gage, le privilège et l'hypothèque* » Appliqués au sol, tous ces droits réels se définissent comme des droits de jouissance fonciers incluant les droits d'accès à ses produits naturelles, en surface et en dessous.

Mais actuellement, des lois spéciales définissent et organisent des droits d'accès aux produits naturels du sol, distincts de droits réels fonciers traditionnels. Cette distinction pose la question de savoir si ces droits d'accès spéciaux peuvent être des droits réels, à côté de ceux limitativement indiqués par la disposition légale en question.

Héritée du code civil napoléonien, en ce qu'il visait une meilleure protection des biens, la limitation légale des droits réels ne saurait être dogmatique. Elle signifie simplement que les règles relatives aux droits réels sont d'ordre public en ce qu'elles touchent à la sécurité des conventions relatives aux biens, de sorte qu'il ne peut y avoir des droits réels que ceux qui sont formellement créés et désignés comme tels par la loi[329]. De ce point de vue purement légal, un droit d'accès à une ressource naturelle n'est un droit réel qui si la loi qui le crée le définit comme tel.

En cas de silence de la loi, la jurisprudence tend à traiter un droit d'accès une ressource naturelle comme un *droit de jouissance sui generis* si son acte constitutif confère au titulaire les prérogatives d'un droit réel[330], c'est-à-dire le pouvoir direct et immédiat sur la ressource naturelle, ainsi que le droit d'en défendre la possession et la jouissance erga omnes. Autrement, il ne s'agirait que d'un droit personnel.

---

[329] LUKOMBE NGENDA, *Op Cit* p. 129

[330] 1[ière] Instance, Luluabourg, 3 avril 1958, in JTO. 1958, n°99, p.22 ; Jugement du 18 mars 1964, Tribunal de grande Instance de Foix ; voir Personnaz J, Droit des mines, supplément à jour au 1[ier] décembre 1977, Litec, 1977, p.19.

B. Effets de l'application de la notion de droit réel

Comme droit réel, légal ou conventionnel, un droit d'accès à une ressource naturelle place une portion du territoire (en cas de droit de prospection), un gisement ou une réserve de ressources naturelles (en cas de droit d'inventaire ou d'exploitation) sous l'emprise matérielle et juridique du titulaire. Une telle emprise confère à ce dernier un pouvoir direct et immédiat sur son objet.

Ce pouvoir direct et immédiat sur un espace territorial, un gisement ou une réserve de ressources naturelles implique pour le titulaire un droit d'accès absolu et opposable à tous. Il peut ainsi le revendiquer contre tout tiers occupant le site du gisement ou d'une réserve, et il peut agir directement contre tout trouble de droit et de fait émanant des tiers[331].

Mais si un droit d'accès à une ressource naturelle n'est pas formellement institué comme un droit réel, il y aurait lieu de penser qu'il s'agit d'un droit personnel sur l'État, et le pouvoir direct et immédiat du titulaire pourrait être contesté, de sorte qu'en cas de trouble de droit causé par des tiers, ou d'occupation du site du gisement ou de la réserve par ces derniers, il soit obligé de faire intervenir l' État, créancier de son droit d'accès.

C. Avantages de l'application formelle de la notion de droit réel à un droit d'accès à une ressource naturelle

Définir formellement un droit d'accès à une ressource naturelle comme un droit réel sert parfaitement le principe d'accès sécurisé. Le titulaire est, en effet, mieux sécurisé lorsqu'il exerce son droit d'accès directement en-vers et contre tous.

En cas de silence de la loi sur cet aspect précis de la nature d'un droit d'accès à une ressource naturelle, celui-ci peut apparaitre, au plan jurisprudentiel, sous la forme imprécise de *droit de jouissance sui generis.* Sous une telle notion floue, les droits du titulaire ne sauraient pas être aussi clairs et nets que le requiert le principe de sécurité juridique.

Cependant, le simple fait de le consacrer légalement ne ferait pas d'un droit réel sur une ressource naturelle un facteur incitatif et sécurisant : il faut qu'il soit accordé dans un contexte politique de bonne gouvernance alliant démocratie, libéralisme économique et protection parfaite des biens et droits privés[332].

---

331 Il y a trouble de droit lorsque le tiers prétend être titulaire d'un droit sur une chose louée ou concédée. Ce faisant, ce tiers peut notamment alléguer en être propriétaire total ou partiel ou y bénéficier d'un usufruit, d'un droit d'usage ou encore d'une servitude. Il y a trouble de fait lorsque, sans prétendre à aucun droit sur la chose concédée ou louée, le tiers en perturbe par voie de fait la détention ou la jouissance paisible.

332 Jean-Pierre ANGELIER. *L'évolution des relations contractuelles dans le domaine pétrolier*, Liaison

1.2 Peut-il être un bien corporel ou un bien incorporel ?

Un bien corporel est un bien tangible et palpable qui a une existence physique ; un bien incorporel est un bien immatériel qui échappe à toute appréhension matérielle[333]. Savoir auquel de ces deux types de biens se rattache un droit d'accès à une ressource naturelle permet de savoir comment il doit être renseigné comme actif transmissible d'un patrimoine.

Mise à part la propriété privée qui se confond avec son objet dans un patrimoine individuel, tout autre droit réel, tel qu'un droit d'accès à une ressource naturelle, est un bien en lui-même susceptible d'appropriation, indépendamment de la chose sur laquelle il porte ; comme tel, il peut être incorporel ou corporel.

Ainsi, un droit d'accès à une ressource naturelle n'est en lui-même qu'un effet économique de l'acte administratif qui l'octroie ; il implique le droit de rechercher, d'extraire une ressource naturelle et de s'en approprier le produit. Il figure ainsi au patrimoine du titulaire comme un bien incorporel distinct tant de l'autorisation ou du contrat administratif qui lui sert de support que de la ressource naturelle sur laquelle il porte.

Cependant, un droit d'accès à une ressource naturelle peut être corporel lorsqu'il est incorporé[334] dans un titre représentatif, distinct de l'acte administratif dont il n'est qu'un effet économique ou patrimonial ; comme lorsque, dans un régime d'immatriculation, il est constitué par voie d'immatriculation avec émission d'un titre d'enregistrement.

1.3 Est-il un droit réel mobilier ou immobilier ?

Un droit réel mobilier est un droit qui porte sur une chose qui est un bien meuble par nature (c'est-à-dire pouvant être déplacé) ou par anticipation (c'est-à-dire une chose immobilière en raison de son incorporation au sol, mais qu'on traite par avance comme meuble, en perspective de son détachement). Un droit réel immobilier est celui qui porte sur une chose immobilière par nature ou par destination[335].

Comme droit de prospection et droit d'inventaire, un droit d'accès à une ressource naturelle est évidement un droit immobilier ; dans le premier cas, il

---

Énergie francophonie, 2008, pp.23-26. <halshs-00339299> ; Les agents économiques sont plus incités à accumuler le capital physique dans des pays à régime politique stable et où la propriété privée est mieux protégée.

[333] GERARD CORNU, *Op Cit*, pp. 244-480

[334] GERARD CORNU définit l'incorporation comme *une fiction légale en vertu de laquelle un droit incorporel en soi (...) est sensé s'être matérialisé dans un document, objet corporel (une lettre, un titre) de telle sorte que le détenteur du document (le porteur) est ipso facto considéré comme titulaire du droit qui y est indivisiblement attaché et que le droit passe nécessairement (et sans preuve contraire possible) de main en main avec son support matériel.*(voir p. 480, *Op Cit*)

[335] Gérard CORNU, *Op Cit*, pp. 466 et 588.

porte sur une portion du territoire supposée contenir une ressource natu-relle, et dans le deuxième cas, il porte sur une ressource naturelle indéter-minée et incorporée au sol ; comme droit d'exploitation se réalisant par le détachement du sol des unités de la ressource naturelle, sa nature immobilière doit être expliquée. Cette explication est mieux fournie par la distinction juridique entre un stock de ressources naturelles et les unités qui en sont extraites. Dans le premier cas, il s'agit soit d'un gisement (dans le cas des ressources minérales), soit d'une réserve (dans le cas des ressources végétales ou animales), soit d'un fond (pour les terres) qui sont des immeubles par nature ; dans le second cas, il s'agit des quantités de ressources naturelles prélevées sur les deux premiers ensembles (minerais, eaux, bois, gibiers ....) et qui sont des meubles par nature.

Comme droit d'exploitation, un droit d'accès à une ressource naturelle est un droit de jouissance constitué sur un gisement, une réserve ou un fond. Il ne s'étend pas aux quantités de ressources naturelles prélevées, car celles-ci, une fois extraites du stock, sont la propriété du titulaire. Portant ainsi sur les immeubles, il est un droit réel immobilier conformément à l'article 3 du code civil livre III qui dispose : « *Sont immobiliers tous les droits réels qui ont pour objet des immeubles, ainsi que les droits de créance tendant à acquérir ou à recouvrer un droit réel sur un immeuble* »

1.4. Est-il un bien principal ou accessoire par rapport aux biens investis pour son exercice ?

Sa constitution étant généralement conditionnée par l'investissement des biens nécessaires à son exercice, un droit d'accès à une ressource naturelle est juridiquement lié à ces biens. Il importe donc de savoir si par rapport aux plans et ouvrages d'aménagement d'un site d'accès, aux résultats d'inven-taire, à l'outillage de travail et aux propriétés industrielles, un droit d'accès à une ressource naturelle doit être un bien principal ou un bien accessoire.

Un bien principal est celui « *auquel se rattache un autre dit accessoire qui lui est affecté ou lui emprunte certaines de ses conditions d'existence et qui de ce fait en subit l'influence* »[336]. Un bien accessoire est celui qui est affecté au service d'un autre bien dit principal ou qui est produit par ce bien. Le second se caractérise par sa variabilité ou son interchangeabilité et son affectation à l'utilisation du premier qui est une réalité permanente et im-muable.

Le lien entre les deux sortes de bien est tel qu'en droit le bien accessoire subit la situation juridique du bien principal en vertu du principe : *L'acces-soire suit le principal*. Il en résulte que dans le commerce juridique, c'est le bien principal qui est l'objet d'une cession, d'une location ou de tout autre acte de transfert, dont les effets juridiques s'étendent logiquement aux biens accessoires. Mais par le droit du propriétaire d'en disposer librement, les deux biens peuvent

---

[336]*Ibidem* p. 719.

être juridiquement et matériellement dissociés, de sorte qu'il puisse les transmettre ou les louer l'un sans l'autre.

Si dans le cadre d'une propriété privée un tel rapport juridique existe évidemment entre un gisement ou une réserve de ressources naturelles (bien principal) et les biens investis par le propriétaire pour sa mise en valeur (biens accessoires)[337], il est difficilement envisageable entre un droit d'accès à une ressource naturelle et les biens investis par son titulaire pour son exercice sur un gisement ne lui appartenant pas. Qu'est ce qui, en effet, tient du principal ou de l'accessoire entre un droit d'accès dont la validité tient à son exercice effectif au moyen de biens investis pour ce faire, et ces derniers dont l'utilisation légale dépend de son obtention préalable ? La validité de l'un tenant à la réalisation des autres ou l'existence légale de l'un conditionnant la jouissance légale des autres, il est juridiquement impossible que le titulaire puisse les dissocier pour les transmettre ou les louer séparément.

Cependant dans toutes les règlementations en vigueur, les droits d'accès aux ressources naturelles sont en eux-mêmes traités comme des biens pouvant faire l'objet de transmission par quelque voie que ce soit, de saisie et de location. Ceci pourrait faire croire qu'il s'agit de biens principaux par rapport aux biens investis pour leur exercice effectif. Mais cette croyance butera sur les objections d'ordre juridique, économique et éthique que nous opposons ci-dessous à la transmissibilité et l'amodiabilité d'un droit d'accès à une ressource naturelle pris en lui-même, c'est-à-dire sur papier-titre.

1.5. Est-il un bien juridiquement consubstantiel aux biens investis pour son exercice ?

Après une précision de la notion de consubstantialité juridique **(1.5.1)**, nous pouvons en démontrer l'applicabilité au rapport entre un droit d'accès à une ressource naturelle et les biens investis pour son exercice **(1.5.2)**, la variation de la portée par rapport aux biens investis suivant qu'ils appartiennent au titulaire ou à un tiers **(1.5.3)**, ainsi que l'applicabilité nécessaire aux biens fournis par le tiers et incorporés au site d'accès à une ressource naturelle **(1.5.4)**.

1.5.1. Notion de consubstantialité juridique

Assumant la paternité du concept, nous pouvons définir la consubstan-tialité juridique comme le rapport entre deux biens matériellement distincts, mais qui

[337] Les biens investis pour la mise en valeur d'un gisement de ressources naturelles étant variables et interchangeables et affectés à cette mise en valeur sont des biens accessoires. Alors que par sa permanence et son immuabilité, le gisement de ressources naturelles est un bien principal

sont juridiquement incorporés l'un dans l'autre, de sorte que, dans le commerce juridique, ils ne peuvent valablement exister l'un sans l'autre. La réalisation de l'un se faisant en vertu ou au moyen de l'autre, le propriétaire ne peut juridiquement transmettre ou faire louer l'un sans l'autre.

Deux biens matériellement distincts sont juridiquement incorporés lorsque la règle de droit lie l'existence et l'utilisation de l'un à celles de l'autre. Ce lien juridique est tel que, dans le commerce juridique, une personne ne peut valablement se prévaloir de l'un sans y inclure l'autre, qui lui donne sa substance ou en permet l'utilisation légale ; et il ne peut les dissocier sans perdre l'un et le droit d'utilisation de l'autre. Le bien qui, suivant la règle de droit, est incorporé suit donc nécessairement le sort du bien incorporant, et c'est ce dernier qui fait l'objet d'actes de transmission ou de transfert.

Ainsi définie, cette consubstantialité juridique est différente d'un rapport de principal à accessoire, du fait que ce rapport suppose, non une incorporation d'un bien dans l'autre, mais une affectation précaire et circonstancielle du bien accessoire au bien principal. Et si l'accessoire suit en principe le principal, cette règle n'est pas d'ordre public, car le propriétaire peut toujours disloquer ses biens pour leur affecter des sorts juridiques différents.

1.5.2. Applicabilité au rapport entre un droit d'accès à une ressource naturelle et les biens investis pour son exercice

La consubstantialité juridique décrit parfaitement le rapport existant généralement en droit entre un droit d'accès à une ressource naturelle et les biens investis pour son exercice.

En effet, de l'étude du régime de condition d'accès aux ressources naturelles, il ressort que le droit des ressources naturelles lie la constitution et la validité d'un droit d'accès à une ressource naturelle à l'investissement des biens nécessaires à son exercice, de sorte que ce droit ne peut valablement exister ou maintenir son existence sans ces biens investis ; et ceux-ci ne peuvent être légalement utilisés qu'en vertu de ce droit. Ce dernier n'est par ailleurs qu'un effet économique de l'acte administratif indisponible qui l'octroie ; ce qui oblige le titulaire à le valoriser en y incorporant les biens nécessaires à son exercice. C'est par cette incorporation juridique qu'un droit d'accès à une ressource naturelle acquiert une valeur marchande, en raison de laquelle il peut être échangé, transmis, saisi ou loué.

En d'autres termes, tant que le gisement de ressources naturelles sur lequel il porte n'est pas mis en valeur, le droit d'accès à une ressource naturelle n'est qu'une vaine emprise juridique sur un bien domanial. C'est par les biens nécessaires qu'il investit dans sa mise en valeur que le titulaire donne un contenu ou une consistance à son droit, et ces investissements ne peuvent être valablement réalisés qu'à l'intérieure et en vertu de ce droit qui en constitue l'indispensable revêtement juridique.

1.5.3. Variation de la portée par rapport aux biens investis suivant qu'ils appartiennent au titulaire ou à un tiers bailleur.

Pour exercer son droit d'accès à une ressource naturelle, le titulaire peut investir ses biens propres ou prendre en location ceux d'un tiers. Permettant la constitution et le maintien du droit en question, ces biens loués lui sont d'une manière ou d'une autre consubstantiels. Mais dans ce cas, ce lien de consubstantialité n'a pas la même portée juridique que dans celui d'investissement des biens propres du titulaire.

Lorsque le titulaire investit ses propres biens pour obtenir et exercer son droit d'accès à une ressource naturelle, le lien de consubstantialité établi entre eux implique leur confusion dans un même droit de propriété. Le droit d'accès incorpore les biens propres du titulaire en eux-mêmes, de sorte qu'il peut en disposer librement dans le commerce juridique, mais sans pouvoir s'en prévaloir séparément. Il doit ainsi, aisément du reste, transmettre, louer ou hypothéquer son droit d'accès avec tous les biens nécessaires à son exercice qui le valorisent ; sauf qu'il est libre d'opérer une renonciation extinctive de son droit, lui permettant de disposer autrement de biens investis pour son exercice.

Par contre, lorsque les biens investis pour obtenir et exercer un droit d'accès à une ressource naturelle sont donnés en location par un tiers, le lien de consubstantialité qui en résulte ne lie pas ces biens en eux-mêmes, mais il s'établit entre le droit d'accès du titulaire et son droit de location ; car, étant propriétaire de son droit d'accès et pouvant en disposer librement, si le titulaire y incorporait les biens loués pour son exercice, ceci impliquerait un risque attentatoire à la propriété privée du tiers bailleur. Il peut, cependant, en accord avec ce dernier, disposer de son droit de location lui permettant d'avoir et d'utiliser les biens nécessaires à l'exercice et au maintien de son droit d'accès.

Cela implique que le titulaire d'un droit d'accès à une ressource naturelle ne peut le transmettre ou le faire transférer qu'avec le droit de location qu'il y a incorporé. Si le tiers bailleur reprend ces biens mis en location, le titulaire serait déchu de son droit d'accès, s'il se retrouve dans l'impossibilité absolue et définitive d'en poursuivre l'exercice ; et il ne pourrait le transmettre qu'en raison de la valeur de ses propres biens incorporés, si l'acquéreur supplée aux biens repris par le tiers bailleur.

1.5.4. Applicabilité nécessaire aux biens fournis par le tiers et incorporés au site d'accès à une ressource naturelle

Les biens incorporés par un tiers à un site d'accès à une ressource naturelle ne peuvent être qu'en rapport de consubstantialité juridique avec le droit d'accès. Ceci signifie que le tiers ne devrait avoir d'autre choix que de les céder au titulaire de ce droit, de sorte qu'ils y soient incorporés en eux-mêmes. Car, s'il les donne en location, l'exercice du droit de propriété qu'il y conserve pourrait gêner le fonctionnement du contrat de base entre l' et le titulaire.

En effet, lorsqu'un tiers fourni des biens au titulaire d'un droit d'accès à une ressource naturelle, il peut le faire par tradition (livraison de main à main) ou en les incorporant au site d'accès (construction d'ouvrages immobiliers, montage d'usine ...) ; dans tous les cas, il peut en principe les fournir en location ou par cession. Une mise en location des biens incorporés au site d'accès signifie que le tiers bailleur y conserve son droit de propriété. Ainsi, ne pouvant s'y prévaloir que de son droit de location, le titulaire locataire ne saurait les incorporer en eux-mêmes dans son droit d'accès, bien que le site d'accès incorporant soit placé sous son emprise juridique par un acte administratif.

Dans une telle hypothèse, il y a une situation juridique confuse où s'entremêlent, sur le site d'accès à une ressource naturelle, le droit de propriété étatique, le droit d'accès qui y est conféré au titulaire locataire, et le droit de propriété revendiqué par le tiers bailleur sur les biens qui y sont incorporés. En cas de conflit, il ne serait pas du tout aisé de démêler une telle situation en faisant primer un droit sur les autres. Il est, cependant, évident que l'intervention du tiers bailleur ne peut logiquement impliquer le droit de restreindre le droit du titulaire locataire d'accéder à une ressource naturelle placée sous son emprise juridique par un acte administratif, mais il pourrait le faire par l'exercice de son droit de propriété sur les biens qu'il y a incorporé.

En vue d'éviter une telle impasse juridique, les biens fournis par un tiers au titulaire d'un droit d'accès à une ressource naturelle ne peuvent l'être que par voie de cession, de sorte qu'ils soient incorporés à ce droit et en permettent l'exercice aisé.

2. Dans le commerce juridique

Dans le commerce juridique, il est question de savoir si un droit d'accès à une ressource naturelle est transmissible en lui-même **(2.1),** et s'il peut être amodié en lui-même **(2.2)**.

2.1 Est-il transmissible en lui-même ou sur papier-titre ?

Pour répondre à cette question, il faut considérer le cas d'un droit d'accès à un gisement ou une réserve de ressources naturelles non mise en valeur **(2.1.1)**, et celui ne nécessitant pas une mise en valeur du gisement ou de la réserve de ressources naturelles **(2.1.2)**.

2.1.1. Dans le cas d'un droit d'accès à un gisement ou une réserve de ressources naturelles non mise en valeur

Après une description préalable du cas de figure relatif à la transmissibilité d'un droit d'accès à un gisement ou une réserve de ressources naturelles non mise en valeur **(A)**, nous pouvons apprécier sa transmissibilité sur papier-titre par voie de cession **(B)** et par voie de renonciation translative **(C)**.

A. Description du cas de figure

La transmissibilité d'un droit d'accès à une ressource naturelle en lui-même ou sur papier-titre est la possibilité pour le titulaire de n'en transmettre que le titre en raison de son coût administratif ou de ses effets économiques virtuels. Dans le cas d'un droit d'accès à un gisement ou une réserve de ressources naturelles non mise en valeur, ceci se peut si loi ne prescrit aucune restriction.

En effet, lorsqu'il obtient un droit d'accès à un gisement ou une réserve de ressources naturelles non mise en valeur, le titulaire n'y acquiert qu'une vaine emprise juridique, matériellement réduite au seul papier-titre. Au-delà de sa nature administrative, cet acte comporte deux effets économiques à concrétiser : la mise en valeur du gisement et l'appropriation future des produits extraits. En raison de cette double perspective économique, son titulaire peut être tenté de le traiter, dès son obtention, comme un actif de son patrimoine, si la loi ne le lui interdit pas formellement.

Dans ce cas, le titulaire d'un droit d'accès à une ressource naturelle qui, avant la mise en valeur du gisement ou de la réserve, s'en prévaudrait comme un bien patrimonial pourrait n'en transmettre que le titre représentatif. Il l'évaluerait alors en fonction du coût administratif de son obtention, ou en spéculant sur ses virtuels effets économiques. Une telle possibilité bute, cependant, sur les objections d'ordre juridique, économique et éthique indiquées dans ce qui suit.

B. Transmissibilité sur papier-titre par voie de cession

Même si la loi ne l'interdit pas formellement, il est toujours juridiquement impossible que le titulaire d'un droit d'accès à une ressource naturelle n'en cède valablement que le titre, avant la mise en valeur du gisement ou de la réserve. Economiquement, une telle possibilité peut, par ailleurs, s'a-vérer contreproductive ; même d'un point de vue éthique, elle serait diffi-cilement admissible.

Du point de vue juridique, la consubstantialité juridique nécessaire entre un droit d'accès à une ressource naturelle et les biens investis pour son exercice exclut sa transmissibilité sur papier-titre. Tel que nous venons de le démontrer, ce lien juridique implique que ce droit n'est en lui-même qu'un effet économique virtuel à concrétiser par la mise en valeur du gisement et l'appropriation des produits extraits. Avant la réalisation de cette double virtualité, le titulaire ne peut légitimement s'en prévaloir et transmettre des effets virtuels d'un acte administratif indisponible. Cet acte n'est valorisé, c'est-à-dire transformé en bien patrimonial qu'à travers la concrétisation de ses effets par l'investissement des biens nécessaires à son exécution.

Du point de vue économique, la possibilité de vendre un droit d'accès à une ressource naturelle, sans la mise en valeur du gisement ou de la réserve, risque d'ouvrir une brèche pour la spéculation indue sur les titres d'accès. Une telle spéculation implique généralement l'introduction des demandes d'autorisations d'accès de complaisance faites, non en vue d'un accès effectif à une ressource naturelle, mais en vue du commerce spéculatif des droits d'accès obtenus uniquement pour leur revente, ou pour la prise de participation au capital d'une société privée voulant investir dans le secteur extractif. Ceci pourrait entrainer le gel de la mise en valeur des ressources naturelles, au détriment du droit au développement du peuple.

Par ailleurs, d'un point de vue éthique, la possibilité de céder à l'état primitif un titre d'accès à une ressource naturelle appartenant à l'État heurte le principe de justice commutative : n'ayant encore rien investi pour sa valorisation, c'est indument que le titulaire pourrait spéculer sur les effets économiques virtuels d'un acte administratif et prétendre à une contrepartie.

C. Transmissibilité sur papier-titre par voie de renonciation translative

Par un cas de force majeur, le titulaire d'un droit d'accès à une ressource naturelle peut se trouver dans l'impossibilité d'effectuer ou de poursuivre la mise en valeur du gisement ou d'une réserve, telle que le lui oblige l'acte attributif. On peut alors légitimement se poser la question de savoir s'il peut, se prévalant des taxes ou redevances payés pour son obtention, renoncer à son droit en le transférant à un tiers.

S'il se trouve dans l'impossibilité d'effectuer la mise en valeur du gisement ou de la réserve de ressources naturelles, le titulaire d'un droit d'accès non valorisé ne saurait s'en prévaloir en raison des taxes ou redevances payées pour l'obtention de son titre. Car, si elles donnent droit à l'obtention et à l'exercice de ce droit, ces taxes et redevances sont des prélèvements obligatoires effectués par l'État, certes en contrepartie du droit attribué, mais qui n'en constituent pas le prix de vente pouvant le valoriser. Le droit d'accès obtenu reste donc en l'état d'un effet économique virtuel d'un acte administratif indisponible, qui doit être valorisé par sa concrétisation, c'est-à-dire par la mise en valeur du gisement ou de la réserve des ressources naturelles, en y incorporant les biens nécessaires à son exercice. Le titulaire ne peut qu'y renoncer purement et simplement s'il se trouve dans l'impossibilité de le valoriser.

Mais en cas de mise en valeur partielle du gisement ou de la réserve de ressources naturelles, le titulaire d'un droit d'accès qui, par un cas de force majeur, se trouve dans l'impossibilité d'en achever la valorisation, c'est-à-dire la transformation en un bien cessible, devrait légitimement recourir à la renonciation translative, pour faire profiter de ses biens investis une personne de son choix, ou pour en recouvrer le prix[338]. Car, en cas de déchéance ou de renonciation pure et simple, l'État ou le nouveau titulaire ne pourraient en profiter qu'en se plaçant dans la situation illicite d'enrichissement sans cause[339].

2.1.2. Dans le cas d'un droit d'accès à une ressource naturelle ne nécessitant pas une mise en valeur du gisement ou de la réserve

Après une description préalable du cas de figure relatif à la transmissibilité d'un droit d'accès à une ressource naturelle ne nécessitant pas une mise en valeur du gisement ou de la réserve **(A)**, nous pouvons apprécier sa transmissibilité sur papier-titre par voie de cession **(B)** et par voie de renonciation translative **(C)**.

A. Description du cas de figure

L'accès à certaines ressources naturelles, telles que les ressources halieutiques et cynégétiques ou les produits naturels en surface du sol, peut se faire directement en raison de leur disponibilité naturelle. L'exercice d'un droit d'accès dans ces cas peut ne pas nécessiter une mise en valeur du gisement ou de la réserve, c'est-à-dire un aménagement particulier du site de prélèvement.

Dans ce cas de figure, le titulaire d'un droit d'accès à une ressource naturelle n'est pas obligé de construire sur le site d'accès : une mine, une foresterie, une ferme agricole, un puit pétrolier ou un ouvrage d'irrigation d'eau. Il emmène juste un outillage de pêche, de chasse ou de collecte des produits naturels qu'il peut emporter avec lui à la renonciation ou à l'extinction de son droit.

Il se pose alors la question de savoir si, par exemple, n'étant pas obligé de mettre en valeur une réserve halieutique pour exercer son droit d'accès, le titulaire peut n'en céder que le titre à une autre personne, et emporter son chalutier. Une telle possibilité bute aussi sur des objections d'ordre juridique et éthique telles que formulées dans ce qui suit.

---

[338] A la différence de la vente qui suppose une spéculation sur le prix, soit la recherche d'une marge bénéficiaire, une renonciation translative devrait permettre au titulaire de ne recouvrer que le coût de ce qu'il a investi dans la mise en valeur partielle du gisement.

[339] Le titulaire défaillant n'ayant pas perdu son droit d'accès volontairement ou fautivement, et n'ayant pas entamé la mise en valeur du gisement en vue de les en faire profiter

B. Transmissibilité sur papier-titre par voie de cession

Même si l'exercice d'un droit d'accès à une ressource naturelle ne nécessite pas un aménagement particulier du site d'accès, en vue de rendre productif le gisement ou la réserve, la possibilité pour le titulaire de n'en céder que le titre administratif l'octroyant est discutable sur le plan juridique et éthique.

En effet, même s'il porte sur un gisement de ressources naturelles disponibles par nature, un droit d'accès ne peut être octroyé ou constitué qu'au vu de la capacité matérielle et technique du requérant de l'exercer valablement ; et le maintien de sa validité tient à son exercice effectif avec un équipement adéquat dont dispose le titulaire. Il existe donc un lien de consubstantialité juridique entre le droit d'accès obtenu et les biens nécessaires à son exercice, de sorte que, sans ces biens, ce droit d'accès n'est qu'un effet économique virtuel d'un acte administratif indisponible. Cet effet doit se concrétiser par l'extraction des produits naturels d'un gisement ou d'une réserve domaniale, suivie de leur appropriation ; et le titulaire ne valorise son droit d'accès qu'en y incorporant les biens nécessaires à cette concrétisation.

Considérant cette consubstantialité juridique entre le droit d'accès octroyé et les biens qui le valorisent, le titulaire ne peut être fondé de les dissocier pour ne se prévaloir que de l'effet économique virtuel d'un acte administratif et d'une vaine emprise juridique sur un gisement ou une réserve des ressources naturelles ne lui appartenant pas ; s'il décide d'empoter ses biens, il n'opérerait qu'une renonciation pure et simple à son droit d'accès.

C. Transmissibilité par voie de renonciation translative

Concernant un droit d'accès à une ressource naturelle dont l'exercice ne nécessite pas une mise en valeur d'un gisement ou de la réserve, il n'y a pas d'hypothèse pouvant justifier le recours à la renonciation translative comme alternative à une cession pure et simple.

Une renonciation translative à un droit d'accès à une ressource naturelle ne peut être envisageable que dans le cas d'une mise en valeur partielle d'un gisement ou d'une réserve qui, n'impliquant qu'une valorisation imparfaite du titre d'accès, n'en autorise pas la cession. Lorsque donc l'exercice d'un droit d'accès à une ressource naturelle ne nécessite pas une mise en valeur du gisement ou de la réserve, il n'y a pas de cas envisageable où une cession pure et simple, étant juridiquement impossible, le titulaire pourrait recourir à une renonciation translative, pour transférer à une autre personne son matériel d'exploitation avec son droit.

Un droit d'accès à une ressource naturelle étant, dans tous les cas, juridiquement consubstantiel avec les biens permettant son exercice, le titulaire n'a pas d'autre possibilité que de céder l'un avec les autres onéreusement ou gratuitement, ou de renoncer purement et simplement à son droit.

2.2 Peut-il être amodié en lui-même ou sur papier-titre ?

L'amodiabilité sur papier-titre d'un droit d'accès à une ressource naturelle est appréciée dans le cas d'accès à un gisement ou une réserve non mise en valeur **(2.2.1)**, ainsi que celui ne nécessitant pas une mise en valeur du gisement ou de la réserve **(2.2.2)**.

2.2.1. Dans le cas d'un droit d'accès à un gisement ou une réserve non mise en valeur

Dans ce cas d'amodiabilité d'un droit d'accès à une ressource naturelle, nous pouvons apprécier suivant qu'elle est faite par louage du titre **(A)** ou par cession d'intérêt **(B)**.

A. Amodiabilité par louage du titre

L'amodiation par louage est spécialement un contrat par lequel le propriétaire d'une mine ou d'un puit pétrolier (l'amodiant) en confie la gestion ou l'exploitation à une autre personne (l'amodiataire), moyennant le paiement d'une redevance. Avec cette définition, le terme est applicable à tous les cas où le titulaire d'un droit d'accès à une ressource naturelle en confie l'exercice à une autre personne, en contrepartie d'une rémunération[340].

Lorsqu'un droit d'accès à une ressource naturelle porte sur un gisement ou une réserve de ressources naturelles non mise en valeur, on peut se demander si le titulaire peut en amodier le titre ; en d'autres termes : peut-il s'abstenir de procéder à la mise en valeur du gisement ou de la réserve de ressources naturelles, et louer son droit d'accès à un tiers moyennant une rémunération ? Une telle possibilité, si elle existe peut-être réfutée par des arguments d'ordre juridique et éthique.

Juridiquement, un droit d'accès à une ressource naturelle n'est qu'un effet économique virtuel d'un acte administratif ; généralement, le titulaire ne l'obtient qu'en raison de son engagement personnel à le concrétiser par la mise en valeur du gisement au moyen de ses propres biens ou en louant ceux d'un tiers. Par rapport à cette condition, il doit trouver une raison autre que son incapacité ou son abstention à exercer son droit d'accès pour pou-voir en amodier valablement le titre, ce qui est improbable.

---

[340] En droit, le terme amodiation s'applique spécialement au louage des mines de manière à le distinguer d'une simple location. Car la chose amodiée s'épuise par usage. Plus généralement, il désigne en droit français la location des biens directement placés sous la main du service des domaines (GERARD CORNU, *Op Cit*, p. 55). En matière commerciale, il est synonyme de location-gérance ou gérance libre d'un fonds de commerce qui est un acte par lequel le pro-priétaire en confie l'exploitation à un tiers qui opère à ses risques et périls moyennant le paiement d'une redevance (Françoise CARRIERE, « *la gérance-libre des fonds de commerce* » in Revue économique, Vol.6, n°5, 1955, pp. 757-788)

D'un point de vue éthique tant qu'il n'aura pas mis en valeur le gisement ou la réserve de ressources naturelles sur lequel porte son droit d'accès, il ne saura légitimement devenir rentier de l'effet économique virtuel d'un acte administratif. La justice commutative ne permet pas d'admettre que le titulaire d'un acte administratif non valorisé en tire profit en le louant pour ses effets économiques virtuels ; ne disposant, par ailleurs, que d'une vaine emprise juridique sur un gisement ou réserve domanial, il se transformerait en réalité en rentier d'un bien qui ne lui appartient pas.

Par ailleurs, dans un contexte de sous-développement institutionnel d'un pays, l'amodiabilité d'un droit d'accès à une ressource naturelle sur un gisement ou une réserve non mise en valeur est un risque politique et économique majeur. La classe dirigeante peut en effet y trouver facilement une op-portunité et une incitation à se muer en une *bourgeoisie comprador*[341]. Il est fait généralement état[342] des cas où, à la faveur de la libéralisation du secteur extractif, les détenteurs du pouvoir d'État, agissant directement ou par des membres de leur famille, s'attribuent des titres fonciers, miniers et forestiers, pour en négocier l'exploitation avec les investisseurs étrangers. L'administration publique est ainsi évincée du contrôle de l'accès aux ressources naturelles, au profit des individus qui écument le secteur extractif au détriment de l'intérêt général ; ce qui, dans un contexte de déficit d'État de droit, suscite la méfiance des investisseurs responsables, et incite les dirigeants à la conservation illégitime et anti démocratique du pouvoir d'État.

Ne pouvant pas ainsi amodier un simple titre d'accès à une ressource naturelle, le titulaire peut cependant, après une mise en valeur du gisement ou de la réserve, légitimement faire profiter à un tiers ses ouvrages d'aménagement et ses autres biens investis. Il peut aussi en tirer profit en les faisant louer avec le droit d'accès qui en permet l'utilisation légale, de sorte qu'il soit établi que cette location n'est juridiquement et éthiquement possible qu'en raison des biens qu'il aura incorporés dans le droit loué pour son exercice.

B. Amodiabilité par cession d'intérêt

L'amodiation par cession d'intérêt peut se définir généralement comme un contrat par lequel le propriétaire d'un bien (l'amodiant) cède à une personne (l'amodiataire) une participation aux bénéfices de

[341] P. 87, note 123

[342] Plusieurs rapports des ONG internationales ont ces dernières années dénoncées l'accaparement des gisements miniers par des personnalités de la classe dirigeante. Par exemple, le Rapport du Groupe d'Etude sur le Congo (GEC) "ALL THE PRESIDENT WEALTH : The Kabila family business", publié en juillet 2017.

l'exploitation de ce bien, et ce, moyennant une redevance et/ou une contribution aux charges d'exploitation. En économie pétrolière, elle se définit spécialement comme : « *L'accord par lequel un individu ou une compagnie peut obtenir du détenteur des droits miniers l'autorisation de forer et acquiert un droit à la production sur une portion définie du terrain* »[343].

Prise dans son sens général, l'amodiation par cession d'intérêt peut s'appliquer au cas où le titulaire d'un droit d'accès à une ressource naturelle associe un tiers à l'exécution des obligations liées à son exercice. Ce dernier contribue ainsi aux travaux de mise en valeur du gisement ou de la réserve, en contrepartie d'une part du produit ou de la rente d'exploitation de la ressource naturelle. Contrairement à ce que suppose le louage du titre d'accès, l'amodiant ici n'abdique pas l'obligation de mise en valeur du gisement, en vue de se transformer indument en rentier des effets économiques virtuels d'un acte administratif ; il associe l'amodiataire à l'exécution des obliga-tions prescrites en louant ses services ou ses biens. Le recours à cette amodiation ne rencontre pas les mêmes objections juridiques et éthiques que l'amodiation par louage de titre. Le titulaire d'un droit d'accès à une ressource naturelle peut être admis à y recourir, en raison d'un apport spécial de l'amodiataire dans la mise en valeur du gisement ou de la réserve.

Mais, prise dans son sens spécial, l'amodiation par cession d'intérêt ne saurait être juridiquement admissible que si l'amodiant est propriétaire du gisement ou de la réserve de ressources naturelles ; il peut ainsi légitimement y accorder des droits d'exploitation à des tiers. S'il n'est que titulaire d'un droit d'accès à une ressource naturelle domaniale, son recours à cette forme d'amodiation le transformerait indument en rentier d'une partie du gisement ou de la réserve qui ne lui appartient pas.

Donc, si le titulaire d'un droit d'accès à une ressource naturelle n'est pas en mesure de mettre en valeur l'ensemble du gisement ou de la réserve domanial placée sous son emprise juridique, il serait plus juste de le contraindre au délaissement au profit des tiers intéressés des portions

---

[343] Madeleine MOUREAU et al. *Dictionnaire du Pétrole et autres sources d'énergie*, 4ième édi-tion, Editions Technip, paris 2008, page 199. Toujours dans le secteur pétrolier, l'usage courant du terme cession d'intérêt renvoi au contrat par lequel le détenteur d'un titre pétrolier en confie l'exploitation totale ou partielle à une personne moyennant une redevance. En ce qui nous concerne, nous avons choisi ces définitions, générale et spéciale, pour une raison méthodologique liée à l'intérêt pratique de la distinction que nous voulons établir entre l'amodiation par louage et l'amodiation par cession d'intérêt.

non mises en valeur[344], et ce, par la déchéance partielle de son droit d'accès.

2.2.2. Dans le cas d'un droit d'accès à une ressource naturelle ne nécessitant pas une mise en valeur du gisement ou de la réserve

Dans ce cas d'amodiabilité d'un droit d'accès à une ressource naturelle, nous pouvons apprécier suivant qu'elle est faite par louage du titre **(A)** ou par cession d'intérêt **(B)**.

A. Amodiabilité par louage de titre

Lorsque l'exercice d'un droit d'accès à une ressource naturelle ne nécessite pas une mise en valeur du gisement ou de la réserve sur laquelle il porte, son amodiabilité par louage de titre rencontre au plan juridique et éthique les mêmes objections que sa transmissibilité par cession de titre.

En effet, le titulaire n'obtient le droit d'accès qu'en raison de sa capacité matérielle et technique d'accéder personnellement à un gisement ou une réserve de ressources naturelles disponibles, et il doit en maintenir la validité en l'exerçant régulièrement et légalement. Il ne saurait donc, sans encourir la déchéance, renoncer à cette obligation pour louer son titre d'accès et se transformer en rentier des effets économiques virtuels d'un acte administratif, ou de la vaine emprise juridique qu'il lui confère sur une ressource naturelle qui ne lui appartient

Toutefois, le titulaire d'un droit d'accès à une ressource naturelle peut disposer librement de biens (équipements et matériels divers) qu'il aura investi pour son exercice. Etant donné la consubstantialité juridique entre ce droit et ces biens qui y sont incorporés pour son exercice, il peut par ailleurs en tirer légitimement profit en les donnant en location ensemble avec le titre qui en permet l'exploitation.

B. Amodiabilité par cession d'intérêt

En cas d'exercice d'un droit d'accès à une ressource naturelle sans mise en valeur du gisement ou de la réserve, la possibilité d'en amodier le titre par cession d'intérêt peut être juridiquement appréciée suivant le sens que le titulaire donne à l'opération.

Lorsqu'il agit dans le sens de la définition générale de l'amodiation par cession d'intérêt donnée ci-dessus, le titulaire d'un droit d'accès à une ressource naturelle peut associer l'amodiataire à son exercice, en contrepartie

344 Une telle solution pourrait être bénéfique au plan environnemental. Car elle pourrait ralentir l'expansion géographique des activités minières et, partant, atténuer les risques environnementaux qui y sont liés.

d'une participation aux bénéfices de l'exploitation. Une telle amodiation ne rencontre aucune objection juridique, car l'amodiant a le droit de recourir à un tiers pour renforcer sa propre capacité matérielle et technique d'accès à une ressource naturelle. Dans ce cas, le titulaire ne fait pas louer partiellement son titre d'accès ou le gisement domanial sur lequel il porte, mais c'est lui qui loue les services ou les biens d'un tiers afin de mieux exercer son droit.

Lorsqu'il agit dans le sens de la définition spéciale de l'amodiation par cession d'intérêt, le titulaire d'un droit d'accès à une ressource naturelle ne saurait autoriser un tiers à la prélever sur un gisement ou une réserve domaniale : une telle hypothèse le placerait dans la situation injustifiable de rentier des effets économiques virtuels d'un acte administratif sur un bien qui ne lui appartient pas.

Donc, s'il peut par cession d'intérêt associer un tiers à l'exercice de son droit d'accès à une ressource naturelle, en prenant en location ses biens et services, le titulaire ne peut tronquer son statut d'exploitant contre celui de rentier des effets économiques virtuels d'un acte administratif, qu'il serait incapable de concrétiser. Il devrait être obligé de délaisser entre les mains de l'État la partie du gisement ou de la réserve domaniale placée sous son emprise juridique, mais qu'il est incapable d'exploiter.

3. Analyse et évaluation des réponses en droit positif

En droit positif, les réponses aux questions liées au statut patrimonial d'un droit d'accès à une ressource naturelle peuvent être analysées et évaluées en droit minier **(3.1)**, en droit forestier **(3.2)**, en droit agricole **(3.3)**, en droit des hydrocarbures **(3.4)**, en droit de l'eau **(3.5)**, en droit halieutique **(3.6)** et en droit cynégétique **(3.7)**.

3.1. En droit minier

En droit minier, les réponses aux questions liées au statut patrimonial d'un droit minier ou de carrières concernent sa nature **(3.1.1)**, sa transmissibilité en lui-même ou sur papier titre **(3.1.2),** ainsi que son amodiabilité en lui-même ou sur papier-titre **(3.1.3)**.

3.1.1. Concernant la nature d'un droit minier ou de carrières

Du point de vue de la nature d'un droit minier ou de carrières, il s'agit, suivant les cas, d'un droit réel et immobilier ou d'un droit de jouissance sui generis **(A),** et d'un bien incorporel **(B)** ; il peut être traité comme un bien principal par rapport aux biens investis pour son exercice et qui lui sont accessoires **(C),** tandis que certaines dispositions légales induisent sa consubstantialité juridique avec les biens investis pour son exercice **(D)**.

A. Il s'agit d'un droit réel et immobilier ou d'un droit de jouissance personnel

Suivant les dispositions du code minier précisant leurs natures, les droits de recherche et d'exploitation minière ainsi que ceux des carrières sont des droits réels et immobiliers[345]. Quant aux droits d'exploitation minière et de carrières artisanaux, le code minier ne précisant pas leur nature, il s'agit légalement des droits de jouissance personnels.

Par ces dispositions du code minier, le législateur complète la liste des droits réels traditionnels de l'article 1 alinéa 2 du régime général des biens. Les gisements miniers et de carrières étant la propriété inaliénable de l'État[346], les droits réels qui s'y rapportent ne peuvent pas s'analyser comme les démembrements du droit de propriété ; ils s'apparentent aux concessions foncières qui existent indépendamment de la propriété foncière de l'État.

Ne pouvant être droit réel que ce que la loi définit comme tel, les droits miniers ou de carrières artisanaux ne le sont pas ; il s'agit des droits personnels tels que définis ci-dessus, car les autorisations qui les octroient ne confèrent pas au titulaire des prérogatives de droit réel pouvant induire le caractère de droit de jouissance sui generis.

Cela implique qu'en cas de trouble de droit affectant leurs droits d'accès artisanaux à un gisement minier, les titulaires ne peuvent agir directement ; ils doivent s'en remettre à l'État, débiteur de leurs *droits de créance* personnels.

B. Il s'agit d'un bien incorporel

Etant, conformément aux articles 1, points 14 et 15 du code minier, représentés par les permis miniers ou les autorisations de carrière, qui sont tous des autorisations administratives qui les octroient, et dont ils ne sont que des effets économiques ou patrimoniaux, les droits miniers et de carrière sont des biens incorporels.

Les titres miniers et de carrières pourraient laisser croire qu'ils incorporent ces droits, de sorte qu'ils s'agissent des droits corporels. Suivant l'article 1, points 51 et 52, ces titres n'ont, cependant, qu'une fonction administrative de les constater, en vue d'en faciliter la gestion cadastrale. Ils ne sont donc pas des titres représentatifs des droits, ayant une fonction commerciale d'en faciliter la circulation.

Donc, suivant toutes les dispositions légales en question, les droits miniers et des carrières ne sauraient être considérés comme des biens corporels par incorporation dans un titre ; ils sont, dans le commerce juridique, représentés par les autorisations administratives qui les octroient.

---

[345] Articles 51, 65, 89, 100, 137, 148 du code minier

[346] Article 3 du Code minier.

C. Il peut être traité comme un bien principal par rapport aux biens investis pour son exercice et qui sont accessoires

Dans toutes les opérations de transfert des droits miniers et des carrières prévues par le code minier, à ses articles 182 à 195, les droits miniers et de carrières en constituent l'objet principal : ce sont eux que le titulaire transmet par voie de cession ou de succession, ou qu'on transfert par voie de saisie-exécution.

Dans cette perspective légale, les biens investis pour l'exercice d'un droit minier ou de carrière apparaissent comme des biens accessoires devant en principe subir son sort juridique ; et la loi n'empêche pas formellement le titulaire de les dissocier pour les soumettre à un traitement juridique différent dans le commerce juridique.

Le principe *l'accessoire suit le principal* n'étant pas d'ordre public, cette absence d'interdiction légale offre (indument) au titulaire d'un droit minier ou de carrières la possibilité juridique de le dissocier de biens investis pour son exercice et de les traiter différemment, par exemple en prétendant céder l'un et donner en location les autres ou vice-versa.

D. Certaines dispositions légales induisent sa consubstantialité juridique avec les biens investis pour son exercice

Par son régime des conditions, le code minier lie l'attribution d'un droit minier ou de carrières à l'engagement et à la capacité personnels du requérant de l'exercer de façon optimale. Une fois le droit constitué, le titulaire est tenu, suivant ses articles 197 et 189, de commencer les travaux d'exploitation ou de recherche dans des délais prescris sous peine de déchéance. Par ailleurs, à son article 253, il prévoit le calcul de la plus-value réalisée d'un droit cédé en tenant compte de la valeur des biens investis pour son exercice.

L'application de toutes ces dispositions légales implique une consubstantialité juridique entre le droit minier ou de carrière et les biens investis pour son exercice. Le titulaire n'obtient son droit, effet économique virtuel d'un permis ou d'une autorisation, qu'au vu de son engagement et de sa capacité personnelle à y incorporer les biens nécessaires pour sa concrétisation par soit l'évaluation du gisement, soit la construction et l'exploitation d'une mine ou d'une carrière ; et il n'en maintient la validité qu'en le concrétisant ainsi effectivement dans les délais prescris. Inversement, la réalisation d'un inventaire minier ou de carrière, ainsi que la construction et l'exploitation d'une mine ou d'une carrière ne peuvent participer que de l'exercice d'un droit minier ou de carrière préalablement obtenu.

Donc, contrairement à ce que laisse apparaître les dispositions relatives au transfert des droits miniers ou de carrière, ceux-ci ne peuvent logiquement être traités comme des biens principaux par rapport aux biens investis pour leur exercice qui, partant, seraient accessoires ; car il est difficilement concevable qu'ils aient la possibilité d'avoir valablement une existence autonome dans le commerce juridique.

3.1.2. Concernant la transmissibilité d'un droit minier ou de carrières pris en lui-même ou sur papier-titre

La réponse légale peut être appréciée selon qu'on est dans le cas d'un droit de recherche **(A)** ou d'un droit d'exploitation **(B)**.

A. Dans le cas d'un droit de recherche

Une autorisation de recherche des produits de carrières n'est pas transmissible[347], mais un permis de recherche minière l'est[348] ; n'ayant pas subordonné sa transmission à la réalisation des travaux de recherche, il est possible que le titulaire le transmette en tout état de cause par cession, par renonciation translative ou par succession.

Cependant, avant le commencement des travaux, la transmissibilité d'un permis de recherche trouve difficilement une justification juridique par rapport à l'obligation légale du titulaire de commencer, sous peine de déchéance, les travaux dans un délai de six mois ; il ne possède à ce stade qu'un acte administratif indisponible qu'il doit valoriser par les résultats économiquement positifs de sa recherche ; et c'est sur la propriété des informations utiles, obtenues sur le gisement, que se fonde son droit de les transmettre, avec le titre administratif qui en permet l'utilisation légale. Avant cette valorisation, le permis de recherche n'a aucune valeur patrimoniale.

Pour un permis de recherche en cours d'exécution, sa valorisation étant partielle, et le titulaire n'ayant pas exécuté parfaitement son obligation, sa transmissibilité peut être justifiée par le droit de récupérer les dépenses effectuées pour l'aménagement du site, ainsi que par le résultat partiel et utile de la recherche, ou encore par le droit d'en faire profiter ses ayants-cause. Sur cette base, la transmission d'un permis de recherche ne saurait se faire que par une renonciation translative[349], et non par cession ou succession. Car ces deux derniers modes de transmission supposent le transfert d'un bien patrimonial qui, dans le cas d'espèce, doit être le résultat final et économiquement utile de la recherche.

---

[347] Article 137 du Code minier

[348] Article 51 du Code minier

[349] A son article 60, le code minier prévoit la renonciation pure et simple à un permis de recher-che. Mais, lorsque les travaux effectués par le titulaire son nécessaires à la poursuite de l'exercice du droit de recherche, l'État ou le nouveau titulaire ne pourraient en profiter légitimement que lorsque la renonciation a été volontaire. Si elle ne l'a été qu'en raison d'un cas de force majeur, ils pourraient en jouir dans la situation d'enrichissement sans cause. Le titulaire n'ayant pas travaillé dans l'intention de les en faire profiter.

Lorsque la recherche se termine par un tel résultat, le permis de recherche est parfaitement valorisé, c'est-à-dire transformé en bien patrimonial, tirant sa patrimonialité des informations économiquement utiles appartenant au titulaire. Ce dernier peut ainsi le transmettre par toute voie qui lui paraisse utile, en raison du coût des travaux de recherche.

B. Dans le cas d'un droit d'exploitation

Le code minier ne subordonne pas la transmission d'un droit d'exploitation minière ou de carrière à la mise en valeur du gisement, mais la possibilité d'une transmission du titre minier, avant cette mise en valeur, est pratiquement impossible. Cette impossibilité résulte de l'obligation légale de débuter, sous peine de déchéance, les travaux de développement dans un délai de trois ans[350] et de l'indisponibilité de l'acte administratif attributif du droit en question.

Avant les travaux de développement, le droit d'exploitation minière ou de carrière se réduit aux effets économiques virtuels d'une autorisation administrative n'ayant aucune valeur patrimoniale. C'est par la mine ou la carrière qu'il construit que le titulaire concrétise ces effets et valorise son titre, en le transformant en un bien patrimonial. C'est ce que sous-entend, du reste, le code minier à son article 253, lorsqu'il évalue le permis minier par le montant non amorti de dépenses des travaux de recherche et de développement. Ces dépenses sont, suivant l'article 529 du règlement minier, celles de construction des immeubles par incorporation et par destination, affectés à l'exploitation minière.

Tenant compte de cela, il faut que le code minier conditionne formellement la transmission d'un droit d'exploitation minière ou de carrière à sa valorisation par la mise en valeur du gisement. Une telle condition légale devrait aboutir à des cas d'application suivants :

- lorsque le droit d'exploitation minière ou de carrière est subséquent à un droit de recherche, n'étant pas valorisé par la construction d'une mi-ne ou d'une carrière, de sorte qu'il devienne un bien patrimonial, mais intégrant les résultats de la recherche, le titulaire ne devrait le transmet-tre que par renonciation translative, en vue de recouvrer les dépenses des travaux de recherche ou d'en faire profiter ses ayants-cause.
- lorsqu'un droit d'exploitation minière ou de carrière n'est pas encore parfaitement valorisé par la construction d'une mine ou d'une carrière opérationnelle, le titulaire devrait pouvoir le transmettre par voie de renonciation translative en raison des travaux de développement partiels réalisés et de travaux de recherche précédemment réalisés.
- lorsqu'un droit d'exploitation minière ou de carrière porte sur un gise-ment déjà mis en valeur par l'État, le titulaire ne devrait le transmettre qu'en

[350] Article 197 alinéa 2 du Code minier

raison des améliorations substantielles apportées à la mine ou à la carrière construite par l'État ; s'il n'y a rien n'investit, ce droit de-meure en l'état d'un acte administratif indisponible.

- lorsque le droit d'exploitation minière ou de carrière est entièrement valorisé par la construction d'une mine ou d'une carrière en phase d'ac-tivité, il est un bien patrimonial que le titulaire peut transmettre par tou-te voie de droit, si par ailleurs son renouvellement n'est pas juridique-ment compromis.

Avec des telles précisions, le code minier pourrait empêcher des spéculations indues sur les titres miniers. La perspective d'une revente du titre à la valeur de la mine ou d'une carrière construite devrait, par ailleurs, inciter le titulaire à une mise en valeur optimale du gisement.

3.1.3. Concernant l'amodiabilité d'un droit minier ou de carrières pris en lui-même ou sur papier-titre

La réponse légale peut être appréciée suivant qu'il s'agit de l'amodiabilité par louage de titre **(A)** ou par contrat d'option **(B)**.

A. Amodiabilité par louage de titre

Suivant l'article 177 alinéa 1 du code minier, l'amodiation « *consiste en un louage pour une durée fixe ou indéterminée, sans faculté de sous louage, de tout ou partie d'un droit minier d'exploitation ou d'une autorisation d'exploitation de carrières permanente, moyennant une rémunération fixée par accord entre l'amodiant et l'amodiataire* ». Ainsi définie et telle que régie par les articles 177 à 181 du code minier, cette amodiation n'est pas subordonnée à la mise en valeur du gisement.

Il résulte de ces dispositions légales que le titulaire peut faire louer juste les effets économiques virtuels de son permis d'exploitation minière ou de son autorisation d'exploitation de carrières permanente, ou rien que la vaine emprise juridique qu'ils lui confèrent sur un gisement appartenant à l'État

.Avant la mise en valeur du gisement, ce permis minier et cette autorisation de carrières ne sont, cependant, que des actes administratifs prescrivant l'obligation de commencer les travaux sous peine de déchéance. Il est donc logiquement injustifiable que le titulaire, débiteur de cette obligation, soit fondé de se défausser sur un tiers pour devenir rentier d'un gisement qui ne lui appartient pas, ou des effets virtuels d'un acte administratif qu'il est incapable d'exécuter.

Une telle possibilité est la cause de l'octroi, à des élites dirigeantes, des droits miniers ou de carrières de complaisance, elle fait lit de la corruption ou des trafics d'influence en tout genre, et elle incite à la conservation abusive et illégitime du pouvoir d'État[351]. Le requérant, sans capacité éprouvée d'exercer le droit demandé, ne pourrait l'acquérir que pour en tirer indument profit, en le donnant en location à quelqu'un qui, de son côté, espère pouvoir éluder certaines responsabilités imposées par la loi[352].

Donc, consistant en réalité en une interversion illégitime d'un acte administratif, l'amodiation d'un droit minier ou de carrières par louage de titre devrait être interdite par le code minier. Ceci étant, il reste qu'après une mise en valeur parfaite du gisement, le titulaire peut donner en location la mine ou la carrière qu'il aura construite et, par voie de conséquence, le titre administratif qui en permet l'exploitation légale. En amodiant ainsi son droit minier ou de carrières, il en fait louer en réalité, non l'acte attributif, mais l'exercice au moyen de ses propres biens qui y sont incorporés.

B. Amodiabilité par « contrat d'option »

Suivant l'article 193 du code minier, un « contrat d'option » est celui par lequel le titulaire d'un permis de recherche associe un tiers aux travaux de recherche, en contrepartie d'une participation aux bénéfices du permis d'exploitation qui en résulterait.

Ainsi défini, ce « contrat d'option » s'apparente à l'amodiation par cession d'intérêt dans son acception générale donnée ci-dessus, c'est-à-dire celle où l'amodiant associe l'amodiataire aux charges d'exploitation de son bien, en contrepartie d'une participation aux bénéfices réalisés. Il n'y a aucun inconvénient à ce que cette formule d'association soit étendue à l'exercice d'un droit d'exploitation minière ou de carrières. Pour optimaliser la mise en valeur du gisement concédé, le titulaire pourrait ainsi valablement faire participer un tiers aux travaux de développement et d'exploitation, en contrepartie d'une participation aux bénéfices. Il agirait ainsi convenablement, au lieu de recourir à l'amodiation telle que définie à l'article 177 alinéa 1 du code minier, qui le transforme indument en rentier des effets économiques virtuels d'un acte administratif.

Avec une telle extension de l'applicabilité du contrat d'option au droit d'exploitation minière ou de carrière, le code minier offrirait une formule d'amodiation plus juridiquement et éthiquement admissible que celle qu'il prévoit actuellement.

---

[351] Dans un contexte de mauvaise gouvernance et d'insécurité juridique, il y a des cas où des entreprises préfèrent accéder aux ressources naturelles d'un pays via des permis de complaisance détenus par des *personnes influentes* rétribuées au moyen des parts sociales ; et en contre partie des diverses *faveurs* ou *tolérances* illégales en cas de fraude au droit fiscal, droit social ou au droit environnemental)

[352] Dans la mesure où à son article 177 le code minier institue une responsabilité solidaire et indivisible de l'amodiant et de l'amodiataire vis-à-vis de l'État. Plusieurs cas

3.2. En droit forestier

En droit forestier, les réponses aux questions liées au statut patrimonial d'un droit d'accès forestier concernent sa nature **(3.2.1),** ainsi que la transmissibilité **(3.2.2)** et l'amodiabilité d'une concession forestière en elle-même ou sur papier-titre **(3.2.3)**

3.2.1. Concernant la nature d'un droit d'accès forestier

D'après la législation forestière en vigueur, un droit d'accès forestier peut être un droit réel ou un droit de jouissance personnel **(A),** un droit incorporel pouvant être traité comme un bien principal, par rapport aux biens investis pour son exercice et qui sont accessoires **(B)** ; tandis que certaines dispositions légales et règlementaires induisent sa consubstantialité juridique avec les biens investis pour son exercice **(C)**.

A. Il peut s'agir d'un droit réel ou d'un droit de jouissance personnel

Suivant le code forestier, les droits d'accès forestiers sont de trois sortes : la concession forestière, les droits d'accès forestiers artisanaux (les permis de coupe et de récolte) et les droits d'accès forestiers traditionnels (les droits d'usage forestiers).

La concession forestière est, suivant l'exposé des motifs de la loi portant code forestier, un droit réel immobilier sui generis, en ce qu'elle porte uniquement sur les bois (qui sont des immeubles par incorporation) ; comme tel, elle s'ajoute aux droits réels traditionnels énumérés en droit des biens. Procédant de la réduction de la concession foncière aux produits du sol que sont les bois, nous pouvons penser que la concession forestière est, comme elle, un droit réel autonome, et non un démembrement de la propriété forestière étatique.

N'étant pas qualifiés de *réel* par la loi, et les actes les octroyant ne conférant à leurs titulaires aucune prérogative de droit réel, les droits de jouissance forestiers et les droits d'usage forestiers sont des droits de jouissance personnels, tels que définis ci-avant ; et ils sont des droits immobiliers, car ils portent sur une forêt donnée qui, dans son ensemble, est un bien immeuble.

B. Il s'agit d'un droit incorporel pouvant être traité comme un bien principal par rapport aux biens investis pour son exercice qui sont accessoires

N'étant que les effets économiques du contrat de concession, des autorisations d'exploitation forestière ou, en ce qui concerne les droits d'usage forestiers, de la loi qui les octroient, et ne se confondant pas avec les choses sur lesquelles ils portent, les droits d'exploitation forestiers sont des biens incorporels.

Dans l'arrêté ministériel du 07 août 2008 fixant la procédure d'autorisation de cession, de location, échange ou donation d'une concession forestière, celle-ci est l'objet principal de toutes ces opérations de transfert. Elle apparait ainsi comme un bien principal par rapport aux ouvrages d'aménagement, et au matériel d'exploitation constituant l'unité d'exploitation forestière. Il en résulte que ces ouvrages et matériel sont comme des biens accessoires devant suivre le sort de la concession forestière.

Mais, le principe *l'accessoire suit le principal* n'étant pas d'ordre public, le titulaire d'un droit de concession forestière peut le dissocier de biens investis pour son exercice, de manière à les soumettre à des traitements juridiques différents dans le commerce juridique ; il peut, par exemple, faire louer son droit et vendre les autres biens, ou vice-versa.

C. Certaines dispositions légales et règlementaires induisent sa consubstantialité juridique avec les biens investis pour son exercice

À son article 87, le code forestier lie l'attribution d'une concession fores-tière à la présentation des garanties financières et techniques pour son exp-loitation ; suivant son article 115, la validité du droit attribué tient à l'instal-lation de la foresterie et au commencement de son exploitation effective dans un délai de 18 mois, suivi de la présentation d'un plan d'aménagement dans un délai de 4 mois[353] . Ainsi conditionnée, la concession forestière ne peut être transférée à une autre personne qu'après cinq ans d'exploitation ré-gulière[354].

De toutes ces dispositions légales et règlementaires, il résulte, qu'en elle-même, une concession forestière n'est qu'un effet économique virtuel d'un acte administratif indisponible ; elle ne gagne en consistance qu'avec les biens investis pour l'installation de la foresterie, le commencement de l'exp-loitation, ainsi que l'élaboration et l'exécution du plan d'aménagement. La déchéance qu'encourt le titulaire, en cas de non investissement dans les délais impartis, ne lui permet pas légalement d'envisager son droit de con-cession comme un bien ayant une existence autonome ; et même après avoir investi et commencé l'exploitation forestière, il est difficilement concevable que, dans le commerce juridique, il le dissocie de biens investis pour son exercice.

Donc, nous pouvons conclure, logiquement, à une consubstantialité juridique entre un droit de concession forestière et les biens investis pour son exercice. Etant au départ légalement obligé de mobiliser les uns pour assurer la validité de l'autre, le titulaire ne saurait pas raisonnablement les dissocier pour

[353] Article 10 de l'annexe 1 de l'arrêté ministériel n° 028/CAB/MIN/ECNT/15/JEB/08 du 07 août 2008 fixant les modèles des contrats d'exploitation forestière
[354] Article 3 alinéa 2 de l'arrêté ministériel du 07 août 2008 fixant la procédure d'autorisation de cession, de location, échange ou donation d'une concession forestière

les traiter différemment dans le commerce juridique. Comme pour dire que la concession forestière vaut ce que valent l'ensemble de biens investis pour son exercice.

3.2.2. Concernant la transmissibilité d'une concession forestière prise en elle-même ou sur papier-titre

La réponse légale peut être appréciée suivant qu'il s'agit d'une transmissibilité par cession de titre **(A)**, ou d'une transmissibilité sur papier-titre, par renonciation translative **(B)**.

A. Transmissibilité par cession de titre

Suivant l'article 4 de l'arrêté ministériel relatif à la cession, à l'échange, à la location et à la donation d'une concession forestière, la requête d'autori-sation des actes de transmission doit être appuyée par des documents prou-vant l'existence du droit de concession et identifiant les intervenants ; aucun renseignement n'est requis sur les ouvrages d'aménagement et le matériel d'exploitation qui, pourtant, constituent la substance du droit de concession

Cette omission des éléments techniques et matériels de l'unité d'exploi-tation forestière laisse croire que le droit de concession forestière, qui n'en est qu'un élément juridique, vaut par lui-même et peut être cédé isolement. Et pourtant, suivant l'article 3 de l'arrêté ministériel en question, l'autorisa-tion d'un acte de transmission n'est accordée que si le droit de concession forestière est assorti d'un plan d'aménagement légal, et la demande d'autori-sation n'est recevable que si « *le contrat de concession forestière est en cours d'exécution depuis cinq ans au moins* ». Ceci présume qu'une conces-sion forestière n'est transmissible que pour que l'exercice en soit poursuivi ; on ne saurait dès lors envisager qu'elle soit en elle-même un bien cessible, sans les ouvrages d'aménagement et l'outillage d'exploitation.

Toutefois, il y a lieu de clarifier cette règlementation en consacrant formellement la consubstantialité juridique entre le droit de concession fores-tière et les biens investis pour son exercice, de sorte qu'il ne soit cessible qu'en raison de la valeur de tous ces biens. Pour ce faire, il faudrait, en plus d'un plan d'aménagement, du contrat de concession forestière et des docu-ments prescrits à l'article 4 de l'arrêté ministériel en question, exiger la des-cription et l'évaluation des ouvrages d'aménagement et des outils d'exploitation.

B. Transmissibilité sur papier-titre par renonciation translative

La législation forestière ne prévoit pas la transmission d'une concession forestière par voie de renonciation translative ; ce qui n'exclut pas qu'il se présente des cas poussant à réfléchir sur la possibilité d'y recourir.

En effet, avant le délai de cinq ans prescrit pour la cessibilité de son droit de concession forestière, il peut arriver que, suite à un cas de force majeur, le concessionnaire ne soit pas en mesure de poursuivre l'exercice de son droit, après l'avoir entamé. Dans ce cas, il serait obligé d'y renoncer pure-ment et simplement, et de perdre tous ses biens investis dans l'élaboration du plan d'aménagement et dans son exécution partielle. Il les perdrait ainsi sans le vouloir, au profit de l'État ou du nouveau concessionnaire qui se ret-rouveraient alors dans la situation illicite d'enrichissement sans cause.

Pour éviter une telle situation, le concessionnaire abdiquant devrait pouvoir recourir à la renonciation translative, de manière à récupérer ses dépen-ses, ou à en faire profiter une personne de son choix.

3.2.3. Concernant l'amodiabilité d'une concession forestière prise en elle-même ou sur papier-titre

Nous pouvons apprécier la réponse légale suivant qu'il s'agit d'une amodiabilité par louage de titre **(A)** ou d'une amodiabilité sur papier-titre, par cession d'intérêt **(B).**

A. Amodiabilité par louage de titre

La location d'une concession forestière est prévue par le même arrêté ministériel que la transmission par cession, et aux mêmes conditions prescrites à ses articles 3 et 4. Suivant ces dispositions règlementaires, la location porte sur le droit de concession forestière pris en lui-même, et les biens affectés à son exercice peuvent être traités comme accessoires.

Cependant, étant donnée la consubstantialité juridique démontrée ci-dessus entre le droit concession forestière et les biens investis pour son exercice, il faudrait reformuler les dispositions règlementaires en question de sorte qu'elles traduisent clairement cette réalité. Ceci devrait éviter qu'en traitant ce droit comme un bien principal et ces biens comme accessoires, le titulaire n'ait la possibilité juridique de s'en prévaloir séparément.

Cela étant, le concessionnaire forestier ne devrait donner en location son droit qu'en raison des biens investis pour son exercice et qui s'y incorporent juridiquement, de sorte qu'en réalité ce soit sa foresterie qu'il fait louer, sous couvert du droit de concession forestière qui en permet l'exploitation légale.

B. Amodiabilité sur papier titre, par cession d'intérêt

Suivant l'article 21 du contrat de concession forestière type, « *le concessionnaire peut, après avoir informé l'autorité concédante, sous-traiter tout ou partie de certains travaux, notamment* » :

- l'élaboration du plan d'aménagement de la concession ;
- la récolte du bois ;
- la construction et entretien du réseau d'évacuation des produits fores-tiers ainsi que des parcs à grumes ;
- la construction et l'entretien des infrastructures socio-économiques au profit des communautés locales ;
- le transport des produits forestiers ;
- toute autre activité relative à l'exploitation forestière ;

Ce recours au service et aux biens d'un tiers pour l'exécution des obliga-tions du contrat de concession forestière peut bien être qualifié d'amodiation par cession d'intérêt au sens général du terme.

3.3. En droit agricole

En droit agricole, les réponses aux questions liées au statut patrimonial d'une concession agricole concernent sa nature **(3.3.1)**, sa transmissibilité en elle-même ou sur papier-titre **(3.3.2),** ainsi que son amodiabilité en elle-mê-me ou sur papier-titre **(3.3.3)**.

3.3.1. Concernant la nature d'une concession agricole

D'un point de vue légal, il s'agit d'un droit réel immobilier et corporel **(A),** et elle peut être traitée comme un bien principal par rapport aux biens investis pour son exercice **(B)** ; tandis que les dispositions relatives à sa con-stitution induisent sa consubstantialité avec les biens investis pour son exercice **(C)**.

A. Il s'agit d'un droit réel immobilier et corporel

Telle que régie par la loi agricole, la concession agricole est une requali-fication de la concession d'emphytéose portant sur une terre à usage agri-cole régie par le code foncier[355] ; elle est donc un droit réel immobilier, con-formément aux articles 1 alinéa 2 et 3 du régime général des biens.

Comme toutes les concessions ordinaires dont elle est une spécification, la concession agricole est un droit réel autonome, c'est-à-dire qu'elle n'est pas un démembrement de la propriété foncière.

La constitution d'une concession agricole se fait suivant les mêmes règ-les que les concessions foncières, c'est-à-dire par son incorporation dans un certificat d'enregistrement, qui en est le titre représentatif. Elle est donc un droit corporel.

---

[355] Articles 58 alinéa 1, 60 alinéa 3 et 110 du Code foncier.

B. Elle peut être traitée comme un bien principal par rapport aux biens investis pour son exercice

À ses articles 20 à 22 et 24, la loi agricole mentionne la concession agricole comme l'objet principal de la cession, du bail à ferme et du métayage ; ce qui, dans le commerce juridique, peut laisser croire qu'il s'agit d'un bien principal par rapport aux biens investis dans son exercice qui, partant, seraient des biens accessoires.

Dans cette perspective légale, lors d'une cession, d'un bail à ferme ou d'un métayage de la concession agricole, les biens investis pour son exercice, notamment les bâtiments d'exploitation abritant les machines agricoles, les cheptels animaliers, le stock de produits agricoles et l'habitat, devraient subir les effets juridiques produits sur elle par ces actes.

Mais, comme rappelé ci-dessus, le principe *l'accessoire suit le principal* n'est pas d'ordre public, et le titulaire de la concession agricole peut, dans ce cas, la dissocier de biens investis pour son exercice ; il peut ainsi préten-dre louer son droit foncier et céder les équipements de sa ferme, ou vice-versa.

C. Les dispositions relatives à sa constitution induisent sa consubstantialité avec les biens investis pour son exercice

La constitution d'une concession agricole est subordonnée à la mise en valeur suffisante du fond ; et, procédant d'une spécification de la concession foncière, dont elle conserve les règles de constitution, il y a lieu de croire qu'elle en conserve aussi la fonction d'assise juridique des biens investis pour son exercice, et qu'elle incorpore juridiquement.

En effet, pour la constitution d'une concession agricole, la loi agricole renvoie aux règles de la loi foncière relatives à l'octroi des concessions foncières ordinaires. À ses articles 144 et 154 à 157, cette dernière loi soumet la constitution d'une concession foncière aux conditions probatoires de mise en valeur suffisante du fond concédé dans le cadre soit d'un contrat de location, soit d'un contrat d'occupation provisoire. S'agissant d'une concession agricole, la réalisation de ces conditions suppose la construction d'une ferme agricole viable, comprenant notamment les labours, les plantations, les rigoles, l'habitat et le matériel d'exploitation nécessaire ; c'est au vu de ces réalisations qu'elle est octroyée.

Par ailleurs, suivant les articles 20 à 22 de la loi agricole, une concession agricole est cessible à toute personne remplissant les conditions prescrites, moyennant le paiement d'une taxe de 40% de la plus-value. Cette dernière représente la différence entre le coût d'acquisition du droit de concession incluant celui de la mise en valeur préalable à son obtention, c'est-à-dire de la ferme construite et le prix de vente.

Dans cette perspective légale, une concession agricole sanctionne la mise en valeur agricole d'une terre, et elle constitue le contenant juridique des biens investis pour ce faire. Il en résulte qu'il y a bien une incorporation juridique d'un bien dans un autre, supposant un lien de consubstantialité juridique ; et non une affectation précaire d'un bien à un autre, supposant un lien dissoluble de principal à accessoire.

3.3.2. Concernant la transmissibilité d'une concession agricole prise en elle-même ou sur papier-titre

Etant accordée après la mise en valeur du fond par la construction d'une ferme agricole, une concession agricole n'est pas, comme les autres droits d'accès aux ressources naturelles, octroyée en l'état d'un acte administratif indisponible à valoriser. La question ici est donc celle de savoir si elle peut être dissociée de biens constituant une ferme agricole, pour être transmise isolement.

En effet, contrairement à d'autres droits d'accès aux ressources naturelles, une concession agricole n'est pas accordée à l'état d'effet économique virtuel d'un acte administratif indisponible, prescrivant la mise en valeur d'un gisement ; elle est octroyée comme un revêtement juridique des effets économiques réalisés d'un contrat de location ou d'occupation provisoire, c'est-à-dire la mise en valeur agricole du fond à concéder ; elle incorpore ainsi tous les biens mobilisés pour l'exécution de ces contrats préalables à sa constitution, de sorte qu'en cas d'une transmission par voie de cession, la loi prévoit une plus-value taxable, équivalant à la différence positive entre le prix de cession et le coût de la mise en valeur agricole.

Cela suppose un lien de consubstantialité juridique entre la concession agricole et les biens investis qu'elle incorpore, et qui constitue sa substance marchande ou économique. Ce lien exclut logiquement toute possibilité de transmission, par quelque voie que ce soit, sans les biens incorporés nécessaires à son exploitation.

3.3.3. Concernant l'amodiabilité d'une concession agricole prise en elle-même ou sur papier-titre

La réponse légale peut être appréciée suivant qu'il s'agit d'une amodiabilité par louage de titre **(A)** ou par cession d'intérêt **(B).**

A. Amodiabilité par louage de titre

Suivant l'article 24 de la loi agricole, une concession agricole peut être louée par bail à ferme ou bail à métayage. Ces deux modes de louage portant par définition sur un fond, nous pouvons déduire de cette disposition légale que le titulaire peut, à travers son seul titre, mettre en location le fond concédé. Mais cette possibilité bute sur les objections éthiques fondées sur la justice commutative.

En effet, le bail à ferme est « *un bail d'un fonds rural moyennant une redevance appelée fermage, fixée d'après le cours des denrées et à verser soit en espèces, soit en nature, suivant la convention des parties* ». Le bail à métayage est « *un bail d'un fonds rural où le bailleur et le preneur, appelé métayer ou colon partiaire, conviennent que les produits du fonds loué seront partagé entre eux et où la part du bailleur ne peut être supérieur au tiers de l'ensemble des produits, sauf décision du tribunal partiaire* »[356].

Portant par définition traditionnelle sur un fond, les deux baux en question ne sauraient être appliqués à un droit de concession agricole pris en lui-même, sans la commission d'une erreur sémantique. Pour éviter cette erreur, il faudrait, dans le cas d'espèce, prendre le terme *concession*, non dans sa première signification de *droit réel*, mais dans sa seconde de *fond concédé*[357], de sorte que suivant l'article 24 en question, ce soit, non le droit de concession agricole pris en lui-même qui fasse l'objet de métayage ou de bail à ferme, mais le fond concédé à travers ce droit.

D'une telle possibilité légale de donner en location un fond concédé, nous pouvons déduire deux hypothèses : ***1)*** le titulaire d'un droit d'occupa-tion provisoire ou de location d'un fond recourt à un tiers pour le mettre en valeur, en vue d'y obtenir le droit de concession agricole ; et à travers ce droit, il donne à bail le fond concédé au dit tiers qui poursuit son exploitation ; *2)* après avoir personnellement mis en valeur le fond au niveau minimal requis pour y obtenir un droit concession agricole, il donne à bail, en vertu de ce droit, la partie non mise en valeur du fond concédé.

Dans la première hypothèse, le concessionnaire abdique en réalité l'exercice de son droit pour se transformer subtilement et indument en rentier des actes administratifs, et d'un fond qui ne lui appartient pas ; avec le seul mérite de les avoir obtenus en son nom. Dans la deuxième hypothèse, il se transforme indument en rentier d'une vaine emprise juridique sur une partie d'un fond qui ne lui appartient pas.

Pour éviter des telles situations éthiquement inadmissibles, la loi agricole devrait substituer aux baux à ferme et à métayage l'amodiation par cession d'intérêt, prise en son sens général, de sorte que, si le concessionnaire agricole doit recourir à un tiers pour mettre en valeur le fond à concéder ou concédé, ce soit lui qui loue les biens ou les services d'un tiers en vue de mieux exercer son droit ; et non ce dernier qui doive, à travers le droit de concession agricole, prendre à bail une partie non mise en valeur du fond concédé. Il pourrait aussi donner à bail, à travers son droit de concession agri-

---

[356]Voir définition du terme concession dans Gérard CORNU, *Op Cit.* p. 106

[357] Ce qui ne serait pas juridique, car, lorsqu'elle porte sur un espace déterminé, une concession peut se définir particulièrement comme un terrain ou un territoire concédé (Gérard CORNU, *op cit* p. 196)

cole, et non le fond concédé qui ne lui appartient pas, mais ses propres biens qu'il y aura investis, c'est-à-dire sa ferme agricole.

B. Amodiabilité par cession d'intérêt

En dehors du métayage et du bail ferme, la loi agricole ne prévoit pas d'autres modes de location, et elle ne les interdit pas non plus ; mais s'agissant des fonds domaniaux, on ne saurait y accéder directement ou indirectement que dans les formes autorisées par la loi ; ce qui exclut toute possibilité de recourir à l'amodiation par cession d'intérêt d'une concession agricole.

Et pourtant, les baux à ferme et à métayage étant traditionnellement conçus dans le cadre d'une propriété foncière, où le propriétaire peut aisément faire louer son fonds[358], le concessionnaire agricole ne saurait y recourir pour donner à bail son droit de concession, sans se transformer indument en rentier du fond concédé qui ne lui appartient pas ; ainsi que nous venons de le démontrer. Il reste que le concessionnaire agricole peut légitimement, soit louer les biens et les services d'un tiers pour mettre en valeur le fond concédé, soit mettre en location ses propres biens investis dans cette mise en valeur, c'est-à-dire sa ferme agricole.

Donc mieux que le bail à ferme ou le métayage, l'amodiation par cession d'intérêt, prise dans son acception générale apparait techniquement comme la formule la plus adéquate pour associer un tiers à la mise en valeur agricole d'un fonds à concéder ou concédé.

3.4. En droit des hydrocarbures

En droit des hydrocarbures, les réponses aux questions liées au statut patrimonial d'un droit d'accès aux hydrocarbures concernent sa nature **(3.4.1)**, sa transmissibilité sur papier-titre **(3.4.2)**, ainsi que son amodiabilité en lui-même **(3.4.3)**.

3.4.1. Concernant la nature d'un droit d'accès aux hydrocarbures

Le droit d'accès aux hydrocarbures est légalement conçu comme un droit de jouissance immobilier, mais qui s'exerce comme une obligation de donner et de faire **(A)** ; et il ne présume pas légalement un rapport juridique direct entre le titulaire et le gisement d'hydrocarbures **(B)**.

---

[358] Les baux à ferme et le métayage sont le mécanisme de jouissance foncière empruntés au droit français et belge où la propriété foncière est admise. Le propriétaire foncier peut, en vertu des pleines prérogatives de son droit, mettre en location ses terres. Mais une concession agricole engage personnellement le concessionnaire à exploiter les terres concédées. S'il peut les louer, cela ne peut se faire qu'avec l'autorisation du pouvoir concédant et des conditions exceptionnelles

A. La loi conçoit un droit d'accès aux hydrocarbures tel un droit de jouissance immobilier, mais qui s'exerce comme une obligation de donner et de faire

La loi sur les hydrocarbures prévoit l'attribution des droits d'exploration et d'exploitation pétrolières qui, suivant ses articles 33 à 43 et 50 à 60, peuvent s'analyser comme des droits de jouissance immobiliers, personnels ou suis generis ; car elle les constitue sur un gisement d'hydrocarbures qui est un bien immeuble, sans leur conférer le caractère de droit réel.

Cependant, tel que la même loi en prévoit le fonctionnement à ces articles 44 à 47, un contrat de partage de production[359]n'octroie pas un droit de jouissance sur un gisement pétrolier, mais il engage un opérateur à y effectuer, au profit de l'État, les*« travaux pétroliers »* d'exploration, de développement et d'exploitation. Lors de l'exploitation, toutes les dépenses effectuées, dites *coûts pétroliers*[360], lui sont remboursées par attribution d'une part de la production pétrolière, dite *cost oïl* ; l'autre part, dite *profit oil*, est répartie entre lui et l'État[361]. Après le remboursement de tous les *coûts pétroliers*, la propriété de tous les biens mobiliers et immobiliers, investis par l'opérateur est transférée à l'État. Dans ce cadre institutionnel, l'opérateur poursuit l'exploitation sous forme de prestation de service, par la fourniture d'industrie rémunérée par attribution d'une part du *profit oil.*

Dans ce fonctionnement légal d'un contrat de partage de production, un droit d'accès aux hydrocarbures se transforme en une obligation d'accès pétrolier, c'est-à-dire une prestation de service consistant, dans un premier temps, en la fourniture des équipements et des infrastructures nécessaires à l'approche, l'évaluation et l'exploitation d'un gisement appartenant à l'État et payée par ce dernier, au moyen du *cost oil.* Dans un deuxième temps, elle consiste en une fourniture d'industrie, payée au moyen d'une part du *profit oil.*

Dans cette confusion terminologique, nous sommes théoriquement en présence d'un droit d'accès aux hydrocarbures qui est un droit de jouissan-ce, et pratiquement, en présence d'une obligation d'accès pétrolier exécutée en contrepartie d'une part d'intérêt[362] dans le contrat.

---

[359] Voir listes des contrats pétroliers sur le site du ministère des mines, http://mines-rdc.cd/fr/index.php/contrats-des-ressources-naturelles/contrats-petroliers

[360] Dans les contrats de partage de production passés par l'Etat, les coûts pétroliers sont les coûts des biens de toute sorte acquis par concessionnaire pour la réalisation des travaux de reconnais-sance, d'exploration et d'exploitation. Ces biens appartiennent au concessionnaire jusqu'au remboursement de leur prix au moyen des prélèvements des parts de production pétrolière.

[361] Jean-Pierre ANGELIER, *Op Cit, loc. cit.*

[362] En droit des sociétés, une part d'intérêt se définit généralement comme les droits sociaux obtenus en contrepartie d'un apport en industrie. Contrairement à une part sociale, elle n'est pas représentative du capital social. Mais, comme les apporteurs en capital, l'apporteur en industrie participe au partage du bénéfice social et à l'assemblée générale des actionnaires.

Cette part d'intérêt constitue un droit incorporel, le seul dont puisse se prévaloir un exploitant pétrolier.

B. Il ne présume pas légalement un rapport juridique direct entre le titulaire et le gisement d'hydrocarbures

N'étant pas légalement défini comme un droit réel et se confondant, dans son exercice, avec une obligation de donner et de faire, un droit d'accès aux hydrocarbures ne présume pas un rapport juridique direct et immédiat entre le gisement d'hydrocarbures et le titulaire, sauf le droit de la jurisprudence de le déduire de quelque effet d'un contrat de partage de production supposant une prérogative d'un droit réel.

Ainsi, à travers les droits d'exploration et d'exploitation pétrolière, un contrat de partage de production ne constitue pas légalement un droit réel plaçant un gisement d'hydrocarbures sous l'emprise juridique du titulaire ; il établit plutôt un lien juridique personnel entre l'État, qui conserve sous son emprise juridique son gisement pétrolier, et qui, en y octroyant les droits d'accès aux hydrocarbures, engage le titulaire à lui fournir des biens et services nécessaires à son exploitation, en contrepartie de l'appropriation d'une part d'hydrocarbures extraites.

Il en résulte que le titulaire d'un droit d'exploration et d'exploitation a, non un droit réel sur le gisement d'hydrocarbures et le site d'accès, mais il a une obligation personnelle de le mettre en valeur, correspondant au droit personnel de l'État de le lui exiger. Dans cette configuration des rapports juridiques, le titulaire des droits d'accès aux hydrocarbures n'a pas juridiquement, sur le gisement pétrolier et le site d'accès, les mêmes prérogatives que le titulaire d'un droit réel, c'est à dire le pouvoir d'exercer directement ses droits envers et contre tous. Les droits d'accès aux hydrocarbures sont du reste, dans leur exercice, des obligations de donner et de faire, exécutées sur un gisement et un site demeurant au pouvoir juridique de l'État.

Ainsi compris dans le fonctionnement d'un contrat de partage de production, un droit d'accès aux hydrocarbures ne donne pas au titulaire le pouvoir d'agir directement et personnellement contre les tiers, en cas de trouble de droit sur le gisement pétrolier ou le site d'accès qu'il occupe : n'y étant que fournisseur des *travaux pétroliers*, il n'y dispose pas d'un droit réel qu'il pourrait défendre directement et personnellement ; sauf qu'il a le droit de s'en remettre à l' État, garant de l'exécution paisible et régulier des dits travaux.

3.4.2. Concernant la transmissibilité d'un droit d'accès aux hydrocarbures pris en lui-même

La réponse légale peut être appréciée suivant qu'il s'agit d'une transmissibilité par cession de titre **(A)** ou par renonciation translative **(B)**.

A. Transmissibilité par cession de titre

Dès sa signature, un contrat de partage de production octroie au titulaire un *droit d'exploration* avec en perspective le *droit à un droit d'exploitation*, le *droit d'exploitation*, ainsi que le *droit à une part de la production pétrolière* comprenant le *droit au cost oil* et le *droit à une part du profit oil*. Dans cette configuration juridique, la question est de savoir si tous ces droits sont en eux-mêmes cessibles.

Se traduisant en réalité par des prestations de *travaux pétroliers* au profit de l'État, les droits d'exploration et d'exploitation ne sauraient en eux-mêmes être cessibles, le titulaire ne pouvant pas céder à une autre personne ce qu'il a réalisé au profit d'une autre personne ; mais il peut en céder la contrepartie qui est le droit au *cost-oil* et le droit à une part du *profit oil*. Le droit au *cost oil* valant le montant du coût des *travaux pétroliers*, il n'accède à l'existence de droit cessible qu'après la réalisation d'un seuil fixé de ces travaux. La loi sur les hydrocarbures ne dit pas autre chose lorsqu'à son l'article 79 elle subordonne l'approbation de la cession de ces droits à la *réalisation du programme minimum des travaux et au respect des budgets y afférents*. Au vu donc du coût de ces travaux et des dépenses effectuées, le titulaire peut valablement céder son *droit au cost oil*. Quant à son droit à une part du *profit oil*, celle-ci n'ayant d'autre assise concrète que la production pétrolière, elle ne saurait devenir un droit cessible qu'au vue de la quantité d'hydrocarbures extraite.

Donc, à la signature du contrat de partage de production, le titulaire des droits d'accès aux hydrocarbures ne dispose que des perspectives de droits qu'il ne saurait céder avant de les avoir réalisées : celles de droit au *cost oil* et de droit à un droit d'exploitation, par le minimum requis de *travaux pétroliers*, et celle de droit à une part du *profit oil*, par l'extraction des hydrocarbures. De cette réalité, il résulte que le contrat de partage de production ne confère à l'exploitant pétrolier d'autre droit patrimonial, donc cessible que sa part d'intérêt[363], constituée d'une portion du *profit oil* et, éventuellement, du *cost oil*.

B. Transmissibilité par renonciation translative

À son article 47 point 4, la loi sur les hydrocarbures prévoit la renonciation par le *contractant* à ses droits d'accès aux hydrocarbures, et cette renonciation implique la transmission de sa part d'intérêt à l'État ; dans la mesure où c'est ce dernier qui prend en charge les *travaux d'abandon*, c'est-à-dire les travaux nécessaires à la remise en état du site d'exploration ou d'exploitation qui incombent au titulaire des droits d'accès aux hydrocarbures.

---

[363] Le contrat de partage de production prévoit la cession, non du droit d'exploitation comme tel, mais des parts d'intérêt des cocontractants. Cette cession se fait par *cession d'intérêt*

Dans la perspective légale où les droits d'accès aux hydrocarbures sont moins des droits de jouissance que des prescriptions d'obligation d'accès, et où le titulaire est moins détenteur d'un droit que prestataire des *travaux pétroliers*, il est difficile de penser à une renonciation translative, au terme de laquelle il ne transfèrerait en réalité qu'une obligation de faire. Il n'en demeure pas moins, cependant, que ces *travaux pétroliers* comportent une perspective économique, consistant en leur remboursement au moyen du *cost oil*. Le titulaire peut légitimement s'en prévaloir, dans la mesure où la valeur des *travaux pétroliers* qu'il a réalisés dépasse manifestement le coût des *travaux d'abandon* transféré à l'État.

Donc, au cas où, à mi-chemin des travaux de recherche ou de développement, il serait obligé d'y renoncer par un cas de force majeur, le titulaire pourrait légitimement opérer une renonciation translative, en vue de récupérer la différence entre la valeur des *travaux pétroliers* réalisés et les coûts des *travaux d'abandon* transférés à l'État

3.4.3. Concernant l'amodiabilité d'un droit d'accès aux hydrocarbures pris en lui-même

La réponse légale peut être appréciée suivant qu'il s'agit d'une amodiabilité par cession de titre **(A)** ou par renonciation translative **(B)**.

A. Amodiabilité par louage de titre

La loi sur les hydrocarbures ne prévoit pas l'amodiation d'un droit d'exploitation au sens de louage d'un droit réel de jouissance, c'est-à-dire l'acte d'en faire profiter un tiers en échange d'une redevance.

Une telle hypothèse est du reste inenvisageable, car le titulaire d'un droit d'exploitation pétrolière y apparaît essentiellement comme un prestataire des *travaux pétroliers* de développement, dont il cède les réalisations à l'État, en contre partie du *cost oil* ; il est en outre propriétaire d'une part du *profit oil* qui est un droit incorporel, non amodiable techniquement.

Le droit d'exploitation n'est pas non plus amodiable en raison des biens accumulés au terme des travaux de développement (puit, matériel de forage ...) : contrairement à d'autres cas exposés ci-avant, ces travaux ne participent pas de sa valorisation, mais ce sont des biens fournis à l'État et remboursés au moyen du *cost oil*. Le titulaire ne saurait louer le bien qu'il vend à une autre personne.

B. Amodiabilité par cession d'intérêt

À son article 2 point 7, la loi sur les hydrocarbures prévoit une cession d'intérêt qu'elle définit comme : « *Toute opération juridique de transfert entre parties ou à toute autre entité, autre qu'une partie, de tout ou partie des droits et obligations découlant du contrat.* La question se pose de savoir si cette définition peut englober l'amodiation par cession d'intérêt prise dans ses deux sens exposés ci-dessus.

Ainsi définie, la cession d'intérêt peut bien correspondre à l'amodiation par cession d'intérêt prise dans son sens général. Il est sera ainsi dans le cas où, conformément à la disposition légale en question, le titulaire d'un droit d'exploitation pétrolière transfert une partie de sa part dans le *profit oïl* à une personne, en contrepartie d'une contribution aux *travaux pétroliers* liés à l'exercice de ce droit. Le moment de la cession d'intérêt n'étant pas préci-sé, il est admissible qu'une telle amodiation soit conclue dans le cadre d'un droit d'exploration. L'amodiataire peut participer aux travaux de recherche en contrepartie, en cas d'obtention du droit d'exploitation, d'une part du *cost oil* et du *profit oil*

En ce qui concerne l'amodiation par cession d'intérêt telle que spécialement définie en économie pétrolière, elle n'est pas concevable dans le cadre légal d'un contrat de partage de production ; car elle consiste en un transfert du droit de forage sur une partie du terrain concédé, impliquant une appropriation par l'amodiataire des hydrocarbures qui y est produits. Or, au terme d'un contrat de partage de production, le forage n'est pas un droit, mais une obligation consistant en un *travail pétrolier* exécuté au profit de l'État sur son gisement. Le *contractant* prestataire ne saurait donc y concéder des droits de forage à des tiers.

3.5. En droit de l'eau

Les réponses légales aux questions liées au statut patrimonial d'un droit d'accès à l'eau concernent sa nature **(3.5.1)**, sa transmissibilité **(3.5.2)** et son amodiabilité **(3.5.3)** en lui-même ou sur papier-titre.

3.5.1. Concernant la nature d'un droit d'accès à l'eau

Qu'il résulte d'une déclaration, d'une autorisation, d'une concession ou d'une délégation de service public d'eau, le droit d'accès à l'eau n'implique pas un droit réel sur les ressources en eaux, la loi ne l'ayant pas défini comme tel ; et dans tous les cas, il s'agit d'un droit incorporel et immobilier.

Dans les cadres d'une déclaration, d'une autorisation et d'une concession, le droit d'accès à l'eau est un simple droit de jouissance ; dans le cadre d'une délégation de service public de l'eau, il s'agit moins d'un droit de jouissance que d'une prestation de service au profit de l'État. Il en résulte que, dans tous les cas, le droit d'utilisation des eaux n'implique pas le placement de celles-ci sous l'emprise juridique du titulaire. Il s'agit à priori d'un droit personnel que ce dernier n'exerce qu'envers l'État et par son intermédiaire, sauf si l'autorité règlementaire, habilitée à définir l'acte l'octroyant, lui confère les prérogatives d'un droit réel au profit du titulaire. Il s'agirait dans ce cas d'un droit de jouissance sui generis.

Pour ce qui concerne surtout une concession d'eau, le titulaire a intérêt à bénéficier des prérogatives d'un droit réel, car un droit personnel n'offre pas les moyens de défense efficace face aux troubles de droit ou de fait éventuels émanant des tiers. Or, l'accès aux ressources en eau étant particulièrement conflictuel, le concessionnaire d'eaux doit être juridiquement mieux doté pour défendre efficacement son droit, son point d'accès d'eau ou du lit de cours d'eau qu'il occupe. Et cette défense ne peut se faire efficacement que dans le cadre d'un droit réel, qui lui confère les prérogatives d'opposer son droit à tous et d'agir directement en conséquence.

Les ressources en eaux formant des immeubles par nature, tous les droits d'accès qui s'y rapportent sont des droits immobiliers ; et ne se confondant pas avec leur objet, ils sont des droits incorporels.

3.5.2. Concernant la transmissibilité d'un droit d'accès à l'eau pris en lui-même ou sur papier-titre

La réponse légale peut être appréciée suivant que la transmissibilité est envisagée dans le cadre d'une autorisation ou d'une concession **(A),** ou dans celui du service public de l'eau **(B)**.

A. Dans le cadre d'une autorisation ou d'une concession

À son article 33, la loi relative à l'eau stipule que le droit d'utilisation des eaux est cessible et transmissible. Ne liant pas cette transmissibilité à la mise en valeur du site d'accès, ceci suppose qu'une autorisation ou une concession peuvent être transmises sur papier-titre, par voie de cession ou de renonciation translative.

Or, même si la loi ne le dit pas, l'octroi d'un droit d'utilisation des eaux devrait, au plan règlementaire, être conditionné par la capacité et l'engagement personnel du requérant de mettre en valeur le site d'exploitation, de sorte qu'avant cette mise en valeur, l'autorisation ou le titre de concession ne soient que des actes administratifs indisponibles, dont le titulaire ne sau-rait se prévaloir en raison de leurs effets économiques virtuels, car non valorisés. Dans ce cas, le titulaire ne devrait avoir le droit de les transmettre qu'après en avoir concrétisé les effets en mettant en valeur le site d'eau, et ce, en raison des biens qu'il aura investis dans cette mise en valeur.

À défaut d'une telle conditionnalité, il pourrait se développer une spéculation sur les titres d'accès aux ressources en eau, introduisant dans le secteur des opérateurs incapables ou indélicats par voie de corruption. Avec un contrôle d'accès dévolu entièrement aux élites politiques, une telle pratique pourrait particulièrement prospérer et faire le lit d'une *bourgeoisie comprador*. Les gouvernants peuvent, en effet, s'attribuer des droits d'accès aux ressources en eau pour les échanger contre des prises de participation indues dans les entreprises.

B. Dans le cadre du service public de l'eau

La loi relative à l'eau ne se prononce pas quant à la transmissibilité d'un droit d'exploitation d'un service public de l'eau ; elle s'en remet au pouvoir réglementaire quant à la fixation des conditions d'octroi et d'exercice de ce droit dans le cadre d'un contrat administratif. Il faudrait alors s'en remettre au droit administratif pour voir si ce droit peut être transmissible.

Considérant le droit constitutionnel de l'État de disposer de ses services publics, le gouvernement peut bien permettre la transmission ou la cession de droit d'exploitation de qu'il l'accorde à des particuliers. Une telle possibilité est cependant restreinte au regard de la justice commutative. L'exploitant d'un service public de l'eau ne dispose pas, en effet, d'un droit de jouissance qui implique l'appropriation des eaux au moyen d'un investissement personnel ; au contraire, il se substitue à l'État pour accomplir une prestation de service au moyen des biens publics et en contrepartie d'une rémunération perçue sur les usagers. Il s'agit là, non d'un droit de jouissance, mais d'une obligation qu'il ne peut céder ; son seul droit patrimonial est, dans ce cas, la créance de ses rémunérations échues.

Toutefois, lorsque la convention de gestion de service public de l'eau engage l'exploitant à construire et à livrer préalablement les ouvrages publics, son droit d'exploitation inclut, en plus de la rémunération de la fourniture de l'eau, la récupération des dépenses consenties. Dans ce cas, il pourrait être admis à le céder en raison de cette créance sur l'État ou à le transmettre par renonciation translative.

3.5.3. Concernant l'amodiabilité d'un droit d'accès à l'eau pris en lui-même ou sur papier-titre

La réponse légale peut être appréciée suivant qu'il s'agit d'une amodiabilité par louage de titre **(A)** ou par cession de titre **(B)**

A. Amodiabilité par louage de titre

La loi relative à l'eau ne prévoit pas l'amodiation d'un droit d'utilisation des eaux et d'un droit d'exploitation du service public de l'eau ; toutefois, en vertu du droit qu'elle confère au gouvernement, d'en fixer les conditions, il y a lieu de se demander si ce dernier peut la permettre au niveau réglementaire.

Le gouvernement peut, en fixant les conditions d'octroi d'une autorisation ou d'une concession, autoriser leur amodiation, mais il ne devrait pas s'agir d'une amodiation par louage de titre, qui transformerait le titulaire en un rentier d'un acte administratif. Ce dernier devra d'abords mettre en valeur le site d'exploitation, de manière à avoir le droit de donner en location, à travers son droit d'accès aux eaux, les ouvrages et les installations que lui appartiennent.

Etant justifiée par le droit du titulaire d'un droit d'utilisation des eaux de louer ses ouvrages et ses installations, l'amodiation ne saurait porter sur un droit d'exploitation d'un service public de l'eau, car les ouvrages et les installations sont construits au profit de l'État. Après leur livraison, le titulaire n'a que l'obligation de fournir de l'eau potable, en contrepartie d'une rémunération incluant éventuellement la récupération de dépenses qu'il a consenties pour la construction des ouvrages.

B. Amodiabilité par cession d'intérêt

Le gouvernement peut également autoriser l'amodiation par cession d'intérêt (prise en son sens général) d'un droit d'utilisation des eaux, ou d'un droit d'exploitation du service public de l'eau. La cession d'intérêt, telle que spécialement définie en économie pétrolière est dans ce cas inconcevable.

En effet, le titulaire d'un droit d'utilisation des eaux ou d'un droit d'exploitation d'un service public de l'eau pourrait solliciter la contribution d'un tiers à la construction des ouvrages et des installations, en vue de l'utilisation de l'eau ou de la production de l'énergie. Cette tierce contribution se ferait en contrepartie d'une participation aux bénéfices de l'exploitation. Le tiers pourrait également prendre en charge une partie des charges d'exploitation pour la même contrepartie.

Cependant, l'amodiation par cession d'intérêt, telle que spécialement définie en économie pétrolière ne peut se justifier dans le cas d'espèce ; elle transformerait indument le concessionnaire en rentier d'une partie des eaux domaniales, qui ne lui auront été concédées que pour l'exploitation ; il ne saurait les faire exploiter à son profit.

3.6. En droit halieutique

Les réponses légales aux questions liées au statut patrimonial d'un d'accès halieutique concernent sa nature **(3.6.1)** ainsi que sa transmissibilité en lui-même ou sur papier-titre **(3.6.2)**.

3.6.1. Concernant la nature d'un droit d'accès halieutique

Tel que le droit d'accès halieutique est légalement régi, nous pouvons dire qu'il ne s'agit pas d'un droit réel **(A)**, qu'il s'agit d'un bien incorporel et immobilier **(B),** et qu'il peut légalement être traité comme un bien principal, par rapport aux biens investis pour son exercice **(C)**. Cependant, certaine disposition peut induire une consubstantialité juridique avec les biens investis pour son exercice **(D)**.

A. Il ne s'agit pas d'un droit réel

Le décret du 21 juillet 1937 organise le droit d'accès halieutique sous la forme d'une concession de pêche. N'étant pas légalement définie comme un droit réel, celle-ci est un simple droit de jouissance portant sur les ressources halieutiques présentes dans les eaux, « *dont la superficie ne pourra dépasser 1.200 kilomètre carrés, ni comporter dans sa plus grande dimension plus de 60 kilomètres* »[364]

Ainsi définie, la concession de pêche n'a pas légalement pour effet de placer, tel un droit réel, les eaux sous l'emprise juridique et matérielle du concessionnaire. Du reste, l'article 9 du décret en question interdit au concessionnaire d'empêcher la navigation et la circulation sur les eaux. Elle n'emporte pas non plus un droit réel sur le stock halieutique présent dans les eaux, car, suivant l'article 6 du décret en question, le concessionnaire peut subir la concurrence des droits de pêche traditionnels préexistants.

Cependant, dans une perspective d'utilisations conflictuelles et concurrentes des eaux et des ressources halieutiques, une concession de pêche aurait besoin d'être juridiquement renforcée face au risque de trouble de droit et de fait. La loi satisferait parfaitement à ce besoin en la définissant comme un droit réel sur le stock de ressources halieutiques, présent sous une surface hydrique déterminée. Ceci permettrait au concessionnaire d'agir directement envers et contre tous pour défendre son *territoire*.

B. Il s'agit d'un bien incorporel et immobilier

Ne se confondant pas avec les choses sur lesquelles elle porte, une concession de pêche est un bien incorporel.

Suivant l'article 2 du décret du 21 juillet 1937, une concession de pêche porte sur des eaux déterminées, mais dans sa structure réelle, elle comporte un droit d'usage sur les eaux, c'est-à-dire le droit d'y naviguer et un droit de jouissance sur les ressources halieutiques qui s'y trouvent ; elle ne porte donc pas uniquement sur les eaux, mais aussi sur les ressources halieutiques visées. Ces deux biens sont matériellement et juridiquement distincts.

Les cours d'eaux sont des immeubles par nature. Quant aux ressources halieutiques, si prises individuellement elles sont des biens meubles, dans le cadre d'une concession de pêche, elles sont prises dans leur ensemble constituant un gisement ou une réserve immuable. De par donc la nature de son double objet, une concession de pêche est un droit immobilier.

---

[364] Article 2 du décret du 21 juillet

C. Il peut légalement être traité comme un bien principal par rapport aux biens investis pour son exercice

À son article 7 point 3, le décret du 11 juillet 1932 décret portant réglementation de la pêche prévoit la cession du droit de concession de pêche pris en lui-même. Il peut donc être traité comme un bien principal par rap-por aux biens investis pour son exercice, qui devraient suivre son sort.

D. Certaine disposition peut induire une consubstantialité juridique avec les biens investis pour son exercice

À son article 7 alinéa 2, le décret du 11 juillet 1932 portant réglementation de la pêche engage le concessionnaire à commencer l'exercice effectif de son droit dans un délai de 12 mois, sous peine de déchéance.

L'application de cette disposition légale suppose, qu'à son obtention, une concession de pêche n'est qu'un effet économique virtuel de l'acte administratif qui l'octroie. Le titulaire ne peut s'en prévaloir, comme bien patrimonial cessible, qu'après l'avoir concrétisée par son exercice effectif au moyen de biens investis pour ce faire ; il parait inconcevable qu'il ait le pouvoir de dissocier son droit de concession de ces biens, sans le réduire à son état primitif d'effet économique virtuel de l'acte attributif indisponible.

Donc n'accédant à l'existence, en tant que bien patrimonial, qu'en raison de son exercice effectif au moyen des biens investis, une concession de pêche ne saurait logiquement être un bien principal dissociable de ses accessoires ; dans le commerce juridique, elle devrait être consubstantielle aux biens investis pour son exercice.

3.6.2. Concernant la transmissibilité d'un droit d'accès halieutique pris en lui-même ou sur papier-titre

La réponse légale peut être appréciée suivant qu'il s'agit d'une transmissibilité par voie de cession de titre, **(A)** ou par voie de renonciation translative **(B).**

A. Transmissibilité par voie de cession de titre

Suivant l'article 7 alinéa 1 point 3 du décret du 11 juillet 1932 portant règlementation de la pêche, le concessionnaire s'engage « *à ne céder en tout ou en partie, les droits qu'il détient en vertu de la concession, si ce n'est avec l'approbation préalable et écrite du gouverneur de la province* ».

Suivant cette disposition légale, le concessionnaire de pêche peut céder, partiellement ou totalement, son droit avec l'approbation du gouverneur. Ce dernier apprécie souverainement l'opportunité d'une telle cession. Cette cession n'est possible qu'après l'exercice du droit de pêche, car, à son alinéa 2, la même disposition légale engage le concessionnaire à entamer l'exercice effectif de son droit dans un délai de 12 mois, sous peine de déchéance.

Cependant, cette possibilité légale de ne céder que son droit de concession ne se justifie pas par rapport à sa consubstantialité juridique avec les biens investis pour son exercice et à la justice commutative. Le droit de concession de pêche n'étant en lui-même qu'un effet économique virtuel d'un acte administratif, le concessionnaire ne saurait logiquement le céder sans les biens ayant permis sa concrétisation ; sinon il s'enrichirait injustement en ne vendant qu'un acte administratif qui ne lui appartient pas.

B. Transmissibilité par voie de renonciation translative

Comme pour tout droit d'accès à une ressource naturelle, la renonciation translative à une concession de pêche ne peut se faire qu'en raison des biens que le titulaire y a investis pour son exercice.

Ainsi, le titulaire qui décide de renoncer à sa concession de pêche ne peut être admis de le faire de manière translative que s'il renonce en même temps à la propriété du matériel de pêche. Il serait alors logique qu'il ait le droit de désigner la personne qu'il désire voir en profiter, ou de se faire pa-yer en contrepartie.

Cependant, s'il décide d'emporter son matériel, le concessionnaire devrait logiquement renoncer purement et simplement à la concession de pêche. Dans ce cas, cette dernière serait du reste éteinte, car réduite à son état primitif d'effet économique virtuel d'un acte administratif indisponible.

3.6.3. Concernant l'amodiabilité d'un droit d'accès halieutique pris en lui-même ou sur papier-titre

La réponse légale peut être appréciée suivant qu'il s'agit d'une amodiabilité par louage de titre **(A)** ou par cession d'intérêt **(B)**.

A. Amodiabilité par louage de titre

La législation sur la pêche ne prévoit pas l'amodiation par louage d'une concession de pêche : elle ne l'interdit pas non plus. Le titulaire ne saurait, cependant, y recourir en vertu du principe *tout ce qui n'est pas interdit est permis*.

En effet, cette hypothèse n'est pas envisageable au regard de l'article 7 point 2 du décret en question qui engage le concessionnaire à entamer et à poursuivre régulièrement l'exercice de son droit, dès la signature du contrat. Il est dès lors mis dans l'impossibilité juridique de se défausser sur un tiers et de se transformer en rentier d'un gisement domanial. L'accès aux ressources halieutiques étant par ailleurs soumis à l'autorisation administrative, on ne saurait y accéder par voie de location, sans cette autorisation ; car, en matière administrative tout acte permis doit être prévu et règlementé.

Cela dit, le concessionnaire de pêche peut avoir intérêt à louer le matériel qu'il affecte à l'exercice de son droit de concession. Dans ce cas, il n'y aurait aucun inconvénient à ce qu'on considère qu'il loue le titre qui en permet l'utilisation. En vue de permettre la poursuite de l'exploitation du gisement halieutique avec un tiers plus efficace, la loi devrait permettre l'amodiation par louage de la concession de pêche, lorsqu'elle inclut le matériel de pêche.

B. Amodiabilité par cession d'intérêt

La législation sur la pêche ne prévoit pas l'amodiation par cession d'intérêt d'une concession de pêche ; si elle ne l'interdit pas non plus, le concessionnaire ne saurait recourir à une telle opération, faute d'autorisation prévue et de règlementation expresse.

Cependant, un concessionnaire de pêche peut avoir besoin de s'associer à un tiers, en vue d'accroitre ou d'améliorer sa propre capacité d'exploitation. L'amodiation par cession d'intérêt, prise dans son acception générale, peut être un cadre idéal d'une telle association. Avec l'autorisation de l'administration, ils pourraient conclure une amodiation au terme de laquelle l'amodiataire apporte une contribution de quelque nature que ce soit à l'exercice du droit de pêche, moyennant une participation aux bénéfices.

Cependant, telle que spécialement définie en économie pétrolière, l'amodiation par cession d'intérêt n'est pas juridiquement recommandable dans le cadre d'une concession de pêche. Il y aurait, en effet, incohérence juridique si, en vertu d'un droit de pêche résultant d'un contrat administratif, le titulaire autorisait un tiers de s'approprier une portion des ressources halieutiques domaniales, comprises dans les eaux placées sous son emprise juridique.

3.7. En droit cynégétique

Les réponses légales aux questions liées au statut patrimonial d'un droit de chasse concernent sa nature **(3.7.1)**, ainsi que sa transmissibilité **(3.7.2)** et son amodiabilité en lui-même ou sur papier-titre **(3.7.3)**.

3.7.1. Concernant la nature d'un droit de chasse

Suivant l'article 5 de la loi du 28 mai 1982 portant règlementation de la chasse, le droit de chasse est l'effet d'une autorisation administrative accordée sous forme d'un permis de chasse. En ces différentes sortes légales[365], ce

[365] Suivant la destination du gibier ou du trophée, nous avons : Le permis sportif de grande chasse ou de petite chasse, le petit ou le grand permis de tourisme, le permis rural de chasse,

permis est, suivant les termes de l'article 4 de la dite loi, un droit d'exploitation de la faune appartenant à l'État.

Dans certaines législations où la propriété privée du sol est consacrée[366], le droit de chasse est un attribut de la propriété foncière, pouvant s'analyser comme un droit d'usage foncier ou le droit d'exercer une activité. Le permis de chasse est, cependant, en tant que droit d'exploitation de la faune domaniale, un droit de jouissance suis generis, c'est-à-dire conférant le bénéfice d'une jouissance spéciale sur le domaine de chasse,[367] qui est l'appréhension physique de la faune ; il n'est donc pas légalement un droit réel, et il ne place pas sous l'emprise juridique du titulaire une partie du domaine de chasse.

S'agissant d'un droit de jouissance spécial qui procède de la propriété de l'État pour avoir une existence autonome, le permis de chasse est un droit incorporel ; et il est un droit immobilier, car il porte directement, non sur les gibiers, mais sur une partie du domaine de chasse qui est un immeuble par nature. En claire, il s'exerce sur cette potion du territoire de chasse et implique l'appropriation des gibiers abattus ou capturés. Ceux-ci font ainsi l'objet du droit de propriété du titulaire et non de son droit de chasse.

3.7.2. Concernant la transmissibilité d'un droit de chasse pris en lui-même ou sur papier-titre

Les permis de chasse sont des droits de jouissance saisonniers, c'est-à-dire qu'ils ne sont délivrés que pour une période de chasse de six moi. Et comme tels, ils sont, suivant l'article 37 alinéa 3 de la loi sur la chasse, personnels et incessibles.

Ainsi, le droit de chasse, en ces différentes formes légales, n'est peut être transmis ni par cession, ni par renonciation translative, ni par succession. Le titulaire qui ne plus en mesure de l'exercer ne peut qu'y renoncer purement et simplement ; sa mort emporte l'extinction de son droit. Il s'agit donc d'un droit extrapatrimonial par la volonté du législateur, c'est-à-dire un droit exclusivement attaché à la personne de leur titulaire et qui ne peut que profiter à ce dernier.

---

le permis collectif de chasse, le permis de capture commerciale, le permis scientifique et le permis admi-nistratif.

[366] Comme en droit français où il se définit comme « *Attribut du droit de propriété conférant au propriétaire d'un domaine ainsi qu'aux personnes autorisées par lui le droit de rechercher, de poursuivre et de capturer le gibier se trouvant sur son fonds, conformément à la règlementation en vigueur* » ; ou comme *Le droit de se livrer à la poursuite et à la capture des animaux sauvages ou vivant à l'état de liberté naturelle, à sa charge de se conformer aux lois et règlements, nota-mment obtenir un permis de chasser délivré par l'Etat et les départements et de ne pas exercer ce droit contre le gré des propriétaires du sol* » (Gérard CORNU, Op Cit. p. 150)

[367] Il est, en effet, légalement défini comme l'*aire érigée par le commissaire d'Etat compétent pour des fins cynégétiques et dont la gestion et l'aménagement relèvent de l'Etat* (article 1 point 15 de la loi sur la chasse).

Cependant, l'exercice d'un droit de chasse implique l'appropriation du gibier abattu ou capturé après son enregistrement et la délivrance d'un certificat de légitime détention[368]. Ce dernier certificat est un titre de propriété transmissible, par lequel le titulaire d'un droit de chasse peut librement disposer du gibier abattu ou capturé.

Même avant l'enregistrement du gibier et la délivrance du certificat de légitime détention, le simple fait d'abattage et de capture implique pour le titulaire le droit transmissible à en devenir propriétaire, de sorte qu'à l'expiration, pour quelque cause que ce soit d'un droit de chasse régulièrement obtenu et exercé, les gibiers abattus et/ou capturés, en vertu de ce droit reviennent au titulaire ou à ces ayants-droit.

3.7.3. Concernant l'amodiabilité d'un droit de chasse pris en lui-même ou sur papier-titre

À son article 42, la loi sur la chasse prévoit que titulaire d'un permis scientifique, d'un permis administratif ou d'un permis de capture commerciale peut recourire à des tiers chasseurs Cette disposition légale soumet ce recours à des conditions légales que la loi ne définit pas.

Ce recours à des tiers chasseurs ne devrait pas se résoudre en une amodiation par louage du droit de chasse ou par cession d'intérêt : car dans toute amodiation, l'amodiataire s'associe à l'amodiant pour son propre compte ; tandis que les tiers dont il est question ici sont des chasseurs qui louent leurs services au titulaire du permis de chasse.

Donc, le recours du titulaire d'un droit de chasse à des tiers ne saurait être un louage de permis de chasse, ou une association dans le cadre d'une amodiation par cession d'intérêt.

§4. QUESTION LIÉE A L'ÉVALUATION MONÉTAIRE D'UN DROIT D'ACCÈS À UNE RESSOURCE NATURELLE

La précision préalable de l'intérêt de la question **(1)** montre qu'il s'agit principalement de savoir quels doivent être les critères d'évaluation monétaire d'un droit d'accès à une ressource naturelle **(2)**. Il faudra, par ailleurs, analyser et évaluer les réponses en droit positif **(3)**.

1. Intérêt de la question

Un droit d'accès à une ressource naturelle valorisé est en lui-même un bien patrimonial doté d'une valeur marchande ; sa circulation doit être équitablement avantageuse pour le cédant, qui en reçoit la contrepartie, le

---

368 Articles 28 à 35 de l'arrêté ministériel relatif aux mesures d'exécution de la loi du 28 mai portant règlementation de la chasse.

cessionnaire, qui l'acquiert et l'État, qui perçoit une taxe sur la plus-value réalisée et des droits d'enregistrement sur les actes de transmission. Ceux-ci sont généralement proportionnels à la valeur du bien transmis.

Pour assurer ce commerce équitable des droits d'accès aux ressources naturelles, leur évaluation monétaire doit être la plus juste possible ; elle requiert, pour ce faire, la connaissance des critères objectifs qui la déterminent, afin que les parties échangent équitablement, et que l'État garantisse ses droits. Le cédant doit ainsi pouvoir obtenir une juste contrepartie du droit qu'il cède, le cessionnaire doit payer le juste prix du droit qu'il ac-quiert et l'État doit pouvoir s'assurer de la valeur exacte du bien transmis et de la plus-value ou moins-value réalisées au moment de la cession.

Organiser un tel échange équitable revient à trouver les éléments objectifs à prendre en compte, pour déterminer la valeur monétaire d'un droit d'accès à une ressource naturelle. Pour ce faire, plusieurs éléments peuvent entrer en ligne de compte ; ils en constituent les critères d'évaluation qui sont définis au point qui suit.

2. Quels doivent être les critères d'évaluation monétaire d'un droit d'accès à une ressource naturelle ?

Les critères d'évaluation d'un droit d'accès à une ressource naturelle peuvent être : le coût administratif de son obtention et de sa cession **(2.1)**, le coût de la mise en valeur du gisement ou de la réserve **(2.2)**, la disponibilité et la qualité des ressources naturelles à prélever **(2.3),** ainsi que le cours des matières premières **(2.4)**.

2.1. Coût administratif d'obtention et de cession du droit d'accès à une ressource naturelle

Les procédures d'obtention et d'autorisation de cession d'un droit d'accès à une ressource naturelle se déclinent, pour le requérant, en diverses obligations administratives. Celles-ci occasionnant généralement divers prélèvements obligatoires, les dépenses consenties pour leur accomplissement forment le coût administratif[369].

Généralement, ce coût administratif comprend le coût de l'instruction de la demande d'accès à une ressource naturelle (charges de l'instruction cadastrale et de l'étude d'impact environnemental), ainsi que la redevance de superficie ou le bonus dus pour l'obtention de l'autorisation d'accès ou la

---

[369]Commission européenne, lignes directrices concernant l'analyse d'impact, SEC (2005) 791, annexe 10 (*Méthodologie commune de l'union européenne pour l'estimation des coûts adminis-tratifs imposés par la législation, manuel d'opération*), p. 39, 15 juin 2005, http:/ / www. europa. eu. int/comm/secretariat_general/impact/docs_en.htm

signature du contrat d'accès. Sur base de toutes ces dépenses consenties, un requérant pourrait être tenté d'évaluer le droit d'accès à une ressource naturelle qu'il obtient sur papier.

Cependant, l'évaluation purement comptable du coût administratif d'un droit d'accès à une ressource naturelle n'implique pas encore sa valorisation, c'est-à-dire la modification de son état administratif, impliquant sa transformation en bien cessible. Ce droit ne pouvant être cédé que pour que l'exercice en soit poursuivi, sa valorisation résulte des biens investis pour son exercice.

2.2. Coût de la mise en valeur du gisement ou de la réserve d'une ressource naturelle

Un droit d'accès à une ressource naturelle est une emprise juridique sur un stock de ressources naturelles que le titulaire doit traduire par une emprise matérielle. Cette dernière se concrétise par la mise en valeur du gisement ou de la réserve.

La mise en valeur d'un gisement ou d'une réserve d'une ressource naturelle signifie : l'évaluation qualitative et quantitative de son contenu, l'étude d'impact environnemental et l'aménagement de son site d'exploitation en vue de le rendre productif ou exploitable, ainsi que le déploiement des équipements d'exploitation. Suivant les cas, cette mise en valeur peut se traduire par la construction : d'une mine, d'une carrière, d'une ferme, d'une foresterie, d'un puit pétrolier ou d'une pêcherie. C'est par l'ensemble de biens investis, pour ce faire, que le titulaire donne à son droit d'accès, initialement réduit à l'effet économique virtuel d'un acte administratif, sa vraie dimension patrimoniale ; de sorte qu'il ne saura légitiment s'en prévaloir, comme élément de son patrimoine, qu'en raison de ce qu'il aura investi ne fusse que dans l'aménagement du site d'accès.

Donc, n'étant obtenu que pour être exercé et ne pouvant être cédé que pour que l'exercice en soit poursuivi, un droit d'accès à une ressource naturelle n'est valorisé que par son exercice effectif, c'est-à-dire la mise en valeur du gisement ou de la réserve sur lequel il porte ; sa valeur devra essentiellement résulter de son degré d'exercice, c'est-à-dire la quantité et la qualité des travaux ou ouvrages investis pour qu'il soit exercé.

2.3. Disponibilité et qualité des ressources naturelles à prélever

Un droit d'accès à une ressource naturelle ne vaut certainement pas la valeur commerciale de la quantité de ressources naturelles sur lesquelles il porte ; car, en l'octroyant, l'État souverain ou propriétaire ne vend pas une quantité donnée de ressources naturelles ; il en conserve la propriété, mais y concède un droit de jouissance, moyennant une redevance sur chaque quantité prélevée.

Cela dit, l'incidence que peut avoir une ressource naturelle sur la valeur du droit d'accès y relatif ne peut résulter que de sa disponibilité et de sa qualité. En raison de la différenciation de son coût d'accès et de son rendement, une ressource naturelle peut, en effet, être plus disponible et de meilleure qualité à un endroit qu'à un autre ; elle a alors une valeur différentielle qui implique le dénivellement de la valeur des droits d'accès y relatifs, et la préférence pour tel droit d'accès par rapport à tel autre.

Cette préférence des postulants est un facteur psychologique qui peut être pris en compte dans l'évaluation monétaire d'un droit d'accès à une ressource naturelle. Mais il ne s'agirait nullement pour le titulaire d'en indexer la valeur monétaire à la valeur commerciale soit de la quantité globale de ressources naturelles contenues dans le gisement, soit de la quantité prévisible de ressources naturelles à extraire pendant la durée de validité du titre d'accès ; car, une telle opération équivalant à une vente de tout ou partie du gisement naturel sur lequel porte son droit d'accès sans lui appartenir,est constitutive d'enrichissement injuste.

2.4. Cours des matières premières

Les tendances des cours mondiaux des matières premières peuvent influer sur l'évaluation des droits d'accès aux ressources naturelles. Une tendance baissière inciterait, en effet, un titulaire à diminuer le prix de cession de son droit d'accès, tandis qu'une tendance haussière l'inciterait à l'augmenter.

Lorsqu'il s'agit de la cession des droits d'accès non valorisés, un tel comportement s'explique par une simple spéculation qui peut, dans un tel contexte, devenir une cause en soi de leur acquisition au détriment de l'accès effectif aux ressources naturelles. Mais, lorsque la cession des droits d'accès est encadrée, de manière à n'autoriser que la cession de ceux qui sont valorisés, l'influence des cours des matières premières sur leur prix pourrait s'expliquer rationnellement : elle résulterait de la hausse ou de la baisse du prix des biens et services nécessaires à la mise en valeur des ressources naturelles, consécutives à la hausse ou à la baisse de leur demande qui est élastique par rapport aux cours mondiaux des matières première

Donc en claire, les cours des matières premières ne peuvent influer sur l'évaluation des droits d'accès aux ressources naturelles qu'en raison de leur incidence sur le prix des biens et services nécessaires à leur exercice, et qu'ils incorporent. Une tendance haussière peut, en incitant les investissements dans un segment donné du secteur extractif, provoquer l'accroissement de la demande des biens et services nécessaires à la construction d'une mine, d'une ferme, d'un puit ou d'une foresterie. Il en résulterait que la valeur marchande de ces biens et services s'en trouve appréciée. Une tendance baissière peut, en désincitant aux investissements extractifs, avoir un effet contraire.

3. Analyse et évaluation des réponses en droit positif

Les réponses légales à la question de l'évaluation monétaire d'un droit d'accès à une ressource naturelle peuvent analysées et évaluées en droit minier **(3.1)**, en droit forestier **(3.2)**, en droit des hydrocarbures **(3.3)**, en droit agricole **(3.4)**, en droit de l'eau **(3.5)** et droit halieutique **(3.6)**.

3.1. En droit minier

Le code minier ne règlemente pas formellement l'évaluation monétaire des droits miniers et de carrières cessibles ; ce qui en pratique peut permettre des spéculations sur les permis miniers et les autorisations de carrières qui, n'étant que des droits de jouissance, sont cependant, dans les transactions, confondus avec les gisements ou les actifs miniers domaniaux sur lesquels ils portent.

Dans une telle confusion, la tendance est d'évaluer un droit minier ou de carrières, non par rapport à sa valorisation par le titulaire, mais par rapport à la valeur actualisée de la production du gisement pendant la durée de leur validité. Ceci permet au titulaire d'empocher une plus-value indue ; car, au point de vue juridique, il n'a de droit cessible que son droit de jouissance consistant en l'appropriation des minérais extraits, et non en l'appropriation anticipative de la production projetée d'un actif minier domanial. Un permis minier confère au titulaire un droit de prélèvement des produits miniers, et non la propriété de la quantité de minerais à prélever pendant la durée de sa validité. Tant qu'ils ne sont pas extraits du sol, les minerais sont la propriété de l'État. Les controverses récurrentes sur les « bradage » des actifs miniers[370] se confortent de cette confusion juridique donnant lieu à une amplification erronée de l'effet économique virtuel d'un permis minier.

Cependant, lorsqu'à son article 253, le code minier calcul la plus-value et la moins-value de la cession d'un titre minier, sur base du montant non amorti des dépenses de la mise en valeur du gisement, il suggère une base d'évaluation exacte d'un droit minier, c'est-à-dire la fixation de son prix par rapport à la valorisation réelle de son titre par le titulaire.

3.2 En droit forestier

En droit forestier, la réponse à la question relative à l'évaluation monétaire d'une concession forestière peut être analysée et évaluée suivant qu'il

[370] Des O.N.G tant nationales qu'internationales ont plusieurs fois dénoncé l'achat, par des particuliers des titres miniers des sociétés de l'État à des prix dérisoires, en vue de le revendre à un prix élevé. Ces dénonciations donnent lieu à des controverses où le titre minier est, à tort, évalué par rapport à la production projetée du gisement sur lequel il porte ; alors qu'en réalité, il vaut ce que le titulaire a investi dans la mise en valeur du gisement.

s'agit d'une concession forestière de production **(3.2.1)** ou d'une concession forestière de conservation **(3.2.2)**.

3.2.1 S'agissant d'une concession forestière de production

Le code forestier ne fixe pas les critères d'évaluation d'une concession forestière de production ; ils sont fixés par l'arrêté ministériel du 22 août 2008, portant mesures relatives à l'estimation « *des prix des forêts à concéder* ». Cette estimation se fait à partir d'un prix de base correspondant au taux de la redevance de superficie majoré ou réduit de tel pourcentage, en fonction de la qualité des essences exploitables, du volume de bois exploitable à l'hectare, et de la localisation de la forêt à concéder.

Ce *prix des forêts* est en pratique une redevance de superficie, due en contrepartie de l'exercice annuel du droit de concession forestière octroyée. Cette redevance est, en cas d'attribution par voie d'adjudication, augmentée de l'enchère proposée par l'adjudicataire. Il s'agit bien d'une redevance d'accès et non du prix d'une forêt, car la forêt, étant un bien domanial concessible et non cessible, ce qu'acquiert le concessionnaire c'est un droit de concession qu'il doit exercer, et non la forêt. Partant, c'est ce droit de jouissance qui doit être évalué et non la forêt.

Evalué ainsi à son acquisition, le droit de concession forestière ne devrait cependant pas l'être sur base des mêmes critères à sa cession ; car, l'ayant exercé en contrepartie de la redevance de superficie payée, le concessionnaire cédant ne pourra le céder qu'en échange de ce qu'il aura investi pour l'élaboration et la réalisation du plan d'aménagement forestier. Il ne saura évaluer le droit qu'il cède en fonction du montant de la redevance de superficie payée. Cette dernière n'est pas en réalité le prix d'acquisition d'une forêt, mais un prélèvement obligatoire dû pour l'obtention et l'exercice du droit de concession forestière.

Donc, pour éviter toute spéculation indue sur la forêt, que l'arrêté ministériel en question donne au concessionnaire la fausse impression d'ac-quérir, la loi devrait fixer les critères d'évaluation de ce qu'il peut céder en réalité, c'est-à-dire son droit de concession forestière valorisé. Ces critères devraient comprendre principalement le coût des travaux d'aménagement forestier et d'installation de la foresterie, et la plus-value devrait être la dif-férence positive entre le montant de ce coût et celui du prix de la cession.

3.2.2. S'agissant d'une concession forestière de conservation

Une concession forestière de conservation vise l'exploitation des services environnementaux d'une forêt, tels que l'écotourisme et l'absorption du gaz carbonique. Conformément à l'article 2 du décret du 20 mai 2011 fixant les règles spécifiques de son attribution, et aux dispositions légales et réglementaires auxquelles il renvoie, le prix d'acquisition de cette concession forestière est égal ou supérieur à la redevance de superficie. Aucun texte n'en fixe les critères d'évaluation lors de la cession.

De lege ferenda, partant des observations faites ci-avant sur l'évaluation d'une concession forestière de production à sa cession, le concessionnaire d'une forêt écotouristique devrait logiquement évaluer le prix de cession de son droit en fonction de dépenses des travaux d'aménagement réalisés en vue d'en faire un site touristique, accessible et attractif ; et la plus-value devrait être la différence positive entre le montant obtenu et le prix de la cession. En ce qui concerne une concession forestière de réduction du gaz carbonique[371], il faudrait tenir compte du coût de l'évaluation et de la certification de la forêt en tant que puit ou réservoir de carbone[372] , de sorte que la plus-value réalisée soit la différence positive entre ce coût et le prix de cession.

En règlementant ainsi l'évaluation d'une concession forestière de conservation à sa cession, la loi forestière devrait prévenir toute spéculation indue de la part du concessionnaire ; car l'arrêté ministériel en question l'installe dans la fausse impression d'acquérir en pleine propriété une forêt domaniale.

3.3. En droit des hydrocarbures

Contrairement à d'autres droits d'accès aux ressources naturelles, un droit d'accès aux hydrocarbures ne peut être évalué comme un droit valorisable par la mise en valeur d'un gisement domanial sur lequel il porte, c'est-à-dire en tenant compte des biens investis dans cette mise en valeur.

En effet, dans le cadre d'un contrat de partage de production, un droit d'accès aux hydrocarbures s'analyse comme une obligation à effectuer des travaux pétroliers, c'est-à-dire explorer un gisement pétrolier, l'évaluer, le développer et l'exploiter en contrepartie d'une part d'intérêt, constituée du *cost oil* et d'une portion du *profit oil*. Cette part d'intérêt constituant le seul droit cessible, elle peut bien être évaluée sur base des coûts de travaux pétroliers à recouvrer et de la part du cédant dans les hydrocarbures produits.

Donc, dans un contrat de partage de production tel que régi par la loi, le cédant n'a de droit cessible et évaluable que sa part d'intérêt équivalant aux

---

[371] il s'agit d'une forme d'exploitation forestière alternative de plus en plus envisagée avec l'extension possible, en cas de renouvellement du protocole de Kyoto, de l'application de son mé-canisme de développement propre aux forêts tropicales ; ou avec la mise en place du programme de réduction des émissions liées à la déforestation et à la dégradation des forêts dans les pays en développement, dit REDD +.

[372] Les termes « puit » et « réservoir » sont empruntés à la convention cadre des Nations-Unies sur les changements climatiques qui les définit distinctement à son article 1[ier] points 6 et 7. Mais, au sens large du terme, un **puits de carbone** ou **puits CO_2** est un réservoir, naturel ou artificiel, de carbone qui absorbe le carbone de l'atmosphère et donc contribue à diminuer la quantité de CO_2 atmosphérique, et en conséquence, le réchauffement de la planète.

coûts des travaux pétroliers réalisés et à recouvrer, ainsi qu'à la valeur de sa part dans la production pétrolière réalisée. Il ne saurait légitimement étendre cette part d'intérêt à l'ensemble des prévisions de production d'un gisement pétrolier qui ne lui appartient pas ; les hydrocarbures non encore extraits appartiennent à l'État.

3.4. En droit agricole

La loi agricole prévoit une plus-value taxable de la cession d'une concession agricole, mais sans indiquer les éléments d'évaluation du prix de base de cette dernière. Néanmoins, dans la législation foncière, les textes réglementaires[373] offrent de partir d'un « *prix de référence* » équivalant à la multiplication d'un montant fixe par le nombre d'hectares du fonds concédé.

Ce « *prix de référence* » n'est pas le prix d'acquisition du fonds concédé qui est un bien domanial inaliénable, mais du droit de concession agricole pris isolément, c'est-à-dire sans tenir compte des biens investis dans la mise en valeur agricole qu'il constate et qui le valorise. Lors de sa cession, le concessionnaire agricole devrait, cependant, l'évaluer en additionnant « *ce prix de référence* » et le montant de dépenses effectuées pour la mise en valeur du terrain, de sorte que la plus-value réalisée soit la différence positive entre la somme obtenue et le prix de la cession.

Pour éviter toute controverse ou confusion sur les bases de calcul de la plus-value réalisée d'une concession agricole, la loi agricole devrait clairement fixer les critères de son évaluation, en tenant compte du « *prix de référence* » et des éléments de sa mise en valeur ; notamment : l'étude d'impact environnemental, les terres labourées, les plantations, les machines agricoles et les bâtiments d'exploitation.

3.5. En droit de l'eau

Ne règlementant pas la cession des droits d'accès aux ressources en eau, la loi relative à l'eau n'en règlemente pas non plus l'évaluation. Dans ce cas, il peut y avoir une tendance juridiquement erronée d'une évaluation sur base des quantités d'eau ou d'énergie à produire.

Le titulaire d'un droit d'utilisation des eaux pourrait être tenté, sur base de la seule de détention de l'autorisation d'accès, de s'approprier la production hydrique ou énergétique virtuelle et la négocier ; ce qui serait injuste, car cette production ne résulte pas simplement de l'obtention du droit d'accès hydrique et de sa mise en valeur, mais de son exploitation effective. Et juridiquement, l'autorisation d'accès aux eaux n'est représentative que du

---

[373] Règlement annexe à l'ordonnance n° 74-148 du 02 Juillet 1974 portant mesures d'exécution de la loi du 20 juillet 1973.

seul droit d'usage ou de jouissance des eaux, et non de la production devant résulter de son exercice.

Pour éviter toute spéculation sur les autorisations d'accès aux eaux, et donner une base équitable de calcul de la plus-value de cession, la loi devrait en règlementer l'évaluation en tenant compte de leur valorisation. Un titulaire ne devrait être autorisé à céder son droit qu'en raison de la valeur des biens investis pour son exercice, c'est-à-dire les ouvrages et autres équipements de prélèvement des eaux ou de production énergétique ; et la plus-value réalisée devrait être la différence positive entre le montant de dépenses de ses biens et le prix de la cession.

3.6. En droit halieutique

Le décret du 21 avril 1937 sur la pêche ne comporte pas de critères d'évaluation d'une concession de pêche ni à son acquisition, ni à sa cession. Il fixe juste une redevance annuelle qui, de par sa nature, ne saurait être prise en compte dans l'évaluation de ce droit de jouissance ; ce qui suppose que le concessionnaire peut l'évaluer librement, en spéculant indument sur sa valeur.

En effet, une redevance périodique due pour une concession halieutique n'est pas le prix de son acquisition, mais le prix de son maintien durant une période de sa validité. Lorsqu'il exerce son droit après en avoir payé la redevance, le concessionnaire *consomme* en quelque sorte celle-ci, de sorte qu'il ne saurait s'en prévaloir au moment de la cession. Dans le cas particulier d'une concession de pêche, dont l'exercice ne nécessite pas une mise en valeur du gisement halieutique, le concessionnaire n'a aucun critère objectif d'évaluation de son droit ; il pourrait être tenté de spéculer indument sur la quantité et la qualité d'une réserve halieutique qui ne lui appartient pas.

C'est pourquoi, il y a lieu que la loi fixe les critères d'évaluation d'une concession de pêche au moment de sa cession. S'agissant d'un droit dont le titre n'est pas valorisable, c'est-à-dire qui reste en l'état d'acte administratif indisponible, et sa cession n'étant concevable que dans le cadre d'une cession de l'équipement de son exploitation, il ne devrait avoir d'autre valeur que celle qu'elle emprunte aux biens servant à son exercice. Les critères de son évaluation devraient donc être ceux de l'outil de pêcherie cédé.

§5. QUESTIONS LIÉES AUX LIMITES DE LA PATRIMONIALITÉ D'UN DROIT D'ACCÈS A UNE RESSOURCE NATURELLE

Les questions posées ici sont celles de savoir : si tout droit d'accès à une ressource naturelle est patrimonial **(1)**, quels doivent être le régime de contrôle administratif de sa cession et sa portée restrictive **(2),** ainsi que celui et celle de son amodiation **(3)**, s'il est transmissible à cause de mort **(4)**, s'il est hypothécable **(5)** et s'il est saisissable **(6)**.

1. Tous droits d'accès a une ressource naturelle est-il patrimonial ?

La réponse à cette question peut être faite théoriquement par rapport aux droits définis suivant les niveaux d'accès à la ressource naturelle **(1.1)** et leurs les modes d'exercice **(1.2)**. Il faudra aussi analyser et évaluer les réponses données en droit positif **(1.3)**.

1.1. S'agissant des droits définis suivant les niveaux d'accès à la ressource naturelle

Pour répondre à la question posée, suivant les niveaux d'accès à la ressource naturelle, nous considérons le droit de prospection **(1.1.1)**, le droit d'inventaire **(1.1.2)** et le droit d'exploitation **(1.1.3)**.

1.1.1. Droit de prospection

Le droit de prospection est un droit réel portant sur un espace géographique donné et comportant le droit d'y rechercher une ressource naturelle, d'en prélever les indices ou les échantillons, en vue d'en prouver l'existence ou d'en démontrer l'utilité.

Ainsi défini, le droit de prospection ne vise pas l'appropriation d'une ressource naturelle, et il ne comporte pas d'effet économique, pour avoir une valeur patrimoniale ; il vise juste la découverte d'une ressource naturelle ou de telle ou telle autre de ses utilités. Une telle découverte ne présume pas automatiquement l'appropriation de la ressource naturelle, car il faudrait ensuite, dans un cadre juridique autre que celui d'un droit de prospection, démontrer la faisabilité de l'exploitation économique du gisement ou de la réserve.

Donc, un droit de prospection ne saurait être un bien patrimonial parce que dénué de toute valeur commerciale ou économique. Il peut, certes, comporter une perspective d'enrichissement du titulaire, mais il ne s'agit que d'une espérance hypothétique qui ne saurait être constitutive d'un bien patrimonial. Cette espérance peut, cependant, légitimer un droit de préférence sur l'attribution du droit subséquent au droit de prospection, c'est-à-dire le droit d'inventaire.

1.1.2. Droit d'inventaire

Nous pouvons définir le droit d'inventaire comme un droit réel portant sur une ressource naturelle découverte, et comportant le droit d'en évaluer la quantité et la qualité en vue de son utilisation ; il pourra se décrire comme un acte d'individualisation d'une chose en vue de son appropriation ou de son utilisation ; ou comme l'inventaire d'un ensemble de biens, en l'occur-rence un gisement ou une réserve de ressources naturelles, avant son acqui-sition.

N'étant pas un acte d'appropriation ou d'utilisation d'une ressource naturelle, le droit d'inventaire ne comporte pas d'effet économique créateur de valeur patrimoniale, de sorte qu'on pourrait à priori lui denier toute patrimonialité. À travers le coût de l'inventaire, il implique, cependant, d'une part, l'appauvrissement patrimonial du titulaire et, d'autre part, une étape dans la mise en valeur du gisement par la production des informations utiles à son exploitation. L'État ou tout autre exploitant pourraient en profiter et se trouver alors dans une situation d'enrichissement sans cause[374], de sorte qu'ils soient obligés d'indemniser l'auteur des travaux d'inventaire ou à le payer pour les informations acquises

Donc, lorsqu'il renonce à l'exploitation d'un gisement ou d'une réserve de ressources naturelles qu'il a évaluée, le titulaire d'un droit d'inventaire peut obtenir une indemnisation, en raison des dépenses effectuées pour son exercice ou vendre les informations obtenues ; ce qui peut raisonnablement dériver en la patrimonialisation de son droit, de sorte qu'il puisse bien être admis à s'en prévaloir comme élément de son patrimoine, dont la valeur correspondrait au coût des travaux d'inventaire.

1.1.3. Droit d'exploitation

Le droit d'exploitation est un droit de jouissance portant sur une ressource naturelle, et comportant le droit exclusif de l'utiliser conformément à la loi ; il est la dernière étape du processus d'appréhension juridique d'une ressource naturelle[375].

Ainsi défini, le droit d'exploitation consiste en un double effet économique de l'acte administratif qui l'octroie : d'un côté, il permet au titulaire de mettre en valeur un gisement ou une réserve de ressources naturelles, soit construire une mine, une ferme, un puit pétrolier, une foresterie... ; de l'autre, il lui permet de s'approprier les produits qu'il en extrait. Il s'agit donc

---

[374] Il s'agirait bien d'une situation caractéristique d'enrichissement sans cause dans la mesure où elle en réunit les conditions générales :

- *l'absence de cause légale ou conventionnelle* : l'auteur des travaux d'inventaire qui serait contraint de renoncer à exploiter le gisement évalué n'a pas d'engagement légal ou contractuel qui l'oblige à en faire profiter l'État ou un autre exploitant.
- *l'appauvrissement d'une personne* : les dépenses engagées pour les travaux d'inventaires sont une perte financière pour le titulaire d'un droit d'inventaire.
- *l'enrichissement corrélatif d'une autre personne* : la réalisation des travaux d'inventaire par le titulaire d'un droit d'inventaire dispense tout autre exploitant de leur coût et met à sa dis-position les résultats d'inventaires, de sorte que le patrimoine de ce dernier s'enrichit de l'épargne réalisée et des droits intellectuels sur les résultats d'inventaire.

[375] Les précédentes étapes étant le droit de prospection qui permet sa découverte puis le droit d'inventaire qui permet son évaluation.

d'une source d'enrichissement économique, supposant une valeur patrimoniale.

Cependant, n'étant qu'un effet économique d'un acte administratif indisponible, le droit d'exploitation ne saurait avoir cette valeur patrimoniale s'il n'est pas concrétisé par la mise en valeur du gisement ou de la réserve de ressources naturelles sur lesquelles il porte. C'est en raison de cette concrétisation qu'il accède au statut de bien patrimonial.

1.2. S'agissant des droits d'accès aux ressources naturelles définis suivant leurs modes d'exercice

Pour répondre à la question posée suivant les modes d'exercice des droits d'accès aux ressources naturelles, nous considérons le droit d'accès industriel **(1.2.1)**, le droit d'accès artisanal **(1.2.2)** et le droit d'accès traditionnel **(1.2.3)**.

1.2.1. Droit d'accès industriel

Le droit d'accès industriel est principalement accordé *intuitu rei*, c'est-à-dire en considérant la faisabilité du projet d'accès à la ressource naturelle considérée ; sa constitution dépend ainsi de conditions objectives de son exercice qui sont la rentabilité du gisement ainsi que la capacité juridique, financière, technique et matérielle du titulaire.

Etant constitué en raison de la faisabilité du projet de son exercice, le droit d'accès industriel peut aisément changer de mains ; car cette faisabilité suppose des conditions invariables (la rentabilité du gisement et la capacité juridique du titulaire) et des moyens transférables (les ressources financières, techniques et matérielles). En tenant compte de ces conditions invariables, un droit d'accès industriel peut circuler dans le temps, par voie de succession , et dans l'espace, par voie de cession, avec tous les biens accessoires ayant permis sa constitution et permettant son exercice.

Donc, tout comme les biens affectés à son exercice et justifiant son existence, un droit d'accès industriel est un actif du patrimoine de son titulaire ; et comme tel, il est en principe transmissible pour quelque cause que ce soit

1.2.2. Droit d'accès artisanal

Un droit d'accès artisanal est accordé intuitu personae, c'est-à-dire en tenant compte principalement des aptitudes professionnelles et individuelles du requérant. Si ce dernier doit avoir des moyens matériels et financiers, il est principalement fait appel à son savoir- faire personnel dans l'utilisation de la ressource naturelle.

Etant constitué en raison du savoir-faire personnel du titulaire, le droit d'accès artisanal ne peut juridiquement circuler ni dans le temps, ni dans l'espace ; car il est rattaché à une qualité personnelle de l'artisan, qui ne peut être transférée par un acte quelconque de transmission ; et il ne peut être dissocié de la personne de son titulaire.

Donc, tout comme les aptitudes professionnelles de son titulaire, un droit d'accès artisanal n'est pas un bien de son patrimoine. Il est un droit extrapatrimonial qui ne peut faire l'objet d'aucun acte juridique de transmission.

1.2.3. Droit d'accès traditionnel

Le droit d'accès traditionnel aux ressources naturelles est un droit qui découle d'un droit de jouissance collectif, reconnu à une communauté traditionnelle sur les ressources naturelles qu'elle possède coutumièrement ; la *ratio legis* de sa consécration en droit international public réduit sensiblement sa patrimonialité, telle qu'elle pourrait être définie en droit civil.

En effet, le droit d'accès traditionnel à une ressource naturelle s'exerce dans le cadre d'une possession coutumière, reconnue et protégée comme moyen d'existence d'une communauté traditionnelle, prise dans sa dimension intemporelle transcendant l'existence de ses membres actuels. Ceux-ci, pour leur survie immédiate et pour perpétuer leur mode de vie traditionnel, jouissent chacun de droits d'accès individuels aux ressources naturelles communautaires. Ces droits sont des prérogatives individuelles attachées à leur appartenance à la communauté, et ils ne sauraient être transmis à d'autres personnes ; car une telle transmission impliquerait l'aliénation de la possession coutumière au détriment de la communauté traditionnelle.

Par ailleurs, tel que consacré dans les différents instruments internationaux indiqués ci-dessus[376], le principe de la protection des possessions coutumières des ressources naturelles s'oppose absolument à la patrimonialité des droits d'accès traditionnels qui en résultent ; car il suppose l'interdiction faite, non seulement aux agents externes de déposséder une communauté traditionnelle, mais aussi aux membres actuels de celle-ci de se déposséder de leurs droits d'accès traditionnels, au préjudice de leur existence en tant que communauté socio-culturelle.

1.3. Analyse et évaluation des réponses en droit positif

Nous pouvons analyser et évaluer les réponses à la question posée telles qu'elles sont données en droit minier **(1.3.1)**, en droit forestier **(1.3.2)**, en droit agricole **(1.3.3)**, en droit des hydrocarbures **(1.3.4)**, en droit halieutique **(1.3.5)**, en droit cynégétique **(1.3.6)** et en droit de l'eau **(1.3.7)**.

---

[376] Chapitre 2, section 3, paragraphe 2, point 1

1.3.1. En droit minier

En droit minier, la détermination de la patrimonialité des droits d'accès miniers et de carrières tient compte de ce qu'il s'agit des droits définis suivant le niveau d'accès à la ressource minière **(A)**, ou suivant les modes d'accès à la ressource minière **(B)**.

A. S'agissant des droits d'accès miniers définis suivant les niveaux d'accès à la ressource minière.

Si la patrimonialité du permis d'exploitation minière ou de l'autorisation d'exploitation des carrières va de soi, le code minier doit s'expliquer sur celle ou non d'un droit de prospection minière, d'un permis de recherche minière et d'une autorisation de recherche des produits des carrières.

En effet, concernant le droit de prospection, il s'agit d'un droit d'usage foncier universel et légal tendant à la découverte des indices d'un gisement minier. Il est reconnu à toute personne et exercé sur une partie du territoire national au moyen d'une attestation de prospection délivré par l'administration minière[377] ; et comme tel, il n'a aucune implication patrimoniale et « *ne confère aucune priorité pour l'obtention d'un droit minier ou des carrières* »[378].

Bien que gratuite et libre, la prospection minière n'est cependant pas une activité désintéressée ; elle implique des dépenses de la part du prospecteur et ses résultats, en cas de découverte d'un gisement, profite à l'État. Tenant compte de cette double implication, l'équité exige que le prospecteur bénéficie d'un droit de préférence dans l'attribution d'un droit de recherche, face à des concurrents offrants les mêmes capacités d'exercice.

Ce droit de préférence serait une meilleure incitation à la prospection minière ; car le prospecteur étant toujours économiquement intéressé, la seule gratuité ou liberté de l'activité prospective ne suffit pas pour l'y inciter ; il doit être plus ou moins certain de pouvoir en tirer profit.

Concernant le droit d'inventaire, le permis de recherche minière n'a aucune implication économique concrète, mais son exercice implique le droit à obtenir un permis d'exploitation et, partant, l'appropriation par le titulaire des informations nécessaires à l'exploitation minière en échange desquelles il peut légitimement réclamer un prix. C'est avec raison que le code minier en fait donc un droit patrimonial. Cette patrimonialité est particulièrement incitative aux investissements dans la recherche minière, car la perspective de pouvoir céder un permis de recherche valorisé encourage davantage la décision d'investir. L'investisseur est en effet plus motivé lorsque, face à la

---

[377] Articles 17 à 19 du Code minier.

[378] Article 18 alinéa 4 du Code minier

possibilité de ne pas pouvoir assumer le droit d'exploitation promis, il a celle de profiter du résultat de sa recherche en en cédant le permis.

Cependant, suivant l'article 137 du même code minier, l'autorisation de recherche n'est ni cessible, ni transmissible, ni amodiable ; et pourtant, conformément à l'article 136 du code minier, elle participe de la même nature, et elle a la même portée qu'un permis de recherche. Cette extrapatrimonialité de l'autorisation de recherche n'a pas d'explication juridique, et elle est économiquement contreproductive. Donnant droit à une autorisation d'exploitation et impliquant une appropriation du résultat de la recherche, une autorisation de recherche ne peut, en effet, ne pas être patrimoniale ; et la perspective de ne pas pouvoir la céder en diminue la portée incitative.

B. S'agissant des droits d'accès minier définis suivant les modes d'accès aux ressources minières

Formalisant le droit d'accès industriel à la ressource minière, le permis d'exploitation minière et les autorisations d'exploitation des produits des carrières sont des droits patrimoniaux[379]. Ils sont en effet accordés *intuitu rei* et peuvent circuler dans le temps, par voie de succession, comme dans l'es-pace, par des voies marchandes.

Concernant le droit d'accès artisanal aux ressources minières, le code mi-nier est muet sur la nature de la carte d'exploitant artisanal ; ce qui peut donner lieu à une controverse sur sa patrimonialité ou son extrapatrimonia-lité. Certain titulaire peut être tenté de le traiter comme un droit patrimonial et le transmettre, en raison du principe *tout ce qui n'est pas interdit est per-mis.*

Cependant, il faut noter que le processus d'accès artisanal aux ressources minières insiste particulièrement sur la formation professionnelle et techni-que du détenteur ou du demandeur de la carte d'exploitation artisanale[380]. Il s'agit ainsi d'un droit octroyé *intuitu personae*, c'est-à-dire en raison des aptitudes personnelles acquises par le demandeur ; et comme tel, il doit être, en pratique, extrapatrimonial.

Par ailleurs, s'agissant d'un acte administratif, aucun texte ne règlemente la procédure de transmission d'une carte d'exploitant artisanal. Il en résulte que, dans tous les cas, sa transmission par quelque mode que ce soit est pratiquement impossible, faute de procédure prévue.

1.3.2. En droit forestier

En droit forestier, la patrimonialité des droits d'accès forestiers peut-être déterminée en tenant compte de ce qu'ils sont définis suivant les niveaux d'accès à la ressource forestière **(A)** ou les modes d'accès **(B)**

---

[379] Articles 65, 100 et 148 du Code minier.

[380] Articles 232 et 233 du règlement minier.

A. S'agissant des droits d'accès forestiers définis suivant les niveaux d'accès à la ressource forestière.

Le code forestier est muet sur la nature des autorisations de reconnaissance forestière et d'inventaire forestier[381] ; toutefois, s'agissant d'actes administratifs, leur indisponibilité est de principe alors que leur transmissibilité est une exception qui doit être formellement prévue la loi ; elles n'emportent donc pas, par elles-mêmes, un droit patrimonial.

Cependant, en ce qui concerne une autorisation d'inventaire forestier, elle implique l'accumulation par le titulaire des informations utiles et nécessaires à l'exploitation forestière dont il peut s'approprier, et qui sont profitables à l'État ou à tout exploitant ; elle peut de ce fait s'en trouver valorisée, de sorte que le titulaire soit fondé de s'en prévaloir comme droit patrimonial.

Dans un pays où l'État peine à inventorier la forêt et doit recourir au secteur privé pour ce faire, une telle valorisation de l'autorisation d'inventaire peut être une forte incitation ; car nul ne peut engager les dépenses d'inventaire s'il n'est pas sûr de pouvoir profiter, d'une manière ou d'une autre, des informations qu'il recueille. S'il ne peut avoir directement une concession forestière, le titulaire d'une autorisation de reconnaissance et d'inventaire forestier pourrait être autorisé à vendre les résultats de sa recherche ou à recevoir une indemnisation de dépenses effectuées.

B. S'agissant des droits d'accès forestiers définis suivant les modes d'accès aux ressources forestières

Dans la mesure où, suivant l'article 95 du code forestier, *le concessionnaire peut louer, céder, échanger ou donner la concession forestière*, celle-ci est un droit patrimonial. Mais cette patrimonialité peut être discutable en ce qui concerne une concession forestière communautaire, c'est-à-dire attribuée à une communauté locale.

La concession forestière communautaire convertit la possession coutumière d'une forêt des communautés locales en un droit de jouissance contractuel. De ce fait, elle substitue la foresterie communautaire aux droits d'usage traditionnels, en vue d'assurer le droit au développement des communautés locales. Cette finalité socio-économique dépasse la satisfaction des besoins actuels des membres d'une communauté locale et concerne l'existence de celle-ci en tant qu'entité intemporelle.

Dans cette perspective, la concession forestière communautaire devrait être un droit de jouissance collectif, imprescriptible, inaliénable et incessible ; les bénéficiaires actuels ne peuvent être autorisés de la céder au préjudice des membres futures de la communauté locale concessionnaire.

---

381 Articles 68 à 70 du Code forestier.

Les autorisations d'accès artisanal aux ressources forestières, c'est à dire les différents permis de coupe et de récolte sont celles visées à l'article 98 du code forestier qui dispose qu'elles ne peuvent être ni cédées, ni louées ; car, comme tout droit d'accès artisanal, elles sont octroyées *intuitu per-sonae*, et elles sont des droits extrapatrimoniaux. En ce qui concerne le droit d'accès traditionnel, l'universalité et la gratuité des droits d'usage forestiers en fait des droits extrapatrimoniaux.

1.3.3. En droit agricole

En droit agricole, la détermination de la patrimonialité des droits d'accès agricole peut-être faite en tenant compte de leur définition suivant les niveaux d'accès aux terres agricoles **(A)** ou leurs modes d'exercice **(B)**.

A. S'agissant des droits d'accès agricole définis suivant les niveaux d'accès aux terres agricoles

Le processus légal d'accès à une terre agricole ne comprend que la phase d'occupation provisoire et celle de constitution d'une concession agricole, de sorte que les seuls droits qui en découlent sont ceux d'occupation et de concession agricole. En étudiant, *de lege lata*, la patrimonialité de ces droits, on peut, *de lege ferenda*, souligner la nécessité de l'institution des droits de prospection et d'inventaire agricoles.

Concernant le droit d'occupation provisoire, le code foncier qui le régit ne le définit ou ne le décrit pas comme un droit patrimonial[382] ; il s'agit d'un droit probatoire, destiné à éprouver la capacité du titulaire à mettre en valeur une concession agricole, et il ne peut avoir un caractère patrimonial qu'en cas de mise en valeur parfaite du fonds de terre occupé. L'occupant provisoire peut ainsi céder son droit en raison de ce qu'il aura investi dans cette mise en valeur. La concession agricole est quant à elle un droit patrimonial en raison de cette mise en valeur agricole que fonde son attribution.

Bien qu'ignorées dans le processus légal d'accès à une terre agricole, l'identification et l'évaluation d'une terre arable[383] sont des phases qui précèdent bien son occupation effective, en vue de sa mise en valeur. Nécessitant un investissement couteux et contribuant à la constitution de la *surface agricole nationale*, cette identification et cette évaluation foncière devraient être distinctement définies et impliquer des droits incitatifs, assurant la protection des investissements consentis et une rétribution du résultat obtenu.

---

[382] Articles 153 à 158 de la loi foncière.

[383] On peut penser à la télédection des terres, à l'évaluation de leur rendement agricole et de leur adaptabilité à tel ou tel autre type de culture ainsi qu'à leur défrichement, leur assèchement ou leur nivellement.

Ces droits incitatifs pourraient être définis dans le cadre d'un droit de prospection agricole valorisable par l'identification et l'évaluation qualitative d'une terre, et dont le titulaire pourrait se prévaloir comme un droit patrimonial. Dans un pays où les pouvoirs publics n'ont pas les moyens de circonscrire l'énorme potentiel agricole du territoire, un tel droit prospection agricole peut être un moyen d'inciter les opérateurs du secteur privé à la constitution des surfaces agricoles.

B. S'agissant des droits d'accès agricoles aux terres agricoles définis suivant leurs mode d'exercice

La distinction légale entre l'agriculture industrielle, l'agriculture de type familiale (semi-industrielle) et l'agriculture familiale (artisanale) n'implique rien sur la nature d'une concession agricole : elle est dans tous ces cas un droit patrimonial. La loi agricole doit, cependant, justifier la patrimonialité d'une concession agricole familiale au regard du sens de l'agriculture familiale, telle que mise en perspective en droit international public ; et il faut souligner le caractère fondamentalement inaliénable d'un domaine agricole traditionnel.

En effet, le caractère artisanal d'une concession agricole familiale laisse à priori penser que, comme tout droit d'accès artisanal, elle doit être extra-patrimoniale, car elle est octroyée *intuitu personae*, en raison du savoir-faire et des aptitudes professionnels du concessionnaire. Suivant la résolution de l'Assemblée générale des Nations Unies n°66/222 du 22 décembre 2011 qui la met en perspective en droit international public, l'agriculture familiale ne se définit pas, cependant ,par rapport à un savoir-faire individuel ; elle se définit par rapport à un savoir-faire traditionnel et familial, transmissible au sein d'une famille paysanne, de générations en générations, et qu'il est universellement convenu de préserver et de mettre en contribution dans la lutte contre pauvreté et l'utilisation durable des ressources naturelles[384]. Etant l'assise juridique de la pratique de ce savoir-faire traditionnel, la concession agricole familiale peut être aussi considérée comme un bien du patrimoine familial, transmissible par voie de succession.

Cependant, il ne s'agit là que d'une patrimonialité familiale liée à un savoir-faire familial qu'il faut pérenniser au sein d'une famille ou d'une communauté locale. Une concession agricole familiale ne peut s'en détacher, pour circuler librement dans l'espace par voie d'échange commercial. Au regard des objectifs sociaux (protection sociale et bien être des communautés locales) internationalement assignés à l'agriculture familiale, la transmission

[384] Ainsi que cela ressort de la mise en œuvre de la résolution de l'Assemblée générale des Na-tions Unies n°66/222 du 22 décembre 2011 déclarant l'année 2014 « Année Internationale de l'agriculture familiale ».

d'une concession agricole familiale en dehors d'une famille ne peut logiquement être admise qu'entre les membres d'une même communauté locale.

Quant à l'accès traditionnel aux terres arables, elle se réalise au sein d'un domaine agricole qui est une possession foncière coutumière, telle que reconnue à l'article 18 de la loi agricole. Les droits fonciers collectifs et individuels qui en résultent tiennent à la qualité des membres de la communauté locale possédante. Et la finalité socio-culturelle assignée à cette possession coutumière, c'est-à-dire la subsistance d'une communauté locale implique sa protection contre toute aliénation ; ce qui est incompatible avec sa patrimonialité. Tel que reconnu à l'article 18 de la loi agricole, le domaine agricole devrait être déclaré inaliénable et inviolable.

1.3.4. En droit des hydrocarbures

Légalement, l'accès aux hydrocarbures ne se réalise qu'en mode industriel et se déroule formellement en deux phases : le droit d'exploration et le droit d'exploitation. Mais, dans son fonctionnement légal, le contrat de partage de production déduit de ces deux droits d'autres droits et obligations qu'il faut préciser avant de mesurer leur patrimonialité.

Comme nous venons de le dire, l'accès aux hydrocarbures se fait formellement sous forme de droits d'exploration et d'exploitation. Mais en réalité, l'exercice de ces droits dérive en des prestations de *travaux pétroliers* faites en contrepartie d'une part d'intérêt comprenant : le droit au droit d'acquérir le droit d'exploitation, le droit au *cost oil* et le droit au *profit oil* ; de sorte que, dans le fonctionnement légal d'un contrat de partage de production, ces trois derniers droits sont les seuls qui soient réellement patrimoniaux ; tandis que les droits d'exploration et d'exploitation ne les sont que par erreur sémantique, car étant en réalité des obligations de faire.

Ainsi, que nous l'avons dit ci-avant, tous ces droits patrimoniaux ne sont au départ que des effets virtuels d'un contrat de partage de production ; ils n'accèdent à la patrimonialité parfaite qu'au vu de la réalisation des obligations dont ils sont les contreparties. Les droits au *cost oil* et à acquérir le droit d'exploitation n'y accèdent qu'au vu de l'exécution des travaux d'exploration, assortis de la découverte d'un gisement d'hydrocarbures rentable, et le droit au *profit oil*, au vu de la quantité d'hydrocarbures extraite.

1.3.5. En droit halieutique

Nous pouvons déterminer la patrimonialité des droits d'accès halieutiques en les définissant suivant les niveaux d'accès aux ressources halieutiques **(A)** ou leurs modes d'exercice **(B)**.

A. S'agissant des droits d'accès halieutiques définis suivant les niveaux d'accès aux ressources halieutiques

Suivant le décret du 12 juillet 1932 portant règlementation des concessions de pêche, l'accès aux ressources halieutiques se fait en une seule phase juridique, c'est-à-dire la concession qui est un droit patrimonial. Les travaux de prospection et de recherche ne bénéficiant pas d'un encadrement particulier constitutif un droit subjectif quelconque, il y a lieu de se demander s'ils s'effectuent dans le cadre de la concession octroyée ou non.

En effet, suivant l'article 5 point *a* du décret en question, une demande de concession de pêche doit contenir des indications précises, avec croquis, des limites proposées pour la concession, des méthodes et des engins app-ropriés pour la pêche ; ce qui suppose certainement une connaissance, par voie de prospection préalable, de l'existence de la ressource halieutique vi-sée. En ce qui concerne l'évaluation quantitative et qualitative de cette der-nière, n'étant pas requise dans la demande, on peut bien penser qu'elle s'ef-fectue dans le cadre de la concession de pêche, après son obtention.

S'agissant des ressources naturellement disponibles et dont les localisations sont généralement connues, le processus d'accès halieutique peut négliger la prospection et l'évaluation. On ne saurait, cependant, prétendre à la connaissance parfaite de toutes les ressources contenues dans une réserve halieutique. D'où la nécessité d'organiser la prospection halieutique, dans le cadre d'un droit d'usage des eaux mieux défini et l'évaluation des ressources halieutiques, dans le cadre d'un droit d'inventaire. Ces droits d'usage et d'inventaire étant distincts de la concession de pêche, le titulaire peut se prévaloir de cette dernière comme bien patrimonial en raison des résultats économiquement utiles de l'inventaire de la réserve halieutique.

B. S'agissant des droits d'accès aux ressources halieutiques définis suivant leurs modes d'exercice

Le décret du 12 juillet 1932 organise principalement la concession de pêche qui correspond à un droit d'accès industriel ou semi-industriel. En marge, il reconnaît aux indigènes le droit de pêche traditionnelle[385] et à toute personne un droit de pêche dans les limites d'une concession[386]. Le droit d'accès artisanal n'étant pas formellement organisé, il peut en pratique se déduire de ce droit de pêche universel.

La possibilité légale de céder une concession de pêche en fait un droit patrimonial. Quant au droit de pêche traditionnel, étant reconnu comme un droit attaché à la personne de chaque indigène, c'est-à-dire, dans le contexte

---

[385] Article 59 du décret du 12 juillet 1932

[386] Article 1 alinéa 2 du décret du 12 juillet 1932

socio-politique actuel, un membre d'une communauté autochtone ou locale, il ne peut être un droit patrimonial.

S'exerçant en vertu d'un droit de pêche universel, le droit de pêche artisanal ne peut être un droit patrimonial. En cas de rareté des ressources halieutiques, une pression de la demande d'accès pourrait cependant, en l'absence de toute organisation légale, induire une commercialisation des droits de pêche traditionnels et artisanaux. Ceux-ci deviendraient alors des droits dont les bénéficiaires peuvent se prévaloir comme des droits patrimoniaux.

Cependant, une mise sur le marché des droits de pêche traditionnels et artisanaux est incompatible avec les objectifs socio-économiques de l'accès traditionnel et artisanal aux ressources naturelles. Il est nécessaire que la loi organise spécifiquement l'accès artisanal et traditionnel aux ressources halieutiques, de manière à définir clairement les droits subjectifs y relatifs comme des droits extrapatrimoniaux.

1.3.6. En droit cynégétique

Nous pouvons déterminer la patrimonialité des droits de chasse en les définissant suivant les niveaux d'accès aux ressources cynégétiques **(A)** et suivant leurs modes d'exercice **(B)**.

A. S'agissant des droits de chasse définis suivant les niveaux d'accès aux ressources cynégétiques

Pour les particuliers, la loi portant règlementation de la chasse n'organise le droit de chasse qu'au niveau de l'exploitation. La prospection, en termes de détermination du territoire de chasse et l'inventaire, en termes d'élaboration d'un plan de chasse[387] relèvent de la compétence de l'administration publique.

En effet, conformément à l'article 8 de la loi portant règlementation de la chasse, l'érection d'une partie du territoire en domaine de chasse est une attribution du ministre ayant la chasse dans ses attributions. Les particuliers s'y voient octroyés des permis de chasse saisonniers, de portée limitée qui ne peuvent être des droits patrimoniaux.

Cependant, il ne suffit pas de délimiter un territoire de chasse ; il faut y organiser la gestion cynégétique, qui est une action coordonnée comportant l'aménagement territorial en faveur d'une espèce visée, le nourrissage occasionnel, le plan de chasse, le repeuplement et la protection d'autres espèces. Le coût d'une telle gestion, si on la veut sérieuse, doit être bien au-delà des

[387] Le **plan de chasse est un document qui** « *détermine le nombre minimum et maximum d'ani-maux à prélever sur les territoires de chasse. Son objectif est d'assurer le développement durable des populations de gibier et de préserver leurs habitats, en conciliant les intérêts agricoles, sylvicoles et cynégétiques* » (cfr code de l'environnement français, articles L.425-6 à L. 425-13.

modiques crédits budgétaires alloués à un ministère ; en vue de pouvoir y faire face, il est possible que l'État le transfert au secteur privé par le lotissement partiel du domaine de chasse, pour y octroyer des concessions à des particuliers[388].

Ainsi, il peut être institué une procédure d'octroi d'une concession cynégétique à des particuliers comportant une phase de prospection, une phase d'inventaire et une autre d'exploitation. Dans le cadre d'un droit de prospection, le requérant pourrait localiser sur le domaine de chasse une réserve de gibiers qu'il vise ; puis dans celui d'un droit d'inventaire, il pourrait élaborer un plan de chasse et d'aménagement ; et enfin, dans le cadre d'un droit d'exploitation, il pourrait procéder à des aménagements nécessaires en vue de la chasse. Ces droits d'inventaire et d'exploitation pourraient être des droits patrimoniaux.

B. S'agissant des droits d'accès de chasse définis suivant leurs modes d'exercice

La loi sur la règlementation de la chasse définit les permis de chasse suivant leurs finalités qui sont : touristique, commerciale, administrative, scientifique, sportive et alimentaire ; ils ne sont pas distingués suivant les moyens et les techniques employés, de sorte qu'on ait un droit accès industriel, un droit d'accès artisanal et un droit d'accès traditionnel.

Ainsi, quelques soient les moyens utilisés, tous les droits d'accès cynégétiques se réduisent légalement à des actes de capture ou d'abattage saisonniers des gibiers sur un domaine de chasse géré par l'État. Et l'éphémérité de ces actes de chasse n'offre aucun intérêt de pouvoir en faire des droits patrimoniaux. Il n'est cependant pas normal que les utilisateurs d'une ressource naturelle aient le même statut ; il y en a toujours qui offrent une capacité de gestion requérant des droits et des devoirs plus étendus que ceux des autres qui n'ont que des moyens d'accès traditionnels ou artisanaux

C'est pourquoi, la privatisation de la gestion cynégétique, telle que profilée ci-dessus, devrait impliquer une distinction entre un concessionnaire disposant des moyens importants, pour gérer sur une longue durée une concession cynégétique, ainsi qu' un chasseur artisanal et un chasseur traditionnel ne pouvant accomplir que des actes de chasse. Le premier pourrait avoir un droit réel sur un territoire de chasse, tandis que les deux derniers ne pourraient avoir que des droits d'usage sur un domaine de chasse dont la gestion est assurée par les pouvoirs publics.

---

[388] Dans le préambule du code des investissements, l'État s'assigne le rôle de régulation du secteur économique et laisse au secteur privé le rôle de production des biens et des services. Si le secteur cynégétique devenait attractif, une réforme de la loi sur la chasse ne saurait échapper cette orientation économique libérale.

1.3.7. En droit de l'eau

En droit de l'eau, la détermination de la patrimonialité des droits d'accès aux ressources hydriques peut-être faite en les définissant suivant les niveaux d'accès **(A)** et leurs modes d'exercice **(B)**.

A. S'agissant des droits d'accès aux eaux définis suivant les niveaux d'accès aux ressources hydriques

La loi relative à l'eau ne définit pas les droits d'utilisation des eaux suivant les niveaux d'accès aux ressources hydriques. Et pourtant, comme pour les autres ressources naturelles, l'utilisation des eaux devraient nécessairement être précédée par une évaluation qualitative et même, pour ce qui concerne les eaux souterraines, par une prospection.

En effet, la loi en question n'évoque l'exercice des droits d'utilisations des eaux qu'en termes de construction d'ouvrages ou d'installations, d'aménagement des sites et de prélèvements des eaux ; ce qui correspond à la définition d'un droit d'exploitation. Et pourtant, toute exploitation des ressources en eau est nécessairement précédée par une étude d'impact environnemental et une évaluation qualitative et quantitative des eaux ; l'exploitant doit préalablement déterminer le rythme de prise d'eau, de manière à ne pas compromettre l'équilibre des écosystèmes aquatiques et la qualité sanitaire des eaux. Et pour ce qui concerne les eaux souterraines, leur découverte se fait par voie de prospection.

Des telles activités de prospection et d'évaluation devraient être organisées en des droits d'accès spécifiques, précédant l'octroi d'un droit d'exploitation des eaux. En vertu de tels droits, le titulaire devrait procéder à la prospection, à l'évaluation quantitave et qualitative d'un cours ou d'un lac d'eau ainsi qu'à l'étude d'impact environnemental de son utilisation ; il y serait incité, si ces droits d'évaluation des eaux sont valorisables par l'obtention des résultats économiquement utiles, lui permettant de s'en prévaloir comme un bien patrimonial.

B. S'agissant des droits d'accès aux eaux définis suivant les modes d'accès

La loi relative à l'eau ne fait pas formellement la différence entre l'accès industriel, artisanal ou traditionnel aux ressources en eau ; elle distingue l'utilisation des eaux suivant sa destination scientifique, domestique, industrielle ou commerciale, mais pas suivant les moyens utilisés. Et les formes juridiques d'accès ne sont pas définies par rapport aux moyens d'accès.

Néanmoins, les conditions d'attribution et d'exercice d'un droit d'utilisation des eaux devant être essentiellement définies par l'autorité politico-administrative, celle-ci pourrait tenir compte des moyens industriels ou artisanaux du titulaire, pour en déduire sa nature patrimoniale ou extrapatrimoniale. Dans tous les cas, si elle est constituée en vue de desservir l'exercice d'une autre activité, comme l'irrigation ou l'auto-approvisionnement en eau ou en énergie d'une entreprise, une concession des eaux devra être consubstantielle au droit patrimonial ou extrapatrimonial fondant cette activité[389] ; par contre, si elle a en elle-même une destination économique, comme la distribution commerciale d'eau ou d'énergie, sa patrimonialité serait une incitation efficace pour les investissements privés dans le secteur hydrique[390].

Cependant, en laissant à la discrétion de l'autorité administrative la détermination de la nature juridique d'une concession hydrique, la loi ne répond pas au critère de sécurité juridique qui requiert une garantie légale de la nature et la portée des droits subjectifs liés à un investissement. Il est de bonne politique juridique de recenser toutes les hypothèses d'accès à l'eau et de définir dans une loi tous les droits y relatifs, et ce, en fonction des mo-des de leur exercice et de leurs destinations.

2. Quels doivent-être le régime de contrôle administratif de la cession d'un droit d'accès à une ressource naturelle et sa porte restrictive ?

Pour mieux apprécier le régime de contrôle administratif de la cession d'un droit d'accès à une ressource naturelle, il faut en indiquer les sortes **(2.1)** avant de pouvoir en mesurer la portée restrictive **(2.2).**

2.1. Sortes de régime de contrôle administratif de la cession d'un droit d'accès à une ressource naturelle

Tel que ce contrôle administratif est organisé en droit positif, il existe le régime d'autorisation préalable **(2.1.1)**, le régime d'entérinement **(2.1.2)** et le régime d'information **(2.1.3)**.

2.1.1. Régime d'autorisation préalable

Une précision de la notion générale de régime d'autorisation préalable **(A)** nous permet d'en souligner l'intérêt pratique **(B).**

A. Notion générale

En matière d'accès aux ressources naturelles, l'autorisation préalable signifie qu'avant de céder son droit d'accès, le titulaire doit demander l'autori-

389 En application du principe, l'accessoire suit le principal.

390 Un opérateur économique est mieux incité à investir dans le cadre d'un droit d'accès qu'il peut céder et percevoir une plus-value ou transmettre à ses héritiers

sation de l'administration, en lui communiquant toutes les informations requises pour le contrôle de la légalité de la cession.

Suivant qu'elle a une compétence liée ou discrétionnaire, l'autorité administrative accorde ou refuse l'autorisation de cession, en fonction des critères définis par la loi ou par elle-même. Entre l'introduction de la demande et la réponse administrative, la cession est un simple projet de contrat présenté par les parties qui peuvent être liées par une promesse de contracter ; car s'il a légalement le droit de céder son droit d'accès, le titulaire ne peut l'exercer qu'avec l'autorisation de l'administration. Avant l'obtention de celle-ci, il ne saurait s'engager.

Ainsi appliqué, le régime d'autorisation préalable s'explique par la souveraineté permanente de l'État sur les ressources naturelles et l'affectation de celles-ci à l'intérêt général. Ce droit souverain implique, en effet, le droit de contrôle d'accès aux ressources naturelles et le devoir de faire respecter l'intérêt général. L'État a ainsi le droit ou l'obligation de veiller systématiquement à ce que les ressources naturelles circulent entre les mains généreuses et aptes à satisfaire l'intérêt général.

B. Intérêt pratique

Un régime de contrôle administratif de la cession d'un droit d'accès à une ressource naturelle présente un intérêt pratique qui détermine son choix. Il est en effet choisi suivant les avantages qu'il offre quant à l'économie du coût de transaction[391], à l'efficacité du contrôle et à la sécurité contractuelle. Dans cette perspective, le régime d'autorisation préalable paraît avantageux à tout point de vue.

En effet, en différant la conclusion et l'exécution du contrat de cession d'un droit d'accès à une ressource naturelle après l'autorisation, le régime d'autorisation préalable permet aux parties de faire, en cas de refus d'autorisation, l'économie des coûts de transactions qui y sont liés ; elles écartent le risque de perte, dans la mesure où elles se limitent à l'échange d'informations nécessaires à l'obtention d'une autorisation de cession. Le cessionnaire peut, par ailleurs, économiser le coût de vérification de l'existence et de la légalité du droit d'accès en s'en remettant à l'administration. Intervenant par voie d'autorisation préalable, celle-ci exerce un contrôle plus efficace en ayant la possibilité juridique d'orienter le processus de formation du contrat de cession. Et la mise en œuvre nécessaire des restrictions (indiquées ci-

[391] Suivant l'explication qu'en donne Ronald COAST, les coûts de transaction sont ceux liés à l'identification du cocontractant, à la production des informations nécessaires sur sa capacité et l'objet du contrat, aux travaux de négociation et de définition des conditions du contrat, à sa conclusion et à la surveillance de son exécution (cfr COASE R., *L'entreprise, le marché et le droit*, éd. d'Organisation, Paris, 2005, p. 23)

dessous) à l'initiative des parties est juridiquement plus aisée dans le cadre d'un régime d'autorisation préalable.

Quant à la sécurité contractuelle, elle signifie précisément, dans ce cas-ci, la garantie des avantages du contrat de cession espérés par chacune de parties avant son autorisation, et ce, au regard du risque de désengagement d'une de parties au préjudice de l'autre. Dans le cadre d'un régime d'autorisation, cette garantie serait mieux fournie si la demande de cession est assortie d'une promesse de contracter, c'est à dire d'un avant-contrat valant contrat.

2.1.2. Régime d'entérinement

Pour mieux comprendre le régime d'entérinement, il nous faut en préciser la notion générale **(A)** avant d'en souligner l'intérêt pratique **(B)**.

A. Notion générale

L'entérinement est une application possible du contrôle administratif de la cession d'un droit d'accès à une ressource naturelle. Il consiste, pour le cédant, à communiquer l'acte de cession à l'administration pour son officialisation par un acte de publication ou d'enregistrement.

L'autorité qui entérine peut décider suivant qu'elle a une compétence liée ou discrétionnaire. Contrairement au régime d'autorisation où la cession n'est pas encore conclue avant son autorisation, le régime d'entérinement suppose un contrat de cession déjà conclu avant son entérinement, mais sous la condition suspensive[392] de son officialisation. Le contrat est donc parfaitement et définitivement formé par le consentement conditionnel des parties, et seule son exécution est suspendue. Sous ce régime contractuel, le cessionnaire d'un droit d'accès à une ressource naturelle est mieux sécurisé pendant la période allant de la demande d'entérinement jusqu'à l'entérinement, car il peut agir pour défendre ses droits en suspens.

Tout comme le régime d'autorisation préalable, le régime d'entérinement se fonde sur la souveraineté permanente de l'État sur les ressources naturelles et leur affectation à l'intérêt général, mais il n'implique pas le même niveau de contrôle administratif. Sous un régime d'entérinement, le titulaire d'un droit d'accès à une ressource naturelle exerce librement son droit de le céder, et l'administration n'intervient qu'en aval de la cession ; tandis que sous un régime d'autorisation préalable, l'exercice du droit de céder un droit d'accès à une ressource naturelle n'est pas libre, et l'administration intervient en amont de la cession.

---

392 Suivant l'article 79 du code des obligations, l'obligation contractée sous condition suspensive est celle qui est liée à un évènement futur et qui ne peut être exécutée qu'après la réalisation de cet événement.

B. Intérêt pratique

S'il faut l'apprécier en fonction de l'économie du coût de la transaction et de l'efficacité du contrôle, le régime d'entérinement paraît moins avantageux par rapport à celui d'autorisation préalable. Il offre, cependant, un niveau de sécurité contractuelle plus élevé face au risque de désengagement d'une de parties.

Ayant déjà conclu le contrat de cession qu'elles soumettent à l'entérinement de l'autorité administrative, les parties sont sensées avoir payé tous les coûts de transactions liés au processus de sa formation, et ce, avec le risque de perte en cas de refus d'entérinement. Intervenant après la conclusion du contrat de cession, l'entérinement a une portée restrictive plus faible, en raison de la liberté d'initiative concédée aux parties. Une application postérieure de toutes les restrictions nécessaires exposées ci-dessous ne saurait, en effet, s'expliquer par rapport à cette liberté contractuelle.

Concernant la sécurité contractuelle, les avantages espérés par chacune de parties sont mieux garantis dans le régime d'entérinement ; car ayant déjà conclu le contrat de cession, les parties sont juridiquement liées sous la condition suspensive d'entérinement et, partant, elles ne sauraient se dédire. Le refus d'entérinement opère comme la non survenance d'une condition suspensive et entraine la caducité[393] du contrat signé.

2.1.3. Régime d'information

Nous pouvons mieux comprendre le régime d'information à travers la précision de sa notion générale **(A)** et de son intérêt pratique **(B)**.

A. Notion générale

Le régime d'information consiste, pour le titulaire d'un droit d'accès à une ressource naturelle, à informer l'administration de son projet de le céder ou de sa cession à un tiers. Il fournit à cet effet tous les éléments requis pour une information complète.

Bien que le terme « *information* » ne le laisse pas clairement supposer, il peut bien s'agir d'une application du contrôle d'accès à une ressource naturelle, dans la mesure où l'autorité informée peut avoir un droit d'opposition à la cession. Mais cette opposition ne peut avoir un effet juridique que si, portant sur un projet de cession, elle implique son interdiction administrative ; si elle porte sur un contrat de cession dument conclu par les parties,

---

393 La caducité se définit comme *l'état de non- valeur auquel est réduit un acte initialement valable du fait que la condition à laquelle était suspendue sa pleine efficacité vient à manquer par l'effet d'un évènement postérieur, que cet anéantissement opère de plein droit du seul fait de la défaillance de la condition ....*(Gérard CORNU, *op cit* p.128)

elle ne peut avoir d'effet juridique (en termes d'annulation de l'acte) qu'en opérant comme une condition résolutoire dont serait formellement assorti ce contrat ; sinon elle ne devrait avoir d'autre effet que celui d'en empêcher l'application, sans pouvoir l'anéantir juridiquement.

Donc, le régime d'information apparaît comme un niveau faible de contrôle de cession d'un droit d'accès à une ressource naturelle ; car le titulaire est en principe libre de céder son droit, s'il n'y a pas d'opposition administrative. Et juridiquement, cette opposition ne pourrait opérer efficacement que comme une interdiction administrative d'un projet de cession ou comme une condition résolutoire d'un contrat de cession.

B. Intérêt pratique

Concernant le régime d'information, les avantages en termes d'économie des coûts de transaction, d'efficacité du contrôle et de sécurité contractuelle s'apprécient différemment suivant que l'information porte sur un projet de contrat de cession ou sur le contrat de cession.

Si les parties sont tenues d'informer préalablement l'administration de leur projet de contrat de cession, elles pourraient, en cas d'opposition, faire l'économie des coûts de transaction dans la même mesure que sous le régime d'autorisation préalable. Le droit d'opposition de l'administration à leur initiative peut impliquer un contrôle aussi efficace qu'une autorisation préalable, et ce, dans le cas où une opposition a les mêmes motifs qu'un refus d'autorisation. Comme sous le régime d'autorisation préalable, la garantie contre le désengagement d'une partie n'existe que si le projet de contrat de cession est assorti d'une promesse formelle de contracter en cas de non opposition. Si l'information porte sur un contrat de cession déjà formé, le droit d'opposition de l'administration opérant comme une condition résolutoire est un risque de perte des coûts de la transaction et d'insécurité juridique.

Fondé sur le principe de liberté contractuelle des parties, le régime d'entérinement ne saurait s'accommoder avec un dispositif de restrictions comme celui exposé dans ce qui va suivre ; ce qui suppose un certain relâchement du contrôle administratif sur l'accès à une ressource naturelle par voie de cession de droit d'accès : le cessionnaire y accède par la volonté du cédant sous l'œil complaisant de l'autorité administrative.

2.2. Portée restrictive

Par sa portée, le régime de contrôle administratif de la cession d'un droit d'accès à une ressource naturelle implique la restriction du choix du moment de la cession **(2.2.1)**, celle liée au récolement du droit d'accès à une ressource naturelle **(2.2.2)**, celle du choix du cessionnaire **(2.2.3)** et celle de la liberté de fixer le prix **(2.2.4)**

2.2.1. Restriction du choix du moment de la cession

En principe, dès qu'il acquiert la propriété d'un bien, le propriétaire est libre de l'utiliser soit en en faisant usage (en vertu du droit d'usage), soit en le louant (en vertu du droit de jouissance), soit en l'échangeant contre un autre bien (en vertu du droit de disposition) ; ce qui n'est pas le cas pour un droit d'accès à une ressource naturelle, qui ne peut être cédé qu'après avoir été valorisé par le titulaire originaire.

En effet, à son acquisition, un droit d'accès à une ressource naturelle se réduit à l'effet économique virtuel d'un acte administratif indisponible que le titulaire doit valoriser pour pouvoir le céder ; et les conditions matérielles et financières de son obtention sont généralement telles que son appropriation, en tant que bien incorporel, ne s'effectue que par l'investissement des biens nécessaires à son exercice par le titulaire. Il en résulte que ce dernier ne saurait céder son droit d'accès qu'après y avoir incorporé ces biens, et pour que l'exercice en soit valablement poursuivi par le cessionnaire.

Donc, un droit d'accès à une ressource naturelle n'étant à son acquisition que l'effet économique virtuel d'un acte administratif qui doit être suffisamment concrétisé, sous peine de déchéance du titulaire, ce dernier n'a pas le libre choix du moment où il peut le céder ; il ne pourra logiquement le faire qu'après sa concrétisation dans un délai prescrit et au niveau requis, soit après qu'il soit devenu effectif.

2.2.2. Restriction liée au récolement du droit d'accès à une ressource naturelle

Le propriétaire d'un bien peut le transmettre en n'importe quel état où il se trouve, en accord avec l'acquéreur ; mais en ce qui concerne le droit d'accès à une ressource naturelle, il ne peut logiquement être transmis que si, son exercice ayant été légalement parfait, les conditions légales pour sa continuation sont réunies.

En effet, au regard de la précarité et de la temporalité d'un droit d'accès à une ressource naturelle, sa patrimonialité se justifie par le droit au renouvellement qui l'inscrit dans la durée, sous certaines conditions. Si ces conditions ne sont pas réunies, l'échange sera manifestement inéquitable ; car un titulaire indélicat peut anticiper une sanction et tirer indument profit de la cession d'un droit annulable ou non renouvelable. Et un acquéreur mal avisé peut ainsi se voir transférer la responsabilité des droits litigieux, sans pouvoir en jouir paisiblement. Pour assurer un échange équitable, le droit d'accès à une ressource naturelle ne devrait être transmis que si le titulaire n'encourt aucune sanction d'annulation et remplit, au moment de la cession, toutes les conditions prévues pour son renouvellement.

Cela implique que toute autorisation de la cession d'un droit d'accès à une ressource naturelle devrait être subordonnée à un récolement[394], pour l'application anticipée des conditions prévues pour son renouvellement. Il en résulterait que si, au moment de la cession, le droit d'accès est entaché d'irrégularités telles que les conditions de son renouvellement ne devraient pas réunies, le titulaire ne soit pas autorisé à le céder. Ce refus d'autorisation de cession devrait juridiquement avoir les mêmes effets qu'un refus de renouvellement. Si le cédant n'encourt que des pénalités, elles devraient être déduites du prix de la cession ou payées préalablement par le cessionnaire ; et en cas d'inexécution d'une obligation environnementale ou sociale, l'autorisation devrait être subordonnée à son exécution préalable ou à une garantie d'exécution donnée par le cessionnaire.

Une telle restriction de la cession d'un droit d'accès à une ressource naturelle aurait l'avantage d'inciter le titulaire au respect des prescriptions légales et règlementaires, car en plus de l'appropriation du produit de l'accès à une ressource naturelle, il serait davantage incité à exécuter ses obligations pour pouvoir céder son droit d'accès et réaliser une plus-value. Et si des irrégularités dans l'exercice de son droit d'accès risquent d'en empêcher la cession ou d'en diminuer le prix, le titulaire ferait un effort de les prévenir.

2.2.3. Restriction du choix du cessionnaire

Même si l'autorisation ou le contrat d'accès à une ressource naturelle place le gisement ou la réserve de ressources naturelles sous l'emprise juridique du bénéficiaire, ceci n'implique pas leur soustraction du pouvoir de contrôle administratif. L'État continue donc d'y exercer, de façon permanente et exclusive, le contrôle d'accès.

Ainsi, la titularité d'un droit d'accès à une ressource naturelle ne comporte que le droit exclusif de recherche ou d'exploitation. Cette exclusivité ne suppose qu'un droit de contrôle négatif, c'est-à-dire le droit de repousser l'accès d'une autre personne. Le droit de contrôle positif, soit le droit d'admettre cet accès reste un droit inaliénable et exclusif de l'État.

Donc, le titulaire d'un droit d'accès à une ressource naturelle a, certes, la liberté de choisir la personne à qui il veut le transmettre, mais il doit soumettre cette dernière au contrôle de l'État, qui est seul habilité à

[394] Nous empruntons le terme *récolement* au droit forestier qui le définit comme *une vérification contradictoire, après exploitation d'une coupe, de la conformité de cette exploitation avec les clauses et conditions imposées : Réserves des arbres marqués, bonne exécution des travaux*... (Gérard CORNU, *op cit* p. 770)

vérifier si elle remplit les conditions légales, matérielles, techniques et éthiques pour accéder à une ressource naturelle.

2.2.4. Restriction de la liberté de fixer le prix

Le vendeur d'un bien a, en principe, le droit d'en fixer librement le prix qu'il propose à l'acheteur, mais concernant une cession à titre onéreux d'un droit d'accès à une ressource naturelle, la prise en compte des intérêts de l'État restreint cette liberté.

En effet, lorsqu'elle est soumise à un régime d'entérinement, la cession d'un droit d'accès à une ressource naturelle doit logiquement être enregistrée par l'administration publique. Cet enregistrement se fait généralement moyennant le paiement des droits d'enregistrement. S'ils sont proportionnels, ces droits équivalent à un pourcentage donné de la valeur réelle du droit cédé ; pour les garantir et assurer un échange équitable, l'État est fondé d'intervenir dans la fixation du prix d'un droit d'accès à une ressource naturelle, afin qu'il ne soit pas inférieure à sa valeur réelle.

Par ailleurs, en plus de droits proportionnels d'enregistrement, l'État perçoit généralement un impôt sur la plus-value réalisée. Celle-ci est généralement réalisée lorsque le prix de la cession est supérieure au coût global de la valorisation d'un droit d'accès à une ressource naturelle, c'est-à-dire de la mise en valeur du gisement ou de la réserve. Dans ce cas, l'État peut être fondé d'exiger un ajustement du prix fixé par le cédant d'un droit d'accès par rapport au prix moyen du marché et au coût de sa valorisation, de manière à réaliser la plus-value imposable.

2.5. Analyse et évaluation des applications en droit positif

Cette analyse et cette évaluation portent sur le régime de contrôle de la cession d'un droit d'accès à une ressource naturelle tel qu'appliqué en droit minier **(2.5.1)**, en droit forestier **(2.5.2)**, en droit agricole **(2.5.3)**, en droit des hydrocarbures **(2.5.4)**, en droit halieutique **(2.5.5)**, en droit cynégétique **(2.5.6)** et en droit de l'eau **(2.5.7)**

2.5.1. En droit minier

Tel qu'organisé, le régime de contrôle administratif de la cession d'un droit minier ou de carrières se caractérise par sa nature confuse **(A)**, l'absence de restriction formelle du choix du moment de la cession d'un droit minier ou de carrières **(B)**, l'absence de restriction liée au récolement du droit minier ou des carrières **(C)**,la relative restriction liée au choix du cessionnaire **(D)** et l'absence de restriction de la liberté de fixer le prix **(E)**.

A. Nature confuse du régime du contrôle administratif de la cession d'un droit d'accès minier

Le régime de contrôle de la cession des droits miniers et des carrières est celui d'entérinement, bien que la procédure, telle qu'organisée par le réglement minier à ces articles 374 à 380, soit qualifiée de « *demande de cession* »laissant penser à une demande d'autorisation préalable.

En effet, telle que décrite, la procédure de cession d'un droit minier ou de carrières commence par une demande de cession qui, après l'instruction technique et cadastrale, est finalement sanctionnée par un enregistrement ou un refus d'enregistrement de la cession. Et pourtant, l'article 375 du réglement minier, indiquant les informations que doit contenir une demande de cession, ne mentionne pas le contrat de cession passé entre les parties ; ce qui à priori peut jeter un doute sur la nature du régime de contrôle avec le risque d'insécurité juridique. Toutefois, ce doute n'est pas permis si on considère que c'est la sanction de la procédure, c'est-à-dire l'enregistrement du contrat de cession ou son refus qui doit déterminer cette nature. Il est alors certain qu'il s'agit d'un régime d'entérinement où les parties soumettent au contrôle administratif un contrat de cession déjà conclu.

Donc, le code minier a opté pour le régime d'entérinement avec tous ses inconvénients indiqués ci-dessus ; ce qui implique un régime de contrôle moins restrictif, portant essentiellement sur la réalité du droit cédé, ainsi que sur l'éligibilité du cessionnaire, sa capacité financière et sa loyauté. Et pourtant, les enjeux d'intérêt général liés à l'accès aux ressources minières requièrent nécessairement des restrictions à la cession de tout droit d'accès à une ressource naturelle, telles qu'exposées ci-dessus. Dans cette perspective, le régime d'autorisation préalable est mieux indiqué pour une mise en œuvre aisée de toutes ces restrictions.

B. Absence de restriction formelle du choix du moment de la cession

La portée restrictive du régime de contrôle de la cession des droits miniers et de carrières n'affecte pas apparemment le choix du moment de la cession. Ne rencontrant aucune restriction légale formelle quant à ce, le cédant peut, en principe, céder son permis minier ou son autorisation de carrières dès leur acquisition.

Toutefois, l'obligation de commencer les travaux dans les délais prescris à l'article 197 du code minier peut supposer l'indisponibilité d'un droit minier ou des carrières jusqu' à sa valorisation parfaite. Il serait, en effet, inconcevable que le titulaire se délie de cette obligation personnelle, pour céder à un tiers un droit qui n'est qu'un effet économique virtuel d'un acte administratif qu'il doit concrétiser ; mais faute d'une interdiction légale formelle, il pourrait bien le faire en pratique, quitte à donner lieu à une spéculation indue sur des permis miniers ou des autorisations de carrières non valorisés.

Donc il y a lieu que, tirant les conséquences de l'article 197, le législateur interdise formellement la cession d'un droit minier ou des carrières avant sa valorisation parfaite par le titulaire en personne, c'est-à-dire avant la réalisation des travaux de recherche (inventaire et étude de faisabilité) ou de développement (construction d'une mine opérationnelle)

C. Absence de restriction liée au récolement du droit minier ou des carrières

Tel qu'il ressort du code minier, le régime de contrôle de la cession des droits miniers et des carrières n'implique pas le récolement des droits proposés à la cession. Le cédant peut ainsi céder son droit sans devoir rendre compte de la façon dont il l'a exercé.

Or, un droit minier ou des carrières peut avoir été exercé dans l'inobservation des prescriptions légales et règlementaires. Dans ce cas, la cession peut être pour un titulaire indélicat une possibilité de dédouanement ou de *blanchiment* de son titre par une mutation assortie d'une prime à l'impunité. Pour écarter cette possibilité, l'autorisation de cession d'un droit minier ou de carrières devrait être subordonnée à un audit de régularité de son exercice par le cédant, de manière à pouvoir soit en interdire la cession s'il existe une cause d'invalidation, soit en amputer le prix de pénalités éventuelles ou soit procéder préalablement à toute régularisation requise.

Dans le secteur minier où il n'y a jamais assez des sanctions dissuasives pour faire respecter parfaitement les prescriptions environnementales, sociales et fiscales, la valeur incitative d'une telle restriction de la cession d'un droit minier ou de carrières devrait, d'une manière ou d'une autre, faire recette.

D. Relative restriction liée au choix du cessionnaire

Tel qu'organisé, le régime de contrôle de la cession des droits miniers ou de carrières oblige le cédant à soumettre le cessionnaire qu'il choisit et les droits qu'il cède au contrôle de l'administration minière. Il agit ainsi par une *demande de cession* dont l'instruction se fait conformément aux articles 183 à 185 du code minier et 374 à 379 du règlement minier.

En ce qui concerne le cessionnaire, ce contrôle porte sur son éligibilité, sur sa capacité financière et sur sa loyauté. Il s'agira ainsi, pour l'administration minière, de vérifier si le cessionnaire ne se retrouve pas dans l'un de cas d'incompatibilité prévus à l'article 27 du code minier ; s'il offre financièrement des garanties pour acquérir une mine et d'en poursuivre l'exploitation ; s'il s'engage formellement à assumer toutes les obligations résultant du droit cédé ; et s'il ne modifie pas « *les conclusions techniques sur le projet* ».

Cependant, le règlement minier n'étend pas ce contrôle du choix du cessionnaire à d'autres conditions d'accès aux ressources naturelles, telle que l'origine des capitaux investis. Et pourtant, à son article 71 point b, le code minier étend le contrôle d'octroi d'un droit d'exploitation minière aux sources de financement des travaux de développement. Il n'y a donc pas de raison pour que le cessionnaire d'un droit minier ou de carrières soit dispensé de ce type de contrôle.

E. Absence de restriction de la liberté de fixer le prix

Le régime de contrôle de cession des droits miniers et de carrières ne prévoit pas l'intervention de l'État dans la fixation du prix. Ceci s'explique par le fait que l'État n'y a pas d'intérêt en termes des droits proportionnels d'enregistrement et d'impôt sur la plus-value.

En effet, si l'application coordonnée des articles 171 et 184 alinéa 3 du code minier implique le paiement des droits d'enregistrement en cas de cession des droits miniers et de carrières, ces droits d'enregistrement ne sont pas proportionnels, mais ils sont fixés forfaitairement suivant l'article 134 du règlement minier[395] , et sans aucun rapport avec le prix de la cession. Et la plus-value réalisée ne fait pas l'objet d'un impôt particulier, mais elle est intégrée à l'assiette de l'impôt professionnel sur le bénéfice.

Cependant, la plus-value étant malgré tout génératrice des recettes publiques dans le cadre d'un impôt ordinaire, il y aurait un intérêt public à veiller à ce qu'elle soit réellement intégrée dans le prix d'une cession, et que ce prix, dont elle procède, soit correctement fixé par rapport à la valeur exacte de la mise en valeur du gisement minier. Dans cet intérêt, il conviendrait que l'État ait le droit de vérifier que le coût de cette mise en valeur soit correctement pris en compte dans la fixation du prix de la cession.

2.5.2. En droit forestier

Le code forestier n'ayant pas prévu de régime de contrôle administratif de la cession d'une concession forestière, il est fait recours par voie réglementaire au régime d'autorisation préalable **(A),** caractérisé par une restriction du choix du moment de la cession **(B)**, une absence de restriction liée au récolement de la concession forestière **(C)**, une restriction trop étroite du choix du cessionnaire **(D)**, ainsi qu'une absence de restriction de la liberté de fixer le prix **(E)**.

---

[395] Suivant cette disposition règlementaire, les droits d'enregistrement des hypothèques minières applicables, conformément à l'article 184 alinéa 3 du code minier, à l'enregistrement de la ces-sion des droits miniers et des carrières s'élèvent à 500 USD pour la cession d'un permis d'ex-ploitation de la petite mine et de l'autorisation d'exploitation des carrières permanente ainsi qu'à 1000 USD pour celle du permis d'exploitation minière.

A. Recours par voie règlementaire au régime d'autorisation préalable

Tel qu'organisé par l'arrêté ministériel n° 022 du 07 août 2008 relatif à la procédure de cession d'une concession forestière, le régime de contrôle de la cession d'une concession forestière est celui d'autorisation préalable.

En effet, avant de céder une concession forestière, le concessionnaire cédant doit adresser une requête d'autorisation et obtenir un arrêté ministériel ou une ordonnance présidentielle autorisant la cession[396] qui doivent être publiés au journal officiel. A cette requête est annexée une copie du projet l'acte de cession[397].

Sous ce régime d'autorisation préalable, le contrôle de la cession des concessions forestières bénéficient des avantages dont nous avons crédité ce régime ci-dessus. Mais il n'exige pas que le projet d'acte de cession soit formellement assorti d'une promesse de contracter liant les parties, de sorte qu'avant l'autorisation de cession, les rapports entre le cédant et le cessionnaire sont juridiquement imprécis. Ce vide devrait être complété au nom de la sécurité juridique.

B. Restriction par voie règlementaire du choix du moment de la cession

Le concessionnaire forestier n'est pas libre de disposer de son droit dès son acquisition ; l'arrêté ministériel n° 022 du 07 août 2008 relatif à la procédure d'autorisation de cession d'une concession forestière limite le choix du moment de la cession.

Cette limitation est faite à l'article 3 de l'arrêté ministériel en question, en ce qu'il fixe la période où une requête d'autorisation est recevable, soit après 5 ans d'exécution du contrat de concession et pendant cette exécution. S'il faut interpréter strictement les termes de cette disposition règlementaire, le concessionnaire forestier ne peut céder son droit avant d'avoir accompli 5 ans depuis l'octroi de la concession forestière, ou pendant la suspension de l'exploitation forestière.

Cette période d'indisponibilité de la concession forestière correspond au délai d'élaboration et de production du plan d'aménagement. Conformément à la disposition règlementaire en question, l'existence de ce plan et son exécution conditionnent la cessibilité d'une concession forestière.

C. Absence de restriction liée au récolement de la concession forestière

Tel qu'organisé par l'arrêté ministériel y relatif, le contrôle de la cession d'une concession forestière ne prévoit pas le récolement d'un permis avant l'autorisation de la cession ; si bien que cette dernière n'est pas conditionnée

---

[396] Conformément aux articles 1 à 9 du dit arrêté ministériel.

[397] Article 4 alinéa 2 point 3.

par l'établissement d'un certificat de récolement, attestant que le concessionnaire a fidèlement exécuté ses obligations légales, règlementaires et contractuelles.

En droit forestier où le récolement des permis de coupe est un outil traditionnel de la gestion forestière, une telle imprévoyance ne s'explique pas. D'autant que la quête des incitations à la gestion durable des concessions forestières y prospère particulièrement en termes d'écocertification. Autant que le marché exige davantage l'écocertification du bois vendu, il est logi-que qu'il exige la même chose pour les droits de concession forestière mise en circulation.

Une telle exigence reviendrait à conditionner la cession d'un droit de concession forestière au récolement de son exercice et à son écocertifica-tion, de sorte que si cet exercice a été entaché de telles irrégularités ou man-quements que le renouvellement aurait été refusé, l'autorisation de la ces-sion soit refusée et le droit proposé à la cession annulé ; ou s'il n'y a lieu qu'à des pénalités ou des condamnations financières, que le prix de la ces-sion en soit amputé.

D. Restriction trop étroite liée au choix du cessionnaire

À son article 2, l'arrêté ministériel n° 022 du 07 août 2008 relatif à la procédure d'autorisation de la cession d'une concession forestière limite son champ d'application aux actes de cession passés entre titulaires des conces-sions forestières, exerçant légalement leurs activités[398].

Cela implique, en l'absence d'un autre texte de loi autorisant la cession d'une concession forestière à une autre personne, que le titulaire d'une con-cession forestière ne peut la céder qu'à un concessionnaire forestier[399]. Sui-vant l'article 6 de l'arrêté ministériel en question, le contrôle du cessionnai-re porte sur les conditions prescrites à son article 5, c'est-à-dire n'avoir ja-mais commis, au cours de 3 dernières années, des infractions forestières qui y sont indiquées, le blanchiment des capitaux, la banqueroute, l'émission des effets de commerce de complaisance et le faux et usage de faux.

Une telle restriction est inutilement trop étroite, car elle ne porte pas sur la capacité du cessionnaire, mais sur sa titularité entant que concessionnaire

[398] Il est ainsi libellé : *Seuls sont concernés par les dispositions du présent Arrêté les actes de cession, de location, de location, d'échange et de donation passé entre titulaires de concessions forestières exerçant leurs activités conformément à Loi n°011/2002 du 29 août 2002 portant Code forestier et à d'autres dispositions légales spécifiques en vigueur.*

[399] Telle que formulée, cette disposition règlementaire restreint l'applicabilité de l'arrêté ministériel en question et non formellement le choix du cessionnaire. Ce qui laisse penser que le concessionnaire forestier peut, soit librement, soit suivant d'autres règles à édicter, céder son droit à d'autres personnes que les *titulaires des concessions forestières*. La première hypothèse est moins plausible, car en matière administrative, le principe suivant lequel *tout ce qui n'est pas interdit est permis* est inconcevable. Tout acte, pour être légalement accompli devant être prévu et règlementé. Mais la deuxième hypothèse est possible dans la mesure où l'autorité règlementaire ne s'interdit pas formellement d'édicter un autre règlement régissant la cession d'une concession forestière à un non concessionnaire.

forestier. Et pourtant, des personnes non encore concessionnaires peuvent être mieux dotés que celles déjà concessionnaires pour l'exploitation durab-le d'une concession forestière proposée à la cession.

E. Absence de restriction de la liberté de fixer le prix

L'arrêté ministériel relatif à la procédure de cession des concessions forestières ne prévoit pas l'enregistrement des droits cédés ou une taxe sur la plus-value. L'État n'a donc aucun intérêt à contrôler le prix de la cession.

Il s'agit d'une anomalie qui s'explique par la non soumission des droits de concession forestière à un régime d'immatriculation, et ce, quand bien même l'organisation actuelle de la gestion forestière est dotée d'un Cadastre forestier. Ce service est, en effet, organisé essentiellement comme un servi-ce de documentation et d'information[400] sur les droits de concession fores-tière, et non de leur immatriculation. Il en résulte qu'il n'a de prise réelle sur les forêts qu'en ce qu'il établit et tient à jour des plans cadastraux forestiers. En ce qui concerne la taxe sur la plus-value, on ne peut justifier que le cé-dant d'une concession forestière n'y soit pas assujetti, comme celui d'une concession minière ou agricole.

Lorsqu'il se posera la nécessité de mieux sécuriser et maîtriser la circula-tion des concessions forestières, les missions du cadastre forestier pourraient intégrer sa vocation traditionnelle d'assurer l'immatriculation des conces-sions forestières attribuées et cédées. Les droits d'enregistrement propor-tionnels qu'il devrait percevoir légitimeraient alors un contrôle des prix de cession d'une concession forestière.

2.5.3. En droit agricole

En droit agricole, nous pouvons noter l'absence d'un régime de contrôle administratif de la cession d'une concession agricole **(A)**, l'absence justi-fiée de la restriction du choix du moment de la cession **(B)**, l'absence de restriction liée au récolement de la concession agricole **(C)**, une relative restriction du choix cessionnaire **(D),** ainsi qu'une restriction règlementaire de la liberté de fixer le prix **(E)**.

A. Absence d'un régime de contrôle administratif de la cession d'une concession agricole

La loi portant principes fondamentaux relatif à l'agriculture ne prévoit et n'organise pas le contrôle de la cession d'une concession agricole. Toute-

---

[400] Voir l'article 28 du code forestier et l'arrêté ministériel n° 033 du 02 octobre 2006 portant organisation et fonctionnement du cadastre forestier.

fois, la mise en œuvre de certaines dispositions du régime de cession peut impliquer, au plan règlementaire, un certain contrôle.

En effet, lorsque la loi agricole prévoit, à son article 22, que toute cession est soumise au paiement d'une taxe de 40% de la plus-value, la nécessité de la garantie de ce paiement devrait impliquer l'organisation d'un contrôle de toute cession d'une concession agricole. Aussi, à son article 21 régissant cette cession, la loi en question dispose que « *le concessionnaire est soumis aux conditions d'éligibilité prévues par l'article 16* », qui fixe les conditions d'octroi d'une concession agricole. Si on fait l'interprétation *a rubrica* de cette disposition, ce rappel des conditions d'éligibilité d'un concessionnaire dans une section consacrée à la cession n'a aucun sens s'il s'agit du concessionnaire initiale, soit le cédant. Le législateur vise sans doute ici le nouveau concessionnaire, soit le cessionnaire. Dans ce cas, l'application de cette disposition légale requiert forcément un contrôle de l'éligibilité de ce dernier.

Donc, l'application de ces dispositions légales devrait impliquer, au niveau règlementaire, l'organisation d'un contrôle de la cession des concessions agricoles devant légalement porter sur le prix ainsi que sur la capacité juridique et financière du cessionnaire. Quant à la nature du régime de ce contrôle, son efficacité requiert qu'elle soit celle d'un régime d'autorisation préalable qui, juridiquement, permettrait à l'administration de mieux imposer toutes les restrictions nécessaires.

B. Absence justifiée de la restriction du choix du moment de la cession

La restriction du choix du moment de la cession se justifie par l'indisponibilité d'un titre d'accès, avant sa valorisation par la mise en valeur d'un gisement. La concession agricole n'étant octroyée qu'après le constat d'une mise en valeur suffisante d'une terre agricole, cette restriction ne se justifie pas.

En effet, l'accès à une terre agricole se fait en deux phases juridiques : l'occupation provisoire, consistant en une obligation de mise en valeur agricole du fond occupé et dont le titre est indisponible, puis la concession agricole, consistant en un droit d'exploitation du fond mis en valeur, et dont le titre est cessible à tout moment dès son obtention. Cette postériorité par rapport à la mise en valeur du fonds en fait un droit valorisé dès sa naissance, et dont la cessibilité ne saurait être valablement différée.

Donc, une concession agricole venant sanctionner la mise en valeur du fond qu'il occupe, le concessionnaire est fondé de le céder à n'importe quel moment, dès son obtention. Sauf si l'application règlementaire de la loi agricole organisait une procédure spéciale d'octroi d'une concession agricole qui, à la différence de celle d'octroi d'une concession foncière prévue par la loi foncière, permettrait l'octroi d'une concession agricole avant la mise en valeur du fond visé.

C. Absence de restriction liée au récolement de la concession agricole

Au sein de l'administration agricole, il existe, certes, un service d'inspection agricole chargée d'effectuer un contrôle ante-post et ex-post des exploitations agricoles, mais la loi agricole ne prévoit pas une intervention de ce contrôle dans une procédure de cession d'une concession agricole.

Ainsi, le rapport négatif d'une inspection de l'exploitation d'une concession agricole n'aurait légalement aucun impact restrictif sur le droit du concessionnaire de le céder. Cette imprévoyance législative offre à un concessionnaire la possibilité d'anticiper une sanction, en cédant son droit ou de le transférer avec des irrégularités d'exercice. Ceci n'est pas de nature à inciter à une meilleure exploitation agricole.

La loi agricole devrait subordonner la cession d'une concession agricole à un audit de régularité de son exploitation par le cédant, de sorte que si, anticipant les conditions prévues pour le renouvellement, celles-ci ne sont pas réunies, la cession soit refusée ou les pénalités requises soient déduites du prix de la cession.

D. Relative restriction du choix du cessionnaire

En prévoyant à son article 21 que « *le concessionnaire est soumis aux conditions d'éligibilité prévues par l'article 16* », la loi agricole donne à l'administration le droit de contrôle sur le cessionnaire choisi par le cédant ; de telle manière que s'il ne remplit pas les dites conditions, elle peut refuser la cession.

Cependant, l'exercice d'un tel droit de contrôle, restrictif de liberté doit être règlementé, de manière à prévenir tout arbitraire ou toute complaisance préjudiciable à l'intérêt général. Au vu des conditions prévues par l'article 16 de la loi agricole, ce droit de contrôle ne devrait porter que sur la capacité financière du cessionnaire et sur son existence juridique ; ce qui en limiterait la portée par rapport à l'ensemble de conditions d'accès à une ressource naturelle exposées ci-dessus, telles que les conditions professionnelles et éthiques.

Donc, il faut, au plan règlementaire, prévoir et organiser formellement le contrôle administratif du cessionnaire d'une concession agricole ; il devrait remplir toutes les conditions nécessaires à la poursuite d'une exploitation durable.de la concession agricole cédée.

E. Absence de restriction de la liberté de fixer le prix

La taxe de 40 % sur la plus-value de la cession d'une concession agricole justifie pleinement le droit d'intervention de l'État dans la fixation du prix, mais il ne s'agit à ce stade que d'un droit simplement sous-entendu et non formellement organisé.

En effet, la mise en œuvre de cette taxe implique, pour l'État, le droit de vérifier l'existence d'une plus-value et de l'évaluer ; ce qui s'étend logiquement au droit de vérifier si le prix fixé par les parties dans l'acte de cession correspond à la valeur réelle de la concession et au prix moyen du marché, de manière à pouvoir exiger un réajustement générateur d'une plus-value.

Cependant, un tel droit d'intervention ne saurait vraiment exister que s'il est formellement prévu et que son exercice est encadré par un texte légal ou règlementaire. Celui-ci doit préciser les modes d'évaluation d'une concession agricole et les circonstances objectives du marché, requérant la réalisation d'une plus-value.

2.5.4. En droit des hydrocarbures

En droit des hydrocarbures, nous pouvons noter la nature imprécise du régime de contrôle administratif de la cession des droits d'hydrocarbures **(A)**, la restriction en pratique du choix du moment de la cession **(B)**, l'absence de restriction liée au récolement des droits d'exploration et d'exploitation **(C)**, la relative restriction du choix du cessionnaire **(D)**, la restriction règlementaire de la liberté de fixer le prix **(E)**.

A. Nature imprécise du régime de contrôle administratif de la cession des droits d'hydrocarbures

À son article 78 alinéa 2, la loi sur les hydrocarbures soumet toute cession des droits d'accès aux hydrocarbures à l'approbation préalable du ministre des hydrocarbures. Ce régime de contrôle peut correspondre à celui d'entérinement tel que défini ci-dessus, en épousant ses avantages et ses désavantages.

Juridiquement, le terme *approbation* signifie la reconnaissance formelle de l'exactitude d'un acte ou de sa conformité, en vue de lui donner plein effet ; ce qui suppose que l'acte existe déjà, mais ces effets sont suspendus par l'approbation qui opère comme une condition suspensive. Dans le cas d'espèce, le contrat de cession des droits exploration et d'exploitation est déjà signé par les parties qui doivent, pour qu'il ait plein effet, le soumettre à l'approbation du ministre. Suivant les articles 79 et 80 de la loi sur les hydrocarbures, cette approbation n'est acquise qu'en cas de respect par le cédant du programme minimum des travaux et des budgets y afférents. Et le cessionnaire doit fournir la preuve de sa capacité financière et technique.

Sauf une confusion au plan règlementaire pouvant le confondre avec le régime d'autorisation préalable, il s'agit là d'un régime d'entérinement qui n'offre aucun avantage quant au coût de transaction et qui, en situant le contrôle en aval de la cession, n'en garantit pas l'efficacité ; car les parties sont plus incitées à exercer des pressions sur l'autorité lorsque le contrat est déjà signé.

B. Restriction en pratique du choix du moment de la cession des droits d'exploration et d'exploitation

La loi sur les hydrocarbures ne prévoit formellement aucune restriction temporelle à la cession des droits d'accès aux hydrocarbures. La soumission de l'approbation de l'acte de cession au respect du programme des travaux et du budget y afférent peut cependant induire quelque restriction au plan pratique.

En effet, cette condition légale suppose nécessairement, en pratique, que le cédant doit avoir déjà réalisé des travaux pétroliers liés à l'exercice des droits qu'il veut céder. Ces réalisations permettent au ministre de vérifier l'accomplissement de cette condition, conformément à l'article 79 de la loi sur les hydrocarbures. Dans cette hypothèse, on ne peut pas envisager une cession des droits d'accès aux hydrocarbures avant l'exécution complète de la tranche de travaux pétroliers prévus par le contrat et à l'échéance convenue. En pratique ceci pourrait bien correspondre à une restriction du choix du moment de la cession des droits d'accès aux hydrocarbures.

La loi sur les hydrocarbures parait se conformer ici au principe de la valorisation d'un droit d'accès à une ressource naturelle avant sa transmission, tel que défendu dans cette étude, mais elle devrait le faire formellement, en interdisant toute cession des droits d'accès aux hydrocarbures avant leur valorisation, soit avant la mise en valeur suffisante du gisement.

C. Absence de restriction liée au récolement des droits d'exploration et d'exploitation

La loi sur les hydrocarbures ne prévoit pas formellement le récolement des droits d'accès aux hydrocarbures avant leur cession, mais cette condition pourrait se déduire d'une rigoureuse application règlementaire de l'article 79.

Tel que libellée, cette disposition légale suppose que l'approbation de la cession des droits d'accès aux hydrocarbures est liée à l'accomplissement d'une certaine quantité de travaux pétroliers ; si son application réglementaire se traduit par un contrôle rigoureux de la conformité de l'exercice des droits à céder aux prescriptions légales, règlementaires et contractuelles, il pourrait s'agir d'un récolement qui devra être une condition de leur cession.

Comme tous les droits d'accès à une ressource naturelle, les droits d'accès aux hydrocarbures sont des droits précaires et temporaires, assortis d'un droit au renouvellement qui, étant leur garantie de durabilité juridique, constitue la cause de leur patrimonialité. Ils ne sauraient donc être valablement cessibles si leur exercice a été tel que leur renouvellement pourrait être compromis, ou si leur cession devrait permettre au titulaire de transférer impunément des irrégularités les fragilisant juridiquement.

Donc, comme pour la cession d'autres droits d'accès à une ressource naturelle, celle d'un droit d'accès aux hydrocarbures requiert aussi une vérification anticipée et préalable des conditions de renouvellement ; si son exercice a été tel que le cédant ne remplit pas ces conditions, il devrait subir un refus administratif de cession ayant juridiquement les mêmes les effets qu'un refus de renouvellement.

D. Relative restriction du choix du cessionnaire

En exigeant à son article 80 au cessionnaire de justifier sa capacité technique et financière auprès du ministre des hydrocarbures, la loi sur les hydrocarbures le soumet au contrôle administratif limité à certaines conditions d'accès aux hydrocarbures et, partant, restreint relativement le choix du titu-laire cédant.

L'application de cette disposition légale impliquera le droit de l'État de rejeter un cessionnaire qu'il estime peu rassurant, mais ce pouvoir de cont-rôle ne devrait pas être limité à la simple capacité technique et financière du requérant ; il devrait être étendu à son éthique professionnelle et à l'origine de ses fonds ; et son exercice devrait être encadré, de manière à prévenir l'arbitraire et à garantir l'accès équitable et transparent aux hydrocarbures.

Par l'arrêté ministériel fixant les conditions et les modalités de l'appro-bation prévu à l'article 78 alinéa 4 de la loi sur les hydrocarbures, le minis-tre pourrait étendre dans ce sens son pouvoir de contrôle et organiser son exercice.

E. Restriction réglementaire de la liberté de fixer le prix

Si la loi sur les hydrocarbures ne prévoit pas la perception des droits d'enregistrement et d'une taxe sur la plus-value des droits cédés, le décret portant règlement d'hydrocarbures prévoit bien une taxe sur la plus-value de cession d'intérêt, impliquant pratiquement une restriction de la liberté du cédant de fixer le prix.

Ne s'analysant pas comme des droits réels immobiliers, soumis à un régime d'immatriculation, les droits d'accès aux hydrocarbures ne sont pas soumis aux droits d'enregistrement à leur cession. Ils constituent, cepen-dant, une part d'intérêt dans un contrat de partage de production ou de servi-ce, dont la cession peut générer une plus-value taxable. Cette part d'intérêt étant constituée du *cost oil* et d'une portion du *profit oil* , il est possible, en effet, que le prix de sa cession soit supérieure aux coûts de *travaux pétro-liers* qui y donnent droit ou au prix de son acquisition par une cession pré-cédente.

C'est pourquoi, à son article 277, le décret portant règlement d'hydrocarbures institue une « *taxe sur cession d'intérêt* » générée par la plus-value d'une cession de droits pétroliers dans un contrat de partage de production ou de service. Le pouvoir de perception d'une telle taxe peut inclure celui de contrôle et de réajustement du prix fixé par le cessionnaire.

2.5. En droit halieutique

En droit halieutique, nous pouvons relever la nature imprécise du régime de contrôle administratif de la cession d'une concession de pêche **(A)**, la restriction en pratique du choix du moment de la cession d'une concession de pêche **(B)**, l'absence de restriction liée au récolement de la concession de pêche **(C)**, l'absence de restriction formelle du choix du cessionnaire **(D)** ainsi que l'absence de restriction de la liberté de fixer le prix **(E)**.

A. Nature imprécise du régime de contrôle administratif de la cession d'une concession de pêche

À son article 7 point 3, le décret portant règlementation des concessions de pêche soumet toute cession d'une concession de pêche à une approbation préalable et écrite du gouverneur de province. Suivant la définition du terme *approbation,* ce régime de contrôle devrait se décrire comme celui d'entérinement.

En effet, en droit administratif, le terme approbation suppose le contrôle exercé par une autorité supérieure sur un acte ou une décision déjà prise, mais dont les effets sont suspendus à la décision d'approbation[401]. Appliqué au contrôle de la cession d'une concession de pêche, il signifie sans doute que les parties ont déjà conclu le contrat et le soumettent à l'approbation du gouverneur de province, en vue de lui donner plein effet. Nous sommes ici, en principe[402], sous un régime d'entérinement avec toutes ses faiblesses et tous ses inconvénients relevés ci-avant en termes d'inefficacité du contrôle administratif et de risque de perte des coûts de transaction.

Et pourtant, la pêche est une forme d'accès aux ressources naturelles qui touche à des aspects importants de l'intérêt général, c'est à dire la protection de la biodiversité et la sécurité alimentaire pour la protection desquels l'État ne saurait faire l'économie de ses pouvoirs de contrôle. Tel que décrit ci-dessus, le régime d'autorisation préalable permet la mise en œuvre des res-trictions nécessaires pour la protection de l'intérêt général.

B. Restriction en pratique du choix du moment de la cession

La loi portant règlementation des concessions de pêche ne détermine pas formellement le moment où un concessionnaire peut céder son droit. Il peut donc le faire dès l'obtention de sa concession et solliciter l'approbation ad-

---

[401] Philipe BOUVIER, *Eléments de droit administratif*, De Boeck et Larcier, Bruxelles, 2002, p. 249

[402] Sauf si mettant en œuvre ce contrôle par approbation, l'autorité administrative lui donne un contenu autre que celui défini en droit et le confonde avec l'autorisation préalable.

ministrative à tout moment, mais cette possibilité est restreinte en pratique par certains de ses engagements légaux.

En vertu des articles 7 point 2 et 11 de la loi en question, le concessionnaire de pêche obtient sa concession sous l'engagement d'entamer l'exercice de la pêche dans un délai de 12 mois, sous peine de déchéance. Il ne saurait légalement céder son droit avant de l'exercer, sans manquer à cet engagement personnel et légal qui est la cause de son octroi. Et comme tous les titres administratifs d'accès aux ressources naturelles, celui d'une concession de pêche est indisponible et ne peut valablement être cédé qu'après sa valorisation.

Pour être cohérent avec cet engagement légal imposé au concessionnaire et le principe d'indisponibilité des titres administratifs non valorisés, la loi halieutique devrait interdire formellement la cession d'un droit de concession de pêche avant que son exercice ne soit entamé ; elle devrait aussi fixer un temps d'exercice de ce droit après lequel, sa valorisation étant jugée suffisante, il peut être cédé.

C. Absence de restriction liée au récolement de la concession

La cession d'une concession de pêche n'est pas légalement conditionnée par son récolement ; sauf une restriction règlementaire de ce genre dont pourrait être assortie l'approbation administrative de cette cession, le concessionnaire cédant n'est pas préalablement tenu de rendre compte de la façon dont il a exercé son droit.

Mais, disposant d'une compétence discrétionnaire en ce qui concerne l'approbation de la cession d'une concession de pêche, l'autorité provinciale peut toujours conditionner sa décision à un récolement du droit de concession. Elle ne pourrait ainsi approuver que la cession des droits dont l'exercice aura été conforme aux prescriptions légales et règlementaires ; sinon, elle pourrait exiger, avant l'approbation, le paiement des pénalités et toute réparation encourue du fait de l'exercice irrégulier des droits proposés à la cession.

Le droit de la pêche ne saurait se passer du bénéfice incitatif d'une telle conditionnalité de la cession d'une concession de pêche. Dans le secteur halieutique, l'exigence du respect de l'intérêt général est si forte qu'on ne saurait faire l'économie des moyens d'inciter les concessionnaires de pêche à mieux respecter les prescriptions légales et règlementaires.

D. Absence de restriction formelle du choix du cessionnaire

La loi halieutique ne dit pas formellement si la demande d'approbation d'une cession de la concession de pêche doit contenir les informations relatives à la capacité du cessionnaire, ou si le contrôle administratif doit porter sur ce dernier. L'autorité provinciale a, toutefois, le droit d'étendre son pouvoir d'approbation à un tel contrôle.

Il ne saurait en être autrement, car le cessionnaire d'une concession de pêche est lié par les mêmes engagements légaux imposés au concessionnaire cédant à l'octroi du droit cédé, entre autres, celui de pratiquer la pêche selon les méthodes, les techniques et l'outil d'exploitation requis[403]. Avant d'approuver la cession, le gouverneur de province doit logiquement vérifier si le cessionnaire choisi par le cédant est capable de tenir cet engagement légal.

Dans tous les cas, il n'y a pas de raison pour que l'État se donne une garantie légale de contrôler l'accès aux ressources halieutiques par voie de demande de concession, et s'en prive pour contrôler l'accès par voie de cession. Les conditions d'accès pour le cessionnaire d'une concession de pêche devraient être aussi définies par la loi et étendues à d'autres aspects de sa situation (éthiques, professionnels ...)

E. Absence de restriction de la liberté de fixer le prix

L'organisation légale de la constitution et de la cession des concessions de pêche n'offre aucun intérêt pour un contrôle des prix de cession, car leur cession ne peut donner lieu au paiement des droits d'enregistrement proportionnels et à la réalisation d'une plus-value taxable.

Et pourtant, les droits d'un concessionnaire de pêche et de son cessionnaire requièrent le niveau de sécurité qu'offre un régime d'immatriculation. La constitution et la cession d'une concession de pêche devrait être enregistrée, en vue de pourvoir à une meilleure protection juridique des droits qui en résultent. Mais s'agissant d'un droit non valorisable par l'aménagement du site d'accès et acquis en contrepartie d'une redevance périodique, une concession de pêche n'a pas, en principe, un prix d'acquisition ou de valorisation par rapport auquel on peut réaliser une plus-value.

Donc, en ce qui concerne le contrôle de cession d'une concession de pêche, seule la possibilité d'un enregistrement des droits cédés, impliquant le paiement des droits proportionnels pourrait justifier un contrôle de prix par l'État.

2.5.6. En droit cynégétique

Les permis de chasse étant légalement des droits personnels et incessibles, il n'y pas, dans le cadre légal en vigueur, un régime de contrôle de cession à étudier, du point de vue de sa nature ou de sa portée restrictive.

---

403 Article 7 point 1 de la loi portant règlementation des concessions de pêche

Toutefois, en cas de privatisation de la gestion cynégétique impliquant la constitution des concessions cynégétiques, la cession de ces dernières devrait nécessiter un régime de contrôle avec toutes les restrictions nécessaires. L'État devrait pouvoir déterminer à partir de quel moment cette cession peut être autorisée, définir les conditions que doit remplir un cessionnaire, fixer le prix plancher et subordonner la cession à un récolement préalable de la concession.

Avec une telle évolution de la gestion cynégétique, le droit de la chasse devrait se doter d'un régime de contrôle de cession des concessions cynégétiques qui soit celui d'autorisation préalable ; de manière à ce que l' État puisse, par des restrictions adéquates, empêcher les acquisitions spéculatives des concessions cynégétiques, les faire circuler entre les mains aptes et généreuses, et inciter les concessionnaires à respecter les prescriptions légales.

2.5.7. En droit de l'eau

La loi relative à l'eau s'en remet au gouvernement pour fixer les conditions d'octroi des droits d'utilisation des eaux. Si le pouvoir règlementaire admet que le titulaire peut céder son droit, il peut se doter d'un régime de contrôle de cession, dont il précise la nature et la portée restrictive.

Cependant, il ne s'agit là que d'une possibilité règlementaire où l'autorité exécutive peut, suivant les cas, définir la nature et l'étendue de son pouvoir de contrôle d'une cession qu'elle admet. Elle est ainsi libre de décider si la cession d'un droit d'accès aux eaux qu'elle octroi doit être préalablement autorisée, entérinée ou si elle doit en être simplement informée ; et elle devra préciser, dans chaque cas, les conditions auxquelles est soumis l'acte de cession.

Une telle discrétion du pouvoir règlementaire ne devrait pas garantir un contrôle efficace de la circulation des concessions hydriques. Il faudrait définir un régime de contrôle légal qui, pour les mêmes raisons que celles évoquées dans d'autres cas ci-dessus, devrait être celui de l'autorisation préaulable, avec la mise en œuvre des toutes les restrictions nécessaires.

3. Quels doivent-être le régime de contrôle administratif de l'amodiation et sa porte restrictive ?

Pour mieux apprécier le régime de contrôle administratif de l'amodiation d'un droit d'accès à une ressource naturelle, il nous faut en indiquer les sortes **(3.1)**, préciser sa portée restrictive **(3.2)**. Ce qui nous permet d'analyser et d'évaluer ses applications en droit positif **(3.3)**.

3.1. Sortes de régimes du contrôle administratif

L'amodiation d'un droit d'accès à une ressource naturelle peut faire l'objet de mêmes régimes de contrôle que la cession, tels que définis ci-dessus, c'est-à-dire le régime d'autorisation préalable, le régime d'entérinement et le régime d'information.

Dans leur application à l'amodiation, ces régimes de contrôle posent la même problématique que celle de leur application à la cession. Comme dans ce dernier cas, ils posent, en effet, les questions liées à leurs avantages quant à l'économie du coût de transaction, à l'efficacité du contrôle et à la sécurité contractuelle.

A cet égard, comme pour le contrôle de la cession, le régime d'autorisation préalable offre plus d'avantage que les autres. Il devrait donc être recommandé pour le contrôle de l'amodiation d'un droit d'accès à une ressource naturelle.

3.2. Portée restrictive

Le régime de contrôle administratif de l'amodiation d'un droit d'accès à une ressource naturelle implique la restriction du choix du moment de l'amodiation **(3.2.1)**, la restriction liée à la cause de l'amodiation **(3.2.2)** ainsi que la restriction du choix de l'amodiataire **(3.2.3)**.

3.2.1. Restriction du choix du moment de l'amodiation

Dès qu'il acquiert la propriété d'un bien, le propriétaire peut à tout moment activer son droit de jouissance, pour louer son bien à une autre personne. En ce qui concerne le droit d'accès à une ressource naturelle, les conditions de son octroi restreignent, cependant, cette liberté.

En effet, n'étant généralement à son acquisition qu'un effet économique virtuel d'un acte administratif indisponible, un droit d'accès à une ressource naturelle implique l'obligation de le valoriser, en y incorporant les biens nécessaires à son exercice. Comme dit ci-avant, cet exercice signifie au minimum l'exécution des travaux d'aménagement du site d'accès et le déploiement de l'outil d'accès. En mettant le titulaire à l'abri de toute déchéance, la réalisation de ces conditions d'exercice consolide juridiquement son droit, en lui donnant un support ; de sorte qu'il puisse légitimement louer, non pas son droit d'accès en lui-même, mais, à travers lui, ses propres biens investis pour rendre son exercice possible.

Donc, la titularité d'un droit d'accès à une ressource naturelle n'implique pas l'option ou la faculté d'en amodier le titre dès son acquisition, mais elle suppose fondamentalement une capacité personnelle de le valoriser. C'est après cette valorisation que le titulaire gagne le droit de l'amodier en raison de ce qu'il y aura personnellement investi.

3.2.2. Restriction liée à la cause de l'amodiation

Si l'une de causes essentielles d'une autorisation d'accès ou d'un contrat d'accès à une ressource naturelle est la capacité personnelle du requérant d'y accéder effectivement et pleinement, l'amodiation du droit d'accès doit avoir une autre cause que le simple profit traditionnellement visé dans le louage des choses.

En effet, le propriétaire d'un bien peut en jouir en l'utilisant personnellement ou en le louant, n'étant guidé dans son choix que par l'idée d'en tirer personnellement le meilleur profit. La demande d'un droit d'accès à une ressource naturelle n'est cependant pas faite avec l'option de l'exercer ou de l'amodier, et son octroi n'est pas assorti de la faculté du titulaire de choisir entre les deux options. Ce dernier n'ayant acquis son droit d'accès qu'en raison de sa capacité personnelle de l'exercer, son amodiation n'est doit être qu'un recours éventuel, dont la cause devrait être liée à la nécessité d'en poursuivre ou d'en optimiser l'exercice qu'il aurait déjà commencé.

Donc, le titulaire d'un droit d'accès à une ressource naturelle devrait être obligé d'en justifier l'amodiation. Il devrait ainsi indiquer l'efficience des biens investis pour rendre possible l'exercice du droit d'accès obtenu, et démontrer que la poursuite ou l'optimisation de cet exercice nécessite qu'il recourt à l'amodiataire qu'il propose.

3.2.3. Restriction du choix de l'amodiataire

Dans un louage des choses, le locataire jouit d'un bien appartenant au bailleur qui en garde le contrôle, mais dans l'amodiation d'un droit d'accès à une ressource naturelle, l'amodiataire utilise ce droit et les biens investis pour son exercice qui appartiennent à l'amodiant, en vue de jouir d'un gisement appartenant à l'État.

Ainsi, le titulaire d'un droit d'accès à une ressource naturelle, qui se propose de l'amodier, doit soumettre l'amodiataire au contrôle de l'État. Celui-ci est légalement le seul habilité à pouvoir vérifier la capacité juridique, matérielle et technique de l'amodiataire à exercer de façon optimale le droit d'accès amodié. Les conditions de cette capacité étant fixées par la loi, le contrôle de leur accomplissement relève du pouvoir d'exécution des lois qui est une compétence administrative inaliénable.

Donc, si l'amodiant a le libre choix de l'amodiataire, ce choix doit être agréé par l'État, sans que l'autorité administrative n'ait, cependant, le droit d'en imposer un. Ce partage des prérogatives dans le choix de l'amodiataire reflète celui de l'appartenance des biens en présence : Le droit d'accès assorti des accessoires nécessaires à son exercice appartenant à l'amodiant et la ressource naturelle, à l'État.

3.3. Analyse et évaluation des applications en droit positif

Partant des considérations théoriques sur le régime de contrôle de l'amodiation d'un droit d'accès à une ressource naturelle, nous pouvons en analyser et évaluer les applications en droit minier **(3.3.1)**, en droit forestier **(3.3.2)**, en droit agricole **(3.3.3)**, ainsi que dans d'autres branches du droit des ressources naturelles **(3.3.4)**.

3.3.1. En droit minier

Le régime de contrôle administratif de l'amodiation d'un droit minier ou de carrières est caractérisé par les contradictions légales sur la nature du régime de contrôle de l'amodiation d'un droit minier ou de carrières **(A)**, l'absence de restriction formelle du choix du moment de l'amodiation **(B)**, l'absence de restriction liée à la cause de l'amodiation **(C)**, ainsi que la relative restriction du choix de l'amodiataire **(D)**.

A. Contradictions légales sur la nature du régime de contrôle de l'amodiation d'un droit minier ou de carrières

Le contrôle de l'amodiation d'un droit minier ou de carrières se fait suivant une procédure d'enregistrement qui correspond au régime d'entérinement tel que défini ci-dessus ; bien qu'à son article 179 alinéa 1 le code minier laisse accroire un régime d'autorisation préalable lorsqu'il stipule que « *préalablement à la conclusion du contrat* », l'amodiataire doit démontrer son éligibilité légale.

En effet, conformément à l'article 179 alinéa 3 du code minier, le réglement minier organise, à ses articles 369 à 373, une procédure d'enregistrement d'un contrat d'amodiation suivant laquelle, après la signature du contrat, l'amodiant en demande l'enregistrement au cadastre minier qui procède à l'instruction cadastrale, conformément à l'article 371 du règlement minier. Cette instruction porte sur la légalité du contenu du contrat[404] et sur l'éligibilité de l'amodiataire. En cas de contrôle positif, l'amodiation est enregistrée et devient opposable aux tiers.

Un tel régime d'entérinement consiste en un contrôle de légalité minimal laissant aux parties une liberté plus ou moins grande ; et il comporte tous les inconvénients inhérents à tout régime d'entérinement tels qu'indiqués cidessus. Au vu de l'importance des enjeux d'intérêt général qu'implique l'accès aux ressources minières, il faut soumettre l'amodiation d'un droit minier

---

[404] Le contrat d'amodiation doit comporter, à peine de nullité, les clauses requises à l'article 177 du code minier, soit une clause résolutoire pour non-paiement des impositions et autres droits dus à l'Etat et violation des dispositions légales et règlementaires, une clause fixant les conditions de la mise en valeur du gisement.

ou de carrières à un régime d'autorisation préalable permettant juridiquement une mise en œuvre aisée des restrictions nécessaires exposées ci-avant.

B. Absence de restriction formelle du choix du moment de l'amodiation

Le code minier ne restreint pas formellement le moment de l'amodiation. En l'absence d'une telle restriction légale, le titulaire d'un droit minier ou des carrières pourrait revendiquer le droit de l'amodier à n'importe quel mo-ment, après son obtention. Mais l'exercice d'un tel droit est juridiquement discutable avant la mise en valeur du gisement.

Contrairement à ce qui a été dit ci-avant, concernant la cession d'un droit minier ou des carrières, l'obligation de commencer les travaux de dévelop-pement dans les délais prescrits à 197 du code minier pourrait ne pas consti-tuer un obstacle juridique à l'amodiation ; car, celle-ci portant sur le droit minier ou de carrières, le titulaire pourrait bien le louer en se défaussant to-talement ou partiellement sur l'amodiataire en ce qui concerne la dite obli-gation, et la faire exécuter dans le délai prescrit.

Mais avant la mise en valeur du gisement appartenant à l'État, un droit minier ou de carrières n'est qu'un effet économique virtuel d'un acte admi-nistratif indisponible ; si bien que le titulaire n'est que détenteur d'un gise-ment et d'un acte administratif appartenant à l'État. Peut-il légitiment louer des choses qui ne lui appartiennent pas, ou s'en faire rentier sans les avoir personnellement valorisées ?

Une personne ne pouvant en principe faire louer que les choses qui lui appartiennent, l'amodiation d'un droit minier ou de carrières n'est devrait être autorisée qu'en raison de ce que le titulaire aura investi dans la mise en valeur du gisement, c'est-à-dire dans la valorisation de son titre. Il en résulte que le code minier devrait formellement interdire l'amodiation d'un droit minier ou de carrières avant cette mise en valeur ou cette valorisation.

C. Absence de restriction liée à la cause de l'amodiation

Telle que régie par le code minier, l'amodiation d'un droit minier ou de carrières n'est assortie d'aucune cause légale. Ceci suppose que le titulaire peut y recourir pour quelque raison que ce soit, dictée par son intérêt. Or, une telle liberté ne s'explique pas par rapport aux conditions légales d'accès aux ressources minières.

Dans sa demande d'enregistrement du contrat d'amodiation, l'amodiant n'est pas tenu d'en indiquer la cause. Il peut donc agir comme dans le loua-ge des choses, où le propriétaire opte librement de jouir de son bien en en cédant l'usage à une autre personne, pour en recueillir les fruits civils ; plu-tôt que de l'utiliser personnellement. Une telle liberté fait de l'amodiation, telle que légalement définie, une voie alternative d'exercice d'un droit mi-nier ou de carrières. Or suivant les conditions légales, ce droit n'est obtenu qu'au vu de la capacité technique et matérielle personnelle du requérant de l'exercer.

Logiquement, puisse que l'engagement et la capacité personnels du requérant d'exercer un droit minier ou de carrières est la cause primordiale de son octroi, l'amodiation devrait être clairement définie comme une voie sup-plétive d'exploitation d'un gisement minier, avec des causes légales d'ou-verture. Ces causes devraient être déduites de l'impossibilité de l'amodiant de poursuivre l'exploitation d'une mine ou d'une carrière qu'il aurait cons-truite ou du besoin justifié d'en améliorer la production.

D. Restriction relative du choix de l'amodiataire

Le titulaire d'un droit minier doit choisir un amodiataire répondant aux conditions d'éligibilité fixées à l'article 23 du code minier. Le contrôle de ces conditions est effectué par l'administration minière, sans qu'il ne puisse s'étendre à d'autres conditions d'accès aux ressources minières.

Les conditions légales d'éligibilité à l'accès aux ressources minières signifient, pour ce qui concerne le droit d'exploitation, l'existence juridique de la personne morale requérante, sa constitution conformément au droit conGolais et sa domiciliation sur le territoire national[405]. A son article 179 alinéa 3, le code minier limite formellement le contrôle administratif de l'amodia-taire à ces seules conditions d'éligibilité, excluant, par voie de conséquence, le contrôle de la capacité technique, professionnelle et financière qui est pourtant une condition non moins essentielle d'accès à la ressource minière.

Ce régime de conditions, minimal pour l'accès à la ressource minière par voie d'amodiation, réduit la portée du contrôle administratif du choix de l'a-modiataire, jusqu'à le rendre presque inutile. Autant que possible, l'objet de ce contrôle devrait inclure la capacité technique, financière, matérielle et professionnelle de l'amodiataire d'assumer les engagements du contrat d'amodiation.

---

[405] Suivant l'article 23 alinéa 1 du code minier, « … *sont éligibles aux droits miniers et des car-rières : a) toute personne physique majeure de nationalité congolaise ainsi que toute personne morale de droit congolais qui a son siège social et administratif dans le Territoire National et dont l'objet social porte sur les activités minières ; b) toute personne étrangère majeure de na-tionalité étrangère ainsi que toute personne morale de droit étranger ; c tout organisme à voca-tion scientifique* ». Les personnes éligibles visées au litera *b* du présent article sont tenues d'élire domicile auprès d'un mandataire en mines et carrières établi dans le Territoire National et d'agir par son intermédiaire. Les personnes morales de droit étranger et les organismes à vocation scientifique cités aux litera *b* et *c* du présent article ne sont éligibles qu'aux droits miniers et/ou de carrières.

3.3.2. En droit forestier

Le code forestier n'ayant pas organisé le contrôle administratif de l'amodiation d'une concession forestière, il existe au niveau règlementaire un ré-gime d'autorisation préalable **(A)** caractérisé par une restriction du choix du moment de l'amodiation d'une concession forestière **(B)**, l'absence de res-triction liée à la cause de l'amodiation d'une concession forestière **(C)**, ainsi qu'une restriction trop étroite du choix de l'amodiataire **(D)**.

A. Existence au niveau règlementaire d'un régime d'autorisation préalable

L'amodiation, c'est-à-dire la location des concessions forestières est soumise au même régime de contrôle que celui de leur cession, et ce, conformément à l'arrêté ministériel du 07 août 2008, fixant la procédure d'autorisation de cession, de location, d'échange ou de donation.

Avant la conclusion du contrat de location d'une concession forestière, le concessionnaire introduit une requête d'autorisation dans les mêmes formes que celles décrites ci-avant pour la cession et prévues à l'article 4 de l'arrêté ministériel en question. L'autorisation de location est donnée, suivant les cas, par le ministre en charge des forêts ou par le Président de la république.

Comme pour la cession des concessions forestières, ce régime d'autorisation préalable offre les avantages d'un contrôle efficace et de l'économie du coût des transactions. Mais pour garantir la sécurité contractuelle entre parties, le projet de location devrait être assorti d'une promesse de contracter.

B. Restriction du choix du moment de la location

La recevabilité de la requête d'autorisation de location d'une concession forestière est soumise aux mêmes conditions de temps que la cession, telles que fixées à l'article 3 de l'arrêté ministériel du 07 août 2008.

Suivant cette disposition règlementaire, une requête d'autorisation de location d'une concession forestière ne peut être introduite : avant l'élaboration et l'approbation du plan d'aménagement, avant 5 ans d'exécution du contrat de concession forestière et pendant la suspension de cette exécution. Ceci revient à dire que l'amodiation ou la location d'une concession forestière est conditionnée à sa valorisation par la mise en valeur de la forêt concédée ; car, sans cette valorisation, la concession forestière se réduit à un effet économique virtuel d'un acte administratif indisponible en lui-même, et portant sur une forêt domaniale n'appartenant pas au concessionnaire.

Avant la valorisation de la concession forestière par la mise en valeur de la forêt concédée, le concessionnaire n'y a aucun bien dont il puisse jouir en le louant. Le droit d'amodier ou de louer sa concession forestière procède véritablement de son droit de propriété sur les biens qu'il y a investis en vue de sa mise en valeur ; en tant que propriétaire, il peut les utiliser personnellement ou les louer.

C. Absence de restriction liée à la cause de la location

Un concessionnaire forestier, requérant d'une autorisation de location d'une concession forestière, n'est pas légalement tenu de justifier la cause de cette location ; en d'autres termes, il peut, pour quelque raison person-nelle que ce soit, recourir à la location de son droit.

Or, de conditions légales et règlementaires d'attribution d'une concession forestière, il résulte que celle-ci n'est octroyée qu'en raison de la capacité technique et financière du requérant de l'exploiter personnellement ; il ne saurait, pour être concessionnaire, souscrire à toutes ces conditions et avoir, en même temps, le droit d'amodier sa concession, c'est-à-dire de se substituer un locataire sans se justifier. Cette opération de substitution est une option qui relativise pratiquement son engagement personnel initial, et fait de location une alternative à cet engagement.

Pour demeurer cohérent avec l'engagement légal, règlementaire et contractuel du concessionnaire forestier d'exercer personnellement son droit, l'amodiation ou la location devrait être légalement définie comme une voie supplétive ; c'est-à-dire comme un recours ultérieur justifié par des causes déduites de la nécessité d'améliorer ou de poursuivre l'exploitation forestière, personnellement entreprise par le concessionnaire bailleur.

D. Restriction trop étroite du choix de l'amodiataire

Comme pour la cession, l'article 2 de l'arrêté ministériel fixant la procédure d'autorisation des actes de transmission et de location d'une concession forestière limite, en ce qui concerne la location, son applicabilité aux actes passés entre concessionnaires forestiers.

Ainsi, en l'état actuel de la réglementation, un concessionnaire forestier ne peut amodier ou louer son droit qu'à un autre concessionnaire forestier. Et ce dernier ne doit pas avoir commis les infractions énumérées à l'article 5 de l'arrêté ministériel en question. Sauf une forte expansion des entreprises forestières, on trouverait difficilement une justification à une telle restriction de la possibilité de louer une concession forestière, par rapport aux objectifs mêmes de la location, c'est-à-dire poursuivre ou améliorer la mise en valeur d'une concession forestière.

Pour réaliser ces objectifs, le concessionnaire forestier devrait pouvoir recourir à n'importe quelle personne apte et capable ; avec pour seule restriction, l'obligation de soumettre cette dernière à un contrôle administratif portant sur sa capacité juridique, financière et technique, ainsi que sur sa probité.

3.3.3. En droit agricole

En guise de contrôle administratif de l'amodiation d'une concession agricole, nous pouvons noter dans la loi agricole un recours laconique au régime d'information **(A),** marqué par une absence justifiée de la restriction du choix du moment de l'amodiation **(B)**, l'absence de restriction liée à la cause de l'amodiation **(C)** ainsi que l'absence de restriction du choix de l'amodiataire **(D)**.

A. Recours laconique au régime d'information

Suivant l'article 24 de la loi agricole, un concessionnaire agricole a le droit de louer sa concession, et l'obligation d'en aviser l'administration agricole locale. Mais cette disposition ne précise pas s'il doit accomplir cette obligation avant ou après avoir exercé son droit de louer, ou si l'administration a le droit de s'opposer ; et elle ne fixe pas les conditions d'une location.

L'obligation d'aviser l'administration agricole locale fait penser à un régime d'information, mais en l'absence des conditions légales de location d'une concession agricole et du droit d'opposition de l'administration, il n'y a pas de réel pouvoir de contrôle ; sauf si l'administration s'en arrogeait au plan règlementaire. Sinon, un concessionnaire agricole ne devrait subir aucune restriction lorsqu'il loue sa concession, en dépit du fait qu'il soit tenu d'en informer l'administration agricole. Dans ce cas, cette obligation d'information ne vise qu'à permettre à l'État d'identifier l'amodiataire en tant qu'il est solidairement tenu avec le concessionnaire des obligations du contrat[406].

Avec une telle absence de contrôle, la location pourrait être, pour les personnes ne remplissant pas les conditions légales d'octroi d'une concession agricole, une voie d'accès dérobée aux terres agricoles. Pour prévenir cette fraude, l'amodiation d'une concession agricole devrait être légalement soumise à un contrôle administratif, permettant la mise œuvre des restrictions nécessaires indiquées ci-dessus.

B. Absence justifiée de restriction du choix du moment de l'amodiation

Dès qu'il obtient la concession agricole, le concessionnaire a légalement le droit de la louer. Une restriction quant au moment de la location ne se justifie pas dans ce cas, car une concession agricole n'est pas un titre administratif valorisable, mais elle sanctionne la mise en valeur d'une terre arable.

Ainsi, le concessionnaire agricole n'est pas dans le cas d'un titulaire d'un droit d'accès à une ressource naturelle devant être obligé de le valoriser

[406] Article 24 alinéa 2 de la loi portant principes fondamentaux relatifs à l'agriculture.

avant de pouvoir le louer. Conformément à la loi foncière, la concession agricole lui est octroyée après une mise en valeur suffisante du fond, c'est-à-dire la construction d'une ferme viable. Il a en réalité le droit de louer celle-ci avec le droit de concession qui en permet l'exploitation régulière.

Mais si, se démarquant de la procédure de demande des concessions foncières telles qu'instituée par la loi foncière, pour instituer une procédure propre de demande d'une concession agricole, le règlement agricole permet l'octroi de celle-ci avant la mise en valeur du fond, sa location ne devrait pas être admise avant ou pendant cette mise en valeur.

C. Absence de restriction liée à la cause de l'amodiation

La loi agricole n'oblige pas le concessionnaire agricole de justifier la mise en location de son droit ; et pourtant, n'ayant obtenu celui-ci qu'au vue de sa capacité personnelle de l'exercer, il devrait être logiquement obligé de justifier le recours au métayage ou au bail à ferme.

Ces deux procédés de location portant par définition sur un fond, un concessionnaire agricole pourrait croire qu'il peut librement se délier de l'engagement pris de mettre en valeur le fond concédé, pour le louer à un tiers. Quitte à relativiser l'exigence de la capacité personnelle des requérants des concessions agricoles, et à concéder leur acquisition à des fins spéculatives. Pour rester cohérent avec cette exigence légale, telle prescrite à son article 16 litera *b*, la loi agricole devrait conditionner le recours au métayage et au bail à ferme par la nécessité de poursuivre ou d'améliorer la mise en valeur d'un fond concédé.

Cette condition devrait impliquer que, pour louer une concession agricole, le concessionnaire l'ayant déjà mise en valeur justifie le recours au métayage ou au bail à ferme par la nécessité de poursuivre ou d'améliorer l'exploitation de sa ferme.

D. Absence de restriction du choix de l'amodiataire

Il n'y a aucune restriction légale quant au choix du fermier ou du métayer ; ce qui implique que n'importe qui peut, par voie de métayage ou de bail ferme, accéder à une terre agricole, les conditions légales prescrites à l'article 16 ne s'appliquant que pour l'accès au titre de concessionnaire[407].

Un tel laxisme pourrait faire du métayage ou du bail à ferme une voie d'accès dérobée à une concession agricole. Le métayer ou le fermier peuvent, en effet, toujours acquérir le droit loué et devenir concessionnaire agricole. Cette éventualité appelle logiquement un contrôle préventif de la capacité juridique, professionnelle et technique du preneur choisi par un con-

---

[407] Ce que suppose la loi elle-même à son article 25 lorsqu'elle y suppose que le preneur ne se conforme à l'article 16 que s'il veut acquérir à titre onéreux la concession agricole louée.

cessionnaire agricole. Qu'elle soit faite à titre de concessionnaire, de métayer ou de fermier, la mise en valeur d'une concession agricole requiert les mêmes aptitudes et les mêmes capacités.

Donc, la loi agricole devrait conditionner aussi l'accès aux terres agricoles par voie de métayage et de bail à ferme. Le concessionnaire agricole a, certes, le libre choix du preneur, mais il devrait soumettre ce dernier à un contrôle administratif visant l'attestation de sa capacité juridique, financière et technique à poursuivre la mise en valeur optimale d'une concession agricole.

3.3.4. Dans les autres branches du droit des ressources naturelles

En dehors du code minier, du code forestier et de la loi portant principes généraux relatifs à l'agriculture, les autres lois dont il est question ici n'organise pas de régime d'amodiation ou de location des droits qu'elles régissent.

Cependant, le titulaire d'un droit d'accès à l'eau, aux ressources halieu-tiques, pétrolières ou cynégétiques peut, à un moment donné, avoir besoin de s'associer à une autre personne pour poursuivre ou améliorer l'exercice de son droit. Par rapport à la nécessité d'une valorisation optimale des ressources naturelles, il n'y a pas de raison que le recours à l'amodiation ne soit pas prévu dans ces cas. L'exercice d'un droit d'accès à une ressource naturelle ne devrait pas être confiné dans les limites de la capacité du titulaire. L'amodiation devrait être un moyen pour ce dernier de franchir ses propres limites, pour l'utilisation optimale d'une ressource naturelle.

Donc, toutes les lois relatives aux ressources naturelles devraient être dotées d'un régime d'amodiation des droits qu'elles régissent. Pour un meilleur contrôle administratif des amodiations, elles devraient être soumises à l'autorisation préalable et aux restrictions nécessaires exposées ci-avant.

4. Un droit d'accès à une ressource naturelle est-il transmissible à cause de mort ?

Pour pouvoir répondre à cette question, il nous faut exposer le statut gé-néral des biens d'un de cujus en droit commun **(4.1)** et les modes de trans-mission des biens à cause de mort **(4.2)** ; ce qui nous permet, après avoir in-diqué les restrictions aux règles générales de succession en ce qui concerne un droit d'accès à une ressource naturelle **(4.3)**, de faire une suggestion des règles de succession spéciales applicables à un droit d'accès à une ressource naturelle **(4.4)**. Nous allons, par ailleurs, analyser et évaluer les applications de ces dernières règles de succession en droit positif **(4.5)**.

4.1 Statut général des biens d'un de cujus en droit commun

Le décès d'une personne implique l'ouverture de sa succession, et ses biens se transmettent de plein droit à ses héritiers[408]. La succession comprend tous les biens et droits patrimoniaux de toute nature (mobiliers et immobiliers, intellectuels et réels), ainsi que les dettes.

Après le décès du *de cujus*, le statut des biens successoraux évolue en trois phases : la saisine des héritiers[409], l'acceptation de la succession et la liquidation de la succession. Durant la première phase, les héritiers saisis entrent de plein droit en possession de biens successoraux ; ceux-ci forment une universalité juridique[410] dont ils assurent chacun l'administration et la protection. Durant la seconde phase, les héritiers qui acceptent la succession deviennent copropriétaires des biens successoraux ; ceux-ci forment alors une indivision successorale qui est la propriété indivise des cohéritiers. Ils en jouissent donc collectivement et peuvent en disposer suivant les règles régissant la copropriété[411]. Durant la dernière phase, les biens successoraux sont partagés entre les héritiers à titre définitif ou provisionnel. En cas de partage provisionnel, chaque héritier n'est attributaire que d'un droit de jouissance exclusif sur un bien précis de l'indivision successorale, et celle-ci demeure la copropriété des héritiers. En cas de partage définitif, chaque héritier acquiert un bien précis de la succession, de sorte que les biens successoraux deviennent des propriétés exclusives des attributaires.

Donc, le statut des biens du *de cujus* évolue en trois phases marquant le processus de leur appropriation par les ayants-droit : possession des héritiers saisis formant une universalité de droit, copropriété des héritiers acceptant la succession et propriétés individuelles de chaque héritier après leur partage.

4.2 Modes de transmission des biens à cause de mort en droit commun

En droit commun, les modes de transmission des biens à cause de mort sont : les transmissions testamentaires **(4.2.1)** et la dévolution successorale légale **(4.2.2)**.

4.2.1. Transmissions testamentaires

Les transmissions testamentaires sont : les legs universel et particulier **(A)**, le testament-partage **(B)**, l'institution contractuelle **(C)** et la substitution fidéicommissaire **(B)**.

---

408 Article 756 du code de la famille.

409 La saisine des héritiers est leur investiture, par le seul fait du décès du de cujus, de la possession des biens successoraux.

410 Article 794 du code de la famille.

411 Articles 31 à 38 du code de la famille

A. Legs universel ou particulier

Suivant l'article 777 du code de la famille, « *le legs universel ou à titre universel est la disposition par laquelle le testateur appelle une ou plusieurs personnes à recueillir en propriété, l'intégralité ou une quote-part des biens de la succession, soit mathématique, soit mobilière, soit immobilière ».* Le legs particulier est celui qui appelle une ou des personnes précises à recueillir en propriété un bien précis de la succession.

Le légataire peut être une personne morale, physique ou un groupe d'individus, comme des pauvres ciblés. Lorsqu'il accepte le bien légué, il en acquiert la propriété, et il peut en disposer avant même qu'il ne soit délivré ; pour en prendre possession, il doit cependant le demander soit aux héritiers légaux, soit au légataire universel (s'il est lui-même un légataire particulier), soit au liquidateur[412].

Lorsqu'il est contraire à l'ordre public ou aux bonnes mœurs, le legs à titre universel ou particulier peut être frappé de nullité ou révoqué judiciairement ; il est soumis aux mêmes sanctions que tout acte juridique.

B. Testament-partage

Le testament-partage est l'acte par lequel un père ou une mère ou un ascendant partage ses biens entre ses enfants ou ses descendants[413].

Le testateur désigne nommément chacun de ses enfants ou de ses descendants et lui attribue à titre de propriété un bien ou un lot de biens. Après sa mort, chaque enfant ou descendant ainsi désigné devient propriétaire de ou des biens lui attribués dès son acceptation.

Le testament-partage est un mécanisme qui a pour but d'éviter les difficultés et les contestations entre enfants, et de mieux lotir chacun d'eux en tenant compte de ses capacités ou de ses convenances.

C. Institution contractuelle

L'institution contractuelle est « *une donation de biens à venir exceptionnellement permise lorsqu'elle est faite par contrat de mariage, soit d'un époux à l'autre, soit d'un tiers aux époux ou à leurs enfants à naître »*[414].

En droit positif, l'acte consiste pour une personne (l'instituant) d'instituer, à la suite d'un mariage ou d'une promesse de mariage, les époux ou les futurs époux ou leurs enfants à venir (institués), comme héritiers de tout ou partie de biens qui constitueraient sa succession[415].

---

[412] BOMPAKA NKYEI, Cours de droit des successions et libéralités, Université de Lubumbashi, 1999-2000, inédit

[413] Article 899 du Code de la famille.

[414] Gérard CORNU, *Op Cit*, p. 499

[415] Article 904 du Code de la famille.

Ainsi comprise, l'institution contractuelle est un acte hybride : l'institué trouve son titre dans une donation entre vifs, mais il n'acquiert la propriété des biens qu'après la mort de l'instituant et en vertu du droit de succession[416].

D. Substitution fidéicommissaire

La substitution fidéicommissaire est une« *disposition entre vifs ou testamentaire par laquelle le disposant charge la personne gratifiée (dite grevé) de conserver toute sa vie les biens à elle donnés ou légués en vue de les transmettre à son décès à une autre personne (dite appelé) désignée par le disposant lui-même* »[417]

En principe interdite, la substitution fidéicommissaire n'est, cependant, permise qu'entre frères et sœurs, ou entre le père ou la mère et leurs enfants. « *Les uns et les autres peuvent disposer de leurs biens, en tout ou en partie, soit en faveur d'un ou de plusieurs de leurs enfants soit en faveur des frères et sœurs, par acte entre vifs ou testamentaire, avec la charge de rendre ces biens aux enfants nés et à naître, au premier degré seulement desdits donataires* »[418]

La substitution fidéicommissaire est ainsi permise pour donner à un parent fortuné le moyen de garantir les descendants de son héritier contre les dissipations de ce dernier ; elle peut, par exemple, permettre à un grand père d'assurer les moyens d'existence à ses petits enfants ne venant pas en ordre utile de sa succession[419].

4.2.2 Dévolution successorale légale

Lorsque le *de cujus* n'a pas disposé de ses biens, ceux-ci sont transmis à ces héritiers et partagés entre eux suivant les règles fixées par la loi. On parle dans ce cas de succession *ab intestat.*

Suivant les règles générales de la succession *ab intestat*[420] , les biens du *de cujus* sont répartis entre les héritiers de première catégorie (les enfants de quelque forme de filiation que ce soit), les trois groupes de ceux de la deuxième catégorie (le conjoint survivant, les père et mère, ainsi que les frères et sœurs), ceux de la troisième catégorie (les oncles et tantes paternels ou maternels)ou, en l'absence de ces trois catégorie d'héritiers, entre les personnes justifiant d'un lien parenté avec le *de cujus.*

Les héritiers de la première catégorie reçoivent le ¾ de l'hérédité, et ils se les partagent en portions égales ; ceux de la deuxième catégorie reçoivent le

[416] Article 909 du Code de la famille.
[417] Gérard CORNU, *Op Cit*, p. 892
[418] Article 913 du code de la famille
[419] BOMPAKA NKIEYI, *Op Cit.*
[420] Articles 758 à 765 du Code de la famille ?

solde ou la totalité en cas d'absence de ceux de la première catégorie ; ils se les partagent en portions égales entre les différents groupes. En cas d'absence des héritiers de deux premières catégories, ceux de la troisième reçoivent l'ensemble de l'hérédité et se le partagent en portions égales.

4.3. Restrictions aux règles générales de succession en ce qui concerne un droit d'accès à une ressource naturelle

En ce qui concerne un droit d'accès à une ressource naturelle, les règles générales de succession subissent des restrictions par rapport au statut général des biens successoraux **(4.3.1)**, et aux modes de transmission des biens à cause de mort **(4.3.2)**.

4.3.1. Restrictions par rapport au statut général des biens successoraux

Par rapport au statut général des biens successoraux, les restrictions sont liées à la précarité et à la temporalité d'un droit d'accès à une ressource naturelle **(A)**, à son individualité légale **(B)** et à sa propriété nécessairement active **(C)**.

A. Restrictions liées à la précarité et à la temporalité d'un droit d'accès à une ressource naturelle

À l'ouverture d'une succession, les biens successoraux forment une universalité de droit soumise à un même régime de protection et de réappropriation. Bien qu'étant inclus dans cette masse de biens, un droit d'accès à une ressource naturelle se particularise par sa précarité et sa temporalité, qui y limitent l'applicabilité du statut général des biens successoraux.

La précarité d'un droit d'accès à une ressource naturelle signifie que son existence tient à son exercice légal sous peine d'annihilation, et sa temporalité signifie qu'il est toujours affecté d'un terme extinctif. Il ne peut donc survivre juridiquement à son titulaire que lorsqu'il a été exercé dans le respect des conditions légales, de sorte qu'il soit continuellement renouvelab-le. Si les conditions d'exercice d'un droit d'accès à une ressource naturelle par le *de cujus* ont été telles qu'il aurait encouru une annihilation ou un re-fus de renouvellement, son existence et sa valeur patrimoniale deviennent incertaines[421].

Toutes ces conditions d'existence d'un droit d'accès à une ressource naturelle requièrent des règles de dévolution successorale particulières. Celles-ci doivent permettre un contrôle administratif des conditions de son exercice par le *de cujus* et de celles de sa réappropriation par les héritiers, de manière

[421] Voir section 2, pargraphe 2, points 1 et 1.2, du présent chapitre

à assurer une titularité apte à en poursuivre l'exercice et à en garantir le renouvellement.

B. Restrictions liées à l'individualité légale du droit d'accès à une ressource naturelle

Un droit d'accès à une ressource naturelle n'est octroyé qu'à une personne déterminée qui s'engage personnellement à l'égard de l'État. Même s'il est permis que le titulaire puisse associer d'autres personnes à l'exercice de son droit, la *cotitularité* n'est pas admissible. L'État ne peut donc octroyer conjointement un droit d'accès à une ressource naturelle à plusieurs personnes.

Cette individualité légale du droit d'accès à une ressource naturelle s'oppose au partage de sa titularité qu'impose la saisine des héritiers et leur acceptation de la succession. Un droit légalement conçu et défini comme individuel et, comme tel, octroyé sur base des engagements strictement personnels d'un individu ne saurait se retrouver de but en blanc entre les mains de plusieurs titulaires, car, même si un droit d'accès industriel est principalement octroyé *intuitu rei*, le régime de conditions d'octroi inclut des critères d'ordre éthique et professionnel se rapportant au comportement ou à la situation personnelle du requérant. Or, des titulaires improvisés ne peuvent offrir la garantie qu'ils remplissent ces critères conditionnant la validité du droit dont ils héritent. Bien plus, certains d'entre eux peuvent manifestement être dans une situation constitutive d'une cause légale d'incompatibilité par rapport à la titularité du droit d'accès hérité[422].

Ce sont là les éléments d'une problématique juridique sur laquelle bute sans réponse le droit commun des successions ; ils suggèrent des règles de dévolution successorale particulières, susceptibles d'assurer l'existence juridique d'un droit d'accès à une ressource naturelle, en tant que bien successorale, et la poursuite de son exercice légal.

C. Restrictions liées à la propriété nécessairement active d'un droit d'accès à une ressource naturelle

L'inexercice des droits de jouissance et d'usage sur un bien n'implique pas la perte du droit de propriété. Ce droit existe même à l'état inactif, mais un droit d'accès à une ressource naturelle est par définition un droit de jouissance dont la finalité est d'assurer à la nation un flux de bénéfices continu d'une ressource naturelle. C'est pourquoi, il n'est accordé que pour l'utilisa-

[422] Exemple, lorsque tous les héritiers exercent des professions incompatibles avec la titularité d'un droit minier ou lorsqu'ils s'en trouvent parmi eux certains dont les casiers judiciaires com-portent des causes de déchéance.

tion régulière de cette dernière, sous peine de déchéance ; sa titularité est donc nécessairement active.

Or, la mort du titulaire d'un droit d'accès à une ressource naturelle implique l'éclipse de sa titularité initiale que la saisine des héritiers remplace par une possession collective. Dans ce cas, le droit commun des successions n'oblige pas les possesseurs d'exercer les droits de jouissance du *de cujus*, si bien que la possession du droit d'accès octroyé à ce dernier peut rester passive, jusqu'à la liquidation de la succession. Cet inexercice du droit possédé prive la nation de bénéfices pour la réalisation desquels il avait été octroyé, et il devrait entrainer la déchéance des détenteurs passifs.

Donc, il importe qu'il y ait sur ce point précis des règles spécifiques de dévolution successorale d'un droit d'accès à une ressource naturelle. Ces règles doivent définir les conditions transitoires de la poursuite de son exercice, jusqu'à l'institution d'une titularité définitive conforme à la loi.

4.3.2. Restrictions liées aux modes de transmission des biens à cause de mort

Concernant les modes de transmission des biens à cause de mort, il y a la restriction de la liberté du testateur quant au choix des attributaires **(A)** et celle de la volonté des héritiers d'une succession *ab intestat* **(B)**.

A. Restriction de la liberté du testateur quant au choix des attributaires

Dans tous les cas de transmission testamentaire des biens évoqués ci-avant, le testateur est libre d'attribuer tel ou tel autre de ses biens à tel ou tel autre de ses héritiers légaux ou à une autre personne.

En ce qui concerne un droit d'accès à une ressource naturelle, cette liberté testamentaire bute sur la permanence du contrôle administratif de l'accès à une ressource naturelle. Lorsqu'il octroie un droit d'accès à une ressource naturelle, l'État ne se dessaisit pas de son pouvoir de contrôle sur la ressource naturelle et son utilisation, et le décès du titulaire n'interrompt pas l'exercice de ce pouvoir de contrôle qui doit déterminer la validité de l'attribution testamentaire de son droit d'accès. Le légataire, l'attributaire, l'institué ou l'appelé doivent être soumis au contrôle des conditions d'accès légales, de sorte que s'ils ne les remplissent pas, le legs, l'attribution, l'institution contractuelle ou la substitution fidéicommissaire soient absolument nuls.

Donc, pouvant être remise en question par le contrôle administratif, la décision du testateur est affectée d'une condition résolutoire dont l'accomplissement interrogerait sans réponse le droit commun des successions sur le sort d'un droit d'accès à une ressource naturelle privé de successeur. D'où la nécessité des règles spéciales qui offrent une solution juste et cohérente.

B. Restriction de la volonté des héritiers d'une succession *ab intestat*

Dans une succession *ab intestat*, les héritiers se partagent les biens en portions égales, de commun accord ou par voie judiciaire. Ils peuvent, en effet, convenir d'attribuer tel bien à tel cohéritier, ou s'en remettre à la juridiction compétente. Lorsque le bien successoral est matériellement indivis, ils peuvent convenir une copropriété ou procéder à la licitation.

En ce qui concerne le droit d'accès à une ressource naturelle, cette volonté des héritiers se trouve restreinte par le contrôle administratif, et son indivisibilité juridique ne s'accommode pas d'une copropriété. Les héritiers sont donc obligés de choisir un seul d'entre eux qui, du point de vue légale, remplit toutes les conditions légalement requises pour acquérir le droit d'accès et en poursuivre l'exercice. Lorsqu'il n'y a qu'un seul héritier légal, il doit remplir toutes les conditions légales d'accès pour succéder valablement au *de cujus*.

Cependant, lorsque les héritiers ne parviennent pas à choisir un seul titulaire pour exercer, à leur profit, le droit d'accès hérité, ou lorsqu'ils ne remplissent pas tous les conditions d'accès légales, le droit de commun de succession resterait sans réponse. C'est pourquoi, il est nécessaire de fixer les règles spéciales qui apportent des réponses justes et cohérentes à toute cette problématique.

4.4. Suggestion des règles spéciales applicables à un droit d'accès à une ressource naturelle en tant que bien successoral

Vues toutes ces restrictions aux règles de succession de droit commun, nous pouvons suggérer des règles spéciales applicables au statut d'un droit d'accès à une ressource naturelle à l'ouverture d'une succession **(4.4.1),** et pour la validité des actes de sa transmission à cause de mort **(4.4.2)**.

4.4.1. Règles spéciales applicables au statut d'un droit d'accès à une ressource naturelle à l'ouverture de la succession

Lors de l'ouverture d'une succession, le statut d'un droit d'accès à une ressource naturelle peut être déterminé par des règles spéciales, définies par rapport à sa précarité et à sa temporalité **(A)**, à son individualité **(B)** et à son caractère actif **(C)**.

A. Par rapport à sa précarité et à sa temporalité

Le caractère essentiellement patrimonial de la succession requiert qu'un bien successoral ait une valeur patrimoniale certaine. Pour un droit d'accès à une ressource naturelle, cette certitude tient en l'absence de tout motif légal d'annihilation ou de refus de renouvellement.

Ainsi à l'ouverture d'une succession, il devrait y avoir un contrôle admi-nistratif visant l'application anticipée des conditions de renouvellement d'un droit d'accès à une ressource naturelle laissé par le *de cujus*. Ceci veut dire qu'il faudrait savoir si ce droit a été exercé dans les conditions légales de-vant permettre son maintien et son renouvellement. Cette exigence pourrait, par ailleurs, être une incitation supplémentaire du titulaire à plus de respon-sabilité sociétale.

Le droit des ressources naturelles devrait concevoir des règles spéciales qui permettent un tel contrôle ex post. Si le titulaire décédé avait transgressé les obligations légales de telle manière que le renouvellement lui aurait été refusé, son droit devrait être retiré de sa succession avec les mêmes consé-quences juridiques qu'un refus de renouvellement, et ce, sans préjudice des droits des héritiers sur les biens personnels investis pour son exercice.

B. Par rapport à son individualité

L'individualité légale d'un droit d'accès à une ressource naturelle se jus-tifie par la nécessité pratique d'avoir une titularité claire et précise, garantis-sant l'efficacité du contrôle d'accès administratif.

Or, en ce qui concerne un droit d'accès à une ressource naturelle, la sai-sine des héritiers a pour effet de substituer automatiquement leur engage-ment collectif à l'engagement individuel et personnel du *de cujus*, sans par ailleurs s'assurer que tous remplissent les conditions légales d'acquisition de ce droit. Une telle *cotitularité* confuse et juridiquement douteuse est de na-ture à désorienter le contrôle d'accès administratif.

Le droit des ressources naturelles devrait produire des règles qui obligent les héritiers saisis à proposer, dès l'ouverture de la succession, un seul d'en-tre eux pour poursuivre l'exercice du droit d'accès hérité au nom de tous, et ce, jusqu'à la liquidation de la succession. L'héritier désigné doit remplir les conditions légales d'accès à une ressource naturelle. L'individualité de cette titularité représentative vise à faciliter le contrôle d'accès administratif en l'orientant vers une seule cible.

En cas de dissension persistante empêchant la désignation d'un héritier capable de poursuivre l'exercice du droit d'accès octroyé au *de cujus*, les héritiers devraient en être déchus. Si aucun des héritiers ne remplit toutes les conditions légales pour ce faire, l'État devrait reprendre sa ressource natu-relle et retirer à la succession le droit d'accès, moyennant le paiement d'une contrevaleur compensatoire ; ou il peut obliger la succession de le céder à titre onéreux dans les conditions légales. Ceci parce que la mort du *de cujus* ne devrait pas, du fait de la loi, entrainer l'appauvrissement de son patrimoi-ne au détriment de ses héritiers.

C. Par rapport à son caractère actif

Etant assorti d'une sanction de déchéance en cas d'inexercice, et visant principalement la réalisation d'un flux de bénéfices continu d'une ressource naturelle, un droit d'accès à une ressource naturelle ne saurait souffrir d'une longue période d'inexercice.

Ainsi, à la mort du titulaire d'un droit d'accès à une ressource naturelle, ses héritiers sont pratiquement obligés d'en poursuivre l'exercice, afin d'en assurer l'existence juridique conformément aux règles du droit des ressources naturelles. Mais, pour que cette obligation soit juridique, il faut que la saisine des héritiers en soit assortie par des règles de droit spécifiques.

Donc, le droit des ressources naturelles devrait formellement obliger les héritiers saisis d'un droit d'accès à une ressource naturelle d'en poursuivre l'exercice, c'est-à-dire de le doter, dans un délai raisonnable, d'une titularité provisoire et légalement capable. Faute de quoi, l'inexercice prolongé du droit hérité devrait être sanctionné par la déchéance de la succession.

4.4.2. Règles spéciales applicables pour la validité des actes de transmission à cause de mort

Ces règles spéciales peuvent être définies suivant qu'il s'agit des actes de transmission testamentaire **(A)** ou des actes de liquidation d'une succession **(B)**.

A. S'agissant des actes de transmission testamentaire

En droit commun des successions, la validité des actes testamentaires ne tient qu'à la légalité du libre choix du testateur, du disposant ou de l'instituant, ainsi qu'à la libre acceptation du bénéficiaire. En ce qui concerne un droit d'accès à une ressource naturelle transmissible par voie de succession, le droit des ressources naturelles inclut dans le critère de légalité des conditions d'accès autres que la volonté libre du testateur et la simple qualité d'héritier.

En effet, le droit de contrôle de l'accès à une ressource naturelle dévolu à l'administration s'étend logiquement aux actes testamentaires transmissifs d'un droit d'accès ; si bien qu'une autorité administrative peut refuser à un légataire, un attributaire, un appelé ou un institué un droit d'accès à une ressource naturelle, s'il ne remplit pas les conditions légales pour en être titulaire. Ceci pose la question de la détermination du moment opportun de ce contrôle d'accès administratif, et celle du règlement des conséquences juridiques d'un refus administratif d'une attribution testamentaire d'un droit d'accès à une ressource naturelles.

En ce qui concerne le moment opportun du contrôle d'accès administratif, le testateur, le disposant ou l'instituant ne peuvent évidemment pas soumettre leurs actes au contrôle administratif ; car, de leur vivant, il ne s'agit que des actes exprimant leurs intentions et qui n'ont d'effet juridique qu'à leur décès ; et l'administration n'a pas d'intérêt à juger de la validité des intentions d'une personne. L'autorité administrative n'exercera donc utilement son contrôle sur une transmission testamentaire d'un droit d'accès à une ressource naturelle que, lorsqu'à la mort du titulaire, le bénéficiaire aura accepté de s'en prévaloir.

Concernant le règlement des conséquences juridiques d'un refus d'accès à une ressource naturelle opposé à un légataire, un attributaire, un appelé ou un institué par l'administration, il faudrait concilier l'exigence du respect des dernières volontés du *de cujus*, et le droit de l'administration d'appli-quer la loi quant aux conditions d'accès à une ressource naturelle. Ceci impliquerait, en cas de refus, que la succession ou l'administration ne devraient pas avoir le droit d'attribuer le droit d'accès à un autre héritier. L'État exercerait, cependant, son droit de reprise sur sa ressource naturelle et allouera au légataire, à l'attributaire, à l'appelé ou à l'institué la contrevaleur du droit d'accès retiré, ou le sommera de le céder à titre onéreux conformément à la loi.

B. S'agissant des actes de liquidation d'une succession *ab intestat*

Les actes de liquidation d'une succession *ab intestat* sont valables lorsqu'ils engagent l'ensemble des héritiers, ou lorsqu'ils résultent d'une décision judicaire coulée en force de chose jugée. Mais en ce qui concerne l'attribution d'un droit d'accès à une ressource naturelle, l'attributaire doit, par ailleurs, remplir les conditions d'accès légales.

Ainsi, lorsqu'il se trouve dans une succession un droit d'accès à une ressource naturelle transmissible, l'État doit pouvoir vérifier si son attribution consensuelle ou judiciaire est constitutive d'une titularité conforme à la loi. Il faut alors déterminer le moment opportun de ce contrôle et le règlement des conséquences juridiques d'un refus d'accès opposé à un attributaire légalement incapable ou indigne.

En ce qui concerne le moment du contrôle des actes de liquidation, le liquidateur devrait être obligé de soumettre l'attribution d'un droit d'accès à une ressource naturelle au contrôle de l'administration. Celle-ci a bien le droit de vérifier si l'héritier attributaire remplit toutes les conditions légales, pour accéder à une ressource naturelle. En cas de partage de la succession par voie judiciaire, le principe de la séparation des pouvoirs veut que le juge ne prenne pas l'initiative des actes relevant de la compétence administrative, mais il y exerce un contrôle ex post de légalité, et il peut prendre des actes supplétifs en cas de refus ou de défaillance de l'autorité administrative. Le contrôle des conditions légales d'accès aux ressources naturelles et l'attribution consécutive des droits d'accès relevant de l'initiative du pouvoir exécutif, le juge doit se déclarer incompétent quant à ce, et les héritiers n'ont d'autre option que la désignation d'un titulaire remplissant les conditions d'accès légales et sa soumission au contrôle administratif.

Concernant les conséquences juridiques d'un refus administratif de l'attribution d'un droit d'accès à une ressource naturelle à un héritier ne remplissant pas toutes les conditions d'accès légales, la succession devrait avoir le choix entre la réattribution du droit d'accès à un autre héritier capable, sa cession conformément à la loi ou son attribution définitive à l'héritier refusé qui aurait alors le droit de le céder en vue d'en recouvrer la contrevaleur. Si pour une raison ou pour une autre la succession ne se détermine pas dans un délai raisonnable, elle devrait en être déchue.

4.5. Analyse et évaluation des applications en droit positif[423]

Nous pouvons analyser et évaluer les applications de la transmission à cause de mort d'un droit d'accès à une ressource naturelle en droit minier **(4.5.1)**, en droit forestier **(4.5.2)**, en droit agricole **(4.5.3)**, en droit de l'eau **(4.5.4)** et en droit halieutique **(4.5.5)**.

4.5.1. En droit minier

En droit minier, l'appréciation des règles de transmission à cause de mort d'un droit minier ou des carrières concerne son statut, à la mort du titulaire **(A)** et les modes de sa transmission **(B)**.

A. Concernant le statut d'un droit minier ou des carrières à la mort du titulaire

Suivant l'article 187 alinéa 1 du code minier, les droits miniers et de carrières sont transmissibles partiellement ou totalement à cause de mort dans le cadre d'une société unipersonnelle ; dans ce cas, en l'absence de dispositions spéciales contraires, le droit commun sur les mutations s'applique en combinaison avec les règles de l'acte uniforme sur les sociétés commerciales

Ce cas de transmission des droits miniers et de carrières n'est envisageable que lorsque le décès de l'associé unique entraîne la dissolution de la société titulaire, de sorte que, suivant l'article 201 alinéa 4 de l'acte uniforme relatif au droit des sociétés commerciales, le patrimoine de cette dernière soit universellement transmis à sa succession. En l'absence de dispositions contraires du code minier pouvant induire le statut particulier d'un droit minier ou de carrières compris dans ce patrimoine, ce statut évoluerait sui-

[423] Les lois sur les hydrocarbures et sur la chasse ne sont pas exposées sur ce point car elles ne prévoient pas la transmissibilité à cause de mort des droits d'accès qu'elles régissent. Au terme des articles 33 alinéa 2 et 35 de la loi portant régime général des hydrocarbures, les concessions pétrolières ne peuvent être octroyées qu'aux personnes morales. Et les droits de chasse ne sont pas des droits patrimoniaux.

vant les dispositions du droit commun des successions telles qu'exposées ci-avant : il s'agirait d'une possession collective des héritiers saisis, puis d'une copropriété de ceux acceptant la succession et enfin d'une propriété privée de ou des héritiers attributaires.

Cependant, comme démontré ci-avant, ce statut des droits miniers ou de carrières serait, dans toutes ses phases, incompatible avec les caractéristiques de tout droit d'accès à une ressource naturelle, c'est-à-dire sa précarité et sa temporalité, son individualité et son caractère actif.

Cette incompatibilité oblige le code minier à fixer, pour les droits miniers et des carrières, un statut spécial à travers des règles permettant leur maintien dans la succession, la mise en place d'une titularité apte et capable avant la liquidation de la succession, ainsi que la poursuite de leur exercice.

B. Concernant les modes de transmission à cause de mort d'un droit minier ou de carrières

Conformément à l'article 187 alinéa 1 du code minier, un droit minier ou de carrière, constitutif du patrimoine d'une société unipersonnelle, peut faire l'objet d'actes de transmission testamentaires prévus par le droit commun de succession ou d'une liquidation comme succession ab intestat.

Mais, l'application du droit commun des successions butera sur le droit de contrôle des actes de transmission, tels que prévus par les articles 188 à 189 du code minier. Comme pour le cessionnaire d'un droit minier ou de carrières, ce contrôle porte, en effet, essentiellement sur l'éligibilité, la capacité financière et la loyauté de l'héritier attributaire, et son exercice implique une restriction de la liberté du testateur et de la volonté des héritiers telles que consacrées par le droit commun de succession. Il en résulte, dans les termes sus indiqués, une problématique de la validité des actes de transmission

Le code minier devrait être complété afin de donner une réponse claire à cette problématique, et ce, en précisant l'étendu du pouvoir de contrôle de validité des actes de transmission testamentaires et de liquidation, et en réglant les conséquences juridiques du refus administratif d'une transmission en raison de l'inéligibilité ou de l'incapacité de l'héritier attributaire.

4.5.2. En droit forestier

En droit forestier, la question est d'apprécier les règles concernant le statut d'une concession forestière à la mort du titulaire **(A)** et les modes de sa transmission **(B)**.

A. Concernant le statut d'une concession forestière à la mort du titulaire

Le code forestier ne prévoit pas la transmission à cause de mort d'une concession forestière ; même la donation prévue par l'arrêté ministériel du

07 août 2008 n'est pas une donation à cause de mort, car, par définition, celle-ci prend effet à la mort du donateur[424] ; alors que, telle que règlementée, la donation d'une concession forestière prend effet dès son autorisation accordée au donateur. Ceci suppose qu'il s'agit d'une donation entre vifs.

Cependant, le décès du titulaire n'étant pas une cause légale d'extinction d'une concession forestière, celle-ci est un droit patrimonial devant figurer dans sa succession. Le silence du code forestier, en tant que loi spéciale, quant à la détermination du statut de ce droit à la mort du titulaire, impose logiquement le recours au droit commun des successions. Comme tous les biens successoraux, la concession forestière du *de cujus* peut évoluer d'une possession collective des héritiers saisis, à une propriété de l'héritier attributaire. Mais l'application de ce statut de droit commun bute sur les règles de contrôle d'accès aux ressources forestières en ce qu'elles imposent, pour tout droit de concession forestière, une titularité contractuelle. Et celle-ci imprime à ce droit des caractéristiques particulières qui le différencient de biens successoraux, c'est-à-dire la temporalité, la précarité, l'individualité et l'activité, telles que définies ci-avant.

A cet égard, le code forestier devrait être complété par des règles qui fixent le statut d'une concession forestière à la mort du titulaire. Dans le sens suggéré ci-avant, ce statut devrait être compatible avec le caractère temporaire, précaire, individuel et actif de tout droit d'accès à une ressource naturelle.

B. Concernant les modes de transmission à cause de mort d'une concession forestière

Le code forestier n'ayant pas prévu la transmission à cause de mort d'une concession forestière, on ne peut concevoir que celle-ci, au regard des règles spéciales de contrôle d'accès aux ressources forestières, fasse l'objet d'actes de transmission testamentaire ou de liquidation, tels que prévus par le droit commun des successions.

La titularité d'une concession forestière est affectée des conditions légales telles que le concessionnaire ne saurait en disposer librement par un acte testamentaire, et telles que ses héritiers ne sauraient y accéder librement par un acte de liquidation de succession. L'application de ces conditions légales suppose, en effet, la soumission de toute personne désirant accéder aux forêts à un contrôle administratif. Un testateur, concessionnaire forestier ou ses héritiers ne sauraient s'affranchir de ce contrôle en vertu des règles de la dévolution successorale de droit commun.

En partant du principe qu'une concession forestière est un droit valorisé par le concessionnaire, le code forestier devrait en admettre la transmission à

---

[424] La donation à cause de mort se définit comme *une donation révocable appelée à prendre effet à la mort du donateur et sous la condition que le donataire lui survive.*

cause de mort sous le contrôle de l'administration. Il s'agira pratiquement de prévoir, dans le sens suggéré ci-avant, des règles de validation des actes de transmission testamentaire et des actes de liquidation d'une succession comprenant une concession forestière.

4.5.3. En droit agricole

En droit agricole, la question est celle d'apprécier les règles concernant le statut d'une concession agricole à la mort du titulaire **(A)** et les modes de sa transmission **(B)**.

A. Concernant le statut d'une concession agricole à la mort du titulaire

Suivant l'article 20 de la loi agricole, « *les concessions agricoles sont cessibles et transmissibles aux conditions prévues par la loi* », mais de tous les actes de transmission existants, elle ne prévoit que la cession. Il en résulte qu'elle ne prévoit pas la transmission à cause de mort d'une concession agricole, sans que le décès du titulaire n'en soit pourtant une cause d'extinction.

Le décès du concessionnaire agricole n'étant pas une cause d'extinction de son droit, la question du statut d'une concession agricole dans une succession se pose dans les mêmes termes que ci-dessus. Doit- elle être traitée successivement comme une possession collective des héritiers saisis, une propriété collective des héritiers acceptant l'héritage et une propriété des héritiers attributaires ? En l'absence des règles spéciales, il faut recourir au droit commun, sous réserve des restrictions de son applicabilité par rapport aux caractéristiques particulières d'une concession agricole.

Régie à la fois par les règles générales de la loi foncière[425] relatives à l'emphytéose ou à la superficie[426] et par celles spéciales de la loi agricole, une concession agricole présente les caractères de temporalité, de précarité, d'individualité et d'activité, tels que définis ci-avant. Ceci, à l'exemple de tout droit d'accès à une ressource naturelle, la rend pratiquement incompatible avec le statut juridique général des biens successoraux, et requiert en sa faveur un statut particulier, différent de ceux-ci. Ce statut devrait être défini par la loi agricole dans les sens théorique suggéré ci-avant.

---

[425] Voir articles 110 à 131 de la loi foncière. La référence à ses articles est fondée sur l'article 16 de la loi agricole qui y renvoi presqu'explicitement lorsqu'il soumet l'acquisition des terres agricoles aux conditions fixées par la loi tout en fixant des conditions spécifiques. Ce qui suppose un renvoi aux conditions générales d'accès aux terres fixées par la loi foncière.

[426] L'acquisition d'une terre agricole peut se faire suivant les règles générales d'une emphytéose lorsqu'il s'agit d'un fond inculte ou sous celles d'une superficie lorsqu'il s'agit d'un fond déjà mise en valeur.

B. Concernant les modes de transmission à cause de mort d'une concession agricole

La loi agricole ne règle pas spécialement la transmission à cause de mort d'une concession agricole. Mais, si celle-ci est constituée dans le cadre général d'une emphytéose, elle est transmissible à cause de mort, tel que le prévoit l'article 117 alinéa 1 de la loi foncière[427].

En l'absence des règles spéciales, la transmission à cause de mort d'une concession agricole ainsi prévue devrait se faire conformément à celles du droit des successions, de sorte qu'un concessionnaire agricole puisse disposer de son droit par les actes de transmission testamentaire ; ses héritiers pourraient aussi en disposer par la liquidation conventionnelle ou judiciaire de la succession. L'exercice de ces droits libres du testateur ou des héritiers bute, cependant, sur les conditions spéciales d'accès à une terre arable, dont l'application suppose la soumission de tout prétendant à un contrôle administratif.

Pour résoudre cette contradiction, la loi agricole devrait régler la transmission à cause de mort d'une concession agricole, de manière à voir, dans le sens théorique suggéré ci-avant, un dispositif de contrôle et de validation des actes de transmission testamentaires et de liquidation.

4.5.4. En droit de l'eau

Se défaussant sur le gouvernement pour fixer les conditions d'octroi des droits d'utilisation des eaux, la loi relative à l'eau lui laisse la latitude d'en fixer le sort juridique à la mort du titulaire, c'est-à-dire déterminer si elle est transmissible aux héritiers ou pas.

Si elle concède au titulaire d'un droit d'accès à l'eau le droit de le transmettre à cause de mort, l'autorité exécutive devrait lui conférer un statut particulier, différent de ceux de la possession collective et de la propriété collective des héritiers applicables à une masse successorale. Tel que suggéré ci-avant, ce statut devra être compatible avec la précarité, la temporalité, l'individualité et le caractère actif de tout droit d'accès à une ressource naturelle.

La transmissibilité à cause de mort d'un droit d'accès aux eaux devrait s'accommoder avec la permanence du contrôle administratif de l'accès aux ressources naturelles. Ce contrôle implique une validation des actes de transmission testamentaire et de liquidation dans le sens théorique exposé ci-avant.

[427] Ainsi libellé : *« En cas de transmission de l'emphytéose entre vifs ou par décès, les charges dont elle est grevée incombent d'une manière indivisible aux nouveaux titulaires »*

4.5.5. En droit halieutique

En droit halieutique, il s'agit d'apprécier les règles concernant le statut d'une concession de pêche à la mort du titulaire **(A)** ainsi que les modes de sa transmission **(B)**.

A. Concernant le statut d'une concession de pêche après la mort du titulaire

Le décret du 12 juillet 1932 portant règlementation des concessions de pêche ne prévoit pas la transmission à cause de mort d'une concession de pêche. Il ne dit pas non plus qu'il s'agit d'un droit extrapatrimonial voué à l'extinction après la mort du titulaire.

La patrimonialité d'un bien étant de principe, il y a lieu de penser qu'une concession de pêche est un droit patrimonial, et comme tel, elle figure dans la succession du titulaire après son décès, étant soumise au droit commun des successions. Les conditions d'octroi d'une concession de pêche impliquent, cependant, un caractère précaire, temporaire, individuel et actif, incompatible avec : la possession collective des héritiers saisis, la propriété collective des héritiers acceptant l'héritage et la propriété individuelle de chaque héritier attributaire.

Comme suggéré en ce qui concerne tous les autres droits d'accès à une ressource naturelle, ce caractère particulier requiert un statut tout aussi particulier qui, après la mort du titulaire, ménage les droits des héritiers et la nécessité de reconstituer et de maintenir une titularité conforme aux conditions d'accès légales.

B. Concernant les modes de transmission à cause de mort d'une concession de pêche

En l'absence des règles spéciales de transmission d'une concession de pêche, elle pourrait faire l'objet d'actes de transmission testamentaire ou de liquidation, tels que régis par le droit commun des successions.

Cependant, la liberté du testateur et la volonté des héritiers devraient buter sur le contrôle de l'administration. On ne saurait, en effet, comprendre que la cession d'une concession de pêche soit soumise à une *approbation préalable et écrite du gouverneur de province*, et que les autres actes de transmission en soient affranchis. L'exigence légale d'une titularité techniquement capable impose logiquement la soumission d'un héritier au même contrôle qu'un cessionnaire.

Pour ce faire, la loi devrait être complétée par des règles spéciales qui régissent les actes de transmission testamentaire et de liquidation, de manière à assurer leur contrôle administratif quant à la capacité d'un héritier attributaire d'une concession de pêche.

5. Un droit d'accès à une ressource naturelle est-il hypothécable ?

Pour répondre à cette question, il nous faut d'abords préciser la notion générale d'hypothèque **(5.1)**, puis apprécier l'applicabilité du régime uniforme des hypothèques à un droit d'accès à une ressource naturelle **(5.2)** et, analyser et évaluer ses applications en droit positif interne **(5.3)**.

5.1. Notion générale d'hypothèque

Préciser de la notion générale d'hypothèque revient à en donner la définition et les sortes **(5.1.1)** ainsi que la nature des biens hypothécables **(5.1.2)** et à en indiquer la durée et les effets **(5.1.3)**.

5.1.1. Définition et sortes

L'hypothèque est une sûreté réelle immobilière constituée sans la dépossession du débiteur, propriétaire de l'immeuble, par une convention, une décision de justice ou la loi, et en vertu de laquelle le créancier qui en est bé-néficiaire a la faculté de faire vendre l'immeuble grevé en quelques mains qu'il se trouve et d'être payé par préférence sur le prix[428].

Ainsi définie, l'hypothèque est régie par l'acte uniforme du 15 décembre 2010 portant organisation des sûretés ; elle peut être conventionnelle, légale ou judicaire. Dans le premier cas, elle est constituée par acte authentique entre le débiteur, propriétaire d'un immeuble ou d'un droit réel immobilier et son créancier. Dans le deuxième cas, elle est autorisée à titre conservatoire par le tribunal, en vue de garantir une créance non assortie de titre exécutoi-re et mise en péril. Le créancier est ainsi autorisé à prendre une inscription provisoire d'hypothèque sur les immeubles de son débiteur, à condition de la faire valider dans un délai déterminé[429]. Dans le dernier cas, l'hypothèque est constituée en vertu de la loi pour garantir le paiement des créances indiquées dans l'acte constitutif. Les créanciers peuvent ainsi demander au tri-bunal sa constitution à leur profit.

Quelle soit légale, judiciaire ou conventionnelle, l'hypothèque doit être inscrite et rendue publique par l'autorité ayant enregistré le droit réel immo-bilier grevé. Lorsqu'elle porte sur un droit réel constitué sur un immeuble appartenant à une personne autre que le constituant, l'inscription hypothé-caire doit être notifiée à cette dernière[430].

---

[428] Article 190 de *l'acte uniforme du 15 décembre 2010 portant organisation des sûretés* et Gérard CORNU, *op cit* p. 462

[429] OHADA, *traité et actes uniformes commentés et annotés,* Juriscope, 2012, p. 963.

[430] Article 195 de l'acte uniforme du 15 décembre 2010 portant organisation des sûretés

5.1.2. Nature des biens hypothécables

Seuls les immeubles présents et immatriculés peuvent en principe faire l'objet d'hypothèque. Il s'agit des fonds bâtis et non bâtis, de leurs améliorations et constructions survenues (à l'exclusion des meubles qui en constituent l'accessoire) ainsi que des droits réels immobiliers régulièrement inscrits[431].

Par exception, l'hypothèque conventionnelle peut être constituée sur un immeuble à venir par celui qui n'en possède pas ou en possède en quantité insuffisante pour la sûreté de toute la créance. Il peut ainsi consentir que les immeubles qu'il acquerra soient affectés au paiement de cette dernière. L'hypothèque conventionnelle peut être aussi constituée : par le débiteur dont l'immeuble hypothéqué a subi des dégradations ou a péri, de sorte qu'il ne constitue plus une sûreté pour la créance ; et par le débiteur qui possède un droit réel lui permettant de construire à son profit sur un fond d'autrui ou domanial les bâtiments projetés.[432]

Un immeuble hypothéqué doit être la propriété du constituant qui doit être capable d'en disposer. Dans ce cas, le droit de propriété se confondant avec l'immeuble, l'hypothèque porte sur ce dernier ; mais en ce qui concerne les autres droits réels immobiliers, ils sont hypothécables indépendamment des immeubles sur lesquels ils portent.

5.1.3. Durée et effets

Sauf disposition légale contraire, une hypothèque doit avoir une durée déterminée, ne pouvant dépasser trente ans à dater de son inscription. Elle est ainsi censée avoir été constituée pour cette durée maximum si sa durée n'est pas précisée dans l'acte constitutif. Elle peut être renouvelée[433].

L'hypothèque confère au créancier hypothécaire un droit de suite et un droit de préférence. Il peut ainsi poursuivre la réalisation de l'immeuble hypothéqué entre les mains d'un nouvel acquéreur ou d'un tiers détenteur dont le titre est postérieur à l'inscription hypothécaire. Et il est désintéressé par préférence aux autres créanciers hypothécaires de rang inférieure ou non hypothécaires sur le fruit de la vente de l'immeuble hypothéqué[434].

Si, à l'échéance de la créance hypothécaire le débiteur ne s'exécute pas, le créancier peut poursuivre la vente de l'immeuble hypothéqué selon les modalités prévues par les règles de la saisie immobilière. Il peut aussi procéder à la réalisation de l'immeuble hypothéqué par attribution judiciaire, c'est à dire demander en justice qu'il lui demeure en paiement.

---

431 Article 192 de l'acte uniforme du 15 décembre 2010 portant organisation des sûretés

432 Article 203 de l'acte uniforme du 15 décembre 2010 portant organisation des sûretés

433 Article 196 de l'acte uniforme du 15 décembre 2010 portant organisation des sûretés

434 Article 197, 223 et 224 de l'acte uniforme du 15 décembre 2010 portant organisation des sûretés

Si le constituant est une personne morale ou un commerçant, il peut procéder par attribution conventionnelle, c'est-à-dire s'attribuer l'immeuble hypothéqué en vertu d'une clause de la convention d'hypothèque stipulant son appropriation en cas de non-paiement. Il réalise alors la mutation à l'issue d'un délai de trente jours, à dater de la mise en demeure du débiteur[435].

5.2. Applicabilité du régime uniforme des hypothèques à un droit d'accès à une ressource naturelle

Après avoir apprécié au plan légal l'applicabilité du régime uniforme des hypothèques à un droit d'accès à une ressource naturelle **(5.2.1)**, nous pouvons relever ses contradictions avec le droit des ressources naturelles **(5.2.2)** , étudier l'adaptabilité de ce dernier à ses règles **(5.2.3)** et pointer les limites de sa primauté sur le régime d'accès aux ressources naturelles **(5.2.4)**.

5.2.1. Au plan légal

Conformément à l'article 10 du traité du 17 octobre 1993 relatif à l'harmonisation du droit des affaires en Afrique, le régime des hypothèques applicable en République démocratique du Congo est celui de l'acte uniforme du 15 décembre 2010 portant organisation des sûretés. C'est ce régime qui, en ce qu'il vise « *les droits réels immobiliers régulièrement inscrits* », peut s'appliquer à un droit d'accès à une ressource naturelle.

Cependant, ne visant que les droits réels immobiliers régulièrement inscrits, ce régime uniforme des hypothèques n'est applicable aux droits d'accès à une ressource naturelle que si leur constitution est soumise à un régime d'immatriculation, c'est-à-dire un régime d'enregistrement et de publicité consistant en la constitution des droits d'accès par voie d'enregistrement et l'émission des titres représentatifs. Les droits sont en effet inscrits dans un registre spécial et public avec leurs objets délimités sous des numéros d'ordre particuliers et les noms de leurs titulaires. Ceux-ci se voient attribués, après, des titres représentatifs de leurs droits sur lesquels sont inscrits toutes les charges, transmissions et extinctions affectant le bien ou le droit constituant leur objet.

Sous cette condition d'immatriculation, un droit d'accès à une ressource naturelle cessible est hypothécable suivant l'acte uniforme du 15 décembre 2010 portant organisation des sûretés. Il peut ainsi faire l'objet d'hypothèques conventionnelles, d'hypothèques légales de la masse des créanciers résultant des procédures collectives et d'hypothèques forcées judiciaires. Les

---

[435] Articles 198 et 199 de l'acte uniforme du 15 décembre 2010 portant organisation des sûretés

lois spéciales relatives aux ressources naturelles peuvent compléter ce régime sur des points où l'acte uniforme en question lui-même s'en remet à la loi nationale de chaque État partie.

5.2.2. Contradictions avec le droit des ressources naturelles

Le régime uniforme des hypothèques recèle des contradictions avec le droit des ressources naturelles quant à l'objet de l'hypothèque **(A)**, quant au régime d'attribution d'un droit d'accès à une ressource naturelle **(B)** et quant aux mécanismes de réalisation du droit immobilier hypothéqué **(C)**.

A. Quant à l'objet de l'hypothèque

Telle que définie et régie par l'acte uniforme y relatif, l'hypothèque s'applique à tous les immeubles corporels immatriculés appartenant au constituant, ainsi qu'à tous les droits réels inscrits et cessibles dont ils peuvent faire l'objet. Dans le premier cas, ce n'est pas le droit de propriété du constituant qui est hypothéqué, mais les choses sur lesquelles il porte. Dans le deuxième cas, ce sont les droits réels en eux-mêmes qui font l'objet d'hypothèque, et non les choses appartenant à autrui sur lesquelles ils portent.

Ressortissant à ce dernier cas, l'hypothèque d'un droit d'accès à une ressource naturelle porte sur le droit réel lui-même, et non sur l'actif naturel appartenant à l'État ; partant, elle bute sur la question de savoir si ce droit est hypothécable en lui-même comme un droit incorporel ?

La réponse à cette question doit être faite à la lumière du but d'une hypothèque. Pour son titulaire, l'hypothèque vise à garantir sa créance par une éventuelle vente de l'immeuble de son débiteur ; sa valeur comme sûreté réelle tient donc à la valeur patrimoniale de l'immeuble sur lequel elle porte. En ce qui concerne un droit d'accès à une ressource naturelle, nous avons démontré ci-avant que, n'étant en lui-même qu'un effet économique virtuel d'un acte administratif, devant être concrétisé sous peine de déchéance, il n'a de valeur patrimoniale que par son exercice légal et effectif. Cet exer-cice se traduit par l'investissement des biens nécessaires et par le prélève-ment des ressources naturelles.

Donc, pour valoir comme sûreté réelle, une hypothèque ne devrait porter que sur un droit d'accès à une ressource naturelle valorisé par l'incorporation des biens nécessaires à son exercice ; elle devrait pouvoir, au moment de sa réalisation, assurer la transmission d'un droit d'accès dont l'exercice peut être poursuivi par le nouvel acquéreur. Pour ce faire, une hypothèque devrait couvrir, au-delà du droit d'accès, les biens nécessaires investis par le constituant pour son exercice.

B. Quant au régime d'attribution d'un droit d'accès à une ressource naturelle

L'attribution des droits d'accès à une ressource naturelle est généralement soumise à un régime d'autorisation ; elle se fait donc par voie de simple autorisation administrative (permis ou licence), tenant lieu de titre représentatif.

Cependant, telle que légalement définie, l'hypothèque ne peut porter que sur des immeubles ou des droits immobiliers ayant fait l'objet d'une immatriculation. Ceci suppose la soumission de ces biens à un régime d'immatriculation requérant leur enregistrement préalable, et l'émission de leurs titres représentatifs destinés à porter, entre autres, les inscriptions hypothécaires. Or, le régime d'autorisation se limite à l'émission d'actes administratifs qui, étant inaliénables en eux-mêmes, ne peuvent porter des mentions d'une inscription hypothécaire. Le droit d'accès qu'un acte administratif octroie n'est qu'un de ses effets, et il n'a pas d'existence matérielle propre pour pouvoir porter pareille mention.

Donc, le régime d'autorisation auquel ils sont soumis étant incompatible avec l'inscription hypothécaire, les droits d'accès aux ressources naturelles ne sont pas juridiquement hypothécables. Etant des enjeux intéressants dans le monde des affaires, il n'y a cependant pas de raisons pour qu'ils ne servent pas, à titre de sûreté réelle, comme levier de financement de l'activité économique. Pour les rendre hypothécables à cette fin, il faudrait coupler le régime d'autorisation avec un régime d'immatriculation permettant leur matérialisation par des titres représentatifs appropriés.

C. Quant aux mécanismes de réalisation du droit immobilier hypothéqué

Suivant l'article 198 de l'acte uniforme du 15 décembre 2010 portant organisation des sûretés, le créancier hypothécaire peut réaliser le bien hypothéqué par saisie immobilière, attribution judiciaire et attribution conventionnelle. Reportant l'examen du premier mécanisme au paragraphe consacré à la saisie immobilière, nous pouvons démontrer qu'en droit des ressources naturelles les deux derniers mécanismes sont incompatibles avec le droit de contrôle d'accès de l'État.

En effet, l'attribution par voie judiciaire[436] consiste pour un créancier hypothécaire de demander au juge que le droit d'accès à une ressource naturelle hypothéqué lui revienne en paiement. Un tel procédé d'accès aux ressources naturelles viole le principe constitutionnel de la séparation des pouvoirs, impliquant que le contrôle des conditions d'accès aux ressources naturelles relève de la compétence administrative. Le juge n'est compétent que pour contrôler la légalité des autorisations d'accès ou des refus des demandes d'accès ; il ne saurait constituer, à côté de l'autorité administrative, une voie exceptionnelle d'accès aux ressources naturelles.

---

[436] OHADA, *Traité et actes uniformes commentés et annotés*, Juriscope, 2012, p. 954

L'attribution conventionnelle[437] consiste pour un titulaire d'un droit d'accès à une ressource naturelle hypothéqué de l'attribuer à son créancier en cas de non-paiement de la dette convenue. Par une telle convention d'hypothèque, les cocontractants conviennent, en marge du contrôle d'accès administratif, du transfert du droit d'accès au créancier hypothécaire ; et ce dernier accèderait à une ressource naturelle sans devoir donner les preuves qu'il remplit toutes les conditions requises pour un accès efficace et équitable.

5.2.3. Adaptabilité du droit des ressources naturelles au régime uniforme des hypothèques

En matière d'hypothèques, le droit des ressources naturelles est confronté à l'interdiction des dérogations aux règles du régime uniforme des hypothèques **(A)**, mais il est soumis à une adaptation obligatoire à ces règles **(B)**.

A. Interdiction des dérogations aux règles du régime uniforme des hypothèques

Il est de principe qu'une matière régie par le droit commun peut faire l'objet d'une loi spéciale. Dans ce cas, les règles de cette dernière dérogent et prévalent sur celles du droit commun, en application du principe général de droit : *Lex generalis derogat legi generali.* Dans cette perspective, on peut envisager qu'une loi régissant l'accès à une ressource naturelle donnée institue une hypothèque spéciale, applicable au droit d'accès ou interdise toute hypothèque. Ceci n'est cependant pas légalement permis dans le système de l'OHADA.

Suivant l'article 10 du Traité du 17 octobre 1993, « *les actes uniformes sont directement applicables et obligatoires dans les État Parties nonobstant toute disposition contraire de droit interne, antérieure ou postérieure* ». Cette primauté des actes uniformes sur le droit interne, consacrée par ailleurs à l'article 215 de la Constitution, ne laissent aucune possibilité à une loi nationale d'y déroger. En vertu de la disposition conventionnelle en question, est ou sera anticonstitutionnelle l'institution par une loi nationale d'une hypothèque spéciale applicable à un droit d'accès à une ressource naturelle, ou l'interdiction de toute hypothèque sur un droit hypothécable.

Donc, si une loi régissant les droits d'accès à une ressource naturelle organise leur immatriculation de manière à les rendre hypothécables, ils seront quant à ce soumis au régime des hypothèques de l'acte uniforme du 15 décembre 2010. Celui-ci prévoit à son article 1 que les sûretés qu'il institue sont destinées à garantir le paiement des créances « *quelle que soit la nature de l'obligation* »[438]. La seule possibilité légale de les soustraire à son ap-

---

[437] *Idem*

[438] OHADA, *Traité et actes uniformes commentés et annotés*, Juriscope, 2012, p. 855

plicabilité est de les soumettre, quant à leur constitution, au seul régime d'autorisation, et non d'immatriculation.

B. Adaptation obligatoire aux règles du régime uniforme des hypothèques

Relevant du droit interne, le droit des ressources naturelles doit s'adapter à l'acte uniforme du 15 décembre 2010 en ce qu'il institue et organise les hypothèques. Ceci s'entend l'abrogation des règles contraires ou ayant pour effet de limiter l'applicabilité de l'acte uniforme, ainsi que l'interdiction de les invoquer contre son application[439].

Dans le cas sous examen, cette adaptation obligatoire implique l'abrogation de toute règle de droit interne instituant une hypothèque spéciale ou toute autre forme de sûreté réelle applicable à un droit d'accès à une ressource naturelle. Quant à l'interdiction d'invoquer les conditions légales d'accès à une ressource naturelle ou les restrictions qui en résultent, pour empêcher l'attribution conventionnelle ou par voie judicaire d'un droit d'accès hypothéqué, elle reste discutable à la lumière de ce qui sera dit sous peu au sujet des limites de la primauté de l'acte uniforme sur le droit des ressources naturelles.

Donc, une mise sous hypothèque d'un droit d'accès à une ressource naturelle doit obéir aux règles de condition et de forme fixées par l'acte uniforme du 15 décembre 2010. Mais en cas de réalisation de l'hypothèque, le transfert de titularité du droit d'accès ignorera difficilement les règles du droit interne relatives au droit de contrôle de l'État. Le droit des ressources naturelles peut, en effet, questionner sur ce point le principe de la primauté des traités sur le droit interne.

5.2.4. Limites de la primauté du régime uniforme des hypothèques sur le régime d'accès aux ressources naturelles

La primauté du régime uniforme des hypothèques sur le régime d'accès aux ressources naturelles connait des limites relatives au champ d'application des actes uniforme **(A)** ainsi qu'à la non incompatibilité des règles d'accès aux ressources naturelles **(B)**.

A. Limite relative au champ d'application des actes uniformes

Tel que délimité à l'article 2 du traité de l'OHADA, le champ d'application des actes uniformes comprend, entre autres matières, les sûretés. Il ne comprend pas l'accès aux ressources naturelles des État, de sorte que cette matière relève du droit interne de ces derniers qui définissent chacun les règles d'accès à leurs ressources naturelles.

---

[439] *Idem*, p. 36

Ainsi, mettant en œuvre l'article 2 sus évoqué en ce qu'il prévoit un régime uniforme des sûretés, l'acte uniforme du 15 décembre 2010 ne définit que les règles relatives à la constitution, l'extinction et la réalisation des hypothèques. De ce fait, il abroge, conformément à l'article 10 du traité de l'OHADA, toute disposition du droit interne contraire à ces règles, c'est-à-dire portant sur la même matière.

Étant étrangères à la matière des hypothèques, les dispositions du droit interne relatives à l'accès aux ressources naturelles ne sont pas contraires à l'acte uniforme du 15 décembre 2010. Elles ne peuvent donc pas être considérées comme abrogées en cas de transfert, par réalisation d'hypothèque, d'un droit d'accès à une ressource naturelle hypothéqué ; elles devraient être observées en qu'elles fixent les conditions d'accès à une ressource naturelle.

B. Non incompatibilité des règles d'accès aux ressources naturelles

Telle que consacrée à l'article 27 de la convention de Vienne sur le droit des traités, la primauté des traités sur les dispositions du droit interne des États suppose que celles-ci sont contraires lorsqu'elles portent sur la même matière qu'un traité, et incompatibles, lorsque leurs effets limitent l'efficacité du traité.

Or, non seulement qu'elles ne sont pas contraires au régime uniforme des hypothèques, les règles d'accès aux ressources naturelles ne lui sont pas incompatibles, car poursuivant des objectifs différents. Elles visent, en effet, une utilisation efficace des ressources naturelles, tandis que le régime uniforme des hypothèques vise à assurer une meilleure garantie du paiement des créances, en vue d'une plus grande sécurité contractuelle. Et en cas d'attribution conventionnelle ou judiciaire d'un droit d'accès à une ressource naturelle hypothéquée, l'invocation d'une règle d'accès contre le créancier hypothécaire ne remettrait pas en cause la réalisation de l'hypothèque, mais sa capacité à exercer le droit qu'il s'est attribué. Auquel cas, il pourrait être sommé de se mettre en ordre ou de le céder à une personne capable.

Par ailleurs, en cas de réalisation d'un droit d'accès à une ressource naturelle hypothéqué, la primauté du régime uniforme des hypothèques ne saurait être invoquée contre le droit de contrôle de l'État. L'attribution du droit d'accès hypothéqué ne visant à ce niveau que le désintéressement du créancier hypothécaire et non la poursuite de son exercice, l'attributaire n'en devient pas immédiatement titulaire ; il n'en est plutôt qu'un simple acquéreur ayant la faculté soit de se conformer aux conditions légales d'octroi, en vue d'en devenir titulaire, soit de le céder à une personne capable.

5.3. Analyse et évaluation des applications en droit positif interne

En droit positif interne, nous pouvons analyser et évaluer ce qu'est le régime des hypothèques en droit minier **(5.3.1)**, en droit forestier **(5.3.2)**, en droit agricole **(5.3.3)**, en droit des hydrocarbures **(5.3.4)**, en droit de l'eau **(5.3.5)** et en droit halieutique **(5.3.6)**.

5.3.1. En droit minier

En droit minier, le régime des hypothèques des droits miniers ou de carrières peut être analysé et évalué quant à la notion d'hypothèque **(A)** et quant à l'applicabilité du régime uniforme des hypothèques aux droits mi-niers **(B)**.

A. Quant à la notion d'hypothèque

À ces articles 168 à 175, le code miner organise une hypothèque spéciale qui peut se définir comme une sûreté réelle constituée, par une convention entre le titulaire d'un droit minier ou de carrières et son créancier, sur ce droit ou sur les immeubles par incorporation ou par destination affectés à son exercice[440].

Il ressort de l'article 170 point *b* du code minier que l'hypothèque minière ainsi définie ne peut avoir pour finalité que de garantir le paiement d'une dette contractée pour le financement de l'activité minière ; car, suivant cette disposition légale, l'approbation de cette hypothèque doit être refusée si elle *« garantit les créances n'ayant aucun rapport avec l'activité minière pour laquelle elle est consentie »*. La loi n'ayant pas fixé sa durée, l'hypothèque minière peut être constituée pour une durée indéterminée, couvrant toute la période de validité du droit minier ou de carrières

En vertu de la convention d'hypothèque, le créancier peut, en cas de non-paiement de la dette garantie, réaliser l'hypothèque conformément au droit commun de saisie immobilière ou requérir la mutation, en sa faveur, du droit minier ou de carrières hypothéqué. Cette convention n'est valable que si elle est approuvée par le ministre des mines.

B. Quant à l'applicabilité du régime uniforme des hypothèques aux droits miniers ou des carrières

Suivant l'article 10 du Traité de l'OHADA, le régime uniforme des hypothèques s'applique aux droits miniers et de carrières en tant qu'ils sont des droits immobiliers inscrits. Et en raison de l'effet abrogatoire de cette

---

[440] Au terme de l'article 168, les biens susceptibles d'hypothèque sont : *a) Le permis d'Exploi-tation, le permis d'Exploitation des rejets, le Permis d'Exploitation de petite mine et l'Autorisa-tion d'Exploitation des Carrières Permanente, en tout ou en partie ; les immeubles par incor-poration situés dans le périmètre d'exploitation minière, notamment les usines, les installations et les machines construites pour la concentration, le traitement et la transformation des substances minérales contenues dans les gisements ou dans les gisements artificiels ; b) Les immeubles par destination affectés à l'exploitation minière.*

disposition conventionnelle, les dispositions légales et règlementaires de l'hypothèque minière sont réputées abrogées.

Cependant, l'application de ce régime uniforme des hypothèques devra, lors de la réalisation d'une hypothèque minière, tenir compte du caractère valorisable d'un droit minier et des restrictions imposées par les conditions d'accès aux ressources minières. La seule inscription d'un droit minier ou de carrières ne devrait pas suffire pour le rendre hypothécable ; il ne pourrait l'être que s'il est valorisé. Et l'hypothèque ne devrait pas porter sur le titre pris en lui-même, mais sur tous les biens investis pour sa valorisation, c'est à dire sur tout ou partie de la mine construite. Les règles de contrôle d'ac-cès aux ressources minières échappant à l'effet abrogatoire de l'article 10 du traité de l'OHADA, la réalisation des droits miniers hypothéqués devrait en tenir compte en ce qui concerne notamment la capacité ou l'éligibilité de l'attributaire.

Donc, le code minier devra se conformer au régime uniforme des hypo-thèques en renonçant aux règles de constitution et de réalisation de l'hypo-thèque minière. Il pourra cependant se doter des règles de contrôle de la capacité et de l'éligibilité des attributaires des droits miniers hypothéqués.

5.3.2. En droit forestier

Le code forestier ne prévoit pas l'hypothèque d'une concession forestiè-re, et celle-ci n'étant pas un droit immobilier inscrit, elle ne peut pas faire l'objet d'hypothèques prévues par l'acte uniforme du 15 décembre 2010 re-latif aux sûretés.

En effet, le régime d'attribution des concessions forestières ne prévoit pas leur constitution par voie d'immatriculation et d'émission des titres rep-résentatifs. La seule signature du contrat de concession forestière est consti-tutive de la concession forestière, et ce contrat vaut titre. Il en résulte que, bien qu'étant un droit réel immobilier, elle échappe à l'applicabilité du régi-me uniforme des hypothèques.

Mais, si dans son évolution le code forestier se dotait d'un régime d'im-matriculation des concessions forestières, elles seraient hypothécables con-formément au régime uniforme des hypothèques, sans pourtant que celui-ci remette en cause les règles du contrôle d'accès aux ressources forestières.

5.3.3. En droit agricole

En droit agricole, l'analyse et l'évaluation du régime des hypothèques sont faites quant à la notion d'hypothèque **(A)** et quant à l'applicabilité du régime uniforme des hypothèques aux concessions agricoles **(B)**.

A. Quant à la notion d'hypothèque

La loi agricole ne prévoit pas l'hypothèque d'une concession agricole, mais renvoyant implicitement au régime foncier en ce qui concerne sa constitution, cette dernière est un droit réel immobilier inscrit et, comme tel, soumis au régime uniforme des hypothèques.

En effet, les concessions foncières sont constituées par leur enregistrement et l'établissement d'un certificat d'enregistrement. Procédant de la même procédure de constitution, une concession agricole est enregistrée comme une concession foncière à usage agricole, et elle est établie par un certificat d'enregistrement valant titre représentatif. Et la notion d'hypothèque, telle qu'induite du régime uniforme des hypothèques, s'y applique.

Ainsi, une hypothèque peut être constituée sur une concession agricole suivant les règles de l'acte uniforme du 15 décembre 2010 relatif aux sûretés, et une concession agricole hypothéquée peut être réalisée suivant les mêmes règles.

B. Quant à l'applicabilité du régime uniforme des hypothèques à une concession agricole

Le régime uniforme des hypothèques est applicable aux concessions agricoles conformément à l'article 10 du traité de l'OHADA. Avec l'effet abrogatoire de cette disposition, il va sans dire que le régime des suretés institué par la loi portant régime général des biens, régime immobilier et régime des sûretés est réputé abrogée.

Contrairement aux droits d'accès à une ressource naturelle non valorisés à l'acquisition, une concession agricole est un droit d'accès valorisé, car octroyée en raison de la valorisation du fond ; elle est comme tel hypothécable dès son obtention. L'hypothèque devrait porter, non sur le droit de concession pris en lui-même, mais sur la ferme agricole dont il permet l'exploitation légale et qu'il incorpore. La réalisation d'une concession agricole hypothéquée devra tenir compte des conditions d'accès aux terres agricoles en ce qui concerne l'attributaire.

Dans le souci de doter le secteur agricole d'opérateurs efficaces, le code agricole devrait prévoir le contrôle des attributaires des concessions agricoles hypothéquées. Ceux-ci doivent répondre aux mêmes conditions de capacité et d'éligibilité qu'un demandeur initial d'une concession agricole.

5.3.4 En droit des hydrocarbures

Tels qu'ils résultent, tant de la loi portant régime général des hydrocarbures que du fonctionnement du contrat de partage de production, les droits d'accès aux hydrocarbures ne sont pas hypothécables conformément au régime uniforme des hypothèques.

Du point de vue de la loi portant régime général des hydrocarbures, les droits d'accès aux hydrocarbures s'analysent comme des droit de jouissance suis generis portant sur un gisement pétrolier. Alors que dans un contrat de partage de production, ils se traduisent par la fourniture, moyennant remboursement des dépenses au moyen du *cost oil*, des *travaux pétroliers* au profit de l'État en échange d'une part du *profit oil* ; ce qui, les réduisant à cette part, en fait des droits incorporels assimilables à une *participation aux bénéfices*.

Dans tous ces deux cas, les droits d'accès aux hydrocarbures sont constitués par voie de contrat et non par voie d'immatriculation et, comme tels, ils ne sont pas des droits réels immobiliers régulièrement inscrits pour être hypothécables.

5.3.5 En droit de l'eau

La loi relative à l'eau ne prévoit pas l'hypothèque des droits d'utilisation des eaux, mais à son article 18, elle prévoit la tenue par le conservateur des titres fonciers d'un document situant les lacs et les cours d'eaux et mentionnant les droits d'usage et d'occupation qui y sont concédés, de sorte qu'il y a lieu de poser la question de savoir s'il s'agit des droits inscrits hypothécables.

Telle que décrite par la loi en question, la procédure de constitution des concessions hydriques n'inclut pas leur immatriculation et l'émission des titres représentatifs ; leur mention dans le document cadastral en question n'implique donc pas leur constitution par voie d'inscription ou d'enregistrement. Ce document n'est, par ailleurs, qu'un simple outil topographique et non un registre.

Donc, les droits d'accès aux ressources hydriques ne relèvent que d'un régime d'autorisation, et n'étant pas des droits inscrits, ils sont soustraits de l'applicabilité du régime uniforme des hypothèques.

5.3.6 En droit halieutique

Le décret du 21 avril 1937 sur les concessions de pêche n'en prévoit pas l'hypothèque, et par sa définition légale, une concession de pêche échappe à l'applicabilité du régime uniforme des hypothèques.

En effet, les concessions de pêche sont, certes, des droits immobiliers, mais elles ne sont pas légalement définies comme des droits réels ; ce qui, d'un point de vue strictement légal, en fait plutôt des droits de jouissance sui generis dont la constitution ne se fait pas par voie par d'immatriculation.

Or, telle que prévue par l'acte uniforme du 15 décembre 2010 portant organisation des sûretés, l'hypothèque ne s'applique qu'aux droit réels immobiliers. Ceux-ci doivent être, par ailleurs, inscrits s'il existe un dispositif d'immatriculation.

6. Un droit d'accès a une ressource naturelle est-il saisissable ?

Pour répondre à cette question, il nous faut d'abords préciser la notion de saisie immobilière **(6.1)** et apprécier l'applicabilité du régime uniforme de saisie immobilière à un droit d'accès à une ressource naturelle **(6.2)**, pour enfin analyser et évaluer ses applications en droit positif interne **(6.4)**.

6.1. Notion de saisie immobilière

Préciser la notion de saisie immobilière revient à en donner la définition **(6.1.1)** et en exposer la procédure légale **(6.1.2)**.

6.1.1. Définition

« La saisie immobilière est la procédure par laquelle un créancier poursuit la vente par expropriation forcée des immeubles appartenant à son débiteur défaillant ou de ceux affectés à sa créance[441] *»*

La poursuite de la vente des immeubles s'effectue devant une juridiction compétente ; elle consiste en leur mise sous la main de la Justice au moyen d'un titre exécutoire et d'un commandement de payer dans un délai déterminé ; et elle vise, en cas de non-paiement, à obtenir du juge la vente des immeubles saisis, en vue de désintéresser les créanciers[442].

Par*« immeubles appartenant à son débiteur défaillant »*, la présente définition entend ceux présents dans son patrimoine, et saisissables en vertu du gage général des créanciers sur tous les biens de leur débiteur ; par *« ceux affectés à sa créance »*, elle entend les immeubles hypothéqués et saisis par les créanciers hypothécaires, en vue de leur réalisation.

6.1.2. Procédure légale

La procédure légale d'une saisie immobilière commence par l'immatriculation préalable de l'immeuble saisi **(A)** et se poursuit par le commandement préalable **(B)**, la rédaction et le dépôt du cahier des charges **(C)** pour se terminer par la vente et l'adjudication **(D)**.

A. Immatriculation préalable de l'immeuble saisi[443]

Avant toute saisie immobilière, le saisissant doit pouvoir produire le titre foncier prouvant que l'immeuble est immatriculé au nom du débiteur.

---

[441] OHADA, *traité et actes uniformes commentés et annotés*, Juriscope, 2012, p 1090

[442] Gérard CORNU *Op Cit* p. 842

[443] Article 253 de l'acte uniforme du 10 avril 1998 portant organisation des procédures simplifiées de recouvrement et des voies d'exécution.

Si l'immeuble n'est pas immatriculé, le saisissant doit obtenir du président de la juridiction compétente l'autorisation de requérir le conservateur, en vue d'obtenir son immatriculation au nom de son débiteur. La procédure de la mise sous la main de la Justice de l'immeuble ne peut être entamée qu'après l'introduction de la requête d'immatriculation. Et la vente ne peut être ordonnée qu'après la délivrance du titre foncier.

La requête d'immatriculation ne peut être formulée et introduite que si la loi foncière de l'État où se situe l'immeuble prévoit la procédure d'immatriculation. Sinon, l'immatriculation préalable étant juridiquement impossible, la saisie immobilière sera impraticable.

B. Commandement préalable[444]

Toute saisie immobilière doit être précédée d'un commandement aux fins de saisie, signifié au débiteur ou au tiers détenteur de l'immeuble par l'huissier de la juridiction compétente. À peine de nullité, l'exploit doit contenir les mentions légales prescrites à l'article 254 de l'acte uniforme du 10 avril 1998 portant organisation des procédures simplifiées de recouvrement et des voies d'exécution.

Le commandement est signifié avec sommation soit de payer l'intégralité de la dette en principal et intérêts, soit de délaisser l'immeuble hypothéqué, soit de subir la procédure d'expropriation. Le paiement de la dette se fait entre les mains du créancier, et le délaissement de l'immeuble se fait au greffe de la juridiction compétente. Après sa signification, le commandement doit être déposé au bureau du conservateur ou de l'autorité administrative compétente pour inscription et publication.

En cas de non-paiement dans le délai du commandement, l'inscription de celui-ci vaut saisie ; l'immeuble et ses revenus sont immobilisés, et le débiteur ne peut l'aliéner ou le grever d'un droit réel ou charge ; les fruits naturels et industriels de l'immeuble sont également immobilisés pour être distribués avec son prix.

C. Rédaction et le dépôt du cahier des charges[445]

Le cahier des charges est un document rédigé et signé par l'avocat du créancier poursuivant, dans lequel il précise les conditions et les modalités de la vente de l'immeuble saisi. Il contient, à peine de nullité, les mentions prescrites à l'article 267 de l'acte uniforme du 10 avril 1998 portant organisation des procédures simplifiées de recouvrement et des voies d'exécution.

---

[444] Articles 254- 263 de l'acte uniforme du 10 avril 1998 portant organisation des procédures simplifiées de recouvrement et des voies d'exécution.

[445] Articles 266-271 de l'acte uniforme du 10 avril 1998 portant organisation des procédures simplifiées de recouvrement et des voies d'exécution.

Ainsi rédigé, le cahier des charges est déposé au greffe de la juridiction compétente dans un délai de cinquante jours à compter de la publication du commandement. Après le dépôt, le saisissant fait sommation au débiteur et aux créanciers inscrits d'en prendre communication et d'y faire insérer leurs dires. Ceux-ci sont des observations sur la régularité matérielle ou formelle de la saisie.

Les dires et les observations peuvent faire l'objet d'une audience éventuelle. Celle-ci est fixée lorsque la juridiction compétente estime qu'au regard des dires et des observations, il pourra modifier le cahier des charges. Le jugement rendu est transcrit sur le cahier des charges par le greffier.

D. Vente et adjudication[446]

La vente est précédée par une publication d'un extrait du cahier des charges faite par l'avocat du poursuivant conformément à la loi. Elle a lieu au jour indiqué sur la réquisition verbale ou écrite de ce dernier.

La vente de l'immeuble a lieu aux enchères publiques à la barre de la juridiction compétente ou en l'étude du notaire convenu, suivant les modalités prescrites aux articles 282 à 289 de l'acte uniforme du 10 avril 1998 portant organisation des procédures simplifiées de recouvrement et des voies d'exécution. L'adjudication est prononcée par jugement ou procès-verbal du notaire au profit de l'enchérisseur qui fait l'offre financière la plus élevée ou, s'il n'y a pas d'enchère, au profit du créancier poursuivant. Ce jugement ou le procès-verbal est annexé en minute au cahier des charges. Une expédition en est délivrée à l'adjudicataire après paiement de tous les frais et du prix d'adjudication.

Lorsque l'adjudication devient définitive, l'adjudicataire est tenu de déposer, dans un délai de deux mois sous peine de revente sur folle enchère, l'expédition à la conservation foncière aux fins d'inscription. Lorsque la saisie immobilière a porté sur les impenses réalisées sur un terrain domanial affecté au débiteur par une décision administrative, l'expédition est déposée chez l'autorité administrative aux fins de mention en marge de la décision d'affectation.

6.2. Applicabilité du régime uniforme de saisie immobilière à un droit d'accès à une ressource naturelle

Après avoir, au plan légal, exposé l'applicabilité du régime uniforme de saisie immobilière à un droit d'accès à une ressource naturelle **(6.2.1)**, nous pouvons y déceler les contradictions avec le droit des ressources naturelles **(6.2.2)**, apprécier l'adaptabilité de ce dernier aux règles uniformes **(6.2.3)** et

[446] Articles 280-297 de l'acte uniforme du 10 avril 1998 portant organisation des procédures sim-plifiées de recouvrement et des voies d'exécution.

pointer les limites de sa primauté sur le régime d'accès aux ressources naturelles **(6.2.4)**.

6.2.1. Au plan légal

Telle que légalement définie, la saisie immobilière s'applique à des immeubles. L'acte uniforme n'ayant pas précisé quelle catégorie d'immeubles il faut prendre en compte, on peut dire qu'il s'agit de toutes les catégories légales d'immeubles : les immeubles par nature, les immeubles par incorporation, les immeubles par destination[447] et les immeubles par l'objet auquel il s'applique[448].

Un immeuble par l'objet auquel il s'applique se définit comme *« un bien incorporel (droit autre que la propriété) auquel la loi reconnaît le caractère immobilier en raison de l'objet sur lequel il porte*[449]. Cette définition s'appliquant parfaitement à un droit d'accès à une ressource naturelle, c'est dans cette catégorie d'immeubles qu'il faut le classer. Mais le seul caractère d'immeuble d'une chose ne suffit pas pour qu'une saisie immobilière y soit praticable, il faut que l'immeuble soit immatriculé et que le droit qui s'y rapporte soit enregistré et représenté par un titre. S'il n'est pas immatriculé, il faut que la loi prévoie une procédure de son immatriculation afin qu'il soit immatriculé avant la saisie immobilière.

Donc, pour qu'une saisie immobilière soit praticable sur un droit d'accès à une ressource naturelle, il faut que l'attribution de ce droit se fasse par son immatriculation, son enregistrement et la délivrance de son titre représentatif. Si elle n'est faite que par des simples autorisations d'accès, la saisie immobilière ne saurait être pratiquée, faute de pouvoir procéder à l'immatriculation préalable.

6.2.2. Contradictions avec le droit des ressources naturelles

Appliqué à un droit d'accès à une ressource naturelle, le régime uniforme de saisie immobilière recèle des contradictions qu'à la patrimonialité de l'immeuble **(A)** et au mécanisme de vente et d'adjudication **(B)**.

A. Quant à la patrimonialité de l'immeuble

Ainsi que nous l'avons démontré ci-avant[450], en droit des ressources naturelles, la valeur patrimoniale d'un droit d'accès à une ressource natu-

[447] Article 5 de la loi du 20 juillet 1973 portant régime général des biens, régime foncier et immobilier et régime des sûretés.
[448] Article 3 de la loi du 20 juillet 1973 portant régime général des biens, régime foncier et immobilier et régime des sûretés.
[449] Gérard CORNU, *Op Cit* p. 466
[450] Section 2, paragraphe 3, point 2, du présent chapitre.

relle tient aux biens investis pour son exercice effectif et, n'étant qu'un effet économique virtuel d'un acte administratif à concrétiser, sous peine de déchéance, il ne peut être transmis qu'avec les biens investis pour sa valorisation. Ceci exclut sa transmissibilité isolement sur papier.

Cependant, ne comprenant pas pareille restriction en ce qui concerne les droits réels immobiliers, le régime uniforme de la saisie immobilière laisse croire qu'ils sont saisissables sur papier, c'est-à-dire un créancier peut juste saisir le titre d'accès à une ressource naturelle de son débiteur défaillant. L'actif naturel n'appartenant pas à ce dernier, il se posera alors la question de la valeur patrimoniale d'un droit d'accès non encore valorisé, face à la déchéance qu'encourt le titulaire, et celle de l'indisponibilité du titre administratif.

Donc, si dans le régime uniforme de saisie immobilière un droit d'accès à une ressource naturelle peut bien se réduire à une simple emprise juridique sur un gisement ou une réserve domaniale, en droit des ressources naturel-les, c'est son exercice effectif qui lui donne sa vraie consistance à travers les biens investis pour ce faire ; et il ne saurait changer de mains sans ces biens qui lui consubstantiels.

B. Quant au mécanisme de vente et d'adjudication

Suivant le régime uniforme de saisie immobilière, la vente de l'immeub-le saisi est faite à la requête de l'avocat du saisissant, sur base d'un cahier des charges garantissant le paiement de son client. L'adjudication est faite par un jugement ou par procès-verbal du notaire au profit de l'enchérisseur qui fait l'offre financière la plus élevée, ou du poursuivant s'il n'y a pas d'enchère.

En droit des ressources naturelles, l'attribution d'un droit d'accès à une ressource naturelle relève de la compétence exclusive de l'autorité adminis-trative. Celle-ci est seule compétente pour vérifier si une personne peut ac-quérir un droit d'accès à une ressource naturelle. Ce contrôle d'accès ne vise pas uniquement la capacité de l'acquéreur de payer pour l'acquisition du droit d'accès, il vise surtout sa capacité de l'exercer efficacement.

Donc, en cas de saisie immobilière pratiquée sur un droit d'accès à une ressource naturelle, le régime uniforme laisse l'initiative de la vente au sai-sissant, et elle fait intervenir le notaire et le juge pour l'adjudication afin de garantir le paiement ; tandis que le droit des ressources naturelles insiste pour que l'adjudicataire subisse un contrôle d'accès administratif, en vue de garantir l'utilisation efficace de la ressource naturelle.

6.2.3. Adaptabilité du droit des ressources naturelles aux règles uniformes de saisie immobilières

En matière de saisie immobilière, le droit des ressources naturelles est confronté à l'interdiction des dérogations aux règles uniformes de saisie immobilière **(A)** et soumis à une adaptation obligatoire à ces règles **(B)**.

A. Interdiction des dérogations aux règles uniformes de saisie immobilière

En application de l'article 10 du traité de l'OHADA, un État partie ne peut organiser d'autres formes de saisie immobilière que celle organisées par l'acte uniforme du 10 avril 1998. Tous les immeubles saisissables situés sur les territoires des Etats signataires y sont soumis.

Ainsi, le droit des ressources naturelles ne saurait organiser des formes de saisie immobilière spéciales applicables aux droits d'accès à une ressour-ce naturelle. Ceux-ci doivent être saisis suivant les formes et conditions prescrites par le régime uniforme de saisie immobilière.

Cependant, suivant l'article 51 de l'acte uniforme en question, les biens et les droits insaisissables sont définis par chacun des États partie. Ceux-ci peuvent donc limiter le champ d'application de la saisie immobilière à certains immeubles. Ce faisant, un droit d'accès à une ressource naturelle peut être déclaré insaisissable et, comme tel, soustrait à l'applicabilité de l'acte uniforme en question.

Si un droit d'accès à une ressource naturelle n'est pas expressément déclaré insaisissable, et s'il est immatriculé ou immatriculable, il peut être saisi conformément au régime uniforme de saisie immobilière.

B. Adaptation obligatoire aux règles uniformes de saisie immobilière

Conformément à l'article 10 du traité de l'OHADA, le droit des ressources naturelles doit abroger toutes les dispositions contraires au régime uniforme de saisie immobilière ; et aucune de ses dispositions ne peut être invoquée pour en empêcher ou en limiter l'application sur un droit d'accès juridiquement saisissable, c'est-à-dire immatriculé et non expressément déclaré insaisissable.

Cette restriction de saisissabilité juridique d'un droit d'accès à une ressource naturelle relativise la non invocabilité d'une disposition du droit interne contre une règle internationale, car une disposition du droit interne déclarant insaisissable un droit d'accès à une ressource naturelle ou l'attribuant par une voie autre que l'immatriculation peut bien être invoquée contre le régime uniforme de saisie immobilière.

Donc, le droit des ressources naturelles doit s'adapter au régime uniforme de saisie immobilière par rapport à un droit d'accès à une ressource naturelle immatriculé et non déclaré insaisissable. Si ce droit est attribué par un procédé autre que celui d'immatriculation, de sorte que la saisie immobilière uniforme soit impraticable, il ne peut pas organiser une autre forme de saisie ; pour tous les immeubles, il ne peut y avoir de saisie que la saisie immobilière uniforme.

6.2.4. Limites de la primauté du régime uniforme de saisie immobilière sur le régime d'accès aux ressources naturelles

Par rapport au régime d'accès aux ressources naturelles, la primauté du régime uniforme de saisie immobilière connaît des limites qui sont celles du champ d'application des actes uniformes **(A)** et de la non incompatibilité des règles d'accès aux ressources naturelles **(B)**.

A. Limites du champ d'application des actes uniformes

Comme dit ci-avant, en ce qui concerne la primauté du régime uniforme des hypothèques, l'article 2 du traité de l'OHADA ne comprend pas dans le champ d'application des actes uniformes l'accès aux ressources naturelles des États parties. Les règles relatives à cette matière relèvent du droit interne.

Tenant compte de cette restriction à l'applicabilité du droit OHADA, le régime uniforme de saisie immobilière n'a vocation que de définir les règles relatives à la procédure, aux conditions et aux effets d'une saisie immobilière. La primauté de ces règles internationales ne saurait prévaloir que sur celles du droit interne portant sur ces mêmes questions.

Ne traitant pas de ces questions, le régime d'accès aux ressources naturelles ne saurait être battu en brèche par la primauté du régime uniforme de saisie immobilière ; car une règle d'accès à une ressource naturelle ne peut être considérée comme contraire à une règle de saisie immobilière conformément à l'article 10 du traité de l'OHADA.

B. Non incompatibilité des règles d'accès aux ressources naturelles

Conformément à l'article 27 de la convention de Vienne, le régime uniforme de saisie immobilière prime sur les règles de droit interne lorsque que celles-ci soient incompatibles, c'est-à-dire limitent ses effets. Contrairement à ce qu'il parait en cas de vente d'un droit d'accès à une ressource naturelle saisi, tel n'est pas le cas des règles d'accès à une ressource naturelle.

En effet, l'adjudicataire d'un droit d'accès à une ressource naturelle saisi et vendu conformément au régime uniforme de saisie immobilière peut buter sur une règle d'accès de droit interne, et cette dernière ne pourrait être ignorée comme incompatible à une règle internationale ; car le régime uniforme de saisie immobilière ne vise que le paiement d'une créance en cas de défaillance du débiteur, tandis que le régime d'accès aux ressources naturelles vise leur utilisation efficace. Ces deux objectifs n'étant pas incompatibles, on ne saurait sacrifier l'application de la règle de droit interne à la règle de droit international.

Juridiquement, l'invocation d'une règle d'accès à une ressource naturelle ne remet pas forcement en cause l'adjudication d'un droit d'accès à une ressource naturelle saisi ; elle remettrait plutôt en cause la capacité de l'adjudicataire à exercer valablement et efficacement le droit d'accès adjugé ; car la décision d'adjudication est prise dans les limites des règles de l'AUVE en ce qu'elles visent, non à garantir l'accès efficace à une ressource naturelle, mais le désintéressement du créancier saisissant.

Donc, si l'adjudicataire d'un droit d'accès à une ressource naturelle saisi est jugé incapable, en vertu d'une règle de droit agricole, il peut avoir la faculté soit de s'y conformer afin d'exercer légalement et efficacement le droit adjugé, soit de le céder à une personne capable et récupérer le prix payé.

6.3. Analyse et évaluation des applications en droit positif

Nous pouvons analyser et évaluer les applications de la saisie immobilière en droit minier **(6.3.1)**, en droit forestier **(6.3.2)**, en droit agricole **(6.3.3)**, en droit des hydrocarbures **(6.3.4)**, en droit de l'eau **(6.3.5)** et en droit halieutique **(6.3.6)**.

6.3.1. En droit minier

En droit minier, il s'agit tout d'abords de voir ce qu'est la notion de saisie immobilière **(A)** avant d'apprécier l'applicabilité du régime uniforme de saisie immobilière à un droit minier ou de carrières **(B)**.

A. S'agissant de la notion de saisie immobilière

À son article 172 alinéa 1ier, le code minier renvoie à la procédure de saisie immobilière concernant la réalisation d'un droit minier hypothéqué. Il ne prévoit cependant pas la saisie immobilière de ce droit en tant qu'élément du patrimoine d'un débiteur défaillant, saisissable en vertu du droit de gage général de ses créanciers ; et il ne dit pas non plus qu'il est insaisissable sur base générale.

Cette imprécision pose la question de savoir si, en dehors de la réalisation d'une hypothèque minière, la saisie-immobilière peut être pratiquée sur les droits miniers et des carrières patrimoniaux ; en d'autres termes, si ceux-ci font, comme tous les biens du titulaire, l'objet du droit de gage général de ses créanciers. D'autant que, telle que consacrée par les dispositions du code minier définissant ces droits miniers et de carrières par leur nature de droits cessibles et transmissibles, leur patrimonialité n'est assortie d'aucune restriction quant à leur saisissabilité. Le principe étant que tous les droits patrimoniaux sont saisissables, il y a lieu de croire, qu'en l'absence de toute exception contraire, le code minier y souscrit.

Cependant, en considérant la limitation de l'hypothèque minière à la garantie du paiement des dettes contractées pour financer l'activité minière, il y a tout aussi lieu de croire que la saisie immobilière est impraticable sur un droit minier ; car, si tenant compte de cette limitation, la saisie-immobilière n'est praticable sur les droits miniers qu'en vue de recouvrer les créances liées au financement de l'activité minière, on ne peut s'expliquer qu'elle le soit pour le recouvrement de toute sorte de créances garanties par le droit de gage général.

B. S'agissant de l'applicabilité du régime uniforme de saisie immobilière aux droits miniers ou de carrières

Pour autant qu'ils soient des droits immobiliers inscrits et qu'ils ne soient pas déclarés insaisissables conformément à l'article 51 de l'acte uniforme du 10 avril 1998 sur le recouvrement et les voies d'exécution (AUVE), les droits miniers et de carrières patrimoniaux sont saisissables conformément au régime uniforme de saisie immobilière.

Mais dans son application aux droits miniers et de carrières, ce régime uniforme de saisie immobilière peut buter sur un droit minier non encore valorisé conformément à l'article 197 du code minier. Dans ce cas, bien qu'inscrit, le droit minier n'aura pas encore acquis une réelle valeur patrimoniale pour être saisissable. Par ses mécanismes de vente et d'adjudication, ce régime uniforme de saisie immobilière peut aussi buter sur le droit de contrôle administratif de l'accès aux ressources minières ; dans la mesure où ces mécanismes attribuent le pouvoir d'attribution d'un droit ou d'un bien saisi au saisissant et au juge, alors qu'en ce qui concerne le droit minier ou de carrière, les conditions légales d'accès à une ressource minière sont telles que seule l'administration minière peut valablement l'attribuer.

Pour résoudre ces contradictions, le code minier devrait soustraire les droits miniers et de carrières patrimoniaux de l'applicabilité du régime uniforme de saisie immobilière, et ce, en les déclarant insaisissables conformément à l'article 51 de ce régime uniforme. Sinon, il devrait prévoir une procédure de soumission d'un adjudicataire d'un droit minier saisi au contrôle de sa capacité à en assumer la titularité conformément aux conditions légales.

6.3.2. En droit forestier

Le code forestier ne prévoit pas l'application de la saisie immobilière aux concessions forestières, mais nous pouvons nous demander si celles-ci, en tant qu'elles sont des droits immobiliers, sont malgré tout saisissables conformément à l'AUVE.

Le régime d'attribution des concessions forestières est celui de contrat de concession ; il n'est pas assorti d'un dispositif d'immatriculation qui ferait d'une concession forestière un droit inscrit ou pouvant être inscrit pour être saisissable. Bien plus, à son article 118, le code forestier prévoit la déchéance du concessionnaire forestier et la résiliation du contrat en cas de cessation de paiement ; ce qui a pour effet de faire disparaître la concession forestière de son patrimoine et, partant, la soustraire aux poursuites en exécution forcée.

Mais, si le régime d'attribution des concessions forestières évoluait pour se doter d'un dispositif d'immatriculation, elles se retrouveraient sous l'applicabilité du régime uniforme de la saisie immobilière. Pour résoudre les contradictions qui en résulteraient par rapport aux règles de contrôle d'accès à la ressource forestière, le code forestier devrait, en vertu de l'article 51 de l'AUVE, consacrer l'insaisissabilité de la concession forestière.

6.3.3. En droit agricole

La loi sur l'agriculture ne prévoit pas la saisie d'une concession agricole, mais elle n'en fait pas non plus un droit insaisissable ; ce qui pose la question de savoir si et dans quelle mesure elle peut être saisissable conformément au régime uniforme de la saisie immobilière.

En tant qu'elles sont, conformément à l'article 16 alinéa 1 de la loi sur l'agriculture, constituées dans les mêmes formes que les concessions foncières, c'est-à-dire par voie d'immatriculation, une concession agricole est un droit immobilier inscrit, et elle est saisissable conformément au régime uniforme de saisie immobilière. Les mécanismes d'attribution de ce régime ne soumettent cependant pas l'attributaire au contrôle administratif de l'accès aux terres agricoles ; ce qui en fait en pratique des voies d'accès aux terres agricoles marginales ou exceptionnelles.

Sans remettre en question l'applicabilité du régime uniforme de saisie immobilière qui, du reste, s'impose en droit interne, la loi agricole devrait soumettre tout adjudicataire d'une concession agricole saisie au contrôle de la capacité d'accès aux terres agricoles. Si l'adjudicataire ne répond pas aux conditions d'accès prescrites, il devra être obligé de s'y conformer ou de céder le droit d'accès adjugé à une autre personne capable et recouvré ainsi le prix payé.

6.3.4. En droit des hydrocarbures

La loi sur les hydrocarbures ne prévoit pas la saisie des droits d'accès aux hydrocarbures, mais ceux-ci étant des droits patrimoniaux, on peut se poser la question de savoir s'ils sont saisissables. Les termes de la réponse dépendent de la façon dont ces droits sont perçus du point de vue légal et du point de vue contractuel.

Tel que perçu du point de vue légal, c'est-à-dire comme droit de jouissance suis generis portant sur un gisement pétrolier, un droit d'accès aux hydrocarbures apparait tel un droit immobilier pouvant faire l'objet d'une saisie immobilière, s'il est immatriculé ou s'il peut être immatriculé. Or, suivant l'article 33 de la loi en question, les droits d'accès aux hydrocarbures sont attribués par voie contractuelle et non par voie d'immatriculation. Leur inscription dans un registre ad hoc prévue à l'article 42 alinéa 1 n'étant pas constitutive de droit, mais simplement une inscription administrative pour l'information. Ils ne sont donc pas saisissables.

Mais du point de vue d'un contrat de partage de production, l'exercice d'un droit d'accès aux hydrocarbures se traduit par la fourniture des travaux pétroliers en contrepartie d'une part dans la production pétrolière. Ceci en fait une créance mobilière, c'est-à-dire un droit en vertu duquel le titulaire peut exiger de l'État le *cost oil* et une part du *profit oil*. Un tel droit n'est pas saisissable, car il échappe aux catégories de biens soumises au régime uniforme de saisie mobilière, c'est-à-dire : les créances financières, les meubles corporels, les droits d'associés et les valeurs mobilières

6.3.5. En droit de l'eau

La loi relative à l'eau ne prévoit pas de procédure de saisie des droits d'accès aux eaux. Ceux-ci étant des biens immeubles patrimoniaux, la question de leur saisissabilité peut, cependant, se poser en droit commun des voies d'exécution forcées.

Au regard du régime uniforme des saisies immobilières, un droit d'utilisation des eaux ne remplit pas les conditions d'un immeuble saisissable ; dans la mesure où sa constitution ne se fait pas par voie d'immatriculation. Toutefois, si dans son évolution la loi relative à l'eau instituait la constitution et l'attribution des droits d'utilisation des eaux par voie d'immatriculation, ils deviendraient alors des droits immobiliers inscrits et saisissables conformément à l'AUVE.

Mais, s'agissant d'un droit d'accès à une ressource naturelle, l'applicabilité du régime uniforme des saisies butera sur les contradictions et les limites indiquées ci-avant dans d'autres cas.

6.3.6. En droit halieutique

Le décret portant règlementation des concessions de pêche n'en fait pas un droit saisissable par voie de saisie immobilière telle que règlementée par l'AUVE.

Légalement, une concession de pêche est un droit de jouissance immobilier, mais, bien qu'étant un immeuble comme ceux visés par le régime uniforme de saisie immobilière, son attribution se fait par voie d'autorisation et non par voie d'immatriculation ; ce qui la soustrait de l'applicabilité du dit régime, faute de pouvoir faire l'objet d'une immatriculation préalable.

Cependant, le matériel de pêche appartenant au concessionnaire peut être saisi par voie de saisie conservatoire des meubles corporels telle que prévue aux articles 64 à 76 de l'AUVE. Dans ce cas, la concession de pêche peut être résiliée conformément à l'article 11 du décret en question pour impossibilité du titulaire de l'exercer effectivement.

CONCLUSION

Libéral durant toute l'époque coloniale, le régime de transmission des actifs naturels évolue après l'indépendance avec la consécration constitutionnelle de leur appropriation étatique, assortie de leur inaliénabilité sous la deuxième république. Puis sous la Constitution du 18 février 2006, la consécration du droit de souveraineté permanente sur les ressources naturelles suppose que le régime de leur appropriation relève désormais du domaine de la loi.

Mais, sauf le code minier et la loi foncière qui consacrent l'inaliénabilité des ressources minières et du sol, toutes les autres lois se contentent d'attribuer à l'État les actifs naturels qu'elles régissent, et ce, à titre de propriété et sans dire s'ils sont aliénables ou pas.

Dans cette incertitude légale, le lancement du concept de développement durable imprime au régime de transmission des actifs naturels une nouvelle évolution vers leur mise en patrimoine. Cette patrimonialisation est induite par l'effort juridique d'assurer leur préservation en tant que substrat indispensable de l'activité économique et leur transmission intergénérationnelle. Ceci requiert une garantie juridique intangible de leur appropriation nationale assortie de leur inaliénabilité.

Une mise en patrimoine des actifs naturels implique nécessairement un renforcement du contrôle d'accès en vue de garantir leur gestion durable. Ceci n'est pas sans interroger la patrimonialité des droits d'accès à une ressource naturelle, c'est-à-dire leur transmissibilité par voie de cession, de saisie ou à cause de mort, ainsi que leur amodiabilité par leurs titulaires. La transmission ou le louage d'un droit d'accès à une ressource naturelle constituent une autre voie d'accès qui, non adéquatement règlementée, restera ouverte en marge de l'effort de moralisation et de professionnalisation du secteur extractif tel que structuré par le régime d'accès aux ressources naturelles.

Chapitre V

LE RÉGIME COMMERCIAL DES RESSOURCES NATURELLES

L'organisation du commerce des ressources naturelles prend en compte les enjeux environnementaux, sociaux et économiques de leur exploitation. Ceux-ci dictent un régime commercial dont le contenu et la finalité sont fondamentalement différents de ceux du droit commercial général. Pour mieux le comprendre, il nous faut préciser les notions de commerce des ressources naturelles et de régime commercial des ressources naturelles **(Section 1)** ainsi que les objectifs poursuivis et les moyens mobilisés **(Section 2)**. Cette précision théorique permet une analyse du dispositif commercial de chaque loi en vigueur **(Section 3)**.

Section 1 : NOTIONS DE COMMERCE DES RESSOURCES NATURELLES ET DE REGIME COMMERCIAL DES RESSOURCES NATURELLES

La précision préalable de la notion de commerce des ressources naturelles **(§1)** nous permet de mieux saisir celle de régime commercial des ressources naturelles **(§2)**.

§1. NOTION DE COMMERCE DES RESSOURCES NATURELLES

De la définition générale de la notion de commerce des ressources naturelles **(1)**, nous pouvons déduire sa distinction avec le concept de commerce en droit commercial général **(2)**.

1. Définition générale

En droit des ressources naturelles, le terme « commerce des ressources naturelles » signifie leur circulation dans l'espace à travers un éventail d'actes qui ne sont pas nécessairement des actes de commerce, tel que définis en droit commercial. Il faudra donc le définir, non en lui appliquant le contenu juridique restrictif[451] du terme « commerce », mais plutôt en adaptant son contenu économique plus large.

Ainsi, nous pouvons dire que le commerce des ressources naturelles est toute activité économique participant de la mise en circulation, sur les marchés intérieure et extérieur, des produits et des services environnementaux des actifs naturels[452]. Il englobe donc tous les actes articulant la circulation des produits naturels, c'est-à-dire le transport après extraction par une entreprise de transformation en vue de son auto approvisionnement, le transport effectué par un tiers, la vente après extraction, l'achat en vue de l'auto approvisionnement ou en vue de la revente, l'emmagasinage en vue de la conservation, le transit ainsi que l'éco-certification.

Cette définition du commerce des ressources naturelles se fonde sur la destination marchande et économique de la ressource naturelle mise en circulation, et non sur la nature ou la finalité commerciale des actes posés, de sorte qu'elle englobe même des actes qui ne sont pas légalement commerciaux.

2. Distinction avec la notion de commerce en droit commercial général

Suivant l'article 3 alinéa 1 de l'acte uniforme du 15 décembre 2015 portant sur le droit commercial général, le commerce se définit comme tout acte « *par lequel une personne s'entremet dans la circulation des biens qu'elle produit ou achète ou par lequel elle fournit des prestations de service avec l'intention d'en tirer un profit pécuniaire* ». Cette disposition légale comporte une énumération non limitative des actes de commerce.

Cette définition du commerce se fonde sur le but poursuivi par l'auteur d'un acte de commerce qui est la réalisation d'un profit pécuniaire. Cet acte est, en effet, accompli dans le but d'avoir une marge bénéficiaire permettant de couvrir le coût de son accomplissement et la rémunération de la prestation commerciale. Tandis que, comme nous venons de le dire, la définition du commerce des ressources naturelles se fonde, non sur le comportement

---

451 Au plan juridique, le commerce se définit par rapport aux actes que la loi d'un pays qualifie d'acte commercial.

452 Cette définition réduit la distinction faite en économie entre le commerce direct et le commerce indirect des ressources naturelles en englobant les deux concepts. Le premier visant les ressources naturelles prises comme marchandises extraites du sol et mises sur le marché. Le second visant les ressources naturelles fixes, immobiles ou impondérables qui ne peuvent être transportées. De ce fait, elles entrent dans le commerce de façon indirecte ou virtuel. Telle la terre ou l'eau commercialisées par le biais des produits agricoles de base ainsi que le paysage ou la biodiversité commercialisés par le biais du tourisme (Organisation Mondiale du Commerce, *Rapport sur le commerce mondial 2010*, Publications de l'OMC, Genève, 2010, pp. 46 et 74)

spéculatif des intervenants, mais sur la destination économique ou marchande de la ressource naturelle mise en circulation.

Avec ce critère matériel de définition, nous pouvons comprendre dans la notion de commerce des ressources naturelles tous les actes de commerce se rapportant aux produits des actifs naturels, car ils consistent tous en leur mise en circulation ; sauf leur extraction qui ne signifie pas leur mise une circulation, mais qui est un acte de commerce conformément à l'article 3 alinéa 1 litera 4 susvisé lorsqu'elle est industrielle.

§2. NOTION DE RÉGIME COMMERCIAL DES RESSOURCES NATURELLES

Par la définition générale du régime commercial des ressources naturelles **(1)**, nous pouvons établir sa distinction avec le droit commercial général **(2)**.

1. Définition générale

Partant de la définition donnée au commerce des ressources naturelles, nous pouvons définir le régime commercial des ressources naturelles comme la partie du droit des ressources naturelles qui comprend les règles relatives, d'une part, aux actes de circulation des produits des actifs naturels, destinés à la vente ou à la production des biens et services et, d'autre part, aux statuts des intervenants.

Ainsi défini, le régime commercial des ressources naturelles définit les conditions et les formalités d'accomplissement de chacun des actes de commerce des ressources naturelles, c'est-à-dire le transport par un tiers ou par l'exploitant lui-même, l'auto-approvisionnement, la vente locale, l'exportation, l'importation, l'entreposage, le transit, l'éco-certification et le négoce. Il définit aussi les droits et les obligations des personnes accomplissant ces actes.

L'organisation du commerce des ressources naturelles peut être restrictive ou permissive, suivant les objectifs poursuivis au plan politique. Ceux-ci étant généralement d'ordre environnemental, budgétaire et économique, il s'agira principalement de protéger l'environnement, d'accroitre les recettes publiques et de sécuriser l'approvisionnement du marché local ou d'inciter l'industrie de transformation locale.

2. Distinction avec le droit commercial général

Le droit commercial général est *« la partie du droit privé qui régit les opérations faites par les industriels qui produisent et transforment, et par les commerçants qui distribuent, transportent les biens et font circuler les richesses. Il est donc essentiellement un droit des commerçants, car il réunit les règles particulières relatives à l'exercice de la profession de commerçant »*[453]

Ainsi défini, le droit commercial général comporte les règles générales applicables aux actes de commerce et au statut de commerçant. Il procède du souci d'assurer la fluidité de la circulation des richesses, de faciliter la formation du capital et de sécuriser les opérations commerciales pour une croissance économique optimale, et ce, par un assouplissement des règles relatives aux transactions commerciales et à la procédure de règlement judiciaire des litiges commerciaux.

Par contre, le régime commercial des ressources naturelles procède du souci de maitriser et de contrôler la circulation des produits des actifs naturels en vue de protéger l'environnement, de s'assurer de la légalité ou de la durabilité de leur exploitation, d'assurer l'approvisionnement de l'écono-mie locale, d'augmenter la valeur ajoutée des produits exportés... Il ne s'a-git donc pas d'un régime de faveur visant la protection des opérateurs, mais d'un régime restrictif visant à contrôler et à orienter leurs activités vers les objectifs d'intérêt général poursuivis.

Section 2 : OBJECTIFS ET MOYENS

L'indication précise des objectifs du régime commercial des ressources naturelles **(1)** permet d'en déduire celle de ses moyens **(2)**.

§1. OBJECTIFS

Le régime commercial des ressources naturelles poursuit les objectifs suivants : la maîtrise du circuit commercial des produits des actifs naturels et la garantie de sa traçabilité **(1)**, l'accroissement du pouvoir commercial du pays détenteur des ressources naturelles **(2)**, la garantie du développe-ment durable **(3)** et la protection de l'environnement **(4)**.

1. Maitrise du circuit commercial des produits des actifs naturels et l'assurance de sa traçabilité

La maîtrise du commercial des produits des actifs naturels **(1)** implique l'assurance de sa traçabilité **(2)**.

1.1. Maitrise du circuit commercial des produits des actifs naturels

Le circuit commercial des produits des actifs naturels est la chaine d'activités assurant leur circulation du lieu de leur extraction, aux lieux de leur

453 Kronieck Van HUURRECHT et al, *Droit commercial*, Sirey, Paris, 1991, p.9

transformation ou de leur consommation. Cette chaine part du transport des produits extraits, à leur vente ou leur achat, en passant par leur emmagasinage ou leur transit, leur négoce et leur éco-certification.

La maîtrise de ce circuit commercial suppose un chaînage administratif de différentes activités relatives à la circulation des produits des actifs naturels, c'est-à-dire, pour un produit donné, lier à travers la connexité des instruments administratifs de contrôle toutes les opérations effectuées pour sa circulation. Ces instruments administratifs sont les différents permis, autorisations ou certificats délivrés aux différents intervenants dans le circuit commercial du dit produit. Leur connexité signifie qu'ils forment un système de relais faisant le lien entre ces intervenants à travers les informations qu'ils contiennent.

Par un tel dispositif, le régime commercial des ressources naturelles offre les moyens d'une connaissance parfaite du flux des produits des actifs naturels, de manière à permettre à l'État d'en réaliser les objectifs environnementaux, budgétaires et économiques.

1.2. Traçabilité du circuit commercial des produits des actifs naturels

Appliqué au circuit commercial des produits des actifs naturels, nous pouvons définir le terme « traçabilité » comme son aptitude à documenter chacune des étapes de la circulation d'un produit naturel donné, de manière à permettre la restitution méthodique et claire de son historique et de son trajet, ainsi que l'identification précise des intervenants.

L'historique et le trajet du produit d'un actif naturel correspond à un processus administratif documentant son circuit commercial. Ce processus consiste en des interventions administratives effectuées à chaque station du circuit commercial en vue d'en contrôler les activités. Ce contrôle se fait au moyen de divers instruments de police administrative (permis, autorisations, licence, certificats, quotas, approbation, enregistrement …).

Le chainage de tous ces instruments suppose un système de récolte et d'enregistrement des informations sur un produit mis en circulation. La documentation de ces informations, à chaque station du circuit commercial, doit être telle que leur recoupement permette de retracer l'historique ou le trajet d'un produit naturel en remontant jusqu'à son lieu d'extraction.

2. Accroitre le pouvoir commercial du pays détenteur des ressources naturelles

Nous entendons ici par « pouvoir commercial » l'ensemble des moyens publics ou privés dont dispose un pays pour mettre en circulation les produits de ses actifs naturels. Pour un pays moins avancé, il s'agira concrètement de sa capacité à les exporter, en échange des devises permettant d'acquérir les biens industriels nécessaires à son développement.

La capacité d'un pays à exporter les produits de ses actifs naturels est fonction du niveau de participation des agents économiques nationaux aux activités du circuit commercial. À travers les entreprises nationales de commerce, de courtage, d'entreposage, de négoce ou de bourse et de transport, un pays dépasse le statut de simple détenteur des ressources naturelles et se déploie sur la chaine de valeur, de manière à accroitre le revenu national. Alors que dépourvus d'un tel pouvoir commercial, la plupart de pays détenteurs des ressources naturelles s'en remettent aux agents économiques étrangers pour la production industrielle et pour la commercialisation des produits de leurs actifs naturels, de sorte qu'ils ne se contentent que d'une modique rente de détention.

À travers le régime commercial des ressources naturelles, un État doit exprimer son ambition de se doter d'une capacité de commercialiser les produits de ses actifs naturels, et ce, en encourageant le positionnement des agents économiques nationaux sur le circuit commercial.

3. Assurer le développement économique

À travers ses différentes orientations, le régime commercial des ressources naturelles vise à assurer le développement économique du pays détenteur d'une ressource naturelle. Il poursuit cet objectif en favorisant ou en entravant les exportations pour soit permettre l'accumulation des devises fortes, soit inciter à la transformation locale des produits extraits, soit améliorer les termes de l'échange ou soit sécuriser l'approvisionnement du marché intérieur.

Pour les produits des actifs naturels dont le marché intérieur est exigu ou inexistant, le régime commercial des ressources naturelles permet aux exploitants d'accéder aux opportunités d'échange offertes par le marché mondial. Le flux de devises qui en résulte constitue pour le pays une capacité financière d'accès aux biens d'équipement nécessaires à la diversification de l'économie nationale et à la productivité des ressources naturelles[454]. Dans la même perspective, la restriction des exportations peut améliorer les ter-mes de l'échange en augmentant des cours mondiaux des produits.

Pour inciter à la formation et au développement d'une industrie de transformation locale, l'exportation des produits primaires ou bruts peut être interdite ou restreinte au profit de celle des produits à valeur ajoutée. Ceux-ci étant plus chers à l'exportation, les importateurs pourraient être incités à délocaliser leurs usines de transformation vers le pays exportateur. Les mêmes dispositions restrictives peuvent, lorsqu'il existe un marché intérieur, per-

---

[454] Organisation Mondiale du Commerce, *Op Cit*, p. 80. Les devises échangées contre les ressources naturelles permettent l'accès aux connaissances, aux technologies et aux autres biens nécessaires à la formation d'autres formes des capitaux nécessaires à la croissance économique.

mettre la sécurisation de son approvisionnement et, partant, le développement de l'économie locale.

4. Protéger l'environnement

L'environnement étant directement affecté par la production des ressources naturelles et non par leurs échanges, il est généralement admis que les normes environnementales ressortent du régime d'accès aux ressources naturelles qui règlemente le processus et les méthodes de production, et non du régime commercial des ressources naturelles qui règlemente leur circulation[455].

Cependant, en régulant l'offre et la consommation des produits des actifs naturels, le régime commercial des ressources naturelles peut réduire ou accroitre la pression exercée sur une ressource naturelle ou inciter l'exploitant au respect des normes environnementales. Il peut être ainsi mis en contribution pour préserver l'environnement à travers des dispositions restrictives de l'offre ou de la consommation d'une ressource naturelle épuisable ou nécessaire à la préservation de la biodiversité, du climat ou du sol. Il peut être fait également recours à des dispositions prohibitives de la mise en circulation des produits naturels dont l'exploitation écologique n'est pas certifiée.

Par ces dispositions restrictives ou prohibitives, le régime commercial des ressources naturelles peut, en aval du processus productif, agir directe-ment sur l'offre ou la consommation des produits naturels. Il peut aussi, en s'imbriquant dans le régime d'accès aux ressources naturelles, agir en amont pour conditionner l'accès à une ressource naturelle à la précision préalable de la destination de son produit ; de manière à restreindre ou à interdire l'accès destiné à un type de consommation incompatible avec la politique environnementale ou sanitaire.

§2. MOYENS

Après avoir apprécié la légalité des moyens du régime commercial des ressources naturelles par rapport aux règles de l'organisation mondiale du commerce **(1)**, nous pouvons en préciser les sortes **(2)**.

1. Légalité des moyens par rapport aux règles de l'organisation mondiale du commerce (OMC)

Dans la mise en œuvre de ses objectifs définis ci-dessus, le régime commercial des ressources naturelles heurte les principes de libre échange et de libre concurrence régissant l'OMC. Ces principes sont principalement con-sacrés par

[455] MEHDI ABBAS, *L'Organisation mondiale du commerce et l'environnement : aspects institu-tionnels et réglementaires*, 2004, halshs-00002712, p. 11

l'accord général sur le tarif douanier et le commerce (GATT), par l'accord général sur le commerce des services (AGCS)[456] et par l'accord sur les obstacles techniques au commerce (AOTC)

À l'article XI du GATT de 1994, les État membres s'engagent à n'appli-quer aux exportations et aux importations des produits que des restrictions ou des prohibitions tarifaires, c'est-à-dire des taxes ou autres impositions. Ils s'interdisent ainsi des restrictions non tarifaires, c'est-à-dire des limita-tions quantitatives ou des mesures à effet limitatif[457]. Pour ce qui concerne le commerce des services, ils s'engagent, à l'article 1 de l'AGCS, à accorder chacun sur son territoire un traitement non moins favorable à celui accordé aux fournisseurs d'un autre pays. Et au terme du point 2.2 de l'AOTC, ils s'interdisent toute application des règlements techniques[458] ayant pour objet ou pour effet *« de créer des obstacles non nécessaires au commerce international ».*

Cependant, tous ces dispositifs sont assortis des exceptions à l'aune desquelles se mesure la légalité du régime commercial des ressources naturel-les. Ces exceptions permettent aux pays membres de recourir aux mesures incompatibles avec les règles de l'OMC pour protéger l'environnement ou la santé publique (litera *b* et *g* de l'article XX du GATT et article 2.2 de l'AOTC), pour sécuriser l'approvisionnement local (litera j de l'article XX du GATT), pour assurer le respect d'une loi ou d'un règlement (litera *d* de l'article XX du GAAT) ou pour assurer l'équilibre de leur balance de paie-ment et le développement de l'industrie de transformation des produits pri-maires, en vue de la diversification de leurs économies (Partie IV du GAAT).

2. Sortes de moyens

Pour réaliser ses objectifs, le régime commercial des ressources naturelles recourt aux moyens tarifaires **(2.1)** et non tarifaires **(2.2)** ainsi qu'aux moyens techniques et administratifs **(2.3)**.

2.1. Moyens tarifaires

Comme moyens tarifaires, le régime commercial des ressources naturelles recourt à la taxe à l'exportation **(2.1.1)** ainsi qu'à la taxe à l'importation **(2.1.2)**.

---

[456] Le commerce des services peut se rapporter aux ressources naturelles de diverses manières allant de l'exploration jusqu'à la commercialisation. Le régime commercial des ressources natu-relles visent particulièrement les services fournis le long du circuit commercial d'un produit (transport, courtage, entreposage, l'évaluation, la certification ...)

[457] Organisation Mondiale Commerce, *Op Cit.* p. 165.

[458] L'AOTC définit un règlement technique comme tout document qui énonce les caractéristiques d'un produit ou les procédés et les méthodes de production s'y rapportant.

2.1.1. Taxe à l'exportation

La taxe à l'exportation est un prélèvement obligatoire effectué à l'exportation des produits d'un actif naturel. Ayant pour effet d'accroitre leur prix dans les pays importateurs, elle sert principalement le développement économique et, accessoirement, elle peut avoir une incidence sur la protection de l'environnement.

Au plan économique, une taxe à l'exportation du produit brut d'un actif naturel est tout d'abords une source de recettes publiques. En élevant le prix d'un produit naturel brut dans le pays importateur, elle permet au pays exportateur de compenser la progressivité des droits d'entrée[459] dans les pays importateurs tout en améliorant les termes de l'échange. L'augmentation du coût d'importation des produits naturels bruts qui en résulte oblige les entreprises de transformation des pays importateurs à délocaliser leurs activités dans les pays exportateurs ; ce qui offre à ces derniers une opportunité de transfert technologique pour la transformation locale de leurs ressources naturelles.

Pour une ressource naturelle à préserver dans un but environnemental, la taxe à l'exportation de son produit implique, par l'augmentation de son prix sur le marché mondial, une contraction de sa demande ralentissant sa production au profit de sa préservation. Elle peut être aussi un moyen de transférer le coût de sa préservation aux consommateurs. Ce double effet en fait un moyen adéquat de préservation de l'environnement.

2.1.2. Taxe à l'importation

La taxe à l'importation est un prélèvement obligatoire effectué lors de l'importation des produits d'un actif naturel. Les pays en voie de développement peuvent y recourir en vue d'un objectif économique, sanitaire ou environnemental.

Au plan économique, la taxe à l'importation peut être pour le pays importateur un moyen de capter une partie de la rente d'une ressource naturelle dont il n'est pas pourvu ou qu'il n'exploite pas, dans la mesure où, l'exportateur est obligé de verser une partie du produit de la vente à réaliser sur le marché intérieur du pays importateur. Lorsqu'il s'agit du produit d'une res-

---

[459] La progressivité des droits d'entrée signifie en l'espèce l'augmentation des droits de douane suivant le degré de transformation du produit. Elle crée une desincitation à la transformation locale dans les pays exportateurs et les poussent à exporter les produits bruts coutant moins chers que les produits transformés ou à valeur ajoutée. Ne pouvant profiter du prix élevé de ceux-ci, le pays exportateur peut recourir à la taxe d'exportation pour augmenter celui des produits bruts dans les pays importateurs par rapport à celui du marché intérieur ; avec pour effet la perte de la compétitivité-prix de l'industrie de transformation de ces derniers par rapport à celle des pays exportateurs. (Lire Organisation Mondiale du Commerce, Op Cit. pp. 115 et 128).

source naturelle dont ce dernier est pourvu, la taxe à l'importation participe d'une protection des entreprises locales, dans la mesure où, en augmentant le prix des produits importés par rapport aux produits nationaux, elle favori-se la consommation de ceux-ci sur le marché local dans le but de maintenir et de développer les entreprises nationales.

Lorsque l'introduction ou la consommation d'un produit naturel comporte une externalité négative au plan environnemental ou sanitaire, la taxe à importation peut permettre au pays importateur de collecter les recettes nécessaires pour la gestion ou la prévention de cette externalité ; elle en transfert alors le coût à l'exportateur ou à l'agent importateur.

2.2. Moyens non tarifaires

Comme moyens non tarifaires, le régime commercial des ressources naturelles recourt aux quotas ou aux prohibitions **(2.2.1)** ainsi qu'au principe de contenu local **(2.2.2)**.

2.2.1. Quotas ou prohibitions

Les quotas sont des restrictions quantitatives aux exportations ou aux importations des produits des actifs naturels, tandis que les prohibitions sont des interdictions totales de les importer ou de les exporter. Elles servent toutes des objectifs économiques ou environnementaux du pays qui y recourt.

Les quotas et les prohibitions d'exportation servent généralement à garantir l'approvisionnement du marché intérieur, mais lorsqu'il n'existe pas de marché intérieur et que le pays détenteur d'une ressource naturelle doit en exporter tous les produits, les quotas d'exportation visent à en augmenter le prix dans le pays importateur à fin d'améliorer les termes de l'échange, ou de l'inciter à investir dans leur transformation dans le pays exportateur. Dans la même situation, les deux mesures peuvent, en entretenant la hausse des prix des produits d'une ressource naturelle épuisable, ou en en différant l'offre à des périodes haussières, servir à réaliser leur exploitation efficiente, c'est-à-dire celle qui permet d'avoir un maximum de revenu pouvant être équitablement réparti entre les générations actuelles et futures[460].

Les quotas ou les prohibitions d'importation peuvent servir à la protection et au développement des entreprises nationales. Ils peuvent aussi, tout

---

[460] Suivant la règle d'Hoteling, une ressource non renouvelable est exploitée de façon efficiente lorsque le prix augmente au fur et à mesure qu'elle se rarefie. Ce qui, suivant la règle d'Hartwick-Solow, permet à un pays détenteur d'avoir une rente suffisante pour lui substituer progressivement d'autres formes de capitaux en vue d'assurer à une croissance durable. On peut en conclure que le maintien, en période baissière, d'une offre abondante du produit d'une ressource non renouvelable implique une perte d'efficience, car une rente faible pourrait ne pas permettre des investissements dans la formation des capitaux nécessaires à la pérennisation de la croissance (Organisation Mondiale du Commerce, *Op.Cit*, pp. 75-78)

comme ceux d'exportation, servir un but environnemental. Il s'agira dans ce cas soit de prévenir le risque environnemental lié à l'importation d'une ressource naturelle nuisible, soit de prévenir l'épuisement d'une ressource naturelle renouvelable, mais rare et faisant l'objet d'une politique de préservation à l'échelle mondiale.

2.2.2. Principe de contenu local

Le principe de contenu local est un principe suivant lequel la valeur ajoutée d'un bien ou d'un service produit dans un pays doit être principalement formée par les biens et services intermédiaires fournis par les agents locaux. Pour les biens qui ne sont pas transformés et sont vendus en l'état, la valeur ajoutée correspond aux prix des services intermédiaires de mise en vente[461], c'est-à-dire le transport, le courtage, l'emmagasinage... Dans ce cas, l'application du contenu local signifie que ces services doivent être fournis par des opérateurs locaux.

Ainsi compris, le principe de contenu local permet à un pays de dépasser le stade des activités primitives pour remonter la chaîne de valeur, en faisant évoluer son économie vers la production des biens et services intermédiaires[462]. Dans le régime commercial des ressources naturelles, ce principe signifierait des dispositions incitatives et coercitives qui soutiennent en aval une politique publique de promotion de l'offre locale des services de commerce des ressources naturelles. Ces dispositions peuvent consister principalement soit à obliger toute personne étrangère, voulant assurer une *présence commerciale*[463] sur le territoire national, de ne le faire qu'en se constituant en une société de droit national ou par une participation dans une société de droit national existante ; soit à obliger les exploitants ou les acheteurs à ne recourir qu'à des prestataires de service locaux.

Donc, dans le régime commercial des ressources naturelles, le principe de contenu local sert principalement le renforcement du *pouvoir commercial* d'un pays de détenteur d'une ressource naturelle, et ce, en lui permettant d'évoluer de la simple détention vers la fourniture des services intermédiaires de la production de ses actifs naturels.

---

[461] Cette forme de valeur ajoutée diffère de celle proprement dite liée à la transformation d'un bien et qui suppose les biens et services intermédiaires consommés pour cette transformation. Pour les ressources naturelles, leur transformation locale est la meilleure façon de réaliser la valeur ajoutée locale, mais en attendant de pouvoir les transformer, les services commerciaux de mise en vente sur le marché mondial représentent une valeur ajoutée non négligeable.

[462] Paul KRUGMAN et autres, *Economie internationale*, Pearson Education France, Paris, 2006, p. 198.

[463] Dans le jargon de l'Organisation Mondiale du Commerce, la « présence commerciale » est le fait pour un fournisseur d'un pays membre d'assurer la vente des services sur le marché d'un autre pays membre en s'y établissant soit par la constitution, l'acquisition ou le maintien d'une personne morale, soit par la création d'une succursale ou d'un bureau de représentation (Voir OMC, op.cit. p. 165)

2.3. Moyens techniques ou administratifs

Comme moyens techniques ou administratifs, le régime commercial des ressources naturelles recourt à l'éco-étiquetage ou éco-certification **(2.3.1)**, à l'institution d'une bourse des matières premières **(2.3.2)** ainsi qu'aux barrières administratives **(2.3.3)**.

2.3.1. Éco-étiquetage ou éco-certification

L'éco-étiquetage[464] ou l'éco-certification est une procédure consistant à garantir que les procédés et les méthodes de production d'une ressource naturelle ont obéit aux exigences écologiques. Elle repose sur le principe que les consommateurs, ayant acquis une conscience écologique, auront une préférence pour les produits éco-certifiés et, partant, inciterons les producteurs à respecter l'environnement.

La mise en œuvre de l'éco-étiquetage ou de l'éco-certification relève en principe du volontariat, en ce sens qu'elle est une pratique commerciale consistant, pour une entreprise soucieuse de son image de marque, à faire apposer sur ses produits un écolabel reconnu ; mais la conscience écologique étant encore faible sur le marché des ressources naturelles, la demande seule n'a pas d'effet incitatif sur le comportement écologique des exploitants. D'où la tendance à la mise en œuvre contraignante de l'éco-étiquetage ou l'éco-certification des produits des actifs naturels à grand impact environnemental, tels que les bois, les diamants ou autres minerais[465]. Il s'agit en effet d'obliger les producteurs à obtenir l'éco-certification de leurs produits avant leur mise en circulation.

Une mise en œuvre rationnelle de ces procédures d'éco-certification ou éco-étiquétage par le régime commercial des ressources naturelles peut servir son objectif environnemental ; dans la mesure où, impliquant l'interdiction de la mise en circulation des produits non éco-labélisés, elle contribue à éradiquer dans le secteur extractif les fléaux environnementaux, tels que la destruction de l'environnement, le travail des enfants, les guerres, l'accès illégal ou l'asservissement des masses paupérisées.

2.3.2. Institution d'une bourse des matières premières

Une bourse des matières premières est une institution qui organise et unifie, en un espace virtuel ou géographique, le commerce des produits des actifs naturels. Elle réalise ainsi une intégration verticale du circuit commer-

---

[464] Organisation Mondiale du Commerce, *Op. Cit.* p. 170.

[465] Le processus de Kimberley pour les Diamants, le plan d'action *Forest Law for enforcement, Governance and Trade* (FLEGT) de l'Union européenne pour les bois ou le *Guide de l'OCDE sur le devoir de diligence* pour certains minerais.

cial par l'accomplissement, au sein d'une même institution, des actes de certification de la qualité des produits, d'emmagasinage, de courtage et de vente.

Au niveau local, une telle institution sert principalement les moyens et petits producteurs locaux, dont les activités sont souvent plombées par d'énormes coûts de transaction. En canalisant l'offre locale et la demande au même endroit, elle les met en contact dans des conditions garantissant la qualité des produits, la sécurité des transactions et la vérité des prix. Ceci peut permettre aux exploitants artisanaux des ressources naturelles d'améliorer la qualité de leur offre, de profiter de façon maximale des opportunités d'échange sur le marché tant local que mondial et de développer leurs activités.

Par un tel dispositif, le régime commercial des ressources naturelles peut doter le secteur extractif d'un levier important de professionnalisation et de développement de l'exploitation artisanale des ressources naturelles.

2.3.3. Barrières administratives

Les barrières administratives sont des règles de police administrative diverses auxquelles peut être soumise la mise en circulation des produits des actifs naturels. Il s'agit notamment des autorisations administratives qu'il faut préalablement obtenir pour accomplir des actes de transport, d'emmagasinage, de certification, de courtage, de vente ou d'achat.

Ce régime d'autorisation sert traditionnellement à assurer la traçabilité administrative des produits des actifs naturels mis en circulation, et ce, par l'identification précise des opérateurs du circuit commercial, le contrôle de leurs activités et la maitrise du flux commercial des produits. Ce contrôle administratif peut s'effectuer par l'institution des permis ou des licences de transport, de certification, de vente ou d'achat, par des bordereaux ou des certificats d'emmagasinage …

Par une telle capacité administrative de retracer le parcours des produits, l'administration se donne les moyens de détecter ceux qui sont issus de l'exploitation illicite et de réguler, dans un but environnemental, le volume des produits extraits à la possibilité du capital naturel.

Section 3 : ANALYSE ET ÉVALUATION DES APPLICATIONS EN DROIT POSITIF

Après cette précision théorique des notions de commerce des ressources naturelles et de régime commercial des ressources naturelles, nous pouvons en apprécier les applications en droit minier **(§1)**, en droit forestier **(§2)**, en droit agricole **(§3)**, en droit des hydrocarbures **(§4)**, en droit de l'eau **(§5)**, en droit halieutique **(§6)** et en droit cynégétique **(§7)**.

§1. EN DROIT MINIER

En droit minier, il nous faut préciser d'abords les notions de commerce et de régime commercial des produits miniers et de carrières **(1)**, puis préciser les objectifs et les moyens de ce régime **(2)**.

1. Notions de commerce et de régime commercial des produits miniers et des carrières

Dans la législation minière, le régime commercial des produits miniers et des carrières comporte trois aspects visant : le commerce des produits miniers industriels (chapitre 2 du Titre IV du code minier et chapitres 1 et 2 du titre VII du règlement minier), le commerce des produits miniers artisanaux (chapitre 2 du titre 4 du code minier et titre X du règlement minier) et le commerce des produits des carrières (chapitre 4 du titre V du code minier et chapitres 1 et 2 du titre VII du règlement minier).

Dans tous ses aspects, ce régime commercial ne vise que les actes de transport, d'entreposage et de vente et, pour ce qui concerne uniquement le commerce des produits miniers artisanaux, le négoce. Il s'en dégage une conception plutôt étriquée du commerce des produits miniers et des carrières par rapport à celle du commerce des ressources naturelles en général tel que théoriquement définie ci-dessus ; dans la mesure où son contenu, limité à une règlementation minimale de ces quelques actes, ne reproduit pas toute la structure du circuit commercial d'un produit minier et des carrières. L'entreposage n'est pas définie comme une activité à part entière alors que les autres actes (la certification, le courtage ...) sont ignorés.

En négligeant ainsi le commerce des produits miniers et des carrières, le code minier a raté de penser un régime commercial qui le rationnalise en vue de sa contribution dans la réalisation de ses objectifs économiques, environnementaux et sociaux ; ce qui, par ailleurs, laisse une grande marge de manœuvre à la fraude.

2. Objectifs et moyens du régime commercial des produits miniers et de carrières

L'indication des objectifs du régime commercial des produits miniers et de carrières **(2.1)** permet d'en préciser les moyens **(2.2)**.

2.1. Objectifs

La finalisation du régime commercial des produits miniers et des carrières est différente suivant qu'il s'agit des produits miniers artisanaux et industriels ; dans ce dernier cas, elle affiche une ambition assez modeste par rapport à celle induite par les objectifs d'un régime commercial des ressources naturelles, tels que théoriquement définis ci-dessus.

En effet, par la règlementation du commerce des produits miniers et des carrières industriels, le code minier vise principalement l'affirmation de la liberté de commerce, c'est-à-dire du droit de l'exploitant de transporter ou de faire transporter, d'entreposer et de vendre librement ses produits[466]. Ceci équivaut (ainsi que le démontre, dans le paragraphe suivant, l'analyse des moyens) à une dérèglementation laissant toutefois subsister au niveau réglementaire une règlementation minimale visant la sécurité des sites d'entreposage[467], la traçabilité administrative des produits[468]et la protection de l'industrie de transformation locale[469].

Plus stricte et structurant parfaitement le circuit commercial des produits miniers artisanaux, la règlementation de leur commerce vise principalement une maitrise parfaite de leur flux et leur traçabilité administrative[470].

2.2. Moyens

Pour accomplir ses objectifs, le régime commercial des produits miniers et de carrières recourt à l'information d'ouverture d'un site d'entreposage **(2.2.1)**, à l'attestation de transport des produits miniers **(2.2.2)**, à l'autorisation d'exportation des minerais à l'état brut **(2.2.3)**, ainsi qu'à la réglementation du circuit commercial des produits miniers artisanaux **(2.2.4)**.

2.2.1. Information d'ouverture d'un site d'entreposage

Suivant l'article 216 du règlement minier, le titulaire d'un permis minier doit informer l'administration minière de l'ouverture et de l'emplacement du site d'entreposage des produits qu'il exploite. Cette formalité vise à permettre à l'autorité administrative de s'assurer que le site obéit aux exigences règlementaires de sécurité et de protection de l'environnement.

Suivant l'article 108 *septies alinéa* 3 du code minier, l'entreposage n'est envisagé que comme une activité secondaire d'une entreprise d'exploitation minière, d'une entreprise de traitement des ressources minières, d'un comptoir d'achat, d'une coopérative minière ou d'une entreprise de négoce. Rien n'interdit cependant à ces entreprises d'externaliser l'entreposage de leurs produits, de sorte qu'il soit exercé par un tiers. Dans ce cas, il s'agirait d'une entreprise fonctionnant et se développant dans un déficit règlementaire, car le régime d'information n'est pas approprié pour le contrôle d'une activité exercée à titre principal ou professionnel. Une telle activité doit être soumi-

---

[466]Articles 84, 85 alinéas 1, 166 et 167 du code minier

[467] Article 216 du règlement minier

[468]Article 217 du règlement minier

[469]Article 218 à 222 du règlement minier.

[470] Articles 116 à 128 du code minier et 242 à 268 du règlement minier

se à un régime d'autorisation offrant à l'administration les moyens de s'assurer de la professionnalisation et de la responsabilité de l'entrepreneur.

Sur ce point, le régime commercial du code minier doit évoluer en prévoyant l'exercice de l'entreposage comme une activité professionnelle indépendante de l'exploitation minière et pourvoir à sa règlementation adéquate.

2.2.2. Attestation de transport des produits miniers

Suivant l'article 217 du règlement minier, le transport des produits miniers est conditionné par l'obtention d'une attestation de transport indiquant les produits miniers, leur provenance, leur quantité, leur qualité, les références du permis minier ou de l'autorisation des carrières, le prix de vente et leur destination.

Par ces mentions, l'attestation de transport des produits miniers vise à assurer la traçabilité administrative des produits miniers, afin de permettre à l'administration minière de détecter ceux extraits frauduleusement. Il ne s'agit là cependant que d'un contrôle ponctuel d'une activité non réglementée et ouverte à tout le monde ; ce qui relativise son efficacité, car la traçabilité administrative signifie plus qu'un simple procédé de retraçage des produits ; elle suppose un système fiable de collecte des données à travers des intervenants identifiés et structurés à cette fin.

Si on peut concevoir qu'un exploitant minier qui transporte lui-même ses produits soit muni d'une simple attestation de transport, le transport effectué par un tiers doit être une activité particulièrement règlementée par le droit minier et soumise à un régime d'autorisation qui structure, professionnalise et responsabilise les transporteurs.

2.2.3. Autorisation d'exportation des minerais à l'état brut

À son article 108 ter, le code minier conditionne l'exportation pour traitement ou commercialisation des minerais à l'état brut à une autorisation ministérielle. Celle-ci n'est accordée que si l'exportateur démontre, entre autres, « *l'inexistence d'une possibilité de traitement sur le territoire national à un coût économiquement rentable pour le projet minier* ».

Cette autorisation ministérielle est une exception au principe posé à l'article 108 bis du code minier obligeant tout titulaire de droit minier de faire traiter ces produits sur le territoire national. Elle vise la transformation locale des produits miniers et, probablement, l'amélioration de la balance de paiement ; dans la mesure où, en interdisant indirectement l'exportation des produits naturels brut pour traitement s'il existe une possibilité de traitement sur territoire national, elle incite à la création d'un marché de traitement national.

Cependant, le marché intérieur de traitement n'existant presque pas pour bien de minerais, l'interdiction légale de leur exportation pour traitement risque d'être un obstacle inutile au commerce des produits miniers pouvant affecter l'attractivité du secteur minier.

2.2.4. Réglementation du circuit commercial des produits miniers artisanaux

À ses articles 115 à 128, le code minier organise et structure le circuit commercial des produits miniers artisanaux, de manière à permettre l'identification des intervenants et le contrôle de leurs activités. Chaque intervenant opère ainsi en vertu d'une autorisation et est responsabilisé, de sorte que la traçabilité administrative des produits miniers mis en circulation soit assurée.

Ainsi, un exploitant artisanal qui extrait les produit miniers peut les vendre soit à un négociant qui ne peut les revendre qu'à l'acheteur d'un comptoir d'achat, à un organisme agréé ou créé par l'État ou à une bourse, soit directement à ces derniers ou à un artiste agréé[471]. Le négociant doit être muni d'une carte de négociant, l'acheteur d'un comptoir d'achat doit être muni de son agrément et l'artiste agréé doit être muni de son agrément et d'une autorisation spéciale d'achat.

En vue d'assurer la traçabilité administrative des produits miniers, le négociant doit tenir un registre reprenant pour chaque transaction, le lieu de la vente ou de l'achat, l'identification du vendeur ou de l'acheteur, ainsi que la qualité, la quantité et le prix des produits. Il doit aussi faire un rapport au Gouverneur de province[472]. Un artiste agréé doit obtenir pour chaque achat une autorisation spéciale mentionnant la zone d'exploitation artisanale et la quantité maximum de produits à acheter durant la période de sa validité[473]. L'acheteur d'un comptoir agréé doit, dans sa demande d'agrément, prendre l'engagement de ne s'approvisionner qu'auprès des exploitants artisanaux et des négociants munis d'autorisations valides[474].

Cependant, telle que conçue, l'autorisation spéciale de l'artiste agréé est un outil de contrôle ex ante d'une activité et ne permet pas une traçabilité administrative des produits. Celle-ci requiert un instrument de control ex post des opérations enregistrant, pour chaque produit, sa qualité et son origine précise ; et en dehors de l'engagement que l'acheteur d'un comptoir agréé prend dans sa demande d'agrément, le règlement minier ne prévoit pas un outil d'identification précise de ses sources d'approvisionnement pouvant assurer la traçabilité administrative des produits qu'il détient.

---

471 Article 116 du Code minier.
472 Article 250 du règlement minier.
473 Article 256 du règlement minier.
474 Article 261 litera *g* du règlement minier.

§2. EN DROIT FORESTIER

Par la précision des notions de régime commercial et de commerce des produits forestiers **(1)**, nous pouvons en déduire les objectifs et les moyens de ce régime **(2)**.

1. Notions de régime commercial et de commerce des produits forestiers

Le régime commercial des produits forestiers constitue un ensemble de règles régissant essentiellement l'exportation des grumes, l'achat et la vente du bois d'œuvres industriels, l'exportation des essences protégées, ainsi que l'importation du matériel végétal forestier. On y trouve aussi une réglementation sommaire relative à l'achat du charbon de bois et à l'exportation des produits forestiers non ligneux.

L'exportation des grumes est régie au niveau légal par l'article 109 du code forestier qui en fixe les conditions de base et au niveau règlementaire, par l'arrêté ministériel du 12/04/2007 portant réglementation de l'autorisa-tion de coupe industrielle de bois d'œuvre et des autorisations d'achat, vente et exportation de bois d'œuvre. Elle fait présentement l'objet du Plan d'ac-tion FLEGT devant conduire à la signature d'un Accord de Partenariat Vo-lontaire avec l'Union Européenne mettant en place un dispositif de cer-tification du bois. L'exportation des essences protégées est régie par l'arrêté ministériel du 08 mars 2000 portant règlementation du commerce internatio-nal des espèces de la faune et de la flore sauvages menacées d'extinction. L'importation du matériel végétal forestier est règlementée conformément à l'article 46 du code forestier.

Étant centré sur la vente et l'achat des produits forestiers, ce régime commercial a un contenu plutôt simpliste ; car il n'englobe pas tous les aspects du commerce des ressources naturelles tel que théoriquement défini ci-des-sus. Toutefois, certains de ces aspects, soit le transport, l'entreposage et le transit sont bien règlementés par le droit forestier. Mais cette règlementation participe du régime d'exploitation forestière, et non d'un régime commer-cial mieux pensé et finalisé.

Il résulte de ce contenu du régime commercial des produits forestiers une notion de commerce tout aussi simpliste, c'est-à-dire limitée à la vente et à l'achat des produits forestiers et occultant d'autres aspects du circuit commercial des ressources naturelles tels que théoriquement exposés ci-avant. Une notion du commerce des produits forestiers élargie à tous ces aspects pourrait fonder un régime commercial régissant de façon cohérente et effi-ciente la circulation des produits forestiers.

2. Objectifs et moyens du régime commercial des produits forestiers

Une indication des objectifs du régime commercial des produits forestiers **(2.1)** permet d'en préciser les moyens **(2.2)**.

2.1. Objectifs

Suivant ses différents aspects, le régime commercial des produits forestiers vise des objectifs au plan économique, environnemental et budgétaire ; sa finalisation n'intègre pas cependant tous les objectifs d'un régime commercial des ressources naturelles tels théoriquement indiqués ci-avant.

Ainsi, l'objectif légalement affiché de la règlementation de l'exportation des grumes est l'incitation à la transformation locale du bois et l'augmentation du flux entrant des devises ; et celle de l'exportation des essences protégées et de l'importation du matériel végétal forestier vise la préservation de l'environnement. Le contenu sommaire de la règlementation de la vente et de l'achat du bois d'œuvre ne permet pas une déduction sérieuse des objectifs poursuivis, de sorte que, instituant des prélèvements obligatoires à chaque opération de vente ou d'achat, elle parait ne poursuivre qu'un objectif budgétaire.

Cette finalisation du régime commercial des produits forestiers résulte d'une vision du commerce forestier réduite aux opérations de vente et d'achat des produits forestiers. En élargissant cette vision à tout leur circuit commercial, on pourrait en déduire tous les objectifs d'un régime commercial des ressources naturelles tels qu'indiqués ci-avant.

2.2. Moyens

Pour réaliser ses objectifs, le régime commercial des produits forestiers recourt aux restrictions personnelles et aux quotas aux exportations **(2.2.1)**, aux autorisations d'achat et de vente de bois d'œuvre **(2.2.2),** ainsi qu'à la liste et aux permis CITES **(2.2.3)**.

2.2.1. Restrictions personnelles et les quotas aux exportations

À son article 109 alinéa 2, le code forestier dispose que, pendant une période de 10 ans à dater du démarrage de l'exploitation, les exportations des grumes ne seront autorisées qu'aux « *détenteurs des unités de transformation opérationnelle* » ainsi qu'aux « *exploitants nationaux* »[475]. Ces autorisations sont assorties d'un quota ne dépassant pas 30% de leur production annuelle.

En ce qui concerne les « *détenteurs des usines de transformation* », une telle restriction légale est sensée contraindre les sociétés forestières à investir dans la transformation locale du bois ; elle vise principalement une mobi-

[475] De l'interprétation de cette disposition légale, les premiers sont les personnes morales et les personnes physiques étrangères. Les seconds sont les personnes physiques de nationalité congo-laise (Lire KALAMBAYI L et VUNDU D.M, *Le code forestier commenté et annoté*, Kinshasa, 2009, p. 80)

lisation des capitaux étrangers afin d'augmenter la valeur ajoutée locale des produits forestiers exportés. Concernant les « *exploitants nationaux* », elle est sensée les contraindre à écouler une grande partie de leur production sur le marché local, visant par là la sécurisation de la consommation locale par rapport à l'attractivité des opportunités d'échange du marché mondial. La compétitivité de l'industrie de transformation locale pourrait aussi s'en ressentir si le prix des grumes sur le marché local est maintenu à un niveau bas.

Cependant, l'efficience de ces restrictions par rapport à leurs objectifs est relativisée par le délai légal de leur validité. Celle-ci devrait tenir, non pas à une condition temporelle, mais au niveau de réalisation de l'objectif visé, c'est-à-dire l'atteinte d'un taux déterminé de transformation locale du volume de grumes extraits[476]. Un objectif économique ne se réalise pas naturellement par l'écoulement du temps, mais par un travail humain auquel il est hasardeux de fixer un délai butoir.

2.2.2. Autorisations d'achat et de vente de bois d'œuvre

Les autorisations d'achat et de vente de bois d'œuvre sont instituées par l'arrêté ministériel du 12 avril 2007 y relatif qui, à son article 11 alinéa 1, conditionne toute transaction sur les bois d'œuvre à leur obtention. Cet arrêté ne rend cependant pas compte, d'une manière claire, des objectifs qu'il vise. Et aucun lien ne peut être fait entre les restrictions commerciales que constituent ces autorisations et l'un des objectifs du régime commercial des ressources naturelles théoriquement définis ci-avant.

Suivant l'article 11 alinéa 1 en question, les autorisations d'achat et de vente de bois d'œuvre sont accordées pour une période d'un an allant du 1[ier] janvier au 31 décembre moyennant : 2500 USD pour les bois vendus par un exploitant artisanal, 3.000 USD pour un concessionnaire forestier et 10.000 USD pour un non exploitant forestier. Tout en étant pas claire sur qui du vendeur ou de l'acheteur doit être assujetti, ce dispositif de contrôle ne permet pratiquement que leur identification en vue de leur taxation. Cet objectif purement budgétaire ne ressort pas de la finalité d'un régime commercial des ressources naturelles.

De lege ferenda, il faudrait repenser ce régime d'autorisation, de sorte qu'il serve à la traçabilité administrative du bois écoulé sur le marché. Dans une telle perspective, les autorisations d'achat devraient permettre à l'État d'identifier les consommateurs locaux du bois afin de contrôler leurs sources d'approvisionnement ; tandis que les autorisations de vente, imposées

[476] Comme le prévoit le code forestier gabonais qui stipule à son article 227 : *La production na-tionale des grumes doit couvrir en priorité la demande des unités locales de transformation. A cet effet, le taux de transformation locale doit évoluer pour atteindre 75% au cours de la décennie qui suit la date de promulgation de la présente loi.*

aux exploitants en plus de celles d'exploitation et constituant une restriction, de trop, devaient être supprimées.

2.2.3. Liste et permis CITES

La liste CITES[477] est un mécanisme institué par la Convention sur le Commerce international des espèces de la faune et de la flore menacées d'extinction. Elle récence toutes les espèces animales et végétales menacées d'extinction, et dont le commerce doit être soumis aux restrictions de la Convention CITES. Ces restrictions sont les permis d'importation, d'exportation et de réexportation ainsi que les quotas.

Suivant la convention CITES, l'importation, l'exportation et la réexportation d'une espèce végétale inscrite sur la liste CITES est soumise à l'obtention préalable d'un permis CITES. Cette procédure permet de vérifier la légalité de l'exploitation du produit, la conformité de sa quantité aux quotas octroyés et les conditions de sa conservation. Ce dispositif de contrôle est mise en œuvre par l'arrêté ministériel du 08 mars 2000 portant réglementation du commerce international des espèces de la faune et de la flore sauvage menacées d'extinction.

Par rapport aux objectifs du régime commercial des ressources naturelles, le régime d'autorisation CITES vise la protection de la biodiversité en régulant l'extraction des espèces végétales par rapport à leur disponibilité.

§3. EN DROIT AGRICOLE

Après avoir précisé les notions de régime commercial et de commerce des produits agricoles **(1)**, nous pouvons indiquer les objectifs et les moyens de ce régime **(2)**.

1. Notions de régime commercial et de commerce des produits agricoles

En précisant la notion de régime commercial des produits agricoles **(1.1)**, nous pouvons en déduire celle de commerce des produits agricoles **(1.2)**.

1.1. Notion de régime commercial des produits agricoles

La loi sur l'agriculture est assortie d'un régime commercial à ses articles 63 à 65. Ces dispositions légales invitent l'État, les provinces et les entités territoriales décentralisées à promouvoir les activités du circuit commercial

---

[477] Acronyme de l'anglais « *Convention on International Trade of Endangered Species* », soit en français, Convention sur le Commerce international des espèces de la faune et de la flore mé-nacées d'extinction.

agricole, c'est-à-dire : le transport, le stockage, l'information sur les prix et la vente.

La promotion des activités du circuit commercial agricole devra se faire par la prise des mesures devant induire un dispositif réglementaire régissant chacune de ces activités visées. Dans la perspective d'une telle évolution réglementaire des dispositions légales en question, le régime commercial agricole peut être défini comme l'ensemble des règles régissant le transport, le stockage et la vente des produits agricoles, ainsi que la gestion des informations sur leur prix et leur qualité.

Mais, en se défaussant à la fois sur l'État, les provinces et les entités territoriales décentralisées pour la réglementation du circuit commercial agricole, la loi agricole n'offre pas le gage d'une réglementation cohérente et efficiente d'un segment essentiel du secteur agricole. Conformément à son article 6 alinéa 2 qui inscrit l'orientation de la commercialisation des produits agricoles dans la politique agricole nationale, elle devrait en fournir les règles de base.

1.2. Notion de commerce des produits agricoles

Les produits agricoles n'étant pas fournis par la nature, il est généralement convenu que leur commerce ne participe pas directement du commerce des ressources naturelles ; il s'y rattache indirectement en ce qu'il constitue un commerce virtuel ou indirect des ressources naturelles qui en constituent les facteurs de production, soit l'eau et les terres arables[478].

Ainsi, bien que les produits agricoles primaires ne soient pas extraits de la nature, mais fournis par d'autres ressources naturelles sur intervention humaine, leur commerce peut être intégré dans un même champ d'étude juridique que celui des ressources naturelles. C'est pourquoi, telle qu'elle se dégage des articles 63 à 65 de la loi agricole, la conception de ce commerce correspond à celle du commerce des ressources naturelles, telle que théoriquement exposée ci-avant ; dans la mesure où elle en reprend les articulations essentielles : le transport, l'emmagasinage et la vente.

Si au niveau réglementaire le gouvernement affiche la volonté de mieux maitriser et structurer le circuit commercial des produits agricoles, il en résulterait une notion de commerce intégrant toutes les activités du circuit commercial des ressources naturelles telles qu'indiquées ci-dessus.

2. Objectifs et moyens du régime commercial des produits agricoles

L'indication des objectifs du régime commercial des produits agricoles **(2.1)** permet d'en préciser les moyens **(2.2)**.

---

[478] OMC, *Op. Cit,* .p. 75

2.1. Objectifs

Suivant les articles 63 à 65 de la loi agricole, la réglementation du commerce des produits agricoles vise l'incitation aux investissements dans la construction des infrastructures de commercialisation, la mise en place d'un système d'information sur les prix et le soutien aux exportations.

Pour les agriculteurs, la commercialisation des produits agricoles est un problème majeur qui se pose principalement en termes de très bas prix à la production, de difficulté des transports et d'énormes pertes post-récolte. Les infrastructures de commercialisation, tels que : les marchés associatifs[479], les marchés de gros et de détaille, les installations de conservation et les transports peuvent, si elles sont stratégiquement mieux organisées, résoudre ces problèmes. L'organisation d'un système d'information permet, en informant les commerçants sur la disponibilité d'un produit, sa qualité et son prix, un échange équitable avec les agriculteurs. Le soutient aux exportations vise un rééquilibrage de la balance des paiements.

Cette finalisation légale de la commercialisation des produits agricoles omet la promotion de l'industrie de transformation locale, et elle tait la sécurisation de l'approvisionnement du marché local par rapport à l'exportation. Et pourtant, l'industrie de transformation locale peut, en assurant l'exportation des produits agricoles à valeur ajoutée locale et la substitution des importations des produits agricoles manufacturés, garantir un stock en devises, nécessaire pour l'importation des équipements de développement.

2.2. Moyens

Pour atteindre ses objectifs au plan commercial, la loi agricole invite le pouvoir règlementaire à recourir à des incitations et à des contraintes nécessaires et adéquates. Celles-ci peuvent, suivant l'objectif poursuivi, correspondre à tel ou tel autre de moyens du régime commercial des ressources naturelles définis ci-dessus.

Ainsi, pour inciter aux investissements dans la commercialisation des produits agricoles, le pouvoir règlementaire doit instituer des subventions en faveur des opérateurs, c'est à dire des aides publiques directes ou indirectes à la création et au développement des entreprises. Il peut s'agir concrètement des subventions fiscales (allègements fiscaux ou crédit d'impôt), des facilités d'acquisition des concessions foncières et d'équipement ou des crédits financiers à des taux préférentiels. Dans ce dernier cas, il suffirait d'élargir aux opérateurs commerciaux le droit d'accès aux crédits du Fond national de développement agricole, réservé aux agriculteurs.

---

[479] Les marchés associatifs sont des marchés organisés sur le lieu de production par l'association des agriculteurs.

Pour le développement de l'industrie de transformation locale et la sécurisation de l'approvisionnement du marché local en produits agricoles primaires, il faudrait recourir aux moyens traditionnels de taxes et quotas à l'exportation sur des produits faisant l'objet d'une forte demande locale.

§4. EN DROIT DES HYDROCARBURES

Après avoir précisé les notions de régime commercial et de commerce des produits pétroliers **(1)**, nous pouvons indiquer les objectifs et les moyens de ce régime **(2)**.

1. Notions de régime commercial et de commerce des produits pétroliers

De la notion de régime commercial des produits pétroliers **(1.1)**, nous pouvons déduire celle de commerce des produits pétroliers **(1.2)**.

1.1. Notion de régime commercial des produits pétroliers

À ses articles 106 à 121, la loi sur les hydrocarbures est assortie d'un régime commercial des produits pétroliers finis, issus de l'importation ; ce qui ne ressort pas du régime commercial des ressources naturelles, tel que défini ci-dessus.

Cependant, la loi en question prévoit bien à ses articles 100 à 105 une réglementation, par voie règlementaire, de la chaîne d'approvisionnement du pétrole brut. Cette chaine comprend (suivant l'article 100) les *activités de l'aval pétrolier,* soit : le transport, le stockage, la fourniture et le raffinage. Ces dispositions légales affirment les garanties de sécurité, de protection de l'environnement et de la libre concurrence dans le secteur ; elles ne jettent pas les bases de l'organisation d'un circuit commercial du pétrole brut, suivant les objectifs du régime commercial des ressources naturelles, tels que théoriquement définis ci-dessus. Et pourtant, en cas d'une extension de l'exploitation pétrolière, il y aurait une nécessité d'en maîtriser parfaitement la chaîne d'approvisionnement, en vue d'assurer la traçabilité des produits et d'accroitre le pouvoir commercial du pays.

Donc de lege ferenda, il faudrait, en envisageant les *activités de l'aval pétrolier* comme constituant un circuit commercial, les réglementer dans le cadre d'un régime commercial, tel que théoriquement défini ci-dessus.

1.2. Notion de commerce des produits pétroliers

Il ressort du régime commercial de la loi sur les hydrocarbures une notion de commerce fondé, non sur la mise en circulation des hydrocarbures, mais sur l'importation des produits pétroliers finis. Ceci pourrait s'expliquer par le fait que la circulation du pétrole brut sur le territoire national n'est pas encore un fait massif nécessitant une attention législative.

Cependant, les activités de transport, de stockage, de négoce et de vente des hydrocarbures rentrent dans la notion du commerce des ressources naturelles telle que théoriquement définie ci-dessus. Cette notion permet de ressortir l'intérêt de leur distinction légale comme *activités de l'aval pétrolier* par rapport aux *activités de l'amont pétrolier*, c'est-à-dire, la prospection, l'exploration et l'exploitation. Cet intérêt se situe au niveau de la différence de la problématique de la mise en circulation des hydrocarbures par rapport à celle de leur extraction. Cette différence doit se refléter dans la finalisation leurs réglementations.

Donc, telle que définie ci-avant, la notion de commerce des ressources naturelles devrait permettre d'éclairer le sens de la règlementation des *activités de l'aval pétrolier*, c'est-à-dire leur organisation en un circuit commercial du pétrole brut, de manière à mieux les mettre en contribution pour le développement économique du pays.

2. Objectifs et moyens du régime commercial des produits pétroliers

L'indication des objectifs du régime commercial des produits pétroliers **(2.1)** permet d'en définir les moyens **(2.2)**.

2.1. Objectifs

Dans son exposé des motifs, la loi sur les hydrocarbures dit vouloir affirmer des nouveaux principes devant régir les *activités de l'aval pétrolier*. Ces principes sont (tels qu'induits des articles 101 à 105) la sécurité des biens et des personnes, la protection de l'environnement et la libre concur-rence.

Nous ne pouvons pas déduire de cette finalisation des *activités de l'aval pétrolier* les objectifs d'un régime commercial des ressources naturelles, tels que théoriquement définis ci-avant. Et pourtant, une réorganisation de ce secteur d'activités devrait essentiellement être orientée vers la transformation locale du pétrole brut, c'est-à-dire le raffinage et le développement du pouvoir commercial du pays, tels que théoriquement entendus ci-avant.

Toutefois, dans son exposé des motifs, la loi sur les hydrocarbures vise le « *renforcement du contenu local dans les activités d'hydrocarbures afin de former les compétences nationales et d'impliquer les entreprises locales aux dites activités*[480] ». Concernant les *activités de l'aval pétrolier*, cette implication peut bien viser la transformation locale et le développement du pouvoir commercial du pays.

[480] J.O de la RDC, numéro spécial du 7 août 2015, Kinshasa, p. 3

2.2. Moyens

Ses objectifs en ce qui concerne la réglementation des *activités de l'aval pétrolier* étant autres, la loi sur les hydrocarbures ne pouvait clairement prévoir les moyens d'un régime commercial des ressources naturelles, tels que définis ci-avant.

Néanmoins, dans l'extrait de son exposé des motifs sus évoqué, elle entend recourir au principe du contenu local, pour former une expertise nationale et impliquer les entreprises nationales dans les activités d'hydrocarbure. Pour ce qui concerne les *activités de l'aval pétrolier*, ce principe ne trouve, cependant, dans la loi qu'un faible écho à travers l'obligation faite aux sociétés de contribuer à la formation des nationaux[481]. À travers une telle règle, non assortie du reste de sanction, la loi ne peut prétendre mettre en œuvre le principe du contenu local, tel que théoriquement défini ci-avant.

La mise en œuvre du principe du contenu local implique tout un dispositif cohérent et efficient, fait de règles incitatives et coercitives, qui visent le positionnement des opérateurs nationaux dans la chaine de valeur. Or, à son article 105, la loi sur les hydrocarbures interdit toute atteinte au principe de la libre concurrence dans le secteur ; ce qui pourrait légalement empêcher le recours à des telles règles.

§5. EN DROIT DE L'EAU

La loi relative à l'eau organise plus l'accès aux ressources en eau, et elle n'envisage sa distribution que par voie de canalisations, tout en ignorant le commerce d'eau en bouteille. Dans cette perspective, elle ne pouvait pas se doter d'un régime commercial visant la circulation des produits hydriques d'un endroit à un autre et d'une personne à une autre.

Contrairement à la distribution d'autres produits naturels, celle de l'eau se fait généralement par des canalisations de transport et de distribution reliant, aux réseaux d'aval, les installations d'extraction et de traitement en amont ; elle ne se fait pas dans un circuit commercial et, partant, elle ne requiert pas un régime commercial avec les objectifs et les moyens définis ci-avant.

Cependant, il existe un commerce d'eau en bouteille qui, au regard de sa consommation croissante, nécessite un régime commercial adéquat. La loi relative à l'eau ne pouvait ignorer une telle opportunité économique. En vue d'inciter aux investissements dans ce commerce et mieux l'encadrer, elle devrait se doter d'un régime commercial, tel que théoriquement défini ci-avant.

[481] Article 103 point 5 de la loi portant régime général des hydrocarbures

§6. EN DROIT HALIEUTIQUE

Le décret du 21 avril 1937 sur la pêche réglemente l'accès aux ressources halieutiques et non leur commerce. Il ne comporte donc pas de régime commercial des produits halieutiques, permettant d'en déduire une notion de commerce. C'est qui est une lacune par rapport à l'importance de la problématique de la circulation des produits de la pêche.

En effet, l'exploitation commerciale des ressources halieutiques pose les mêmes problèmes environnementaux et économiques que celle d'autres ressources naturelles : épuisement des stocks, extinction des espèces rares, sécurité alimentaire, difficulté de commercialisation. Ceci nécessite, en aval du processus de production, un régime commercial permettant une maîtrise du circuit commercial, en vue d'assurer le contrôle et le développement des activités du circuit commercial (le transport, l'emmagasinage, la vente et la certification).

Dans cette perspective, la théorie de commerce des ressources naturelles devrait permettre à l'État d'élaborer des outils empêchant la mise en circulation des produits issus du braconnage, de la surpêche, de la pêche hors saison, de la pêche des produits sous-dimensionnés ou de la pêche des espèces protégées. Il devrait également permettre la mise en œuvre des incitations et des contraintes nécessaires à la protection du marché local et au développement des activités du circuit commercial, en vue d'assurer la valeur ajouté locale des produits exportés.

§7. EN DROIT CYNÉGÉTIQUE

Par la précision des notions de régime commercial et de commerce des produits de la chasse **(1)**, nous pouvons définir les objectifs et les moyens de ce régime **(2)**.

1. Notions de régime commercial et de commerce des produits de la chasse

La précision de la notion de régime commercial des produits de la chasse **(1.1)** permet d'appréhender celle de commerce de ces produits **(1.2)**.

1.1. Notion de régime commercial des produits de la chasse

La loi portant réglementation de la chasse ne comporte pas de régime commercial tel que défini ici. Toutefois, elle prévoit à son article 76 une procédure de cession des produits de la chasse, et elle consacre la liberté d'exportation (par les particuliers) des animaux non protégés, détenus légalement.

Partant de ces dispositions légales, l'arrêté ministériel relatif aux mesures d'exécution de la dite loi fixe à ses articles 35 à 44 les conditions de cession des animaux, le statut d'un commerçant des produits cynégétiques et soumet l'exportation, l'importation et la réexportation de tout animal sauvage à la convention CITES. Toute cession d'animal est ainsi soumise à une autorisa-tion administrative, et elle donne lieu à la délivrance d'un certificat de légiti-me détention au cessionnaire. Le commerce des produits cynégétiques est conditionné par l'obtention d'une licence d'agrément aux conditions fixées à l'article 39 de l'arrêté ministériel en question.

Il s'agit là d'un régime commercial qui vise la cession à titre gratuit ou onéreux des produits de la chasse, ainsi que leur importation ou leur expor-tation ; il ne consiste pas en l'organisation, pourtant nécessaire, de tout le circuit commercial comprenant, outre la cession ou la vente, le transport, l'emmagasinage et le négoce.

1.2. Notion de commerce des produits de la chasse

Il se déduit du régime commercial des produits de la chasse, une notion de commerce qui, basée essentiellement sur la vente ou la revente, est une application de la notion générale de commerce qui est différente de celle du commerce des ressource naturelles, telle que définie ci-avant.

Cette notion de commerce des produits de la chasse procède de sa perception simpliste, la réduisant à une série d'activités accomplie par le chas-seur lui-même. Une telle concentration demeure, certes, une réalité dans un secteur sous-développé, mais la loi sur la chasse, devant s'inscrire dans une perspective de développement du secteur, devrait envisager une spécialisation des activités induisant toute une chaîne d'approvisionnement, allant de la conservation après capture jusqu'à la livraison, en passant par le trans-port, l'emmagasinage, le négoce et la certification écologique ou de légalité.

Un tel régime d'activités devrait, pour sa cohérence, se fonder sur la no-tion de commerce des ressources naturelles, telle qu'exposée ci-avant, de sorte que la notion de commerce des produits de la chasse dépasse le simple acte d'échange, pour refléter distinctement toutes les activités du circuit commercial des produits cynégétiques.

2. Objectifs et moyens

L'indication des objectifs du régime commercial des produits de la chasse **(2.1)** permet d'en définir les moyens **(2.2)**.

2.1. Objectifs

À travers la réglementation du commerce des produits de la chasse, la loi poursuit essentiellement un objectif environnemental, c'est-à-dire la préservation de la biodiversité, et ce, en assurant la traçabilité administrative des gibiers mis en circulation. Au plan économique, elle n'affiche aucune ambition particulière.

Le souci de préserver la biodiversité apparait à travers la soumission de toute cession de gibier à une autorisation administrative qui, en empêchant l'écoulement sur le marché des produits prélevés ou détenus illicitement, affaiblit l'incitation à la chasse illégale et en préserve la faune nationale. Ce contrôle administratif de la cession des gibiers est sensé retracé le parcours légal du gibier échangé ou cédé, depuis l'enregistrement de sa capture ou de son abatage jusqu'à sa cession.

La loi sur la chasse vise principalement la capture et la vente du gibier et, partant, réduit le secteur cynégétique à ces seules activités. En négligeant ainsi les autres activités de la chaîne d'approvisionnement, dont la transformation, elle montre peu d'intérêt pour le développement économique du secteur. Il faudrait pourtant une réglementation incitative à l'investissement dans toutes les autres activités, c'est-à-dire : le transport, l'emmagasinage, le négoce, la transformation et l'éco-certification.

2.2. Moyens

Pour assurer la traçabilité administrative des produits et des sous-produits de la chasse mis en circulation, l'arrêté ministériel relatif aux mesures d'exécution de la loi sur la chasse prévoit, pour tout animal, le certificat de légitime détention, l'autorisation de cession et le permis CITES pour l'importation ou l'exportation.

Ces instruments de contrôle sont prescrits sans indication des mentions obligatoires qu'ils doivent contenir afin de permettre le traçage administratif d'un animal détenu ou de ses produits. Le certificat de détention légitime n'étant délivré que sur présentation d'un certificat d'enregistrement[482] (délivré au chasseur) ou d'un acte de cession[483], il ne couvre que leur détention à titre de propriété par le chasseur ou par un cessionnaire. Il n'est pas prévu un titre particulier permettant le contrôle de leur détention pour le compte d'autrui, au titre de dépositaire ou de transporteur. Le traçage administratif pourrait ainsi être laborieux et incertain au niveau de ces deux agents s'ils ne sont pas coopératifs.

---

[482] Article 33 alinéa 2 de l'arrêté ministériel relatif aux mesures d'exécution de la loi portant réglementation de la chasse.

[483] Article 35 de l'arrêté ministériel relatif aux mesures d'exécution de la loi portant réglementa-tion de la chasse.

Donc, pour assurer une traçabilité administrative efficace dans ce domaine, il faut un outillage de contrôle cohérent, c'est-à-dire une interconnexion, à travers des mentions obligatoires, des documents délivrés à chaque étape de la chaîne de valeur d'un produit ou d'un sous-produit de la chasse.

CONCLUSION

Le commerce des ressources naturelles est à la base de leur exploitation, donc des externalités négatives qui s'en déduisent au plan environnemental. Il est aussi une source de revenu primordial pour un pays détenteur et sous-développé, mais que peut ruiner un accès illicite aux actifs naturels pour alimenter le crime organisé. La réglementation de ce commerce s'accommode ainsi des restrictions qui la démarquent du droit commercial général visant la fluidité de la circulation des richesses.

Pour gérer le risque environnemental lié au commerce des ressources naturelles, prévenir celui de sa criminalisation et assurer son intégrité en tant que source de revenu, sa réglementation est fondée sur des restrictions nécessaires à la maîtrise du circuit commercial des produits des actifs naturels et à sa traçabilité, à l'accroissement du pouvoir commercial du pays et à son développement ainsi qu'à la protection de l'environnement.

Ces restrictions résultent d'une mise en œuvre judicieuse des outils fiscaux, techniques et administratifs, couramment utilisés en politique commerciale en vue de réguler l'exportation des produits de l'économie nationale.

Chapitre VI

LE RÉGIME FISCAL DES RESSOURCES NATURELLES

La finalité de la gestion durable des ressources naturelles est d'en répartir équitablement, dans l'espace et dans le temps, les bénéfices et la charge des externalités négatives. Etant au cœur de la fiscalité des ressources naturelles, l'organisation de cette répartition se réalise par le régime fiscal des ressources naturelles, dont il faut préciser la notion en en indiquant le contenu, le fondement et les sortes **(Section 1)**, et en en analyser et évaluer la mise en œuvre par chacune de lois extractives en vigueur **(Section 2)**.

Section 1 : NOTION DE RÉGIME FISCAL DES RESSOURCES NATURELLES

Pour mieux comprendre la notion de régime fiscal des ressources naturelles, il faut indiquer ses objectifs, donner sa définition et pointer ses limites **(§1)**, souligner sa différence et ses rapports avec le droit fiscal **(§2)** et en préciser les sortes **(§3)**.

§1. OBJECTIFS, DEFINITION ET LIMITES DU CONTENU

Après avoir indiqué les objectifs du régime fiscal des ressources naturelles **(1)**, nous pouvons mieux le définir **(2)** et pointer les limites de son contenu **(3)**.

1. Objectifs

Dans sa conception, le régime fiscal des ressources naturelles vise à assurer à l'État une part raisonnable dans la rente de production des ressources naturelles **(1.1)** et mettre en œuvre la fiscalité écologique dans le secteur extractif **(1.2).**

1.1. Assurer à l'État une part raisonnable dans la rente de production des ressources naturelles

La première préoccupation à la base de la notion de régime fiscal des ressources naturelles est d'assurer à l'État une part raisonnable dans la rente de production des ressources naturelles. De ce point de vue, cette notion s'articule alors autour du concept de *rente de production des ressources naturelles* et de ce qu'on n'entend par *part raisonnable.*

En économie des ressources naturelles, le concept de rente est utilisé pour signifier soit la rémunération du droit de propriété sur une ressource naturelle, soit le profit supplémentaire tiré de la rareté du produit d'une ressource naturelle (*Rente de rareté ou d'Hotelling*) ou de la différenciation des coûts de production ou de la qualité des produits (*rente ricardienne*), soit, plus globalement, les bénéfices d'exploitation d'une ressource naturelle résultant de la différence positive entre le coût de son extraction locale et le cours mondial de son produit. C'est par rapport à cette dernière acception englobante que se construit la notion de régime fiscal des ressources naturelles[484].

Par *part raisonnable dans la rente de production des ressources naturelles*, il faut entendre un partage du revenu de production d'une ressource naturelle qui, tout en assurant à l'État des recettes budgétaires à la mesure de ses besoins en développement, ne désincite pas les entreprises privées à investir dans le secteur extractif[485].

Donc, en partant d'une meilleure évaluation du potentiel fiscal de l'accès aux ressources naturelles, la notion de régime fiscal des ressources naturelles traduit le souci de doter les pays en développement d'outils fiscaux efficaces qui, tout en assurant un flux de recettes publiques suffisant pour financer le développement, n'affectent pas la rentabilité des investissements privés.

1.2. Mettre en œuvre la fiscalité écologique dans le secteur extractif

La fiscalité écologique est l'ensemble d'outils ou procédés fiscaux mis en œuvre soit pour inciter les agents économiques et les ménages au respect de l'environnement, soit pour pénaliser les activités génératrices des nui-sances

[484] Dans toutes les réflexions actuelles sur la fiscalité des ressources naturelles, la rente de pro-duction des ressources naturelles est appréhendée comme le revenu tiré de la production d'une ressource naturelle diminué du coût de cette production.

[485] FOND MONETAIRE INTERNATIONAL, *Régimes fiscaux des industries extractives : Con-ception et application*, Département des finances, 2012, disponible sur/ w w w.imf.org /external/ french/np/pp/2012/081512f.pdf

environnementales, soit pour financer la gestion des externalités né-gatives, ou soit pour redistribuer les revenus aux catégories de populations affectées[486].

Le prélèvement des ressources naturelles est générateur de diverses externalités négatives dont la gestion induit un coût social. Celui-ci équivaut à l'effort financier entrepris par la collectivité pour prévenir, réduire ou supprimer les dégradations causées à l'environnement[487]. Cet effort collectif requiert la mise en œuvre de la fiscalité écologique dans le secteur extractif ; ce qui en droit des ressources naturelles doit se traduire par un régime fiscal des ressources naturelles, dont la finalité spéciale est de mobiliser toute sorte d'outils fiscaux (taxe, redevance, crédit d'impôt, subventions fiscales, dérogations fiscales ...), en vue d'une gestion efficace des atteintes à l'environnement.

Donc, étant une des applications de la fiscalité écologique, le régime fiscal des ressources naturelles se fonde sur le triple souci de modifier les comportements des producteurs et des consommateurs d'une ressource naturelle, par l'internalisation du coût social de son prélèvement ; de fiscaliser la prévention, la réduction et l'élimination des externalités négatives ; et de redistribuer les recettes publiques aux parties prenantes affectées.

2. Définition

Nous pouvons définir le régime fiscal des ressources naturelles comme, d'une part, l'ensemble de mécanismes et de règles visant la détermination, la captation et l'utilisation de la rente d'exploitation d'une ressource naturelle[488] et, d'autre part, comme les règles qui définissent les outils fiscaux destinés à la gestion des externalités négatives du prélèvement d'une ressource naturelle.

Ainsi, il s'agit de la partie du droit des ressources naturelles rendant compte des dispositifs juridiques et institutionnels dont se dote un État détenteur d'une ressource naturelle, pour déterminer sa part dans la rente d'exploitation, la recouvrer efficacement et l'utiliser au mieux du bien

---

[486] République française, Ministère de l'écologie et du développement durable, Consultation nationale pour la Charte de l'environnement, Compte-rendu des travaux, Vol.3.II, fiche documen-taire : Fiscalité écologique, http://www.ladocumentationfrancaise.fr/var/storage/rapports-publics/ 054000294.pdf

[487] Mireille Chiroleu ASSOULINE, « *La fiscalité environnementale en France peut-elle devenir réellement écologique ?* » in Revue de l'OFCE : Fiscalité des ménages et des entreprises, n°139, 2015/3, éd. OFCE, Paris, pp. 129-165.

[488] Fond Monétaire International, Régimes fiscaux des industries extractives : Conception et application, étude du Département des finances publiques, 15 août 2012, disponible sur : https ://www.imf.org/external/french/np/pp/2012/081512f.pdf et Philip Daniel et al, la rente des res-sources naturelles, in Finance et Développement, Vol. 50, n°3, FMI, septembre 2013, pp. 19-22.

commun. L'étude du régime fiscal des ressources naturelles, ainsi compris, implique la définition, l'analyse et l'évaluation de tous ces dispositifs par rapport à la maîtrise du potentiel fiscal de l'exploitation d'une ressource naturelle. Elle rend aussi compte des outils et des procédés fiscaux divers, mobilisés pour inciter les agents au civisme écologique, financer la gestion des externalités négatives et redistribuer les revenus aux parties prenantes affectées par le prélèvement d'une ressource naturelle.

Donc, en tant que dispositif de captation de la rente d'exploitation d'une ressource naturelle, le contenu du régime fiscal des ressources naturelles inclut les procédés de toute nature, c'est-à-dire l'adjudication, les prélèvements obligatoires, les redevances, la participation au capital des entreprises extractives, le partage de production, le contrat *ressources naturelles contre infrastructures*... Comme outil de rééquilibrage écologique, il n'inclut que les instruments fiscaux assis sur les sources des externalités négatives ou affectés à leur gestion.

3. Limites du contenu

Les pouvoirs publics effectuent dans le secteur des ressources naturelles des multiples prélèvements au titre d'impôts, de taxes, de redevances et autres droits, qui ne rentrent pas tous dans le contenu et dans le champ d'étude d'un régime fiscal des ressources naturelles. Il faut donc en indiquer les limites.

En tant que dispositif de captation de la rente d'exploitation des ressources naturelles, le régime fiscal des ressources naturelles ne peut comprendre que des prélèvements obligatoires effectués en raison de l'accès à une ressource naturelle. Il s'agira ainsi des primes, taxes ou redevances, dont le fait générateur est l'autorisation d'accès à d'une ressource naturelle, ainsi que des prélèvements effectués sur les revenus des exploitants. Et comme dispositif de mise en œuvre de la fiscalité écologique, ce régime fiscal ne comprend que : les taxes dont le fait générateur est une externalité négative déduite du prélèvement, du transport et de l'utilisation d'une ressource naturelle ; les taxes ou les redevances dues à un service public de gestion des externalités négatives ; et toute imposition effectuée à quelque titre que ce soit, dont le produit est spécialement affecté à un des objectifs définis par la politique d'accès à une ressource naturelle.

Par ce double critère de rattachement à la captation de la rente d'exploitation et à la fiscalité écologique, le régime fiscal des ressources naturelles exclut de son contenu tous les autres prélèvements effectués sur les opérateurs d'un secteur extractif, c'est-à-dire qui sont sans aucun lien avec l'un des faits générateurs indiqués ci-avant, ou qui ne sont pas spécialement affectés à un des objectifs de la gestion durable d'une ressource naturelle.

§2. DIFFÉRENCES ET RAPPORTS AVEC LE DROIT FISCAL

En indiquant leurs différences **(1)**, nous pouvons ensuite mieux saisir les rapports existant entre le régime fiscal des ressources naturelles et le droit fiscal **(2)**.

1. Différences

Le droit fiscal est l'ensemble des dispositions juridiques relatives à l'impôt, qui est un procédé de*« répartition des charges budgétaires entre les individus d'après leurs facultés contributives »*[489] ; il régit les droits du fisc, leur exercice et les prérogatives y relatives, et il se distingue d'un régime fiscal des ressources naturelles par son contenu et sa fonction.

En effet, alors que le droit fiscal articule son contenu autour des prérogatives du fisc, de la détermination de l'impôt et des obligations des contribuables, le régime fiscal des ressources naturelles élargit le sien (en y incluant le fisc) à tous les mécanismes de captation de la rente d'exploitation d'une ressource naturelle et à tout l'outillage fiscal de gestion des externalités du prélèvement d'une ressource naturelle. À travers la réglementation de l'impôt, le droit fiscal permet à l'État de faire contribuer chaque personne aux charges publiques, en tenant compte de sa richesse ou de ses activités. Tandis qu'à travers la réglementation de divers procédés de captation de la rente d'exploitation des ressources naturelles (dont l'impôt), le régime fiscal des ressources naturelle permet à l'État d'avoir une juste contrepartie de l'exploitation de ses ressources naturelles et de l'utiliser de manière efficiente ; et à travers la fiscalité écologique, il lui permet de sauvegarder les équilibres écologiques.

Donc, le droit fiscal s'élabore dans la perspective d'une répartition équitable des charges publiques au moyen de l'impôt ; tandis qu'un régime fiscal des ressources naturelles se construit dans la double perspective de déterminer une juste contrepartie de l'accès aux ressources naturelles, et de préserver le bien-être général contre les externalités négatives produites par le prélèvement des ressources naturelles.

2. Rapports

Dans la mise en œuvre de l'impôt dans le secteur extractif, le droit fiscal s'y mêle avec le régime fiscal des ressources naturelles. Définir leurs rapports revient ainsi à préciser les fonctions de chacun dans la création et la mise en œuvre des impositions de toute nature dans ce secteur.

---

[489] Louis TOTRABAS et J.M COTTERET, *Droit fiscal*, Dalloz, 6ième édition, Paris, 1990, p. 11

Vue l'imprécision de l'article 122 point 10 de la Constitution quant à la loi par laquelle le parlement détermine « *les règles concernant l'assiette, le taux et les modalités de recouvrement des impositions de toute nature* », la distinction des fonctions du droit fiscal et du régime fiscal des ressources naturelles peut être faite suivant la simple logique : payé sans contrepartie, sans affectation particulière et en fonction de la capacité contributive du contribuable, l'impôt ne peut être créé que dans le cadre du droit fiscal ; une loi régissant l'accès à une ressource naturelle ne peut raisonnablement créer une imposition de cette nature, applicable aux opérateurs du secteur qu'elle régit ; elle ne peut créer qu'une redevance due en contrepartie de l'accès à une ressource naturelle, une taxe due à l'occasion d'un service rendu pendant le processus productif, et une taxe due en raison d'une externalité négative ou destinée à sa gestion[490].

Toutefois, s'il ne peut créer l'impôt, le régime fiscal des ressources naturelles peut procéder à son ajustement fonctionnel en raison des coûts liés à l'accès aux ressources naturelles et à la gestion des externalités négatives. Une loi régissant l'accès à une ressource naturelle peut ainsi instituer, à des fins incitatives, des dérogations fiscales ; et sans enfreindre le principe d'universalité régissant l'élaboration de la loi budgétaire[491], elle peut obliger le Trésor public à affecter, en partie ou en totalité, les produits d'un impôt à un objectif précis de gestion durable des ressources naturelles.

§3. SORTES DE RÉGIMES FISCAUX DES RESSOURCES NATURELLES

En étudiant les régimes fiscaux des ressources naturelles, nous pouvons les regrouper en trois sortes : le régime fiscal traditionnel **(1)**, le régime de partage de production **(2)**, le régime dit « ressources naturelles contre infrastructures » **(3)** ainsi que le régime fiscal du partenariat public-privé **(4)**.

---

490 La précision de cette fonction du régime fiscal des ressources naturelles s'inspire de la distinction généralement faite entre d'une part, l'impôt et, d'autre part, la redevance et la taxe. Contrairement à l'impôt, une redevance est la contrepartie monétaire d'une prestation administrative quelconque. Elle est payée par le bénéficiaire d'un service rendu par l'administration publique en vue de rémunérer ce service. La taxe est aussi due à l'occasion d'un service rendu par l'administration, mais contrairement à la redevance, elle n'en constitue pas la contrepartie équivalente. Elle est effectuée à des fins budgétaires (cfr Louis TOTRABAS et J.M COTTERET, *Droit fiscal*, Dalloz, 6ième édition, Paris, 1990, pp. 21, 24). La taxe peut être due aussi, non à l'occasion d'une prestation administrative, mais pour financer cette prestation. Elle est alors un prélèvement obligatoire, c'est-à-dire qu'elle est perçu d'autorité à l'occasion d'une activité et destinée à une activité administrative donnée.

491 Consacré à l'article 7 de la loi du 13 juillet 2011 relative aux finances publiques, le principe d'universalité signifie le rassemblement (dans un document unique) en une seule masse de l'ensemble des recettes brutes sur laquelle doit s'imputer l'ensemble des dépenses brutes. Ceci valant pour l'élaboration de la loi budgétaire, une taxe ou un impôt perçu peut, en vertu d'une autre loi, être affecté à une dépense donnée.

1. Régime fiscal traditionnel

En partant de la définition du régime fiscal traditionnel **(1.1)**, nous pouvons en préciser les principaux instruments **(1.2)**.

1.1. Définition

Le régime fiscal traditionnel est celui qui consiste en la captation de la rente d'exploitation des ressources naturelles à travers la mise en œuvre des instruments fiscaux traditionnels, c'est à dire l'impôt et la redevance. Ces deux instruments peuvent être utilisés sous des qualifications législatives diverses (Taxe, droits ...)

Dans ce régime, l'État recourt à des prélèvements sur la rente réalisée ou à des procédés de recouvrement anticipatif de sa part. Dans le premier cas, il peut cibler directement la rente réalisée à travers une imposition spéciale, ou se contenter de l'impôt sur les bénéfices des entreprises[492] ciblant le bénéfice net[493] ; dans le deuxième cas, il mobilise des taxes ou des redevances ciblant soit la superficie de l'actif naturel concédé, soit la quantité ou la valeur de ses produits, soit le prix de sa concession, fixé par rapport à l'évaluation de ses réserves. Ces procédés de recouvrement anticipatif permettent à l'État de se dispenser du coût administratif lié au calcul de la rente, ou à compenser son incapacité à maîtriser parfaitement les paramètres de calcul.

Le choix entre les deux méthodes de prélèvement de la rente dépend du niveau de dépendance d'un État à ses ressources naturelles : un État, dont l'économie en dépend largement, préfèrera naturellement le prélèvement anticipatif, en raison de l'urgence de ses besoins financiers ; tandis qu'un État, dont l'économie est diversifiée, peut préférer le prélèvement sur la rente en vue d'inciter davantage les investisseurs ; car cette méthode permet de déduire de l'assiette fiscale les coûts que ces derniers supportent ou les pertes qu'ils peuvent subir[494].

1.2. Principaux instruments fiscaux

Pour réaliser ses objectifs en matière des ressources naturelles, le régime fiscal traditionnel recours à la redevance **(1.2.1)**, l'impôt **(1.2.2)** et la taxe écologique **(1.2.3)**.

---

[492] Fond Monétaire International, *op.cit*, p. 23 à 25

[493] Le bénéfice net est une composante de la rente qui elle représente le revenu global de l'entreprise diminué du montant du coût d'extraction et, éventuellement, du transport des produits.

[494] CNUCED, Le secteur des ressources naturelles : Examen et recensement des possibilités des commerces et de développement fondé sur les produits de base, pp. 3-5 29 janvier 2014 disponible sur : http://unctad.org/meetings/fr/SessionalDocuments/cimem2d26_fr.pdf

1.2.1. Redevance

Suivant le procédé de son utilisation, la redevance peut être anticipative de la rente **(A)** ou différée **(B)**.

A. Redevance anticipative de la rente

La redevance anticipative de la rente est un prélèvement effectué en contrepartie de l'octroi d'un droit d'exploitation d'un actif naturel et avant la réalisation du revenu de son exercice. Variant suivant les faits générateurs ou suivant son assiette, elle présente, sous chacune de ses variétés, des avantages et des désavantages qui déterminent le choix de l'État.

Ainsi, nous avons la redevance à l'acquisition d'un droit d'exploitation d'un actif naturel, dont le fait générateur est l'acte attributif. Généralement assise sur la superficie à mettre en exploitation (redevance superficiaire), cette redevance est la première de redevances périodiques payées en contrepartie de l'exercice du droit d'exploitation. Cet exercice donne également lieu à des *redevances spécifiques*, assises sur les quantités produites ou des *redevances ad valorem*, assises sur la valeur marchande des produits extraits. On peut également ranger dans la catégorie de redevances le *bonus de signature* (prélevé en contrepartie de la signature de l'acte attributif), le *bonus de production* (prélevé en contrepartie d'une certaine quantité de produits naturels extraits et le *bonus de découverte* (prélevé en contrepartie de la découverte d'un gisement de ressources naturelles)

Les redevances anticipatives ont l'avantage, en produisant les recettes publiques avant la réalisation de la rente ou le processus d'accès à une ressource naturelle, de mettre l' État à l'abri des risques éventuels liés à la non rentabilité du projet d'accès, à la baisse du cours des produits naturels et à l'asymétrie d'information induite par l'ignorance des coûts d'un investissement sophistiqué et complexe. Ayant des taux fixes, ces redevances ont cependant le désavantage de priver l'État de profiter d'une augmentation de la rente due à la hausse des cours des produits naturels ou à la baisse des coûts de production ; elles désincitent aussi à la mise en valeur des gisements en alourdissant les coûts d'accès[495].

B. Redevance différée

La redevance différée est un prélèvement effectué, non en contrepartie de l'octroi d'un droit d'exploitation, mais après la réalisation d'une rente, soit l'obtention de la différence positive entre le revenu de l'exercice du droit octroyé et les coûts d'extraction des produits. Elle présente des avantages et des désavantages.

---

495 Fond Monétaire International, *Op Cit.* pp. 28-31.

En effet, lorsqu'il octroie un droit d'accès à une ressource naturelle, un État peut préférer attendre la réalisation de la rente pour prélever la redevance, en liant ainsi celle-ci au prix de vente des produits naturels et à la rentabilité du projet d'accès. Ce double lien a une double conséquence avantageuse : il implique une réactivité de la redevance au cours mondial des produits naturels, c'est-à-dire qu'elle augmente dans une période haussière et diminue dans une période haussière ; par l'abandon du prélèvement anticipatif de la redevance, il implique une diminution du coût d'accès et des pertes liées à la non rentabilité du projet d'accès. Ceci incite davantage aux investissements privés dans la mise en valeur des actifs naturels

Mais, si pour les investisseurs privés la redevance différée est dans tous les cas absolument avantageuse, son avantage est relatif pour l'État qui ne peut en profiter qu'en période haussière des cours mondiaux des produits de ressources naturelles. Dans une période baissière, la chute de ces cours implique la baisse du niveau des recettes publiques qui en sont issues, et elle ne peut être prélevée si le projet d'accès s'avère non rentable. Dans ce cas, il y a risque que, l'État ne maitrisant pas les coûts des investissements réalisés, le promoteur profite de l'asymétrie d'information pour minorer ou éluder ce qu'il doit au Trésor public.

1.2.2. Impôt

L'impôt est un prélèvement obligatoire effectué sans contrepartie dans le but de faire contribuer, au même titre que tous les citoyens, les exploitants des ressources naturelles aux charges des pouvoirs publics[496]. Étant comme tel créé par le droit fiscal général, l'impôt peut cependant faire l'objet, dans le régime fiscal des ressources naturelles, des ajustements nécessaires à la gestion durable des ressources naturelles, de sorte qu'il intègre ce régime.

En effet, comme tout contribuable, un exploitant des ressources naturelles est, conformément au droit fiscal général, redevable de l'impôt professionnel sur les bénéfices. Dans le même cadre légal, il peut faire l'objet d'un impôt spécial ciblant un bien particulier du secteur extractif, par exemple l'impôt sur la superficie foncière couverte par le droit concédé, ou l'impôt sur la rente qui est un bénéfice particulier de l'exploitation d'une ressource naturelle. Le premier impôt connait une application en droit fiscal congolais à travers l'impôt sur la superficie des concessions minières et des hydrocarbures, quant au second, sa mise en œuvre exige sa substitution à l'impôt sur les bénéfices dû par les entreprises extractives ; car, la rente constituant le bénéfice brut d'une entreprise extractive, on ne peut concevoir qu'il soit doublement imposé sous deux formes différentes.

Si sous ses différentes variétés, l'impôt relève quant à sa création du droit fiscal général, il peut, par sa mise en œuvre dans le secteur extractif, rentrer

---

[496] Martin COLLET, *Droit fiscal*, 5ième édition, PUF, Paris, 2007, pp.22-23

dans le champ d'application du régime fiscal des ressources naturel-les ; dans la mesure où il peut, d'une part, y être l'objet de dérogations fis-cales ou de crédits d'impôt octroyés aux exploitants à des fins incitatives, d'autre part, y faire l'objet d'une affectation spéciale.

1.2.3. Taxe écologique

La taxe écologique est un prélèvement obligatoire effectué dans le cadre de la mise en œuvre de la fiscalité écologique. Elle ne constitue pas un instrument de prélèvement de la rente, et, tant par sa source que par sa finalité, elle se distingue d'autres taxes perçues à des titres divers dans le secteur extractif.

En effet, la taxe écologique procède, non de la stratégie de captation de la rente, mais de celle de préservation de l'environnement. Elle se conçoit ainsi comme un outil visant le rééquilibrage écologique après le déséquilibre provoqué par le prélèvement d'une ressource naturelle. Elle regroupe : les taxes générées par la production d'un polluant atmosphérique ou hydrique, la détérioration du sol, l'appauvrissement de la biodiversité, la destruction des forêts ; les taxes perçue pour financer un service public de gestion de l'environnement ; et les taxes perçues afin d'en redistribuer les produits aux parties prenantes affectées par le prélèvement d'une ressource naturelle.

Donc, une taxe écologique ne comprend pas tous les autres prélèvements obligatoires effectués dans un secteur extractif et qui n'ont aucun lien avec la production ou la gestion d'une externalité négative. Il ne s'agit dans ce cas que de simples taxes perçues à l'occasion du fonctionnement de l'administration publique, et elles ne rentrent pas dans le champ d'étude du régime fiscal des ressources naturelles.

2. Régime de partage de production

Par sa définition, le régime de partage de production participe généralement de la fiscalité pétrolière[497] **(2.1)**, et ses instruments se confondent avec les modalités de prélèvement de la rente pétrolière **(2.2)**.

2.1. Définition

En partant de la description de son fonctionnement légal[498], le régime de partage de production peut être défini comme un régime selon lequel les

[497] Dans le cadre de la récente révion du code minier, la République démocratique du Congo projette d'étendre ce modèle fiscal à la fiscalité minière applicable à l'exploitation des gisements miniers attribués à ses entreprises publiques. Les contrats de join-venture passées à cet effet avec les entreprises privées seront ainsi assortis des clauses de partage de production

droits d'exploration et d'exploitation des hydrocarbures sur une zone donnée sont octroyés par l'État à un titulaire qui, en cas de production commerciale, se rembourse les dépenses de leur exercice sur une fraction de la production (*cost oïl*) , et se rémunère sur une partie de la fraction restante (*profit oïl*), l'autre partie revenant à l'État.

Sous ce régime, l'État et l'entreprise pétrolière signe un contrat de partage de production attribuant à cette dernière des droits d'exploration et d'exploitation des hydrocarbures qu'elle exerce à ses risques. En cas de production du gisement, ce contrat prévoit que, une fois déduite la quantité correspondant au paiement de la redevance proportionnelle, la quantité restante soit divisée en deux parties : le *cost-oil* et le *profit-oil*. Le *profit-oil* est réparti ensuite, suivant des règles contractuelles, entre l'État et l'entreprise. Au *cost-oil*, sont imputés les dépenses d'exploration et d'exploitation jus-qu'à une limite dite *cost stop*. L'excédent du *cost-oil*, dit *excess oil*, est à son tour réparti entre l'État et l'opérateur[499].

Le calcul de la rente pétrolière se fait avant la vente en appliquant à la quantité du brut extrait un prix obtenu par la comparaison avec le cours mondial d'un brut de référence, c'est-à-dire le brut représentant le plus gros volume d'échange sur les marchés internationaux. Le prix ainsi obtenu indique la valeur totale de la production dont on déduit la quantité d'une valeur correspondant au montant des coûts d'exploration et d'extraction. La valeur de la quantité restante (le *profit oil*) représente la rente pétrolière.

2.2. Modalités de prélèvement de la rente pétrolière

Pour prélever la rente pétrolière, on recourt généralement au prélèvement en nature **(2.2.1)** ou en numéraire **(2.2.2)**.

2.2.1 Prélèvement en nature

Le prélèvement en nature de la rente pétrolière consiste pour l'État à ponctionner une quantité d'hydrocarbures sur la production diminuée de la quantité correspondante aux coûts d'extraction (*profit oil*). Le prélèvement s'effectue par l'enlèvement des hydrocarbures à un point convenu du processus de production.

Pour procéder ainsi, un État doit être doté de moyens de transport, de transbordage (en cas d'exploitation offshore), de stockage et de raccordement (lorsque la livraison doit être faite par voie maritime). Le point d'enlèvement peut être la sortie des installations de stockage de l'opérateur ou, en cas d'expédition par voie maritime, le point de raccordement entre le navire pétrolier et les installations de l'opérateur.

---

[498] Article 124 à 136 de la loi portant régime général des hydrocarbures.

[499] Articles 132 et 133 de la loi portant régime général des hydrocarbures.

Ce mode de prélèvement peut désavantager l'État, car sa part de la rente qu'il prélève en nature doit être diminuée du coût d'enlèvement (dépenses de transport, de transbordage et de stockage) et de commercialisation (dépenses de raccordement) qui forment le coût de prélèvement de la rente. À ces coûts peuvent s'ajouter la perte des hydrocarbures lors des opérations d'enlèvement.

2.2.2. Prélèvement en numéraire

Le prélèvement en numéraire consiste pour l'État à se faire payer le montant du prix de sa part du *profit oil* dès qu'il est déterminé. Le versement peut être effectué par l'opérateur après la livraison du brut produit à l'acheteur, et ce, sur le navire expéditeur ou avant la production[500].

Lorsqu'il ne dispose pas de capacité d'enlèvement, faute de pouvoir stocker à nouvau des quantités importantes du brut, de supporter les coûts de transbordement ou de nouveau raccordement, un État peut procéder à la vente de sa part du *profit oil* au point de raccordement ou au moment de la livraison à l'acheteur. Dans ce cas, il reçoit de l'opérateur le versement d'un montant équivalent au prix de sa quote-part dans la portion du brut livré, correspondant au *profit oil*. Disposant du plan de production et de livraison de l'opérateur, il peut aussi vendre à l'avance sa part du *profit oil* sur base d'une prévision du prix et des coûts établie de commun accord avec l'opérateur ; il en touche alors l'équivalant en argent trois mois ou une année avant la production.

Par ce mode de prélèvement, l'État fait l'économie des coûts d'enlèvement et, partant, du coût de recouvrement de sa part dans la rente. Il ne peut cependant s'assurer de l'équité de cette part que s'il maîtrise parfaitement l'ensemble du processus de production, c'est-à-dire s'il dispose d'informations exactes sur les coûts réels des investissements et les prix pratiqués. Or sur ces points, il y a dans la plupart de cas une asymétrie d'informations entre l'opérateur et l'État

3. Régime « ressources naturelles contre infrastructures »

Pour mieux comprendre le régime « ressources naturelles contre infrastructures », il faut en préciser l'origine et le fondement **(3.1)** avant d'en donner la définition **(3.2)**. Il faudra ensuite en indiquer les instruments **(3.3)** et en relever les avantages et les désavantages **(3.4)**.

---

[500] Ce le mode de prélèvement pratiqué par la République du Congo (cfr Olivier LAMOTTE et Thomas PORCHER, *Stratégie des compagnies pétrolières internationales et partage de la rente : Cas du Congo*, in Revue management et avenir, n°42, mars 2011 disponible sur http:// www. managementetavenir.net / la revue/les numeros.html

3.1. Origine et fondement

Le régime « *ressources naturelles contre infrastructures* » tire son origine de l'accord signé par l'Angola et la Chine en mars 2004. Cet accord prévoit la livraison à cette dernière du pétrole contre des prêts garantis par des barils de pétrole pour la construction des infrastructures. Il sera suivi de celui d'accès aux ressources minières en échange de la construction des infrastructures, signé par un groupe d'entreprises chinoises et la République Démocratique du Congo le 22 avril 2008.

Au terme du premier accord qualifié de *model angolais*, l'Angola octroie à la Chine un accès à ses ressources pétrolières, en contrepartie des prêts financiers à affecter à la réalisation du programme gouvernemental de construction des infrastructures. Octroyés par la Banque publique chinoise, ces prêts doivent être remboursés sur dix-sept ans après un délai de grâce de cinq ans, au taux d'intérêt Libor + 15%, et ils sont garantis chacun par 10 milles barils par jour[501]. Le second accord porte sur une coopération pour la réalisation des projets miniers et d'infrastructures au profit de la République Démocratique du Congo. Celle-ci s'y engage à octroyer les titres miniers de sa société minière publique, la Générale des carrières et des mines (Gécamines), à une joint-venture associant cette dernière et des entreprises chinoises. En contrepartie, ces dernières empruntent des fonds publics chinois en vue de construire des infrastructures et de financer les projets miniers de la joint-venture. Les bénéfices de cette dernière, puis après une période, ses contributions fiscales sont affectées au remboursement avec intérêts de la dette contractée[502].

À la base de ces accords, il y a, d'un côté, le souci des pays africains, riches en ressources naturelles, mais sans infrastructures et sans accès au marché financier, de résoudre urgemment ce paradoxe ; et de l'autre, le souci de la Chine de sécuriser son approvisionnement en ressources naturelles, tout en positionnant ses entreprises sur le vaste marché africain des infrastructures.

3.2. Définition

L'analyse scientifique des accords *ressources naturelles contre infrastructures* n'a pas encore produit une définition consacrée qui les modélisent, mais à partir des caractéristiques essentielles des accords sino-angolais et

[501]Chris Alden et Ana Cristina Alves, « *La Chine et les ressources naturelles de l'Afrique* », in Les Temps Modernes 2010/1 (n° 657), Gallimard, Paris, 2010, 304 pages.

[502] Voir Articles 1 à 12 de la Convention de collaboration entre la République Démocratique du Congo et le Groupe des entreprises chinoises : China Railway Group Limited et Sinohydro coopération rélative au développement d'un projet minier et d'un projet d'infrastructures en République Démocratique du Congo.

sino-congolais, nous pouvons en essayer une qui soit fonctionnelle pour leur compréhension.

Ainsi, nous pouvons définir un accord *ressources naturelles contre infrastructures* comme celui au terme duquel un État, propriétaire des ressources naturelles et emprunteur des fonds, assure à un autre, bailleur des fonds, un accès à ses ressources naturelles en contrepartie soit d'un financement de la construction des infrastructures au moyen des prêts garantis par les produits naturels, soit de la fourniture des infrastructures dont le financement sera remboursé par la rente des ressources naturelles concédées. L'État prêteur des fonds accèdent aux ressources naturelles via les entreprises de ses ressortissants qui, pour ce faire, obtiennent des concessions et des participations dans la société publique de l'État propriétaire des ressources naturel-les et emprunteur des fonds

Le premier objectif de cet accord ainsi défini est de doter l'État emprunteur des fonds d'infrastructures nécessaires à l'exploitation optimale de ses ressources naturelles, de sorte que les prévisions de production ou de rente, servant de gage de solvabilité et de crédibilité sur le marché financier, lui permettent d'accéder à des financements alternatifs pour la construction des infrastructures nécessaires à son développement.

3.3. Instruments fiscaux

Dans un régime « *ressources naturelles contre infrastructures* », les instruments fiscaux différent suivant qu'il s'agit des prêts garantis sur les ressources naturelles **(3.3.1)** ou de l'accord « *ressources naturelles contre infrastructures* **(3.3.2)**.

3.3.1. S'agissant de prêts garantis sur les ressources naturelles

En cas de prêts garantis sur les ressources naturelles, l'État prélève sa part dans la rente au moyen des instruments de la fiscalité traditionnelle, c'est-à-dire la redevance, les taxes et les impôts, et il rembourse les prêts au moyen de recettes budgétaires prises dans leur universalité.

En cas de déficit budgétaire plaçant l'État dans l'impossibilité de rembourser tout ou partie du montant prêté en vue de la construction des infrastructures, il est procédé à la réalisation de la garantie constituée sur une quotité donnée de ressources naturelles, et la totalité du revenu obtenu est affecté au remboursement. Il ne s'agit donc pas à proprement parler d'un échange d'un droit d'accès à une ressource naturelle contre les infrastructures, car la fiscalité traditionnelle s'applique pour déterminer la contrepartie de l'accès aux ressources naturelles.

Le prélèvement de la part de l'État dans la rente s'effectuant par les instruments de la fiscalité traditionnelle, les prêts lui octroyés ne peuvent pas s'analyser comme des prélèvements anticipatifs ; bien qu'ils puissent y être assimilés en cas de réalisation de la garantie constituée sur les ressources naturelles ; car, dans ce cas, la part de l'État dans la rente produite par l'exploitation des ressources naturelles données en garantie est compensée par les prêts déjà consommés.

3.3.2. S'agissant de l'accord « ressources naturelles contre infrastructures »

Dans l'accord *« ressources naturelles contre infrastructures »*, l'État ne prélève pas de rente d'exploitation, mais il reçoit des provisions d'infrastructures en échange des droits d'accès à ses ressources naturelles octroyés aux entreprises de l'État bailleur des fonds, et il recourt à des dérogations fiscales pour en rembourser le financement.

En effet, l'attribution et l'exercice des droits d'accès aux ressources naturelles visées est libre de toute redevance, taxe, impôt ou droit prévus les lois[503], de sorte que l'entreprise attributaire affecte ses bénéfices nets ou le montant correspondant aux impositions dont elle est dispensée au remboursement des fonds qu'elle aura mobilisés pour la construction des infrastructures. Ceci implique qu'en contrepartie des infrastructures, l'État propriétaire des ressources naturelles renonce à sa part dans la rente d'exploitation des actifs naturels concédés ; car il est sensé l'avoir prélevée anticipativement en terme d'infrastructures réalisées.

Donc, contrairement à l'accord sino-angolais, il s'agit ici d'un véritable échange d'infrastructures contre des droits d'accès aux ressources naturelles ; d'autant que l'État ne reçoit pas directement des prêts pour le financement des infrastructures : la ligne de crédits est ouverte au profit des entreprises chargées des constructions.

3.4. Avantages et désavantages

Du point de vue de son utilité, le régime « *ressources naturelles contre infrastructures* » peut être apprécié en tant que stratégie de captation de la rente d'exploitation des ressources naturelles **(3.4.1)** et en tant que stratégie d'utilisation de la rente d'exploitation des ressources naturelles **(3.4.2)**.

3.4.1. En tant que stratégie de captation de la rente d'exploitation des ressources naturelles

Comme stratégie de captation de la rente d'exploitation des ressources naturelles, le régime fiscal « *ressources naturelles contre infrastructures* » présente l'avantage de faire l'économie d'une détermination, à la fois labo-

---

[503] Articles 14.1.3, et 2.1 à 2.3 de la convention de collaboration entre la RDC et le groupe d'entreprises chinoises.

rieuse et incertaine, de la *part raisonnable* de l'État. Il a, cependant, le désavantage de n'être qu'une forme d'endettement qui risque à long terme de plomber la croissance économique.

En effet, dans le cadre de la fiscalité traditionnelle, le prélèvement de la part de l'État dans la rente des ressources naturelles requiert la mise en place et la gestion d'un outillage complexe dans un rapport des forces *Etat-investisseurs* biaisé par l'asymétrie d'information. La formation de cet outillage fiscal se fait par un arbitrage entre divers instruments fiscaux par rapport aux objectifs poursuivis, et par le dosage de chaque instrument choisi par rapport à son effet incitatif, car leur mise en œuvre implique un coût administratif qui diminue la part de rente recouvrée. Un État en développement ne disposant pas d'expertise adéquate pour finaliser un tel processus laborieux, les provisions d'infrastructures reçues en échange de l'accès aux ressources naturelles peuvent être un raccourci intéressant.

Cependant, il reste que le financement obtenu pour la construction des infrastructures constitue une dette publique qui, en cas d'insolvabilité de l' État [504], peut s'alourdir par l'effet de l'accumulation des intérêts, dépasser largement la valeur des infrastructures construites et hypothéquer la capacité publique de financement de l'économie nationale ; de sorte que l'État soit obligé de rembourser plus que le montant exact de sa part de rente perçue en termes de provisions d'infrastructures.

3.4.2. En tant que stratégie d'utilisation de la rente d'exploitation des ressources naturelles

Pour un État institutionnellement sous développé, le régime fiscal « *ressources naturelles contre infrastructures* » offre la garantie d'un réinvestissement de la rente d'exploitation des ressources naturelle dans des projets de développement concrets. Il prévient le gaspillage des recettes publiques, mais il limite leur investissement à la formation du capital infrastructurel et désincite au développement des institutions fiscales.

En effet, les pays en développement font face à des besoins multiples, certes, pas de même importance, mais d'égale urgence. Ces besoins partent de ceux relatifs au fonctionnement de l'appareil de l'État à ceux relatifs au développement socio-économique du pays. Dans ce contexte de dénuement, l'État privilégie souvent sa survie au profit d'une classe dirigeante qui capte une bonne part de la rente d'exploitation des ressources naturelles et, sur fond d'une corruption généralisée, la redistribue en son sein au détriment de la formation des capitaux nécessaires à la croissance durable.

[504] Le remboursement étant garanti par le revenu des ressources naturelles, l'Etat est quant à sa solvabilité exposé aux risques de volatilité des prix des celles-ci et de non rentabilité des projets d'exploitation.

En affectant la part de cette rente due à l'État à la formation du capital infrastructurel, le régime fiscal en question prévient son utilisation abusive si, par ailleurs, le gouvernement se dote d'une capacité institutionnelle pour mieux sélectionner, réaliser et évaluer des projets d'infrastructures de qualité. Ces projets sont ceux pouvant stimuler la croissance économique et, partant, contribuer à l'accroissement des recettes publiques hors ressources naturelles.

Cependant, ce régime fiscal suggère une focalisation sur des projets d'infrastructures de transport, d'énergie, de télécommunication, d'éducation et de santé. Or, s'il peut stimuler l'activité économique, le capital infrastructurel ne saurait être le seul levier de la nécessaire diversification de l'économie. Celle-ci requérant à la base un capital institutionnel ou de gouvernance ainsi qu'un capital humain, se traduit en effet par la formation d'un capital productif diversifié au moyen d'un réinvestissement direct de la rente d'exploitation des ressources naturelles dans des projets économiques variés[505].

4. Régime fiscal du partenariat public-prive

Pour mieux appréhender le régime fiscal du partenariat-public privé, il faut en donner le fondement **(4.1)** et la définition **(4.2)** avant d'en indiquer les instruments et l'avantage **(4.3)**.

4.1. Fondement

Le régime *Partenariat Public-Privé* est institué par la loi n°13/005 du 11 février 2014*portant régime fiscal, douanier, parafiscal, des ressources non fiscales et de change applicable aux conventions de collaboration et aux projets de coopération*. Il procède du même souci que celui de « *ressources naturelles contre infrastructures* », c'est-à-dire avoir accès au financement alternatif pour construire les infrastructures de développement socio-économique.

Ainsi qu'il ressort de l'exposé des motifs de la loi en question, l'État entend trouver une voie alternative de financement de son vaste programme de construction des infrastructures nécessaires au développement. Dans cette perspective, l'urgence impose d'anticiper sur le revenu futur de ses ressources naturelles, en mobilisant le financement du secteur privé et en en garantissant le remboursement par des procédés fiscaux incitatifs. Pour inciter les investissements privés et garantir la rentabilité des projets, l'État met ainsi

[505] Alan Gelb, *Diversification de l'économie : Théorie et pratique* (Novembre 2010). Communication présentée au séminaire de haut niveau du Fond Monétaire International et de la Banque D'Alger sur le thème « Ressources naturelles, Finance et développement : Les défis d'hier et d'aujourd'hui. Disponible sur : http://www.imf.org/ external/french/np/seminars/2010/afrfin/pdf/ Gelb2f.pdf

en place un régime dérogatoire aux régimes fiscal, douanier et des taxes administratives et domaniales, ainsi qu'aux lois sur les ressources naturelles.

Ce régime dérogatoire devrait aussi palier au déficit de cadre légal dans lequel ont été conclus les accords « *ressources naturelles contre infrastructures* ». Contrairement à ceux-ci, les accords *Partenariat Public-Privé* ne se concluent pas dans le cadre d'un contrat d'approvisionnement en ressources naturelles d'un pays étranger, mais dans un cadre légal incitatif aux investissements privés dans le secteur des infrastructures et des ressources naturelles.

4.2. Définition

Tel qu'il ressort de la loi n°13/005 du 11 février 2014 , le régime Partenariat Public-Privé peut être défini comme celui relatif aux conventions éponymes par lesquelles l' État engage les prestataires privés à construire, à entretenir et à gérer des ouvrages publics et des infrastructures de service public ou d'exploitation publique des ressources naturelles, et ce, en contrepartie d'un paiement au moyen des bénéfices de leur gestion.

Par la convention *Partenariat Public-Privé*, les parties créent une *société commune* qui prend en charge la réalisation ou la gestion d'un projet d'investissement public financées par les associés privés[506]. Pour garantir la rentabilité du projet et, partant, faciliter le remboursement de son financement, la *société commune* bénéficie de dérogations fiscales et d'exonérations diverses. Après la récupération totale des coûts supportés, les associés privés poursuivent la gestion de la *société commune* dans les conditions similaires à celles d'une concession de service public ou des travaux publics[507], soit en se rémunérant sur ses bénéfices. Lorsqu'elle porte sur un projet d'exploi-tation publique d'une ressource naturelle, la convention peut incorporer des projets de construction d'ouvrages publics ou d'infrastructures de service public

[506] Article 9 de la loi n°13 du 11 février 2014. Telle que légalement décrite, la société commune se distingue de la société d'économie mixte dans la mesure où celle-ci suppose une mise en commun des biens avec un partage des risques et des bénéfices ; tandis qu'elle n'a de société que le nom. Elle se traduit en réalité par la réalisation d'un investissement public par les particuliers. Ceux n'apportent pas de biens, mais réalise un projet public au profit de l'État qui leur confie en suite la gestion.

[507] La concession de travaux publics ou de service public est le contrat qui charge un particulier, ou une société, d'exécuter un ouvrage public ou d'assurer un service public, à ses frais, avec ou sans subvention, avec ou sans garantie d'intérêts, et que l'on rémunère en lui confiant l'exploitation de l'ouvrage public ou l'exécution du service public avec le droit de percevoir des redevances sur les usagers de l'ouvrage ou sur ceux qui bénéficient du service public. Contrairement au contrat de Partenariat Public-Privé, le concessionnaire exécute les travaux à ses risques et périls. Alors que le prestataire privé bénéficie absolument d'une garantie budgétaire de remboursement de ses dépenses.

financés par les partenaires privés qui se font rembourser au moyen de la rente réalisée[508].

Dans ce dernier cas, contrairement aux accords « *ressources naturelles contre infrastructures* », une convention *Partenariat Public-Privé* ne se résout pas en un gage des ressources naturelles ou en un échange des droits d'accès gratuits contre des provisions d'infrastructures ; elle se traduit par un projet d'exploitation publique des ressources naturelles dont la réalisa-tion et la gestion sont confiées à des particuliers. Ceux-ci peuvent être, dans le cadre du même projet, chargés d'en financer d'autres portant sur les ouvrages publics ou les infrastructures de service public.

4.3. Instruments et avantage

Dans le cadre d'un *Partenariat Public-Privé*, l'État prélève anticipativement une partie de la rente d'exploitation des ressources naturelles sous forme de provisions d'infrastructures, et une autre partie est prélevée au moyen d'instruments fiscaux traditionnels, et ce, contrairement aux accords « *ressources naturelles contre infrastructures* » où les provisions d'infrastructures constituent un prélèvement anticipatif et en nature de la totalité de la rente.

En effet, au terme de l'article 15 de la loi n°13 du 11 février 2014 en question, les exonérations consenties à une *société commune* ne portent, en ce qui concerne les prélèvements sur la rente d'exploitation d'une ressource naturelle, que sur l'impôt sur les bénéfices des entreprises jusqu'au remboursement total des coûts supportés par les partenaires privés. Elle ne peut être exonérée de redevances d'accès, de droits superficiaires, de bonus et de droits de participation de l'État, de sorte que les provisions d'infrastructure sont des prélèvements anticipatifs de la seule portion de la rente prélevée au titre d'impôt sur les bénéfices. L'État se réserve le droit d'en percevoir une bonne part au moyen de redevances anticipatives et différées.

En ce qui concerne un projet d'exploitation publique d'une ressource naturelle, un accord *Partenariat Public-Privé* présente un double avantage : l'anticipation raisonnable sur la rente future et son investissement dans un projet de développement concret, et ce, sans obliger l'État d'hypothéquer tout le potentiel fiscal d'une ressource naturelle pour des provisions d'infrastructures dont la valeur et la rentabilité demeurent toujours relatives.

---

[508] Ainsi qu'il ressort de la définition d'un projet minier donnée à l'article 2 point 1 de la loi en question : *« tout projet visant l'exploitation d'un gisement minier mis sur pied par les parties à la convention de collaboration. Le projet minier comprend également tous les projets qui contribue-ront à la réalisation du projet de coopération tels que les projets de construction de centrale hyd-roélectrique, de réseau d'électricité, de routes, de chemins de fer »* ;

Section 2 : ANALYSE ET ÉVALUATION DES APPLICATIONS EN DROIT POSITIF

À la lumière des sortes de régimes fiscaux des ressources naturelles ainsi exposé, nous pouvons analyser et évaluer leurs applications dans le régime fiscal minier **(§1)**, le régime fiscal forestier **(§2)**, le régime fiscal agricole **(§3)**, le régime fiscal pétrolier **(§4)**, le régime fiscal du secteur hydrique **(§5)**, le régime fiscal du secteur halieutique **(§6)** et le régime fiscal du secteur cynégétique **(§7)**.

§1. RÉGIME FISCAL MINIER

Le régime fiscal minier comporte le dispositif fiscal du code minier **(1)**, celui des accords « *mines contre infrastructures* » conclus avec un groupe d'entreprises chinoises **(2)** et celui des conventions de partenariat public-privé **(3)**.

1. Dispositif fiscal du code minier

Pour apprécier le dispositif fiscal du code minier, il nous faut en préciser les objectifs **(1.1)** et en ressortir les instruments fiscaux directement liés à la rente minière **(1.2)**.

1.1. Objectifs

Suivant l'exposé des motifs initial du code minier[509] et de la loin°18/001 du 09 mars 2018 le modifiant et le complétant, son régime fiscal poursuit quatre objectifs : la maximisation des recettes publiques **(1.1.1)**, la simplification du cadre juridique d'exploitation minière **(1.1.2)**, la rentabilité des projets miniers **(1.1.3)** et la mise en œuvre de la fiscalité écologique **(1.1.4)**.

1.1.1. Maximisation des recettes publiques

Fondé initialement sur la maximisation des recettes publiques et recentré davantage sur cet objectif par la récente loi modificatrice, le dispositif fiscal du code minier a été élaboré en marge d'une réflexion sérieuse sur la *part raisonnable* de l'État dans la rente minière et sur son utilisation efficiente.

En effet, pour permettre la maximisation des recettes publiques, le code minier rompt avec l'ancien régime en ce qu'il permettait des exonérations fiscales, instaure un régime fiscal qui ne consent que des réductions d'impôt pour assurer la rentabilité des projets miniers[510] et compense certaines exo-

[509] J.O, 43ième année, n° spécial du 15 juillet 2002, pp. 21 et 23 à 24.
[510] J.O 43ième année, n° spécial du 15 juillet 2002, p. 21

nérations, malgré tout consenties, par l'introduction de la redevance minière[511]. Il est bien question ici d'effectuer le maximum des prélèvements obligatoires prévus et non, comme cela devrait être, de déterminer la *part raisonnable* de l'État dans la rente minière par un dosage des instruments fiscaux appropriés, c'est-à-dire les redevances anticipatives ou différées.

Avec un régime fiscal conçu dans une telle erreur de perspective, les recettes publiques générées n'ont aucun lien avec la rente minière et ne peuvent réagir automatiquement aux fluctuations des cours mondiaux des produits miniers ; ce qui, en des périodes haussières, incite l'État à procéder à des révisons hasardeuses[512] du code minier, susceptibles d'induire un sentiment d'insécurité juridique dans le chef des entreprises et, partant, d'affecter l'attractivité du secteur minier.

1.1.2. Simplification du cadre juridique

La simplification du cadre juridique d'exploitation minière se fait par la soumission des opérateurs miniers à un régime fiscal unique assurant l'intelligibilité et la prévisibilité des textes. Elle est réalisée par l'article 220 du code minier en qu'il dispose que : « *Le régime fiscal, douanier et des taxes applicable aux activités minières du titulaire sur le territoire national est celui défini exclusivement et exhaustivement au titre IX du présent Code. Ce régime concerne les impôts, taxes, droits, redevances et autres prélèvements parafiscaux perçus tant au profit du Gouvernement qu'à celui des provinces et des entités territoriales décentralisées* »

Cette unicité du régime fiscal minier vise à soumettre tous les opérateurs miniers à un seul corpus de règles lisibles et prévisibles, pour les mettre, quant à l'exercice de leurs droits d'accès, à l'abri des modifications de la loi fiscale, pouvant induire des augmentations des coûts d'investissement. Il en résulte aussi une simplification du cadre juridique de l'activité minière qui

---

[511] On peut ainsi lire dans son exposé des motifs : « *L'État congolais a consenti tant de sacrifices pour permettre au titulaire de droit minier de jouir d'un régime fiscal et douanier susceptible de contribuer à la rentabilité de son investissement minier. Il est allé jusqu'à admettre l'exonération des droits de sortie, de la contribution sur le chiffre d'affaires à l'importation, ainsi que la taxe des statistiques et la redevance administrative qui sont des taxes rémunératoires perçues par les services des douanes. Ces diverses considérations paraissent largement suffisantes pour justifier la mise en œuvre de la redevance minière. Celle-ci a pour assiette le prix résultant de la vente des produits marchands après déduction de certaines charges limitativement énumérées dans le nouveau Code* » (J.O 43ième année, n° spécial du 15 juillet 2002, p. 21)

[512]Comme la révision entreprise sous la loi n°18/001 du 09 mars 2018 modifiant et complétant le code minier. Recentrée sur la maximisation des recettes publiques à la suite de la forte hausse des cours des minerais, cette dernière retouche le régime fiscal minier en supprimant ou en réduisant des avantages fiscaux et douaniers, en augmentant les taux de certaines impositions ou en en créant d'autres, et ce, au prix d'une forte tension entre le gouvernement et les entreprises privées.

évite aux investisseurs, au moment de la décision d'investir, la consultation fastidieuse des textes disparates.

1.1.3. Rentabilité des projets miniers

En vue d'assurer la rentabilité des projets miniers, le code minier opte pour un régime incitatif qui la concilie avec l'objectif de maximisation des recettes publiques. En interdisant toute exonération fiscale en vue de permettre l'alimentation du Trésor public à toutes les phases d'un projet minier, il offre, en effet, aux exploitants miniers industriels un dispositif de rabattement des taux d'impôt et de réduction des bénéfices imposables, par rapport aux coûts spécifiques d'un investissement minier[513].

Ainsi par exemple, le taux de l'impôt sur les bénéfices est réduit à 30 % par rapport au taux de 40% en droit commun, et celui de l'impôt sur le revenu mobilier est réduit à 10 % par rapport au taux de 20 % en droit commun. En matière douanière, le titulaire d'un droit minier ou de carrières permanent bénéficie de taux préférentiels des droits d'entrée pour les biens affectés au projet minier, jusqu'à l'entrée de ce dernier en phase de production à partir de la 6ième année de l'octroi du permis ou de l'autorisation d'exploitation[514].

Par ailleurs, suivant l'article 255 du code minier, « *la redevance minière versée par le titulaire d'un droit minier d'exploitation, l'entité de traitement ainsi que le titulaire d'une autorisation d'exploitation de carrières permanente qui procède à la transformation des produits de carrières est déductible de la base imposable à l'impôt sur les bénéfices et profits* »

1.1.4 Mise en œuvre de la fiscalité écologique

Plutôt minimale dans la version initiale du code minier, la mise en œuvre de la fiscalité écologique y est renforcée par la récente loi modificatrice : elle y introduit des taxes visant la protection de l'environnement, ainsi que celles visant la redistribution des revenus au profit des populations locales affectées par le prélèvement des ressources minières.

Comme taxes de protection de l'environnement, il y a, telles que prévues à l'article 238 bis du code minier :

- la taxe de déboisement générée par la déforestation nécessaire à l'accès aux ressources minière ;
- la taxe d'implantation, sur les installations classées de la catégorie 1A ;
- la taxe rémunératoire annuelle sur les installations classées de la caté-gorie 1A ;

[513] Articles 248 à 258.

[514] Article 232 alinéa 6

- la taxe de pollution sur les installations classées de la catégorie 1A ;

Comme mécanisme de redistribution des revenus aux populations affectées, les articles 285 *sexties, septies* et *octies* du code minier organisent le paiement et la gestion d'une dotation minimale de 0,3% du chiffre d'affaires d'une entreprise minière, pour la contribution aux projets de développement communautaire.

1.2. Instruments fiscaux directement liés à la rente minière

En dehors de son dispositif fiscal, tel que défini ci-dessus à travers ses objectifs, le code minier prévoit des instruments de prélèvement de la rente minière qui rentrent dans la notion de régime fiscal des ressources naturelles telle que définie ci-dessus, mais son exposé des motifs ne rend nullement compte de la logique fiscale sous-tendant leur conception et leur application.

En effet, le code minier prévoit : le bonus de signature[515] dû à l'adjudication d'un gisement minier sur appel d'offres, le pas de porte[516] dû en compensation des dépenses de valorisation d'un gisement minier faisant l'objet d'un appel d'offres, les droits superficiaires[517] par carré dû pour l'occupation des carrés miniers à l'octroi du droit minier et annuellement pour son exercice, la redevance minière[518] due à la vente de la production minière et la participation gratuite de l'État au capital d'une société minière[519]. Ces deux derniers instruments s'analysent comme des redevances différées, et les deux premiers comme des redevances anticipatives, telles que définies ci-dessus.

Contrairement à ce que le code minier affirme dans son exposé des motifs, ce sont ces prélèvements directement liés à la rente minière qui, pour un analyste du secteur minier, traduisent la volonté de l'État de se faire payer à toutes les phases d'un projet minier, et non l'interdiction des exonérations d'impôt[520], l'augmentation des taux des impositions de toute nature et leur multiplication.

S'il avait conçu ces instruments dans une logique fiscale, c'est-à-dire en les mettant en concordance avec l'impôt sur les bénéfices des entreprises, le code minier constituerait un outillage fiscal qui rende mieux compte de sa stratégie de captation de la rente minière, et il permettrait, par ailleurs, la

---

[515] Articles 1ier, point 5 bis et 220 bis, litera *a*, point 15du code minier

[516]Articles 1ier, point 36 bis et 220 bis, litera *a*, point 16du code minier

[517]Articles 198 et220 bis, litera a, point 11 du Code minier

[518]Articles 240 et220 bis, litera *a*, point 13 du Code minier

[519] Article 71 litera *d* du Code minier.

[520] On peut en effet lire dans l'exposé des motifs du code minier : « *Contrairement aux avantages fiscaux consentis dans les conventions minières qui allaient jusqu'à accorder des exonérations durant des années au préjudice du Trésor Public, ceux offerts par le nouveau Code se limitent principalement au rabattement du taux de la contribution. Il en résulte que la caisse du trésor est désintéressée à n'importe quelle phase de l'investissement minier.* » (J.O p. 21)

réactivité de son régime fiscal par rapport aux cours mondiaux des produits miniers.

2. Dispositif fiscal des accords « *mines contre infrastructures* »

Conclus en marge du code minier, les accords « *mines contre infrastructures* » sont assortis d'un dispositif fiscal dérogatoire, dont il faut apprécier la base juridique **(2.1)** et préciser la portée pratique **(2.2)**.

2.1. Base juridique

Les accords « *mines contre infrastructures* » signés avec le groupe d'entreprises chinoises constituent un précédant juridique donnant lieu à une nouvelle pratique fiscale, dont il faut rechercher la base juridique. Cette pratique consiste pour l'État à affranchir une entreprise minière de toute imposition, en contrepartie du remboursement de la dette contractée pour la construction des infrastructures, ou à affecter toutes ses impositions à ce remboursement.

Ni le code minier, ni la loi sur les finances publiques, ni la loi fiscale, ni la loi sur les taxes administratives et domaniales ne permettent au gouvernement de disposer des ressources minières et des finances publiques d'une façon autre que celle qu'ils prescrivent. Sauf par des accords internationaux (signé avec un État étranger) qui, suivant l'article 215 de la Constitution, priment sur le droit interne et doivent être ratifiés par le parlement lorsqu'ils engagent les finances publiques[521], le gouvernement ne peut s'affranchir par des accords privés (signés avec des entreprises) de lois qui régissent la gestion de son domaine. Même la souveraineté permanente sur les ressources naturelles prévue à l'article 9 de la Constitution n'implique pas le droit de disposer librement des actifs du domaine national, mais le droit d'en déterminer la gestion par les lois, et non par des contrats avec des particuliers.

Toutefois, à son article 28, la loi n°13 du 11 février 2014 offre à ces accords une référence légale, mais en les maintenant jusqu'à leur terme hors de son applicabilité, plus précisément, de son article 15 en ce qu'il restreint les exonérations à accorder aux entreprises créées par une convention de collaboration.

2.2. Portée pratique

Pour garantir le remboursement du financement des provisions d'infrastructures, la convention de collaboration signée avec le groupe d'entreprises chinoises engage l'État, à son article 10 point 3, à leur octroyer d'autres

[521] Article 214 de la Constitution.

concessions minières, en cas d'insuffisance du revenu tiré de celles de la Gécamines cédées, telles qu'indiquées à l'article 4 de ladite convention.

Au terme de l'article 14 point 2 de ladite convention, les concessions minières octroyées à titre de garantie de remboursement les sont librement, c'est-à-dire sans contrepartie en termes de redevance ou de bonus, taxe ou autre droit tels que prévus par le code minier, la loi fiscale et la loi sur les recettes administratives et domaniales ; et le titulaire les exerce tout aussi librement jusqu'à la totale récupération des sommes investies dans la construction des infrastructures diverses et d'exploitation des gisements visés. Dans ce cas, l'État renonce totalement à sa part dans la rente d'exploitation d'une bonne partie de ses actifs miniers et à toute fiscalité écologique. Ceci en vue de compléter le remboursement, d'une part, des coûts des infrastructures fournies pour la mise en valeur des concessions minières visées et, d'autre part, de ceux des infrastructures sociales ou économiques.

Par ailleurs, l'exploitation des concessions minières donnée en garantie pose la question de savoir si les coûts y relatifs s'ajoutent à la dette qu'elle est sensée remboursée ; en d'autre terme, si ces coûts doivent être récupérés sur le revenu d'exploitation affecté au parfait remboursement des infrastructures convenues dans l'accord, ou s'ils sont supportés par les entreprises bénéficiaires de la garantie. Dans le premier cas, il y aurait une accumulation indéfinie de la dette à rembourser, car on octroierait des concessions minières pour rembourser une dette à laquelle s'ajouteraient les coûts de leur exploitation.

3. Dispositif fiscal des conventions de partenariat public-prive

Dans le cadre d'une convention de *partenariat public-privé*, une *société commune* d'exploitation minière reste soumise au régime fiscal du code minier, mais elle bénéficie de certaines dérogations dont il faut préciser la portée restrictive.

En effet, conformément à l'article 14 de la loi n°13 du 11 février 2014, une *société commune* bénéficie d'une exonération totale de tous les prélèvements obligatoires applicables, sauf ceux indiqués à l'article 15 incluant : toutes les redevances (bonus de signature, droits superficiaires et redevance minière), toutes les taxes relatives à l'octroi des droits miniers ou à leur transfert, l'impôt sur les bénéfices après le remboursement total du financement des infrastructures[522] et toutes les impositions relatives à la protection de l'environnement. Conformément à cette disposition légale, les seuls impôts insérés au code minier dont est exonérée la société commune d'exploitation minière sont : l'impôt foncier et l'impôt sur la superficie des concessions minières.

[522] La société commune en est exonérée jusqu'au remboursement total du financement obtenu pour la construction des infrastructures.

Sous ce régime fiscal, à part l'impôt sur les bénéfices qu'il perçoit anticipativement par les provisions d'infrastructures, l'État conserve à travers les redevances le droit de prélever sa part dans la rente minière ; et par le maintien des impositions relatives à la protection de l'environnement, il se ménage la possibilité de mettre en œuvre la fiscalité écologique.

§2. RÉGIME FISCAL FORESTIER

Le régime fiscal forestier associe légalement le dispositif fiscal du code forestier **(1)**, celui résultant des accords « *mines contre infrastructures* » **(2)** et celui des conventions de partenariat public-privé **(3)**.

1. Dispositif fiscal du code forestier

Apprécier le dispositif fiscal du code forestier revient à en préciser le fondement **(1.1)** et le contenu **(1.2)**.

1.1. Fondement

Dans son exposé des motifs, le code forestier justifie la fiscalité forestière par la nécessité « *d'asseoir une politique de taxation forestière qui soit à même de garantir à la fois une gestion durable de la ressource forestière, une incitation à la meilleure gestion forestière et une conciliation d'objectifs de développement de l'industrie forestière et de l'accroissement des recettes forestières* »

La gestion durable des forêts suppose des objectifs divers au plan environnemental, économique et social. Mais dans la mise en œuvre de la fiscalité forestière, le code forestier vise principalement la fiscalisation de la reconstitution du capital forestier et des prestations sociales publiques. Il destine, en effet, toutes les recettes fiscales forestières rétrocédées au Fond Forestier National et aux collectivités territoriales, prestataires des services sociaux[523].

Le développement de l'industrie forestière suppose une fiscalité incitative à l'investissement privé. Le code forestier met particulièrement l'accent sur la promotion de l'industrie de transformation locale, et ce, par la taxation de l'exportation des grumes.

L'accroissement des recettes forestières signifie une augmentation des recettes budgétaires provenant de l'exploitation forestière. Pour atteindre cet objectif, l'effort du code forestier se limite à la redéfinition des critères de détermination des assiettes, à la fixation des taux et à la création des nouvelles taxes forestières.

Article 122 du code forestier.

À travers la fiscalisation des activités de gestion durable des forêts, le code forestier pose les bases d'une mise en œuvre de la fiscalité écologique ; tandis qu'à travers la mobilisation des instruments fiscaux pour accroitre les recettes forestières, il traduit le souci de doter l'État de moyens de prélever une *part raisonnable* dans la rente forestière.

1.2 Contenu

Suivant l'article 121 du code forestier, son dispositif fiscal se définit à travers cinq instruments fiscaux qui participent de sa stratégie de captation de la rente forestière et de mise en œuvre de la fiscalité écologique. Il s'agit de : la redevance de superficie concédée **(1.2.1)**, la taxe de superficie sur concession forestière **(1.2.2)**, la taxe d'abattage **(1.2.3)**, la taxe à l'exportation des grumes et la taxe à l'exportation du bois transformés **(1.2.4),** ainsi que la taxe de déboisement et la taxe de reboisement **(1.2.5)**.

1.2.1. Redevance de superficie concédée

La redevance de superficie concédée s'analyse comme une redevance anticipative de la rente forestière due à l'acquisition d'une concession forestière ; elle est un procédé de captation et d'ajustement de la part de l'État dans la rente forestière, et elle joue implicitement un rôle écologique.

Suivant l'arrêté ministériel du 22 août 2008 portant mesures relatives à l'estimation des prix des forêts à concéder, cette redevance est fixée suivant un procédé d'enchère, partant d'un taux minimum légale. Ce taux est déterminé par la fixation d'un prix de base de la concession forestière, qui est ensuite réduit ou augmenté de tant de pourcentage prévu suivant la qualité des essences exploitables, leur volume et la localisation de la forêt.

Ce procédé d'enchère permet une hausse de la rente forestière au-dessus du minimum légal ; ce qui, pour le prix des ressources forestières, souvent faussé par la fixité de la redevance de superficie concédée par rapport à ses évolutions, permettrait de trouver un ordre de grandeur. Cette valeur approximative de la ressource forestière réajuste la rente forestière et accroît les recettes forestières.

Au terme de l'article 122 alinéa 1, point 1 et alinéas 2, 3 et 4 du code forestier, les recettes fiscales forestières ainsi collectées sont en partie rétrocédée aux provinces et aux entités territoriales décentralisées, pour le financement des prestations sociales au profit des communautés locales.

Au plan environnemental, l'enchérissement du taux de la redevance de superficie concédée permet de contenir la ruée vers la ressource forestière en filtrant l'accès aux forêts ; ce qui diminue le volume du bois prélevé au profit de l'environnement.

1.2.2. Taxe de superficie sur concession forestière.

La taxe de superficie sur concession forestière s'analyse comme une redevance anticipative, due avant d'entamer une période d'exercice. Elle procède de la conversion de la redevance de superficie concédée, en ce sens que celle-ci est moins une redevance qu'un prix d'acquisition d'un droit de concession forestière qui est, après la détermination de la superficie exploitable, convertie en redevance due périodiquement pour l'exploitation de la concession forestière acquise.

Dans la mesure où elle remplace, en quelque sorte, la redevance de superficie concédée, la taxe de superficie sur concession forestière en sert les objectifs budgétaire et social, tels qu'assignés à l'article 122 alinéa 1 point 1 et alinéas 2, 3 et 4 du code forestier. Au plan environnemental, elle opère comme une écotaxe visant la réduction des surfaces forestières exploitées ; en ce sens que la réduction de son taux à la superficie de la forêt réellement mise exploitation devrait inciter les concessionnaires au délaissement des portions de la forêt concédée pour réduire les charges fiscales.

1.2.3. Taxe d'abattage

La taxe d'abattage s'analyse comme une redevance anticipative de la part de l'État dans la rente forestière, prélevée sur le volume des produits forestiers. Elle est une redevance *ad valorem* qui participe de la stratégie de captation de la rente forestière et de mise en œuvre de la fiscalité écologique.

En tant qu'instrument de prélèvement anticipatif sur la rente forestière, la taxe d'abattage traduit la volonté de l'État de prélever sa part dans la rente forestière à toutes les phases du processus d'exploitation forestière. Comme instrument de mise en œuvre de la fiscalité écologique, elle sert à la fiscalisation de la reconstitution des forêts ; dans la mesure où, suivant l'article 122 point 2, une partie de son produit est affecté au Fond Forestier National qui est chargé de cette activité.

Par ailleurs, cette taxe opère aussi comme une écotaxe visant à éviter l'écrémage, c'est-à-dire la focalisation de l'exploitation forestière sur quelques essences forestières prisées par le marché. Etant une taxe différentielle, c'est-à-dire dont le taux varie en fonction des essences forestières, elle permet, en effet, que les essences abattues sur lesquelles se polarise l'exploitation forestière soient plus taxées que celles qui sont moins prisées ; ce qui orienterait les exploitants forestiers vers ces dernières.

1.2.4. Taxe à l'exportation des grumes et taxe à l'exportation du bois transformés

Tout en accroissant certainement la part de l'État dans la rente forestière, la taxe à l'exportation des grumes vise principalement un double objectif économique en incitant à la transformation locale des grumes. Et celle à l'exportation du bois transformés vise un objectif simplement budgétaire.

En effet, la taxe à l'exportation des grumes vise, d'une part, le développement de l'industrie du bois locale et, d'autre part, l'augmentation de la valeur ajoutée locale dans les produits forestiers exportés. Elle participe ainsi d'un dispositif de subvention fiscale de l'industrie de transformation locale, dont le développement s'en trouve servi de deux façons : par l'incitation des exploitants étrangers à délocaliser leurs usines de transformation vers la République Démocratique du Congo, et par l'avantage commercial accordé aux entreprises de transformation locales. Exemptées de tout droit de consommation locale, ces dernières achètent les grumes à un prix faible et améliorent leur compétitivité-prix sur le marché mondial, par rapport aux entreprises de transformation installées à l'extérieure, et qui les achètent à un prix augmenté de la taxe à l'exportation.

Dans ce contexte de développement de l'industrie forestière de transformation locale, la taxe à l'exportation du bois transformé permet à l'État d'en tirer d'importantes recettes fiscales ; car assise sur le prix du bois augmenté de la valeur ajoutée locale, et entièrement destinée au Trésor public, elle augmente la part de l'État dans la rente forestière, dans la mesure où la matière imposable est supérieure à celle de la taxe à l'exportation des grumes.

1.2.5. Taxe de déboisement et taxe de reboisement

La taxe de déboisement et celle de reboisement sont des instruments par excellence de mise en œuvre de la fiscalité écologique : elles servent à la protection des forêts primitives, d'une part, en désincitant à leur utilisation ou à la déforestation et, d'autre part, en générant des recettes publiques nécessaires aux activités visant la stabilisation de leur surface.

La taxe de déboisement est une taxe générée par le déboisement effectué en vue de changer l'affectation du sol, et dont le taux équivaut au coût du reboisement à l'hectare. Dans une dynamique de développement économique confrontant plusieurs utilisations du sol et pouvant impliquer une reconversion massive des terres forestières, elle opère comme une écotaxe qui, en alourdissant le coût du déboisement, incite les agents à privilégier l'utilisation des terres non forestières. Le produit de la taxe est entièrement rétrocédé au Fond Forestier National chargé des activités de reconstitution du capital forestier, de sorte qu'elle sert aussi l'objectif de fiscalisation des activités de stabilisation de la superficie forestière.

La taxe de reboisement est générée par l'abatage du bois destiné à l'exportation, et son taux est déterminé *ad valorem.* Sa dénomination et son affectation partielle à la fiscalisation du reboisement[524] en font essentiellement une taxe écologique. En tant que telle, elle est sensée tempérer la pression de la demande externe sur les forêts, et faire contribuer les consommateurs extérieurs à la préservation des forêts.

2. Dispositif fiscal résultant des accords « *mines contre infrastructures* »

Suivant l'article 10 point 3 de la convention de coopération signée avec le groupe d'entreprises chinoises, la garantie de remboursement du financement des provisions d'infrastructures s'étend à d'autres ressources naturelles en cas d'insuffisance des ressources minières. Les ressources forestières étant aussi visées, la convention en question entre en conflit avec l'article 120 du code forestier interdisant toute dérogation fiscale, en ce qui concerne l'accès aux ressources forestières.

Si elle est étendue aux ressources forestières, cette garantie de remboursement implique la possibilité pour les entreprises chinoises d'y accéder librement, sans être soumises au régime fiscal du code forestier. Mais celui-ci stipule à son article 120 : « *aucun exploitant forestier, aucun exportateur, ni transformateur des produits forestiers ne peut, quel que soit le régime fiscal auquel il est soumis être exonéré du paiement des droits, taxes et redevances prévues par la présente loi ou ses mesures d'exécution* ». Le code forestier affirme ainsi l'applicabilité de son dispositif fiscal en toute circonstance en prohibant toute dérogation.

S'agissant d'une prohibition légale, cet article 120 implique une restriction à l'applicabilité de l'article 10 point 3 de la convention de collaboration en question. Elle ne devra donc pas s'appliquer légalement aux ressources forestières. Il en serait bien autrement s'il s'agissait d'un accord international en raison de sa primauté sur l'ordre juridique interne.

3. Dispositif fiscal des conventions de partenariat public-prive

Suivant l'article 2 points 2 et 7 de la loi n°13/005 du 11 février 2014, une convention de partenariat public-privé peut porter sur l'exploitation publique d'une forêt. Suivant l'article 5 de la même loi, la *société commune* créée à cet effet bénéficie des dérogations fiscales, parafiscales et douanières prévues à son article 14, sans qu'elle ne soit, cependant, affranchie du régime fiscal du code forestier.

En effet, à son article 15 point 22, la loin° 13/005 du 11 février 2014 exclut de son régime dérogatoire les droits, taxes et redevances du secteur fo-

---

[524] Suivant l'article 122 du code forestier, 50% de recettes publiques générées sont affectée au Fond Forestier national et les 50% autres, au Trésor public

restier. Ceci veut dire qu'une *société commune* d'exploitation forestière reste assujettie à toutes les redevances et taxes prévues par le régime fiscal du code forestier. Sans viser expressément sur ce point sa conformité avec l'article 120 du code forestier interdisant toute dérogation à son régime fiscal, la loi en question conforte cette disposition légale.

Donc, sous ce régime fiscal, l'État conserve tous les instruments mis à sa disposition par le code forestier, pour la captation de la rente forestière et la mise en œuvre de la fiscalité écologique. Seul l'impôt sur les bénéfices prévu par le la loi fiscale fait l'objet d'une dérogation jusqu'au remboursement complet des dépenses supportées par les actionnaires privés.

§3. RÉGIME FISCAL AGRICOLE

Le régime fiscal agricole comporte le dispositif fiscal agricole **(1)**, celui résultant de la convention « *mines contre infrastructures* » **(2)** et celui des conventions de partenariat public-privé **(3)**.

1. Dispositif fiscal de la loi agricole

Nous pouvons apprécier le dispositif fiscal de la loi agricole à travers une précision de son fondement **(1.1)** et de son contenu **(1.2)** ; ce qui nous permet d'en souligner les avantages et les désavantages **(1.3)**.

1.1. Fondement

Dans son exposé des motifs, la loi agricole affiche la volonté politique de « *stimuler la production agricole par l'instauration d'un régime douanier et fiscal particulier dans le but d'atteindre, entre autres, l'autosuffisance alimentaire* ». Dans cette même perspective fiscale, elle s'assigne aussi comme objectifs : la relance de l'agriculture d'exportation et la promotion de l'agro-industrie locale.

Ainsi, le dispositif fiscal de la loi agricole procède d'une politique incitative aux investissements dans le secteur agricole, dans les buts : d'accroitre la capacité du pays à subvenir à ses besoins alimentaires, à travers sa production locale (l'autosuffisance alimentaire) ; de mobiliser les capitaux extérieurs en vue « *de générer les ressources importantes pour les investissements* (l'agriculture d'exportation) ; et de développer l'industrie de transformation locale (l'agro-industrie locale). La réalisation de ces trois objectifs requiert un dispositif intégrant toutes les trois dimensions d'un régime fiscal des ressources naturelles, soit la stratégie de captation de la rente des produits agricoles exportés, l'ajustement de l'impôt ordinaire en vue d'inciter les producteurs locaux et la fiscalité écologique pour assurer une agriculture durable.

Mais dans la définition de son dispositif fiscal, la loi agricole ne s'est pas donné les moyens de son ambition ainsi exprimée : elle se borne à des ajustements de l'impôt ordinaire qui, en réduisant le coût des produits agricoles exportés, accroissent la rente y relative, sans qu'elle ne se préoccupe cependant d'y assurer la part raisonnable de l'État. Le flux d'investissements qui pourrait s'en déduire multiplierait des externalités négatives, sans qu'elle ne se préoccupe d'en fiscaliser la gestion.

1.2. Contenu

Le régime fiscal de la loi agricole est défini à ses articles 74 à 76. Poursuivant les mêmes objectifs avec son régime douanier, défini aux articles 72 à 73, nous pouvons les fusionner dans une même analyse. Il en résulte un seul dispositif fiscal consistant en des exonérations et des allègements fiscaux visant principalement à faciliter l'accès foncier, l'acquisition des facteurs de production, la réalisation des bénéfices et l'exportation des produits agricoles.

Ainsi en matière douanière, l'importation des intrants agricoles et l'exportation des produits agricoles sont exonérées de tous droits et taxes, et les redevances administratives dues aux services publics prestant aux postes frontaliers ne peuvent excéder 0,25% de la valeur des produits à exporter. En matière fiscale, l'accès aux terres agricoles est exempté de l'impôt fon-cier, tout matériel roulant affecté exclusivement à l'exploitation agricole est exempté de la taxe de circulation routière, les exploitants agricoles de type familial bénéficient d'une réduction à 20% de l'impôt sur les profits et les bénéfices, et les exploitants agricoles familiaux en sont exemptés.

Par rapport au régime fiscal des ressources naturelles, tel que théoriquement défini ci-avant, ce dispositif fiscal agricole est limité dans son contenu. En dehors de l'impôt sur les bénéfices, il ne comporte, en effet, aucun instrument fiscal directement lié à la rente agricole et aux externalités négatives de l'exploitation agricole. Conçue et mise en œuvre dans le cadre de la loi foncière et non agricole, la redevance foncière due par un exploitant agricole n'est peut, en dépit des apparences, être lié à la rente agricole comme une redevance anticipative.

1.3. Avantages et désavantages

Ainsi justifié et défini, le dispositif fiscal de la loi agricole présente des avantages **(1.3.1)** et des désavantages **(1.3.2)**.

1.3.1. Avantages

Les procédés incitatifs du dispositif fiscal de la loi agricole permettent de mobiliser les agriculteurs locaux en vue d'assurer l'autosuffisance alimentaire. Celle-ci n'est cependant que l'un des objectifs principaux de la politique agricole telle qu'articulée par le législateur.

L'autosuffisance alimentaire se définit comme la capacité d'un pays de subvenir à ses besoins alimentaires à travers sa production locale[525]. Elle est envisagée comme la meilleure voie vers plus de sécurité alimentaire[526], de sorte que sa mise en œuvre consiste à : augmenter, pérenniser et améliorer l'offre alimentaire locale, par une politique incitative aux investissements privés dans l'agriculture vivrière.

Dans cette perspective, le dispositif fiscal de la loi agricole offre aux agriculteurs locaux des facilités d'accès aux terres agricoles et aux matériels d'exploitation et leur permet d'augmenter leurs profits ou bénéfices, de sorte qu'ils puissent davantage investir dans la production agricole vivrière.

1.3.2. Désavantages

S'il est bénéfique pour la production agricole vivrière assurant l'autosuffisance alimentaire, le dispositif fiscal du code agricole constitue un désarmement fiscal de l'État face à la dynamique dite d'accaparement des terres au profit de l'économie agro-alimentaire et agro-industrielle étrangère[527].

À part la dérogation à l'impôt sur les bénéfices, l'agriculture industrielle bénéficie de mêmes avantages fiscaux et douaniers que les agricultures familiale et de type familial. La production industrielle des produits agricoles exportés devrait s'en ressentir positivement par une augmentation de sa rente[528] , sans que l'État n'y ait cependant une *part raisonnable.* Alors qu'elle dit vouloir en faire profiter ce dernier pour financer les investissements[529], la

[525] VEREZ JC, *Quelle autosuffisance alimentaire pour le Cameroun ? Quelques repères méthodologiques*, Etudes rurales, 115-116. 1989. L'autosuffisance alimentaire s'impose comme un objectif des politiques agricoles en Afrique face à la diminution de stock en devises ne permettant pas d'assurer les importations des produits alimentaires. Elle présente l'avantage de réserver les devises à l'achat des produits manufacturés et de préserver le pays de l'insécurité alimentaire in-duite par les fluctuations des prix des aliments importés ou leur indisponibilité (FAO, dépar-tement du développement durable ; Eau et agriculture)

[526] La sécurité alimentaire signifie que « toutes les personnes, en tout temps, ont économiquement, socialement et physiquement accès à une alimentation suffisante, sûr et nutritive qui satisfait leurs besoins nutritionnels, pour leurpermettre de mener une vie saine et active » (Comité de la Sécurité Alimentaire Mondiale, *S'entendre sur la terminologie*, CSA, 39ème session, 15-20 octobre 2012, 17 p)

[527] Il s'agit d'une dynamique d'extraversion de l'économie agricole nationale en vue d'approvi-sionner en produits agricoles de base la production extérieure des produits alimentaires (agroali-mentaires) et non alimentaires (agro-industrie) ainsi que la consommation alimentaire des pays extérieurs (accaparement des terres)

[528] Les coûts de production étant réduits du coût de prélèvements obligatoires supprimés ou ré-duits.

[529] Dans son exposé des motifs la loi agricole vise les *ressources importantes pour les investisse-ments* sans préciser l'orientation de ces derniers. De bon sens, il devrait s'agir concrètement d'investir la rente agricole dans le développement de la production vivrière

loi agricole s'abstient paradoxalement de fixer toute redevance particulière visant la rente de l'agriculture d'exportation.

La transformation locale des produits agricoles n'y bénéficie pas d'une mesure fiscale incitative particulière. Bien au contraire, les dérogations parafiscales accordées à l'exportation des produits agricoles favorisent la demande extérieure et, partant, ne peuvent pas inciter les entreprises étrangères d'agroalimentaire ou d'agro-industrie à délocaliser leurs usines de transformation et à les implanter dans le pays producteur ; car la délocalisation résulte traditionnellement d'une taxe à l'exportation augmentant le prix extérieure des produits agricoles de base par rapport à leur prix intérieure.

En ce qui concerne la protection de l'environnement, suite peut être aux moyens coercitifs qu'elle se donne avec l'étude d'impact environnemental, la loi agricole fait l'économie des moyens incitatifs offerts par la fiscalité écologique. Le coût de la gestion des impacts environnementaux peut cependant plomber la production agricole, de manière à nécessiter des subventions fiscales en vue de l'alléger ou une taxe écologique pour en mutualiser le financement.

2. Dispositif fiscal résultant des accords « *mines contre infrastructures* »

Suivant l'article 10 point 3 de la convention de collaboration signée avec le groupe d'entreprises chinoises, la garantie de remboursement du financement des provisions d'infrastructures s'étend également aux terres arables, en cas d'insuffisance du revenu tiré de concessions minières visées ou de leur non rentabilité.

En cas de mise en œuvre de cette garantie, le gouvernement devra octroyer aux entreprises chinoises un accès libre aux terres arables, assez rentables pour permettre le remboursement du financement de la construction des infrastructures. Au terme de l'article 14 point 2 de la convention de collaboration en question, ces entreprises obtiennent et exercent, par ailleurs, leur droit d'accès sans conditions ou contrepartie en termes de droit, taxe, redevance ou impôt prévus par les lois fiscale, douanière, parafiscale et agricole. Il en résulte que l'État devra renoncer à la rente agricole sur une bon part de son stock de terres arables, et leur exploitation ne devra faire l'objet d'aucune taxe écologique.

Une telle garantie est une hypothèque pesant sur l'objectif du dispositif fiscal de la loi agricole, c'est-à-dire la relance de la production agricole en vue d'assurer l'autosuffisance alimentaire et profiter de la rente des produits exportés ; car une bonne part de la superficie agricole devra être exploitée en marge de son champ d'application.

---

assurant l'autosuf-fisance alimentaire, la transformation locale des produits agricoles et la protection de l'environne-ment.

3. Dispositif fiscal des conventions de partenariat public-prive

Vu l'intérêt particulier que présente la mise en œuvre du dispositif fiscal des conventions partenariat public-privé dans le secteur agricole, il nous faut en préciser la portée et les buts spécifiques **(3.1)** ainsi que les avantages et les désavantages **(3.2)**.

3.1. Portée et buts spécifiques

Dans le secteur agricole, l'exonération générale d'impositions dont bénéficie une *société commune* conforte les exemptions fiscales et douanières de la loi agricole, et l'affranchit de tous les prélèvements obligatoires qui y sont effectués. Ceux exceptionnellement maintenus à l'article 15 de la loi n°13 du 11 février 2014 ne comprennent pas les droits, taxes et redevances du secteur agricole.

Par apport aux secteurs miniers, pétroliers ou forestiers où (à travers des prélèvements exceptionnellement maintenus à l'article 15 de la loi en question) l'État se ménage une bonne part de la rente d'exploitation, dans le secteur agricole, une *société commune* est entièrement exonérée de toutes les impositions particulières. Ceci s'explique par la faiblesse de l'attractivité de ce secteur et du potentiel fiscal des terres arables, par rapport aux ressources minières et pétrolières. Une telle incitation fiscale vise donc à y mobiliser les investissements directs étrangers et les investissements domestiques privés et, partant, à accroitre la production agricole, pour augmenter les exportations en vue d'améliorer la balance de paiement[530], et atteindre l'autosuffisance alimentaire.

Donc, au terme des articles 14 et 15 de la loi n°13 du 11 février 2014, l'accès aux terres arables, leur utilisation et la commercialisation des produits agricoles ne donnent lieu à aucune taxe, droit ou redevance à charge d'une *société commune* agricole. Les impôts, taxes et redevances indiqués à l'article 15 en question, et qu'elle peut devoir à titre d'exception ne sont pas liés à l'activité agricole que, partant, elle exerce librement.

3.2. Avantages

Le secteur agricole africain souffre d'un sous-investissement chronique, en dépit de son rôle prépondérant dans l'économie de biens des pays. Les mesures incitatives des Partenariats Publics-Privés permettent de mobiliser l'épargne privée extérieure et domestique, en vue d'y former les capitaux infrastructurels, techniques et humains nécessaires à la relance de la production agricole.

---

[530] OXFAM, « UN ALEA MORAL ? Les méga Partenariat Public Privés dans l'agriculture africaine », in *document d'information*, n°188, 1ier septembre 2014, p. 15. www.oxfam.org

Mais l'accroissement de la production agricole ne peut être en lui-même un avantage que lorsqu'il vise l'autosuffisance alimentaire, car dans cette perspective, l'amélioration et l'augmentation de l'offre alimentaire domestique garantissent la sécurité alimentaire ; lorsqu'il vise l'exportation des produits agricoles, il n'est peut-être en lui-même un avantage pour un pays producteur qui extravertit ainsi son potentiel agricole. Sauf lorsque les exonérations fiscales garantissent une rente substantielle des produits agricoles exportés, dont l'anticipation permet la mobilisation des financements pour des projets d'investissement distributifs, c'est-à-dire ceux bénéficiant aux autres parties intéressées, par exemple des projets visant les agriculteurs locaux, mobilisés pour l'autosuffisance alimentaire.

Donc, si les mesures fiscales incitatives offertes à une *société commune* agricole ont un avantage certain lorsque sa production est destinée à la consommation domestique, il n'en est pas de même lorsqu'elle est destinée à l'exportation. Dans ce cas, la *société commune* devrait intégrer à son projet d'agro-exportation des projets d'appui aux agriculteurs locaux (tels la viabilisation des milieux d'activité, les subventions d'achat des intrants, l'accès au micro-crédit agricole …) et les financer.[531]

3.3. Désavantages

Lorsqu'une *société commune* ne vise que l'investissement dans un projet d'agro-exportation, sans y intégrer des projets distributifs au profit d'autres parties intéressées, les mesures fiscales incitatives présentent des nombreux désavantages au plan social, économique et environnemental. Et même au cas où elle devra commencer à payer l'impôt sur les bénéfices, il ne s'agira que d'un avantage budgétaire insignifiant, par rapport à l'ampleur de ses dégâts sur le bien-être général.

Ciblant essentiellement les investissements directs étrangers, les partenariats publics-privés introduisent dans le secteur agricole des grands groupes agro-industriels, dont la tendance est de se polariser sur des terres plus fertiles. Avec les facilités d'accès aux actifs fonciers dont ces groupes bénéficient, cette tendance risque d'impliquer un transfert à leur profit des vastes étendues des terres riches au détriment des agriculteurs locaux. Au plan social, ciblant essentiellement ces derniers, la politique sectorielle de réduction de la pauvreté s'en trouverait ruinée. Au plan économique, c'est la politique d'autosuffisance alimentaire qui s'en trouverait affectée, dans la mesure où elle mobilise principalement les agriculteurs locaux. Au plan environnemental, la mise en culture industrielle d'immenses étendues de terres génère des risques environnementaux (érosion de la biodiversité, déforestation, pollution chimique du sol et de l'aire …)[532], sans qu'il n'y ait une possibilité de

[531] *Ibidem*, p. 23
[532] OXFAM, *Op Cit*, pp. 22-33

mettre en œuvre une fiscalité écologique particulière dans le cadre de la loi agricole[533].

Ces désavantages sociaux, économiques et environnementaux peuvent être compensés si une *société commune* agricole intègre suffisamment le financement des projets d'appui aux agriculteurs locaux, et si les exonérations dont elle bénéficie n'affectent pas la mise en œuvre d'une fiscalité écologique agricole. Celle-ci peut, en effet, permettre l'internalisation ou la mutualisation des coûts environnementaux des projets agricoles.

§4. RÉGIME FISCAL PÉTROLIER

Le régime fiscal pétrolier comprend le dispositif fiscal de la loi sur les hydrocarbures **(1)**, celui résultant de la convention « *mines contre infrastructures* » **(2)** et celui des conventions de partenariat public-privé **(3)**.

1. Dispositif fiscal de la loi portant régime général des hydrocarbures

Pour mieux apprécier le dispositif fiscal de la loi sur les hydrocarbures, il faut en préciser le fondement **(1.1)** et le contenu légal **(1.2)**.

1.1. Fondement

À la base du dispositif fiscal de la loi sur les hydrocarbures, il y a trois préoccupations majeures : garantir la prévisibilité du cadre juridique des activités pétrolières, assurer le partage équitable de la rente pétrolière entre l'État et les investisseurs, et inciter aux investissements dans le secteur pétrolier.

La prévisibilité du cadre juridique des activités pétrolières est assurée aux articles 122 et 123 de la loi sur les hydrocarbures, qui y intègrent un dispositif fiscal unique et exclusif, c'est à dire exonérant les exploitants de toute autre imposition non intégrée ; ce qui, dans la prise de décision d'investir, stabilise la base d'évaluation des coûts liés à la fiscalité.

Le partage équitable de la rente pétrolière est assuré par un outillage fiscal qui équilibre plusieurs instruments en les dosant suivant les *zones fiscales*. Celles-ci sont déterminées en fonction de leurs caractéristiques géologiques et environnementales.

L'incitation aux investissements dans le secteur pétrolier est assurée par l'exonération de tout droit et taxe à l'importation et à l'exportation des biens

[533] A son article 15 point 24, la loi n°13 du 11 février 2014 exclue de l'exonération générale les droits, redevances et taxes relatifs à la protection de l'environnement. Il s'agit là cependant des impositions prévues dans le cadre général du droit de l'environnement, c'est-à-dire par la loi relative à la protection de l'environnement. Et non des taxes ou redevances écologiques pouvant être mises en œuvre dans le cadre spécifique de la loi agricole.

destinés à l'exploitation pétrolière, ainsi qu'à l'exportation et des hydrocarbures bruts.

Ce dispositif fiscal pétrolier n'intègre pas les préoccupations environnementales, de sorte qu'on y trouve pas la moindre fiscalisation de la gestion environnementale des activités pétrolières, tant en aval qu'en amont. La production pétrolière étant écocide par nature, elle ne peut raisonnablement bénéficier des incitations fiscales visant sa maximisation, sans le moindre souci d'en compenser ou d'en équilibrer les atteintes à l'environnement.

1.2. Contenu

Le dispositif fiscal de la loi portant régime général des hydrocarbures se définit à travers ses instruments de prélèvement de la rente pétrolière **(1.2.1)** et les contributions qu'elle prévoit en faveur de l'administration publique et des populations locales **(1.2.3)**.

1.2.1. Instruments de prélèvement de la rente pétrolière

Relevant du régime de partage de production, l'outillage légal de prélèvement de la rente pétrolière mêle les redevances anticipatives et les redevances différées. La loi n'ayant pas déterminé le mode de prélèvement pour ces dernières, le contrat de partage de partage de production peut prévoir le prélèvement en numéraire ou en nature.

Les redevances anticipatives sont prélevées en termes de redevance superficiaire à l'enregistrement du droit d'exploration, et en termes de bonus : à la signature du contrat ou d'un avenant, aux moments du renouvellement du droit d'exploration ou du droit d'exploitation, ainsi que lors de la produc-tion du premier baril. Les redevances différées sont prélevées après la production pétrolière en termes de royalties, de part dans le *profit oil* et l'*excess oil* et de *super profit oil*[534]. Suivant les contrats de partage de production en cours d'exécution, les royalties sont prélevées soit en nature, soit en numéraire. Pour les trois autres redevances, elles sont prélevées en nature.

Par un tel outillage fiscal, s'étendant sur tout le cycle d'un projet pétrolier, l'État vise à s'assurer une *part raisonnable* dans la rente pétrolière, en vue de faire face à ses besoins financiers. Du côté des investisseurs, la charge fiscale est allégée principalement par l'exonération de l'impôt sur les bénéfices.

[534] Le super profit oil est la part du profit oil revenant à l'État et correspondant à la différence positive entre le prix du profit oil tel que déterminé dans le contrat et son prix calculé suivant cours mondial du baril. (article 136 de la loi relative aux hydrocarbures)

1.2.2. Contributions en faveur de l'administration publique et des populations locales

La conception légale de ces contributions comporte une problématique liée à leur nature fiscale **(A)** ainsi qu'à la légitimité de leur remboursement **(B)**.

A. Problématique liée à leur nature fiscale

Suivant l'article 137 de la loi relative aux hydrocarbures, le cocontractant doit contribuer annuellement : « *à la formation des agents de l'État dans le secteur pétrolier, à l'exploration des bassins sédimentaires, aux interventions sociales, au fonctionnement de la banque de données pétrolières et gazières, aux interventions sociales* et *à la participation de la République démocratique du Congo aux organisations internationales du secteur des hydrocarbures* ».

Les coûts relatifs à ces contributions étant récupérables au titre de *cost oil*, il se pose la question de savoir si elles peuvent logiquement relever du régime fiscal de la loi sur les hydrocarbures et, partant, avoir une nature fiscale. Si elles sont de nature fiscale, elles doivent être considérées comme des paiements en nature ou des substitutions d'une redevance d'accès, d'une taxe administrative (en ce qu'elles visent le fonctionnement de l'administration pétrolière) et d'une taxe écologique (en ce qu'elle vise les populations locales affectées). Or, étant associés aux coûts pétroliers récupérables, elles ne peuvent être assimilées à une imposition qui, par nature, est non remboursable, et faire raisonnablement partie du régime fiscal pétrolier.

Donc, leurs coûts financiers étant remboursables au moyen du *cost oil*, ces prestations sont moins des contributions fiscales que des obligations légales et contractuelles, assimilables à celles d'exploration, de développement et d'exploitation du gisement ; elles devraient, comme telles, figurer au dispositif relatif aux conditions d'octroi et d'exercice du droit d'exploitation des hydrocarbures, et non au régime fiscal de la loi pétrolière.

B. Problématique liée à la légitimité de leur remboursement

Devant logiquement relever de la mise en œuvre de la responsabilité sociétale des entreprises (RSE), telle que prévue dans l'exposé des motifs de la loi sur les hydrocarbures, et, pour ce qui concerne les *interventions sociales,* de la prise en charge des externalités négatives des activités pétrolières, les contributions indiquées à son article 137 posent la question du sens du concept de RSE au sein d'une entreprise pétrolière et de la légitimité de leur remboursement.

La RSE s'étend au-delà de l'objet social d'une entreprise, et elle inclut une diversité de parties prenantes, dont les populations locales et les pouvoirs publics. Elle signifie que l'entreprise investit davantage dans l'amélioration de son environnement institutionnel, physique et social[535], et ce, à son avantage[536] ; car la bonne gouvernance, la paix sociale et un environnement sain ont un impact positif sur sa rentabilité.

Cependant, l'article 137 en question dénature cet engagement sociétal en ce qu'elle permet à une entreprise pétrolière d'en récupérer les coûts en les transférant à l'État. Concernant par ailleurs *les interventions sociales*, elles consistent naturellement en la compensation ou la réduction des externalités négatives sociales des activités pétrolières[537], dont les coûts doivent en principe être internalisés.

Donc, dans la perspective de la mise en œuvre du concept de RSE et de l'internalisation des externalités négatives, le remboursement des coûts des prestations d'une entreprise pétrolière indiquées à l'article 137 de la loi pétrolière n'est pas justifiable. Le contractant devrait pouvoir, comme tout opérateur économique, supporter les coûts de sa responsabilité sociétale et des externalités négatives de ses activités.

2. Dispositif fiscal résultant des accords « *mines contre infrastructures* »

Suivant l'article 10 point 3 de la convention de collaboration signée avec le groupe d'entreprises chinoises, les autres ressources garantissant le remboursement du financement des provisions d'infrastructures n'excluent pas les hydrocarbures. Ceux-ci peuvent donc être octroyés aux dites entreprises, en cas d'insuffisance du revenu tiré des concessions minières.

Dans ce cas, suivant l'article 14 point 2 de ladite convention, l'octroi et l'exercice des droits pétroliers sont libres de toute redevance, taxe ou impôt applicables dans le secteur pétrolier. Il se pose alors la question de savoir si les coûts des investissements d'accès aux ressources pétrolières sont aussi remboursables. En tout cas, il est certain que la mise en œuvre d'une telle garantie dans le secteur pétrolier implique, pour l'État, la renonciation à la rente pétrolière, tandis que les coûts sociaux d'extraction sont intégralement transférés aux populations locales et aux pouvoirs publics.

Dans le secteur des hydrocarbures, une telle garantie est un grand risque social, économique et environnemental. Il ne peut être enrayé que si le flux de bénéfices des provisions d'infrastructures, dont on assure le remboursement permet de maintenir le niveau du bien-être général ; en d'autres termes, si l'incidence socio-économique des infrastructures implique des res-

[535] Commission de l'Union européenne, *Promouvoir un cadre européen pour la responsabilité sociale des entreprises*, livre vert, COM/2001, http://eur-lex.europa.eu/legal-content/FR/TXT / ? uri= CELEX:52001DC0366

[536] Elisabeth LAVILLE, *L'entreprise verte : Le développement durable change l'entreprise pour changer le monde*, éditions Village mondial, Paris, 2002 pp. 108-110.

[537] Altération du cadre de vie des populations locales, destruction ou altération des ressources naturelles dont elles dépendent, dépossession de leurs terres.

sources dont les bénéfices compensent ceux attendus de ressources pétrolières données en garantie.

3. Dispositif fiscal des conventions de partenariat public-prive

Au regard des particularités du contenu du dispositif fiscal de la loi sur les hydrocarbures, celui des conventions de partenariat public-prive requiert une appréciation de son applicabilité et de ses limites **(3.1)** ainsi que de son impact **(3.2)**.

3.1. Applicabilité et limites par rapport au dispositif fiscal de la loi sur les hydrocarbures

Au terme de la loi n°13 du 11 février 2014, une *société commune* peut être créée en vue de l'exploitation pétrolière et/ou de financer d'autres projets d'infrastructures ; et comme telle, elle bénéficie du dispositif dérogatoire de la loi en question, dont il faut préciser et clarifier les limites dans le cas d'espèce.

En effet, une *société commune* pétrolière bénéficie de l'exonération générale de toute imposition, telle que prévue par la loi en question à son article 14 ; hormis les prélèvements indiqués à son article 15 qui sont, non les impositions instituées par cette loi, mais celles instituées par la loi régissant le secteur d'activités où opère la *société commune,* en l'occurrence la loi sur les hydrocarbures. Suivant l'article 4 de la loi n°13 du 11 février 2014, cet article 15 devra s'appliquer sans préjudice des dispositions plus avantageuses prévues par « *toute nouvelle législation de droit commun* ». Ceci veut dire que, si cette législation supprime un de prélèvements exceptés de l'exonération générale ou en exonère les entreprises du secteur d'activités qu'elle régit, la *société commune* devra en bénéficier.

Dans le cas d'espèce, cela implique qu'une *société commune* pétrolière ne devra pas être assujettie aux prélèvements prévus à l'article 15 de la loi n°13 du 11 février 2014, et dont la loi sur les hydrocarbures exonère les entreprises pétrolières ; elle n'est assujettie qu'à ceux prévus par cette dernière loi et indiqués à l'article 15 en question.

3.2. Impact sur le dispositif fiscal de la loi sur les hydrocarbures

Le régime dérogatoire de la loi n°13 du 11 février 2014 n'a qu'un impact limité sur le dispositif fiscal de la loi sur les hydrocarbures, de sorte que cet-te dernière conserve tous ses outils de prélèvement de la rente pétrolière réa-lisée par une *société commune.*

En effet, la plupart de prélèvements obligatoires prévus par la loi sur les hydrocarbures étant indiqués à l'article 15 de la loi n°13 du 11 février 2014, une *société commune* pétrolière reste assujettie à l'essentiel du régime fiscal pétrolier. L'exonération générale d'impositions prévue à l'article 14 de la loi en question ne doit donc porter que sur la *taxe statistique*, le *paiement d'un document administratif* et la *taxe de cession des droits ou d'intérêts* prévus à l'article 125 de la loi sur les hydrocarbures. Toutes les redevances anticipatives et différées prévues par cette disposition légale sont préservées.

Dans ce cas, il se pose la question de déterminer l'imposition fiscale dont une *société commune* pétrolière est exonérée, pour que son revenu soit affecté au remboursement du financement des infrastructures ; car l'impôt sur les bénéfices n'étant pas prévu par la loi sur les hydrocarbures, il n'est pas applicable à cette société, tel que le prévoit l'article 15 de la loi n°13 du 11 février 2014.

§5. RÉGIME FISCAL DU SECTEUR HYDRIQUE

Le régime fiscal du secteur hydrique comprend le dispositif fiscal de la loi relative à l'eau **(1)**, celui résultant de la convention « *mines contre infrastructures* » **(2)** et celui des conventions partenariat public-privé **(3)**.

1. Dispositif fiscal de la loi relative à l'eau

La loi relative à l'eau n'est pas dotée d'un régime fiscal particulier, applicable aux opérateurs du secteur hydrique. Elle ne prévoit même pas de redevance due en contrepartie de l'accès au domaine public hydrique. Qu'il s'agisse ainsi d'une omission ou d'une abstention, elle laisse entrevoir une taxation par voie règlementaire qui serait inconstitutionnelle.

Suivant l'article 122 point 10 de la Constitution, la création et la détermination des impositions de toute nature relèvent de la loi, c'est-à-dire qu'en plus des impôts qui doivent être créés par la loi fiscale, les redevances, les taxes et autres droits dus dans un secteur d'activités donné ne peuvent être institués que par la loi régissant ce secteur. Il va sans dire que la loi relative à l'eau devrait prévoir tous les prélèvements à effectuer dans le secteur hydrique soit à l'occasion de l'octroi et de l'exercice d'un droit d'accès au domaine public de l'eau (redevances), soit à l'occasion du fonctionnement de l'administration des eaux (taxes ou droits).

Ne l'ayant pas fait, la loi en question présume, à travers ses dispositions par lesquelles elle s'en remet au gouvernement pour la détermination des conditions d'accès au domaine public hydrique, que les impositions dues par les usagers devraient être créées par voie règlementaire, c'est-à-dire en vio-lation de la disposition constitutionnelle en question.

2. Dispositif fiscal résultant de la convention « mines contre infrastructures »

Suivant l'article 10 point 3 de la convention de collaboration signée avec le groupe d'entreprises chinoises, les ressources en eau peuvent aussi garantir le remboursement du financement des provisions d'infrastructures fournies, en cas d'insuffisance du revenu des mines visées dans cette convention.

Dans ce cas, suivant l'article 14 point 2 de ladite convention, l'octroi et l'exercice des droits d'accès aux eaux seraient, pour les entreprises chinoises libres de toute redevance, taxe ou impôt applicables. Ces dernières pourraient ainsi obtenir gratuitement des droits d'utilisation des eaux ou même des droits d'exploitation du service public de l'eau, en vue de se faire rembourser sur les revenus de leur exercice. Dans tous ces cas, l'État renonce à toute part dans la rente d'exploitation des eaux ainsi qu'à toute taxe d'ordre environnemental, de sorte que les coûts environnementaux pourraient être entièrement transférés aux populations affectées et au Trésor public.

Par ailleurs, la mise en œuvre d'une telle garantie pourrait la mettre en conflit avec le droit fondamental d'accès à l'eau potable ; dans la mesure où elle pourrait se traduire par l'accaparement des eaux au détriment des populations. Et pouvant impliquer un accès libre au service public de l'eau dans une perspective court-termiste de remboursement des provisions d'infrastructures, la réalisation de cette garantie pourrait en compromettre les règles de base : la qualité, la régularité et la continuité.

3. Dispositif fiscal des conventions de partenariat public-prive

En vertu de loi n°13 du 11 février 2014, l'État et les particuliers peuvent créer une *société commune* destinée à la production de l'eau ou à l'exploitation du service public de l'eau, mais les dérogations fiscales dont elle devra bénéficier n'impactera pas la parafiscalité du secteur hydrique.

De fait, à son article 15 point 22, la loi n°13 du 11 février 2014 excepte, de l'exonération générale d'impositions octroyée à son article 14, les taxes, droits et redevances du secteur de l'eau. Cette exception implique qu'une *société commune* d'exploitation de l'eau reste assujettie aux droits et redevances liées à l'accès à l'eau, de sorte que, si dans son évolution la loi relative à l'eau parvenait à se doter d'un dispositif fiscal particulier, instituant les redevances d'accès et la taxe écologique, cette société ne devrait pas en être affranchie, en vertu de l'article 14 en question. Elle restera cependant exonérée de toutes les autres impositions non prévues à l'article 15 en question, et sans aucun rapport avec l'accès à l'eau ; ainsi que de l'impôt sur les bénéfices, jusqu'au remboursement du financement des infrastructures.

Ce dispositif fiscal incitatif est approprié pour l'indispensable mobilisation des investissements privés dans le secteur hydrique, plus particulièrement pour les services publics de l'eau et d'assainissement.

§6. RÉGIME FISCAL DU SECTEUR HALIEUTIQUE

Le régime fiscal du secteur halieutique comporte le dispositif fiscal légal **(1)**, celui de la convention « *mines contre infrastructures* » **(2)**, et celui des conventions partenariat public-privé **(3)**.

1. Dispositif fiscal légal

Ni le décret du 21 avril 1937 sur la pêche, ni celui du 12 juillet 1932 portant règlementation des concessions de pêche ne comportent un dispositif fiscal particulier. Toutefois, ce dernier décret prévoit une redevance annuelle qui, suivant la définition théorique du régime fiscal des ressources naturelles, peut être considérée comme une redevance anticipative de la rente de l'exploitation halieutique.

Et pourtant, le secteur de la pêche pose au plan économique, social et environnemental des problèmes qui ne peuvent faire l'économie d'une réponse fiscale particulière, en termes d'ajustement de l'impôt ordinaire ou de mise en œuvre des outils fiscaux spéciaux. Les produits halieutiques participant, au même titre que les produits agricoles, de la consommation alimentaire nationale, la politique d'autosuffisance alimentaire intègre aussi la pêche, de sorte que les pêcheurs locaux doivent bénéficier de mêmes subventions fiscales que les agriculteurs locaux. La pêche industrielle doit être, quant à elle, soumise à la même fiscalité particulière que celle suggérée ci-avant, pour l'agriculture d'exportation.

Donc, une réforme de la législation sur la pêche devra inclure un dispositif fiscal particulier ajustant l'impôt ordinaire au profit de la pêche artisanale ou semi-industrielle, et mobilisant, pour la pêche industrielle, des outils fiscaux particuliers visant la redistribution de son revenu aux populations locales ainsi que la gestion de ses externalités négatives.

2. Dispositif fiscal de la convention « *mines contre infrastructures* »

La garantie prévue à l'article 10 point 3 de la convention signée avec le groupe d'entreprises chinoises inclut aussi les ressources halieutiques, de sorte qu'en cas d'insuffisance du revenu tiré de concessions minières, ces entreprises peuvent se faire octroyer des droits de pêche suffisant pour rembourser le montant de financement des provisions d'infrastructures.

Dans l'exercice des droits de pêche ainsi octroyés, les entreprises chinoises bénéficieraient de l'exonération générale d'imposition prévue à l'article 14 point 2 de ladite convention. Le potentiel financier des produits halieutiques étant faible par rapport à celui des produits miniers ou pétroliers, une telle garantie, pour être suffisante, devrait couvrir des quantités énormes des ressources halieutiques, et sa mise en œuvre devrait impliquer le transfert aux populations locales et à la communauté nationale des coûts sociaux colossaux : diminution de stock, dépossession des communautés locales, pollution des eaux, perte de la biodiversité ...)

S'agissant des ressources vitales au plan environnemental et social, aucune infrastructure contre laquelle on les échangerait ne pourrait en remplacer les bénéfices par son incidence socio-économique. Les ressources halieutiques devraient être exclues de l'applicabilité de ce type de convention.

3. Dispositif fiscal des conventions partenariat public-prive

N'ayant pas le même potentiel financier que les ressources minières ou pétrolières, les ressources halieutiques ne paraissent pas à la hauteur des ambitions financières de la loi n°13 du 11 février 2014. Toutefois, cette dernière n'exclut pas qu'une *société commune* porte sur la pêche avec la même portée ainsi que les mêmes buts, avantages et désavantages que ceux exposés ci-avant pour la *société commune* agricole.

L'article 15 de la loi n°13 du 11 février 2014 ne prévoyant pas les taxes, droits et redevances du secteur halieutique, une *société commune* de pêche devrait être entièrement exonérée de toute imposition liée à l'obtention et à l'exercice du droit de pêche. Elle devrait l'être aussi de l'impôt sur les bénéfices, jusqu'au remboursement des fonds empruntés pour la construction de ses infrastructures d'exploitation.

Une telle incitation fiscale viserait à mobiliser les investissements privés dans le secteur halieutique en vue d'assurer l'autosuffisance alimentaire et le rééquilibrage de la balance de paiement. Concernant le premier but, com-me pour une *société commune* agricole, l'avantage est certain en termes de sécurité alimentaire. Pour le second but, une forte incitation à investir dans la pêche d'exportation devrait impliquer un transfert des vastes gisements halieutiques aux grands groupes industriels ou financiers extérieurs, au détriment des pêcheurs locaux ; alors que l'exonération générale d'imposition dont ces grandes entreprises jouiraient devrait signifier le transfert des coûts environnementaux à la communauté nationale.

Comme pour une *société commune* d'agro-exportation, ces désavantages peuvent être compensés si la *société commune* de pêche industrielle intègre le financement des projets distributifs, c'est-à-dire ceux d'appui aux pêcheurs artisanaux, d'aide aux populations locales et de préservation de l'environnement.

§7. RÉGIME FISCAL DU SECTEUR CYNEGETIQUE

Le régime fiscal du secteur cynégétique comporte le dispositif fiscal légal **(1)**, celui résultant de la convention « *mines contre infrastructures* » **(2)** et celui des conventions partenariat public-privé **(3)**.

1. Dispositif fiscal légal

À son article 5 alinéa 2, la loi portant règlementation de la chasse institue une redevance d'accès au domaine de chasse et une redevance d'accès à la faune. Ces deux redevances peuvent s'analyser comme des outils fiscaux tels que définis ici, et ce, en raison de leur affectation particulière à la pro-tection et à la gestion du domaine de chasse.

La redevance d'accès au domaine de chasse est la taxe due à l'occasion de l'octroi d'un permis de chasse. Celle d'accès à la faune est la taxe due à l'abattage ou à la capture d'un animal. Au plan règlementaire, les recettes générées par ces deux taxes font l'objet d'une gestion et d'une affectation particulière, dans la mesure où elles ne sont utilisées que pour le paiement des frais d'administration et de gestion du domaine de chasse, où elles sont perçues[538].

Avec cette affectation spéciale, ces taxes peuvent être analysées comme des instruments du régime fiscal des ressources naturelles tel que défini ci-avant. Le faible potentiel fiscal des activités cynégétiques permettent de les inscrire plus dans la mise en œuvre de la fiscalité écologique que dans une stratégie de captation de la rente.

2. Dispositif fiscal de la convention « *mines contre infrastructures* »

La garantie prévue l'article 10 point 3 de la convention de collaboration signée avec le groupe d'entreprises chinoises s'étend aussi aux ressources cynégétiques, de sorte qu'en cas d'insuffisance du revenu tiré des concessions minières, leur exploitation pourrait servir au remboursement du financement des provisions d'infrastructures.

Dans cette perspective, les entreprises chinoises pourraient, non seulement bénéficier d'un accès libre aux domaines de chasse existants, mais également solliciter la création d'autres domaines, spécialement affectés au remboursement de leurs investissements. Étant donné le faible potentiel fiscal des produits de la chasse par rapport à celui des produits miniers ou pétroliers, la réalisation d'une telle garantie pourrait exiger d'immenses domaines de chasse dont les coûts d'exploitation seraient transférés aux populations locales et au Trésor public.

Si son exploitation économique n'a pas le même potentiel financier que l'exploitation minière ou forestière, la faune a cependant, au plan écologique, une valeur d'existence inestimable qu'on ne saurait compenser par les bénéfices socio-économiques d'une quelconque infrastructure. Elle devrait être exclue de l'applicabilité de ce type de convention en question.

[538] Voir par exemple, l'article 16 de l'arrêté du 14 février 1974 créant un domaine de chasse réservé en zone de Rutshuru.

3. Dispositif fiscal des conventions de partenariat public-prive

Conformément à la loi n°13 du 11 février 2014, l'État et les particuliers peuvent créer une *société commune* destinée à l'exploitation de la faune, en vue de financer la gestion d'un domaine de chasse. Cette société bénéficierait alors de l'exonération de toutes les redevances prévues par la loi portant règlementation de la chasse.

L'article 15 de la loi du 11 février 2014 ne prévoyant pas les taxes et les redevances dues dans secteur cynégétique, une *société commune* de chasse devrait en être exonérée en vertu de l'article 14 de la loi en question. Dans ce cas, le but de l'État devrait être d'anticiper sur les revenus des redevan-ces, en mobilisant l'épargne privée afin d'investir dans l'administration et la gestion d'un domaine de chasse ; de sorte que les revenus de la *société commune* soient affectés au remboursement des investissements réalisés par les coassociés privés dans l'achat des équipements, la construction des infrastructures, la formation du personnel…

Pour une *société commune* de chasse, on ne saurait raisonnablement lui concevoir d'autre but que le financement d'un projet d'aménagement d'un domaine de chasse.

CONCLUSION

Au cœur de toute la réflexion sur la gestion durable des ressources naturelles, se trouve le régime fiscal de leur utilisation qui se construit en réponse à sa problématique : comment, sans affecter la rentabilité des entreprises, assurer une répartition équitable de la rente d'exploitation des ressources naturelles, en vue d'assurer le développement durable du pays, la gestion environnementale des activités et la prise en compte des besoins de plus pauvres.

S'inscrivant dans cette problématique, le régime fiscal des ressources naturelles vise à assurer à l'État une part raisonnable dans la rente naturelle et une mise en œuvre efficace de la fiscalité écologique dans le secteur extractif. En droit positif, cette orientation se traduit par un effort législatif qui allie les outils du régime fiscal traditionnel, ceux du régime de partage de production, ainsi que ceux innovants des accords « ressources naturelles contre infrastructures » et des conventions de partenariat public-privé.

Pour un État, le choix de chacune de ces différentes catégories d'outils fiscaux obéit au niveau des besoins en développement d'un pays-sous développé, et au niveau du potentiel fiscal d'une ressource naturelle. Un pays plus ou moins développé pourrait se contenter de recettes procurées par les outils fiscaux traditionnels. Par contre, un pays en manque d'infrastructures sera tenté de recourir aux deux innovations fiscales, en vue d'anticiper, par endettement, sur le revenu futur d'une ressource naturelle à fort potentiel fiscal.

Dans tous les cas, le choix d'un dispositif fiscal devra se faire en raison de son efficacité et de son efficience, en tant que stratégie de captation de la rente naturelle et de son utilisation efficiente.

Chapitre VII

LE RÉGIME PÉNAL DES RESSOURCES NATURELLES

Véhiculant des nouvelles valeurs sociales déduites du principe de gestion durables des ressources naturelles, le droit des ressources naturelles doit se doter d'un régime pénal approprié, en vue d'assurer efficacement leur protection. Pour en éclairer les bases, il nous faut préciser la notion de régime pénal des ressources naturelles **(section 1),** et indiquer les prémices constitutionnelles de son introduction en droit positif **(section 2)**.

Section 1 : NOTION DE RÉGIME PÉNAL DES RESSOURCES NATURELLES

Pour mieux comprendre la notion de régime pénal des ressources naturelles, il faut en rappeler la notion traditionnelle **(§1)** dont l'évolution induit les axes d'émergence d'une nouvelle notion adaptée aux nouveaux enjeux **(§2)**.

§1. NOTION TRADITIONNELLE

La définition du régime pénal traditionnel des ressources naturelles **(1)** permet d'en pointer les limites et les faiblesses, par rapport aux nouveaux enjeux de la gestion durable des ressources naturelles **(2)**.

1. Définition

Traditionnellement et en l'état actuel du droit positif, le régime pénal des ressources naturelles peut être défini comme l'ensemble des règles dont est assorti chaque texte légal ou réglementaire et qui, dans le but d'en assurer le respect, sanctionnent la violation de ses dispositions.

Ainsi défini, il s'agit d'un régime pénal qui comprend les dispositifs de sanctions pénales dont sont assortis les lois et les règlements relatifs aux ressources naturelles. Ces dispositifs pénaux spéciaux incriminent essentiellement la violation des prescriptions légales ou réglementaires, si bien que les infractions autonomes, c'est-à-dire celles qui procèdent de l'incrimination d'un comportement contraire à une valeur sociale donnée et dont les éléments constitutifs sont distinctement définis, y sont rares. Ceci implique des incriminations faites en marge de la nécessité de protéger : le capital naturel, les droits d'accès individuels qui y sont constitués, les droits des communautés locales et des générations futures, ainsi que la part de l'État dans la rente d'exploitation.

Dans cette perspective réductrice, le régime pénal des ressources naturelles est un droit pénal particulier qui assure l'application des textes légaux et réglementaires régissant le secteur extractif, en prévenant et en réprimant leur violation ; à quelques expressions près, il ne vise pas la protection pénale des valeurs sociales essentielles, des biens, des personnes et de leurs droits fondamentaux découlant de l'évolution du rapport de l'homme aux ressources naturelles.

2. Limites et faiblesses par rapport aux nouveaux enjeux de la gestion durable des ressources naturelles

Par rapport aux nouveaux enjeux de la gestion durable des ressources naturelles, la notion traditionnelle du régime pénal des ressources naturelles accuse des limites et faiblesses du point de vue des fonctions expressive **(2.1)**, dissuasive et préventive **(2.2)** ainsi que répressive de tout régime pénal **(2.3)**.

2.1. Du point de vue de la fonction expressive de tout régime pénal

Généralement, le droit pénal accomplit une fonction socio-pédagogique et expressive des valeurs essentielles fondant la vie dans une société[539]. En définissant, en effet, les infractions par rapport à des valeurs sociales (la dignité de la personne humaine, la propriété, la foi publique, les libertés publiques ...), il met en évidence ces dernières en vue d'en assurer l'intériorisation au sein de la société.

Or, axé sur l'application des lois et règlements, le régime pénal des ressources naturelles ne procède pas d'une incrimination méthodique, mettant en évidence les valeurs essentielles qui fondent la gestion durable des actifs naturels d'un pays. Il agrège des dispositifs de sanctions contre les violations des lois et règlements auxquels ils sont attachés. Ces dispositifs, dont certains procèdent par des incriminations globales de

---

[539] Van De Kerkhoven Michel, « Les fonctions de la sanction pénale : Entre droit et philosophie» in *Informations sociales*, n° 127, 7ième édition, 2005 pp. 22-31

toute violation des textes qu'ils protègent[540], n'identifient pas les valeurs essentielles qui, sous la poussée de l'écologie, réorientent les rapports de l'homme aux ressources naturelles vers les principes de pérennisation du capital naturel, de destination universelle de ses actifs et de leur transmission intergénérationnelle. Il en résulte que, faute d'outil socio-pédagogique efficace, le niveau d'intériorisation de ses valeurs au sein de la société demeure très faible.

Cependant, ces valeurs écologiques sont suffisamment traduites en droit à travers des règles internationales[541] et constitutionnelles[542] impliquant l'affectation exclusive des ressources naturelles à l'exercice du droit au développement des peuples. À ces niveaux élevés d'expression juridique, elles ne sauraient se passer de la protection d'un régime pénal spécial qui, en incriminant de façon autonome et uniforme les atteintes à tous les droits qu'il est possible d'en déduire, permet leur identification et leur intériorisation au sein de la société.

2.2. Du point de vue de la fonction dissuasive ou préventive de tout régime pénal

Le droit pénal accomplit aussi une fonction dissuasive ou préventive, consistant en une intimidation collective qui décourage, tant soit peu, les comportements déviants[543]. L'effectivité d'une telle fonction se fonde sur la crainte, non seulement de l'application de la sanction par une autorité, mais plus encore de la réprobation générale qui déshonore et met la pression sur le pouvoir sanctionnateur.

Avec une multiplicité de dispositifs de sanctions visant chacun la protection d'un texte légal ou réglementaire, et non des valeurs essentielles largement diffusées, le régime pénal des ressources naturelles ne saurait être assez dissuasif ; car la violation d'une prescription légale ou réglementaire ne met en rapport que l'agent contrevenant et l'administration chargée d'en assurer l'application. Tous les deux n'ayant rien à craindre de la réprobation générale d'une opinion publique, ignorante des valeurs écologiques, la corruption ou la complaisance de l'agent public peuvent achever de ruiner la fonction dissuasive des sanctions prévues.

---

540 Par exemple l'article 143 point 1 du code forestier qui prévoit des sanctions pénales contre *quiconque se livre à l'exploitation forestière en violation des dispositions de la présente loi et de ses mesures d'exécution.*

541 Article 1 point 2 de l'acte d'un pacte international relatif aux droits économiques, sociaux et culturels

542 L'article 58 de la Constitution consacre le droit de jouissance collectif sur les richesses nationales et oblige l'État à garantir le droit au développement du peuple en les redistribuant équitablement

543 Van De Kerkhoven Michel, *op cit.*

Donc, à travers une simple incrimination machinale et éparse des violations des dispositions légales ou réglementaires, le régime pénal des ressources naturelles ne saura être effectivement dissuasif ou préventif. Il devra, dans un code pénal spécial et unique, structurer une vraie politique criminelle qui introduit dans la mentalité collective des valeurs écologiques essentielles, et définit les infractions autonomes y relatives.

2.3. Du point de vue de la fonction répressive de tout régime pénal

Plus naturellement, le droit pénal accomplit une fonction répressive consistant en la fixation des sanctions applicables aux infractions ; son efficacité à cet égard tient à sa lisibilité, sa cohérence ainsi qu'à la réactivité et à la qualification du juge[544]. Une loi pénale doit répondre aux critères de sécurité juridique, ses sanctions doivent être appropriées aux infractions, et le mécanisme institutionnel de répression doit être efficace.

Procédant d'une incrimination disparate et machinale des violations des dispositions légales et réglementaires diverses, le régime pénal des ressources naturelles a pour vocation de débiter, au grès des changements des textes, une quantité infinie de sanctions ; ce qui hypothèque sa lisibilité et sa cohérence. Le foisonnement des sanctions, à travers des règles disparates, implique des risques de contradiction ou d'imprécision et ne suscite guère l'intérêt de les connaitre. Une telle technique d'incrimination est dénuée de toute assise éthique pouvant permettre une hiérarchisation des sanctions ainsi que leur adaptation aux infractions. Dans certaines lois ou règlements, il n'est pas ainsi surprenant de rencontrer des infractions plus graves, au regard des valeurs éthiques, faiblement sanctionnées par rapport aux infractions moins graves[545]. La crédibilité et la rationalité du régime pénal des ressources naturelles s'en ressentent forcement.

L'efficacité du juge, en tant que mécanisme d'application du régime pénal des ressources naturelles, tient à sa réactivité, sa motivation et sa qualification. Or, ne vibrant qu'avec l'indignation ou l'émotion collectives suscitées par une atteinte à une valeur sociale fondamentale, il serait moins enclin à réagir pour appliquer une sanction qui, ne visant

---

[544] Véronique JAWORSKI, « L'état du droit pénal de l'environnement français : entre forces et faiblesses », in *Les Cahiers de droit,* Volume 50, numéro 3-4, septembre-décembre 2009, p. 889-917.

[545] Par exemple, à son article 299, le code minier punit d'une peine d'amende seulement tous travaux de recherche ou toute exploitation minières entreprise en violation de ses dispositions. Mais à son article 300, il punit d'une servitude pénale de cinq à dix ans et d'une peine d'amende le *« détournement des substances minérales.* Sans par ailleurs indiquer les éléments matériel et moral de cette infraction qui, du point de vue écologique, parait moins grave que l'extraction clandestine des substances minérales.

qu'à assurer l'exécution des lois ou des règlements, n'intéresse que l'administration publique. L'irrationalité et la disparité des règles ne peuvent, du reste, l'inciter à mieux les connaitre pour mieux les appliquer.

§2. AXES D'ÉMERGENCE D'UNE NOUVELLE NOTION ADAPTÉE AUX NOUVEAUX ENJEUX DE LA GESTION DURABLE DES RESSOURCES NATURELLES

Dans l'effort encours d'adaptation de la notion traditionnelle du régime pénal des ressources naturelles, il apparait des axes d'émergence d'une nouvelle notion que sont : les concepts d'ordre public écologique **(1)**, de crime écologique **(2)**, de préjudice écologique **(3)** et de tribunal écologique **(4)**.

1. Concept d'ordre public écologique

L'élaboration du contenu du droit pénal général part d'une identification, au moyen du concept d'ordre public, des valeurs sociales essentielles à défendre et à protéger, afin d'assurer la tranquillité, la sécurité et la salubrité publiques. Concernant le régime pénal des ressources naturelles, la même démarche peut être entreprise, en se fondant sur le concept d'ordre public écologique[546].

Actuellement en pleine élaboration dans le cadre du droit de l'environnement, le concept d'ordre public écologique s'y présente comme « *un outil qui permet d'identifier et d'exprimer les valeurs sociales essentielles liées à la protection de l'environnement* [547]». Dans le même sens, nous pouvons le proposer ici comme un moyen d'expression et d'identification des valeurs sociales essentielles liées à l'utilisation des ressources naturelles, perçues comme substrat du droit au développement des peuples. Ces valeurs sont toutes celles qui sont convenues comme permettant la pérennisation du capital naturel, l'accès équitable et transparent à ces actifs et la redistribution équitable de la rente de leur exploitation. En les mettant en évidence, le concept d'ordre public écologique réalise leur introduction en droit et, partant, répond à la nécessité de leur protection juridique.

De cette façon, la consécration d'un ordre public écologique peut constituer une réponse juridique efficiente au phénomène de malédiction des ressources naturelles, et ce, en permettant une évolution du régime pénal des ressources naturelles qui, au-delà de la simple protection des lois et des rég-

---

[546] Nadia BELAIDI, *Luttes contre les atteintes globales à l'environnement : Vers un ordre public écologique* ?, Bruylant, Bruxelles, 2008, 516 pages.

[547] Nadia BELAIDI, « Identité et perspectives d'un ordre public écologique », in *Droit et cultures* 68 | 2014-2, p.p. 15-49, http://droitcultures.revues.org/3401

lements, lui donne un contenu uniforme qui protège distinctement et efficacement le capital naturel, et tous les droits subjectifs qui s'y rapportent.

2. Concept de crime écologique

Conçu en droit de l'environnement, le concept de crime écologique véhi-cule le souci d'une défense juridique efficace du droit à l'environnement et du droit à la sécurité des peuples. Il peut être utilisé aussi en droit des res-sources naturelles en vue d'assurer une défense efficace de leur droit au dé-veloppement.

En vue d'une défense juridique efficace du droit à l'environnement des peuples, le concept de crime écologique permet une incrimination méthodi-que et rationnelle des atteintes à l'environnement, c'est-à-dire les altérations ou les destructions des ressources environnementales. Concernant le droit à la sécurité, il sert à incriminer, à la hauteur de la gravité de son risque sé-curitaire, l'accès illicite aux ressources naturelles par des organisations cri-minelles ou mafieuses. Il vise ainsi à prévenir une criminalisation du secteur extractif qui pourrait en faire un lieu, non de développement durable, mais de blanchiment d'argent ou de financement des activités criminelles, dange-reuses pour la qualité et la stabilité des institutions, ainsi que pour les inté-rêts nationaux et la paix.

En droit des ressources naturelles, le concept de crime écologique peut être utilisé pour mettre en perspective les atteintes au capital naturel (en tant que moyen d'existence de la nation), à la rente d'exploitation de ses actifs, aux droits des populations locales et aux droits d'accès individuels, et ce en vue de leur offrir une protection spéciale en droit pénal.

3. Concept de préjudice écologique

De construction récente, le concept de préjudice écologique s'introduit en droit civil via le droit de l'environnement en vue d'y rendre réparable le préjudice né d'un dommage causé, non aux personnes, mais à l'environne-ment. Il peut être aussi utilisé en droit des ressources naturelles pour obliger à la réparation des dommages causés aux actifs du capital naturel.

Tel que conçu en droit français, le concept de préjudice écologique vise l'introduction, en droit civil, de l'obligation de réparer tout préjudice « *né d'une atteinte non négligeable aux éléments et aux fonctions des écosys-tèmes, ainsi qu'aux bénéfices collectifs tirés par l'homme de l'environne-ment*[548] » N'étant pas personnel, tel que traditionnellement

[548] Article 1386-19-1 du projet de loi pour la reconquête de la biodiversité, de la nature et des paysages adopté par l'assemblée nationale le 17 mars 2016.

requis pour être réparable, ce préjudice est considéré par rapport au droit collectif à un envi-ronnement sain ; et la réparation se fait soit en nature, par la restauration des ressources naturelles altérées ou détruites, soit en argent, au profit des acti-vités de protection de l'environnement.

Dans cette même perspective, l'utilisation du concept de préjudice écolo-gique en droit des ressources naturelles peut servir à la réparation du préju-dice né de la destruction, de l'altération ou du bradage des actifs du capital naturel, ainsi que de la dissipation de la part de la rente de leur utilisation due à l'État.

4. Concept de tribunal écologique

Les concepts d'ordre écologique, de crime écologique et de préjudice écologique ne peuvent évoluer sans induire l'idée d'un tribunal écologique. Celui-ci signifie une spécialisation de l'appareil judicaire en vue d'assurer une défense ou une protection efficace des valeurs sociales essentielles, fon-dant la gestion durable des ressources naturelles.

Actuellement, les infractions aux lois et règlements relatifs aux ressour-ces naturelles sont de la compétence des cours et tribunaux ordinaires. Or, avec un personnel principalement formé pour l'application du droit pénal général et peu sensibilisé à la problématique écologique, ces mécanismes judiciaires n'offrent pas de garantie de réactivité et d'efficacité face aux at-teintes à l'ordre public écologique. Celles-ci requièrent, en raison de l'im-portance des enjeux sociaux et économiques qu'elles mettent en cause, des autorités judiciaires spécialement formées, conscientisées et affectées à leur répression. La présence au sein de l'appareil judiciaire d'un tel dispositif spécial pourrait, par ailleurs, renforcer l'effet dissuasif des sanctions péna-les.

Donc, tels que définis ci-dessus, un ordre public écologique, une infrac-tion écologique et un préjudice écologique requièrent un tribunal spécial, en vue d'être, respectivement, mieux défendu, mieux réprimée et mieux réparé.

Section 2 : PRÉMICES D'INTRODUCTION EN DROIT POSITIF D'UN RÉGIME PÉNAL DES RESSOURCES NATURELLES APPROPRIÉ

Comme prémices d'introduction, en droit positif, d'un régime pénal des ressources naturelles approprié, nous pouvons noter la consécration constitutionnelle de l'infraction de pillage des ressources naturelles **(§1)** et celle de haute trahison **(§2)**.

§1. CONSÉCRATION CONSTITUTIONNELLE DE L'INFRACTION DE PILLAGE DES RESSOURCES NATURELLES

Après une précision préalable de la notion générale de pillage **(1)**, nous pouvons appréhender celle de pillage des ressources naturelles à travers son libellé constitutionnel et sa définition **(2)** et la problématique de son contenu constitutionnel **(3)**.

1. Notion générale de pillage

Le concept de pillage est emprunté au droit international public où il signifie « *l'acte d'appropriation individuelle et violente des biens privés ou publics, commis lors d'une situation de conflit armé ou des troubles internes*[549] ». Il est considéré comme un crime de guerre et, en tant que tel, interdit et puni par les lois et coutumes de la guerre.

Ainsi défini, le pillage est incriminé à l'article 56 de la Constitution et appliqué aux ressources naturelles. Dans la période d'après-guerre, cette incrimination spéciale répondait au souci immédiat de consolider la paix et d'assurer le développement du pays ; car l'accès aux ressources naturelles avait été identifié comme une des incitations à la guerre sous régionale qu'a connue la République Démocratique du Congo entre 1996 et 2003.

Donc, dans une situation post-conflit caractérisée par l'incapacité institutionnelle de l'État à maîtriser parfaitement ses ressources naturelles, il fallait le doter préalablement d'un moyen de dissuasion contre les actes de leur appropriation abusive, incitant à la guerre.

Bien que défini par rapport à un contexte de guerre, l'infraction de pillage des ressources naturelles peut servir également en temps de paix à la lutte contre le crime organisé dans le secteur extractif ; et dans tous les cas, il réalise l'extension du droit pénal à la protection du droit au développement essentiellement fondé sur l'utilisation des ressources naturelles.

2. Libellé constitutionnel et définition du pillage des ressources naturelles

A son article 56, la Constitution consacre l'infraction de pillage en ces termes : « *Tout acte, tout accord, toute convention, tout arrangement ou tout autre fait, qui a pour conséquence de priver la nation, les personnes physiques ou morales de tout ou partie de leurs propres moyens d'existence tirés de leur ressources ou de leurs richesses naturelles, sans préjudice des dispositions internationales sur les crimes économiques, est érigé en infraction de pillage punie par la loi.*

[549] Jean SALMON, *Dictionnaire de droit international public*, Bruylant, Bruxelles, 2001 p. 831.

Ainsi libellée, l'infraction de pillage des ressources naturelles peut se définir comme tout acte juridique, quelle qu'en soit la forme, verbale ou écrite ou tout fait impliquant de priver la nation, les personnes physiques ou morales de moyens d'existence qu'ils tirent de leurs ressources naturelles. Ces moyens incluent aussi bien le simple le droit d'accès à une ressource naturelle que les produits et le revenu qui en sont issus.

Faite à partir des termes de la Constitution, cette définition de l'infraction de pillage en appréhende le concept du point de vue de sa conséquence, et elle rend problématique l'indication de son objet. Ceci d'autant que tout acte impliquant la privation de l'accès à une ressources naturelle ne signifie pas le pillage, qui est l'acte ou le fait de s'emparer violement d'une chose.

3. Problématique du contenu constitutionnel de l'infraction de pillage des ressources naturelles

Au vu de son contenu constitutionnel, l'infraction de pillage des ressources naturelles suscite les questions de son élément matériel **(3.1)**, des droits protégés **(3.2)** et de la qualité de la victime **(3.3)**.

3.1. Question de l'élément matériel de l'infraction

Fondée sur les conséquences de l'acte et non sur son objet, la définition constitutionnelle de l'infraction de pillage suscite une problématique sur son élément matériel. En quoi, en effet, consiste-il ? Et comment le distinguer de l'exploitation illicite d'une ressource naturelle, considérant que le pillage se traduit réellement par le fait de s'emparer violement des biens et de les emporter.

Constitutionnellement, l'élément matériel du pillage des ressources naturelles consiste en tout acte ou tout fait quelconque privatif d'un droit de jouissance d'une ressource naturelle. Or, une telle conséquence peut résulter d'un acte ou d'un fait qui ne correspond pas à un acte de pillage, par exemple le fait de polluer l'eau au détriment du droit fondamental d'accès à l'eau potable, ou la simple destruction des ressources naturelles. Tous ces faits, de par leur conséquence, correspondent à la définition constitutionnelle du pillage des ressources naturelles, sans cependant correspondre au sens réel du concept. Logiquement, l'élément matériel de cette infraction ne devrait ainsi être que le fait d'extraire les ressources naturelles et de les emporter, ou le fait d'en accaparer les produits ou les revenus conservés à un endroit donné, ou encore tout acte juridique illicite, visant ces faits.

Telle que défini par son impact social et économique, le pillage des ressources naturelles suppose leur extraction massive et de nature à mettre en danger la survie des personnes qui en dépendent à quelque titre que ce soit. Alors que l'exploitation illicite d'une ressource naturelle se définit, non par rapport à l'impact des actes visés sur les moyens d'existence des personnes, mais par rapport à leur non-conformité aux prescriptions légales ou réglementaires. Le critère de distinction entre les deux infractions devrait donc être l'impact de l'acte incriminé sur la disponibilité immédiate de la ressource naturelle affectée pour les personnes qui en vivent.

3.2. Question des droits protégés

Quant aux droits de la nation ainsi que ceux des personnes morales et physiques protégés par l'incrimination du pillage des ressources naturelle, l'article 56 de la Constitution vise « *tout ou partie de leurs propres moyens d'existence tirés de leurs ressources ou de leurs richesses naturelles* ». Ceci pose la question de l'indication précise de ces droits.

Il devra s'agir des droits liés aux moyens d'existence visés par la Constitution. Par moyen d'existence, il faut généralement entendre les capacités, les ressources matérielles et sociales, ainsi que les activités nécessaires pour subsister dans un milieu donné. Lorsque celles-ci procèdent de l'utilisation des ressources naturelles, les droits y relatifs doivent être déduits des bénéfices environnementaux, économiques et sociaux que peut procurer une ressource naturelle. Ces bénéfices induisent le droit à l'environnement, le droit au développement et les droits d'accès individuels.

S'agissant dans cette étude de l'utilisation économique des ressources naturelles, les droits protégés doivent être déduits du droit au développement fondé sur la constitution du capital naturel et l'exploitation de ses actifs. Il devra ainsi s'agir de la propriété nationale ou domaniale des actifs naturels, des droits d'accès individuels ou collectifs qui y sont constitués, des possessions coutumières qui y sont reconnues ainsi que des produits et des revenus issus de l'exercice de tous ces droits.

3.3. Question de la qualité de victime

La question de la qualité de victime d'une infraction de pillage des ressources naturelles suppose ici celle de savoir qui peut être partie civile dans un procès. Il faudrait procéder par l'application des termes *nation, personnes physiques* et *morales*, utilisés à l'article 56 de la constitution, aux catégories des titulaires de divers droits d'accès aux ressources naturelles.

S'agissant de la nation, la Constitution ne dit pas ce qu'elle entend par la *Nation* devant laquelle, dans son préambule, le peuple s'engage à créer les conditions d'accéder au concept de République Démocratique du Congo qu'elle articule.

Cet engagement étant pris aussi devant *Dieu*, l'*Afrique* et le *Monde*, nous pouvons déduire de la permanence et de la perpétuité de ces entités que le terme *Nation* est conçu avec les mêmes caractères, de sorte qu'il soit pris dans son sens intemporel, englobant toutes les générations actuelles et futures, dont le droit au développement doit être continuellement assuré par la transmission intergénérationnelle du capital naturel.

Ainsi considérée, la nation peut être victime d'un acte de pillage des ressources naturelles, dans la mesure où il appauvrit le patrimoine naturel fondant son existence ; et elle pourrait se défendre à travers le gouvernement ou les citoyens agissant dans les mêmes conditions que celles prévues ou à prévoir pour la défense de leurs droits collectifs consacrés aux articles 50 à 59 de la Constitution[550].

Par personnes morales, il faut entendre l'État et ses entités décentralisées pouvant être lésés dans leur mission constitutionnelle de protéger les droits collectifs des congolais et d'assurer leur droit au développement. Une personne morale peut être également une société privée ou publique, titulaire d'un droit d'accès à une ressource naturelle.

Par personnes physiques, il faut entendre les individus qui, à des titres divers, sont titulaires des droits d'accès aux ressources naturelles. Il peut ainsi s'agir des exploitants, des communautés locales, titulaires des possessions coutumières ou des populations riveraines, titulaires du droit fondamental à l'environnement, à l'eau potable ou tout autre droit collectif tenant à l'existence d'une ressource naturelle pillée.

Les personnes physiques et morales victimes de l'infraction de pillage des ressources naturelles pourraient agir en étant représentées conformément aux règles de représentation traditionnelles du droit procédural.

§2. CONSÉCRATION CONSTITUTIONNELLE DE L'INFRACTION DE HAUTE TRAHISON

Après avoir précisé la notion constitutionnelle de haute trahison **(1)**, nous pouvons poser la problématique de son application au pillage des ressources naturelles **(2)**.

1. Notion constitutionnelle de haute trahison

La Constitution ne définit pas la haute trahison, mais en nous référant à son article 165 qui en indique les hypothèses, nous pouvons tenter une définition générale, adaptable au pillage des ressources naturelles auquel elle s'applique également suivant son article 57.

---

[550] A son article 134, la loi forestière reconnait aux associations représentatives des communautés locales et aux organisations non gouvernementales nationales agréées le droit d'agir comme partie civile dans un procès portant sur une infraction forestière causant préjudice direct ou indirect aux intérêts collectifs qu'elles ont pour objet de défendre. En cas d'infraction aux droits d'accès à l'eau, la loi relative à l'eau reconnait à son article 108 le même droit à toute personne physique ou toute personne morale ayant pour vocation de défendre les droits collectifs portant sur les eaux.

Suivant l'article 165 de la Constitution, « *il y a haute trahison lorsque le Président de la République a violé intentionnellement la Constitution ou lorsque lui et le Premier ministre sont reconnus auteurs, coauteurs ou complices de violations graves et caractérisées des droits de l'homme, de cession d'une partie du territoire national* ». Il s'agit ainsi d'une forme d'infraction contre la sûreté de l'État, c'est-à-dire « *le maintien de sa consistance, de son territoire, de sa population, de ses institutions publiques essentielles, de leur indépendance et de leur autorité, par prévention et répression des infractions qui y porteraient atteinte*[551] ». À ces articles 182 et suivants, le code pénal incrimine également, sous la qualification de trahison, les atteintes à la sûreté extérieure et intérieure de l'État commises par quiconque. L'une des hypothèses prévues dans ce dernier cas à l'article 200 est « *l'attentat dont le but aura été de porter le massacre, la dévastation ou le pillage* ».

À son article 57, la Constitution qualifie de haute trahison les actes de pillage des ressources naturelles incriminés à son article 56 lorsqu'ils sont commis par une « *personne investie de l'autorité publique* » ; car la constitution et l'utilisation du capital naturel participant du maintien de la consistance économique de l'État, le pillage des actifs naturels correspond bien à une atteinte à sa sûreté.

2. Problématique de l'application de la haute trahison au pillage des ressources naturelles

L'application de la haute trahison au pillage des ressources naturelles pose la question relative à la ratio legis de la qualification pénale **(2.1)** et celle de l'identification des auteurs de l'infraction **(2.2)**.

2.1. Question relative à la ratio legis de la qualification pénale

Considérant le rang des personnes visées à l'article 57 de la Constitution, la première question que pose l'application de la notion de haute trahison au pillage des ressources naturelles est celle du choix de cette qualification pénale, car le pillage déjà prévu à l'article 200 du code pénal est lui qualifié de simple trahison.

En effet, telle que prévue à article 165 de la Constitution, la haute trahison se distingue par la qualité personnelle des délinquants et l'importance des droits protégés : c'est une infraction commise par le Chef de l'État et/ou le Premier ministre contre les éléments constitutifs de l'État, c'est-à-dire la Constitution, le territoire et la population. Telle que prévue à l'article 57 de la Constitution, la haute trahison s'applique, au contraire, à « *toute personne investie de l'autorité publique* », c'est-à-dire toute autorité administrative,

[551] Gérard CORNU, *op cit.*

quel que soit son rang hiérarchique ; et elle vise les atteintes aux droits tant des particuliers que de l'État et de la nation. Il y a lieu de se demander pourquoi, pour rester en harmonie avec l'article 165, le constituant n'a-t-il pas distingué à l'article 57 les actes de pillage commis par le Président de la République et le Premier ministre de ceux commis par les autres autorités administratives ou politico-administratives ? Une telle distinction aurait permis de qualifier les premiers de haute trahison et les seconds, de simple trahison renvoyant à l'article 200 du code pénal.

Lorsqu'ils sont commis par le Chef de l'État et le Premier ministre, les actes de pillage des ressources naturelles correspondent bien à la haute trahison telle que prévue à l'article 165 de la Constitution, dans la mesure où les droits d'accès aux ressources naturelles auxquels ils portent atteinte sont, en tant que droits sociaux et économiques, des droits de l'homme de la deuxième génération. Si ces actes sont commis par d'autres autorités publiques, il pourrait bien s'agir d'une simple trahison telle que prévue à l'article 200 du code pénal.

2.2. Question de l'identification des auteurs de l'infraction

Dans la mise en œuvre de l'article 57 de la Constitution, il se posera la question de savoir à quel agent public doit s'appliquer les termes « *personnes investies de l'autorité publique* » ; et celle de savoir si logiquement tous les agents publics, disposant d'une autorité, peuvent commettre la haute trahison.

L'autorité publique est une autorité détenue par les pouvoirs publics, c'est-à-dire le gouvernement, les services de l'administration publique ainsi que les pouvoirs exécutifs provinciaux et locaux. Une personne dépositaire de l'autorité publique est une personne qui, par délégation de la puissance publique, détient un pouvoir de décision et de contrainte sur des personnes et des choses. Il s'agit ainsi du Président de la République, du Premier ministre, du ministre national ou provincial, du gouverneur de province, du chef d'une entité territoriale décentralisée ainsi que des hauts fonctionnaires[552] et des cadres supérieures[553] de l'administration publique.

La haute trahison signifiant une déloyauté vis-à-vis des devoirs de sa charge ou de sa qualité, il y a lieu de se demander s'il est logique qu'une personne investie d'une autorité publique dans un secteur d'activités autre que le secteur extractif peut, en cas de pillage des ressources naturelles, être poursuivie pour haute trahison ; car elle n'est pas chargée de leur administration ou de leur gestion. Nous pensons que, pour être conforme à la signification de la haute trahison, l'application de l'article 57 de la Constitution ne

---

[552] Secrétaire Général et Directeur

[553] Chef de Division et chef de Bureau.

devra viser que les personnes investies d'une autorité publique dans le secteur extractif.

CONCLUSION

En dépit de l'affirmation des nouvelles valeurs sociales déduites du principe du développement durable, le régime pénal des ressources naturelles se réduit principalement à des règles de protection des lois et règlements. Il en résulte une inadéquation fonctionnelle par rapport à la nécessité d'une protection appropriée de tous les droits fondamentaux relatifs aux ressources naturelles, du capital naturel en tant qu'assise de l'existence d'une nation et des recettes publiques qui en sont issues.

Cependant, nous pouvons noter au plan doctrinal l'amorce d'une réflexion tendant à produire des éléments d'élaboration d'un régime pénal des ressources naturelles approprié, c'est-à-dire autonome et basé sur une incrimination méthodique et rationnelle des actes préalablement identifiés comme contraires aux valeurs sociales déduites du principe de gestion durable des ressources naturelles.

Dans cette perspective, la Constitution a prévu les infractions de pillage et de haute trahison, suggérant ainsi la construction légale d'un dispositif de protection des ressources naturelles approprié.

CONCLUSION GÉNÉRALE

Cet ouvrage n'est pas construit sur une prétention dogmatique, mais sur l'évidente nécessité d'ouvrir un nouveau champ d'étude et des pistes de réflexion où, mettant leurs pas dans les notre, les juristes sont invités à enrichir, à critiquer et même à reconsidérer les théories qui y sont proposées, et ce, dans le but d'assoir et de développer une doctrine approfondie devant éclairer l'évolution de cet aspect essentiel du bien commun : le *droit des ressources naturelles*.

Pour un pays pauvre, détenteur des ressources naturelles, une expertise efficace en droit des ressources naturelles est un atout majeur dans sa stratégie de développement durable ; car de quatre critères d'effectivité de la souveraineté sur les ressources naturelles, c'est à dire le pouvoir scientifique (connaissance de la ressource), le pouvoir technologique (capacité d'extraction), le pouvoir économique (capacité de transformation) et le pouvoir normatif (capacité d'élaborer les lois valides), il ne peut réellement se prévaloir que du dernier. Accroître sa capacité législative en la matière est donc le pas primordial que ce pays doit accomplir dans son processus de développement durable.

A chacun de chapitres constituant cet ouvrage, tout l'effort intellectuel y déployé répond à cette nécessité de mieux accomplir ce premier pas, soit le poser dans les meilleures de voies possibles vers la solution à cette question fondamentale de la gestion des ressources naturelles : *Comment convertir la malédiction des ressources naturelles en bénédiction ? Soit comment partir de la simple rente de détention d'une ressource naturelle, pour convertir la masse démographique d'un pays en un capital humain qui fournisse des ressources humaines assez généreuses et créatives, pour assurer le progrès du capital productif et l'animation vertueuse du capital social* ?

A travers les différentes orientations théoriques données sur chacun des aspects du droit des ressources naturelles, le présent ouvrage propose ces meilleures de voies possibles. Les lois sur les ressources naturelles devraient y être inscrites, de sorte qu'en étant des leviers de renforcement de la démocratie participative dans le secteur extractif, elles soient tout à la fois des antidotes à la malédiction des ressources naturelles et des garanties du droit au développement, du droit à l'environnement ainsi que des droits des communautés locales ou autochtones et des générations futures.

Ainsi, chacun de tous ceux qui, à des titres divers, travaillent à la production normative dans le secteur extractif peut trouver ici de quoi nourrir et éclairer sa propre réflexion sur :

- le meilleur système d'appropriation équilibrant les différents droits découlant du principe destination universelle des ressources naturelles (*statuts juridiques des ressources naturelles*)
- les meilleurs outils de contrôle à mobiliser en vue de garantir un accès aux ressources naturelles équitable, transparent et sécurisé (*régime d'accès aux ressources naturelles*)
- les moyens d'une maîtrise parfaite de la circulation des droits d'accès aux ressources naturelles (*régime de transmission des actifs naturels et des droits d'accès aux ressources naturelles*)
- une meilleure organisation du circuit commercial des produits des ac-tifs naturels (*régime commercial des ressources naturelles*)
- une meilleure stratégie de captation de la rente naturelle et de sa redistribution, ainsi que de prise en charge des coûts environnementaux (*régime fiscal des ressources naturelles*)
- un meilleur système d'identification et de protection pénale de toutes les valeurs sociales fondant la gestion durable des ressources naturelles (*régime pénal des ressources naturelles*).

En définitive, le secteur extractif s'en trouvera doté d'une meilleure expertise juridique qui y éclairera l'élaboration et l'application des lois. Soumettant ces dernières à une réflexion scientifique permanente, une telle expertise en assurera la compréhension et l'évolution, au grès des pas progressifs que réalise à travers le temps la conscience écologique universelle.

BIBLIOGRAPHIE GÉNÉRALE

ABBAS, M., *L'Organisation mondiale du commerce et l'environnement : aspects institutionnels et règlementaires*. 2004, halshs-00002712

ABWE DIABE, E., *Etude de l'impact de l'exploitation artisanale des ressources naturelles sur le développement, l'autonomisation et l'avancement de la femme et de la fille en République démocratique du Congo*, Rapport synthèse du Bureau Genre de la MONUSCO, http://www.maliyetu org/documents/bibliotheque_publication/Etude_sur_impact_de_exploitation _artisanale.pdf

AKNIN, A., Le développement durable peut-il conjurer la "malédiction des ressources" ? », in *Mondes en développement* 4/2009 (n° 148), pp. 15-30

ALDEN, C. et CRISTINA ALVES, A., La Chine et les ressources naturelles de l'Afrique », in *Les Temps Modernes* 2010/1 (n° 657), Gallimard, Paris, 2010, 304 pages.

ANGELIER, J.P., *L'évolution des relations contractuelles dans le domaine pétrolier* Liaison, Énergie francophonie, 2008, pp.23-26 <halshs-00339299>.

ANQUETIL, A., *Qu'est-ce que l'éthique des affaires* ?, Varin, Paris, 2008, 128 pages.

AUSSILLOUX, V. et al. « Une hiérarchisation des biens publics collectifs globaux fondée sur le développement durable », *Revue française de l'économie*, n° 3, vol. XVII, 2003 pp 136-138

AUTY, R., *Ressouce-based industrialization: Sowing the Oil in Eight Developing Countries*, éd. Clarenton Press, Oxford, 1990, 304 p.

BEDJAOUI, M., *Droit international : Bilan et perspectives*, Pedone, Paris, 1991, 1361 p.

BELAIDI, N., « Identité et perspectives d'un ordre public écologique », in *Droit et cultures 68* | 2014-2, p.p. 15-49, http://droitcultures.revues.org /3401

BELAIDI, N., *Luttes contre les atteintes globales à l'environnement : Vers un ordre public écologique ?*, Bruylant, Bruxelles, 2008, 516 pages.

BOIDIN, B., *La santé, bien public mondial ou bien marchand ? Réflexions à partir des expériences africaines*, Presses universitaires du Septentrion, Villeneuve-D'Ascq, 2014, 184 p.

BOMPAKA, N., Cours de droit des successions et libéralités, Université de Lubumbashi, 1999-2000, inédit

BOUISSET, C., et DEGREMONT, I., « La patrimonialisation de la nature : un processus en renouvellement », in *L'Espace géographique,* mars 2013, Tome 42, p. 193-199

BOUVIER, P., *Eléments de droit administratif,* De Boeck et Larcier, Bruxelles, 2002, 460 p

CARRIERE, F., « La gérance-libre des fonds de commerce »in *Revue économique*, Vol.6, n°5, 1955, p. 757-788

CHEVALIER, J., « De l'administration démocratique à la démocratie administrative », in *Revue française d'administration publique,* n° 137-138, 2011, ENA, pp. 117-127

CHEVALLIER, J., « De l'administration démocratique à la démocratie administrative » in *Revue française d'administration publique*, Janvier 2011, n° 137-138, p. 217-227

Chiroleu ASSOULINE, M., « La fiscalité environnementale en France peut-elle devenir réellement écologique ? »in *Revue de l'OFCE : Fiscalité des ménages et des entreprises,* n°139, 2015/3, éd. OFCE, Paris, p. 129-165.

CNUCED, *Le secteur des ressources naturelles : Examen et recensement des possibilités des commerces et de développement fondé sur les produits de base*, pp. 3-5 29 janvier 2014 disponible sur : http://unctad.org/meetings /fr/SessionalDocuments/cimem2d26_fr.pdf

COHEN, E. et MOUGEOT, M., « Enchères et gestion publique », in *Les rapports du Conseil d'analyse économique,* Documentation française, décembre 2001, p. 31-33.

COLLET, M., *Droit fiscal*, 5ième édition, PUF, Paris, 2007, 431 p

COMMISSION DE L'UNION EUROPEENNE, *Promouvoir un cadre européen pour la responsabilité sociale des entreprises, livre vert*, COM/ 2001, http://eur-lexeuropa.eu/ legalcontent/FR/TXT/? ur i=CELEX : 5200 1DC0366

CONSTANTIN, F., *Les biens publics mondiaux : Un mythe légitimateur pour l'action collective*, l'Harmattan, Paris, 2002, 385 p.

CORMIER, M., « Fondement de la patrimonialité des actes administratifs » in *Revue française de droit administratif,* n°1, janvier-fév-rier 2009, 25ième année, p. 1-7

DANIEL, P., et al, « la rente des ressources naturelles », in *Finance et Développement,* Vol. 50, n°3, FMI, septembre 2013, pp. 19-22.

DELACOUR, C.B., *Les fonds souverains : Ces nouveaux acteurs de l'économie mondiale*, édition les échos, Paris, 2009, 232 p.

DELAUNEY, J., *Halte à la croissance ? Enquête sur le Club de Rome*, éd. Fayards, Paris, 1972, 314 p.

Di MEO, G., « Processus de patrimonialisation et construction des territoires », in *Colloque Patrimoine et industrie en Poitou-Charentes : con-*

naître pour valoriser, Poitiers-Châtellerault, Geste éditions, pp. 87-109, 2008

DUPUY, P.M., *Théorie des droits de l'homme et fondements du droit international*, Archives de philosophie du droit international, 1987, pp. 124 et s.

FABRE-MAGNAN, M., « La dignité en Droit : un axiome », *Revue interdisciplinaire d'études juridiques* 2007/1 Volume 58, Université de saint-Louis, Bruxelles, pp. 1-30

FISCHER, G., « La souveraineté sur les ressources naturelles » in *Annuaire français de droit international*, Vol 8, n°8, 1962, pp. 516-528

FLAM, M., *L'économie verte*, PUF, Paris 2010,

FOND MONETAIRE INTERNATIONAL, *Régimes fiscaux des industries extractives : Conception et application, Département des finances* 2012, disponible sur /www.imf.org/external/french/np/pp/2012/081512f.pdf

FONTAINE, M. « Obliegenheit, incombance ? » in *Liber Amicorum Hubert ClaassensAntwerpen*, Bruxelles, Maklu-Académia Bruylant, 1998, pp. 159 et 160.

FUKUYAMA, F., *State building. Gouvernance et ordre du monde* au XXIe

GABAS, J.J, « Les biens publics mondiaux et la coopération internationale », in *Economie politique*, n° 12, avril 2001, pp. 19-31

GAILLARD, E., *Générations futures et droit privé, Vers un droit des générations futures*, LGDJ, coll. Thèse, Paris, 2011, 692 pages.

GELB, A., Diversification de l'économie : Théorie et pratique (Novembre 2010). Communication présentée au séminaire de haut niveau du Fond Monétaire International et de la Banque D'Alger sur le thème « Ressources naturelles, Finance et développement : Les défis d'hier et d'aujourd'hui » http://www.imf.org/external/french/np/seminars/2010/afrfin/pdf/Gelb2f.pdf

Gérard CORNU, *Vocabulaire juridique*, 8ième édition, PUF, Paris, 2007, 986 p.

HARDING, G., « La tragédie des biens communs », in *Science*, Vol 162, n°3859 du 13 décembre 1968, pp. 1243-1248

JAWORSKI, V., « L'état du droit pénal de l'environnement français : entre forces et faiblesses », in *Les Cahiers de droit*, Volume 50, numéro 3-4, septembre-décembre 2009, p. 889-917.

JONAS, H., *Le principe de responsabilité. Une éthique pour la civilisation technologique*, trad. de l'allemand par J. Greisch, Paris, Le Cerf, 1990. 338 p.

KABUYA, K. et THIUNZA MBIYE, « Ressources naturelles, Gouvernance et défis d'une croissance soutenue en RDC », http: //www congo-mines.org/system/attachments/assets/000/000/076/ original/Kalala-Mbiye-2009

KAUL, I. et al, *Comment améliorer la fourniture des biens publics mondiaux*, http : // web.undp.org/globalpublicgoods/globalization (mise en ligne le 21 décembre 2007, consulté le 23 février 2016.

KIRAT, T., « Système judiciaire et sécurité juridique : Les paradoxes de la doxa académique et multilatérale », in Claude SERFATI (Dir.), *Une économie politique de la sécurité,* Paris, KARTHALA, 2009, pp. 88-97

Kronieck Van HUURRECHT et al, *Droit commercial*, Sirey, Paris, 1991.

KRUGMAN, P. et autres, *Economie internationale*, Pearson Education France,7ième édition, Paris, 2006, 697 p.

LAMOTTE, O. et PORCHER, Th., « Stratégie des compagnies pétrolières internationales et partage de la rente : Cas du Congo », in *Revue management et avenir,* n°42, mars 2011 disponible sur http: //www. Managementetavenir.net/la-revue/les-numeros.html

LAVILLE, E., *L'entreprise verte : Le développement durable change l'entreprise pour changer le monde,* éditions Village mondial, Paris, 2002, 304 p

LE FUR, L., *Etat fédéral et confédération d'Etats*, éd. Marchal et Billard, Paris, 1896, 839 p.

LETEMENDIA, M.M., « Retrait et abrogation des actes administratifs individuels en droit communautaire et en droit anglais », in *Revue internationale de droit comparé,* Vol 40, n°1, Janvier-mars 1988, pp. 289-292.

LUKOMBE, N., *Droit civil les biens*, Publications des facultés de Droit des universités du Congo, Kinshasa, 2003, 1259 p.

LUXEMBOURG, F., *La déchéance des droits – Contribution à l'étude des sanctions civiles*, Paris, Editions Panthéon Assas, 2007, p. 430, n° 1168. 472 pages

M HARTWICK, J., "intergenerational equity and the investing of rents from exhaustible resources", in the American Economic review; vol. 67, n°5, Nashville, December 1977 pp. 972-974

Marie-Ange SCHILTZ et al. « La dénonciation », in *Actes de la recherche en sciences sociales*, volume 51, 1984, pp. 3-40, sur http: //www. persee.fr /web/revues/home/prescript/article/arss_0335-5322_1984_num_51_1_2212

MEUNIER, V. et MARDSEN, E., (2009) « Analyse coût-bénéfices : guide méthodologique » Numéro 2009-06 des *Cahiers de la Sécurité Industrielle,* Institut pour une Culture de Sécurité Industrielle, Toulouse, France (ISSN 2100-3874). disponible sur l'URL http://www.icsi-eu.org /francais /dev_cs/cahiers/

MOTAGNE, P. G., *Le droit de riveraineté : Propriété, usages, protection des cours d'eau non domaniaux,* Tec & Doc Lavoisier, Paris, 1993, 168 p.

MOUREAU, M.et al. *Dictionnaire du Pétrole et autres sources d'énergie*, 4ième édition, Editions Technip, paris 2008, 1096 p.

MULLER, P., *Les politiques publiques : « Que sais-je ? »*(n°2534), PUF, Paris, 2013, 72 p.

NAEGELEN, F., « Les procédures d'enchères dans le secteur public : Applications et propriétés » in *Politique et management public*, vol 6, n°2, 1988, pp 19-34

NAJAM, A. et al, *Global Environnemental Governance: A Reform Agenda*, IISD, 2006, URL/ http://www.iisd.org/pdf/2006/geg.pdf

OHADA, *traité et actes uniformes commentés et annotés*, Juriscope, 2012, 1460 p.

OLSSON, O., "Conflict diamonds", in *Journal of Development Economics*, n°82, 2007, pp. 267-286.

Organisation des Nations Unies, *Rapport de la commission des Nations Unies sur l'environnement et le développement* publié en 1987 disponible sur www.diplomatie.gouv.fr 349 pages

Organisation Mondiale du Commerce, *Rapport sur le Commerce mondial 2010 : Le commerce des ressources naturelles* https : / /www.wto. org/ french/resf/booksp_f/anrep_f/world_trade_report10_f.pdf

OSTROM, E., *Governing the commons: The evolution of institutions for collective action*. Cambridge University Press, 1990, 304 p.

OXFAM, « UN ALEA MORAL ? Les méga Partenariat Public Privés dans l'agriculture africaine », *Document d'information*, n°188, 1ier septembre 2014, www.oxfam.org

PEARCE, D. et al, *Analyse coûts-bénéfices et environnement : Développements récents*, OCDE, 2006, tbauler.pbworks.com/f/OECD-Pearce+et+al-2006.pdf

PETRELLA, R., *L'eau, bien commun public : Alternative à la « pétrolisation » de l'eau*, éd. de l'Aube, Paris, 2004,

PNUE, *Vers une économie verte : Pour un développement durable et une éradication de la pauvreté*, synthèse à l'intension des décideurs, www.unpe .org/greeneconomy

POUCHAIN, D., « La dette écologique : d'une notion politique à un concept philosophique ? », *in Développement durable et Territoire*, Vol. 5, Février 2014, mis en ligne le 04 février 2014, consulté le 14 août 2017. URL :http ://developpementdurable.revues.org/10208 ; DOI :10.4000/ developpement durable.10208

Programme des Nations Unies pour l'Environnement, *Manuel de comptabilité environnementale et économique intégrée* publiée en 1993 et revue en 2003 disponible sur http:// unstats.un.org /unsd/publication /SeriesF / SeriesF_78F.pdf

Programme des Nations Unies pour le Développement (1999), *Les biens publics à l'échelle mondiale : La coopération internationale* au 21ième siècle, Publication n°

Promines Study, Artisanal Mining in the Democratic Republic of Congo, Pact, Inc.Washington DC, 2010, 160 p.

Rapport de la Commission sur la mesure des performances économiques et du progrès social, il est élaboré par la Commission éponyme mise en place le 8 janvier 2008 par la Gouvernement français et publié le 14 septembre 2009 par le ministère de l'économie et de l'industrie, http : //www.insee.fr/fr/publications-et-services/dossiers_web/stiglitz/doc-commission/RAPPORT_francais.pdf

Rapport synthèse sur l'Evaluation des écosystèmes pour le millénaire http ://www.millenniumassessment.org/documents/ documents.447.aspx.pdf

REPUBLIQUE FRANÇAISE, MINISTERE DE L'ECOLOGIE ET DU DEVELOPPEMENT DURABLE, *Consultation nationale pour la Charte de l'environnement, Compte-rendu des travaux, Vol.3.II, fiche documentaire : Fiscalité écologique*, http://www.ladocumentationfrancaise.fr/ var/storage/ rapports-publics /054000294.pdf

RIBOT J.C et LEE PELUSO, N.,"A Theory of access" in *revue Rural sociology*, Volume 68, n°2, juin 2003, pp. 153-181

RIVERO, J., « Participation du citoyen : Aspects généraux », in *Participation du citoyen à la vie politique et administrative,* XII Journée d'études juridiques Jean Dabin, Brylant, Bruxelles, 1986 p. 161-165.

ROE, D. et al, *Gestion communautaire des ressources naturelles en Afrique : Impactes, expériences et orientations futures, Institut International de l'environnement et du développement*, http://pubs.iied.org/pdfs/17503 FII D. pdf

SALMON, J., *Dictionnaire de droit international public*, Bruylant, Bruxelles, 2001, 1198 p.

SAMUELSON, P. A., "The Pur Theory of Public Expenditure", in *Review of Economics and Statistics*, 1954, pp. 387-389

SCHUMACHER, E.F., *Small is beautiful*: *A study of economics as if people mattered,* éd. Blond and Briggs, Londre, 1973, 288 p.

SERFATI, C., « Economie de guerre et ressources naturelles : Les visages de la mondialisation », in *Annuaire suisse de politique de développement,* Vol. 25, n°2, 2006, pp. 107-126.

SODANO, A, *Compendium de la doctrine sociale de l'Eglise catholique*, CERF, Paris, 2005, 530 p.

SOLOW, R, M., "The economics of resources or the resources of economics", in *The American Economic review*, vol. LXIV, n°2, Nashville, May 1974, pp.1-14.

SOULAS DE RUSSEL, D. et RAIMBAULT P., « Nature et racines du principe de sécurité juridique : une mise au point » In *Revue internationale de droit comparé.* Vol. 55 N°1, Janvier-mars 2003. pp. 85-103.

SPITZ, F., *John Lock et les fondements de la liberté moderne*, PUF, Paris, 2001, p 335.

THIZANGA MUTSHIPANU, « Promotion de la sous-traitance et des chaînes de valeur dans l'exploitation des ressources naturelles en République démocratique du Congo », inédit, 12 pages

TOTRABAS, L. et COTTERET, J.M., *Droit fiscal*, Dalloz, 6ième édition, Paris, 1990, 434 p.

Van De Kerkhoven M., « Les fonctions de la sanction pénale : Entre droit et philosophie», in *Informations sociales*, n° 127, 7ième édition, 2005 pp. 22-31

VEREZ, J.C., « Quelle autosuffisance alimentaire pour le Cameroun ? Quelques repères méthodologiques », in *Etudes rurales*, [En ligne], 115-116 | 1989, mis en ligne le 01 octobre 2003, consulté le 15 août 2017. URL : http://etudesrurales.revues.org/1073

VOY G. E., « Souveraineté sur les ressources naturelles » in *RCADI* 1976, Vol. 1, pp. 45-43

WILLIAM JHONSON, P., *Biopiraterie, Quelles alternatives au pillage des ressources naturelles et des savoirs ancestraux*, Charles Léopold Mayer, Paris, 2011, 239 p.

WITTE, (de) J., « La Question du Congo belge », in *Revue des Deux-Mondes*, tome 45, 1908, p.363-393.

TABLES DES MATIÈRES

RÉPUBLIQUE DÉMOCRATIQUE DU CONGO
AUX ÉDITIONS L'HARMATTAN

Dernières parutions

LA PRESSE CONGOLAISE DE FRANCE 1995-1997
Jerry Mpereng
Cet ouvrage est une étude monographique de la presse congolaise parue en France entre 1995 et 1997 dans la diaspora. Cette production journalistique est particulièrement riche en informations sur cette communauté en exil, mais elle révèle aussi un fonctionnement spécifique, du fait qu'elle évolue en dehors des circuits de fabrication et de distribution de la presse française. L'intérêt de ce livre réside donc dans l'analyse méthodique d'une source d'information.
(Coll. Études africaines, 108 p., 13 euros)
ISBN : 978-2-343-15285-1, EAN EBOOK : 9782140114557

LA DÉCENTRALISATION EN AFRIQUE AU DÉBUT DU XXIE SIÈCLE
Réflexions à partir de l'expérience congolaise récente.
Jules Maps Bagalwa Mapatano
Plus de dix ans après la relance de la décentralisation en République Démocratique du Congo le besoin d'en faire l'état des lieux s'impose. Cet ouvrage interroge ainsi la décentralisation congolaise à la lumière de ces expériences africaines plus anciennes pour en tirer des leçons pour l'action et la recherche. Il s'adresse à un large public intéressé par les problèmes politiques et administratifs des pays en développement et notamment en Afrique.
(Coll. Études africaines, 280 p., 28 euros)
ISBN : 978-2-343-15578-4, EAN EBOOK : 9782140111679

LE KASAÏ, SON HISTOIRE, SES PEUPLES ET SON DÉVELOPPEMENT
Mémoires
Germain Mania Katompua
Germain Mania Katompua nous livre ici ses Mémoires. Il tente de rendre compte de l'histoire d'un peuple auquel il appartient, d'une communauté unie par les liens historiques et linguistiques et qui occupe un espace géographique dénommé dans l'imagerie populaire « le grand Kasaï », et cela malgré son morcellement actuel. Au regard du recul du développement caractérisé par une paupérisation croissante des peuples de cet espace, l'auteur présente les atouts et les opportunités qui s'offrent pour construire une économie régionale solide, devant faire de l'espace kasaïen un véritable îlot de progrès pour ces populations.
(Coll. Géopolitique mondiale, 674 p., 49 euros)
ISBN : 978-2-343-15413-8, EAN EBOOK : 9782140109768

L'ÉCONOMIE DE LA RÉPUBLIQUE DÉMOCRATIQUE DU CONGO
Croissance ou recul ?
Fabien Maombi Mushi
Depuis l'indépendance, l'économie de la République démocratique du Congo connaît une régression croissante. Son immensité et l'abondance de ses richesses naturelles ne donnent pas une image fidèle quand on analyse la misère de sa population. Cet ouvrage constitue un appel au rassemblement pour discuter de l'avenir du Congo, afin de lui trouver une place stable dans l'économie mondiale pour mieux organiser, prévoir les actions à mener dans les prochaines années qui permettraient d'améliorer le quotidien des Congolais d'ici 2040.
Les Impliqués (242 p., 25,5 euros)
ISBN : 978-2-343-13771-1, EAN EBOOK : 9782140110375

AU PAYS DU LIBANGA

Roman

Gansa Ndombasi

Préface de Mbadinga Fabrice - Postface de Munkonda Mbuluku Mikiele

Le mot libanga, en lingala, signifie le caillou (ici, la pierre précieuse, le diamant) et, symboliquement, le travail, la débrouillardise. Nous suivons ici l'histoire de diamantaires, qui vire au désastre, du temps du régime finissant de Mobutu. À la faveur de la libéralisation de l'exploitation minière en 1990, tous se précipitent vers cet Eldorado en espérant y faire facilement fortune.

(Coll. Écrire l'Afrique, 88 p., 12 euros)

ISBN : 978-2-343-16007-8, EAN EBOOK : 9782140110023

LA RÉCONCILIATION APRÈS UN CONFLIT VIOLENT

La situation des Hema et des Lendu dans l'Ituri en RDC

Augustin Wiliwoli Sibiloni

Préface de Hervé Pourtois

Comment penser le traitement du conflit entre les Hema et les Lendu dans l'Ituri en RDC ? Conflit qui aurait déjà occasionné plus de 60 000 morts et au moins 50 000 déplacés, sans compter les blessés, et qui continue de causer des désolations jusqu'à ce jour. L'intervention armée ne saurait suffire à garantir la paix entre les protagonistes. Il convient de percevoir l'importance du dialogue reconstructif, du don cérémoniel mutuel et de l'acte contractuel dans un tel processus.

(Coll. L'Afrique des Grands Lacs, 210 p., 21,5 euros)

ISBN : 978-2-343-15404-6, EAN EBOOK : 9782140107948

LA CLÉ DE L'ÉMERGENCE DE L'ÉCONOMIE CONGOLAISE

Analyse critique et nouvelles orientations de politique économique

Emile Ngoy Kasongo

Préface d'Alain Pichot

La clé de l'émergence de l'économie congolaise reste insaisissable. En 58 ans d'indépendance, le pays n'a connu que deux périodes éphémères de réelle croissance économique. Plusieurs éléments retenus comme critères de développement caractérisent les pays émergents. La République Démocratique du Congo répond-elle ou peut-elle répondre à ces critères ? Quel est le rang ou la place actuelle de la RDC comparée aux émergents ? Sur quel horizon temporel et à quel rythme de croissance l'économie congolaise pourrait-elle atteindre la colline du développement ? Quels sont les éléments constitutifs de la clé de son émergence ?

(Coll. Notes de cours, 224 p., 22,5 euros)

ISBN : 978-2-343-16445-8, EAN EBOOK : 9782140109003

VIVEMENT LES ÉLECTIONS EN RDCONGO ?

Peuple, Libération et Démocratie

Henri Mova Sakanyi

Homme de l'action et de la réflexion politique, Henri Mova Sakanyi propose dans ces pages une analyse globale et systémique de l'enjeu électoral en RD Congo. S'adossant sur l'histoire tragique du pays, ce livre constitue une tentative d'explication des phénomènes politiques en cours. Au moment où le plus grand pays de l'Afrique centrale se prépare à organiser des élections qui vont consacrer pour la première fois l'alternance démocratique (le président sortant passant le flambeau à son successeur), ce livre arrive à point nommé.

(Coll. Comptes Rendus, 376 p., 38 euros)

ISBN : 978-2-343-16435-9, EAN EBOOK : 9782140108976

CONGO

Le passé présent

Récits

Antoine Nguidjol

À travers une suite de récits, le lecteur découvre un Congo, où il est difficile d'évoquer le présent sans être ramené au passé ; comme il est difficile de parler du passé sans y voir le boulet qui plombe le présent. Une « morale » affleure au fil de la lecture, invitant à convertir notre regard sur l'Afrique, à voir plus loin que « ce stéréotype de la nature africaine qui égayait jadis les jeunes coloniaux sur le départ vers le Congo et qui cache bien des réalités.

(Coll. Encres Noires, 146 p., 15,5 euros)

ISBN : 978-2-343-15730-6, EAN EBOOK : 9782140108907

INSPIRATION

Poèmes insufflés

Patrick Kitenge Otul

Préface de Gustave Beya Siku

Inspiration n'est pas un recueil, il est une source, un élan, une quête perpétuelle du sens même de ce que la réalité offre comme vérité. Inspiration symbolise justement ce genre de voyage. On y retrouve l'exaltation que contient la démonstration du contenu de nos relations les plus simples, comme l'amitié, la parenté, l'amour, la mort et pourquoi pas... la haine.

(Coll. Harmattan RDC, 64 p., 10 euros)

ISBN : 978-2-343-16304-8, EAN EBOOK : 9782140109294

LES PETITES ET MOYENNES ENTREPRISES CONGOLAISES FACE AUX ACTEURS CLASSIQUES DU FINANCEMENT

Analyses et solutions des difficultés d'accès au financement

Joseph Tony Djunga

Les petites et moyennes entreprises représentent la majeure partie du secteur privé et occupent une place importante dans l'économie en République démocratique du Congo. Malgré cette position stratégique dans l'économie nationale, ces entreprises font face à de nombreuses difficultés dont la principale est celle liée à l'accès au financement. Il est alors important d'envisager des mesures qui tendent à redonner confiance aux banques et aux entreprises pour une franche collaboration et un développement harmonieux des affaires.

Les Impliqués (122 p., 14 euros)

ISBN : 978-2-343-16235-5, EAN EBOOK : 9782140107078

GROS TEMPS DANS LA MONGALA

Récit d'un séjour en République démocratique du Congo

Yannick Dupagne

Les routes impossibles, la pauvreté souriante, la débrouille légendaire, l'amitié sincère, la soif d'apprendre... Nous voici plongés au coeur du grand Équateur de la République démocratique du Congo ? Et ce n'est pas là du roman, mais bien le vécu exaltant d'un « Blanc » parti seul à la rencontre d'un peuple extraordinaire pour rejoindre un ami, rallier sur le terrain une ONG et deux instituts d'enseignement supérieur et universitaire.

(Coll. Écrire l'Afrique, 248 p., 25 euros)

ISBN : 978-2-343-16358-1, EAN EBOOK : 9782140108013

LE PROCÈS DE SIMON KIMBANGU

Prophète et martyr africain

Rudy Mbemba Dia Benazo-Mbanzulu

De la lecture du jugement rendu par le Conseil de guerre belge le 3 octobre 1921, à l'encontre du prophète Simon Kimbangu et ses compagnons, résulte incontestablement le constat que le procès qui leur est fait est injuste, inique et partial. L'auteur fait une critique de ce jugement rendu par l'autorité coloniale belge sur le sol congolais, en plaidant la cause de Simon Kimbangu et en montrant au final qu'il est non seulement un martyr mais également une sorte de juge divin restaurateur de la conscience spirituelle, identitaire des Congolais et un libérateur du continent africain.

Les Impliqués (150 p., 16,5 euros)

ISBN : 978-2-343-15986-7, EAN EBOOK : 9782140107016

DÉVELOPPEMENT ÉCONOMIQUE ET SÉCURITÉ EN RÉPUBLIQUE DÉMOCRATIQUE DU CONGO

Sous la direction de Jean-Claude Maswana

Cet ouvrage insiste sur le lien d'interdépendance entre le champ économique et les questions de sécurité et de violence. En République démocratique du Congo, les violences et l'activité économique sont devenues mutuellement vitales. L'enracinement de l'économie de guerre a débouché sur un système d'institutions et incitations qui favorisent des modes de gestion aux antipodes du développement économique. Les performances économiques affichées servent parfois à brouiller la réalité (pauvreté, inégalité, extorsion et corruption généralisée). L'ambition de cet ouvrage est de réfléchir à des alternatives crédibles permettant à l'homme congolais de retrouver sa place au centre d'une économie prospère et d'un développement durable.

(Coll. Études africaines, 340 p., 35 euros)

ISBN : 978-2-343-15628-6, EAN EBOOK : 9782140106613

LE BASCULEMENT GÉOPOLITIQUE DE L'AFRIQUE DES GRANDS LACS

Décennie 1990

Alain Flavien N'Kisi

Préface de Tanguy de Wilde d'Estamel

Les événements de la décennie 1990 au Burundi, au Rwanda et en République Démocratique du Congo ont entraîné le bouleversement de la géopolitique au sein de l'Afrique des Grands Lacs. La déstabilisation actuelle de l'Est de la RDC a pour origine le génocide rwandais de 1994. À travers cet ouvrage, l'auteur analyse les axes principaux du bouleversement de l'Afrique des Grands Lacs.

(Coll. Afrique des Grands Lacs, 166 p., 18 euros)

ISBN : 978-2-343-16040-5, EAN EBOOK : 9782140106316

FLUX MIGRATOIRES ET ÉMERGENCE DU FONDAMENTALISME EN AFRIQUE CENTRALE

Jean-Bosco Germain Esambu Matenda

Préface de Lokengo Antshuka Ngonga

Depuis que la crise de l'endettement de l'Afrique a commencé et s'est aggravée, les Africains ont choisi le chemin périlleux de l'émigration afin de se trouver des horizons prometteurs. La naissance des nouvelles dictatures, l'augmentation de la pauvreté, la stagnation de l'indice de développement humain des États d'Afrique centrale, l'absence de politique de gestion des peuples en errance, le développement de mouvements religieux sont des maux endémiques dont souffre l'Afrique centrale. Faute d'encadrement, le fondamentalisme s'installe et progresse exponentiellement ; le terrorisme se développe davantage dans la région.

(Coll. Points de vue, 128 p., 14 euros)

ISBN : 978-2-343-15660-6, EAN EBOOK : 9782140105869

LUÉJI YA KONDÉ

La fille de Kondé

Henri Drum

Présentation de Thérèse De Raedt, avec la collaboration de Roger Little

L'agent territorial Henri Drum (alias Gustave Van Herreweghe, 1898-19??) résidait au Katanga dans la région où habitaient les peuples lunda, tshokwe et lwena quand il a mis, par écrit, au début des années 1930, ce mythe de création de l'empire lunda. Dans sa reconstruction du mythe de création de l'empire lunda, Drum relate l'histoire d'amour entre Luéji et le chasseur luba Chibinda Ilunga. Ce faisant, il ne peut empêcher que sa perspective de colonisateur nuance celle du conteur du mythe d'origine d'un peuple.

(Coll. Autrement Mêmes, 168 p., 18 euros)

ISBN : 978-2-343-16134-1, EAN EBOOK : 9782140105340

Structures éditoriales du groupe L'Harmattan

L'Harmattan Italie
Via degli Artisti, 15
10124 Torino
harmattan.italia@gmail.com

L'Harmattan Hongrie
Kossuth l. u. 14-16.
1053 Budapest
harmattan@harmattan.hu

L'Harmattan Sénégal
10 VDN en face Mermoz
BP 45034 Dakar-Fann
senharmattan@gmail.com

L'Harmattan Cameroun
TSINGA/FECAFOOT
BP 11486 Yaoundé
inkoukam@gmail.com

L'Harmattan Burkina Faso
Achille Somé – tengnule@hotmail.fr

L'Harmattan Guinée
Almamya, rue KA 028 OKB Agency
BP 3470 Conakry
harmattanguinee@yahoo.fr

L'Harmattan RDC
185, avenue Nyangwe
Commune de Lingwala – Kinshasa
matangilamusadila@yahoo.fr

L'Harmattan Congo
67, boulevard Denis-Sassou-N'Guesso
BP 2874 Brazzaville
harmattan.congo@yahoo.fr

L'Harmattan Mali
Sirakoro-Meguetana V31
Bamako
syllaka@yahoo.fr

L'Harmattan Togo
Djidjole – Lomé
Maison Amela
face EPP BATOME
ddamela@aol.com

L'Harmattan Côte d'Ivoire
Résidence Karl – Cité des Arts
Abidjan-Cocody
03 BP 1588 Abidjan
espace_harmattan.ci@hotmail.fr

L'Harmattan Algérie
22, rue Moulay-Mohamed
31000 Oran
info2@harmattan-algerie.com

L'Harmattan Maroc
5, rue Ferrane-Kouicha, Talaâ-Elkbira
Chrableyine, Fès-Médine
30000 Fès
harmattan.maroc@gmail.com

Nos librairies en France

Librairie internationale
16, rue des Écoles – 75005 Paris
librairie.internationale@harmattan.fr
01 40 46 79 11
www.librairieharmattan.com

Lib. sciences humaines & histoire
21, rue des Écoles – 75005 Paris
librairie.sh@harmattan.fr
01 46 34 13 71
www.librairieharmattansh.com

Librairie l'Espace Harmattan
21 bis, rue des Écoles – 75005 Paris
librairie.espace@harmattan.fr
01 43 29 49 42

Lib. Méditerranée & Moyen-Orient
7, rue des Carmes – 75005 Paris
librairie.mediterranee@harmattan.fr
01 43 29 71 15

Librairie Le Lucernaire
53, rue Notre-Dame-des-Champs – 75006 Paris
librairie@lucernaire.fr
01 42 22 67 13

www.ingramcontent.com/pod-product-compliance
Lightning Source LLC
LaVergne TN
LVHW011220061026
849535LV00001BA/110
* 9 7 8 2 3 4 3 1 5 1 6 9 4 *